개념은 명확하게, 판단기준은 구체적으로,
사례는 풍부하게 제시

알면 이기는 부당노동행위 실무

노무법인 이산 노사관계연구원

고용노동부 업무매뉴얼, 기존 이론·실무서 완벽 정리

판례, 판정례, 행정해석 등 573개의 풍부한 사례 수록

부당노동행위 관련 34개 세부 쟁점에 대한 판단기준 제시

중앙경제

알면 이기는 부당노동행위 실무

초판인쇄 2024년 3월 4일
초판발행 2024년 3월 12일

지은이 노무법인 이산 노사관계연구원
펴낸이 김남진
펴낸곳 중앙경제

디자인 이지훈, 최가영, 가보경
마케팅 신석재, 김성울, 이소영, 윤지희, 김선혜
경영지원 이상훈, 박세라, 조용환

출판등록 80.6.21 제2-66호
주소 서울시 중구 다산로11길 19(신당동 355-8) 백석빌딩 신관 4층
전화 02)2231-7293
팩스 02)2235-5344
홈페이지 www.elabor.co.kr

ISBN 978-89-7017-547-8 (93330)
정가 35,000원

알면 이기는 부당노동행위 실무

노무법인 이산
노 사 관 계 연 구 원

중앙경제

머리말

2009년 공인노무사 합격 이후 줄곧 집단적 노사관계를 주된 영역으로 업무를 수행해 왔습니다. 노사관계 영역에서 가장 중요한 개념 또는 제도를 꼽는다면 단연 부당노동행위라 생각합니다. 부당노동행위는 노동조합 설립 준비과정에서부터 단체교섭, 쟁의행위까지 노동3권 전 영역에서 발생하고, 원상회복주의와 처벌주의가 병용됨에 따라 사업주에 대한 형사처벌로 직결될 수 있어 노사 모두 촉각을 곤두세울 수밖에 없기 때문입니다.

이러한 중요성 · 민감성은 사건통계로도 확인됩니다. 노동위원회 통계연보에 따르면 매년 1,000건 내외의 부당노동행위 구제신청이 접수되고 있습니다. 특히, 부당노동행위 사건은 여타 심판사건에 비해 중앙노동위원회 재심신청 비율이 상당히 높은데, 2022년 기준 전체 심판사건의 재심신청율은 16%이나 부당노동행위 사건의 재심신청율은 무려 37%에 달합니다. 이는 부당노동행위 판정결과에 따른 파급효과가 상당하기 때문에 노사 모두 초심 판정을 쉽사리 수용하지 못함에 있다고 보입니다.

부당노동행위 해당 여부에 대한 판단에는 "사용자의 반조합적 의사", "노동조합의 자주성 침해" 등 다소 추상적이고 모호하여 계량화, 객관화, 구체화 등이 어려운 기준들이 사용됩니다. 그렇다 보니 사실상 동일한 사안에 대하여도 판단권자에 따라 결과가 달라지기도 하고, 고용노동부 업무매뉴얼이나 이론 · 실무서는 소위 리딩 판례를 중심으로 주목할만한 몇 가지 사례를 언급하는 정도에 머무르는 한계를 보이기도 합니다. 그러나 현실에서의 부당노동행위 분쟁은 매우 다양한 모습으로 나타나기 때문에 몇 가지 유권해석만으로는 당면한 구체적 사안이 부당노동행위에 해당하는지 여부를 가늠하기 어렵습니다.

본서는 부당노동행위라는 단일 주제에 집중하여 개념은 명확하게, 판단기준은 구체적으로, 사례는 풍부하게 제시함으로써, 노사관계 실무자에게 실질적인 도움을 드리는 데에 그 목적이 있습니다. 이러한 목적 아래 본서는 다음과 같이 구성하였습니다.

첫째, 기존 고용노동부 업무매뉴얼, 이론 · 실무서의 내용을 꼼꼼히 살펴보고 빠짐없이 담았습니다. 부당노동행위 실무는 본서 하나만으로 충분하다고 자부합니다.

둘째, 실무에 곧바로 활용할 수 있는 사례(판례, 판정례, 행정해석 등)를 중심으로 구성하였습니다. 관련 사례가 확인되지 않는 일부 세부영역에 대하여는 학설을 담기도 했습니다.

셋째, 부당노동행위 관련 34개의 세부 쟁점에 대하여 구체적 판단기준을 일목요연하게 표로 정리하였습니다. 기존 실무서에서는 볼 수 없는 본서만의 강점이기도 합니다.

넷째, 판례, 판정례, 행정해석 등 573개의 풍부한 사례를 담았습니다. 또한 사례들은 세부 유형별로 1차 구분하고, 이를 다시 부당노동행위 인정사례와 부정사례로 2차 구분하여 보기 쉽게 정리하였습니다.

본서가 나오기까지 도움을 주신 분들이 많이 계십니다. 먼저, 귀한 가르침을 주신 단국대학교 하갑래 교수님, 최미나 교수님께 감사드립니다. 다음으로, 필자를 믿고 본서의 기획부터 교정까지 총괄책임을 맡겨주신 노무법인 이산 김명환 대표노무사님과 노무법인 이산 모든 임직원분들에게 감사드립니다. 마지막으로, 본서가 출판되기까지 중요한 시기마다 아낌없는 조언을 해주신 중앙경제HR교육원 최영우 원장님, 본서 작성에 직접 참여하여 누구보다 열심히 수고해준 노무법인 이산 김우람 선임노무사, 비록 본서에 담기진 못했지만 최근 10년간 노동위원회 부당노동행위 구제신청 사례를 취합, 정리하고 통계화에 수고해준 노무법인 이산 이은유 노무사, 본서의 제목 "알면 이기는 부당노동행위 실무"를 추천해준 노무법인 이산 김봄이 선임노무사, 교정 및 출판업무에 애써주신 중앙경제 출판팀 모두에게 진심으로 감사드립니다.

노무법인 이산 노사관계연구원

원장/공인노무사 용 승 현

Contents

제1장 총 론

1. 의의 … 3

가. 개념 ……… 3

나. 도입배경 ……… 3

다. 목적 ……… 4

2. 유형 … 6

3. 연혁 … 8

4. 일반적 성립요건 … 10

가. 행위의 주체가 사용자일 것 ……… 10

(1) 사업주 ……… 10

(2) 사업의 경영담당자 ……… 10

(3) 사업주를 위하여 행동하는 자 ……… 11

(4) 사용자단체 ……… 12

(5) 사용자 개념의 확대 ……… 13

(6) 그밖에 부당노동행위 제도상 사용자 개념 ……… 18

나. 행위의 객체(대상)가 노조법상 근로자 또는 노동조합일 것 ……… 20

(1) 근로자 ……… 20

(2) 노동조합 ······ 22
(3) 법외노조, 일시적 단결체 또는 쟁의단 ······ 22
다. 행위의 내용이 '노조법 제81조 제1항 각 호'에 해당할 것 ······ 23
라. 부당노동행위 의사가 있을 것 ······ 24
(1) 개요 ······ 24
(2) 판단요소 ······ 25
(3) 입증책임 ······ 26
(4) 사유의 경합 ······ 26

제2장 유형별 성립요건 및 사례

제1절 불이익취급

1. 의의 … 31
2. 성립요건 … 33
가. 정당한 노동조합 활동 존재(원인 행위) ······ 33
(1) 노동조합 가입 또는 조직 행위 ······ 33

Contents

(2) 노동조합의 업무를 위한 정당한 행위 : 정당한 조합활동 ····· 34
(3) 정당한 단체행위 참가 ····· 36
(4) 노동위원회에 대한 부당노동행위 신고 · 증언 · 증거 제출 ····· 36
나. 사용자의 불이익을 주는 행위 존재(불이익취급 행위) ····· 42
(1) 내용 ····· 42
(2) 세부 유형 ····· 43
다. 원인행위와 불이익취급 간 인과관계(부당노동행위 의사) ····· 45
(1) 내용 ····· 45
(2) 처분이유 경합 ····· 45
(3) 인과관계에 대한 일반적 판단기준 ····· 46
(4) 유형별 부당노동행위 의사 판단기준 ····· 53

제2절 반조합계약

1. 의의 ··· 150

2. 노조법 제81조 제1항 제2호의 구조 및 유형 ··· 152

가. 노조법 제81조 제1항 제2호의 구조 ····· 152
나. 반조합계약의 유형 및 내용 ····· 153

(1) 단결방해의 반조합계약 내용 ······ 153
(2) 제한적 조직강제의 반조합계약 내용 ······ 155
다. 반조합계약의 효력 ······ 155
3. 제한적 조직강제의 반조합계약 예외 : 유니언 숍(Union Shop) 제도 … 157
가. 유니언 숍(Union Shop) 제도의 의의 ······ 157
(1) 의의 ······ 157
(2) 유니언 숍 협정의 유효성 : 위헌 여부 ······ 157
나. 유니언 숍(Union Shop) 협정의 요건 및 효과 ······ 160
(1) 유니언 숍 협정의 요건 ······ 160
(2) 유니언 숍 협정의 효과 ······ 167
다. 사용자의 해고의무 미이행 관련 쟁점 ······ 184
(1) 부당노동행위 해당 여부 ······ 184
(2) 사용자의 해고의무 이행을 위한 조치 ······ 185

제3절 단체교섭 거부 · 해태

1. 의의 … 187
2. 부당노동행위 성립 요건 및 입증책임 … 190

Contents

가. 사용자의 단체교섭 거부 또는 해태 행위 존재 ····· 190
나. 정당한 이유의 부존재 ····· 192
다. 단체교섭 거부 · 해태의 부당노동행위 입증책임 ····· 194
3. 단체교섭 거부 · 해태의 부당노동행위 판단에 대한 구체적 사례 … 195
가. 노동조합 교섭요구의 적법성과 교섭거부 · 해태의 부당노동행위 ····· 196
(1) 노동조합의 교섭권자 : 교섭 당사자와 담당자 ····· 196
(2) 노동조합이 요구하는 교섭사항 : 단체교섭 대상사항 ····· 223
나. 노동조합의 성실교섭의무 이행 여부와 교섭 거부 · 해태의 부당노동행위 ····· 238
(1) 노동조합의 성실교섭의무 ····· 238
(2) 노동조합의 성실교섭의무와 관련된 교섭 거부 · 해태의 구체적 사례 ····· 240
다. 사용자의 교섭의무 이행 여부와 교섭 거부 · 해태의 부당노동행위 ····· 247
(1) 사용자의 교섭의무 ····· 247
(2) 단체교섭의 교착 ····· 249
(3) 사용자의 교섭의무와 관련된 교섭 거부 · 해태의 구체적 사례 ····· 250

제4절 지배 · 개입

1. 지배 · 개입의 개념 … 270

가. 개요 ······ 270

2. 성립요건 ··· 272

가. 지배 · 개입의 주체 ······ 272

나. 지배 · 개입 행위 ······ 274

(1) 개요 ······ 274

(2) 유형 ······ 275

다. 지배 · 개입 의사 ······ 276

(1) 개요 ······ 276

(2) 지배 · 개입 의사 유무의 판단 ······ 277

(3) 입증책임 ······ 277

3. 유형별 검토 ··· 278

가. 반조합적 발언 ······ 278

(1) 세부 유형 ······ 278

(2) 부당노동행위 의사 판단요소 ······ 279

나. 쟁의행위 시 단결력 저해 ······ 300

(1) 세부 유형 ······ 300

(2) 부당노동행위 판단요소 ······ 303

다. 단체교섭 · 조합활동에 대한 방해 · 개입 ······ 316

(1) 세부 유형 ······ 316

Contents

(2) 부당노동행위 판단요소 ··· 318
라. 복수노조 간 차별 ··· 329
마. 비조합원 임금인상 ··· 339
바. 편의제공 거부 · 중단 등 ··· 346
사. 위장폐업 ··· 358
아. 근로자 감시 ··· 365
자. 단체협약 해지 ··· 367

제5절 운영비 원조

1. 의의 ··· 370

2. 운영비 원조에 대한 법원의 입장 변화와 현행 노조법의 구조 ··· 372

가. 운영비 원조의 부당노동행위 해당 여부에 법원의 입장 변화 ··· 372
(1) 실질설 ··· 372
(2) 형식설 ··· 374
나. 운영비 원조의 부당노동행위 해당 여부에 대한 헌법재판소의 입장 ··· 375
다. 헌법불합치 결정 이후 노조법 개정 ··· 376
라. 운영비 원조에 대한 현행 노조법의 구조 ··· 377

3. 근로시간면제자에 대한 급여 지급의 부당노동행위 … 378

가. 부당노동행위 판단기준 ········ 378

(1) 원칙 ········ 378

(2) 근로시간면제 한도 초과지급 여부 ········ 379

(3) 근로시간면제 대상 업무 해당 여부 ········ 383

(4) 급여의 수준이 과다하게 책정되었는지 여부 ········ 385

나. 근로시간면제자에 대한 급여 지급과 관련된 부당노동행위의 구체적 사례 ········ 387

4. 운영비 원조의 부당노동행위운영비 원조 … 402

가. 부당노동행위 판단기준 ········ 402

(1) 원칙 ········ 402

(2) 예외 ········ 403

나. 운영비 원조와 관련된 부당노동행위의 구체적 사례 ········ 413

(1) 헌법불합치 결정 이후 사례 ········ 413

(2) 헌법불합치 결정 이전 사례 ········ 420

Contents

제3장 부당노동행위 구제제도

제1절 부당노동행위 구제제도의 의의 및 종류

1. 의의 … 431

2. 부당노동행위 구제제도의 종류 … 431

가. 행정적 구제제도 ……… 431

나. 민사적 구제제도 ……… 432

다. 형사적 구제제도 ……… 433

3. 부당노동행위 구제제도 비교 … 435

제2절 노동위원회의 부당노동행위 구제제도

1. 행정적 구제제도의 특색 … 436

가. 원상회복주의와 처벌주의 병용 ……… 436

나. 당사자주의와 직권주의 병용 ……… 437

다. 2심급과 재결주의 ……… 437

2. 노동위원회 부당노동행위 구제신청의 요건 … 438

가. 신청인 ········ 438

나. 피신청인 ········ 440

다. 신청기간 ········ 442

(1) 부당노동행위 구제신청의 신청기간 : "부당노동행위가 있는 날부터 3개월 이내" ········ 442

(2) 계속하는 행위의 판단기준 및 사례 ········ 443

(3) 부당노동행위 유형별 "부당노동행위가 있은 날" ········ 450

(4) 신청기간의 계산 방법 ········ 451

라. 구제신청의 이익(구제이익) ········ 452

(1) 의의 ········ 452

(2) 구제이익 판단 기준시점 ········ 452

(3) 구제이익이 부정되는 경우 노동위원회의 판정 ········ 453

(4) 근로관계 종료와 구제이익 판단 ········ 453

3. 구제신청 절차 … 455

가. 신청 방식 ········ 456

나. 담당 조사관 지정 ········ 458

다. 사건 관할 ········ 458

라. 심판위원회 구성 ········ 460

Contents

(1) 제척 ········· 460
(2) 기피 ········· 461
(3) 회피 ········· 461
마. 사실조사 ········· 465
(1) 사실조사의 범위 ········· 465
(2) 사실조사 방법 ········· 465
바. 증인 또는 참고인 신청 ········· 467
(1) 당사자 신청에 의한 증인 채택 ········· 467
(2) 직권에 의한 증인 지정 ········· 468
사. 조사보고서 작성 ········· 471
아. 심문회의 ········· 472
(1) 심문회의 개최 준비 ········· 472
(2) 심문회의 진행 ········· 476
(3) 참고인 및 참관인 ········· 477
(4) 심문회의 전후 제출되는 증거자료의 처리 ········· 477
자. 판정 ········· 478
(1) 인정 ········· 479
(2) 기각 ········· 479
(3) 각하 ········· 479

차. 구제명령 ······ 479
(1) 구제명령의 종류 및 내용 ······ 479
(2) 구제명령의 효력 ······ 487
(3) 구제명령의 한계 ······ 489
카. 재심 ······ 489
(1) 재심 신청 기간 ······ 489
(2) 재심 신청 범위 ······ 490
(3) 재심 절차 ······ 490
(4) 재심 불복 ······ 490

제3절 부당노동행위 구제명령에 대한 긴급이행명령

1. 의의 ··· 491
2. 긴급이행명령의 요건 ··· 491
3. 긴급이행명령의 절차 ··· 492
가. 긴급이행명령의 신청 요청 ······ 492
나. 중앙노동위원회의 긴급이행명령의 신청 ······ 493
다. 긴급이행명령 심사 및 발령 ······ 493

알면 이기는 부당노동행위 실무

제1장
총 론

Contents

1. 의의
2. 유형
3. 연혁
4. 일반적 성립요건

1. 의의

가. 개념

부당노동행위란 근로자 또는 노동조합의 노동3권을 침해하는 사용자의 행위를 말한다. 부당노동행위제도란 부당노동행위를 구체적 유형으로 구분하여 금지하고, 위반 시 벌칙 부과를 통해 제재하며, 원상회복 및 신속한 구제를 위해 별도의 행정적 구제절차를 두고 있는 제도를 말한다.

> 관련 법령 및 해석
>
> **고용노동부, 「집단적 노사관계 업무매뉴얼」, 2022, 455쪽**
>
> 부당노동행위제도는 노동3권(단결권·단체교섭권 및 단체행동권)을 침해하여 노사관계 질서를 파괴하는 사용자의 행위를 예방·제거함으로써 헌법에서 보장하고 있는 노동3권을 보호하고 노사관계 질서를 신속하게 정상화하기 위한 제도임
>
> **중앙노동위원회, 「주제별 판례 분석집(집단적 노사관계)」, 2018, 207쪽**
>
> 부당노동행위제도는 노동3권 보장질서에 대한 사용자측의 침해를 막기 위한 제도로서 "부당노동행위"란 근로자 또는 근로자단체가 헌법이 보장하고 있는 노동3권을 자주적으로 행사하지 못하도록 방해하거나 개입하는 사용자의 행위를 의미함

나. 도입배경

노동3권은 헌법에 의해 보장되기 때문에 사용자의 노동3권 침해행위는 근로자 또는 노동조합이 자주적으로 방어해야 할 것이나, 사용자가 우월적 지위에 있는 노동관계의 특성상 국가의 개입이 필요하기도 하다. 특히, 노동조합 설립을

위한 준비단계에 있거나 조직률이 낮은 소수노조의 경우 그 필요성이 더욱 요청된다 할 것이다.

관련 법령 및 해석

고용노동부, 「집단적 노사관계 업무매뉴얼」, 2022, 455쪽

노동조합에 의한 자주적 방위가 어려운 경우 국가기관의 개입에 의하여 사용자의 행위를 배제할 것이 요청됨

고용노동부, 「최신 사례로 보는 부당노동행위」, 2009, 5쪽

사용자의 노동3권 침해는 원래 노동조합이 스스로 방어하여야 할 것이지만 노동조합에 의한 자주적 방어가 어려운 경우에는 국가기관의 개입에 의하여 사용자의 침해행위를 배제하는 경우도 있음

다. 목적

부당노동행위제도의 목적에 대하여는 견해의 대립이 있다. 첫째, 노동3권 특히 단결권으로 보장하기 위함이라는 견해(단결권설 또는 노동3권보장설), 둘째, 노동3권 그 자체보다는 이를 통한 공정한 노사관계질서의 확립에 그 목적이 있다는 견해(노사관계질서유지설), 셋째, 노동3권 보장과 노사관계질서 확립 중 어느 하나만을 위함이 아니라 양자 모두를 위함이라는 견해(절충설)가 있다.

실무적으로 볼 때, 어느 견해에 따를 것인지에 따라 부당노동행위로부터 보호받아야 할 대상의 범위나 부당노동행위에 해당하는 행위의 범위(예를 들면, 법외노조를 보호의 대상으로 볼 것인지 여부 등)가 달라질 수 있다. 법원은 과거 노동3권보장설에 가까운 해석을 보이기도 했으나, 최근에는 법원과 고용노동부

모두 절충설에 가까운 입장으로 보인다.

관련 법령 및 해석

대법원 1993. 12. 21. 선고 93다11463 판결

부당노동행위금지규정은 헌법이 규정하는 근로3권을 구체적으로 확보하기 위한 것으로 이에 위반하는 행위에 대하여 처벌규정을 두고 있는 한편 부당노동행위에 대하여 신속한 권리구제를 받을 수 있도록 행정상의 구제절차까지 규정하고 있는 점에 비추어 이는 효력규정인 강행법규라고 풀이되므로 위 규정에 위반된 법률행위는 사법상으로도 그 효력이 없다.

대법원 1998. 5. 8. 선고 97누7448 판결

부당노동행위구제제도는 집단적 노사관계질서를 파괴하는 사용자의 행위를 예방・제거함으로써 근로자의 단결권・단체교섭권 및 단체행동권을 확보하여 노사관계의 질서를 신속하게 정상화하고자 함에 그 목적이 있다.

중앙노동위원회, 「주제별 판례 분석집(집단적 노사관계)」, 2018, 207쪽

부당노동행위 제도는 우선 헌법 제33조 제1항의 단결권 등의 보장을 확인하고 구체화한 것이라는 성격을 가짐과 동시에 사법적 구제와는 별도로 노동위원회를 통한 행정적 구제제도를 마련하고 사용자의 부당노동행위에 대하여 처벌까지 하도록 한 점에서 특별한 제도적 배려라고 할 수 있으며, 단결권 보장을 통하여 형성되는 단결권 보장질서를 유지하려는 데 그 목적이 있다 할 것임

고용노동부, 「집단적 노사관계 업무매뉴얼」, 2022, 455쪽

부당노동행위제도는 노동3권(단결권・단체교섭권 및 단체행동권)을 침해하여 노사관계 질서를 파괴하는 사용자의 행위를 예방・제거함으로써 헌법에서 보장하고 있는 노동3권을 보호하고 노사관계 질서를 신속하게 정상화하기 위한 제도임

2. 유형

부당노동행위는 불이익취급, 불공정고용계약, 단체교섭 거부·해태, 지배·개입 및 운영비원조 4가지 유형으로 구분된다.

첫째, 불이익취급은 근로자가 '노동조합에 가입 또는 가입하려고 하였거나 노동조합을 조직하려고 하였거나 기타 노동조합의 업무를 위한 정당한 행위를 한 것(조합활동에 대한 불이익취급)' 또는 '정당한 단체행위에 참가한 것을 이유로 하거나 또는 노동위원회에 대하여 사용자가 이 조의 규정에 위반한 것을 신고하거나 그에 관한 증언을 하거나 기타 행정관청에 증거를 제출한 것(보복성 불이익취급)'을 이유로 그 근로자를 해고하거나 그 근로자에게 불이익을 주는 행위를 말한다.[1]

둘째, 불공정고용계약은 '근로자가 어느 노동조합에 가입하지 아니할 것 또는 탈퇴할 것을 고용조건으로 하거나 특정한 노동조합의 조합원이 될 것을 고용조건으로 하는 행위'를 말한다. 다만, 노동조합이 당해 사업장에 종사하는 근로자의 3분의 2 이상을 대표하고 있을 때에는 근로자가 그 노동조합의 조합원이 될 것을 고용조건으로 하는 단체협약의 체결은 예외로 하며, 이러한 경우라도 사용자는 근로자가 그 노동조합에서 제명된 것 또는 그 노동조합을 탈퇴하여 새로 노동조합을 조직하거나 다른 노동조합에 가입한 것을 이유로 근로자에게 신분상 불이익한 행위를 할 수 없다.[2]

1) 노조법 제81조 제1항 제1호 및 제5호

2) 노조법 제81조 제1항 제2호

셋째, 단체교섭 거부·해태는 '노동조합의 대표자 또는 노동조합으로부터 위임을 받은 자와의 단체협약체결 기타의 단체교섭을 정당한 이유 없이 거부하거나 해태하는 행위'를 말한다.[3]

넷째, 지배·개입 및 운영비원조는 '근로자가 노동조합을 조직 또는 운영하는 것을 지배하거나 이에 개입하는 행위(지배·개입)'와 '근로시간 면제한도를 초과하여 급여를 지급하거나 노동조합의 운영비를 원조하는 행위(운영비원조)'를 말한다. 다만, 운영비원조의 경우 근로자가 근로시간 중에 노조법 제24조 제2항에 따른 활동을 하는 것을 사용자가 허용함은 무방하며, 또한 근로자의 후생자금 또는 경제상의 불행 그 밖에 재해의 방지와 구제 등을 위한 기금의 기부와 최소한의 규모의 노동조합사무소의 제공 및 그 밖에 이에 준하여 노동조합의 자주적인 운영 또는 활동을 침해할 위험이 없는 범위에서의 운영비 원조행위는 예외로 한다. 고용노동부는 운영비원조를 지배·개입의 세부 유형으로 보고 별도의 구분 없이 지배·개입으로 통칭하고 있다.[4]

관련 법령 및 해석

노조법 제81조(부당노동행위)

① 사용자는 다음 각 호의 어느 하나에 해당하는 행위(이하 "부당노동행위"라 한다)를 할 수 없다.

1. 근로자가 노동조합에 가입 또는 가입하려고 하였거나 노동조합을 조직하려고 하였거나 기타 노동조합의 업무를 위한 정당한 행위를 한 것을 이유로 그 근로자

3) 노조법 제81조 제1항 제3호

4) 노조법 제81조 제1항 제4호

를 해고하거나 그 근로자에게 불이익을 주는 행위

2. 근로자가 어느 노동조합에 가입하지 아니할 것 또는 탈퇴할 것을 고용조건으로 하거나 특정한 노동조합의 조합원이 될 것을 고용조건으로 하는 행위. 다만, 노동조합이 당해 사업장에 종사하는 근로자의 3분의 2 이상을 대표하고 있을 때에는 근로자가 그 노동조합의 조합원이 될 것을 고용조건으로 하는 단체협약의 체결은 예외로 하며, 이 경우 사용자는 근로자가 그 노동조합에서 제명된 것 또는 그 노동조합을 탈퇴하여 새로 노동조합을 조직하거나 다른 노동조합에 가입한 것을 이유로 근로자에게 신분상 불이익한 행위를 할 수 없다.
3. 노동조합의 대표자 또는 노동조합으로부터 위임을 받은 자와의 단체협약체결 기타의 단체교섭을 정당한 이유없이 거부하거나 해태하는 행위
4. 근로자가 노동조합을 조직 또는 운영하는 것을 지배하거나 이에 개입하는 행위와 근로시간 면제한도를 초과하여 급여를 지급하거나 노동조합의 운영비를 원조하는 행위. 다만, 근로자가 근로시간 중에 제24조제2항에 따른 활동을 하는 것을 사용자가 허용함은 무방하며, 또한 근로자의 후생자금 또는 경제상의 불행 그 밖에 재해의 방지와 구제 등을 위한 기금의 기부와 최소한의 규모의 노동조합사무소의 제공 및 그 밖에 이에 준하여 노동조합의 자주적인 운영 또는 활동을 침해할 위험이 없는 범위에서의 운영비 원조행위는 예외로 한다.
5. 근로자가 정당한 단체행위에 참가한 것을 이유로 하거나 또는 노동위원회에 대하여 사용자가 이 조의 규정에 위반한 것을 신고하거나 그에 관한 증언을 하거나 기타 행정관청에 증거를 제출한 것을 이유로 그 근로자를 해고하거나 그 근로자에게 불이익을 주는 행위

3. 연혁

부당노동행위제도는 미국에서 시작되었으며, 그 연혁을 외국과 우리나라로 구분하여 간략히 정리하면 아래 〈표 1. 부당노동행위제도 연혁〉과 같다.

〈표 1〉 ❙ 부당노동행위제도 연혁

<table>
<tr><th>구분</th><th>년도</th><th>법률</th><th>주요내용</th></tr>
<tr><td rowspan="3">외국</td><td>1935</td><td>Wagner Act</td><td>• 근로자의 단결권, 단체교섭권을 침해하는 사용자의 행위를 “부당노동행위”로 금지하는 최초의 입법
• 근로자의 노동3권을 보장하고 노사간 힘의 균형을 통한 공정한 노사관계 질서를 형성하고자 함</td></tr>
<tr><td>1947</td><td>Taft-Hartley Act</td><td>• 대공황 이후 경제가 회복되면서 노동조합의 권한 남용이 중요한 문제로 대두
• 노사 간의 교섭력 균형유지를 위해 노동조합과 그 대리인에 의한 부당노동행위 제도를 규정</td></tr>
<tr><td>이후</td><td></td><td>• 제2차 세계대전 이후 인도(1947년), 캐나다(1948년), 일본(1949년) 등에서 도입</td></tr>
<tr><td rowspan="6">한국</td><td>1953
(제정)</td><td rowspan="4">노동조합법</td><td>• 단체협약 체결 거부를 부당노동행위로 규정하고 처벌규정 마련
• 부당노동행위 주체를 사용자, 노동조합 모두 포함</td></tr>
<tr><td>1963</td><td>• 처벌규정 삭제, 노동위원회에 의한 원상회복주의로 전환
• 부당노동행위 주체에서 노동조합 제외</td></tr>
<tr><td>1980</td><td>• 제한적으로 인정되었던 유니언숍 삭제</td></tr>
<tr><td>1986</td><td>• 처벌규정(반의사불벌죄) 재도입, 원상회복주의와 병행
• 삭제된 제한적 유니언숍 재도입</td></tr>
<tr><td>1997
(제정)</td><td rowspan="2">노동조합 및 노동관계조정법</td><td>• 처벌규정 유지하되 반의사불벌죄 삭제
• 긴급이행명령제도 도입</td></tr>
<tr><td>2020</td><td>• 헌재 결정(2017헌가30 결정 등)에 따라 양벌규정 예외 신설</td></tr>
</table>

※ 출처 : 최영우, 「집단 노동법 실무」 개정8판, (주)중앙경제, 2023, 881~883쪽 ; 고용노동부, 「집단적 노사관계 업무매뉴얼」, 2022, 456쪽 ; 고용노동부, 「최신 사례로 보는 부당노동행위」, 2009, 5~11쪽을 재구성 함

4. 일반적 성립요건

가. 행위의 주체가 사용자일 것

노조법은 '사용자는 부당노동행위를 할 수 없다'고 규정하고 있다. 따라서 부당노동행위가 성립하기 위해서는 그 행위를 한 주체가 사용자이어야 한다. 노조법은 사용자에 대하여 사업주, 사업의 경영담당자, 근로자에 관한 사항에 대하여 사업주를 위하여 행동하는 자로 규정하고 있다.[5)]

(1) 사업주

'사업주'란 사업 또는 사업장의 경영주체로서, 법인인 경우에는 법인 그 자체이고, 개인기업인 경우에는 그 사업에 있어서 자본이나 시설을 투자하여 기업을 경영하는 자연인을 말한다.

(2) 사업의 경영담당자

'사업의 경영담당자'란 사업경영 일반에 관하여 책임을 지는 자로서 사업주로부터 사업경영의 전부 또는 일부에 대하여 포괄적인 위임을 받고 대외적으로 사업을 대표하거나 대리하는 자를 말한다. 예를 들어, 사업의 일부에 대하여 대표권을 가지는 상법상 지배인이나 학교법인이 설립하여 경영하는 영조물의 대표자인 의료원장이나 학교장도 사업경영담당자에 해당한다.

5) 노조법 제2조 제2호

관련 법령 및 해석

대법원 2007. 9. 6. 선고 2007도4904 판결

사업경영담당자란 사업경영 일반에 관하여 책임을 지는 자로서 사업주로부터 사업경영의 전부 또는 일부에 대하여 포괄적인 위임을 받고 대외적으로 사업을 대표하거나 대리하는 자를 말하는바, 근로기준법이 같은 법 각 조항에 대한 준수의무자로서의 사용자를 사업주에 한정하지 아니하고 사업경영담당자 등으로 확대한 이유가 노동현장에 있어서 근로기준법의 각 조항에 대한 실효성을 확보하기 위한 정책적 배려에 있는 만큼, 사업경영담당자란 원칙적으로 사업경영 일반에 관하여 권한을 가지고 책임을 부담하는 자로서 관계 법규에 의하여 제도적으로 근로기준법의 각 조항을 이행할 권한과 책임이 부여되었다면 이에 해당하고, 반드시 현실적으로 그러한 권한을 행사하여야만 하는 것은 아니다.

(3) 사업주를 위하여 행동하는 자

'근로자에 관한 사항에 대하여 사업주를 위하여 행동하는 자'란 근로자의 인사, 급여, 후생, 노무관리 등 근로조건 결정 또는 업무상 명령이나 지휘·감독을 하는 등의 사항에 대하여 사업주로부터 일정한 권한과 책임을 부여받은 자로서, 부서 또는 팀의 장이 이에 해당한다. 이러한 자에 해당하는지는 형식적인 직급이나 직책 등이 아니라, 실질적으로 부여된 권한과 책임을 기준으로 판단해야 한다.

관련 법령 및 해석

대법원 2011. 9. 8. 선고 2008두13873 판결

'그 사업의 근로자에 관한 사항에 대하여 사업주를 위하여 행동하는 자'란 근로자의 인사, 급여, 후생, 노무관리 등 근로조건 결정 또는 업무상 명령이나 지휘·감독을 하는 등의 사항에 대하여 사업주로부터 일정한 권한과 책임을 부여받은 자를 말한다.

고용노동부, 「집단적 노사관계 업무매뉴얼」, 2022, 30쪽

사업주를 위하여 행동하는 자에 해당하는지 여부를 판단함에 있어 각 사업체마다 조직·편제, 분장업무가 다르므로 부장·차장 등 외형적인 직급 명칭보다는 실제 담당업무의 내용(예 : 위임전결사항의 범위, 근무평정 권한 여부, 소속근로자의 지휘 명령권한 등)에 따라 구체적으로 판단하여야 함

서울고등법원 2012. 6. 29. 선고 2011누31767 판결

과장급 이상 직원은 소속직원의 업무분장, 근태관리 등에 관하여 전결권을 부여받았는 바, 그들은 '근로자에 관한 사항에 대하여 사업주를 위하여 행동하는 자'에 해당하여 노동조합 가입대상에 해당하지 않는다. 그러나 주임급 이하의 직원들은 참가인의 직제상 주임급 직원들에게는 근무평정권 내지 인사고과권, 독자적인 업무명령권 및 전결권한 등이 부여되지 않은 점, 이 사건 당시 주임급 직원들 중 A등은 기획조정과에, B등은 총무처 경리과에, C등은 총무처 총무과에, E등은 용인캠퍼스 총무처 총무과에 F는 기획조정처 예산과에 G는 정보지원처 전산과에 H는 산학협력단에 각 근무하여 경리, 서무를 비롯한 소속부서의 담당업무를 수행하였고, I등은 총장 및 부총장의 비서로, J는 총장의 운전기사로 각 근무한 사실이 인정되나, 근로관계 결정에 직접 참여하거나 사용자의 근로관계에 대한 계획과 방침에 대한 기밀사항 업무를 취급할 권한이 있었던 것으로 보이지는 않는 점에 비추어 주임급 직원들이 노동조합 비가입대상자였다고 단정할 수 없다.

(4) 사용자단체

사용자단체란 노동관계에 관하여 그 구성원인 사용자에 대하여 조정 또는 규제할 수 있는 권한을 가진 사용자의 단체를 말한다.[6] 사용자단체는 노조법상 교섭권을 확보한 노동조합이 교섭을 요구하는 경우 신의에 따라 성실히 교섭하고 단체협약을 체결하여야 하며 그 권한을 남용하거나, 정당한 이유없이 교섭

또는 단체협약의 체결을 거부 또는 해태하여서는 아니 된다.[7] 따라서 사용자단체는 부당노동행위 유형 중 단체교섭 거부·해태에 관하여 행위의 주체가 될 수 있다.[8]

(5) 사용자 개념의 확대

노조법은 「근로기준법」(이하 "근기법"이라 한다)과 같이 사용자에 대한 개념 정의 없이 그에 해당하는 자의 범위를 명시하는 방식으로 규정하고 있다.[9] 이에, 노조법상 사용자는 근기법상 사용자와 동일하게 명시적으로 근로계약을 체결하였거나 묵시적인 근로계약관계에 있는 자로 해석되어왔다. 노동3권은 집단적 교섭을 통한 근로조건의 향상을 목적으로 하고,[10] 이에 대법원은 단체교섭권을 노동3권의 중핵적인 권리로 해석하고 있음을 감안할 때,[11] 소속 근로자의 근로조건에 관하여 결정하고 그 내용을 이행할 수 있는 명시적 또는 묵시적 근로계약에 있는 자를 사용자로 해석하는 것은 타당하다 할 것이다.

---

6) 노조법 제2조 제3호

7) 노조법 제30조 제1항 및 제2항

8) 하갑래, 「집단적 노동관계법」 제8판, ㈜중앙경제, 2021. 516쪽

9) 노조법 제2조 제2호 및 근기법 제2조 제1항 제2호

10) 헌법 제33조 제1항

11) 대법원 1990. 5. 15. 선고 90도357 판결

관련 법령 및 해석

◦ **대법원 1986. 12. 23. 선고 85누856 판결 ; 대법원 1995. 12. 23. 선고 95누3565 판결 ; 대법원 2008. 9. 11. 선고 2006다40935 판결 등**

노조법상 사용자라 함은 근로자와의 사이에 사용종속 내지 노동종속관계가 있는 자 즉, 근로자는 사용자의 지휘·감독아래 사용자에게 근로를 제공하고 사용자는 그 대가로서 근로자에게 임금을 지급하는 것을 목적으로 하는 명시적이거나 묵시적인 노동계약관계가 있는 자를 말하는 것이다.

그러나, 노조법상 근로자는 근기법상 근로자와 달리 특정 사업장에 재직 중일 것을 전제로 하지 않는 점,[12] 부당노동행위제도는 노동3권 보장 외에도 노사관계질서 확립을 목적으로 하는 점,[13] 특히, 지배개입의 경우 단결권을 침해하는 행위를 배제·시정함으로써 정상적인 노사관계를 회복하는 것을 목적으로 하고 있는 점[14] 등을 종합하여 볼 때, 부당노동행위에 관한 사용자는 반드시 근로계약 체결을 전제로 하지 않는다고 할 것이다. 이러한 사용자 개념의 확대는 원청업체, 하청업체 그리고 하청업체 근로자로 이루어지는 소위 간접고용관계에서 원청업체에 대하여 부당노동행위 일부 유형에서 확인된다.

12) 노조법 제2조 제1호

13) 대법원 1998. 5. 8. 선고 97누7448 판결

14) 대법원 2010. 3. 25. 선고 2007두8881 판결

(가) 지배 · 개입에서의 사용자 개념 확대

원청업체는 하청업체 근로자에 대하여 명시적 또는 묵시적 근로계약관계가 인정되지 않는 한 사용자 책임을 부담하지 않는다. 다만, 하청업체 근로자의 기본적인 노동조건 등에 관하여 그를 고용한 사업주로서의 권한과 책임을 일정부분 담당하고 있다고 볼 정도로 실질적이고 구체적으로 지배 · 결정할 수 있는 지위에 있다면 원청업체라 할지라도 지배개입의 부당노동행위에 있어서 사용자가 될 수 있다.

관련 법령 및 해석

대법원 2010. 3. 25. 선고 2007두8881 판결

부당노동행위의 예방 · 제거는 노동위원회의 구제명령을 통해서 이루어지는 것이므로, 구제명령을 이행할 수 있는 법률적 또는 사실적인 권한이나 능력을 가지는 지위에 있는 한 그 한도 내에서는 부당노동행위의 주체로서 구제명령의 대상자인 사용자에 해당한다고 볼 수 있을 것이다. 노동조합 및 노동관계조정법 제81조제4호는 '근로자가 노동조합을 조직 또는 운영하는 것을 지배하거나 이에 개입하는 행위' 등을 부당노동행위로 규정하고 있고, 이는 단결권을 침해하는 행위를 부당노동행위로서 배제 · 시정하여 정상적인 노사관계를 회복하는 것을 목적으로 하고 있으므로, 그 지배 · 개입 주체로서의 사용자인지 여부도 당해 구제신청의 내용, 그 사용자가 근로관계에 관여하고 있는 구체적 형태, 근로관계에 미치는 실질적인 영향력 내지 지배력의 유무 및 행사의 정도 등을 종합하여 결정하여야 할 것이다. 따라서 근로자의 기본적인 노동조건 등에 관하여 그 근로자를 고용한 사업주로서의 권한과 책임을 일정부분 담당하고 있다고 볼 정도로 실질적이고 구체적으로 지배 · 결정할 수 있는 지위에 있는 자가 노동조합을 조직 또는 운영하는 것을 지배하거나 이에 개입하는 등으로 법 제81조제4호 소정의 행위를 하였다면, 그 시정을 명하는 구제명령을 이행하여야 할 사용자에 해당한다.

(나) 단체교섭에서의 사용자 개념 확대

원청업체에 대한 단체교섭 거부·해태의 사용자 개념 확대는 아직 대법원의 최종적인 판단 없이 사안별로 하급심에 따라 달리 판단되고 있다.

단체교섭 영역에서의 사용자 확대는 단순히 원청업체의 교섭 응낙 및 성실교섭 의무에 대한 확인에서 그치지 않는다. 단체교섭을 위해 거쳐야 하는 교섭창구단일화 제도는 하나의 사업(장) 단위로 적용되는데, 원청업체와 하청업체는 엄연히 별개 사업(장)이므로, 교섭창구단일화 제도를 어떻게 적용할 것인지에 대한 판단도 함께 고려되어야 한다.

관련 법령 및 해석

◦ **사용자 확대 인정 사례 : 서울행정법원 2023. 1. 12. 선고 2021구합71748 판결(서울고등법원 2024. 1. 24. 선고 2023누34646 판결)**

노동조합법 제81조 제1항 제3호의 사용자에는 같은 항 제4호의 사용자와 마찬가지로 근로자와의 사이에 사용종속관계가 있는 자뿐만 아니라 기본적인 노동조건 등에 관하여 그 근로자를 고용한 사업주로서의 권한과 책임을 일정 부분 담당하고 있다고 볼 정도로 실질적이고 구체적으로 지배·결정할 수 있는 지위에 있는 자도 포함된다고 해석함이 타당하다.

노동조합법상 단체교섭 의무를 부담하는 사용자에 해당하는지는 사업주가 근로조건인 교섭요구사항에 대하여 실질적으로 결정하거나, 근로자가 해당 근로조건을 사업주의 의사대로 또는 정해진 대로 복종하여 따를 수밖에 없어 사업주가 해당 근로조건을 지배하고 있는지를 기준으로 판단해야 하고, 그러한 판단을 함에 있어서는 원고와 집배점의 관계, 집배점 택배기사의 업무가 상시적·필수적인 업무인지, 원고의 사업체계의 일부로 편입됨으로써 근로조건을 지배하거나 결정하는 원고의 지위가 지속적인지 등을 종합적으로 고려하여야 한다.

원고는 집배점 택배기사들의 근로조건과 관련된 이 사건 의제에 대하여 실질적이고 구체적으로 지배·결정할 수 있는 지위에 있다고 할 것이므로 집배점 택배기사들에 대한 관계에서 노동조합법상 사용자에 해당한다고 봄이 타당하다.

◦ **사용자 확대 부정 사례 : 부산고등법원 2018. 11. 14. 선고 2018나53149 판결(대법원 2018다296229로 계속 중)**

피고는 공사도급계약에 따른 공사대금을 사내 하청업체에게 지급하였을 뿐 사내 하청업체 소속 근로자들에게 직접 임금을 지급하거나 임금구조를 결정한 것은 아니고, 위 근로자들의 임금은 기본적으로 사내 하청업체의 경영능력, 노동조합의 교섭력, 근로자들의 업무능력 등이 종합적으로 반영되어 결정되므로, 설령 위 근로자들의 임금이 피고가 사내 하청업체에게 지급하는 공사대금에 어느 정도 의존하고 있다고 보더라도 이를 두고 피고가 위 근로자들의 임금에 대한 지배・결정권을 행사하였다고 평가하기는 어렵다.

※ 1심(울산지방법원 2018. 4. 12. 선고 2017가합20070 판결)

단체교섭제도는 단체협약을 통해 근로계약의 내용을 집단적으로 형성・변경할 수 있는 기능과 가능성을 본질로 하므로, 근로자와 사용자 사이의 개별 근로계약관계의 존재 여부와 밀접한 관련성을 가질 수밖에 없다.

원청업체가 제3자로서 사내 하청업체 소속 근로자에 대하여 노동3권을 침해하는 사실적인 지배・개입행위를 할 수 있는 지위에 있다는 사정만으로 단체교섭을 포함한 집단적 노동관계 일반에 있어 원청업체의 사용자성이 당연히 인정된다고 볼 수는 없다.

단체교섭제도 안에서의 개별 근로계약관계가 갖는 의미, 단체교섭제도의 목적과 기능 등을 고려할 때, 이 사건에서 피고가 사내 하청업체 소속 근로자들과의 관계에서 단체교섭 의무가 있는 사용자에 해당하는지는 사내 하청업체 소속 근로자들과 피고 사이에 적어도 묵시적 근로계약관계가 성립되어 있다고 평가할 수 있을 정도로 사용종속관계가 있는지 여부에 따라 결정된다고 해석함이 타당하다.

(6) 그밖에 부당노동행위 제도상 사용자 개념

(가) 구제명령 이행자로서 사용자

노동위원회의 부당노동행위 구제명령을 이행하여야 할 사용자는 행위의 주체로서 사용자와 구분된다. 구제명령 이행자로서 사용자는 법률상 독립한 권리의무의 귀속주체여야 하므로 원칙적으로 사업주(개인기업은 사업주 개인, 법인기업은 법인)로 한정된다. 사업주는 자신이 부당노동행위를 한 경우 이를 즉시 시정하여 원상회복하여야 하고, 자신이 아닌 사용자(사업경영담당자, 사용자를 위하여 행동하는 자)가 부당노동행위를 행한 경우에도 이에 대한 시정을 지시·명령함으로써 구제명령을 이행해야 한다.

(나) 형벌부과 대상자로서 사용자

부당노동행위를 한 사용자는 노조법에 따라 형사처벌(2년 이하의 징역 또는 2천만원 이하의 벌금)의 대상이 된다. 즉, 사용자에 해당하는 자가 부당노동행위를 한 경우 그 행위자에게 형벌이 부과된다.

아울러, 사업주는 노조법상 양벌규정에 따라 사업주 이외 사용자(사업경영담당자, 사용자를 위하여 행동하는 자)가 부당노동행위를 한 경우에도 형사처벌의 대상이 된다. 다만, 사업주가 부당노동행위를 방지하기 위하여 해당 업무에 관하여 상당한 주의와 감독을 게을리하지 아니한 경우에는 형사처벌의 대상에서 제외된다.[15]

---

15) 노조법 제94조

여기서 부당노동행위 방지를 위한 상당한 주의와 감독을 게을리하지 않았는지 여부, 즉 양벌규정의 예외는 일반적으로 ▲법률의 입법 취지, ▲양벌규정을 마련한 취지, ▲법위반 행위의 구체적인 양태와 피해·결과의 정도, ▲법위반 행위자에 대한 법인·단체 또는 개인 등의 감독가능성 또는 구체적인 지휘감독 관계, ▲법인이 행위자의 법위반행위 방지를 위하여 실제로 행한 조치(관리·감독) 등을 종합적으로 판단한다.

관련 법령 및 해석

대법원 2010. 2. 25. 선고 2009도5824 판결

구체적인 사안에서 법인이 상당한 주의 또는 관리감독 의무를 게을리하였는지 여부는 당해 위반 행위와 관련된 모든 사정 즉, 당해 법률의 입법 취지, 처벌조항 위반으로 예상되는 법익 침해의 정도, 그 위반행위에 관하여 양벌규정을 마련한 취지 등은 물론 위반행위의 구체적인 모습과 그로 인하여 실제 야기된 피해 또는 결과의 정도, 법인의 영업 규모 및 행위자에 대한 감독 가능성 또는 구체적인 지휘감독 관계, 법인이 위반행위 방지를 위하여 실제 행한 조치 등을 전체적으로 종합하여 판단하여야 한다.

부당노동행위에 대한 양벌규정의 예외는 2020. 4. 23. 헌법재판소의 결정[16]에 따라 노조법이 2020. 6. 9.에 개정되면서 시행 중에 있다. 고용노동부는 법개정 이후 양벌규정 관련 직접적인 판례 등이 축적되지 않아 부당노동행위 방지를 위한 상당한 주의와 감독을 게을리하지 않았는지 여부에 대한 명확한 기준을 제시하기는 어렵다는 전제 하에 아래와 같은 기준을 제시하고 있다.

16) 헌법재판소 2020. 4. 23. 선고 2019헌가25 전원재판부 결정

관련 법령 및 해석

고용노동부, 「집단적 노사관계 업무매뉴얼」, 2022, 466쪽

법개정 이후 양벌규정 관련 직접적인 판례 등이 축적되지 않아 명확한 기준을 제시하기는 어려우나, 아래의 사항을 종합적으로 확인하여 양벌규정 적용 여부를 판단
- 과거 부당노동행위로 구제명령 또는 형사처벌된 사례 여부
- 부당 노동행위 관련 내부 문제제기, 구제신청, 신고사건 등에 있어 행위자에 대한 징계 또는 징계에 준하는 조치 등 적절한 조치를 취했는지 여부
- 「노동조합법」 등 노동관계법령 및 적법한 인사노무관리 등에 관한 교육 등의 실시 여부 및 횟수, 내용 등

나. 행위의 객체(대상)가 노조법상 근로자 또는 노동조합일 것

부당노동행위란 근로자 또는 노동조합의 노동3권을 침해하는 사용자의 행위를 말한다. 따라서 부당노동행위가 성립하기 위해서는 그 행위의 객체(대상)가 노조법상 근로자 또는 노동조합이어야 한다.

(1) 근로자

'근로자'란 직업의 종류를 불문하고 임금・급료 기타 이에 준하는 수입에 의하여 생활하는 자를 말한다.[17] 과거에는 대법원 판례에 따라 초기업별 노동조합의 경우 특정한 사용자에게 고용되어 현실적으로 취업하고 있는 자뿐만 아니라, 일시적으로 실업상태에 있는 자나 구직중인 자도 근로3권을 보장할 필요성이

17) 노조법 제2조 제1호

있는 한 그 범위에 포함되었다. 노조법 개정에 따라 2021. 7. 6. 이후부터는 사업(장)에 종사하지 않는 근로자도 초기업별 노조뿐만 아니라 기업단위 노조를 설립하거나 이에 가입할 수 있다.

관련 법령 및 해석

대법원 2004. 2. 27. 선고 2001두8568 판결

근로기준법은 '현실적으로 근로를 제공하는 자에 대하여 국가의 관리·감독에 의한 직접적인 보호의 필요성이 있는가'라는 관점에서 개별적 노사관계를 규율할 목적으로 제정된 것인 반면에, 노동조합 및 노동관계조정법은 '노무공급자들 사이의 단결권 등을 보장해 줄 필요성이 있는가'라는 관점에서 집단적 노사관계를 규율할 목적으로 제정된 것으로 그 입법목적에 따라 근로자의 개념을 상이하게 정의하고 있는 점, 노조법 제2조제4호 (라)목 단서는 '기업별 노동조합'의 조합원이 사용자로부터 해고됨으로써 근로자성이 부인될 경우에 대비하여 마련된 규정으로서, 이와 같은 경우에만 한정적으로 적용되고, 원래부터 일정한 사용자에의 종속관계를 필요로 하지 않는 산업별·직종별·지역별 노동조합 등의 경우에까지 적용되는 것은 아닌 점 등을 근거로, 노조법 제2조제1호 및 제4호 라목 본문에서 말하는 '근로자'에는 특정한 사용자에게 고용되어 현실적으로 취업하고 있는 자뿐만 아니라, 일시적으로 실업 상태에 있는 자나 구직중인 자도 근로3권을 보장할 필요성이 있는 한 그 범위에 포함된다.

노조법 제5조(노동조합의 조직·가입·활동)

① 근로자는 자유로이 노동조합을 조직하거나 이에 가입할 수 있다. 다만, 공무원과 교원에 대하여는 따로 법률로 정한다.
② 사업 또는 사업장에 종사하는 근로자(이하 "종사근로자"라 한다)가 아닌 노동조합의 조합원은 사용자의 효율적인 사업 운영에 지장을 주지 아니하는 범위에서 사업 또는 사업장 내에서 노동조합 활동을 할 수 있다.

(2) 노동조합

'노동조합'이란 근로자가 주체가 되어 자주적으로 단결하여 근로조건의 유지·개선 기타 근로자의 경제적·사회적 지위의 향상을 도모함을 목적으로 조직하는 단체 또는 그 연합단체를 말한다.[18)]

복수노조 허용 및 교섭창구단일화제도 도입에 따라 복수노조 사업장에서의 단체교섭 거부·해태의 경우에는 교섭창구단일화 절차를 통해 교섭권을 획득한 교섭대표노동조합 등이 부당노동행위의 객체가 된다.

(3) 법외노조, 일시적 단결체 또는 쟁의단

설립신고증을 교부받은 노조법상 노동조합이 아니더라도 부당노동행위의 객체가 될 수 있다. 다만, 노조법에 따라 노동위원회에 부당노동행위 구제신청 제기는 할 수 없다.[19)] 그러나 이러한 구제신청 제한은 불이익취급, 불공정고용계약에 있어서 근로자 보호를 부인하는 취지로 해석되어서는 아니 된다.[20)] 따라서 법외노조, 일시적 단결체 또는 쟁의단 등 노조법상 노동조합이 아닌 근로자단체라고 하더라도 해당 단체의 구성원인 개별 근로자는 불이익취급 등에 대하여 노동위원회에 부당노동행위 구제신청을 제기할 수 있다. 또한 일시적 단결체 등이 이후 설립신고증을 교부받아 법내 노동조합이 되었다면 설립과정에서의 부당노동행위에 대하여 노동위원회에 부당노동행위 구제신청을 제기할 수 있다.

---

18) 노조법 제2조 제4호

19) 노조법 제7조 제1항

20) 노조법 제7조 제2항

관련 법령 및 해석

노조법 제7조(노동조합의 보호요건)

① 이 법에 의하여 설립된 노동조합이 아니면 노동위원회에 노동쟁의의 조정 및 부당노동행위의 구제를 신청할 수 없다.
② 제1항의 규정은 제81조제1항제1호·제2호 및 제5호의 규정에 의한 근로자의 보호를 부인하는 취지로 해석되어서는 아니된다.

대법원 1991. 1. 25. 선고 90누4952 판결

노동조합을 조직하려고 하였다는 이유로 근로자에 대하여 한 부당노동행위에 대하여는 후에 설립된 노동조합도 노동조합법 제40조 제1항에 의하여 독자적인 구제신청권을 가지고 있다고 보아야 한다.

다. 행위의 내용이 '노조법 제81조 제1항 각 호'에 해당할 것

노조법은 부당노동행위에 대하여 불이익취급, 불공정 고용계약의 체결, 단체교섭 거부·해태, 지배·개입의 4가지 유형으로 구분하고, 각 유형별 개념에 대하여 구체적으로 규정하고 있다. 따라서 부당노동행위가 성립하기 위해서는 그 행위의 내용이 노조법 제81조 제1항 각 호에 해당해야 한다.

참고로, 부당노동행위제도는 민법상의 불법행위와 같이 손해배상을 위주로 하는 제도가 아니므로 그 결과발생을 필요로 하는 위법행위와는 구분된다. 따라서 부당노동행위 성립 여부에는 반드시 노동3권의 침해라는 결과발생이 요구되지 않고, 단결권 침해 등의 결과를 발생시킬 우려만으로도 충분하다. 다만, 부당노동행위를 준비하는 행위(노조무력화를 위한 회의·계획 등)는 범죄실행의 전

단계인 예비 · 음모에 해당할 뿐이므로 부당노동행위가 성립한다고 보기 어렵다.

관련 법령 및 해석

대법원 2013. 1. 10. 선고 2011도15497 판결

사용자가 연설, 사내방송, 게시문, 서한 등을 통하여 의견을 표명하는 경우 표명된 의견의 내용과 함께 그것이 행하여진 상황, 시점, 장소, 방법 및 그것이 노동조합의 운영이나 활동에 미치거나 미칠 수 있는 영향 등을 종합하여 노동조합의 조직이나 운영 및 활동을 지배하거나 이에 개입하는 의사가 인정된다면 노동조합 및 노동관계조정법 제81조제4호에 규정된 '근로자가 노동조합을 조직 또는 운영하는 것을 지배하거나 이에 개입하는 행위'로서 부당노동행위가 성립하고, 또 그 지배 · 개입으로서 부당노동행위의 성립에 반드시 근로자의 단결권 침해라는 결과 발생까지 요하는 것은 아니다.

라. 부당노동행위 의사가 있을 것

(1) 개요

부당노동행위란 사용자의 노동3권 침해행위를 말한다. 따라서 부당노동행위가 성립하기 위해서는 해당 행위에 사용자의 부당노동행위 의사가 있어야 한다.

관련 법령 및 해석

고용노동부, 「집단적 노사관계 업무매뉴얼」, 2022, 469쪽

형벌 부과대상인 부당노동행위는 고의범을 전제로 하므로(형법 제13조에 따라 과실범에 대하여 특별히 규정을 두는 경우가 아닌 이상 원칙적으로 고의범만을 처벌) 주관적 구성요건 요소인 고의로서의 부당노동행위 의사가 있어야 함

(2) 판단요소

사용자의 특정 행위에 부당노동행위 의사가 있는지 여부는 객관적·외형적 사실로부터 추정되는 의사만으로 충분하며, 적극적인 목적이나 동기까지를 필요로 하는 것은 아니다.

관련 법령 및 해석

대법원 1991. 4. 23. 선고 90누7685 판결

부당노동행위 의사의 존재는 ▲사용자가 내세우는 해고사유와 ▲그 근로자가 한 노동조합업무를 위한 정당한 행위의 내용, ▲징계해고를 한 시기, ▲사용자와 노동조합과의 관계, ▲동종의 사례에 있어서의 조합원과 비조합원에 대한 제재의 불균형 여부, ▲종래의 관행에 부합하는지 여부, ▲사용자의 노동조합에 대한 언동이나 태도 등 기타 부당노동행위 의사의 존재를 추정할 수 있는 제반 사정 등을 비교 검토하여 판단하여야 한다.

고용노동부, 「집단적 노사관계 업무매뉴얼」, 2022, 470쪽

부당노동행위 의사의 존재 여부는 아래의 사항을 포함하여 외부로 드러난 객관적 사실을 종합하여 판단

- 사용자의 조합에 대한 종래의 태도(사보, 회의, 조회, 직원교육 및 평소언행)
- 과거 부당노동행위 사건 유무
- 피해자의 조합활동 적극성 유무
- 행위 시기(조합결성 직후, 단체교섭 직전·교섭 중, 쟁의행위기간 등)
- 사용자 처분과 종래 관행의 균형 여부
- 타 근로자와의 형평(동일 사안에 있어서의 차별대우)
- 행위 이후 조합조직 및 활동의 추이
- 사용자가 제시한 처분이유의 명료성, 합리성, 일관성
- 사용자의 처분이 단체협약, 취업규칙 소정의 절차이행 여부

(3) 입증책임

부당노동행위 의사의 존재여부에 대한 입증책임은 이를 주장하는 근로자 또는 노동조합이 부담한다. 입증곤란에 따른 위험이나 불이익 역시 이를 주장하는 근로자 또는 노동조합이 부담한다.

> 관련 법령 및 해석
>
> **대법원 2007. 11. 15. 선고 2005두4120 판결**
>
> 사용자의 행위가 노동조합 및 노동관계조정법에 정한 부당노동행위에 해당하는지 여부는 사용자의 부당노동행위 의사의 존재 여부를 추정할 수 있는 모든 사정을 전체적으로 심리 검토하여 종합적으로 판단하여야 하고, 부당노동행위에 대한 입증책임은 이를 주장하는 근로자 또는 노동조합에게 있으므로, 필요한 심리를 다하였어도 사용자에게 부당노동행위 의사가 존재하였는지 여부가 분명하지 아니하여 그 존재 여부를 확정할 수 없는 경우에는 그로 인한 위험이나 불이익은 그것을 주장한 근로자 또는 노동조합이 부담할 수밖에 없다.

(4) 사유의 경합

사용자의 부당노동행위 의사가 추정된다고 하더라도, 사용자가 제시하는 사유의 정당성이 인정된다면 부당노동행위는 성립하지 않는다. 부당노동행위 제도가 사용자의 정당한 권한 행사나 지휘명령권의 행사까지 제한한다고 볼 수 없기 때문이다. 예를 들어, 특정 인사처분에 정당한 이유가 인정된다면 설령 부당노동행위 의사가 추정된다고 하더라도 부당노동행위는 성립하지 않는다.

관련 법령 및 해석

대법원 2004. 6. 10. 선고 2004두2882 판결

부당노동행위가 성립하기 위하여는 사용자의 반조합적 의도 내지 동기라고 하는 이른바 부당노동행위의사가 있어야 하고, 한편 근로자에 대한 징계처분에 정당한 이유가 있는 것으로 인정되는 경우에는 비록 사용자가 근로자의 조합활동을 못마땅하게 여긴 흔적이 있다거나 사용자에게 반노동조합의사가 추정된다고 하더라도 당해 불이익처분의 사유가 단순히 표면상의 구실에 불과하다고 할 수는 없어 그와 같은 불이익처분은 부당노동행위에 해당하지 않는다.

제2장

유형별 성립요건 및 사례

알면 이기는 부당노동행위 실무

Contents

제1절 불이익취급

제2절 반조합 계약

제3절 단체교섭 거부 · 해태

제4절 지배 · 개입

제5절 운영비 원조

제1절
불이익취급

1. 의의

불이익취급이란 사용자가 정당한 노동조합 활동을 이유로 근로자를 해고하거나 그 밖에 불이익을 주는 행위를 말한다.

① 노조법 제81조 제1항 제1호는 ▲근로자가 노동조합에 가입 또는 가입하려고 하였거나, ▲노동조합 조직, ▲기타 노동조합의 업무를 위한 정당한 행위를 한 것을 이유로 근로자에게 불이익을 주는 행위를 부당노동행위로 금지하고 있고,

② 제5호는 ▲근로자의 정당한 단체행위 참가, ▲노동위원회에 대한 신고 및 증언, ▲기타 행정관청에 증거를 제출한 것을 이유로 근로자에게 불이익을 주는 행위를 부당노동행위로서 금지하고 있다.

불이익취급을 부당노동행위로서 금지하는 것은 근로자의 정당한 노동조합 활동에 대한 사용자의 부당한 처우로부터 근로자를 보호하고, 부당노동행위 신고, 증언 및 증거제출 등 구제활동 시 사용자의 보복으로부터 근로자를 보호하기 위함에 그 취지가 있다.

관련 법령 및 해석

노조법 제81조(부당노동행위)

① 사용자는 다음 각 호의 어느 하나에 해당하는 행위(이하 "부당노동행위"라 한다)를 할 수 없다.

1. 근로자가 노동조합에 가입 또는 가입하려고 하였거나 노동조합을 조직하려고 하였거나 기타 노동조합의 업무를 위한 정당한 행위를 한 것을 이유로 그 근로자를 해고하거나 그 근로자에게 불이익을 주는 행위
5. 근로자가 정당한 단체행위에 참가한 것을 이유로 하거나 또는 노동위원회에 대하여 사용자가 이 조의 규정에 위반한 것을 신고하거나 그에 관한 증언을 하거나 기타 행정관청에 증거를 제출한 것을 이유로 그 근로자를 해고하거나 그 근로자에게 불이익을 주는 행위

하갑래, 「집단적 노동관계법」 제8판, ㈜중앙경제, 2023. 520쪽

불이익취급을 부당노동행위로 인정한 이유는 노동조합의 설립전부터 근로자의 단결권과 조합활동권을 보장하고, 부당노동행위 구제활동에 대한 사용자의 보복으로부터 근로자를 보호하기 위함이다.

고용노동부, 「집단적 노사관계 업무매뉴얼」, 2022, 471쪽, 473쪽

노조법 제81조 제1항 제1호의 불이익취급은 정당한 노동조합 활동을 이유로 근로자에게 불이익을 주는 유형의 부당노동행위임
노조법 제81조 제1항 제5호에 따른 불이익 취급은 넓은 의미에서 조합의 정당한 행위에 포함된 행위를 이유로 한 부당노동행위를 규정한 것으로 일종의 보복적 차별대우를 금지한 것임

2. 성립요건

불이익취급의 부당노동행위가 성립하기 위해서는 아래 3가지 요건을 모두 갖추어야 한다.

① 노조법 제81조 제1호 내지 제5호에 따른 정당한 노동조합 활동의 존재(원인 행위)

② 사용자의 불이익을 주는 행위 존재(불이익취급 행위)

③ 원인행위와 불이익취급 행위 간 인과관계가 존재(부당노동행위 의사)

가. 정당한 노동조합 활동 존재(원인 행위)

(1) 노동조합 가입 또는 조직 행위

'노동조합 가입 또는 조직 행위'란 기존에 존재하던 노동조합의 조합원이 되는 행위[21] 또는 새로운 노동조합을 설립하는 행위와 그 준비행위[22]를 의미한다. 여기서 노동조합이란 노조법 제2조 제4호에 따른 노동조합을 의미하므로, 노동조합이 아닌 일시적 쟁의단, 노사협의회, 산업안전보건위원회 등 각종 노사협의체를 가입하거나 조직하는 것은 이에 해당하지 않는다. 다만, 노조법상 노동조합을 결성하려는 준비과정에 있는 경우에는 노조법 제81조 제1항 제1호의 노동조

21) 노동조합 가입 행위란 가입신청서 배포, 가입 상담, 가입신청서 제출 등을 말한다.

22) 일반적으로 노동조합을 조직하기 위한 준비행위란 2인 이상의 근로자의 참석, 노동조합 결성 홍보 및 서명활동, 설립신고 서류 준비 등의 결성준비와 규약제정, 임원선출 등의 설립총회 및 설립신고를 통해 신고증을 교부받는 일련의 과정을 의미한다.

합에 해당한다.

(2) 노동조합의 업무를 위한 정당한 행위 : 정당한 조합활동

'노동조합의 업무를 위한 정당한 행위'란 노동조합의 목적[23] 달성을 위하여 필요한 행위와 이와 관련되는 일상적 활동을 말한다(예 : 총회 · 대의원회 개최, 조합원 모집 · 교육, 홍보물 부착 · 배포, 단합대회, 공제 · 수양사업 등).

위와 같은 조합활동은 "정당한 행위"이어야 한다. 따라서 정당하지 않은 조합활동에 대하여 사용자가 징계하거나 그 밖에 불이익취급을 하는 경우에는 노조법 제81조 제1항 제1호의 부당노동행위에 해당하지 않는다.

대법원은 조합활동의 ▲주체 ▲목적 ▲시간 ▲장소 ▲방법 ▲배려의무 준수 여부 등 구체적인 사실관계를 종합적으로 고려하여 조합활동의 정당성 여부를 판단하고 있다.

〈표 2〉 | 조합활동의 정당성 판단요소

판단요소	내용
주체	• 노동조합의 활동 • 노동조합의 묵시적인 수권 · 승인을 받았다고 볼 수 있는 활동
목적	• 근로조건의 유지 · 개선 • 근로자의 경제적 지위 향상 • 단결 강화에 도움이 되는 행위
시간	• 원칙 : 근로시간 외 • 예외 : 근로시간 내 조합활동 가능

23) 노조법 제2조 제4호는 노동조합의 목적을 근로조건의 유지 · 개선, 근로자의 경제적 · 사회적 지위 향상으로 규정하고 있다.

	- 단체협약 또는 취업규칙 등의 별도의 허용규정 존재 - 사용자의 승낙 - 관행 존재
장소	• 원칙 : 사업장 밖 • 예외 : 사업장 내 조합활동 가능 - 단체협약 또는 취업규칙 등의 별도의 허용규정 존재 - 사용자의 승낙 - 관행 존재 - 사용자의 시설관리권에 바탕을 둔 합리적인 규율・제약에 따른 경우
수단・방법	• 폭력 또는 파괴행위 등에 의하지 않는 수단과 방법
배려의무	• 근로시간 외, 사업장 밖이라도 사용자의 이익을 배려해야 할 성실의무 준수

관련 법령 및 해석

대법원 2020. 7. 29. 선고 2017도2478 판결

노동조합의 활동이 정당하다고 하려면, 첫째 주체의 측면에서 행위의 성질상 노동조합의 활동으로 볼 수 있거나 노동조합의 묵시적인 수권 혹은 승인을 받았다고 볼 수 있는 것이어야 하고, 둘째 목적의 측면에서 근로조건의 유지・개선과 근로자의 경제적 지위의 향상을 도모하기 위하여 필요하고 근로자들의 단결 강화에 도움이 되는 행위이어야 하며, 셋째 시기의 측면에서 취업규칙이나 단체협약에 별도의 허용규정이 있거나 관행이나 사용자의 승낙이 있는 경우 외에는 원칙적으로 근무시간 외에 행하여져야 하고, 넷째 수단・방법의 측면에서 사업장 내 조합활동에서는 사용자의 시설관리권에 바탕을 둔 합리적인 규율이나 제약에 따라야 하며 폭력과 파괴행위 등의 방법에 의하지 않는 것이어야 한다.

대법원 1990. 5. 15. 선고 90도357 판결

비록 조합활동이 근무시간 외에 사업장 밖에서 이루어졌을 경우에도 근로자의 근로계약상의 성실의무(사용자의 이익을 배려해야 할)는 거기까지도 미친다고 보아야 하므로 그 점도 이행되어야 할 것

(3) 정당한 단체행위 참가

'정당한 단체행위 참가'란 노조법 제2조 제6호에 따른 쟁의행위는 물론 조합활동의 일환으로서 나타나는 집회 · 시위, 투쟁복 · 리본 착용 등 단체적인 행위를 모두 포함한다.

이와 같은 단체행동 역시 "정당성"이 인정되어야 부당노동행위제도에 의해 보호되므로, 쟁의행위 또는 조합활동의 정당성이 인정되지 않은 경우 사용자가 징계 등 불이익취급 행위를 하더라도 노조법 제81조 제1항 제1호의 부당노동행위에 해당하지 않는다.

(4) 노동위원회에 대한 부당노동행위 신고 · 증언 · 증거 제출

(가) 내용

노동위원회에 사용자의 부당노동행위를 신고(구제신청, 재심신청)하거나 증언 또는 증거를 제출하는 행위를 말한다. 이러한 신고 및 증언 등을 이유로 사용자가 불이익을 주는 행위는 일종의 보복행위로서 불이익취급에 해당한다.

관련 법령 및 해석

노조 68107-1084, 2001. 9. 25.

노조법 제81조제5호의 노동위원회에 대하여 사용자가 이 조의 규정에 위반한 것을 신고한다는 것은 사용자의 부당노동행위에 대해 근로자 또는 노동조합이 노동위원회에 구제신청 또는 재심신청을 하는 것을 의미하며, 노동위원회의 각하, 취소, 인정 판정결과와는 무관하며, 동조 동호의 그에 관한 증언은 사용자의 부당노동행위에 대한 노동위원회의 조사 및 심문과정에서 이루어지는 일체의 증언을 말한다고 할 것이므로 부당노동행위 구제신청의 당사자, 참고인, 신청인의 위임자, 대리인 등의 증언도 포함된다고 보아야 한다.

노조법은 신고, 증언 등에 있어서 관련 기관으로 "노동위원회"만 명시하고 있으나, 고용노동부는 지방고용노동관서에 진정, 고소·고발하거나 증언 등을 포함하는 것으로 해석하고 있다.[24)]

(나) 실무 쟁점 : 반복적 신고

이와 관련하여 근로자가 행정관청에 반복적으로 신고하는 것을 이유로 징계 등 불이익취급을 하는 것이 부당노동행위에 해당하는지 여부가 문제될 수 있다.

법원은 사용자의 불이익취급의 정당한 사유가 인정되는 경우 비록 부당노동행위 의사가 추정되더라도 부당노동행위에 해당하지 않는다는 입장이므로, 근로자의 신고 등이 권리남용에 해당하여 정당한 징계사유에 해당하는 경우에는 사용자가 이를 이유로 징계 등의 불이익취급을 한다고 하더라도 부당노동행위에 해당하지 않는다.

〈표 3〉 Ⅰ 근로자의 고소·고발 등의 징계사유 해당 여부 판단요소

판단요소	내용
신고 내용	• 신고 내용이 된 혐의사실과 관련한 구체적인 내용이 확인 여부 • 신고 내용에 대한 합리적인 근거가 존재 여부 • 신고 내용의 왜곡, 과장, 허위사실 존재 여부
신고 경위	• 신고 前 내부적 해결방법 모색 여부 • 신고의 경위가 신뢰할만한 타인의 제보 또는 관련기관의 감사 등으로 인하여 이루어진 것인지 • 외견상 혐의사실이 존재한다고 의혹이 제기될 수 있는 상황인지 여부

24) 고용노동부, 「최신 사례로 보는 부당노동행위」, 2009, 37쪽

신고 목적 및 진위	• 신고 내용이 공익과 밀접한지 또는 공익과 무관한 사익을 위한 것인지 여부 • 신고 내용이 다수 근로자의 근로조건 유지와 개선 등 노동조합의 목적을 위한 것인지 여부 • 그 밖에 SNS, 게시판, 언론 등을 통한 비방 또는 명예훼손 행위 존재 여부
신고 횟수	• 동일 내용 또는 유사 사건에 대한 신고의 계속성 및 반복성
신고 결과 및 영향	• 신고 내용에 대한 관계기관의 처리 결과(인정, 불인정 여부 등) • 신고로 인한 업무수행 지장 등 회사의 손해 발생 여부 및 그 정도
업종 특성	• 병원, 국립대학, 공공기관 및 기타 국가기관 등 공공적 성격이 강한 업종 해당 여부

사례 Ⅰ 근로자의 신고 등의 징계사유 해당 여부에 대한 판단기준

대법원 2020. 8. 20. 선고 2018두34480 판결

근로자가 뚜렷한 자료도 없이 사실을 허위로 기재하거나 왜곡하여 소속 직장의 대표자, 관리자나 동료 등을 수사기관 등에 고소 · 고발하거나 진정하는 행위는 징계규정에서 정한 징계사유가 될 수 있다. 다만 범죄에 해당한다고 의심할 만한 행위에 대해 처벌을 구하고자 고소 · 고발 등을 하는 것은 합리적인 근거가 있는 한 적법한 권리행사라고 할 수 있으므로 수사기관이 불기소처분을 하였다는 이유만으로 고소 · 고발 등이 징계사유에 해당하지 않는다. 위와 같은 고소 · 고발 등이 징계사유에 해당하는지는 고소 · 고발 등의 내용과 진위, 고소 · 고발 등에 이르게 된 경위와 목적, 횟수 등에 따라 신중하게 판단하여야 한다.

사례 ▮ 근로자의 신고에 대한 징계사유 인정 사례

서울행정법원 2006. 4. 7. 선고 2004구합29429 판결(대법원 2007. 6. 14. 선고 2007두6380 심리불속행기각 판결로 확정됨)

원고가 협심증에 관한 산재요양이 불승인되자 차량결함에 관한 구체적인 사실이 확인되지도 않았고 원고의 협심증 등이 차량의 결함에서 비롯되었다는 점에 관한 합리적인 근거 없이 단지 동료근로자에 관하여 소문이 있다는 막연한 상태에서 참가인의 대표이사 등을 검찰에 고발하였으나 혐의 없음 결정을 받게 하였고, 또한 위와 같은 차량 결함의 이유를 내세워 배차받은 차량에 승무하라는 참가인의 지시에 따르지 않은 위 행위는 참가인의 단체협약 제26조 제4, 9호(관계당국에 진정이나 고발로 인하여 노사분규를 야기한 자) 및 취업규칙 제46조 제10호에 정한 징계사유에 해당한다고 할 것이다.
회사의 차량상태 등에 관하여 이의가 있고 요구가 관철되지 아니하는 경우 내부적 해결방법을 적극적으로 모색하기 보다는 참가인의 대표이사 등을 고발하였고 검찰로부터 혐의 없음 결정을 받았음에도 불구하고 항고, 재항고 및 헌법소원을 제기하였으며, 해고된 이후에도 참가인을 관할구청에 진정하였으며 진정결과 차량상태가 정상임이 확인되었음에도 불구하고 여전히 참가인을 비방하는 행위를 하는 등의 여러 가지 사정을 종합하여 볼 때 참가인과 원고 사이의 근로관계는 사회통념상 원고의 귀책사유로 그 계속을 기대하기 어려울 정도에 이르게 되었다 할 것이므로, 참가인의 원고에 대한 징계처분이 징계재량권을 일탈하거나 남용한 것이라고 볼 수 없다.

서울행정법원 2006. 11. 3. 선고 2006구합2312 판결(대법원 2010. 4. 29. 선고 2007두12941 상고기각 판결로 확정됨)

원고는 노민추의 위원장직을 수행하면서 노사가 합의한 사항에 대하여 회사의 강압과 밀실담합에 의한 것으로서 무효라는 취지의 단체협약무효소송을 제기했다가 패소하는 등 회사를 상대로 한 소송 및 진정 등의 행위를 수회 반복하여온 사정 등 변론에 나타난 여러 사정을 감안하면, 원고와 참가인 회사 사이의 신뢰관계는 원고에게 책임있는 사유로 깨져 더 이상 근로계약관계를 유지할 수 없다.

서울행정법원 2013. 7. 4. 선고 2013구합680 판결

원고가 2차례에 걸쳐 정직 1개월씩의 징계를 받은 전력이 있고, 그 중 1회는 이 사건 해고와 같이 사실과 다른 내용의 진정을 제기하여 참가인의 명예를 실추시켰다는 징계사유로 징계를 받았음에도, 자숙하지 아니하고 또 다른 내용의 허위사실을 적시하는 진정을 제기하여 참가인의 명예를 실추시킨 점, 진정을 접수한 관련 기관들이 원고의 주장을 받아들이지 아니하는 내용의 회신을 하였음에도 계속적으로 진정을 제기한 점, 나아가 참가인의 전현직 대표이사들에 대하여 고소를 제기하였고 이 사건 해고 이전뿐만 아니라 이후에도 지속적으로 트위터에 참가인을 비방하는 내용의 글을 수십 차례 게시한 점 등을 종합해 볼 때, 원고에게 사회통념상 고용관계를 계속할 수 없을 정도로 책임 있는 사유가 있다고 판단된다.

서울행정법원 2003. 11. 6. 선고 2003구합12578 판결

회사의 임금산정방식이 잘못된 것이라는 명확한 근거나 확신이 없는 상태에서 원고가 이를 회사 내부에서 합리적으로 해결하려는 자세를 보이지 않은 채 굳이 노동관서에 고발이나 질의의 형태로 문제를 제기한 것은 이를 통하여 회사의 신용이나 명예를 공개적으로 실추시키려는 의도에서 비롯된 것이라고 볼 수 있으므로, 원고가 회사측에 부당한 각서의 작성을 요구하고, 노동관서에 임금산정방식이 잘못되었다고 고발 또는 질의한 행위 등은 취업규칙 제56조 제3항 제4호, 제9호, 제11호에서 정한 징계사유에 해당한다. 따라서, 이를 이유로 한 이 사건 징계처분이 근로기준법 제107조를 위반한 것으로 볼 수는 없다.

사례 I 근로자의 신고에 대한 징계사유 부정 사례

대법원 1995. 3. 3. 선고 94누11767 판결

고소, 고발하거나 언론에 제보한 내용이 진실한 것이거나 상당한 근거가 있는 경우에는 이를 징계사유에 해당한다고 보더라도 이를 이유로 근로자를 징계해고까지 하는 것은 재량권을 일탈한 것이라고 할 것이며, 특히 이 사건과 같이 공공적 성격이 강한 병원과 같은 경우에는 더욱 그러하다고 할 것이다.

원심이 인정한 바와 같이 위 원고가 고소, 진정을 하거나 언론에 제보한 내용은 임금체불,

무면허의료행위, 간호사 부족, 시설부족, 위생불량 등으로서 공익과 밀접한 사항이고, 기록(갑제6호증의 3, 갑제12호증, 갑제13호증 등)에 의하면 위 원고가 진정, 고소한 내용중 상당부분이 사실로 밝혀졌으며, 이에 따라 미지급된 야간근로수당도 지급된 것으로 보이는바, 이에 비추어 보면 위 원고의 진정, 고소내용은 진실한 것이거나 적어도 상당한 근거가 있는 것이라고 할 것이다.

따라서 원심으로서는 위 원고의 진정, 고소내용이 진실한 것인지 또는 상당한 근거가 있는 것인지 여부에 관하여 더 나아가 심리를 한 후 위 원고에 대한 징계해고가 정당한지 여부를 판단하였어야 함에도 불구하고, 원심판시와 같은 이유로 위 원고에 대한 징계해고가 재량권 일탈에 해당한다고 할 수 없다고 판시하였음은 심리를 미진하고 재량권의 범위에 관한 법리오해의 위법이 있다고 할 것이다.

대법원 1999. 9. 3. 선고 97누2528·2535 판결

원고의 상고제기까지에 이르는 일련의 행위는 공단의 직원임용행위에 관한 법률적 견해의 차이에서 비롯된 것이지 원고 자신에게는 아무런 이익이 없으면서 공단의 업무수행에 지장을 주는 등 공단에 손해를 입히려는 목적으로 한 행위라고 보이지는 아니하므로, 비록 원고가 뒤늦게 행정심판을 제기하고 이어 공단을 상대로 한 행정소송을 제기하여 같은 내용의 법적 판단을 받고서도 또 불복하여 상고를 제기하였고 결국은 원고패소로 확정되었다고 하더라도, 원고의 권리행사의 정도가 그 권리를 인정한 사회적 의의를 지나친 것으로서 공단의 원활한 업무수행에 영향을 미칠 위험이 있는 품위손상행위라거나 공단의 명예 또는 신용 훼손행위라고 볼 수는 없고, 또 공단이 위 행정소송 등에 대응하는 과정에서 인적, 물적 손해를 입게 되었다고 하더라도 이를 원고의 고의에 의한 손실초래행위라고 할 수 없다.

대법원 2020. 8. 20. 선고 2018두34480 판결

피고 보조참가인 1이 5차례에 걸쳐 원고의 대표자, 관리자나 동료 등을 고발하거나 진정한 사건은 모두 혐의사실이 인정되지 않았으나 그러한 사정만으로는 위와 같은 행위가 정당한 징계사유에 해당한다고 보기 어렵다.

① 고발은 원고가 총장의 비서실장인 소외 2를 기술이전 기여자로 선정하여 보상금을 지급하자, 소외 2가 그중 일부를 현금으로 총장 등에게 전달한 사실이 밝혀지는 등 외견상 배임이나 횡령죄에 해당하는 것이 아닌지 의혹이 제기될 수 있는 상황에서 이루어진 것이다. 검찰이 불기소처분을 했지만, 최초에 이 사건을 인지한 국무총리실은 감사를 진행하여 문제의 소지가 있다

고 보아 수사를 의뢰하였고 경찰은 총장과 비서실장의 뇌물 수수·공여 혐의에 대해 기소 의견으로 송치하였으며, 게다가 검찰의 불기소처분은 배임이나 횡령 혐의에 대한 것도 아니었다. ③ 고발 사건의 고발인은 이 사건 노동조합이고, 순번 ④ 고발 사건의 고발인은 피고 보조참가인 1로 되어 있으나 그 내용에 비추어 보면 개인 자격이 아니라 노동조합의 대표자 자격으로 고발을 한 것으로 보인다. 이러한 순번 ③, ④ 고발은 그 경위와 내용에서 알 수 있듯이 이 사건 노동조합 조합원들의 근로조건 유지와 개선을 위한 것이거나 단결권을 침해하는 행위를 배제·시정하기 위한 것이다. 순번 ③ 고발의 경우 원고가 소속 근로자들에게 미지급 수당이 있는지가 다투어지는 상황이었고, 소속 근로자들이 근로기준법이 정한 근로시간의 한도를 초과하는 시간 동안 근로를 한 것은 사실로 인정되었다. 그리고 순번 ④ 고발 내용에 있는 사실관계는 대체로 사실에 기초한 것으로 보이고 달리 거짓이 있거나 사실을 왜곡했다고 볼만한 내용이 없다.

결국 노동조합의 대표자로서 피고 보조참가인 1이 한 위 각 고발은 범죄행위라고 의심할 만한 사항에 대한 처벌을 구하기 위한 적법한 권리 행사임과 동시에 노동조합의 정당한 조합활동에 해당한다.

순번 ⑤ 진정의 경우 피고 보조참가인 1이 의도적으로 사실을 왜곡하거나 사실이 아닌 내용을 포함하여 진정을 한 것이라고 볼만한 객관적인 자료가 부족하다. 게다가 고도의 공공성을 갖는 원고의 업무는 관련 법령과 규정에 따라 적법하게 수행되어야 하고, 위법행위가 없도록 감시·견제되어야 할 필요가 있다는 것까지 감안하면, 이 사건 노동조합이나 피고 보조참가인 1의 고발과 진정 행위를 징계사유에 해당한다고 볼 것은 아니다.

나. 사용자의 불이익을 주는 행위 존재(불이익취급 행위)

(1) 내용

노조법 제81조 제1항 제1호 및 제5호의 부당노동행위가 성립하기 위해서는 사용자의 근로자에 대한 불이익취급이 존재하여야 한다. 여기서 사용자의 '불이익취급'이란 실제 행위나 조치로 나타나야 하므로, 단순히 사용자에게 잠재적인 불이익취급 계획이 존재한다거나 불이익 처분의 의사표시를 한 것에 그친 경우에는 불이익취급의 부당노동행위에 해당하지 않는다(단, 지배·개입의 부당노동행위에 해당할 수 있음).

관련 법령 및 해석

대법원 2004. 8. 30. 선고 2004도3891 판결

'불이익을 주는 행위'란 해고 이외에 그 근로자에게 휴직·전직·배치전환·감봉 등 법률적·경제적으로 불이익한 대우를 하는 것을 의미하는 것으로서 어느 것이나 현실적인 행위나 조치로 나타날 것을 요한다고 할 것이므로, 단순히 그 근로자에게 향후 불이익한 대우를 하겠다는 의사를 말로써 표시하는 것만으로는, 위 법 제81조 제4호에 규정된 노동조합의 조직 또는 운영을 지배하거나 이에 개입하는 행위에 해당한다고 할 수 있음은 별론으로 하고 위 법 제81조 제1호 소정의 불이익을 주는 행위에 해당한다고는 볼 수 없다.

(2) 세부 유형

사용자의 불이익취급 행위는 그 세부내용에 따라 아래와 같이 유형화할 수 있다.

〈표 4〉 | 불이익취급 행위 유형

유형	세부내용
신분적 불이익 취급	• 징계 : 견책·감봉·정직·강등·해고 등 • 인사명령 : 휴직명령, 대기발령, 직위해제, 복직 거부, 전직, 전적 등 • 해고 : 통상해고, 영업양도 시 승계거부, 수습 또는 시용근로자에 대한 본채용 거부, 정리해고, 위장폐업
경제적 불이익 취급	• 승진·승급, 인사고과에서의 불이익 • 수당 차등 지급 등 수입 감소조치 • 시간외근로 차별적 거부 등

	• 배차시간 단축 등 업무의 축소 • 생활자금 대부, 장학금 지급 등 복리후행성 금품 지급 차별
정신적 불이익 취급	• 시말서 요구, 퇴직 강요 • 복리후생 시설 이용의 차별 • 야유회, 회의, 회식 참가배제, 좌석배치 등에서의 부당한 대우 • 하급자가 수행하던 업무 부여, 결재권한 미부여 등
조합활동상 불이익 취급	• 승진 등으로 인한 조합원 자격 박탈 • 근로시간면제자에 대한 복귀명령 • 조합 임원 또는 대의원 선출기반 박탈 • 조합활동이 부적합한 부서로의 배치전환 등

또한, 법원은 연식이 오래된 차량을 배차하는 등 직접적인 경제적 불이익 취급이 아니라고 하더라도 실질적으로 근로조건을 악화시키는 경우에는 불이익취급에 해당한다고 판단하고 있다.

관련 법령 및 해석

대전지방법원 2022. 11. 17. 선고 2021노575 판결(대법원 2023. 2. 23. 선고 2022도15750 상고기각 판결로 확정됨)

피고인은 차량 연식이 1년 차이나는 것만으로는 별 다를 바 없다고 주장하나, 피고인이 D에게 배정한 차량은 기존에 운행하던 차량과 단순히 연식만 1년 차이 나는 것이 아니라 대형 사고 이력, 주행거리 등에 상당한 차이가 있었던 것으로 보여, 기존에 비해 불이익한 취급에 해당한다고 인정할 수 있다. 또한 택시 기사들이 임시배차보다는 고정배차를 선호하는 것은 분명해 보이고, 피고인이 D에게 매일 같은 차량을 배정했다고 하더라도 언제든지 피고인에 의해 일방적으로 차량이 변경될 수 있는 불안정한 상태에 있었던 이상, 기존보다 실질적으로 불이익을 받았다고 보아야 한다.

다. 원인행위와 불이익취급 간 인과관계(부당노동행위 의사)

(1) 내용

노조법 제81조 제1항 제1호 및 제5호에 따른 부당노동행위가 성립하기 위해서는 사용자가 근로자의 정당한 조합활동 등을 이유로 불이익취급 행위를 하였다는 인과관계가 존재하여야 한다. 즉, 사용자가 근로자의 조합활동 등을 위축시키려는 부당노동행위 의사에 기하여 불이익취급 행위를 하였다고 판단되어야 한다.

(2) 처분이유 경합

사용자의 불이익취급에 대한 부당노동행위 의사가 추정되고, 동시에 근로자에게도 귀책사유가 존재하여 불이익취급의 정당한 사유가 인정되는 경우 불이익취급의 부당노동행위가 성립하는지 여부가 문제되는데, 이를 처분이유의 경합이라고 한다.

대법원은 사용자의 부당노동행위 의사가 추정되는 경우라도 해고 등의 징계처분을 포함한 불이익처분에 정당한 이유가 있는 것으로 인정되는 경우에는 부당노동행위가 성립하지 않는다는 입장을 취하고 있다.

관련 법령 및 해석

대법원 1997. 3. 28. 선고 96누4220 판결

근로자에 대한 해고 등의 징계처분을 포함한 불이익처분에 정당한 이유가 있는 것으로 인정되는 경우에는 비록 사용자가 근로자의 조합활동을 못마땅하게 여긴 흔적이 있다거나 사용자에게 반노동 조합의사가 추정된다고 하더라도 당해 징계사유 등이 단순히 표면상의 구실에 불과하다고 할 수는 없어 그와 같은 불이익처분이 부당노동행위에 해당한다고 할 수 없다.

(3) 인과관계에 대한 일반적 판단기준

인과관계 내지 부당노동행위 의사는 기본적으로 행위자 내심의 의사를 바탕으로 하므로, 사용자의 실제 목적 또는 의도가 부당노동행위 의사에 기반한 것인지 여부를 입증하기란 매우 어렵다.

법원은 일반적으로 다음과 같이 구체적인 사건을 둘러싼 객관적·외형적 사실관계를 종합적으로 고려하여 부당노동행위 의사가 추정되는지 여부를 기준으로 부당노동행위 의사 존부를 판단하고 있다. 다만, 아래 표의 개별 판단요소는 부당노동행위 의사 존부를 판단하는 하나의 요소가 될 뿐 하나의 요소가 존재한다고 하여 곧바로 부당노동행위로 인정되는 것은 아님에 유의해야 한다.

〈표 5〉 | 부당노동행위 의사 존재 여부에 대한 일반적인 판단요소

판단요소	내용
시기	• 처분사유와 처분시기가 부자연스럽게 떨어져 있는지(대법 90누7685, 사례①) • 노사가 대립(긴장)관계에 있는 시기인지 여부 - 조합결성 직후(서울고법 90구14449, 사례②) - 단체교섭 전후(중앙2013부노107, 사례③) - 쟁의행위 기간(중앙2015부해21/부노4 병합, 사례④) • 조합 임원선거 등 조합 내부문제와 관련 있는 시기인지 여부(대법 92누3496, 사례⑤)
사유·양정	• 기본 사실관계조차 확인하지 않은 채 처분사유로 삼았는지 여부(서울2015부해768/부노17 병합, 사례⑥) • 처분사유가 사실이 아니거나 사유로 미흡한지 여부(중앙2013부노107, 사례⑦) • 징계양정이 과중한지 여부(서울2015부해925/부노23 병합, 사례⑧) • 징계 또는 인사발령의 정당한 이유 존재 여부(중앙2004부노50/부해203 병합, 사례⑨) • 단체협약상 징계 면책 조항 위반 여부(중앙2014부노118, 사례⑩) • 징계절차 위반 여부(대법 96누4220, 사례⑪)

관행	• 동종 사례 또는 관행에 있어서의 제재의 불균형(차별) 여부(중앙2015부해598/부노111 병합, 사례⑫)
사용자와의 관계	• 사용자의 노동조합에 대한 언동 및 태도(서울2005부해1157/부노147 병합, 부해1208/부노156 병합, 사례⑬) • 평소 회사와 노동조합과의 관계 – 노사분규 발생 정도 및 기간(중앙2015부해598/부노111 병합, 사례⑭) – 과거 부당노동행위 사례 여부(중앙2015부해598/부노111 병합, 사례⑮) – 노조에 대한 적대감, 무력화 시도 여부(서울 2004부해224,288/부노30 병합, 사례⑯) – 사용자가 다른 노동조합을 원조하는지 여부(중앙2015부해159,160/부노19, 20 병합, 사례⑰) • 사용자 주장의 명확성 · 합리성 · 일관성 여부(고용노동부, 「최신 사례로 보는 부당노동행위」, 2009, 55쪽)
결과	• 조합원 수 감소 등 노동조합 조직 · 운영의 변화 정도(고용노동부, 「최신 사례로 보는 부당노동행위」, 2009, 56쪽) • 노동조합 활동에 미친 영향(대법 90누6132, 사례⑱)
대상	• 대상 조합원의 조합내 역할 및 조합활동의 적극성(대법 90누368, 사례⑲ ; 대법 2006도388, 사례⑳) • 정리해고 등에 있어 조합원이 차지하는 비율(고용노동부, 「최신 사례로 보는 부당노동행위」, 2009, 57쪽) • 대상 조합원이 수행한 노동조합 업무의 내용(김홍영, 「부당노동행위 인정요건과 판단」, 노동법학 제57호(2016. 3.), 123쪽)

※ 출처 : 김홍영, 「부당노동행위 인정요건과 판단」, 노동법학 제57호(2016. 3.) 120~129쪽. 재구성

사례 ▌ 불이익취급의 부당노동행위 의사 존부

[판단기준] 대법원 1999. 11. 9. 선고 99두4273 판결

사용자가 근로자를 해고함에 있어서 표면적으로 내세우는 해고사유와는 달리 실질적으로는

근로자의 정당한 노동조합 활동을 이유로 해고한 것으로 인정되는 경우에 있어서는 그 해고는 부당노동행위라고 보아야 할 것이고, 근로자의 노동조합 업무를 위한 정당한 행위를 실질적인 해고사유로 한 것인지의 여부는 사용자 측이 내세우는 해고사유와 근로자가 한 노동조합 업무를 위한 정당한 행위의 내용, 해고를 한 시기, 사용자와 노동조합과의 관계, 동종의 사례에 있어서 조합원과 비조합원에 대한 제재의 불균형 여부, 종래의 관행에 부합 여부, 사용자의 조합원에 대한 언동이나 태도, 기타 부당노동행위 의사의 존재를 추정할 수 있는 제반 사정 등을 비교 검토하여 판단하여야 한다.

[사례①] 대법원 1991. 4. 23. 선고 90누7685 판결

징계사유가 발생한지 4개월 내지 8개월이 지나서 문제삼은 점 등을 비추어 징계사유가 위 해고의 결정적 동기가 된 것이 아니라 노동조합 활동을 혐오하여 징계사유를 핑계삼아 해고하였다고 볼 것이다.

[사례②] 서울고등법원 1992. 1. 17. 선고 90구14449 판결

노동조합이 결성된 직후 아직 그 조직이 취약한 상태에서는 회사간부가 노동조합활동에 관련한 행위자에 대하여 그 경위를 개별면담의 방식으로 조사를 하는 것 자체가 노동조합의 조직이나 운영에 개입하는 결과를 초래할 우려가 농후한 것이므로 회사의 면담의도가 설사 노동조합활동에 대한 지배 · 개입과는 무관하고 단지 사내질서의 유지를 위한 순수한 것이었다 하여도 집단면담을 요구하며 개별면담을 거부한 것은 그 이유를 충분히 수긍할 수 있는 것이어서 노조간부가 회사의 개별면담요구에 응하지 아니한 것을 회사 업무상의 지시명령을 이유없이 거부한 것이라고 볼 수 없고, 또한 노조간부 등의 개별면담 거부행위가 이유있는 것인 이상 회사의 개별면담요구를 거절하는 과정에서 일부 작업라인의 가동이 1시간 가량 중단되는 결과가 발생되었다 하여 이를 노조간부 책임으로 돌릴 수도 없는 것이라 할 것이다.

[사례③] 중노위 2013. 9. 24. 중앙2013부노107 판정

① 이 사건 노동조합이 이 사건 사용자에게 이 사건 근로자들의 조합가입 사실 통지 및 단체교섭 요청을 한 2013. 3. 22. 직후 이 사건 근로자들 모두 순차적으로 해고가 이루어진 점, ② 사업에 막대한 지장이 초래될 것이 충분히 예상됨에도 불구하고 임금교섭 예정일을 앞두고 급박하게 전 직원에 대한 해고를 단행하고, 실제로 "근로자가 없다."는 이유로 같은 해 4.

10. 단체교섭을 거부한 점을 근거로 부당노동행위를 인정한 사례

[사례④] 중노위 2015. 3. 25. 중앙2015부해21/부노4 병합 판정

① 2013년도 임금 및 단체교섭 · 협약 체결과정에서 노사 간 의견차이로 이 사건 노동조합이 같은 해 3. 29.부터 쟁의행위에 돌입하는 등 노사 간에 갈등이 고조되어 극한적인 대립관계가 지속되고 있었던 점, ② 이 사건 노동조합이 분회 결성 이후 쟁의행위에 돌입하는 등 노사 간 의견차이로 갈등이 분출된 시점을 전후하여 동일한 사유로 인사 · 징계 재량범위를 벗어난 부당한 조치를 반복한 결과, 이사건 근로자1은 2014. 8. 11. 이후부터, 이 사건 근로자2는 같은 해 4. 16. 이후부터 각 직무에 종사하지 못하도록 하고 있는 점 등을 근거로 부당노동행위를 인정한 사례

[사례⑤] 대법원 1992. 6. 23. 선고 92누3496 판결

노동조합분회의 대의원선거에의 입후보등록용으로 재직증명서의 발급을 신청하였음에도 대표이사가 직인을 소지한 채 부재중이라는 이유로 입후보등록 마감시한까지도 재직증명서를 발급하지 아니한 행위는 노동조합 대의원선거에 입후보하는 것을 막으려는 의도하에서 이루어진 것으로 부당노동행위이다.

[사례⑥] 서울지노위 2015. 6. 15. 서울2015부해768/부노17 병합 판정

이 사건 근로자1에 대한 일부 징계사유는 이 사건 사용자가 기본적 사실관계조차 확인하지 않은 채 징계사유로 삼은 점 등을 근거로 부당노동행위를 인정한 사례

[사례⑦] 중노위 2013. 9. 24. 중앙2013부노107 판정

① 이 사건 근로자1은 단지 이 사건 사용자와 임금협상과정에서 근로자들의 의견을 수렴하여 이 사건 사용자에게 제시한 것 이외에 근로자들을 선동하고 이 사건 사용자를 비방하며 근무를 태만히 하는 등 배신행위를 하였다는 이 사건 사용자의 주장을 부인하고 있고 이 사건 사용자는 달리 이를 뒷받침할 만한 증거를 제시하지 못하고 있는 점, ② 이 사건 근로자2와 근로자4에 대한 수습기간 설정에 대해서도 당사자들이 이를 부인하고 있고 이 사건 근로자2와 근로자4의 입사 이전 동종 또는 유사업무 경력이 상당한 것으로 보여 그 필요성을 확신할 수 없으며, 근로계약서 등을 통해서 이를 입증할 수도 없는 것으로 볼 때 수습기간이 설정되었

다고 단정할 수 없는 점, ③ 비록 이 사건 근로자3이 해고를 요청한 것은 사실이나, 이는 다른 근로자들이 해고된 것에 대한 항의에 불과한 것으로서 이들의 복직을 요구하는 의미로 한 행위로 볼 수 있는 점 등을 감안할 때, 이 사건 사용자의 이 사건 근로자들에 대한 해고사유는 사실이 아니거나 해고에 이를만한 사유로는 미흡하다고 판단된다는 점 등을 근거로 부당노동행위를 인정한 사례

[사례⑧] 서울지노위 2015. 6. 1. 서울2015부해925/부노23 병합 판정

근무시간 중에 노동조합 가입을 독려한 점을 들어 이 사건 노동조합 지회의 주요 간부가 될 것이 분명한 이 사건 근로자1 내지 근로자3을 징계위원회에 회부하였는데, 이는 노동조합 설립과 관련이 없었다면 굳이 징계에 회부할 정도의 내용이 아니거나, 또는 징계에 회부할 정도라고 하더라도 그 양정이 재량권의 범위를 벗어나서 지나치게 과한 것으로 보이는 점 등을 근거로 부당노동행위를 인정한 사례

[사례⑨] 중노위 2004. 9. 2. 중앙2004부노50/부해203 병합 판정

○○컴퓨터 분회는 영업부분을 중심으로 노조가 조직되어 조합원 대다수가 영업업무에 종사하였는 바, 신청인이 2003. 11. 1. 영업부서에 근무하는 피신청인, 노조 분회장, 노조 대의원 등 노조간부들을 종전에 수행하던 업무와 무관한 비영업부서로 전보한 다음, 같은 해 11.15. 피신청인은 해고하였는 바, 전보나 해고의 정당성을 찾아보기 어려운 사실 등을 근거로 부당노동행위를 인정한 사례

[사례⑩] 중노위 2014. 10. 27. 중앙2014부노118 판정

이전에는 부품교체 잘못에 따른 재작업을 이유로 징계한 사실이 없음에 비추어, 근로자1, 2, 3의 부품교체 작업 잘못은 징계해야 할 중대과실로 보기 어려운 점, ② 근로자1, 3 내지 23의 쟁의행위 참가는 사용자의 철야농성장 전기 공급중단에서 비롯된 점, ③ 단체협약에 쟁의행위 참가를 이유로 불이익과 차별을 줄 수 없다고 규정되어 있는 점, ④ 2012년 집단교섭 합의서에 연 4시간의 지부총회는 유급을 인정하기로 합의한 점, ⑤ 노동조합이 지부총회를 고려하여 단체교섭 일정을 조정한 점, ⑥ ○○센터장이 조합원의 동호회 탈퇴를 종용한 사실 등을 종합할 때, 이는 정당한 노동조합 활동을 이유로 한 불이익 취급의 부당노동행위에 해당한다.

[사례⑪] 대법원 1997. 3. 28. 선고 96누4220 판결

단순히 징계절차에 하자가 있다거나 징계양정이 부당하다는 사정은 그것이 부당노동행위의사 여부를 판단하는 하나의 자료가 되기는 하여도 그러한 사정만으로 곧바로 부당노동행위를 인정할 수는 없는 것이다.

[사례⑫] 중노위 2015. 9. 14. 중앙2015부해598/부노111 병합 판정

이 사건 사용자가 내세우고 있는 이 사건 징계사유와 관련하여 조금만 주의를 기울이면 전혀 징계사유에 해당하지 아니한 근로자들도 있었고, 설령 징계사유가 있었다고 하더라도 문서 기안과 중간 결재와 관련하여 이 사건 근로자들과 동일한 징계사유를 가지고 있는 비조합원들이나 노동조합 가입대상에 포함되지 않는 근로자들에 대해서는 합리적인 이유 없이 아무런 징계조치가 이루어지지 않는 등 징계형평에 위배될 뿐 아니라 징계사유에 비해 과도한 징계처분이 이루어 (짐), …, 이 사건 징계대상자 전원이 이 사건 노동조합 소속 조합원들이고, 이 중에는 이 사건 노동조합의 지부장, 부지부장, 감사 등 핵심적인 조합간부들이 모두 포함되어 있는 점 등을 근거로 부당노동행위로 인정한 사례

[사례⑬] 서울지노위 2006. 2. 2. 서울2005부해1157/부노147 병합 판정

사용자가 작성한 내부문건에 "민주노총의 저항으로 전 직원의 근로관계를 종식시키기 위해 건축사회가 소멸해야 함"이라고 되어 있어 노사분규 때문에 서울시건축사회를 없애자고 할 정도로 노동조합에 대한 감정이 악화되어 있었음을 근거로 부당노동행위를 인정한 사례

[사례⑭] 중노위 2015. 9. 14. 중앙2015부해598/부노111 병합 판정

이 사건 노동조합과 사용자는 이 사건 노동조합이 설립된 2010. 11월부터 29차에 걸쳐 단체교섭이 이루어졌으나 합의가 되지 않아 이 사건 노동조합의 전면 · 부분 파업이 지속되었고, 이에 대해 이 사건 사용자가 직장폐쇄를 단행하였으며, 노동조합이 설치한 천막, 현수막 등을 철거하는 과정에서 마찰이 발생하는 등 이 사건 대학교 내에 노사 간의 갈등관계가 지속되어 온 점

[사례⑮] 중노위 2015. 9. 14. 중앙2015부해598/부노111 병합 판정

이 사건 징계처분 발생 이전에도 이 사건 사용자는 2012.2.20. 이 사건 노동조합 지부장인

이 사건 근로자1에 대하여 전보발령을 내려 부당전보 및 부당노동행위 구제명령을 받아 확정된 적이 있는 점 등의 구체적인 사정들을 종합하여 볼 때, 이 사건 사용자가 이 사건 근로자들에 대한 해임 또는 파면의 징계조치는 이 사건 노동조합 활동을 혐오하여 이루어진 불이익취급의 부당노동행위이고, 노동조합 및 조합활동을 약화시키기 위한 지배 · 개입의 부당노동행위에 해당한다고 할 것이다.

[사례⑯] 서울지노위 2004. 6. 15. 서울2004부해224,288/부노30 병합 판정

피신청인은 신청인들이 주장하는 'TEP경영혁신방안(안)'이 실무자선에서 마련된 것으로 경영진이 이를 반영하지 않았다고 하나 결과적으로는 직위해제에서 해고까지 동 방안의 수순대로 진행되었다는 사실, 2003. 10. 노동조합원들이 대거 조합원을 탈퇴하여 노동조합원의 수가 전체 근로자의 과반수에 미치지 않아 해고자 선정기준 등에 대한 협의를 위한 근로자 대표를 선임하는 과정에 피신청인이 보직 해임한 실장급 이상 간부 19명 중 대부분이 참여하였고 이후다시 보직을 부여한 사실, 우리위원회가 신청인들을 포함한 다수에 대한 직위해제 및 휴업명령에 대하여 부당인사 및 부당노동행위임을 인정하였음에도 이를 시정함이 없이 계속하여 후속 인사 조치를 한 사실 등으로 볼 때 피신청인이 노동조합을 무력화하려는 의도가 없다고 보기는 어렵다 할 것이다.

[사례⑰] 중노위 2015. 4. 24. 중앙2015부해159,160/부노19,20 병합 판정

① 관리자들이 신청 외 노조에 가입하는 것을 용인하고 조합비 공제를 사실상 방관한 점, ② 나아가 신청 외 경리부장이 자신이 임의로 사용할 수 없는 교비 회계에서 돈을 인출하여 신청 외 노조 조합비로 선납한 것은 노동조합의 자주성과 민주성을 저해하는 행위로 볼 수 있는 점 등을 부당노동행위를 인정하는 요소로 판단한 사례

[사례⑱] 대법원 1991. 2. 22. 선고 90누6132 판결

근로자의 노동조합업무를 위한 정당한 행위를 실질적인 해고이유로 한 것인지의 여부는 사용자측이 내세우는 해고사유와 근로자가 한 노동조합업무를 위한 정당한 행위의 내용, 징계해고를 한 시기, 회사와 노동조합과의 관계, 동종의 사례에 있어서 조합원과 비조합원에 대한 제재의 불균형 여부, 처분후에 있어서 다른 노동조합원의 탈퇴 등 노동조합활동의 쇠퇴 내지 약화 여부, 기타 부당노동행위의사의 존재를 추정할 수 있는 제반 사정을 비교 검토하여 종합

적으로 판단하여야 할 것이다.

[사례⑲] 대법원 1990. 11. 27. 선고 90누3683 판결

적극적인 노동조합 활동을 하여 온 근로자에 대하여 야간근무 중 24시간정도 무단이탈한 것을 이유로 징계해고를 하였다면 노조활동을 방해하기 위한 의도로 한 부당노동행위에 해당한다.

[사례⑳] 대법원 2006. 9. 8. 선고 2006도388 판결

일반적으로 근로자가 연장 또는 휴일근로를 희망할 경우 회사에서 반드시 이를 허가하여야 할 의무는 없지만, 특정 근로자가 파업에 참가하였거나 노조활동에 적극적이라는 이유로 해당 근로자에게 연장근로 등을 거부하는 것은 해당 근로자에게 경제적 내지 업무상의 불이익을 주는 행위로서 부당노동행위에 해당할 수 있다.

(4) 유형별 부당노동행위 의사 판단기준

불이익취급의 유형이 매우 다양하다보니 구체적인 사실관계에 따라 부당노동행위 의사를 추정하기 위한 요소는 언제든지 변동될 수 있다. 따라서 위 일반적 판단기준만으로 부당노동행위 의사를 확인하는데 한계가 있고, 불이익취급 세부 유형별 법원 판례, 노동위원회 판정 등 구체적 사례를 통해 부당노동행위 의사 판단기준을 살펴볼 필요가 있다.

(가) 해고 등 징계처분 관련 부당노동행위 의사 판단기준

사용자가 근로자에 대하여 해고 등의 징계처분을 함에 있어 표면적인 징계사유와는 달리 실질적으로는 근로자의 정당한 조합활동 등을 이유로 해고 등의 징계처분을 한 것으로 인정되는 경우, 그 해고 또는 징계처분은 부당노동행위에

해당한다.[25)]

법원 및 노동위원회는 해고 등 징계처분이 사용자의 부당노동행위 의사에 의하여 이루어진 것인지 여부를 ▲처분 시기, ▲사용자가 내세우는 징계사유 및 양정, ▲동종 사례 또는 관행에 있어서의 제재의 불균형, ▲사용자와 노동조합과의 관계, ▲사용자의 태도, ▲대상 근로자가 수행한 정당한 노동조합 활동 등의 내용, ▲기타 부당노동행위 의사의 존재를 추정할 수 있는 제반사정 등을 종합적으로 고려하여 판단한다.

☑ 처분 시기

[부당노동행위 인정 요소]

- 처분사유와 처분시기가 부자연스럽게 떨어져 있는 경우
  - 발생한지 4~8개월이 지난 잘못들을 갑자기 문제 삼아 해고한 경우(대법 90누7685, 인정사례①)
- 조합활동과 처분 사이의 시간적 접근
  - 징계사유 적발 시점이 노조 설립이 구체화 되던 시기에 집중되어 있는 경우(노동부 업무매뉴얼, 인정사례②)
  - 단체교섭 요청 직후(중앙2013부노107, 인정사례③)
  - 쟁의행위 전후(중앙2015부해21/부노4 병합, 인정사례④)

[부당노동행위 부정 요소]

- 처분시기 당시에 사용자가 노동조합 가입 사실을 알기 어려운 경우(중앙2019부해551/부노100 병합, 부정사례①)

25) 최영우, 「집단 노동법 실무」, 개정8판, (주)중앙경제, 2023, 936쪽

☑ 사유 · 양정

[부당노동행위 인정 요소]

- 징계사유에 비하여 징계양정이 과중한 경우(중앙2015부해1022/부노192 병합, 인정사례⑤)
- 징계사유가 존재하지 아니함에도 징계한 경우(중앙2015부해725/부노139 병합, 인정사례⑥)
- 정당한 조합활동을 이유로 징계하는 경우(중앙2015부해725/부노139 병합, 인정사례⑥)
- 노동조합 지부장에 대한 징계 시, 징계혐의 사실이 확정되기 전임에도 불구하고, 징계혐의 사실과 생년월일이 기재된 인사위원회 개최통보서, 징계의결통보서를 다른 근로자들이 모두 볼 수 있는 사내 게시판에 공개한 경우(중앙2023부해994, 인정사례⑪)

[부당노동행위 부정 요소]

- 정당한 징계사유가 존재하는 경우
  - 징계사유와 동일한 비위행위로 유죄의 형사판결을 받은 경우(중앙2016부해1389,2016/부노259 병합, 부정사례②)

☑ 관행

[부당노동행위 인정 요소]

- 동종 사례 or 관행에 있어서의 제재의 불균형(차별)이 있는 경우
  - 동일 사례에서 조합원과 비조합원을 달리 처우한 경우(중앙2015부해598/부노111 병합, 인정사례⑦)
  - 두 노조의 동일한 조합활동 대해 편향적으로 대응한 경우(중앙2015부해1022/부노192 병합, 인정사례⑤)

[부당노동행위 부정 요소]

- 동종 사례 or 관행에 부합하는 경우

☑ 사용자와의 관계

[부당노동행위 인정 요소]

- 사용자의 노동조합에 대한 언동 및 태도(반노조 감정 표출 여부)(서울2005부해1157/부노147 병합, 인정사례⑧)
  - 회사가 조합활동을 중단하는 경우 징계하지 않겠다고 회유한 경우(중앙2015부해1022/부노192 병합, 인정사례⑤)
  - 직원들의 노조 가입 여부 및 가입 권유자를 확인한 경우(중앙2019부해598/부노105, 인정사례⑨)
  - "산별노조 가입 절차상 하자 및 소수 몇몇의 야간 밀실결정으로 진행된 노조 발기인 선정결과를 절대 인정할 수 없다"는 내용을 발표한 경우(중앙2015부해725/부노139 병합, 인정사례⑥)
  - 산업안전보건교육 안내 게시문에 근로자의 성명을 적시하고 노동청 고발 사실을 기재한 경우(중앙2015부해167/부노23 병합, 인정사례⑩)
  - 조합원에 비해서 비조합원의 승진이 빠른 경우(중앙2015부해1022/부노192 병합, 인정사례⑤)
- 평소 회사와 노동조합과의 관계(중앙2015부해1022 · 부노192, 인정사례⑤)
  - 교섭 및 조정이 결렬되어 전면파업에 돌입하는 경우
  - 원장퇴진 등을 요구하는 집회를 다수 개최한 경우
  - 직장폐쇄를 단행하고 일방적으로 단협 해지 통보를 한 경우
  - 노동위원회 구제 신청, 노사 간 각종 형사고발을 제기한 경우

[부당노동행위 부정 요소]

- 영업양도 양수인이 고용승계에서 제외된 직원의 해고(고용승계 거부)가 당연 무효라는 점을 알기 어려운 경우(대전고법 2018누10123, 부정사례③)

☑ 결과

[부당노동행위 인정 요소]

- 노조 탈퇴 등 조합원 감소(중앙2019부해598/부노105 병합, 인정사례⑨)

[부당노동행위 부정 요소]

- 조합 단결력 및 활동상 불이익이 발생하지 않는 경우

☑ **대상**

[부당노동행위 인정 요소]

- 처분 대상이 조합 위원장, 부위원장 등 간부인 경우(중앙2015부해1022/부노192 병합, 인정사례⑤)

[부당노동행위 부정 요소]

- 처분 대상이 평조합원이거나 조합활동에 적극적이지 않은 자인 경우

사례 ▎ 부당노동행위 인정 사례

[사례①] 대법원 1991. 4. 23. 선고 90누7685 판결

징계사유가 발생한지 4개월 내지 8개월이 지나서 문제삼은 점 등을 비추어 징계사유가 위 해고의 결정적 동기가 된 것이 아니라 노동조합 활동을 혐오하여 징계사유를 핑계삼아 해고하였다고 볼 것이다.

[사례②] 중노위, 「주제별 판례 분석집(집단적 노사관계)」, 2018, 289~290쪽

참가인은 노조가 설립된 바로 다음날인 2011. 7. 13. 노조 부위원장인 원고에 대한 감사를 시행하였고, 7. 16.에는 노조 회계감사에 대한 감사를 시행하였다.
참가인은 전 직원을 대상으로 실시한 정보자산 보안점검 결과 노조 부위원장과 회계감사의 보안위반 사실이 적발되었다는 점 등을 이유로 2011. 7. 14.과 7. 18. 인사위원회를 개최한 후 노조 부위원장에 대하여 이 사건 해고를 하였고, 2011. 7. 30. 인사위원회를 개최하여 노조 회계감사에 대하여 정직 2월의 징계처분을 의결하였다. 그런데 당시 노조 부위원장과 회계감사 외에 노조와 무관한 근로자 4명도 보완위반 사실이 적발되었으나, 위 4명에 대한

징계절차는 특별한 사정 없이 노조 부위원장 및 회계감사의 경우보다 1개월가량이 지난 2011. 8.경이 되어서야 진행되었다. 이러한 사정들에다가 노조 부위원장의 다른 징계사유들의 적발 시점이 노조 설립이 구체화 되던 시기에 집중된 점까지 고려하여 볼 때, 노조가 설립된 직후 이를 주도한 원고에 대한 이 사건 해고 등 중징계를 한 것이 원고의 노동조합활동과는 아무런 관련이 없다고 보기는 어렵다.

[사례③] 중노위 2013. 9. 24. 중앙2013부노107 판정

이 사건 노동조합이 이 사건 사용자에게 이 사건 근로자들의 조합가입 사실 통지 및 단체교섭 요청을 한 2013. 3. 22. 직후 이 사건 근로자들 모두 순차적으로 해고가 이루어진 점, 사업에 막대한 지장이 초래될 것이 충분히 예상됨에도 불구하고 임금교섭 예정일을 앞두고 급박하게 전 직원에 대한 해고를 단행하고, 실제로 "근로자가 없다."는 이유로 같은 해 4. 10. 단체교섭을 거부한 점을 근거로 부당노동행위를 인정한 사례

[사례④] 중노위 2015. 3. 25. 중앙2015부해21/부노4 병합 판정

2013년도 임금 및 단체교섭 · 협약 체결과정에서 노사 간 의견차이로 이 사건 노동조합이 같은 해 3. 29.부터 쟁의행위에 돌입하는 등 노사 간에 갈등이 고조되어 극한적인 대립관계가 지속되고 있었던 점, 이 사건 노동조합이 분회 결성 이후 쟁의행위에 돌입하는 등 노사 간 의견차이로 갈등이 분출된 시점을 전후하여 동일한 사유로 인사 · 징계 재량범위를 벗어난 부당한 조치를 반복한 결과, 이사건 근로자1은 2014. 8. 11. 이후부터, 이 사건 근로자2는 같은 해 4. 16. 이후부터 각 직무에 종사하지 못하도록 하고 있는 점 등을 근거로 부당노동행위를 인정한 사례

[사례⑤] 중노위 2015. 12. 22. 중앙2015부해1022/부노192 병합 판정

① 위 '4. 인정사실'의 '나'항 내지 '노'항과 같이, 이 사건 노동조합 및 사용자는 2013. 9월부터 임 · 단협 교섭을 진행하였지만 당사자간 의견차이로 교섭 및 조정이 결렬되어 이 사건 노동조합이 전면파업에 돌입하는 한편 원장퇴진 등을 요구하는 집회를 다수 개최하였고, 이에 이 사건 사용자는 직장폐쇄를 단행하고 단체협약을 일방적으로 해지 통보하였으며, 이러한 일련의 과정에서 이 사건 노동조합과 사용자는 상호 노동위원회 구제신청 및 각종 형사고발을 제기하는 등 이 사건 당사자 간의 갈등이 상당히 악화된 상태로 지속된 점,

② 위 '4. 인정사실'의 '도항, '보'항 과 같이, 이 사건 사용자가 이 사건 근로자들에 대해 징계사유로 삼고 있는 사항의 대다수가 위 ①에서 살펴본 노사간 갈등관계가 지속되던 시점에서 이 사건 근로자들 및 노동조합의 조합활동을 이유로 한 것인데, 동 조합활동의 정당성 여부에 대해서 당사자간 다툼이 있는 상황이고, 이와 관련하여 이 사건 사용자가 제기한 각종 고발사건의 대부분이 현재 검찰 청 및 법원에서 진행 중이거나 '혐의없음'으로 처리된 것으로 볼 때, 징계 사유의 정당성을 인정하기 어려운 측면이 상당한 점,
③ 아울러 징계사유 중에서 일부 인정되는 부분이 있다고 하더라도 동 징계사유를 이유로 해고 등의 징계처분을 한 것이 징계양정에 있어서 적정하다고 보기는 어려운 점을 고려할 때, 이 사건 사용자가 문제 삼고 있는 징계사유들은 표면적인 이유에 불과하다고 보이는 점,
④ 사건 병원의 인사, 복무규정 등에는 노동조합이 조합활동의 홍보를 위해 대자보 및 게시물을 게시판에 부착할 때, 사용자의 승인 또는 허가를 얻어야 한다는 규정이 없음에도 불구하고, 이 사건 사용자는 이 사건 근로자들 및 노동조합이 병원 내 1층 로비에 '단체협약 해지중단, 부당노동행위 금지, 원장퇴진 등'을 주된 내용으로 하는 대자보를 부착한 것에 대해서는 무단부착을 이유로 철거하거나 이를 징계사유를 삼았으면서, 위 '4. 인정사실'의 '조'항과 같이, 2015.5.14. 새롭게 설립된 '○○○노동조합'이 병원 내에 게시물을 부착한 것에 대해서는 그 내용이 '○○의료원 귀족노조에 묻습니다. (중략) 시민에 대한 봉사정신은 없고 월급 올릴 정신만 있구만. (중략) 자기한테 정말 실망이야. (중략) 웬만하면 문닫자' 등 이 사건 노동조합에 대해 부정적으로 비난하고, 표현방식에 있어서도 병원내 직원들 간에 갈등뿐만 아니라 병원을 방문하는 외부 고객들에게도 오해를 유발시킬 수 있는 원색적인 표현을 사용하였음에도 불구하고 이들에 대해서는 사용자의 승인(단체협약 및 인사규정 등에 규정되어 있지도 않음)을 받았다는 이유로 아무런 조치를 취하지 않는 등 두 노동조합의 동일한 조합활동(게시물 부착행위)에 대해 편향적인 태도를 보이고 있는 점,
⑤ 위와 같은 징계사유로 이 사건 노동조합의 지부장, 부지부장을 포함한 핵심간부들에 대해 해고 등 이 사건 징계 처분을 함으로써 노동조합의 정상적인 운영 및 활동을 위축시키고 단결력을 저해한 점,
⑥ 위 '4. 인정사실'의 '처'항과 같이, 노사간에 갈등관계가 지속되는 기간인 2013~2015년 동안에 있었던 승진인사와 관련하여 승진자의 승진소요연수를 살펴보면, 우선 2013년의 경우, 전체 승진자(계약직 -> 8, 9급) 11명 중 9명이 비조합원, 2명이 조합원이며, 비조합원 승진자들의 승진이전 직급일은 2012.1.1.~2013.6.5.로서 승진소요연수는 약 0~1년인 반면, 조합원 승진자들(2명)의 승진이전 직급일은 2006.8.23., 2011.12.1.로서 승진소요연수

는 약 2년 또는 7년이며, 2014년의 경우, 전체 승진자(계약직 -> 8, 9급) 10명 중 조합원 5명, 비조합원 5명인데, 비조합원 승진자들의 승진이전 직급일은 2013.9.4.~2014.9.1.로서 승진소요연수는 약 0~1년인 반면, 조합원 승진자들의 승진이전 직급일은 2009.5.14.~2011.11.3.로서 승진소요연수가 약 3~5년이어서 대체로 조합원에 비해서 비조합원의 승진이 빠른 것으로 볼 수 있는 점

⑦ 위 '4. 인정사실'의 '허'항과 같이, 이 사건 사용자가 간호과장 및 정책조정관 등을 통해 병원 내에서 1인 시위를 중단하는 경우 징계하지 않겠다고 회유한 점 등을 종합적으로 고려해 볼 때, 이 사건 징계는 불이익취급 및 지배 · 개입의 부당 노동행위로 보아야 할 것이다.

[사례⑥] 중노위 2015. 12. 1. 중앙2015부해725/부노139 병합 판정

이 사건 사용자가 이 사건 근로자들에 대해 징계사유로 삼고 있는 사항의 대다수가 구 이 사건 회사가 ○○그룹에 매각된다는 언론보도가 있자 고용상 불안을 느낀 이 사건 노동조합의 조합활동 과정에서 발생한 점

이 사건 근로자1, 9의 징계처분에 대하여만 징계의 정당성이 인정될 뿐 나머지 근로자들은 징계사유가 일부 존재하나 징계양정이 과하여 부당징계에 해당(이 사건 근로자2, 6 내지 8, 10 내지 13이 해당)하거나 징계사유가 존재하지 아니함에도 징계처분하여 부당징계에 해당(이 사건 근로자4, 5, 14가 해당)하는 점

특히 2015.2.13. 이 사건 지회의 지회장, 수석부지회장, 부지회장, 사무장, 감사 등 노동조합의 간부인 이 사건 근로자들의 주도로 구 이 사건 회사의 매각을 반대한다는 입장을 표명하기 위하여 개최된 중식집회는 노동조합의 정당한 활동으로 볼 수 있음에도 징계가 이루어진 점 등을 종합하면, 이 사건 사용자가 문제 삼고 있는 징계사유들은 표면적인 이유에 불과하다고 보이는 점

이 사건 회사의 제3사업장장이 2014.12.10. 사내 통신망인 '싱글'을 통해 "노동조합에 대한 설립 또는 가입을 고민하고 있는 회사 소속 노동자들에 대해서 '밀실결정'이라고 하고 '소수 주동자에 의한 결정은 위법한 것'이라고 하면서 '산별노조 가입 절차상 하자 및 소수 몇몇의 야간 밀실결정으로 진행된 ○○○노조 발기인 선정결과를 절대 인정할 수 없다'는 내용의 글을 발표함에 따라 부산지방고용노동청창원지청장이 이에 대하여 '기소' 의견으로 송치한 점 등을 종합해 볼 때 이 사건 근로자2, 4 내지 8, 10 내지 14가 구 이 사건 회사의 매각을 반대한다는 입장을 표명하기 위하여 중식집회를 개최하는 등 노동조합의 정당한 활동을 한 것으로 이유로 감급, 감봉, 정직 15일의 징계처분하여 불이익을 준 것이므로 이는 「노조법」

제81조제1호에 따른 불이익취급의 부당노동행위에 해당한다.

[사례⑦] 중노위 2015. 9. 14. 중앙2015부해598/부노111 병합 판정

이 사건 사용자가 내세우고 있는 이 사건 징계사유와 관련하여 조금만 주의를 기울이면 전혀 징계사유에 해당하지 아니한 근로자들도 있었고, 설령 징계사유가 있었다고 하더라도 문서 기안과 중간 결재와 관련하여 이 사건 근로자들과 동일한 징계사유를 가지고 있는 비조합원들이나 노동조합 가입대상에 포함되지 않는 근로자들에 대해서는 합리적인 이유 없이 아무런 징계조치가 이루어지지 않는 등 징계형평에 위배될 뿐 아니라 징계사유에 비해 과도한 징계처분이 이루어 (짐), …, 이 사건 징계대상자 전원이 이 사건 노동조합 소속 조합원들이고, 이 중에는 이 사건 노동조합의 지부장, 부지부장, 감사 등 핵심적인 조합간부들이 모두 포함되어 있는 점 등을 근거로 부당노동행위로 인정한 사례.

[사례⑧] 서울지노위 2006. 2. 2. 서울2005부해1157/부노147 병합 판정

사용자가 작성한 내부문건에 "민주노총의 저항으로 전 직원의 근로관계를 종식시키기 위해 건축사회가 소멸해야 함"이라고 되어 있어 노사분규 때문에 서울시건축사회를 없애자고 할 정도로 노동조합에 대한 감정이 악화되어 있었음을 근거로 부당노동행위를 인정한 사례

[사례⑨] 중노위 2019. 7. 19. 중앙2019부해598/부노105 병합 판정

이 사건 징계는 이 사건 근로자들의 노동조합 활동에 대한 불이익처분으로 부당노동행위에 해당한다.

이 사건 노동조합 설립 이후 진○○ 팀장의 발언, 이 사건 근로자들에 대한 천○○ 편집국장의 과도한 업무지시 및 발언, 이○○ 부사장의 언동, 직원들의 노동조합 가입 여부 및 가입 권유자 확인 등 이 사건 사용자의 조합원들에 대한 노동조합 탈퇴 회유 및 압박이라고 볼 여지가 있는 언동이 여러 차례 있었고, 그 결과로 이 사건 근로자들을 제외한 나머지 조합원이 이 사건 노동조합을 탈퇴한 것으로 보인다.

[사례⑩] 중노위 2015. 4. 17. 중앙2015부해167/부노23 병합 판정

산업안전보건교육 안내 게시문에 아래와 같이 이 사건 근로자의 성명을 적시한 것으로 보아 이 사건 사용자는 이 사건 근로자가 제기한 산업안전보건 관련 진정에 대해 반감을 가진 것으로

보이고, 이후에 갑자기 응급차량 운행지시 거부를 사유로 이 사건 근로자를 징계한 점,

> 본 원 ○○○ 직원이 「산업안전보건법」 위반 관련 내용으로 노동청에 고발하여 과태료 8,730,000원을 납부하였습니다(근거 : 「산업안전보건법」 제31조제1항).
> 산업안전보건교육은 전 직원 의무교육으로 철저히 받도록 하여야 하겠습니다.
> ※ 정기교육 월 2시간(분기당 6시간 이수)

이와 같은 징계는 징계사유의 정당성이 인정되지 않아 부당하므로, 이 사건 근로자가 산업안전보건과 관련하여 진정을 한 것을 이유로 이 사건 근로자에게 징계의 불이익을 준 것이라는 이 사건 근로자의 진술에 타당성이 있는 점, 이 사건 근로자는 2005. 9월경부터 이 사건 노동조합에 가입하여 활동하여 왔고 산업안전보건에 관한 활동은 노동조합의 주요업무인 점 등을 종합하면, 이 사건 징계사유인 응급차량 운행거부는 표면상의 이유에 불과하고 실질적으로는 이 사건 근로자가 산업안전보건에 관한 노동조합의 업무를 위한 정당한 행위를 한 것을 이유로 이 사건 근로자에게 불이익을 준 것이므로 「노조법」 제81조제1호에서 정한 불이익취급의 부당노동행위에 해당한다 할 것이다.

[사례⑪] 중노위 2023. 9. 8. 중앙2023부해994 판정

이 사건 사용자는 이 사건 근로자를 징계하면서 인사위원회 개최통보서 및 징계의결통보서를 다른 근로자들이 모두 볼 수 있는 사내 게시판에 공개하였는데, 해당 문서들에는 이 사건 근로자의 비위행위(혐의) 사실과 생년월일이 그대로 공개되었고, 특히 혐의사실이 확정되기도 전인 징계위원회 참석 요구 단계에서부터 혐의내용을 구체적으로 공개하였다. 이는 긴급한 필요성을 찾아보기 어려울 뿐만 아니라, 이 사건 사용자도 합리적인 이유를 제시하지 못하고 있고, 개인정보와 징계과정이 낱낱이 공개됨으로써 이 사건 근로자와 노동조합이 입게 되는 피해의 정도를 가볍게 볼 수 없고, 이는 이 사건 지회장인 이 사건 근로자와 이 사건 노동조합의 사회적 가치를 저하시킬 수밖에 없으며 조합원 가입 등에 악영향을 미칠 수밖에 없으므로 부당노동행위 의사 하에 이루어진 것으로 판단된다.

사례 ▮ 부당노동행위 부정 사례

[사례①] 중노위 2019. 7. 11. 중앙2019부해551/부노100 병합 판정

이 사건 근로자들의 노동조합 가입을 통지한 시점과 이 사건 정리해고 대상자 선정기준을 정한 시점을 비교하여 보면, 이 사건 정리해고가 이 사건 근로자들이 이 사건 노동조합 조합원임을 이유로 행한 것이라고 보기에는 그 시점상 상당인과관계를 인정하기 어렵고 그 외 이를 입증할 만한 근거가 부족하여 불이익취급의 부당노동행위라고 보기 어렵다.

이 사건 근로자들은 이 사건 노동조합 가입시점이 2018.7. 이라고 하며 그 사실은 알리지는 않았다고 주장한다. 나아가, 이 사건 노동조합은 2019.1.28. 이 사건 사용자에게 이 사건 근로자들이 2019.1.22. 가입하였다고 통지하였다. 그렇다면 객관적으로 이 사건 근로자들의 노동조합 가입 시점은 2019.1.22. 이후로 보아야 하고, 이 사건 사용자가 그 사실을 안 시점은 2019.1.28.로 보아야 한다. 설령, 이 사건 근로자들의 주장대로 이 사건 근로자들이 2018.7. 이 사건 노동조합에 가입하였다고 하더라도 이 사건 사용자가 그 사실을 알았다고 볼 객관적인 근거가 없다.

이 사건 사용자의 경영위기 극복계획은 이미 2018.11.22. 수립되어 신청 외 노동조합과 13차례 협의하여 2019.1.22. 정리해고 대상자 선정기준에 대해 합의였으므로 이 사건 근로자들의 노동조합 가입과 이 사건 정리해고에 상당인과관계가 있다고 보기 어렵다.

[사례②] 중노위 2017. 3. 14. 중앙2016부해1389,2016/부노259 병합 판정

이 사건 근로자들의 비위행위의 존부 및 동 비위행위가 징계사유에 해당되는 것에 대해 이 사건 근로자들이나 노동조합의 이의가 없고, 동 비위행위로 인하여 이 사건 근로자들에게 형사 유죄의 판결이 이루어지는 등 적법한 징계사유가 존재하는 점, 이 사건 근로자들 및 노동조합은 이 사건 사용자의 징계사유가 표면상의 구실에 불과하고 노동조합 활동에 대한 불이익 처분 및 지배 · 개입으로 이 사건 징계를 한 것이라고 주장하고 있으면서도 이를 입증할 수 있는 증거를 제출하지 않아 이 사건 사용자의 부당노동행위 의사를 인정하기 어려운 점 등을 비추어 보면, 부당노동행위에 대한 이 사건 근로자들 및 노동조합의 주장은 이유 없다고 할 것이다.

[사례③] 대전고등법원 2018. 7. 19. 선고 2018누10123 판결(대법원 2020. 11. 5. 선고 2018두54705 판결로 확정됨)

(1) 이 사건 근로자1, 2의 고용승계를 거부한 것이 부당노동행위로 인정되기 위해서는 원고가 이 사건 근로자1, 2를 고용승계해야 한다는 점을 알았다는 사실, 즉 H과 O이 체결한 계약(이하 '이 사건 제1계약'이라 한다)이 전부 영업양도계약이기 때문에 H이 이 사건 근로자1, 2를 고용승계하지 않은 것이 부당해고에 해당한다는 점을 원고가 알았다는 사실이 인정되어야 한다.

원고가 H으로부터 이 사건 병원 영업을 양수하는 과정에서 이 사건 제1계약의 구체적인 내용을 알게 되었을 것으로 보이지만, 이 사건 제1계약은 임대차계약과 유사한 형식을 취하고 있기 때문에(을 제6호증 참조) 비법률가인 원고가 이 사건 제1계약의 실질이 전부 영업양도계약에 해당한다는 사실을 알기 어려웠을 것으로 보이고, 실제초심판정에서도 이 사건 제1계약이 영업양도계약이 아니라 임대차계약에 해당한다는 이유로 이 사건 근로자들의 원고에 대한 구제신청이 기각된 점을 고려하면, 원고가 이 사건 제1계약이 그 형식과 달리 전부 영업양도계약이기 때문에 H이 이 사건 근로자1, 2를 고용승계하지 않은 것이 부당해고에 해당한다는 점을 당연히 알았다고 보기 어렵다.

(2) 이 사건 근로자3의 고용승계를 거부한 것이 부당노동행위로 인정되기 위해서는 H의 이 사건 근로자3에 대한 해고가 부당해고에 해당하여 무효라는 점을 원고가 알았다는 사실이 인정되어야 한다.

H은 2015. 10. 1. 이 사건 근로자3을 해고하였다. 그런데 원고는 2015. 10. 1. 당시 이 사건 병원이 아닌 O이 새로 개원한 Q병원에 취업하여 업무를 시작하였다. 즉 원고는 위 해고가 이루어질 당시 이 사건 병원에서 근무하지 않았기 때문에 이 사건 근로자3에 대한 해고가 이루어진 구체적 경위나 사유를 알았다고 보기 어렵다. 비록 원고가 이 사건 병원을 양수하는 과정에서 H과 이 사건 근로자3 사이의 법적 분쟁을 인식한 것으로 보이기는 하나, 당시 H과 이 사건 근로자3 사이에 법적 다툼이 진행 중이었던 사정 등을 고려하면, 원고가 H에 의해 이루어진 이 사건 근로자3에 대한 해고가 부당해고에 해당하여 무효라는 점을 당연히 알았다고 보기 어렵다.

(나) 인사발령 관련 부당노동행위 의사 판단기준

사용자가 표면상 업무상 필요성을 이유로 전직, 전보 등의 인사발령을 하였으나, 실질적으로는 이와 달리 근로자의 정당한 조합활동 등을 이유로 인사발령한 것으로 인정되는 경우, 그 인사발령은 부당노동행위에 해당한다.

법원 및 노동위원회는 전직, 전보 등 인사발령이 사용자의 부당노동행위 의사에 의하여 이루어진 것인지 여부를 ▲인사발령 시기, ▲인사발령의 동기나 목적, ▲인사발령의 업무상 필요성 및 합리성, ▲인사발령으로 인한 근로자의 생활상 불이익과의 비교형량, ▲인사발령 과정에서 사용자가 취한 절차, ▲동종 사례 또는 관행에 있어서의 불균형, ▲사용자와 노동조합과의 관계, ▲사용자의 태도, ▲대상 근로자가 수행한 정당한 노동조합 활동 등의 내용, ▲그 밖에 인사발령 당시의 외형적 · 객관적 사정에 의하여 추단되는 부당노동행위 의사의 존재 유무 등을 종합적으로 고려하여 판단한다.

☑ 인사발령의 시기 · 동기 · 목적

[부당노동행위 인정 요소]

- 인사발령 시기와 조합활동 시기와의 관련성
  - 노동조합에 가입한 직후 인사발령이 이루어진 경우(대법 92누9425, 인정사례①)
  - 노동조합을 설립하여 조합활동을 시작한 직후부터 짧은 기간 동안 3차례에 걸쳐 인사발령한 경우(대법 91누3789, 인정사례⑩)
- 반조합 동기 · 목적 · 의도 추정
  - 주된 조합활동 장소로부터 멀리 떨어진 장소로 이동시켜 사실상 조합활동에의 참여를 불가능하게 하려는 의도인 경우(대법 92누9425, 인정사례①)
  - 제2노조가 중심적으로 조직한 부서의 부서장(제1노조 소속)을 인사발령하여 제2노조에 대한 제1노조의 영향력 배제 내지 축소 의도가 추정되는 경우(중앙2016

부해1294,1304/부노239 병합, 인정사례③)

- 노동조합 조합원을 조합원 자격이 없는 비서실로 발령한 경우(서울행법 2010구합11047, 인정사례④)

[부당노동행위 부정 요소]

- 업무상, 경영상 필요를 목적으로 인사발령이 이루어진 경우
  - 누적된 인사정체로 근로의욕 증대, 경영 능률증진, 각 부서간 인사교류를 통한 업무 원활화를 목적으로 이루어짐이 인정된 경우(대법 91다22100, 부정사례①)
  - 이전부터 공장에서 특정 근로자를 보내줄 것을 요청받거나, 인사발령 대상자가 노동조합에 가입하기 이전부터 인사발령을 시도한 경우(대법 95누18345, 부정사례②)
  - 업무수행능력에 문제가 있어 인사발령한 것으로 인정된 경우(제주지법 2014가합5216, 부정사례③)
  - 순환보직에 해당하여 금번 전보로 본인이 원하는 업무로 보직을 변경한 조합원도 있는 경우(경기2018부해1695, 부정사례④)

☑ 업무상 필요성

[부당노동행위 인정 요소]

- 인사발령의 업무상 필요성 등 합리적 이유가 부정되는 경우
  - 직무가 사라질 것이 예상되어 신규 직원을 추가 채용할 필요성이 없음을 알면서도 신규 근로자를 채용하여 잉여인력이 발생하였고, 그로 인하여 기존 직무에서 예비 직무로 인사발령한 경우(중앙2017부해907/부노147,150 병합, 인정사례⑤)
  - 현장에서만 13년 이상 근무한 조합원을 사무직으로 발령함에 합리적 이유가 인정되지 않은 경우(중앙2017부해296/부노26 병합, 인정사례②)
  - 사용자가 제시하는 인사발령 사유 중 노조 티셔츠 착용 외에 다른 사유와의 연관성이 없는 경우(중앙2015부해895/부노173 병합, 인정사례⑥)
  - 조직개편의 필요성은 인정되나, 조직개편 약 2주전 신설이 결정되어 약 4일 전 업무분장이 정해졌으며 그 내용도 같은 날 신설된 다른 사업국과 역할이나 업무

범위가 중복되었고, 업무 내용을 구체화하여야 할 본부장도 세부적인 사업 방향이나 업무 계획을 제시하지 못하는 등 조합원들이 인사발령된 센터가 경영위기 상황을 타개하기 위한 전략적 중요 부서로서 설립되어 운영되었다고 볼 수 없는 경우(서울서부지법 2018고합3, 인정사례⑨)

[부당노동행위 부정 요소]

- 인사발령의 업무상 필요성 등 합리적 이유가 인정되는 경우
  - 과거부터 특정 부서에서 대상자를 보내달라고 요청받아 해당 부서로 인사발령한 경우(대법 95누18345, 부정사례②)
  - 본사에서 팀장과 업무상 및 개인적 마찰을 빚고 있는 경우(대법 95누18345, 부정사례②)
  - 특정 부서의 인력을 충원할 업무상 필요성이 있는 경우(대법 2001누8681, 부정사례⑤)
  - 업무수행능력, 근무경력, 휴직 전 직위, 조합에서의 영향력 등을 참작하여 인사발령하여 그 합리성이 인정되는 경우(대법 2001누8681, 부정사례⑤)
  - 수주 증가로 인한 생산인원 확충에 따른 인원 재배치 필요성이 인정되는 경우(경기2018부해1695, 부정사례④)

☑ 생활상 불이익

[부당노동행위 인정 요소]

- 생활상 불이익이 발생한 경우
  - 수입이 종전보다 약 3~40만원 가량 감소한 경우(중앙2014부해1269/부노202 병합, 인정사례⑦)
  - 부서장으로 10~40명을 총괄관리하였으나, 인사발령으로 부서장으로서의 권한과 역할이 없어진 경우(중앙2017부해296/부노26 병합, 인정사례②)
  - PD, 기자, 아나운서, 방송경영 등의 직종으로 입사하여 8~30년간 방송 보도・제작이라는 영역에서 업무를 수행하던 자들을 신사업 기획, 모바일, VR 등 뉴미디어 콘텐츠 개발 등 기존 업무와 다른 업무로 인사발령 함으로써 업적평가에서

하위 등급을 받는 등 업무상 불이익을 받은 경우(서울서부지법 2018고합3, 인정사례⑨)

- 인사발령에 따라 월간 20만원 가량의 실수입액이 감소되었고, 20년간 생산업무만 종사한 조합원에게 생소한 공무과 업무를 부여하였으며, 근무장소가 본사로부터 상당히 떨어진 곳에 위치하여 단 3~4명의 직원만이 근무하는 외진 곳이어서 직원협의회 회장의 업무를 수행하기 곤란한 경우(대법 91누3789, 인정사례⑩)

[부당노동행위 부정 요소]

- 생활상 불이익이 없거나 사회통념상 불이익을 감당하는 것이 부당하다고 볼 수 없는 경우
  - 직급이나 기본급에 변동이 없어 생활상 불이익이 적은 경우(제주지법 2014가합5216, 부정사례③)
  - 특정 보직을 맡지 않게 됨에 따라 그에 수반하는 보직수당을 받지 못하게 된 경우(제주지법 2014가합5216, 부정사례③)

☑ 인사발령 절차

[부당노동행위 인정 요소]

- 인사발령 과정에서 부당한 징계가 이루어진 경우(중앙2014부해1269/부노202 병합, 인정사례⑦)
- 단협이 적용되는 현재 근무형태와 다른 근무형태를 선택할 수 있는 기회를 부여하면서 단협에 따른 근무형태를 선택할 경우 정상적인 수입을 얻을 수 없는 근무조건을 제시한 경우(중앙2014부해1269/부노202 병합, 인정사례⑦)
- 조합 간부에 대한 사전합의조항을 형해화 하려는 의도가 보이거나 이를 위반한 경우(중앙2017부해296/부노26 병합, 인정사례②)

[부당노동행위 부정 요소]

- 단협상 조합간부의 인사에 대한 사전합의 규정을 준수하지 않은 경우라도, 노조로부터 인사발령 대상자가 조합간부로 임명된 사실을 통지받지 못하여 그 내용을

알지 못하였다는 등 합의절차를 거치지 못한 합리적 이유가 있는 경우(대법 91다22100, 부정사례①)

☑ 관행

[부당노동행위 인정 요소]

- 동종 사례(관행)와의 불균형
  - 타 노조의 조합원은 희망하는 근무지에 발령한 반면, 특정 노조의 조합원에게는 희망하는 근무지로 발령을 거부한 경우(중앙2014부해1233/부노192 병합, 인정사례⑧)
  - 일반적으로 높은 직급의 직원은 특정 직무를 담당하게 되는 것과 달리 직급이 높음에도 예비 직무로 발령된 경우(중앙2017부해907/부노147,150 병합, 인정사례⑤)
  - 다른 부서장이나 직원들이 하지 않는 일일 업무보고를 하도록 하고, 전무 책상 앞자리에 배치한 경우(중앙2017부해296/부노26 병합, 인정사례②)

[부당노동행위 부정 요소]

- 동종 사례(관행)에 부합하는 경우
  - 순환근무의 경우(제주지법 2014가합5216, 부정사례③)

☑ 사용자와의 관계

[부당노동행위 인정 요소]

- 사용자의 노동조합에 대한 언동 및 태도(반조합 감정 표출 여부)
  - 노조를 탈퇴하지 않으면 직무에서 빼겠다는 취지의 말을 수차례 한 경우(중앙2017부해907/부노147,150 병합, 인정사례⑤)
  - 쟁의조정 과정 중 사용자가 일방적으로 정리해고, 명예퇴직 실시 예정 및 단체협약 해지를 통보하한 경우(중앙2015부해895/부노173 병합, 인정사례⑥)
  - “일을 안한다니까 좀 쉬게 해준 것이다”, “앞으로 진정, 소송을 제기하는 사람들은 집으로 보낼 것이다”라고 발언한 경우(중앙2016부해1294,1304/부노239 병

합, 인정사례③)

- 평소 회사와 노동조합과의 관계
  - 교섭이 원만히 이루어지지 않아 노동위 조정 신청 및 쟁의행위가 발생한 경우(중앙2017부해296/부노26 병합, 인정사례②)
  - 교섭대표노조와 체결한 단체협약의 유효기간이 남아있음에도 교대노조가 아닌 기업별노조와 교섭하여 근로시간면제, 사무실 제공, 조합비 공제 등의 기본합의서를 작성하고 기본합의서 체결 축하 현수막을 게시하는 등 특정 노조를 우대하는 행태를 보인 경우(중앙2016부해1294,1304/부노239 병합, 인정사례③)
  - 유사한 사례에서 부당노동행위 또는 부당 인사발령에 해당한다는 노동위원회 판정을 받은 경우(중앙2015부해895/부노173 병합, 인정사례⑥)

[부당노동행위 부정 요소]

- 사용자의 노동조합에 대한 언동 및 태도에서 반조합 감정이 표출되지 않는 경우
- 평소 회사와 노동조합과의 관계가 원만한 경우

☑ 결과

[부당노동행위 인정 요소]

- 노동조합 탈퇴자 발생(중앙2014부해1233/부노192 병합, 인정사례⑧)
- 특정 노조의 조합원 수가 40명에서 7명으로 감소하고 타 노조의 조합원 수가 40명 증가하여 타 노조가 교섭대표노조로 결정된 경우(중앙2014부해1269/부노202 병합, 인정사례⑦)
- 사업 특성상 중요한 부서의 총괄관리자를 모두 비조합원으로 변경하여 일부 조합원이 관리자로 있었을 때보다 조합활동이 위축될 것으로 보이는 경우(중앙2017부해296/부노26 병합, 인정사례②)
- 본사 근무경력이 전혀 없어 본사 조합원들과 사실상 친분관계가 없는 조합간부를 본사로 발령하여 근무시간 이외라도 노동조합 활동이 위축될 수 있을 것으로 보이는 경우(중앙2017부해296/부노26 병합, 인정사례②)
- 조합 간부를 장기간 대기발령 하여 조합활동을 위축시킬 개연성이 큰 경우(중앙

2016부해1294,1304/부노239 병합, 인정사례③)

[부당노동행위 부정 요소]

- 노동조합의 단결력 내지 활동을 위축시킬 만한 결과가 발생하지 않은 경우

☑ 대상

[부당노동행위 인정 요소]

- 특정 영업소의 유일한 대의원을 인사발령한 경우(중앙2017부해907/부노147,150 병합, 인정사례⑤)
- 사무장, 부지부장, 대의원, 전임 부지부장 및 회계감사를 인사발령한 경우(중앙 2017부해296/부노26 병합, 인정사례②)
- 인사발령 대상이 적극적으로 파업에 참여하거나 회사에 대한 소송 당사자로 참여하거나, 증인으로 출석하여 진술 내지 탄원서를 제출하거나, 직종별 단체의 대표로 활동하면서 사측을 비판하는 입장을 표명하는 등 적극적으로 사측에 반하는 활동을 한 이력이 있는 경우(서울서부지법 2018고합3, 인정사례⑨)

[부당노동행위 부정 요소]

- 인사발령 대상이 조합 간부가 아니거나 조합활동에 적극적이지 않은 경우

사례 ▍ 부당노동행위 인정 사례

[사례①] 대법원 1992. 11. 13. 선고 92누9425 판결

한편 참가인에 이어 위 곽00이 1991.1.3.경 노동조합에 가입원서를 제출하자 원고회사는 1991.1.17. 자로 동인을 내수사업부의 수선사원으로 전보조치하고 동인이 이에 불응하자 1991.1.28.자로 동인도 징계해고한 사실, 원고회사의 생산공장에는 미싱공만 하여도 670여 명이 배치되어 있는 데 반하여 내수사업부에는 기능직 사원이 2-3명 밖에 배치되지 아니하여

독자적인 노동조합활동은 사실상 불가능하고 내수사업부는 생산공장과도 상당히 멀리 떨어져 있어 생산부 조합원들과의 교류도 여의치 아니한 사실 등 …(중략)… 원심은 나아가 위 인정 사실에 나타난 바와 같은 원고 회사 노동조합의 재결성경위와 그 후의 활동상황, 원고 회사 간부인 위 지찬경이 평소 노동조합에 대하여 보여 온 태도와 언동, 참가인이 위 노사분규와 관련하여 원고회사로부터 경고를 받은 적이 있는 점, 참가인이 노동조합에 가입하려고 시도하는 시점에 때맞추어 그에 대한 전보발령이 이루어졌고 위 곽00의 경우도 노동조합에 가입한 직후에 참가인과 마찬가지로 내수사업부로 전보조치된 점 등에 비추어 보면, 참가인에 대한 전보발령은 원고 회사가 근로자들의 권익옹호를 위한 활동에 열성적인 참가인의 노동조합가입 및 그 가입 후의 적극적인 노동조합활동을 우려한 나머지 이를 사전에 봉쇄하고자 소속 근로자들의 주된 노동조합활동 장소가 될 수밖에 없는 생산공장으로부터 참가인을 격리하여 노동조합활동에의 참여를 사실상 불가능하게 하려는 의도에서 내수사업부의 결원충원의 필요를 표면적인 사유로 하여 이를 행한 것으로 보여지므로 이는 노동조합법 제39조 제1호 소정의 부당노동행위에 해당하는 것임이 분명하다.

[사례②] 중노위 2017. 4. 27. 중앙2017부해296/부노26 병합 판정

이 사건 노동조합의 조합원인 근로자1은 사무장, 근로자4는 부지부장, 근로자5는 대의원이고, 과거에 근로자2는 부지부장, 근로자3은 회계감사를 역임했던 점에서 이 사건 근로자들은 노동조합 설립과정부터 함께 했던 조합간부들이라는 점

이 사건 사용자와 노동조합은 노동조합 설립 후 단체협약이나 임금 교섭이 원만히 이루어지지 않아 노동위원회에 조정을 신청하고 쟁의 행위를 하는 등 갈등이 지속되었던 점, 이 사건 전보는 업무상 필요성이 인정되지 않고 인사상 불이익에 해당되며, 노동조합과 성실한 협의를 하였다고 보기 어려운 점

이 사건 근로자1, 2의 경우 ○○○전무 책상 앞자리에 배치하고, 부서원도 전혀 없으며 다른 부서장이나 근로자들은 하지 않는 일일 업무보고를 하도록 하여 부장 직책임에도 불구하고 이 사건 사용자가 이 사건 근로자1, 2를 사실상 일거수일투족을 관리한 점(이 사건 근로자1, 2는 해당 물류창고에서 10년 이상 근무하였고 전보 전에는 부서장으로서 소속 근로자가 10~40여명이 있어 총괄 관리 업무를 담당했었으나, 이 사건 전보 후 신규 부서에서 부서원도 없이 창고 이전과 관련된 업무만을 직접 담당하게 되어 실질적으로는 부서장으로서의 권한과 역할이 거의 없어졌다고 볼 수 있는 점)

이 사건 사용자의 주된 사업은 물류 운송 및 보관으로 본사보다는 물류의 운송과 직접 관련된

○○○공항사무소와 ○○○물류센터(○○○공항 내)의 업무가 중요하다고 볼 수 있는데, 위 사업장들의 총괄관리자는 모두 비조합원으로 변경되어 이 사업장에 근무 중인 조합원들은 이 사건 근로자2, 3이 관리자로 있을 때보다 상대적으로 노동조합 활동이 위축될 수 있다고 보이는 점(이 사건 노조지회는 2014.12.26. 부분 파업시 이 사업장에 근무하였던 조합원들이 가장 많이 참여함)
이 사건 회사의 본사에도 조합원이 다수 있으나, 이 사건 근로자1~3은 본사에서 근무한 경력이 전혀 없어 본사 조합원들과 사실상 친분관계가 있다고 보기 어려워 근무시간 이외라도 노동조합 활동이 위축된다는 이 사건 노동조합의 주장이 합리적으로 보이는 점(이 사건 근로자1, 2는 이 사건 회사에 입사하여 이 사건 전보 전까지 13년 이상 물류창고 등 외부에서 근무하였을 뿐 본사 근무 경력이 전혀 없어 본사에 근무하는 근로자들과의 유대관계가 낮을 수밖에 없음)
단체협약을 체결한 2015.1.16.이전부터 조합원 범위에 대한 논란이 있었음에도 이 사건 전보 직전인 2016.8.17. 이 사건 근로자1, 2, 4, 5를 포함한 조합원 8명을 상대로 조합원지위부존재 소송을 제기하여 단체협약상 전보의 사전 동의권을 형해화 하려한 의도가 있었던 것으로 보이는 점 등을 종합하여 볼 때, 이 사건 사용자가 업무상 필요성을 내세워 전보한 것은 표면적인 것에 불과하고 실질적으로 이 사건 노동조합 활동을 주도하였던 이 사건 근로자들의 정당한 조합 활동을 저지할 의도에서 이루어진 불이익 취급의 부당노동행위이고, 노동조합 및 조합활동을 위축시키기 위한 지배 · 개입의 부당노동행위에 해당한다고 할 것이다.

[사례③] 중노위 2017. 2. 21. 중앙2016부해1294,1304/부노239 병합 판정

① 이 사건 사용자 대표가 ㉠ 2016.3.17. 이 사건 노동조합과의 단체협상 시 이 사건 근로자1에게 해고를 암시하는 내용으로 발언한 사실, ㉡ 같은 해 7.13. 이 사건 근로자1에게 대기발령 등으로 인한 인사상 불이익 발생을 항의하자 "일을 안한다니까 좀 쉬게 해준 것이다."라고 답변한 사실, ㉢ 같은 날 이 사건 근로자1이 합리적인 이유 없이 장기화되고 있는 이 사건 근로자들에 대한 대기발령에 대하여 인사업무 최고 책임자임에도 무책임하게 "아는 바 없다." 라고 언급한 사실, ㉣ 같은 해 8.23. 직무교육시 전 직원에게 "앞으로 진정, 소송을 제기하는 사람들은 집으로 보낼 것이다."라고 말한 사실 등을 통하여 판단할 때, 이 사건 사용자가 평소 이 사건 근로자들의 노동조합 활동에 대하여 적대감과 혐오감을 표출하면서 불이익을 주려는 의사를 가지고 있었다는 추정이 충분히 가능한 점
② 이 사건 사용자는 교섭대표노조가 아닌 기업별 노조(신청 외 노조)와 단체협약을 체결한

것은 무효라는 이 사건 노동조합의 주장에 대하여 이 사건 사용자와 신청 외 노동조합과의 노사합의서가 단체협약이 아니라고 주장하나, ㉠ 2016.6.29. 이 사건 사용자가 신청 외 노동조합에 '단체교섭'이라고 명기한 일정통지 공문을 발송한 사실, ㉡ 이 사건 사용자가 인용한 2016.7.15. 고용노동부 행정해석은 신청 외 노조가 교섭권을 행사할 수 없는 동안 임시적 방편으로서 사용자 동의 하에 '적법한 편의 제공'이나 '근로시간 면제한도를 부여받을 수 있다.'라고 언급한바, 동 행정해석이 전제하는 노사합의는 이 사건 사용자가 2016.8.1. 신청 외 노동조합과 체결한 '기본합의서' 내용과 같이 채무적 내용을 망라하는 사실상의 단체협약을 의미하지는 않는 것으로 판단되는 점, ㉢ 2016.8.2. 신청 외 노동조합이 기본합의서 체결을 축하하는 현수막을 게시하여 달라고 요구하자 이에 즉시 응한 사실 등은 위 이 사건 사용자 대표의 이 사건 노동조합에 대한 적대감 표출을 넘어 신청 외 노동조합에 대한 적극적인 차별적 우대(조치)로 해석되는 점
③ 이 사건 근로자1이 이 사건 노동조합의 간부(대표)인 점을 감안할 때, 대기발령이 장기간 지속된다면 노동조합 활동이 위축될 수밖에 없었음에도 합리적이고도 상식에 부합되는 정도의 사유 없이 대기발령 기간을 장기화시켰던 점 등을 종합해 볼 때, 이 사건 사용자가 이 사건 근로자들에게 내린 2016.6.7.자 대기발령과 같은 해 9.2.자 정직 3월의 징계처분은 이 사건 사용자가 평소 이 사건 근로자들의 노동조합 활동에 대하여 적대(혐오)감을 가지다가 이 사건 근로자들에게 내린 불이익 취급의 부당노동행위였다 할 것이다.

[사례④] 서울행정법원 2010. 10. 8. 선고 2010구합11047 판결(대법원 2011. 10. 27. 선고 2011두18243 심리불속행기각 판결로 확정됨)

원고가 비서실에서 수행해야 하는 담당 업무가 정해지지 않은 것으로 보이나, 그 담당 업무가 경영권, 근로자에 대한 인사 · 급여 · 후생 · 노무관리 등 업무집행권, 기밀업무를 취급하는 권한 등 사업주의 권능을 일부 담당하는 것이라면 그 직무상의 의무와 책임이 노동조합의 조합원으로서의 의무와 책임이 저촉되는 위치에 있을 가능성이 농후하여 노동조합 조합원으로 가입이 제한된다고 할 것이다. 또한, 원고의 담당 업무가 사업주의 권능을 담당하는 것이 아니라고 할지라도 사용자를 지원하고 사용자의 기밀에 속하는 사항을 접하는 비서실 업무의 특성상 비서실 직무 수행이 노동조합 활동과 상충되어 노동조합 활동이 제약될 가능성이 많다. 원고 회사의 비서실 소속 직원 중에서 현재 노동조합에 가입되어 활동하고 있는 자가 없다. 원고는 비서실 발령을 한 후 교육을 이수하면 다른 부서로 재발령을 한다고 하였으나 원고는 참가인 전○♣에 대한 별도의 교육계획이 없었고, 실제 교육이수를 촉구하거나 교육에 따른

후속 발령을 하지도 않았다.
원고는 참가인 전○♣을 감당할 수 있는 부서가 없다는 이유에 따라 비서실로 인사명령을 하였다고 하나 이외에 비서실에의 인사명령에 대한 업무상 필요성이나 합리적 이유를 제시하지 못하고 있다.
원고는 영업직 근로자에 대한 퇴직명령이 부당하다는 판결이 확정됨에 따라 승용판매 영업직 근로자들을 원고 회사 소속으로 고용하고 있는바, 참가인 전○♣에 대한 원직 복직도 불가능하지 않다.
위 인정사실 및 위에서 든 증거에 의하여 인정되는 다음과 같은 사정에 의하면, 이 사건 인사명령은 지배개입에 의한 부당노동행위라고 할 것이다.

[사례⑤] 중노위 2017. 12. 8. 중앙2017부해907/부노147,150 병합 판정

이 사건 사용자는 2017. 1월에 이미 같은 해 4월에 DTS 직무 근무자 2명이 담당하던 구역 및 거래처가 별도 사업자인 대리점으로 전환되면서 DTS 직무 자리가 없어질 것이 예상되어 신규 직원을 추가로 채용할 필요성이 없다는 사실을 알면서도 같은 해 2월 신규 근로자를 채용하였고(당초 퇴직 예정자 2명이 있었으나 이 중 1명만 퇴사하여 1명의 잉여 인력이 발생함), 이로 인해 DTS 직무에 여분의 인력이 발생하여 결국 같은 해 3.2. 이 사건 근로자를 DTS 직무에서 예비 직무로 인사 발령한 것으로 보이는바, 위 예비 직무로의 인사발령에 합리적 이유가 있었다고 보기 어려운 점,
일반적으로 높은 직급의 영업직 직원은 생산성 대비 인건비가 높으므로 DTS 직무나 OMS 직무를 담당하게 되는바, 이 사건 근로자는 직급이 높음에도 예비 직무로 발령된 점,
한편, ㉠ 서○○ 소장이 2017. 1월 이후 이 사건 근로자를 포함한 이 사건 노동조합의 조합원들과 면담을 하면서 앞으로 직무를 재구축할 예정이며, 노동조합을 탈퇴하지 않으면 루트에서 빼겠다는 취지의 말을 수차례 하였고, 이 사건 지회 울산영업소의 유일한 대의원인 이 사건 근로자를 별다른 이유가 없어 보임에도 불구하고 해당 발언 내용대로 예비 직무로 발령된 점을 볼 때, 서○○ 소장의 위와 같은 발언내용과 이 사건 인사발령이 상호 아무런 관련이 없다고 단정할 수 없는 점 (중략) 등을 종합하여 볼 때, 이 사건 인사발령은 이 사건 근로자가 이 사건 노동조합에 가입하고, 대의원으로 활동하는 등 정당한 노동조합 활동을 이유로 한 불이익 취급의 일환으로 행한 조치일 뿐만 아니라 이 사건 노동조합 탈퇴를 유도하기 위한 목적으로 행한 인사발령이었으므로 불이익 취급 및 지배 · 개입의 부당노동행위에 해당한다.

[사례⑥] 중노위 2015. 11. 16. 중앙2015부해895/부노173 병합 판정

노동조합의 티셔츠 착용은 쟁의행의 정당한 노동조합 활동의 일환으로 이루어졌고, 실제 이들 근로자들이 착용한 노동조합 티셔츠에 이 사건 지회의 표식이 있으나 아무런 구호도 적혀있지 아니한 녹색의 평범하고 단정한 옷으로 그 복장만으로 환자나 다른 구성원에 대한 불안감을 조성하거나 근무를 방해할 소지가 전혀 없음에도 불구하고 실제 이 사건 전직은 이러한 노동조합 티셔츠 착용을 이유로 하여 이루어진 것으로 보이는 점(이 사건 사용자는 이 사건 전직에 대하여 노동조합 티셔츠 착용이 복무규정위반이어서 그에 대응한 직무재배치라고 설명하고 있는 바, 결국 법적 평가에 관한 주장이 다를 뿐 이 사건 전직의 이유가 위 노동조합 티셔츠 착용인 사실은 이 사건 사용자도 인정하고 있는 셈이다)

이 사건 사용자는 이 사건 전직의 사유로 위 노동조합 티셔츠 착용 이외에 경영혁신을 위한 인적쇄신, 근로자들의 사기진작 및 근로능력 배양을 거론하나 이 사건 전직과 위 경영혁신 등과의 연관성이 없어 위 노동조합 티셔츠 착용 외에는 이 사건 전직의 사유를 찾아볼 수 없는 점

㉠ 이 사건 사용자와 이 사건 노동조합은 임금인상 등과 관련하여 파업 및 직장폐쇄를 단행하는 등 노사관계가 극도로 악화되어 온 점, ㉡ 이 사건 사용자는 이 사건 노동조합과 이 사건 지부에 초심지노위 주관으로 노동쟁의조정이 이루어지는 중 2014.7.10. 일방적으로 '정리해고 실시 예정' 및 '명예퇴직 실시 예정'을 통보(실제 현재까지 이 사건 사용자는 정리해고나 명예퇴직을 실시하고 있지 않고 있음)하였고, 2014.9.2.에는 2009년도에 체결한 단체협약의 해지를 통보하는 등 일련의 행위는 이 사건 노동조합 및 이 사건 지부를 자극하거나 노동조합 활동을 위축시킬 목적으로 이루어진 것으로 보이는 점, ㉢ 이 사건 사용자는 2014.7. 파업 직후 조합원 22명을 배치전환한 것과 관련하여 우리 위원회로부터 불이익취급의 부당노동행위로 판정을 받은 사실이 있는 점, ㉣ 이외에도 이 사건 사용자는 이 사건 조합원들을 대상으로 행한 배치전환이나 각종 징계에 대하여 수차례에 걸쳐 초심지노위로부터 부당하다는 판정을 받은 사실이 있는 점 등을 볼 때 이 사건 사용자는 평소 노동조합 활동을 혐오하거나 부당노동행위 의사를 갖고 있다고 볼 수 있는 점 등을 종합적으로 고려하여 볼 때 이 사건 근로자들에 대한 이 사건 전직은 이 사건 근로자들의 노동조합활동에 대한 불이익취급이자 이 사건 노동조합에 대한 지배 · 개입의 부당노동행위에 해당한다고 할 것이다.

[사례⑦] 중노위 2015. 3. 4. 중앙2014부해1269/부노202 병합 판정

이 사건 사용자가 중재재정의 "휴게시간은 근로자가 자유롭게 사용할 수 있다"란 문언이 6시

간 40분의 소정근로시간 외에는 일체의 운행을 중단하는 것으로 해석하고, 이를 중재재정에 따라 전액관리제를 준수한 이 사건 노동조합의 조합원인 근로자들에게 적용함으로써 결과적으로 해당 근로자들의 수입이 종전보다 약 30만원 내지 40만원 가량 감소된 점

이 사건 근로자가 2014.3.1.부터 중재재정에서 정한 전액관리제에 따라 근무하는 등 노동조합을 위한 정당한 행위를 하였음에도, 이 사건 사용자는 노사 자율 협의에 의한 구체적인 임금협정이 체결되지 않은 상태에서 「택시운송수입금전액관리제시행요령」 제3조제2호를 위반하면서까지 이 사건 근로자에게 가스 비용 변제를 독촉하다가 징계처분에 이르게 된 점

「노동조합 및 노동관계조정법」 제70조제1항 및 제33조제1항에 "중재재정의 내용은 단체협약과 동일한 효력을 가지고 그 중재재정에서 정한 근로조건 기타 근로자의 대우에 관한 기준에 위반하는 취업규칙과 근로계약은 무효로 된다."는 규정에도 불구하고, 이 사건 사용자는 중재재정에서 정한 전액관리제와 다른 근무 형태를 선택할 수 있는 기회를 부여하면서, 전액관리제를 선택할 경우에는 정상적인 운송수입금을 얻을 수 없는 근무조건을 제시하였던바, 이러한 이 사건 사용자의 요구는 사실상 근로자들에게 종전과 같은 수입을 얻기 위해서는 이 사건 노동조합을 탈퇴하고 신청 외 A기업노동조합에 가입하라는 취지로 이해될 가능성이 있었던 것으로 보이는 점,

실제로 중재재정 이후 이 사건 사용자에 의한 근로자들의 근무형태 선택이 이루어지는 과정에서 이 사건 노동조합의 조합원 수는 약 40명에서 현재 7명으로 대폭 감소하고, 반면에 신청 외 A기업노동조합의 조합원 수가 약 40명으로 증가하여 2014년 말경 교섭대표노동조합으로 결정되기에 이른 점 등을 종합하여 볼 때, 이 사건 대기발령은 이 사건 사용자가 이 사건 근로자의 정당한 노동조합 활동을 이유로 행한 불이익취급 및 지배 · 개입의 부당노동행위에 해당한다고 할 것이다.

[사례⑧] 중노위 2015. 2. 24. 중앙2014부해1233/부노192 병합 판정

다수 노동조합인 신청 외 노동조합의 조합원들은 거의 모두 원하는 근무지에 발령을 하면서도, 이 사건 근로자가 단독으로 신청한 자연대 3호관은 합리적인 이유 없이 신규 채용자를 발령한 것은 소수 노동조합의 위원장인 이 사건 근로자에게 불이익을 주기 위해 고의로 행한 것으로 볼 수 있는 점

2014.5.1.자 인사발령과 관련한 구제신청에서 초심지노위가 인사발령의 과정 및 그 결과에 있어서 신청 외 노동조합과 이 사건 노동조합과는 현격한 차이가 있어 부당하다고 판정하였음에도, 같은 해 9.3.자 인사발령에서도 같은 해 5.1.자 인사발령과 유사하게 이 사건 노동조합

에서 이동을 신청한 3명 중 1명만을 인사발령에 반영하여 결과적으로 신청 외 노동조합의 조합원들에 비해 불공정하게 인사발령을 행한 점

불공정한 처우를 받지 않기 위해 어쩔 수 없이 이 사건 노동조합을 탈퇴하고 신청 외 노동조합에 가입한 근로자들이 있다는 이 사건 근로자의 주장 등에 비추어 인사발령 이후 이 사건 노동조합의 조합원들이 동요하였음을 유추할 수 있고, 그 배경에 이와 같은 불공정한 인사발령의 영향이 없었다고 단정할 수 없는 점 등을 종합하면, 2014.9.3.자 인사발령은 이 사건 사용자가 다수 노동조합인 신청 외 노동조합과 원만한 관계를 유지하기 위해 이 사건 근로자를 포함한 조합원들에게 소수 노동조합의 조합원이라는 이유로 인사 상 불이익을 가함으로써 이 사건 노동조합의 조직과 운영을 지배하거나 이에 개입하고자 하는 의사가 있었다고 볼 수 있으므로 「노동조합 및 노동관계조정법」 제81조제4호의 부당노동행위에 해당한다 할 것이다.

[사례⑨] 서울서부지방법원 2019. 2. 19. 선고 2018고합3 판결(대법원 2023. 10. 12. 선고 2020도12582 판결로 확정됨)

피고인들의 이 사건 각 전보발령은 제1노조의 조직 또는 운영에 대한 지배 · 개입행위이자, 판시 범죄사실 제1항 기재와 같이 조합원 28명 중 15명에 대하여는 제1노조에 가입하거나 제1노조의 업무를 위한 정당한 행위를 한 것을 이유로 불이익을 주는 행위로서 노동조합법이 금지하는 부당노동행위에 해당한다.

2014년경 방송환경을 둘러싼 변화로 영업이익이 감소하는 등 조직개편의 필요성이 있었음은 인정되나, 이 사건 각 센터가 그와 같은 경영위기 상황을 타개하기 위한 전략적 중요 부서로서 설립되어 운영되었다고 볼 수 없다. 이 사건 각 센터는 조직개편으로부터 약 2주 전 신설이 결정되었고, 약 4일 전 업무분장이 정해졌으며, 그 과정에서 이 사건 각 센터가 소속될 부서장과의 논의 절차도 거치지 아니하였다. 이 사건 각 센터에 부여된 업무분장은 같은 날 신설된 특임사업국에 '특별 프로젝트 입안, 수행 및 관리' 업무, 매체전략국에 '매체 전략 관련 뉴미디어 기반 신규 사업 추진, 뉴 플랫폼 · 윈도우 진출 기획 및 시행' 업무가 부여된 점에 비추어 그 역할이나 업무 범위가 중복되었는데, 업무 내용을 구체화하여야 할 이 사건 각 센터장이나 해당 본부장도 직원들에게 세부적인 사업 방향이나 업무 계획을 제시하지 못하였다. 결국 뉴미디어포맷개발센터의 경우 당초 부여된 업무인 온라인 · 모바일 등 관련 사업은 매체전략국과의 업무 중복 등으로 인하여 실시하지 못하였고, VR 관련 사업도 매체전략국이나 제작기술국의 업무와 중복되는 측면이 있었다.

이 사건 각 센터에 전보된 조합원들은 단순히 제1노조에 가입되어 있었을 뿐만 아니라, 2012

년 파업 당시 보직을 사퇴하는 등 적극적으로 파업에 참여하였거나, 파업 이후 사측을 상대로 한 제1노조 관련 소송에 당사자로 참여하거나, 증인으로 출석하여 진술하거나, 탄원서를 제출하거나, 제1노조 소속 민주방송실천위원회 간사 등을 맡고 있었거나, 방송기자연합회장·아나운서협회장 등 직종별 단체의 대표로 활동하면서 사측을 비판하는 입장을 표명하였거나, 사내 게시판에 사측을 비판하는 게시글을 작성하는 등, 적극적으로 사측에 반하는 활동을 한 이력이 있었다. 이는 사측의 불공정한 보도 방침 및 부당한 인사를 지속적으로 비판하던 제1노조의 입장에 동조하거나 조직적인 활동에 적극적으로 동참하는 것으로서, 제1노조의 업무를 위한 행위에 해당한다.

이 사건 각 센터에 전보된 제1노조 조합원들은 PD, 기자, 아나운서, 방송경영 등의 직종으로 입사하여 적게는 8년, 많게는 30여 년 간 해당 직종의 업무에 종사하던 사람들로서, 그 경력이나 연령 등에 비추어 신사업 기획이나 모바일, VR 등 뉴미디어 콘텐츠 개발에 관한 능력이나 전문성을 갖추고 있었다고 볼 수 없다. 이 사건 각 센터에서 약 3년간 창출한 수익 규모와 추진한 사업 내역에 의하면, 이 사건 각 센터는 상당한 경력을 가진 20여 명의 기자와 PD 등을 근무하게 하고도 별다른 업무 성과를 내지 못하였다고 볼 수밖에 없다. 방송 보도·제작이라는 전문적인 영역에서 업무를 수행하던 기자와 PD들은 그동안 MBC에서 쌓아온 능력을 발휘할 기회를 가지지 못한 채 경력이 단절되었고, 별다른 업무를 수행하지 못함으로써 업적평가에서 하위 등급을 받는 등의 업무상 불이익을 받았다.

[사례⑩] 대법원 1991. 12. 10. 선고 91누3789 판결

원고는 갱내 작업감독으로 근무하다 공무과로 전보되고 묵호출장소로 전근됨에 따라 각종수당을 지급받지 못하게 되어 월 금 200,000원 가량의 실수입액이 감소되었고, 공무과 업무는 20여 년 간 생산과 업무에만 종사해 온 원고에게는 생소한 업무분야이었고, 위 묵호출장소는 위 업체의 저탄장이 있는 곳인데 본사 소재지인 태백시로부터 상당히 떨어진 곳에 위치하여 본사로부터 파견된 3-4명의 직원만이 근무하는 외진 곳이어서 그곳에서는 원고가 직원협의회 회장의 업무를 계속 수행하기가 곤란한 데다가 원고를 위와 같이 전격적으로 특별히 그곳으로 전근발령하여야 할 경영상의 필요성이 엿보이지 아니한다는 것이다.

원고가 한 일련의 행위는 노동조합에 가입하려고 한 행위에 해당하고, 참가인은 원고 등이 직원협의회를 설립하여 노동조합 가입을 위한 행위를 하기 시작한 직후인 1989.4.10.경부터 짧은 기간동안 3차례에 걸쳐 원고를 전보 또는 전근 발령한 점 등 원심이 들고 있는 제반 정황에 비추어 보면, 불이익처분으로 봄이 상당하다.

사례 ▎ 부당노동행위 부정 사례

[사례①] 대법원 1992. 5. 22. 선고 91다22100 판결

개원이래 약 17년간 제도적으로 사무직 직원들에 대한 전보인사를 행하지 않음으로써 누적된 인사정체에서 벗어나 적재적소에의 노동력 배치에 의한 근로의욕의 증대와 경영의 능률증진, 각 부서간의 인사교류를 통한 업무운영의 원활화를 꾀할 목적으로 이루어진 전보처분은 업무상 필요에 따라 이루어진 것으로서 노동조합활동에 대한 보복 조치로 이루어진 것이 아니다. 또한 비록 단체협약에 조합간부에 대한 인사는 조합과 사전합의하여 결정하도록 한다라고 규정되어 있더라도 당해 근로자나 노동조합으로부터 그가 조합의 간부로 임명된 사실을 통지받지 아니하여 그 사실을 알지 못하였던 사용자는 그에 대한 위 전보처분을 함에 있어 위 규정에 의한 절차를 거칠 필요가 없다.

[사례②] 대법원 1996. 12. 20. 선고 95누18345 판결

참가인의 근무경력과 이 사건 전보발령 이전에도 회사 공장으로부터 참가인을 보내 줄 것을 요청받은 점 등을 들어서 위 공장에서 참가인을 필요로 하였을 뿐만 아니라 참가인이 서울본사에서 팀장과 업무상 및 개인적 마찰을 빚고 있었고, 원고가 참가인이 노동조합에 가입하기 이전부터 참가인을 해당 공장에 전보시키려고 시도하였는바, 참가인에 대한 이 사건 전보명령은 참가인의 공장에서의 근무적임성과 서울본사에서의 업무상 및 개인적 마찰 등을 고려한 경영상의 필요에 의한 것이므로 전보에 따른 생활상의 불이익이 참가인이 통상 감수하여야 할 정도를 현저하게 벗어난 것이라고도 할 수 없어 부당노동행위에 해당한다고 할 수 없다.

[사례③] 제주지방법원 2015. 4. 9. 선고 2014가합5216 판결

피고는 원고가 기획처 평가팀장으로 근무할 당시 학생정원표의 수업연한 항목을 부주의하게 작성하여 간호학과 등의 수업연한을 현행과 다르게 작성하였고, 대학정보공시의 교원확보율과 관련한 지표관리를 제대로 하지 못하는 등 업무수행능력에 문제가 있다고 판단하고 이 사건 전보발령을 한 것으로 보이는 점

이 사건 전보발령으로 인해 원고의 직급이나 기본급에 변동이 없어 원고가 입은 생활상 불이익이 매우 크다고 볼 수 없는 점, 원고가 지급받던 수당은 팀장으로서 담당 업무에 대한 보상으로 지급되는 특별수당으로 보이는바, 원고가 위와 같은 업무를 더 이상 맡지 않게 된 이상

그에 따른 수당을 받지 못하게 되었다고 하여도 이는 업무가 변동됨에 따른 부수적인 결과로 봄이 상당한 점(이를 중대한 생활상의 불이익으로 보기는 어렵다), 근로자들의 순환근무는 다양한 분야의 업무 능력과 경험을 키울 수 있다는 측면에서 근로자 개인에게 불리한 것이라고 단정할 수 없는 점 등에 비추어 보면, 원고가 이 사건 전보발령으로 입은 생활상 불이익이 근로자로서 통상 감수하여야 할 정도를 현저하게 벗어난 것으로 보기 어렵고, 원고가 제출한 나머지 증거들만으로는 피고가 한 이 사건 전보발령이 노동조합의 활동을 방해하고 조합원들에게 불이익을 가하기 위한 목적만으로 이루어진 부당노동행위라고 보기 부족하며, 달리 원고의 위 주장사실을 인정할 증거가 없다.

[사례④] 경기지노위 2018. 11. 13. 경기2018부해1695 판정

① 수주 증가로 인한 생산량 확보를 위하여 생산인원의 확충이 필요하였다는 사실이 확인되는 점, ② 경력직 생산인원 확충에 따른 인원 재배치 필요성과 보직 순환의 순기능을 부정할 수 없는 점, ③ 전보로 인해 근로자들에게 미치는 임금, 근로시간, 출퇴근 등에 특별히 불이익이 보이지 않는 점, ④ 근로자들이 다른 직장으로 이직 시 경력에 도움이 되도록 고형제 생산 업무만 계속 유지할 의무가 사용자에게 있다고 볼 수 없는 점, ⑤ 사용자가 전보와 관련하여 근로자들과 사전 협의를 시도하였던 점 등을 종합하면, 전보의 업무상 필요성이 인정되는 반면, 근로자들이 받는 생활상 불이익이 적다고 할 것이므로 사용자의 권리남용에 해당하지 않는다. ⑥ 전보가 노동조합 활동과 관련이 없는 생산인원 재배치 및 순환보직이고, 이번 전보로 자신들이 원하는 업무로 보직 변경한 노동조합 조합원도 있으며, 그 밖에 사용자의 부당노동행위 의사를 확인할 만한 특별한 사정이 달리 보이지 않는 점 등을 종합해 볼 때, 전보발령이 불이익 취급 및 지배·개입의 부당노동행위에 해당한다고 보기 어렵다.

[사례⑤] 대법원 2003. 2. 28. 선고 2001누8681 판결

원고에 대한 전보발령이 있을 무렵 연봉제 추진반의 인력을 충원할 업무상 필요가 있었고 원고의 업무수행능력·근무경력·휴직 전 직위·조합에의 영향력 등을 참작해 원고를 연봉제 추진반으로 전보시킨 데는 나름의 합리성을 인정할 수 있고, 원고는 휴직 전 이미 조합원 자격을 상실한 상태였고, 휴직 후 복직시에는 그 전의 직급과 동일하거나 이에 상응하는 직급으로 복직되는 것이 일반적인 인사관행이라 할 것이므로 원고로서도 이를 쉽게 예상할 수 있었다고 보여지는 바, 회사가 조합원 자격도 없는 원고를 노조전임자로 발령해 달라는 노동조합의 요구를 따르지 않은 것은 이례적인 행위를 한 것이라 볼 수 없을 뿐만 아니라 원고가 전보 발령으로 인해 사회통념상 전보에 따르는 정도를 현저히 넘어 이를 감당하는 것이 부당하다고 볼 수 있을 정도의 불이익을 입게 되리라고 여겨지지 않는 점 등을 비추어 볼 때 회사가 원고의 조합활동을 혐오한 나머지 이를 방해하기 위해 전보발령을 했다고 단정할 수 없어 부당노동행위에 해당하지 않는다고 판단한 원심은 정당하다.

(다) 재계약(본채용) 거부(해지) 관련 부당노동행위 의사 판단기준

사용자가 표면적으로 계약기간 만료 또는 업무 부적격 등을 이유로 재계약 또는 본채용을 거부하였으나, 실질적으로는 근로자의 정당한 조합활동 등을 이유로 재계약 또는 본채용을 거부한 것으로 인정되는 경우, 그 재계약 거부 등은 부당노동행위에 해당한다.

법원은 부당노동행위의 내용이 근로계약 또는 노무제공계약의 갱신을 부당하게 거절하는 것인 경우에는 ▲해당 근로자가 근로한 기간, ▲갱신의 횟수, ▲갱신에 관한 요건이나 절차의 설정 여부, ▲사업장 내 다른 근로자들의 갱신 실태, ▲사용자가 들고 있는 갱신 거절 사유가 실제 존재하는지 여부, ▲거절사유가 존재할 경우 그 사유가 확인된 경위, ▲동종·유사한 사유에 해당한 다른 근로자에게 한 조치 내용 등 여러 사정을 종합하여 그 갱신 거절이 부당노동행위를 이유로 한 것인지를 판단한다.[26)]

---

26) 해당 법리는 「가맹사업거래의 공정화에 관한 법률」상 가맹본부가 가맹점주협회 결성에 주도적으로 참여한 가맹점주들과의 가맹계약 갱신을 거절하자 공정거래위원회가 위 법률 제14조의2 제5항("가맹본부는 가맹점사업자단체의 구성·가입·활동 등을 이유로 가맹점사업자에게 불이익을 주는 행위를 하거나 가맹점사업자단체에 가입 또는 가입하지 아니할 것을 조건으로 가맹계약을 체결하여서는 아니 된다")을 적용하여 시정명령 등을 한 사안에서의 판례법리(대법원 2021. 9. 30. 선고 2020두48857 판결)를 차용하고 있다(서울고등법원 2022. 5. 19. 선고 2021누53216 판결).

☑ 재계약 거부 시기

[부당노동행위 인정 요소]

- 노동조합 가입자 명단 통보 직후(대법 2006두13220, 인정사례①)
- 노동조합 준비위원장으로 활동하기 시작한 이후(경기2020부노49, 인정사례②)

[부당노동행위 부정 요소]

- 촉탁직 갱신거절 전후로 노동조합 조합원 수는 2명이고, 3년 정도 기간 동안 노동조합 활동이 저조한 경우(중앙2017부해465,466/부노75,76 병합, 부정사례①)

☑ 재계약 거부 사유 존재 여부

[부당노동행위 인정 요소]

- 사용자가 제시하는 재계약 거부 사유가 실제 존재하지 않는 경우
  - 근무평가점수 50점 미만이라는 점을 본채용 거절사유로 들었으나, 대상자가 입사한지 한달만에 계장으로 승진하는 등 업무수행능력 등에 문제가 없는 것으로 보이는 경우(대법 2006두13220, 인정사례①)
  - 노조가입으로 수습해고 한다는 취지의 자필메모가 발견된 경우(대법 2006두13220, 인정사례①)
  - 판매실적에 따라 갱신여부를 결정하였다고 주장하나, 실제 갱신심사가 실질적으로 이루어졌다고 볼 수 없는 경우(서울고법 2021누53216, 인정사례③)
  - 계약서상 '단체행동을 할 징후 및 단체 행동을 하였을 때'를 계약해지 사유로 규정한 경우(경기2020부노49, 인정사례②)

[부당노동행위 부정 요소]

- 정당한 재계약 거부 사유가 존재하는 경우
  - 불법 쟁의행위, 재물손괴, 임직원 폭행 등으로 공동상해, 공동건조물침입, 집시법 위반 등으로 유죄의 확정판결을 받은 것을 이유로 위탁사업계약을 해지한 경우(대법 2014두12598,12604, 부정사례②)
  - 코로나19로 인한 경영난으로 전체 기간제 근로자들과 근로계약 갱신을 하지 않

는 것으로 결정하였고, 실제로 대상자 전원에 대해 근로계약을 종료하고 재계약을 하지 않은 경우(중앙2020부해1510/부노242 병합, 부정사례③)

- 갱신기대권이 인정되지 않아 기간만료로 계약이 종료된 경우(중앙2020부해1510/부노242 병합, 부정사례③)

☑ 재계약 거부 절차

[부당노동행위 인정 요소]

- 계약기간 만료자를 대상으로 면담을 실시하는 과정에서 조합원과 비조합원으로 구분하여 조합원만 대상으로 면담을 실시하면서 매출 실적이 저조하여 재계약이 어려울 수 있다는 취지의 발언을 한 경우(중앙2016부해266/부노55 병합, 인정사례④)

[부당노동행위 부정 요소]

- 정규직 전환심사에 해당 노조 위원장이 심의위원으로 참여한 경우(중앙2018부노66, 부정사례④)
- 재고용 여부 협의 과정에서 교섭대표노동조합 및 소수 노조 지회장도 참여하고, 노사대표자회의가 2차례 개최된 경우(중앙2018부해520,537/부노71 병합, 부정사례⑤)

☑ 관행

[부당노동행위 인정 요소]

- 동종·유사 사례 또는 관행에 부합하지 않는 경우
  - 계약 갱신 거절 대상자 보다 판매실적이 더 낮은 경우에도 계약을 갱신한 경우(서울고법 2021누53216, 인정사례③)
  - 사용자가 제시하는 갱신 거절 사유로 갱신이 거절된 사례가 없다는 증언, 사실확인서 제출 등이 다수 있는 경우(서울고법 2021누53216, 인정사례③)
  - 동일한 비위행위에 대하여 조합을 탈퇴한 근로자에게는 고마움을 표시하고 형사고소를 하지 않고 일자리 알선까지 약속한 반면, 조합원에게는 곧바로 계약해지 통보와 형사고소를 하여 편파적인 취급을 한 경우(서울행법 2019구합79701, 인정사례⑤)

[부당노동행위 부정 요소]

- 동종 · 유사 사례 또는 관행에 부합하는 경우
  - 근로계약 갱신을 거절당한 6명 중 2명은 신청 외 노동조합 소속이고, 이 사건 노동조합 조합원 중 1인은 촉탁직으로 계약갱신하는 등 촉탁직 재계약 대상자 선정에서 공정성과 형평성을 잃었다고 볼 수 없는 경우(중앙2018부해520,537/부노71 병합, 부정사례⑤)

☑ 사용자와의 관계

[부당노동행위 인정 요소]

- 사용자가 "향후 어떠한 환경 변화가 있더라도 노동조합에 가입하지 않는다"라는 취지의 확약서를 작성하게 한 경우(서울고법 2021누53216, 인정사례③)
- 단체교섭 거부로 인한 분쟁 및 사용자의 노동조합 탈퇴 종용에 따라 조합 탈퇴자가 발생하는 등 갈등이 심화된 상황(서울행법 2019구합79701, 인정사례⑤)

[부당노동행위 부정 요소]

- 정년퇴직 당시 사용자가 근로자의 노동조합 가입 사실을 알지 못한 경우(중앙2014부해765/부노112 병합, 부정사례⑥)
- 부당노동행위 의사를 추정할만한 언동이나 태도가 확인되지 않는 경우(중앙2017부해465,466/부노75,76 병합, 부정사례①)

☑ 결과

[부당노동행위 인정 요소]

- 노동조합 탈퇴자에게만 고용유지가 이루어진 경우(중앙2016부해266/부노55 병합, 인정사례④)

[부당노동행위 부정 요소]

- 정규직 전환대상 38명 중 해당 노동조합 조합원이 29명(76%)이고, 이 중 26명(89%)이 정규직으로 전환된 경우(중앙2018부노66, 부정사례④)

☑ **대상**

[부당노동행위 인정 요소]

- 1명을 제외한 본채용 거부 대상자 모두 노조 조합원인 경우(대법 2006두13220, 인정사례①)
- 근로계약기간이 만료되는 6명 중 계약이 갱신되지 않은 4명 모두 조합원인 경우(중앙2016부해266/부노55 병합, 인정사례④)

[부당노동행위 부정 요소]

- 재계약 거부 대상이 특정 노조 소속 조합원으로 치우쳐져 있지 않은 경우

사례 Ⅰ 부당노동행위 인정 사례

[사례①] 대법원 2008. 12. 11. 선고 2006두13220 판결

당시 참가인 C 등에 대한 본채용을 거부한 인사위원회는 2003. 9. 30. K노조로부터 노동조합에 가입한 근로자들의 명단이 통보된 직후에 이루어졌고, 실제 본채용이 거부된 근로자는 R를 제외하고는 모두 노동조합 가입이 통지된 참가인 C 등이 전부였다는 점

원고 재단은 수습사원에 대한 2차례에 걸친 평가에서 근무평가점수가 50점에 미치지 못한 근로자들을 본채용 거부라는 형식으로 해고하였으나, 참가인 C은 2003. 7. 9. 원고 요양원에 입사하여 불과 한 달 남짓 지나지 않은 2003. 8. 25. 계장으로 승진발령 된 점에 비추어 업무수행능력이나 근무태도 등에 있어 별다른 문제가 없었던 것으로 보이는 점

원고 요양원의 생활지도차장 N이 작성한 참가인 C 등이 K노조에 가입되어 수습해고 한다는 취지의 자필메모는 그 기재한 형식에 비추어 원고 재단 혹은 원고 요양원측에 보고하기 위한 문서를 작성하기 위한 전단계의 메모로 보이는 점

원고 재단이 참가인 C 등에게 근무기간 중 복장, 태도 등에 다소 불량한 점이 있었고, 기숙사에서의 행위에 다소 문제가 있었다고 주장하면서 제출한 자료(사실확인서 등)는 근무평가가 이루어진 이후의 날짜에 작성되었거나, 앞서 본 참가인 C 등이 K노조에 가입되어 수습해고 한다는 메모를 작성한 N이나 원고 요양원의 관리직에 있는 직원들이 작성한 것으로서 그대로

믿기 어렵다는 점을 종합하면, 이 사건 해고는 부당해고 및 부당노동행위에 해당한다 할 것이다.

[사례②] 경기지노위 2020. 8. 10. 경기2020부노49 판정

① 사용자2는 근로자가 도급사와의 계약 조항을 위반하여 근로자와의 운송계약을 해지하였다고 주장하나 근로자는 회사 간 체결된 도급계약의 구체적인 내용을 알 수 없었던 점, ② 근로자가 2020. 2. 말부터 노동조합 온라인배송지회 준비위원장으로 활동하는 사실을 사용자2가 충분히 인지하였다고 보이는 점, ③ 고객 민원은 다른 택배기사의 배송과정에서 발생하여 근로자의 귀책사유가 크다고 보기 어려운데도 해당 기사에 대한 불이익 조치가 전혀 없고 노동조합의 조합원인 근로자에게만 곧바로 계약해지 통보를 한 점, ④ 사용자2와 근로자가 체결한 계약서에 '단체행동을 할 징후 및 단체 행동을 하였을 때'를 계약해지 사유로 삼고 있어 노동조합에 대한 사용자2의 적대적 의사가 확인되는 점 등을 비추어 보면 근로자가 노동조합에 가입하여 온라인배송지회 준비위원으로 활동하면서 조합원을 모집한다는 이유로 계약해지라는 불이익취급의 부당노동행위를 행하였다는 사실이 인정된다.

[사례③] 서울고등법원 2022. 5. 19. 선고 2021누53216 판결

① 아래에서 보듯이 원고는 H들의 판매실적에 따라 갱신 여부를 결정하여 왔다고 인정되지 아니하고, 갱신 시마다 별도의 계약서가 작성된 것 외에 계약 갱신의 심사가 실질적으로 이루어졌다고 볼 만한 자료가 없다.

② 원고는 이 사건 대리점 H의 월 평균 판매대수가 3대 미만인 경우 계약해지 내지는 재계약 거절의 기준으로 삼고 있었다고 주장하나, 원고가 월 평균 판매대수가 3대 미만이라는 이유로 계약연장을 하지 않았다고 주장하는 H인 AC, AD, AE, AF, AG의 경우 연 판매대수가 각 29대, 29대, 23대, 24대, 25대로, 원고의 2018년도 판매대수인 33대와는 차이가 있고, 원고는 참가인 C와 유사하거나 더 낮은 실적을 보인 이 사건 대리점의 H Q(2016년 13대, 2017년 20대, 2018년 21대), T(2016년 33대, 2017년 40대, 2018년 32대)과는 재차 계약을 체결하였는바, 참가인 C의 실적이 저조하여 재계약을 체결하지 않은 데 정당한 사유가 있다는 취지의 원고의 주장을 받아들이기 어렵다.

③ 이 사건 대리점에서 약 20년간 H로 근무한 P는 실적 부진으로 재계약이 거절된 사례를 알지 못한다고 제1심에서 증언하였고, 이 사건 대리점에서 근무하였던AH도 같은 취지의 사실확인서를 작성 · 제출하였을 뿐만 아니라, 원고가 실적 부진을 이유로 재계약을 체결하지 아니하였다고 주장한 AC 또한 실적 부진 때문에 재계약이 거절된 것이 아니라 개인 사정으로

퇴사하였다는 취지의 사실확인서를 작성 · 제출하였다.
④ 원고는 참가인 C가 참가인 노동조합의 조합원인 것을 알지 못하였으므로 부당노동행위 의사가 없었다고 주장하나, 참가인 C를 포함한 이 사건 대리점 소속 H 6명이 서명한 2차 확약서에 "향후 어떠한 환경 변화가 있더라도 K에 가입하지 않는다."는 내용이 명시되어 있고, 원고가 이 사건 O단체 회원들로 하여금 2차 확약서에 서명하도록 하였다고 인정하는 이상, 원고는 참가인 C가 참가인 노동조합의 조합원임을 인식하고 그 활동을 방해할 의도를 가졌거나 조합원인 사실을 몰랐더라도 적어도 위 노동조합에 가입하지 못하게 할 의도를 가지고 있었다고 판단되므로, 부당노동행위 의사도 인정된다.
⑤ K가 2015. 9. 18. 설립된 후 전국적으로 다수의 H들이 이 노동조합에 가입 하였으며, H의 노동조합법상 근로자 여부가 쟁점이 된 쟁송이 지방노동위원회, 중앙노동위원회 및 법원에 60건 이상 계속 중이었던 사정을 고려하면, 원고는 이 사건 대리점의 H들이 노동조합에 가입하려 하였거나 가입할 수 있다는 점에 대해 충분히 인지하고 있었다고 보인다.
⑥ 원고는, 참가인 C가 2019. 3. 7. 이 사건 대리점에 무단 침입하여 매장 내 CCTV를 가리고 붉은 색 스프레이로 원고에 대한 폭언을 쓰고 선전물을 붙이는 등 불법행위를 하여 참가인 C와의 계약관계를 지속하기 어려울 정도로 신뢰관계가 훼손되었다고도 주장하나, 위 사건은 이 사건 판매용역계약의 기간만료일인 2019. 1. 15. 이후에 발생한 것으로서, 이 사건 기간만료 통지가 부당노동행위인지 여부를 판단하는 데에 영향을 미칠 수 없다.

[사례④] 중노위 2016. 6. 28. 중앙2016부해266/부노55 병합 판정

이 사건 근로자들에 대한 근로계약 갱신거절은 부당해고에 해당하고, 근로계약이 만료되는 계산대 근무인원 6명 중 근로계약이 갱신되지 않은 4명도 모두 이 사건 노동조합의 조합원으로 선정되었고, 이 사건 근로자들보다 2개월 늦게 입사한 고객서비스카운터에 근무하는 근로자 1명도 이 사건 노동조합을 탈퇴한 후에 고용유지가 이루어진 점을 고려할 때 이 사건 근로자들에 대한 근로계약이 갱신되지 않은 것은 이 사건 근로자들이 이 사건 노동조합의 조합원이었기 때문인 것으로 보이는 점, 이 사건 사용자는 이 사건 근로자들이 조합원임을 알지 못하였다고 주장하나, 이 사건 지점의 ○○○ 점장과 ○○○ 파트장은 2015.8.31. 이 사건 근로자들을 포함한 근로계약기간 만료자를 대상으로 면담을 실시하면서 조합원과 비조합원으로 구분하여 같은 달 3일에는 조합원만 대상으로 면담을 실시하면서 매출 실적이 저조하여 다음 계약만료 시점에 재계약이 어려울 수 있다는 취지의 발언을 통해 이 사건 노동조합의 탈퇴를 간접적으로 유도한 것으로 보이는 점을 볼 때 이 사건 근로자들이 조합원임을 알지 못했다는 이 사건 사용자의 주장을 신뢰하기 어렵다 할 것이므로, 이 사건 갱신거절은 조합원임을 이유로 한 불이익취급의 부당노동행위에 해당한다.

[사례⑤] 서울행정법원 2022. 4. 21. 선고 2019구합79701 판결

참가인 노동조합이 2018.11.29.경 단체교섭을 요구하였으나, 원고 A가 이를 거부하여 분쟁이 생겼고, 원고들이 조합원들에게 노동조합 탈퇴를 종용하여 참가인 노동조합을 탈퇴자가 생기는 등 ①, ②, ③ 행위 당시 참가인 노동조합과 사용자인 원고 A 사이에 갈등이 심화된 상황이었다.

H이 운임사취를 한 사실이 인정되지 않으므로 ② 행위에 대해서는 적법한 계약해지 사유(해고 사유)가 인정되지 않는다. 나아가 원고들은, 운임사취를 한 당사자이자 노동조합을 탈퇴한 비조합원인 J에 대하여는 고마움을 표시하며 형사고소를 하지 않고, 일자리 알선까지 약속하였는바, 이는 원고들의 주장처럼 J가 운임사취를 한 사실을 인정하였다는 것만으로는 설명할 수 없다. 반면, 원고 A는 운임사취 사실을 부인하는 조합원 H에 대하여는 바로 계약해지 통보를 하고, 형사고소를 함으로써 참가인 노동조합 탈퇴자인 J와 다른 편파적인 취급을 하였다. 여기에 앞서 본 바와 같은 이 사건 사업장의 노사관계 갈등상황과 그 무렵 원고들이 한 부당노동행위 내용 등을 종합하여보면 표면상의 계약 해지 사유와 달리 ② 행위는 실질적으로 H의 정당한 노동조합활동을 이유로 한 불이익 취급행위이자, 참가인 노동조합의 조직 또는 운영에 지배 · 개입하는 행위로서 부당노동행위라고 인정되고, 부당노동행위 의사의 존재도 추정된다.

사례 ▮ 부당노동행위 부정 사례

[사례①] 중노위 2017. 7. 21. 중앙2017부해465,466/부노75,76 병합 판정

이 사건 근로자들의 근로계약 갱신거절이 발생한 2016년 말과 2017년 초에 이 사건 노동조합의 조합원 수는 2명으로 확인되는바, 비록 이 사건 사용자가 2013년을 전후하여 이 사건 노동조합의 활동을 혐오할만한 소지가 상당하였을 것으로 추정될 수는 있으나, 이후 3년 정도 기간 동안 이 사건 노동조합의 활동이 저조하였던 사실 등을 감안할 때, 이 사건 사용자가 이 사건 촉탁직근로계약 갱신거절을 전후하여 이 사건 노동조합을 혐오하면서 불이익을 주었다고 판단하기에는 무리가 따르는 점, 이 사건 사용자의 부당노동행위 의사를 추정할만한 언동이나 태도가 확인되지 않는 점 등을 종합할 때, 이 사건 촉탁직근로계약 갱신거절을 들어 이 사건 사용자에게 부당노동행위의 책임을 물을 수는 없다고 할 것이다.

[사례②] 대법원 2018. 6. 15. 선고 2014두12598, 12604 판결

참가인이 원고 2, 원고 3, 원고 4에 대한 위탁사업계약을 해지한 행위는 참가인의 부당노동행위 의사에 의한 것이라고 단정할 수 없으므로, 노동조합법 제81조 제1호 또는 제4호에 해당한다고 보기 어렵다.
① 위 원고들은, 참가인과 원고 조합 사이에 제3차 단체협약이 체결되자 위 단체협약이 학습지교사들이 받을 수수료를 부당하게 인하하였다는 이유로 위 단체협약의 무효 및 재개정을 요구하면서, 불법적인 농성에 참가하여 회사 사유지를 점거하고, 회사의 재물을 손괴하거나 임직원에 대한 폭력을 행사하는 데 가담하였다. ② 위 원고들은 위와 같은 행위들에 관하여 공동상해, 공동건조물침입, 집회 및 시위에 관한 법률 위반 등으로 유죄의 확정판결을 받았다. ③ 참가인은 위 원고들이 원고 조합의 조합원 자격을 유지하였다는 이유가 아니라 위와 같이 유죄판결이 확정된 불법행위를 하였다는 이유로 위 원고들과의 위탁사업계약을 해지하였다.

[사례③] 중노위 2021. 1. 20. 중앙2020부해1510/부노242 병합 판정

아래와 같은 사정들을 종합하여 보면, 이 사건 근로자들에 대한 계약기간 만료 통보가 불이익 취급의 부당노동행위에 해당한다고 보기 어렵다.
① 이 사건 근로자2, 3은 근로계약의 갱신기대권이 인정되지 않으므로 이 사건 근로관계 종료는 이 사건 근로자들의 계약기간이 만료되어 정당하게 종료되었다. ② 이 사건 사용자는 코로나19로 인한 경영난으로 2020. 3월 이후에는 이 사건 근로자들을 포함한 전체 기간제근로자들과 근로계약 갱신을 하지 않는 것으로 결정하였고, 실제로 대상자 전원에 대해 근로계약을 종료하고 재계약을 체결하지 않았음이 인정된다.

[사례④] 중노위 2018. 7. 6. 중앙2018부노66 판정

2018년도 정규직 전환심사에 이 사건 노동조합 위원장이 심의위원으로 참여하였고, 이 사건 노동조합 조합원 다수가 정규직으로 전환되었고, 심의위원들의 공모여부, 그 공모에 이 사건 사용자 의 개입에 대한 입증이 부족하여 불이익취급의 부당노동행위라고 보기 어렵다. 2018년도 정규직 전환 심의위원회의 구성, 심의기준 의결, 심의일정 및 면접심사 계획과 실시 등 심의위원회의 구성과 활동에 이 사건 노동조합 위원장을 포함하여 3개 노조 위원장이 심의위원으로 참여하였다. 2018년도 정규직 전환대상 근로자 38명 중 이 사건 노동조합 조합원이 29명(76%)이고 이중 정규직으로 전환된 조합원은 26명(89%)으로 이 사건 노동조합 조합원 대다수가 정규직으로 전환되었다. 이 사건 근로자들에 대한 면접심사 점수가 낮은 이유가 이 사건 근로자들이 이 사건 노동조합 조합원이기 때문이라는 이 사건 근로자들 및 노동조합 주장 외에 심의위원들의 공모여부, 그 공모에 이 사건 사용자의 개입에 대한 객관적이고 구체적인 증거가 없다.

[사례⑤] 중노위 2018. 7. 20. 중앙2018부해520,537/부노71 병합 판정

정년 도달 후 기간제(촉탁) 근로계약을 체결함에 있어서 갱신기대권이 인정되나, 근로계약만료 통보를 정당한 노동조합 활동을 이유로 한 불이익 취급 또는 지배 · 개입의 부당노동행위라고 보기는 어렵다.

가) ① 이 사건 근로자1, 4에게 행한 근로계약만료 통보는 합리적인 이유가 있는 점, ② 근로계약 갱신을 거절당한 6명 중 2명은 신청 외 노동조합 소속인 점, ③ 이 사건 노동조합 조합원 중 이○균은 촉탁직으로 계약갱신한 점 등을 볼 때 촉탁직 재계약 대상자 선정에서 공정성과 형평성을 현저하게 잃었다고 볼 수 없다. 나) 이 사건 노동조합은 이 사건 근로자2의 조합 가입 사실을 이 사건 사용자에게 알리지 않았다. 그에 따라, 조합비를 공제한 일도 없으므로 이 사건 근로자2의 노동조합 가입 여부나 소속 노동조합을 당연히 이 사건 사용자가 알았으리라 볼 수 없다. 다) 이 사건 노동조합의 조합원이 신청 외 노동조합의 간부로부터 탈퇴 권유를 받았다는 것은 사실로 확인되지 않은 주장에 불과하고, 기타 이 사건 사용자의 부당노동행위 의사를 입증할 구체적인 증거는 제시되지 않았다. 라) 나아가 재고용 여부 협의 과정에서 교섭대표노동조합의 대표자뿐만 아니라 이 사건 노동조합의 지회장도 참여한 가운데 노사대표자회의가 2차례 개최되어, 특별히 이 사건 노동조합을 배제하여 불이익을 주거나 지배 · 개입할 의사가 있다고 단정하기 어렵다.

[사례⑥] 중노위 2014. 10. 14. 중앙2014부해765/부노112 병합 판정

이 사건 정년퇴직 처분은 해고라고 할 수 없으므로 불이익 취급이 있었다고 보기 어렵고, 퇴직 처분 당시 이 사건 사용자가 이 사건 근로자가 이 사건 노동조합의 조합원이란 사실을 알았다고 인정할 만한 증거나 정황을 찾아보기 어려우며, 이 사건 사용자가 이 사건 근로자에 대하여 부당노동행위의 의사를 가지고 퇴직 처분을 하였다고 볼만한 사정이 존재하지 않고, 부당노동행위에 대한 증명책임은 이를 주장하는 근로자에게 있음에도 불구하고 이 사건 근로자가 이 사건 사용자의 부당노동행위를 객관적으로 입증할 만한 자료를 제시하지 못하므로 이 사건 퇴직 처분은 불이익 취급의 부당노동행위로 볼 수 없다고 할 것이다.

(라) 승진 및 인사고과 관련 부당노동행위 의사 판단기준

사용자가 승진 또는 인사고과를 함에 있어서 조합원과 비조합원 사이 또는 특정 노조의 조합원과 다른 노조 조합원 사이에 합리적인 이유 없이 불이익한 차등을 두는 경우 불이익취급의 부당노동행위에 해당한다.

승진 또는 인사고과 결정에 대해서는 원칙적으로 사용자의 광범위한 권한과 재량이 인정되므로, 조합원과 비조합원 또는 다수노조와 소수노조의 각 조합원을 전체적으로 비교하여 승진(인사고과)에 있어서 격차가 있더라도 곧바로 부당노동행위라고 단정할 수는 없다.

다만, ▲양 집단이 서로 동질·균등한 근로자 집단임에도 승진 또는 인사고과에 있어 통계적으로 유의미한 격차가 있다는 등 비교대상자 간 실질적 차별 존재 여부, ▲종래 관행에의 부합 여부, ▲인사고과의 객관성·공정성·타당성, ▲사용자와 노동조합과의 관계, ▲인사고과 등에 있어 차별이 없었더라면 차등대우가 없게 되는지 여부 등을 종합적으로 고려하여 이와 같은 차별에 사용자의 부당노동행위 의사의 존재를 추정할 수 있는 객관적 사정이 인정되는 경우에는 불이익취급의 부당노동행위가 성립한다.

아울러, 법원 및 노동위원회는 양 집단 사이에 통계적으로 유의미한 격차가 있다는 것이 증명된 이상 성과평가가 정당하며 다른 집단과의 차이는 합리적 평가에 따른 것이라는 점에 관한 자료를 제출할 책임은 사용자에게 있다는 입장을 취하고 있다.[27)]

이와 같은 법리를 바탕으로 법원 및 노동위원회는 승진 또는 인사고과 차별의 부당노동행위 여부를 판단함에 있어 다음 〈그림 1. 승진・인사고과 차별의 부당노동행위 판단구조〉와 같은 논리구조를 취하고 있다.

〈그림 1〉 Ι 승진 · 인사고과 차별의 부당노동행위 판단구조

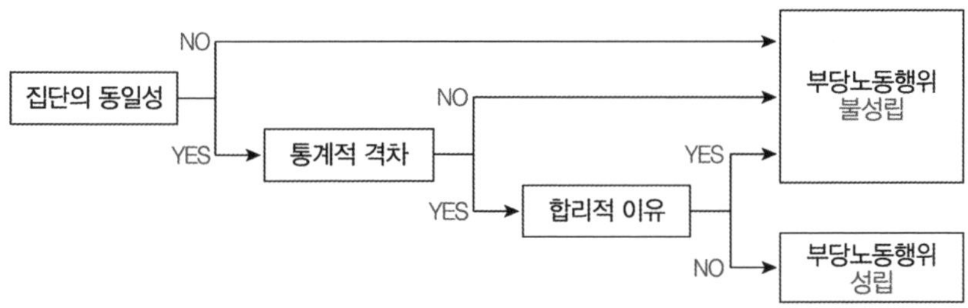

※ 부당노동행위 성립 여부를 판단함에 있어 상기 판단구조 이외에 "그 밖에 부노 의사"가 추단되는지 여부를 함께 검토함에 주의

상기 구조에 따른 판단기준은 크게 ① 집단의 동일성 여부, ② 통계적 격차 존부, ③ 격차에 합리적 이유가 존재하는지 여부, ④ 그밖에 사용자의 부당노동행위 의사가 추단되는지 여부로 분류할 수 있고, 이와 같은 판단기준은 다음과 같은 판단요소로 구성되어 있는 것으로 보인다.

27) 서울행정법원 2016. 9. 1. 선고 2015구합82259 판결, 중노위 2017. 10. 12. 중앙2017부노129 판정 등

〈표 6〉 | 승진 · 인사고과 차별의 판단기준 및 판단요소

판단기준	판단 요소
집단의 동일성	• 직무, 업무, 업종의 유사 · 동일성 • 동일한 인사고과 · 승진제도 적용 여부
통계적 격차	• 비교대상자간 평가 or 승진결과 등을 다양한 관점에서 비교
합리적 이유	• 인사 · 승진제도의 객관성 · 공정성 · 타당성 • 사용자의 합리적 평가에 대한 입증 존부 • 기존 관행의 부합 여부
그밖에 부노의사	• 노사관계 현황 • 사용자의 태도 • 평가 or 승진 격차로 인하여 발생한 결과

법원 및 노동위원회의 판결(판정)을 살펴보면, 각 판단요소에 대하여 아래와 같은 구체적인 사실관계를 살펴 부당노동행위 성립 여부를 판단하고 있다.

☑ **집단의 동일성**

[부당노동행위 인정 요소]

• 비교대상 집단이 동질 · 균등한 근로자 집단인 경우
  - 모두 생산직 직원으로서 담당 업무가 대동소이하여 동일한 성과평가 기준을 적용받는 동일한 집단인 경우(대법 2017두47311, 인정사례①)
  - 일정한 생산라인에서 함께 근무하는 생산직 근로자로 동일한 평가기준을 적용받는 경우(중앙2017부노129, 인정사례④)
  - 모두 항공부, 해운부, 물류부, 영업부, 관리부 소속 근로자로 부서별 담당업무가 유사하고, 승진심사 시 구체적인 직무로 구별되어 심사되지 않고 동일한 성과평가기준이 적용된 경우(중앙2020부노9, 인정사례②)

[부당노동행위 부정 요소]

• 비교대상 집단의 동일성이 인정되지 않는 경우

☑ 통계적 격차

[부당노동행위 인정 요소]

- 통계적으로 유의미한 격차가 있는 경우
  - 특정 노조는 상위 등급(S, A, B+)을 받은 사람이 전혀 없고, 83%가 하위 등급(B-, C, D)을 부여받은 반면, 타 노조 및 비조합원은 97%가 B등급 또는 상위등급을 받고 2%만 하위등급을 받은 경우(대법 2017두47311, 인정사례①)
  - 특정 노조에서 타노조로 소속을 옮긴 근로자 중 70%가 전년도에 비하여 평가결과가 하락한 경우(대법 2017두47311, 인정사례①)
  - 조합원과 비조합원간 승진율이 약 2배 정도 차이가 존재하고, 대리급 이상의 경우에는 승진자 중 조합원이 존재하지 않는 경우(중앙2020부노9, 인정사례②)
  - 조합별 승격·승진자 수 비교/2년간 성적고과에서 A등급을 받은 비율 비교/포상 건수 차이 등을 비교하여 유의미한 차이가 있는 경우(중앙2020부해1185/부노182 병합, 인정사례③)
  - 7년간 승진자 수가 2명 vs 39명으로 조합별 불균형 수준이 현저한 경우(중앙2017부노129, 인정사례④)

[부당노동행위 부정 요소]

- 비교대상자 간 업무능력, 근무성적, 상위직에 대한 적격성 등에 차이가 있는 경우
  - 승격기준에 따른 근무실적이 실제 승진자 보다 떨어지고, 차별에 의해 승진하지 못하였다고 주장하는 자 보다 실적이 낮은 자가 승격대상에 포함되지 않은 경우(대법2009두9754, 부정사례①)
  - 승진일 당시 모두 동일한 노동조합 조합원이어서 비교대상자가 존재하지 않아 통계적 격차가 발생할 수 없는 경우(서울행법 2008구합10201, 부정사례②)

☑ 인사고과의 객관성, 공정성, 타당성

[부당노동행위 인정 요소]

- 근로제공 의무가 없는 근로시간면제자에게 영업사원과 동일한 승격기준을 적용하여 실질적인 차별이 발생한 경우(대법 2009두9754, 인정사례⑤)

- 평가자의 주관에 따라 인사고과가 결정될 여지가 많은 경우
  - 평가요소 중 근무태도가 50%의 비중을 차지하고 있고, 그 중 상당부분이 회사 정책수용 및 참여, 회사의 명예와 신용 보호 또는 회사의 가치 존중 여부를 평가 내용으로 하고 있어 높은 평가를 받기 위해서는 회사의 정책에 따르고 회사와 원만한 관계를 유지해야 하는 경우(대법 2017두47311, 인정사례①)
  - 인사고과 절차가 상급자 평가 후 인사위원회 평가가 더해져 총합하는 사업장에서 인사고과 점수는 유의미한 격차가 존재하지 않음에도 정성평가 요소가 대부분인 인사위원회 평가에서 조합원간 비조합원과의 점수 차이가 발생하는 경우(중앙2020부노9, 인정사례②)
  - 평가대상자의 업무내용 등에 변화가 없음에도 불구하고 기존 평가점수와 동일한 점수를 부여할 경우 승진 순위권 내로 진입하게 되므로, 평가대상자를 승진에서 탈락시키기 위해 의도적으로 기존 평가점수 보다 낮은 점수를 부여한 것이 추정되는 경우(서울행법 2019구합68176, 인정사례⑦)
- 하루 작업량이 정해져 있어 같은 업무를 담당하는 근로자가 하루에 만들어내는 결과물은 동일하다는 등 업무 특성상 작업자의 결과물이 동일 · 유사할 수밖에 없어 특별한 사정이 없는 한 성과평가에 있어 점수 차이가 클 수 없음에도 성과평가 결과상 차이가 큰 경우(대법 2017두47311, 인정사례①)

[부당노동행위 부정 요소]

- 근면자에게 별도의 승격기준을 적용하여 실질적인 차별이 발생하지 않는 경우
- 계량적 지표 등을 사용하여 평가자의 주관에 평가에 개입될 여지가 없는 경우
- 그 밖에 인사평가의 객관성, 공정성, 타당성이 인정되는 경우
  - 정성적 평가의 공정성을 확보하기 위해 각 세부항목에 적용되는 평가문항을 구체적으로 마련하고, 각각의 평가문항에 대한 등급 부여의 기준을 정하였으며, 서로 다른 보직자들로 하여금 1차, 2차 평가를 하도록 하고, 3년간의 인사평가 점수를 당해 연도 50%, 전년도 30%, 전전년도 20%로 반영하여 어느 정도 평가의 객관성이 담보되어 있는 경우(부산고법(창원) 2020나12373, 부정사례④)
  - 인사평가 상위그룹으로 갈수록 노조간 격차가 줄어들고, 최상위 5%그룹에서는

비교대상 노동조합 조합원 보다 문제를 제기한 노동조합의 조합원이 더 많은 경우(부산고법(창원) 2020나12373, 부정사례④)

☑ 사용자의 합리적 평가에 대한 입증

[부당노동행위 인정 요소]

- 평가결과의 합리성에 대한 사용자의 입증이 부족한 경우
  - 평가대상자들이 근무시간 중 자리를 자주 비우고 핸드폰을 자주 사용하고, 불량이 높다는 점에 대한 입증자료를 제시하지 못한 경우(대법 2017두47311, 인정사례①)
  - 평가에서 별다른 문제된 사실이 없음에도 비조합원의 승진비율이 높은 점에 대하여 회사의 납득할 만한 설명이 없는 경우(중앙2020부노9, 인정사례②)

[부당노동행위 부정 요소]

- 평가결과의 합리성에 대한 사용자의 입증이 충분한 경우
  - 징계처분 등을 받아 승진 임용에서 제한되는 사유가 있는 경우(서울행법 2008구합46477, 부정사례③)
- 통계적 격차에 대한 합리적인 입증이 가능한 경우
  - 보직 부여, 직위 승진, 인사평가에 있어 통계적 격차가 있음이 인정되었으나, 노조가 비교대상자로 선정한 타 노조 소속 조합원들은 설립 당시부터 보직자들이 다수 존재하여, 이와 같은 타 노조 소속 조합원 중 보직자들이 다수 승진한 경우[28](부산고법(창원) 2020나12373, 부정사례④)
  - 사업부문별 소속 인원의 비율대로 승진인원이 배분되는 승진구조상, 특정 사업부문은 승진 TO가 부족하여 승진 기회가 적을 수밖에 없고 그 결과 승진에 격차가 생긴 경우(부산고법(창원) 2020나12373, 부정사례④)

☑ 관행

[부당노동행위 인정 요소]

- 종전 승진관행에 반하는 경우

- 경력순 승진이 관행임에도 경력이 짧은 비조합원을 먼저 승진시킨 경우(대법 2002누6264, 인정사례⑥)
- 2차 평가(총장 평가) 시 승진대상자들 가운데 1차 평가점수가 높은 사람에게 높은 평점을 부여하여왔는데, 1차 평가점수가 승진대상자 중 1위였음에도 2차 평가에서 낮은 점수를 부여받은 경우(서울행법 2019구합68176, 인정사례⑦)

[부당노동행위 부정 요소]

- 종전 승진관행에 부합하는 경우

☑ 노사관계 현황

[부당노동행위 인정 요소]

- 노사관계가 악화되어 있는 경우
  - 태업, 직장폐쇄, 징계 · 해고, 단전 · 단수조치 등 수년간 노사갈등이 잦은 경우(대법 2017두47311, 인정사례①)
  - 노조가 4개월간 전면 파업하고, 그 이후 회사를 상대로 고소 · 고발을 한 경우(중앙2020부노9, 인정사례②)
  - 노조가 많은 쟁의행의를 하여 왔고, 승격 · 승진 등 인사에 대하여 지속적으로 부당노동행위 구제절차를 제기한 경우(중앙2020부해1185/부노182 병합, 인정사례③)
  - 특정 노조는 각종 민원 및 소송을 제기하여 온 반면, 타 노조는 그런 사실이 없는 경우(중앙2017부노129, 인정사례④)

[부당노동행위 부정 요소]

- 노사관계가 원만한 경우
- 노동조합이 기존에 제기한 부당노동행위 사건에서 부당노동행위가 부정된 경우
  - 노동조합이 6차례 부당노동행위 사건을 제기하였으나, 노동조합이 모두 패소하거나 혐의없음으로 내사종결 및 불기소처분 된 경우(부산고법(창원) 2020나12373, 부정사례④)

☑ **사용자의 태도**

[부당노동행위 인정 요소]

- 사용자의 발언 및 태도에서 반조합 의사가 드러나는 경우
  - 회사가 특정 노조 조합원에 대해 "일부 몰지각한 직원들"이나 "땀 흘리지 않고 무임승차를 하려는 무리들"이라고 칭하는 경우(대법 2017두47311, 인정사례①)
  - 회사가 심문회의 화해조정 과정에서 조합 간 발생한 상대적 불이익을 제거하기 위한 구체적이고 실질적인 조치를 끝내 거부한 경우(중앙2017부노129, 인정사례④)

[부당노동행위 부정 요소]

- 사용자의 발언 및 태도에서 반조합 의사가 발견되지 않는 경우

☑ **결과**

[부당노동행위 인정 요소]

- 차별 대우 이후 조합원 수가 22% 감소한 경우(중앙2020부노9, 인정사례②)

[부당노동행위 부정 요소]

- 노동조합의 단결력 내지 활동을 위축시킬 만한 결과가 발생하지 않은 경우

28) 법원은 보직자는 일반 근로자에 비하여 더 많은 업무를 하기 때문에 이와 같은 보직자를 승진시킨 것을 특별히 특정 노조를 우대한 것이라고 보기 어렵다고 판단함

사례 Ⅰ 부당노동행위 인정 사례

[사례①] 서울행정법원 2016. 9. 1. 선고 2015구합82259 판결(대법원 2018. 12. 27. 선고 2017두47311 판결로 확정됨)

근로자에 대한 인사고과가 상여금의 지급기준이 되는 사업장에서 사용자가 특정 노동조합의 조합원이라는 이유로 다른 노동조합의 조합원 또는 비조합원보다 불리하게 인사고과를 하여 상여금을 적게 지급하는 불이익을 주었다면 그러한 사용자의 행위도 부당노동행위에 해당할 수 있다. 이 경우 사용자의 행위가 부당노동행위에 해당하는지 여부는, 특정 노동조합의 조합원 집단과 다른 노동조합의 조합원 또는 비조합원 집단을 전체적으로 비교하여 양 집단이 서로 동질의 균등한 근로자 집단임에도 불구하고 인사고과에 양 집단 사이에 통계적으로 유의미한 격차가 있었는지, 인사고과의 그러한 격차가 특정 노동조합의 조합원임을 이유로 불이익 취급을 하려는 사용자의 반조합적 의사에 기인한다고 볼 수 있는 객관적인 사정이 있었는지, 인사고과에서의 그러한 차별이 없었더라도 동등한 수준의 상여금이 지급되었을 것은 아닌지 등을 심리하여 판단하여야 한다.

① 2014년도 하반기 성과평가 대상자인 이 사건 지회 소속 근로자들과 그 밖의 근로자들, 특히 C노동조합 소속 근로자들은 모두 생산직 근로자로서 담당하는 업무가 대동소이하며 동일한 성과평가 기준을 적용받는 동질의 집단이다. 그런데 2014년도 하반기 성과평가에 있어 이 사건 지회 소속 조합원 중 B등급 보다 높은 S, A, B+ 등급을 받은 사람은 전혀 없고, 15명(16.85%)이 B 등급을 받았으며, 74명(83.15%)이 B 등급보다 낮은 B-, C, D 등급을 부여받았음에 비하여 C노동조합 및 A노동조합 소속 조합원과 비조합원을 합한 434명 중 233명(53.68%)이 S, A, B+ 등급을 받았고, 144명(44.23%)이 B 등급을 받았으며, 불과 9명(2.07%)만이 B-, C, D 등급을 받아 양 집단 사이에 성과평가 결과에 있어 현격한 차이가 있다.

② 원고는 이 사건 지회의 태업 및 원고의 직장폐쇄와 그로부터 비롯된 원고의 이 사건 지회 조합원들에 대한 징계 및 해고, 단전 · 단수 조치 등 수년간 갈등을 겪어 오면서 이 사건 지회와의 관계가 상당히 악화되었다. 특히 원고는 직장폐쇄 기간 동안 △△컨설팅과 컨설팅계약을 체결하여 이 사건 지회를 무력화하려 했던 전력도 있다.

또한 원고가 임직원 등에게 발송한 문자메시지에 의하면 이 사건 지회의 조합원들 중 일부에 대해 "일부 몰지각한 직원들"이나 "땀 흘리지 않고 무임승차를 하려는 무리들"이라고 칭하는 등 적대적 감정을 드러냈으며,

③ 그런데 기능직 근로자에 대한 평가요소는 근무실적(30%), 근무수행능력(20%), 근무태도(50%)로 구성되어 있어 근무태도가 상당한 비중을 차지하고 있고, 근무태도에 대한 평가요소 가운데 회사 정책을 수용하고 회사의 명예와 신용을 보호하는 것을 평가내용으로 삼는 '참여와 협력'(20%), 회사의 가치를 존중하고 5대 정책에 적극적으로 참여하는 지를 평가내용으로 삼는 'A 가치'(10%)가 상당한 비중을 차지하고 있다. 한편 기능직 근로자의 업무는 다수의 근로자가 담당하는 조립작업과 가공작업 및 단독 작업으로 나누어지는데 각 작업은 모두 하루에 일정한 작업량이 정해져 있어 같은 업무를 담당하는 근로자가 하루에 만들어내는 결과물은 동일한 것으로 보이므로, 절대평가 방식으로 이루어지는 원고의 성과평가에 있어서 근무실적과 근무수행능력 부분은 각 근로자마다 어느 정도 이상의 점수를 받아야 할 것으로 보이나, 이 사건 근로자들이 받은 평가는 그러하지 못하다.

원고는 이 사건 지회 소속 근로자들이 근무시간 중 자리를 자주 비우거나 핸드폰을 자주 사용하는 등 성실히 근무하지 않고, 이들이 만들어낸 제품의 불량률이 높다고 주장하나, 과연 이 사건 지회 소속 근로자들이 다른 근로자들에 비해 유독 자주 자리를 비우거나 핸드폰을 자주 사용했는지 의문이거니와 설령 그렇다고 하더라도 원고는 이들의 그와 같은 행동이 작업량이나 작업의 질에 어떤 영향을 주었는지 납득할 만한 자료를 제시하지 못하고 있다.

앞서 본 사정들에 의하면 결국 원고의 기능직 근로자가 높은 성과평가 결과를 얻기 위해서는 원고의 정책에 잘 따르고, 원고와 원만한 관계를 유지해야 한다.

④ C노동조합에서 이 사건 지회로 소속을 옮긴 근로자 82명 중 58명(70.73%)은 이 사건 지회 가입 후 전년도에 비하여 성과평가 결과가 하락하였고, 2014년도에 C노동조합에서 이 사건 지회로 소속을 옮긴 근로자 54명 중 성과평가 등급이 높아진 근로자가 없으며, 43명(79.62%)의 근로자는 등급이 하락하였는데, 이러한 결과로부터 근로자의 성과평가에 있어 가입된 노동조합이 상당히 중요한 요소로 작용하였을 것이라는 점을 추단할 수 있다.

[사례②] 중노위 2020. 3. 17. 중앙2020부노9 판정

이 사건 사용자 소속 근로자 중 조합원과 비조합원은 동질의 균등한 근로자 집단임에도 2019년 승진심사 결과에서 조합원과 비조합원 양 집단 사이에 현격한 격차가 있고, 그러한 격차는 이 사건 사용자가 합리적 이유 없이 비조합원에 비해 불리하게 조합원에 대해 인사위원회 평가를 한 것에 기인하고 그로 인해 조합원이 승진누락의 불이익을 받은 것으로 판단된다.

이 사건 심사대상자인 이 사건 노동조합 지부 소속 근로자들과 그 밖의 근로자들은 모두 항공부와 해운부, 물류부, 영업부, 관리부 소속 근로자로서 각 부서별로 담당하는 업무가 대동소이하며 동일한 성과평가기준을 적용받는다. 이 사건 심사대상자 75명은 모두 정규직으로서 이 사건 승진심사 시 조합원 집단과 비조합원 집단 사이에 항공, 해운, 물류, 영업, 관리 등의 구체적인 직무로 구별되어 심사되지 않았다. 따라서 조합원 집단과 비조합원 집단을 전체적으로 비교하여 양 집단은 서로 동질의 균등한 근로자 집단으로 판단된다.
그런데 2019년도 승진심사평가에 있어 심사대상자 가운데 비조합원은 45명 중 23명이 승진하여 그 비율이 51%, 조합원은 30명 중에 8명이 승진하여 그 비율이 27%로 비조합원 집단과 조합원 집단 사이에는 승진율이 약 2배 정도 차이가 존재한다. 그리고 승진직급 대리급 이상의 경우에는 승진자 중 조합원이 없다.
특히 인사고과순위에 인사위원회 평가가 더해져 합산순위가 올라간 인원은 비조합원이 전체 45명 중 22명(이 중 승진자 14명)이고, 조합원은 30명 중 3명(이 중 승진자 3명)이며, 인사고과순위에 인사위원회 평가가 더해져 합산순위가 내려간 인원은 비조합원이 전체 45명 중 10명(이 중 승진자 2명)이고, 조합원은 30명 중 14명(이 중 승진자 1명)이다. 한편 인사고과순위만으로 승진대상 범위에 포함되지 아니한 자가 인사위원회 평가가 더해져 승진대상범위에 포함된 인원은 비조합원이 5명이고 조합원은 1명이다. 한편 승진 전(前) 직급에서 이 사건 근로자들보다 호봉이 낮음에도 불구하고 승진한 비조합원들은 과장 직급에 1명, 대리 직급에 1명, 계장직급에 1명이 있다.
나아가 회귀분석법 등을 적용한 결과, 인사고과 점수는 조합원과 비조합원 사이에 거의 차이가 없다고 판단된다. 즉 인사위원회 세부점수가 부여되기 이전 시점에서 각 근로자를 평가한 인사고과 점수는 조합원과 비조합원 사이에 유의미한 격차가 존재하지 않는다. 이는 조합원과 비조합원 사이에 '업무능력'의 차이가 평균적으로 거의 없음을 시사한다.
그런데 인사위원회 세부 점수 차이를 비조합원과 비교할 때, 조합원의 성과/공헌 점수는 평균 0.092점 낮고, 역량 점수는 0.666점 낮고, 조직적합성 점수는 1.111점 낮고, 근태/기타 점수는 0.393점 낮게 나온다. 역량 점수와 조직적합성 점수의 차이는 통계적으로 0과 유의하게 다르다. 그리고 조합원의 인사위원회 총점이 비조합원에 비해 평균 2.261점 정도 낮게 나오고 있다.
결론적으로 이 사건 사용자 소속 근로자들에 대한 승진 여부는 개인의 업무능력에 의해서만 결정된 것으로 판단하기 어렵다. 오히려 위 통계분석 결과는 승진결정과정에서 조합원에 대한 불이익이 있었음을 암시하고 있고, 이러한 불이익은 인사위원회 세부 점수 중 조직적합성 점수와 역량 점수를 부여하는 과정에서 발생한 것으로 보인다.
이처럼 이 사건 승진누락은 이 사건 노동조합 조합원과 비조합원 집단 사이에 승진비율에 있어 통계적으로 유의미한 격차가 있고, 이 사건 근로자들 가운데 다수가 비조합원과 비교해 호봉이 높고 평가에서 별다른 문제된 사실이 없음에도 오히려 비조합원의 승진비율이 더 높다. 그리고 이 사건 사용자는 이 사건 승진누락에 대해 납득할 만한 설명을 하지 못했다.
이 사건 노동조합은 이 사건 사용자의 부당노동행위와 단체협약 해지에 맞서 2017년에 4개월 간 전면파업을 한 바 있고 이후에도 이 사건 사용자를 상대로 고소·고발 등을 한 바 있어 이 사건 사용자로서는 이 사건 노동조합의 조합원들에 대한 장악력을 약화시키기 위해 불이익을 줄 충분한 동기가 있을 것으로 보인다.
2019년 승진심사 차별의 결과 2019년 정기승급 이후 이 사건 노동조합의 조합원 수가 32명에서 25명으로 22% 넘게 감소하였다.

[사례③] 중노위 2020. 11. 19. 중앙2020부해1185/부노182 병합 판정

이 사건 노동조합(A)과 신청외 노동조합(B)은 동질의 균등한 근로자 집단인데, ① 이 사건 승격·승진인사에서의 승격·승진자 수(승격-A : 1명, B : 14명 /승진-A : 0명, B : 7명), ② 최근 2년간 4회의 성적고과에서 A등급을 받은 근로자 수의 노동조합별 비율(A : 0.5%/0.5%/0%/1.0%, B : 3.6%/5.2%/8.8%/8.2%)과 조합원 수 대비 비율(A : 1.4%/1.4%/0%/2.7%, B : 6.9%/9.9%/16.8%/15.8%), ③ 협조성, 적극성, 책임성 항목에 대한 평가(예를 들어 책임성 항목에 영향을 주는 포상 건수의 차이), ④ 2012년부터 2019년까지의 승격·승진자 수(승격-A : 0명/0명/1명/0명/0명/0명/2명/4명, B : 24명/28명/20명/12명/13명/14명/16명/18명, 승진-A : 2012년~2019년까지 0명, B : 24명/0명/14명/0명/6명/0명/0명/4명) ⑤ 이 사건 노동조합 지회장의 신청에 따라 국가인권위원회 차별시정위원회가 이 사건 사용자에 대하여 생산직 여성 근로자들의 승격에서의 성차별을 해소하기 위한 조치 권고 결정을 하였음에도 이 사건 노동조합의 소속 여성 근로자가 아닌 신청 외 노동조합 소속 여성 근로자 2명을 승격시키는 데 그친 점 등을 볼 때, 이는 단순히 통계적으로 유의미한 차이에 머무는 것이 아니고, 건전한 사회통념상 명백한 차별에 해당한다고 판단된다.
이러한 차별적 처우와 관련하여, 이 사건 노동조합이 신청 외 노동조합과 달리 근로자들의 근로조건의 유지·개선 등과 관련하여 실제로 많은 적법 쟁의행위를 하여 온 점, 이 사건 노동조합은 이 사건 사용자의 승격·승진 등 인사에 대하여 지속적으로 부당인사·부당노동행위 구제절차를 밟아 왔고, 그 중 일부는 인용되고 많은 부분은 기각되었는데, 그 기각의 사유를 분석하여 보면, 형사 처벌을 수반하는 부당노동행위의 성립은 신중하게 인정하여야 하고, 이 사건 사용자에게 기회를 주는 것이 노사상생을 위하여 바람직하다는 인식 내지 배려에 일부 터 잡은 것으로 보이는 점 등에 비추어 보면, 이러한 차별적 처우는 이 사건 사용자의 이 사건 노동조합 및 그 활동에 대한 반조합적 의사에 기인한 것으로 보인다.

[사례④] 중노위 2017. 10. 12. 중앙2017부노129 판정

이 사건 노동조합 조합원과 신청 외 노동조합 조합원은 일정한 생산라인에서 함께 근무하는 생산직 근로자로 동일한 평가기준을 적용받는 동질의 집단인 점, 2017년도 한 해만 보더라도 위와 같이 승진 인원의 차이가 현격한데, 이 사건 사용자의 사업장에서 복수노조 상태가 된 2011년부터 2017년까지를 연혁적, 누적적으로 보면 이 사건 노동조합과 신청 외 노동조합 소속 각 조합원 중 승진자 수가 2명 대 39명으로 조합원 수를 고려할 때 불균형이 현저한 점, 이 사건 노동조합은 이 사건 사용자를 상대로 하여 여러 해 동안 노동관계 법령 위반을 이유로 하는 각종 민원 및 소송을 제기하여 온 반면 신청 외 노동조합은 그런 일이 없었으므로, 이 사건 사용자로서는 이 사건 노동조합에게 불이익을 주고 신청 외 노동조합을 지원할 동기가 있을 것으로 보이는 점

이 사건 노동조합은 2016년도에도 승진 심사에서의 차별을 이유로 하여 부당노동행위 구제신청을 하였고, 당시 이 사건 사용자는 "공정하고 합리적인 인사정책을 적용하여 모든 직원이 인사적으로 불이익을 받지 않도록 한다."라는 내용으로 합의하고 이 사건 노동조합으로 하여금 구제신청을 취하하도록 한 바 있는데, 이 사건 사용자는 현재까지 이 사건 노동조합 조합원이 신청 외 노동조합 조합원에 비하여 상대적으로 불이익을 받지 않도록 하기 위한 구체적이고 실질적인 조치를 한 바 없는 점, 우리 위원회에서 심문회의 이후 당사자 간 합의를 위하여 논의하고 결렬되기까지 경과를 보건대, 이 사건 사용자는 여전히 이 사건 노동조합 조합원이 신청 외 노동조합 조합원과 비하여 받았던 상대적 불이익을 제거하기 위한 구체적이고 실질적인 조치는 끝내 거부한 것으로 볼 때, 이 사건 노동조합 조합원이 받아온 그동안의 불이익이 이 사건 사용자의 의사와 관련이 없는 것으로 보이지 않는 점 등을 종합해 볼 때, 이 사건 노동조합 조합원에 대한 이 사건 사용자의 부당노동행위 의사가 추정되고, 이로 인하여 이 사건 사용자가 신청 외 노동조합 조합원에 비해 소수 노동조합인 이 사건 노동조합 조합원에게 승진차별을 한 행위가 인정되므로 불이익취급의 부당노동행위에 해당한다 할 것이다.

[사례⑤] 대법원 2011. 7. 28. 선고 2009두9754 판결

사용자가 노조전임자의 노동조합활동을 혐오하거나 노동조합활동을 방해하려는 의사로 노조전임자를 승진에서 배제시켰다면 이러한 행위는 노동조합활동을 하는 근로자에게 불이익을

주는 것이어서 부당노동행위에 해당할 것이나, 사용자의 노조전임자에 대한 승진배제 행위가 위와 같이 부당노동행위 의사에 의하여 이루어진 부당노동행위에 해당하는지 여부는 사용자와 노동조합의 관계, 노조전임자와 비전임자 사이에 승진기준의 실질적인 차별이 존재하는지, 종래의 승진 관행에 부합하는지 등과 같이 부당노동행위 의사의 존재 여부를 추정할 수 있는 여러 객관적 사정을 종합하여 판단하여야 할 것이다.

원심은, 원고가 2006년도 영업사원 승격기준을 정함에 있어 노조전임자인 보조참가인들과 그 원심 선정자 3, 5는 사용자에 대한 근로제공의무가 면제되어 영업활동을 하지 아니하는데도 노조전임자들에 대한 승격기준을 별도로 정하지 아니한 채 다른 영업사원과 동일하게 판매실적에 따른 승격기준만을 적용한 것은, 이들이 노조전임자로 활동하였다는 이유만으로 승격 가능성을 사실상 차단한 것이므로, 이러한 승격기준에 의해 이루어진 위 보조참가인 등에 대한 승격배제는 부당노동행위에 해당한다고 판단하였다.

[사례⑥] 대법원 2003. 4. 10. 선고 2002누6264 판결

승진규정에 직원의 승진임용은 인사고과 및 근무평정기준표에 의하되 승진소요 연한을 기준으로 승진대상자를 선정하도록 규정되어 있더라도 회사 설립 이래 승진은 인사고과 및 근무평정 기준에 의하기보다는 경력순으로 승진하는 것이 일반적인 관례임에도 조합원 중 승진한 예가 없고, 근속년수가 짧은 비조합원을 먼저 승진시킨 것에 대해 노동조합에서 항의하자 뒤늦게 노조원을 승진발령한 것은 조합원이라는 이유로 부당하게 승진인사에 탈락시키는 불이익 취급에 해당한다.

[사례⑦] 서울행정법원 2020. 4. 2. 선고 2019구합68176 판결(서울고등법원 2020. 11. 10. 소취하로 확정됨)

이 사건 승진배제는 노동조합 및 노동관계조정법 제81조 제1호, 제4호에서 정한 불이익취급 및 지배 · 개입의 부당노동행위에 해당한다고 봄이 타당하다.

원고가 제출한 2013년 2학기부터 2018년 2학기까지의 일반직 승진평정 자료를 살펴보면, 총장은 특별한 사정(연공서열에 대한 배려 등)이 없는 이상 주사(6급) 및 부주사(7급) 승진대상자들 가운데 총장 평정 전 점수가 높은 사람에게 높은 평점을 부여해 온 것으로 보인다. 한편, 참가인 B은 주사 승진자 3명을 결정한 2018. 3. 1.자 인사에서 총장 평정 전 점수 기준으로는 2위였으나 총장 평정에서 7점을 받고 최종 순위가 4위로 밀려나 승진에서 탈락하였다. 그 당시 총장은 승진자 3명에게는 모두 10점을, 승진 탈락자들에게는 모두 7점을 부여하였다. 마찬가지로 참가인 B은 주사 승진자 4명을 결정한 2018. 9. 1.자 인사에서도 총장 평정 전 점수 기준으로는 1위였으나 총장 평정에서 6점을 받고 최종 순위가 5위로 밀려나 승진에서 탈락하였다. 그 당시 총장은 승진자 4명에게는 모두 10점을, 승진 탈락자들에게는 모두 6점을 부여하였다.

① 2013년 2학기부터 2018년 2학기까지의 일반직 승진평정 자료(갑 제11호증)에 의하면 총장은 승진자들에게는 10점을, 승진 탈락자들에게는 낮은 점수를 일률적으로 부여한 점, ② 총장은 2018. 3. 1.자 인사와 2018. 9. 1.자 인사 당시 참가인 B의 담당 업무에 변화가 없고 업무추진기술서의 기재 내용에도 별다른 차이가 없음에도 불구하고 2018. 3. 1.자 인사에서는 7점을 부여한 반면 2018. 9. 1.자 인사에서는 6점을 부여한 점, ③ 만일 총장이 2018. 9. 1.자 인사 당시 참가인 B에게 2018. 3. 1.자 인사 때와 동일하게 7점을 부여하였더라면 참가인 B의 최종 순위는 4위가 되어 승진 순위권 내로 진입하게 되는 것에 미루어 볼 때 총장은 참가인 B을 승진에서 탈락시키기 위하여 의도적으로 7점 대신 6점을 부여한 것으로 보이는 점 등에 비추어 보면, 총장은 승진대상자 개개인의 업무 난이도와 이 사건 대학에의 기여도 등을 고려하여 평점을 부여한 것이 아니라 총장 평정 전 점수를 기준으로 승진 순위권 내에 있는 승진대상자들 가운데 승진에서 탈락시킬 자를 먼저 결정한 후 해당 승진대상자를 승진 순위권 밖으로 밀려나게 할 수 있는 점수를 확인하여 해당 점수를 승진 탈락자들에게 일률적으로 부여하고 승진자들에게는 10점을 일률적으로 부여한 것으로 보인다.

원고와 이 사건 노동조합은 2017년경 있었던 임금협상 결렬, 전담직 채용비리 의혹, 'O' 선포식에 대한 이 사건 노동조합의 비판 등으로 그 관계가 악화되었고, 그 갈등관계는 현재까지 지속되어 온 것으로 보인다.

사례 Ⅰ 부당노동행위 부정 사례

[사례①] 대법원 2011. 7. 28. 선고 2009두9754 판결

업무능력, 근무성적, 상위직에 대한 적격성 등의 반영에 의하여 승진이 이루어지는 이른바 능력주의 승진제도하에서 조합원이 노동조합에 가입하고 있음을 이유로 비조합원과 비교하여 승진에 있어서 불이익한 취급을 받았다고 하기 위해서는, 당해 조합원이 비교대상으로 된 비조합원과의 사이에 업무능력, 근무성적, 상위직에 대한 적격성 등에 있어 차이가 없어야 하므로, 노조원과 비노조원을 비교하여 볼 때 결과적으로 승진에 있어 격차가 발생하였다고 하더라도 그로써 곧 노동조합 및 노동관계조정법 제81조 제1호의 부당노동행위가 있었다고 단정할 수 없다.

원고의 2006년도 영업사원 승격기준에 따른 근무실적이 선정자 3, 4, 5, 6, 7과 같거나 이들보다 못한 비조합원이 2006년도 승격대상에 포함되었다고 볼 증거가 없으므로, 설령 위 선정자 등이 원고의 사업분할 및 전적을 거부하고 원고와 대립하여 온 핵심적인 조합원들이라고 하더라도, 원고가 조합원에게 불이익을 주려는 의사로 유독 위 선정자 등을 승격대상에서 제외시켰다고 단정할 수 없다.

[사례②] 서울행정법원 2008. 8. 14. 선고 2008구합10201 판결(서울고등법원 2009. 5. 12. 선고 2008누26017 항소기각 판결로 확정됨)

승격기준의 설정은 사용자의 고유권한인 인사권에 속하는 사항으로서 광범위한 재량이 허용된다 할 것인바, ① 참가인의 단체협약이나 취업규칙, 영업직 인사제도개선 관련 세부시행방침 등에서는 구체적인 승격기준에 관하여 규정한 바 없으므로 이 사건 승격기준이 위 방침이나 협약에 위반되지 않은 점, ② 참가인은 1995년 이후 수차례에 걸쳐 영업실적을 점차 많이 반영하는 방식으로 승격기준을 변경하여 왔고, 그 결과 승격율이 감소되어 온 점, ③ 이 사건 승격기준은 효율성 제고를 위한 능력주의 승진제도라는 측면에서 영업직 사원들에 대하여 재직실적 및 재급실적을 보다 많이 반영하도록 하였을 뿐이고 조합원과 비조합원에 대한 차별적 요소가 존재하지 않는 점, ④ 재직 · 재급실적을 중시하는 이 사건 승격기준은 사원에서 부장에 이르는 모든 영업직 직원들에 대하여 공통적으로 적용되는 점, ⑤ 이 사건 승격기준에 관하여 다른 승격대상자들에 대하여는 미리 고지하였음에도 원고에 대해서만 미리 고지하지 않았다는 등의 사정이 없는 한, 승격기준이 사전에 고지되지 않았다는 사정만으로 이 사건 승격기준이 부당하다고 단정하기 어려운 점 등을 종합하면, 이 사건 승격기준이 원고를 포함한 조합원들에 대하여 불이익을 가하기 위한 것이라거나 사회통념상 현저히 부당하여 참가인의 인사재량권의 범위를 일탈 · 남용한 것이라고 보기 어렵다.

이 사건 승격기준일 당시 원고가 속하는 위 영업부문에는 신설회사로 전적하라는 인사발령에 따르지 않은 조합원들만이 남아 있어 불이익한 취급이 있었는지에 관하여 비교대상이 될 비조합원이 존재하지 않았던 점 등을 종합하면, 원고가 주장하는 사정을 감안한다 하더라도 참가인이 이 사건 승격기준에 따라 원고에 대하여 승격을 배제한 것을 부당노동행위라 할 수 없고, 달리 참가인이 이 사건 승격 배제와 관련하여 원고에게 조합활동을 이유로 불이익취급을 하였다거나 노동조합에 대하여 지배 · 개입행위를 하였음을 인정할 만한 아무런 증거가 없다.

[사례③] 서울행정법원 2009. 10. 29. 선고 2008구합46477 판결(서울고등법원 2010. 4. 6. 소취하로 확정됨)

참가인 회사의 인사규정 제21조 제1항은 "승진은 근무성적평정 및 기타 능력의 실증에 의하여 행함을 원칙으로 한다."라고 규정하고 있고, 제22조 제5항은 "5급 이하 직원 중 당해 직급에서 장기간 재직한 자에 대하여는 제21조 제1항의 규정에 불구하고 정원의 범위 내에서 승진('근속승진'이라고 한다)임용할 수 있다. 이 경우 근속승진 대상 및 방법 등에 대하여는 사장이 따로 정한다."라고 규정하고 있으므로, 위 규정상 참가인은 해당 직원이 근속기간을 충족하였더라도 반드시 근속승진 임용하여야 할 의무가 있는 것은 아니고 회사 정원의 범위, 근무성적평정 등을 고려하여 근속승진 여부를 결정할 수 있는 것으로 해석된다. 이에 따라 참가인은 근속승진 대상자들에 대한 인사고과와 인사관리(승진) 매뉴얼을 마련하고 있는바, 위 매뉴얼(Ⅱ. 6. 가.)에는 "최근1년 이내에 2회 이상 경고처분을 받은 자는 근속승진 임용에서 제한한다."라고 정하고 있다.
이 사건의 경우, 앞서 본 바와 같이 참가인이 2008.3.1. 근속승진 임용대상에서 원고를 제외한 것은 원고가 2007년에 받은 5차례의 경고처분과 최하위의 인사고과에 기한 것이어서 그 정당성이 인정되고, 달리 참가인에게 부당노동행위의 의사가 있었다고 볼 만한 증거가 없으므로, 이 사건 근속승진누락이 부당노동행위에 해당한다고 할 수 없다.

[사례④] 부산고등법원(창원) 2021. 2. 18. 선고 2020나12373 판결[29]

위 인정 사실에 의하여 알 수 있는 다음의 사정들, 즉 ① E 노동조합이 설립된 이후부터 2017. 7. 1.까지 새롭게 보직자에 임명된 19명 중 원고 지회 소속 조합원은 전혀 없었던 반면, E 노동조합 소속 조합원은 17명에 달하는 점, ② 2014년부터 2016년까지 매년 E 노동조합 소속 조합원들의 평균 인사평가점수보다 원고 지회 소속 조합원들의 평균 인사평가점수가 6.6%~11.3% 더 낮았고, 특히 원고 지회의 간부 조합원의 경우 인사평가점수가 13.2%~23.6% 더 낮았던 점, ③ 피고가 직위승진제도 도입 후 2015년과 2016년 각 1회씩 승급 심사를 하였는데, 두 번의 승급심사에서 승진한 총 57명의 기술직 근로자 중 원고 지회 소속 근로자는 6명에 불과하고, 나머지 51명은 모두 E 노동조합 소속 근로자였던 점, ④

특히 위 기간 동안 최고 직위에 해당하는 기술부장으로 승진한 14명 전원이 E 노동조합 소속이었던 점 등을 종합하면, 원고 지회 소속 조합원 집단과 E 노동조합의 조합원 집단을 전체적으로 비교할 때 양 집단이 서로 동질의 균등한 근로자 집단임에도 보직 부여 및 직위 승진, 인사평가에 있어 일응 양 집단 사이에 통계적으로 유의미한 격차가 있는 것으로 볼 수는 있다.

그러나 위에서 본 통계적으로 유의미한 격차가 있다는 점 및 원고들이 제출한 증거들만으로는 위와 같은 보직 부여, 직위 승진, 인사평가에서의 격차가 원고 지회의 조합원임을 이유로 불이익취급을 하려는 피고의 반조합적 의사에 기인한 것으로 인정하기에 부족하고, 달리 이를 인정할 만한 증거가 없다.

피고는 보직자들로 하여금 기술직 근로자들의 인사평가점수를 부여하도록 하면서, 정성적인 평가의 공정성을 확보하기 위하여 각각의 세부항목에 적용되는 평가문항을 구체적으로 마련하여 두고, 각각의 평가문항에 대한 등급 부여의 기준까지 정하였다. 이에 더하여 서로 다른 보직자들로 하여금 1차, 2차 평가를 하도록 하고, 3년간의 인사평가점수를 당해 연도 50%, 전년도 30%, 전전년도 20%로 반영하였다. 이와 같이 피고의 인사평가점수 부여 체계는 어느 정도 객관성이 담보되어 있어 원고 지회의 조합원들이 인사평가에서 E 노동조합 소속 조합원들에 비해 낮은 점수를 받았다는 사정만으로는 피고가 자의적으로 인사평가를 행하였다고 단정할 수 없다.

보직자는 일반 근로자에 비하여 더 많은 업무(예컨대 반장은 조회 전에 작업장의 정리정돈을 확인하거나, 작업 중에 작업조건 · 지원상태 등을 점검하고, 작업 종료시에는 각종 전원의 차단 여부를 확인하며, 작업일보를 작성하는 등의 행정업무까지하여야 한다)를 맡아 처리하고 있고, 따라서 보직자는 일반 근로자보다 회사를 위해 더 큰 기여를 하고 있다고 볼 수 있다. 그러므로 피고가 2015년 및 2016년 기술직 근로자 승진 시 보직자를 우선적으로 승진시키도록 한 것이 불합리한 기준이라고 할 수 없다. 그런데 E 노동조합은 원고 지회에서 탈퇴한 보직자들을 중심으로 결성된 F 협의회가 조직 변경의 형태로 설립한 것이어서, E 노동조합은 설립 당시부터 소속 조합원 중 보직자들이 다수 존재하였으므로, E 노동조합 소속 보직자들이 다수 승진하였다는 사정만을 두고 피고가 E 노동조합을 원고 지회에 비해 특별히 우대한 것이라고 보기도 어렵다.

피고는 2015년에는 ‘Operation 총괄’ 부문과 ‘방산’ 부문으로, 2016년에는 ‘유기’ 부문과 ‘방산’ 부문으로 나누어 각 부문의 소속 인원의 비율대로 승진인원을 배분하였는데, ‘Operation 총괄’ 또는 ‘유기’ 부문의 근로자수보다 ‘방산’ 부문의 근로자수가 더 적어서 상대적으로 '방산' 부문에 승진인원수가 더 적게 배정되었다. 그런데 2020. 10.경을 기준으로 원고 지회 소속 조합원 143명 중 68명이 유기 부문에, 75명이 방산 부문에 각 배치되어 있고, E 노동조합 소속 조합원 85명 중에서 70명이 유기 부문에, 15명이 방산 부문에 각 배치되어 있는 등 원고 지회 소속 조합원들이 E 노동조합 소속 조합원들보다 방산 부문에 더 많이 배치되어 있다. 이와 같은 승진구조상 원고 지회 소속 근로자들보다 E 노동조합 소속 근로자들에게 더 많은 승진 기회가 주어짐에 따라 E 노동조합 소속 근로자들이 더 많이 승진하게 된 것으로 보인다.
원고 측은 이 사건 1차 부당노동행위 분쟁에서부터 6차 부당노동행위 분쟁에 이르기까지 6차례에 걸쳐 피고가 부당노동행위를 하였다고 주장하였으나, 피고가 부당노동행위를 하였음을 인정하기 어렵다는 이유로 위 1차, 2차, 3차 각 부당노동행위 분쟁에서 원고 측이 모두 패소하였고, 피고에 대한 진정사건 및 고소사건들(이 사건 4차, 5차, 6차 각 부당노동행위 분쟁)은 모두 '혐의없음'으로 내사종결 및 불기소처분 되었다.
3개년 평가를 종합한 2016년 종합인사평가 점수를 기준으로 상위 25%인 3.25점 이상을 받은 근로자들은 총 61명이고, 그중 원고 지회 소속이 23명으로 약 38%, E 노동조합 소속이 38명으로 약 62%이기는 하나, 상위 10%인 3.41점 이상을 받은 근로자들은 총 25명인데, 그중 원고 지회 소속이 11명으로 44%, E 노동조합 소속이 14명으로 56%로서 그 차이가 줄어들고, 최상위 5%인 3.58점 이상을 받은 근로자들을 기준으로 하면 총 12명 중 원고 지회 소속이 7명으로 약 58%, E 노동조합 소속이 5명으로 약 42%로서 오히려 원고 지회 소속 인원이 더 많다.

한편, 사용자의 승진 등 인사발령이 특정 조합원에 대한 불이익 처우가 아님에도 부당노동행위 여부가 문제될 수 있다. 승진은 근로자 개인에게는 이익이 되는 것으로 볼 수 있으나, 승진으로 인하여 조합원 자격을 상실함에 따라 조합활동을 할 수 없거나 곤란하게 하는 처분은 조합활동상 불이익한 처분이 되기

29) 해당 사례는 1심에서는 부당노동행위가 인정되었으나(창원지방법원 2020. 6. 4. 선고 2017가합51092 판결), 2심에서는 부당노동행위를 부정한 사례임

때문이다.

법원은 승진이 사용자의 부당노동행위 의사에 의하여 이루어진 것인지 여부를 ▲승진시기와 조합활동의 관련성, ▲승진의 업무상 필요성, ▲능력의 적격성과 인선의 합리성, ▲승진이 조합활동에 미치는 영향, ▲당해근로자의 동기들과의 형평성, ▲비조합원과의 격차유무 등을 종합적으로 고려하여 판단한다.

사례 ▌ 부당노동행위 인정 사례

[사례①] 대법원 1998. 12. 23. 선고 97누18035 판결

사용자가 근로자의 노동조합활동을 혐오하거나 노동조합활동을 방해하려는 의사로 노동조합의 간부이거나 노동조합활동에 적극적으로 관여하는 근로자를 승진시켜 조합원 자격을 잃게 한 경우에는 노동조합활동을 하는 근로자에게 불이익을 주는 행위로서 부당노동행위가 성립될 수 있을 것인바, 이 경우에 근로자의 승진이 사용자의 부당노동행위 의사에 의하여 이루어진 것인지의 여부는 승진의 시기와 조합활동과의 관련성, 업무상 필요성, 능력의 적격성과 인선의 합리성 등의 유무와 당해 근로자의 승진이 조합활동에 미치는 영향 등 제반 사정을 고려하여 판단하여야 할 것이다.

참가인이 산업안전기사 1급의 국가기술자격증을 소지하고 주로 원고 회사 대전공장 관리부 안전관리과장 대리로서 방화관리책임자로 근무하던 중 1992. 8.부터 1995. 8. 31.까지 노동조합의 위원장으로 재직하면서 적극적으로 정당한 노조활동을 하다가 같은 해 8. 23. 노조위원장 선거에서 낙선하고 같은 해 9. 1. 위 안전관리과장 대리로 원직 복귀하였는데, 원고는 같은 해 7. 10. 참가인 등 노동조합 간부들 9명에 대하여 노동쟁의조정법위반 및 업무방해 등의 혐의로 고소하는 한편, 같은 해 8. 23.에는 위 9명을 상대로 불법노동쟁의로 인한 손해배상청구소송을 제기하였고, 참가인은 노조위원장 선거에서 낙선한 후 불법선거임을 주장해 오다가 같은 해 9. 14. 선거무효확인소송을 제기하는 등 노동조합원으로서 노동조합의 조직 및 운영에 영향을 미칠 활동을 계속적으로 하여 오던 상태에서 원고 회사가 같은 해 9. 15. 업무상 필요성을 이유로 갑자기 참가인을 조합원 자격이 없어 조합활동을 할 수 없는 과장으로 승진시킴과 동시에 서울 본사 자재부 소속 경인지역 폐지구매 연락사무소를 다른 회사

수원 공장 내 2평정도 탈의실에 급조하여 신설하고 원고를 그 연락담당 및 원료 상차 감독으로 배치전환하여 참가인을 본래 업무와는 동떨어지고 참가인 생활근거지와 이격된 곳에서 근무하도록 하였으며, 그 후 참가인이 이에 불복하여 출근을 거부하자 원고가 위와 같이 고소 및 손해배상을 청구한 전임 노조간부들을 순차로 위 연락사무소로 배치전환한 것이라면, 이 사건 승진 및 배치전환은 실질적으로는 참가인의 종전 노동조합활동을 혐오한 나머지 이에 대한 예방적 차원의 조치로서 노동조합활동을 방해하려는 의사로 행한 것으로서 업무상 필요성은 표면적으로 내세운 사유에 불과한 것이라고 보아야 할 것이므로, 이 사건 승진 및 배치전환은 부당노동행위에 해당한다 할 것이다.

[사례②] 대법원 1988. 12. 20. 선고 87누900 판결

원고가 1983. 1. 7.에 ○○주식회사 기능직사원으로 입사하여 노동조합에 가입하고 노동조합원으로 열심히 활동하는 한편 1985. 3. 13.에는 노동조합대의원선거에 입후보하여 당선이 확실시된 사실과 평소 원고의 노동조합활동을 못마땅하게 생각하던 위 회사가 원고의 노동조합활동을 막기 위하여 1983. 3. 18.자로 원고를 노동조합운동을 할 수 없게 되는 일반관리직 5직급 사원으로 임용하여 부산시 소재 ○○사무소로 전근발령한 사실, 회사의 원고에 대한 1985. 3. 18.자 발령은 원고를 발탁한 것이라거나 회사의 경영합리화를 위한 것이라고 보기는 어렵고 원고의 노동조합활동을 혐오한 회사가 원고를 노동조합활동에 관여할 수 없게 하기 위하여 원고에게 불이익을 준 행위로서 부당노동행위에 해당된다고 봄이 상당하다.

사례 Ⅰ 부당노동행위 부정 사례

[사례①] 대법원 1992. 10. 27. 선고 92누9418 판결

오히려 참가인회사가 특정직책을 제외한 일정한 직급 이하의 사원에 대하여 무조건 조합원의 자격을 부여하는 규정을 둔 단체협약을 체결하였고 노조간부에 대하여도 그 동안 차별 없이 승진시켜 온 사실, 참가인회사는 승진대상자에 대하여 인사고과점수 등을 기초로 한 승진심사를 거쳐 특별한 결격사유가 없는 한 매년 정기인사에 승진시켜 왔고 원고의 경우도 1990년도 정기승진인사 때 승진되어야 할 처지였으나 당시 노동조합 부위원장으로서의 조합활동 계속을 위하여 승진인사에서 제외시킨 사실, 원고의 입사동기생 12명 중 10명은 이미 1990년 정기인사에서 승진하였고 1991년 정기인사로서 원고의 입사동기생 전원이 과장대리로 승진하게 된 사실, 참가인회사의 영업전무가 원고로부터 승진을 원하지 않는다는 말을 듣고 그의 집에까지 찾아가서 원고의 부인에게 남편의 설득을 요청한 사실 및 참가인회사 인사위원회가 당시 노동조합의 직책을 맡고 있지 아니한 원고가 장래에 직책을 맡을 수 있도록 배려하면서까지 회사의 인사질서를 문란하게 할 수 없다는 점과 인사고과점수가 승진대상자 12명 중 3위인 점을 감안하여 원고를 승진시키기로 결정한 사실 등에 미루어 볼 때, 원고에 대한 승진조치는 참가인회사가 정기승진인사의 일환으로 승진대상자에 대한 합리적 사정을 거쳐 회사의 인사질서와 입사동기생 간의 형평을 고려하여 행한 것일 뿐 원고의 종전 노동조합활동을 혐오하여 이에 대한 예방적 차원의 조치로서 행한 것은 아니라고 보여지고, 또 승진인사에 앞서 원고가 참가인회사의 간부에게 승진거부의 의사를 표명하였다고 하여도 사용자에게 인사질서의 문란을 감수하면서까지 노동조합활동을 계속하고자 하는 평조합원의 희망을 무조건 존중하여야 할 의무가 있는 것도 아니므로 이를 받아들이지 않고 원고를 승진시켰다고 하여 그것이 부당노동행위가 될 수 없다.

[사례②] 서울고등법원 1992. 11. 26. 선고 91구28834 판결

회사가 원고를 승격시킬 무렵에는 원고가 노동조합의 평조합원에 머물렀을 뿐만 아니라 뚜렷한 활동을 한 바 없어 회사가 원고를 노동조합의 활동과 관련하여 혐오할 만한 사정이 있었다고 볼 수 없고, 원고가 승격에 의하여 노동조합원 자격을 상실한 것은 회사와 노동조합간의 단체협약에 따른 것이며, 원고에 대한 승격은 회사의 승격관련 규정에 따라 정례적으로 실시되어 온 바에 따른 것으로 정당한 것으로 인정되고, 승격대상자가 진급포기 각서를 제출하였다고 하여 회사가 반드시 그에 따라야 하는 것은 아니며, 이는 회사의 경영조직을 합리적으로 관리하기 위한 경영목적상 고유한 인사권의 범위내에 속하는 문제라 하겠으므로 승격대상자의 의사를 참작하지 아니하였다 하여 그로써 반드시 부당노동행위 의사가 있는 것이라고 단정할 수는 없는 것이어서 원고의 주장들은 이유없어 받아들일 수 없다.

(마) 업무의 축소(시간외근로 거부), 업무배제, 보직 미부여 관련 부당노동행위 의사 판단기준

연장, 휴일, 야간근로 등 시간외근로는 사용자가 업무상 필요성을 판단하여 당사자의 합의에 의하여 실시되는 것이므로, 근로자가 시간외근로를 희망한다고 하여 사용자가 반드시 이를 승인할 의무가 있는 것은 아니다.

다만, 실질적으로 특정 근로자가 정당한 조합활동을 하였다는 이유로 해당 근로자에게 시간외근로를 거부하거나 기존에 관행적으로 이루어지던 시간외근로를 합리적인 이유 없이 금지하는 등의 경우에는 그 시간외근로 거부 내지 제한이 현실적으로 근로자의 수입감소를 초래하므로 경제적 내지 업무상의 불이익을 주는 행위로서 부당노동행위에 해당할 수 있다.

또한, 조합원이라는 이유 등 조합활동과 관련하여 업무에서 배제하거나 보직 미부여, 회의 참가 배제, 직급에 맞지 않는 보직으로의 강등 등이 이루어질 경우 경제적 불이익 뿐만 아니라 정신적 불이익 취급으로서 부당노동행위에 해당할 수 있다.[30)]

법원 및 노동위원회는 이와 같은 업무의 축소 및 배제 등이 사용자의 부당노동행위 의사에 의하여 이루어진 것인지 여부를 ▲시기, ▲사용자가 내세우는 업무의 축소·배제 사유, ▲동종 사례 또는 관행에 있어서의 불균형, ▲사용자와 노동조합과의 관계, ▲사용자의 태도, ▲업무의 축소로 인하여 발생한 불이익의 정도, ▲대상 근로자가 수행한 정당한 노동조합 활동 등의 내용, ▲기타 부당노동행위

30) 하갑래, 「집단적 노동관계법」, 제8판, (주)중앙경제, 2023. 532쪽

의사의 존재를 추정할 수 있는 제반사정 등을 종합적으로 고려하여 판단한다.

☑ 시기

[부당노동행위 인정 요소]

- 업무축소·배제 시기가 조합활동과 근접하는 등 연관성이 추정되는 경우
  - 노동쟁의 조정신청 결렬, 노동조합의 해결책 요구 등 갈등이 고조된 상황에서 근로시간 변경 등의 기안서를 작성한 경우(서울고법 2021누55366, 인정사례①)
  - 노동조합이 쟁의지침을 조합원들에게 전달한 다음 날 근로시간 운영방식 변경을 공고한 경우(서울고법 2021누55366, 인정사례①)
  - 노동조합이 지방노동위원회에 부당노동행위 구제신청을 제기한 날로부터 3일 후에 근로시간 운영방식을 변경한 경우(서울고법 2021누55366, 인정사례①)
  - 단체교섭 및 임금교섭 진행 중 업무배제가 발생한 경우(서울서부지법 2013가단216368, 인정사례②)

[부당노동행위 부정 요소]

- 업무축소·배제 시기상 조합활동과의 연관성이 추정되지 않는 경우

☑ 사유

[부당노동행위 인정 요소]

- 업무 축소·배제 등의 사유가 합리적이지 않은 경우
  - 일감감소 등의 경영 악화를 이유로 연장근로 운영방식을 변경하였으나 실제 그 감소 폭이 크다고 볼 수 없는 경우(서울고법 2021누55366, 인정사례①)
  - 회사가 내세우는 업무축소 사유가 기존 행동에 비추어 볼 때 일관성이 없는 경우(서울고법 2021누55366, 인정사례①)
  - 규정상 당직 전면배제에 관한 규정이 없음에도 전면 배제한 경우(중앙2018부노88, 인정사례③)
  - 단순히 노조 간부임을 이유로 처분이 이루어진 경우(서울행법 2021구합60519, 인정사례④)

[부당노동행위 부정 요소]

- 업무 축소·배제 등의 사유가 합리적인 경우
  - 게릴라성 파업으로 인하여 노동조합의 파업 시작 및 종료 시점을 정확히 알 수 없고, 파업으로 인한 생산 차질을 최소화하기 위해 조합원에게는 시간외근로를 못하게 하고 적법하게 대체인력을 투입해 생산일정을 맞추어야 할 필요성이 인정되는 경우(서울고법 2013누25988, 부정사례①)

☑ 관행

[부당노동행위 인정 요소]

- 동종·유사 사례 또는 관행에 부합하지 않는 경우
  - 노조간부 경력이 없는 근로자는 513.4.시간의 연장근로를 한 반면, 노동조합 대의원은 168시간의 연장근로를 한 경우(대법 2006도388, 인정사례⑤)
  - 다른 직원과 달리 연장근로가 필요한 이유에 대하여 지나칠 정도로 까다롭게 물어보는 등 그 허가에 있어 엄격한 기준을 적용하는 경우(대법 2006도388, 인정사례⑤)
  - 통상적으로 연장 및 주·야간 2교대 근무가 이루어지는 사업장에서 특정 조합원에 대해서만 연장 및 주·야간 2교대 근무를 중지시킨 경우(서울행법 2007구합31669, 인정사례⑥)
  - 대부분의 택시업계에서는 1일 2교대의 배차시간을 12시간으로 인정하는 반면, 조합원에 대해서만 7시간 40분으로 제한한 경우(광주지법 2010노1844, 인정사례⑦)
  - 부제소 확인서를 제출한 교대노조 조합원들은 기존대로 근무하는 것을 허용하고, 부제소 확인서를 제출하지 않은 노동조합 조합원에게만 배차시간과 근로시간을 제한한 경우(중앙2020부노26, 인정사례⑧)
  - 교대차의 배차시간을 12시간으로 인정하는 관행과 달리 배차시간을 9시간으로 제한한 경우(중앙2020부노26, 인정사례⑧)
  - 담임을 희망하고 있는 교원을 우선적으로 담임으로 배정하는 원칙과 달리 담임으로 배정되어 있던 조합원만을 담임배정에서 제외한 경우(서울행법 2005구합7570, 사례⑨)

[부당노동행위 부정 요소]

- 동종·유사 사례 또는 관행에 부합하는 경우

☑ 사용자와의 관계

[부당노동행위 인정 요소]

- 사용자의 노동조합에 대한 언동 및 태도(반조합 감정이 표출되는지 여부)
  - 회사 측의 근로자 성향 분류상 낮은 등급에 속해있는 경우(대법 2006도388, 인정사례⑤)
  - 사용자가 "노동조합을 해산"하라는 취지로 회유한 경우(서울서부지법 2013가단216368, 인정사례②)
  - 노동조합의 지속적인 반대에도 불구하고 노조와 협의하지 않고 이미 결정된 사항을 일방적으로 통보하는 경우(서울행법 2021구합60519, 인정사례④)
- 회사와의 대립관계에 있는 경우
  - 기존 제도의 문제점 지적, 기타 다양한 현황에 대한 개선을 요구하여 회사와 대립하여 온 경우(광주지법 2010노1844, 인정사례⑦)
  - 노동위원회 구제신청 사건이 약 30건이 될 정도로 노사 간 갈등이 지속되어 온 경우(중앙2020부노26, 인정사례⑧)
  - 학교 운영과 관련한 분규가 있었고 그로 인하여 특별감사를 받는 등 노사 간 관계가 악화되어 있던 경우(서울행법 2005구합7570, 사례⑨)

[부당노동행위 부정 요소]

- 사용자의 반조합 감정이 표출되지 않는 경우
- 노사간 원만한 관계를 유지하고 있는 경우

☑ 결과

[부당노동행위 인정 요소]

- 수입감소 등 조합원의 생계에 영향을 미치는 정도가 큰 경우
  - 시간외근로 거부 등으로 조합원의 임금이 평소보다 40% 이상 감소한 경우(서울

행법 2007구합31669, 인정사례⑥)
- 판매 실적의 50%이상이 감소될 수 있는 경우(중앙2018부노88, 인정사례③)
- 조합원 간 운송수입금이 1일 4~5만원 차이가 발생하는 경우(중앙2020부노26, 인정사례⑧)

• 조합활동에 부정적인 영향을 미치는 경우
- 반 · 조장을 맡으려는 사람들은 노조 간부 직책을 포기하거나 반 · 조장에 지원할 수 없게 되는 결과가 발생하는 경우(서울행법 2021구합60519, 인정사례④)
- 조합원이 퇴사하게 되는 경우(서울행법 2007구합31669, 인정사례⑥)
- 조합원 수가 135명에서 13명으로 감소한 경우(중앙2020부노26, 인정사례⑧)

[부당노동행위 부정 요소]

• 수입감소 등 조합원의 생계에 영향을 미치는 정도가 적은 경우
• 노동조합의 단결력 및 조합활동에 영향을 미치지 않는 경우

☑ 대상

[부당노동행위 인정 요소]

• 노동조합 활동에 적극적인 자를 업무축소 · 배제 등의 대상으로 삼은 경우
- 노동조합 대의원을 연장근로 축소의 대상으로 삼은 경우(대법 2006도388, 인정사례⑤)
- 전체 직원(조합원이 전체 60%를 차지하는 경우)(서울고법 2021누55366, 인정사례①)
- 노동조합 지부장, 교섭위원인 자[31](서울서부지법 2013가단216368, 인정사례②)

[부당노동행위 부정 요소]

• 업무축소 · 대제의 대상이 조합 간부가 아니거나 조합활동에 적극적이지 않은 경우

31) 서울서부지방법원 2014. 1. 23. 선고 2013가단216368 판결

사례 ▌ 부당노동행위 인정 사례

[사례①] 서울고등법원 2022. 7. 21. 선고 2021누55366 판결(대법원 2022. 12. 1. 선고 2022두53655 심리불속행기각 판결로 확정됨)

참가인 노조의 이 사건 쟁의행위 등은 노동조합의 업무를 위한 정당한 행위에 해당하고, 원고가 3차 운영방식 변경을 한 것은 연장근로수당을 감소시켜 참가인 근로자들에게 불이익을 주는 조치에 해당하는바, 원고는 참가인 노조의 정당한 노동조합 활동과 밀접한 시기에 그와 같이 근로자들에게 불이익 조치를 취하였으므로, 당시 원고에게 참가인 노조의 활동을 위축시키고, 노동조합 운영에 개입하려는 부당노동행위 의사가 있었음을 추정할 수 있다.

① 원고는 참가인 노조와 노동쟁의 조정신청의 결렬(2019.7.11.), 전송망 직군 근로자들의 야간대기 및 출동 관련 해결책 요구를 위한 대화 요청(2019.7.22.) 등으로 갈등이 고조된 상황에서 이 사건 기안서를 작성(2019.7.26.)하였고, 참가인 노조가 '전송망 조합원의 야간대기 및 출동을 거부한다'는 내용의 '쟁의지침 01호'를 전체 조합원들에게 전달(2019.7.30.) 한 다음 날 1차 운영방식 변경을 공고(2019.7.31.)하였다. 그 후 원고는 2019.9.10. 참가인 노조와 합의 하에 2차 운영방식 변경으로 기존 방식으로 복귀하였다가 참가인 노조가 이 사건 쟁의행위 등을 하며 1차 운영방식 변경에 관하여 경기지방노동위원회에 부당노동행위 구제신청(2019.12.3.)을 하자, 그로부터 3일 만에 참가인 노조 측과 상의 없이 3차 운영방식 변경을 단행하였다. 이와 같이 연장근로 운영방식의 잦은 변경 경위를 보면, 참가인 노조의 노동조합 활동과 밀접한 연관이 있음을 알 수 있다.

② 원고는 2019.2.경 체결된 2019년 연봉계약서 및 2019.3.13.자 공문에서 '회사의 경영사정과 관계없이 근로자의 불안감 해소를 최우선으로 하여 연장근로시간을 유지하기로 한다'는 입장이었으나 그로부터 1년도 되지 않아 1차 및 3차 운영방식 변경을 단행하였다. 이에 대해, 원고는 그 사이 일감감소 등의 경영 악화 사유가 있다고 주장하나, 기존의 약속이 '경영사정에 관계없이' 유지하기로 한 것이었을 뿐만 아니라, 원고 전주센터의 총 관리가입자 수는 2019.3.13.자 공문을 보낸 2019.3.경 200,096명, 1차 운영방식 변경을 발표한 2019.7.경 199,086명, 3차 운영방식 변경을 발표한 2019.12.경 197,834명으로서 그 감소폭이 크다고 볼 수 없어 기존 약속을 뒤집고 평일 연장근로 제도를 폐지해야만 할 현저한 사정변경이 있었다고는 보기 어렵다.

③ 원고는 3차 운영방식 변경 사유 중 하나로 2020.1.1.부터 시행될 주 52시간 근무제에 선제적으로 대응할 필요성을 주장하고 있다. 그러나 3차 운영방식 변경이 주 52시간 근무제

를 준수하기 위한 조치였다면 전산망 조합원의 야간출동 복귀 여부와 관계없이 변경된 연장근로 방식이 유지되어야 했을 것이다. 그럼에도 불구하고 전송망 조합원들이 야간출동 복귀를 선언하자마자 원고가 연장근로방식을 기존대로 복귀한 것으로 볼 때, 개정 근로기준법 시행 때문에 평일 연장근로 제도 운영방식을 변경한 것이라는 원고의 주장은 일관성이 없다. 더욱이, 원고 소속 근로자의 정규 근무시간은 주 40시간이므로 여기에 평일 연장근로 5시간 및 주말 연장근로 7시간을 보태어도 주간 총 근무시간은 52시간으로 법에 위반되지 않으며, 여기에 추가로 야간 당직이 필요한 전송망 직군의 경우 토요일 근무자를 야간 당직에 배치하지 않는 방법으로 주 52시간 근무제를 준수할 수도 있는 점, 원고는 2019년 연봉계약서 등에서 연장근로시간을 유지하겠다고 발표하였을 때부터 주 52시간 근무제의 도입을 예상할 수 있었음에도 평일 연장근로제도 유지를 약속하다가 참가인 노조의 이 사건 쟁의행위 등의 노조활동 직후에 또 다시 3차 운영방식 변경을 발표한 점 등에 비추어 보면, 원고가 주장하는 경영 사정 및 주 52시간제 시행은 표면적인 사유이고, 실질적으로는 참가인 노조의 활동이 평일 연장근로 운영방식의 변경 여부에 영향을 준 것으로 볼 수 있다.

④ 원고는 연장근로 등과 관련하여 참가인 노조와 갈등이 지속되는 상황에서 평일 연장근로 운영방식을 또다시 변경할 경우 참가인 노조가 강하게 반발할 것임을 충분히 예상할 수 있었음에도, 단체협약 제6조에서 정한 절차를 무시한 채 사전 설명이나 어떠한 협의 절차도 없이 일방적으로 2019.12.13.부터 평일 연장근로 운영방식을 변경한 것은 참가인 노조를 압박하기 위한 수단으로 보인다.

⑤ 원고는 3차 운영방식 변경이 원고의 근로자들 전원에 대하여 적용되므로 차별취급의 의도로 이뤄진 것이 아니라는 취지로 주장한다. 그러나 사건 당시 원고의 전주센터의 경우 이 사건 초심판정 당시를 기준으로 총 53명의 직원들 중 참가인 노조의 조합원들이 31명으로서 약 60%를 차지하며, 평일 연장근로수당 관련 문제는 참가인 노조의 중요한 쟁의대상이었다. 따라서 3차 운영방식 변경이 전체 근로자를 대상으로 적용된다는 사정만으로 부당노동행위 의사를 쉽게 부인할 수 없다.

[사례②] 서울서부지방법원 2014. 1. 23. 선고 2013가단216368 판결

피고 C원장은 2009. 5. 13. C 노동조합 지부가 속한 원고 노동조합에 단체협약의 해지를 통보하여 2009. 11. 13. 단체협약의 효력이 상실되었고, 2009. 12.경까지 원고 노동조합과 14차례에 걸친 단체교섭이 진행 중이었는데, 원고 노동조합이 2009. 9. 23. 임금교섭 권한을 C 노동조합 지부장에게 위임하였고, 원고 A는 2010. 1. 1.부터 2010. 12. 31.까지

C 노동조합 지부장으로 임명된 사실, C 노동조합 지부는 2009. 12. 2. 피고 C에 임금교섭을 요청하여 2009. 12. 28. 1차 교섭, 2010. 1. 29. 2차 교섭, 2010. 3. 8. 3차 교섭이 각 이루어졌는데, 원고 A는 2차 교섭부터 대표교섭위원 자격에서 교섭에 참여한 사실, 피고 E는 2010. 3. 3., 피고 D는 2010. 3. 4. 원고 A를 불러서 "노동조합을 해산하고 노사협의회를 활용하면 해고자들의 복직을 건의하겠다거나 일체의 불이익이 없어질 것"이라는 취지로 말을 하였고, 원고 A가 이를 거부한 사실, 피고 E가 2010. 3. 5. 원고 A에게 업무에서 손을 떼고 노조 업무에 전념하라고 하였고, 피고 D가 2010. 3. 11. 직원 G이 부연구위원으로 승진하였음을 이유로 관측 업무를 하는 사람들 주변자리에 있던 원고 A에게 떨어진 자리로 옮기라고 하여 원고 A가 기존 업무에서 손을 떼고 자리를 옮긴 사실, 원고 노동조합과 대립하던 피고 C전 원장 H가 2010. 5. 6. 사임하고, 그 무렵 원고 A는 업무에 복귀한 사실을 알 수 있다.

위 인정사실에 비추어 볼 때 피고 D, E가 노동조합 지부장으로서 임금교섭을 하던 원고 A에게 노동조합을 해산하라고 말한 것은 노동조합의 조직 · 운영에 지배 · 개입하는 행위로 볼 수 있고, 노동조합의 해산을 거부한 원고 A를 업무에서 배제시키고, 자리이동을 시킨 것은 원고 A에게 노동조합 가입을 이유로 불이익을 준 것이라고 봄이 상당하고, 나아가, 위와 같은 부당노동행위가 이루어진 경위 및 내용에 비추어 볼 때 피고 D, E의 행위는 외형상 · 객관적으로 피고 C의 사무집행행위와 관련된 것으로 봄이 상당하다.

[사례③] 중노위 2018. 9. 28. 중앙2018부노88 판정

이 사건 근로자에 대한 당직 배제는 이 사건 사용자의 불이익 취급의 부당노동행위에 해당한다고 봄이 타당하다.

통상적으로 자동차 판매사원은 매달 자동차 판매 실적의 50% 이상을 당직 근무를 통해서 올릴 수 있으므로 자동차 판매사원에 있어 당직 근무 여부는 자동차 판매 실적 및 이에 따르는 판매수수료 수입의 다과에 결정적인 영향을 미친다. 따라서 이 사건 근로자와 같은 자동차 판매사원에 대한 당직 배제는 경제적으로 큰 불이익을 주는 불이익 처분에 해당한다. 상조회는 2018.1.10. 상조회 회칙 제8장(회원의 자격상실과 포상) 제1조(회원자격의 상실)에 '4. 회원이 ○○대리점 또는 ○○대리점 상조회의 명예를 심각하게 실추하거나 상조회에 위해를 끼치는 행동을 할 시에는 회원 2/3 이상의 동의하에 상조회 회원자격을 박탈할 수 있다.'는 규정을 추가하였고, 같은 날 이 조항에 근거하여 이 사건 근로자를 상조회에서 제명한 후, 나아가 당직에서 배제하는 결정을 하였다. 그런데 상조회 회원 자격 소멸이 당직 배제의 사유가 된다는 점에 관한 객관적인 근거 규정은 찾아보기 어렵다. 위 근태 및 당직근무규정을 보더라도 당직 근무편성표 작성과 분기별 9대 미만자에 대한 익월 당직 1개월 제외에 관한 규정은 있으나 당직의 전면 배제에 관한 규정은 없다. 이 사건 근로자가 ○○자동차를 상대로 근로자지위확인소송을 제기하고 여러 노동조합 활동을 하여 왔기 때문에 이 사건 사용자가 ○○자동차의 대리점을 운영하는 입장에서 ○○자동차와의 관계에 대한 우려 등의 사유로 인해 이 사건 근로자에 대하여 노동조합 탈퇴를 직·간접적으로 종용 내지 권유하는 등 반노동조합적 의사를 명시적 내지 묵시적으로 표출하여 온 것으로 인정된다.

[사례④] 서울행정법원 2022. 3. 24. 선고 2021구합60519 판결

앞서 든 각 증거에 변론 전체의 취지를 종합하여 인정되는 다음과 같은 사정들을 위 법리에 비추어 살펴보면, 이 사건 직위해제는 불이익취급 내지 지배·개입의 부당노동행위에 해당한다.

① 이 사건 지침에 의하면 반·조장에 대한 보임해제는 자격상실사유가 있거나 업무평가에 따른 하위의 평가대상자에 해당하는 등의 사정이 있어야 한다. 그러나 이 사건 직위해제는 참가인들에 관한 자격상실사유의 유무, 반·조장으로의 적임 여부, 업무평가 등에 관계없이 단지 참가인들이 이 사건 노조 간부임을 이유로 이루어졌고, 반·조장의 직책에 있는 근로자는 오직 회사의 이익만을 추구해야 하고 노조의 이익을 대변할 수 있는 지위나 활동을 하여서는 아니 된다는 부당한 관점에서 시행되었다. 이로 인하여 참가인들은 반·조장 직책에서 누릴 수 있는 이익을 박탈당하였으므로, 이 사건 직위해제는 근로자의 노조활동을 이유로 불이익을 주는 행위에 해당한다.

② 이 사건 직위해제의 시행에 따른 반·조장과 노조 간부의 겸직 금지 방침으로 원고의 근로자들 중 반·조장을 맡고 있거나 맡으려는 사람들은 노조의 간부 직책을 포기하거나 이에 지원할 수 없게 되는 결과를 가져온다. 이는 이 사건 노조의 조직 또는 운영에 상당한 영향을 미치므로, 노조의 단결권이 침해되는 결과를 가져올 수 있다.

③ 원고는 이 사건 노조 측의 지속적인 반대에도 불구하고 이 사건 노조 내지 참가인들과 성실히 협의하지 않고 이미 결정된 사항을 일방적으로 통보하는 방식으로 이 사건 직위해제를 시행하였는바, 이는 원고에게 부당노동행위 의사가 있었음을 추단할 수 있는 정황이다.

④ 이 사건 노조원 중 상당수가 근무하고 있는 마산공장에서 노조 간부가 반·조장의 직책을 맡는 것이 오랜 기간 허용되고 있음에도 원고는 이 사건 직위해제를 시행하였는바, 이로 인하여 이 사건 노조의 조직 내지 운영 등에 부정적인 영향을 줄 수 있음은 원고가 충분히 인식하였다고 할 것이므로, 이에 관한 원고의 부당노동행위의사를 인정할 수 있다.

[사례⑤] 대법원 2006. 9. 8. 선고 2006도388 판결

공소외 1은 당시 노조대의원으로 활동하는 등 노동조합 활동에 적극적이었던 자로서 당시 회사 측의 근로자들의 성향 분류상 낮은 등급에 속해 있었던 사실, 2001년 8월부터 2002년 1월까지의 주기기 1반 월별근무현황에 의하면 공소외 1과 달리 노조간부 경력이 전혀 없었던 공소외 2는 513.4시간의 연장근로를 한 반면 공소외 1은 168시간의 연장근로를 하였던 사실, 공소외 1의 경우 검사업무가 원자력공장의 다른 직원들의 업무와 다르기는 하였으나 업무 효율을 위해 연장근로 등이 필요한 상황인데도 회사 측에서 다른 직원들의 경우와는 달리 왜 연장근로 등이 필요한지에 대하여 정도가 지나칠 정도로 까다롭게 물어보고 그 허가에 있어서 엄격한 기준을 적용하는 바람에 공소외 1이 연장근로 등을 포기하였고, 그에 따라 업무가 비효율적으로 진행되기도 하였던 사실 등을 인정한 다음, 이를 종합하면 피고인 1, 2등이 노동조합 활동에 적극적이라는 이유로 2001년 10월경부터 2002년 8월경까지 공소외 1에 대한 연장근로 등의 허가에 있어 지나치게 엄격한 기준을 적용하고 그에 따라 공소외 1이 이를 포기하도록 하는 등의 방법으로 공소외 1을 다른 근로자들과 차별함으로써 업무상 또는 경제상 불이익을 준 사실을 충분히 인정할 수 있고, 이는 부당노동행위에 해당한다고 판단하여 이 부분에 관한 위 피고인들의 사실오인 주장을 배척한 것은 정당하다.

[사례⑥] 서울행정법원 2008. 6. 24. 선고 2007구합31669 판결(서울고등법원 2009. 3. 24. 선고 2008누20132 항소기각 판결로 확정됨)

유○○, 김○○이 연장 근로와 주 · 야간 교대 근무를 하지 못하게 되면 연장 수당과 야간 수당을 전혀 받을 수 없게 되어 평소보다 임금이 40% 이상 줄게 되며, 이러한 임금 감소는 유○○, 김○○ 본인은 물론이고 그 가족 모두의 생계에 매우 커다란 어려움을 가져다줄 것으로 보임에도 스스로 연장 근로와 야간 근로를 하지 않겠다고 한다는 것을 쉽게 납득되지 않는 점, 실제로 연장 근로와 주 · 야간 교대 근무를 하지 못하게 되어 생계 어려움을 겪게 되었으며 김○○은 2006.9월 말경, 유○○는 2007.3.22경 각 원고 회사를 퇴사한 점, 원고 회사 사업장은 통상적으로 연장 및 주 · 야간 2교대 근무가 이루어져 왔고, 유○○, 김○○이 참가인 조합에서 주관한 중식 집회에 참여하여 단지 집행부의 발언에 동조하는 행위를 한 것은 정상적인 노조 활동으로 보아야 할 것이고, 위 집회가 부당하다고 볼 만한 근거도 전혀 없는 점 등 제반 사정에 비추어 보면, 원고 회사가 조합원 유○○를 기숙사에서 강제로 퇴실시키고, 위 집회 참여 등을 이유로 조합원 유○○ 김○○에게 연장 근로, 주 · 야간 교대 근무를 중지시킨 행위는 정당한 노조 활동에 대하여 불이익을 주는 행위로서 노노법 제81조 제1호 소정의 부당노동행위로 인정된다.

[사례⑦] 광주지방법원 2010. 11. 16. 선고 2010노1844 판결

이 사건 노동조합은 2008. 민주노총에 가입한 이후 기존의 사납금 제도의 문제점을 지적하며 택시 근로자의 안정적인 생활임금 확보를 위하여 전액관리제의 시행요구, 부가세 환급금의 지급요구, 임금제도로서 가감누진형 성과수당식 월급제의 시행을 요구하면서 사납금의 인상만을 요구하는 사업자인 피고인들과 대립되어 왔던 점, 사납금제로 운영되는 대부분의 택시업계에서는 1일 2교대의 경우 배차시간을 12시간으로 인정하고 있는데, 이는 사납금제의 근로형태 및 실태에 있어서 근로자들에 대한 최소한의 적정 수준의 임금을 보장하기 위한 필요한 조처로 이를 택시회사가 근로자들에게 제공하는 시혜적인 조치, 혹은 단순한 관행으로 보기는 어려운 점, 피고인들이 이 사건 조합원인 근로자들에 대한 배차시간을 기존의 12시간에서 무려 7시간 40분으로 제한하고 콜 서비스 배정을 중지함으로 인해 절대적인 근로시간의 축소를 가져와 이 사건 조합원인 근로자들이 매일 사납금을 납입하기에도 힘든 운송수입금을 얻게 되어 그 생계에 큰 지장이 초래된 점, 피고인들이 보다 합리적인 조치에 대한 고려 없이 일방적으로 2009. 9. 12.경부터 이 사건 노동조합 근로자들에게 종래의 12시간 배차시간에서 7시 40분으로 단축하고, 콜 서비스 배정을 중지하였으며, 부가세 환급금을 비노조원들과 비교하여 차등하여 지급한 점 등을 종합하여 보면, 피고인들이 이 사건 조합원인 근로자들에 대하여 택시 배차시간 단축, 배차시간 이외의 콜서비스 배정을 중지하도록 한 것에 정당한 이유가 있다고 보기 어렵다.

[사례⑧] 중노위 2020. 4. 16. 중앙2020부노26 판정

이 사건 사용자가 이 사건 노동조합 조합원들이 부제소 확인서를 제출하지 않았다는 이유로 이 사건 교섭대표노동조합과 다르게 이 사건 노동조합 조합원들의 배차시간 및 근로시간을 제한하는 것은 합리적 이유로 볼 수 없어 부당한 차별대우이므로 불이익 취급 및 지배 · 개입의 부당노동행위에 해당한다.

이 사건 사용자는 이 사건 노동조합 조합원들이 민사소송을 제기하자 2019년도 임금협정서에 규정된 배차시간 및 소정근로시간을 준수하여 근무하도록 하였고, 이에 이 사건 교섭대표노동조합 조합원들은 부제소 확인서를 제출하였다. 이 사건 사용자는 부제소 확인서를 제출한 이 사건 교섭대표노동조합 조합원들은 기존대로 근무하는 것을 허용하였으나, 부제소 확인서를 제출하지 않은 이 사건 노동조합 조합원들은 2019. 10. 21.부터 2019년도 임금협정서의 규정에 따라 배차시간과 근로시간을 제한하였다. 2019년도 임금협정서는 이 사건 노동조합과 이 사건 교섭대표노동조합에 모두 동일하게 적용되는 것이고, 이 사건 사용자는 그간 임금협정서에 규정된 배차시간 및 소정근로시간과 관련하여 특별한 제한을 하지 않았음에도 이 사건 사용자가 부제소 확인서 제출 여부에 따라 이 사건 노동조합 조합원들의 배차시간 및 소정근로시간을 달리 제한하는 것은 합리적인 이유로 볼 수 없다.
교대차는 배차시간이 12시간이고, 배차시간 내 자율적으로 근무하는 것이 지금까지의 관행임에도 이 사건 사용자는 부제소 확인서를 제출한 이 사건 교섭대표노동조합 조합원들은 기존관행대로 배차시간을 12시간으로 허용하면서 부제소 확인서를 제출하지 않은 이 사건 노동조합 조합원들은 배차시간을 9시간으로 제한하여 배차시간에 차별이 발생하였다. 이 사건 교섭대표노동조합 조합원들은 배차시간인 12시간 동안 근무할 수 있어 근로시간은 3시간 차이가 있고, 3시간이면 운송수입금이 하루당 약 4~5만 원 정도 차이 난다. 결국 배차시간의 차이는 근로시간의 차이로 이어지고, 근로시간의 차이는 운송수입금의 격차를 발생시킨다. 더욱이 이 사건 사용자는 이 사건 노동조합 조합원들의 배차시간과 근로시간을 이 사건 교섭대표노동조합 조합원들에 비해 짧게 제한하였음에도 이 사건 사용자에게 납입하는 기준 운송수입금은 이 사건 교섭대표노동조합과 동일하게 적용하였다. 이로 인해 이 사건 노동조합 조합원들은 운송수입금이 기준액에 미달하게 되었고, 미달금액은 임금에서 공제되면서 조합원 중 10명은 마이너스 임금이 발생하였다. 이 사건 노동조합 조합원들이 기준 운송수입금을 이 사건 사용자에게 전액 납입하였다 하더라도 배차시간 및 근로시간에 따른 운송수입금의 차이로 기준 운송수입금 초과로 발생하는 성과급이 이 사건 교섭대표노동조합 조합원들에 비해 적을 수밖에 없다. 이 사건 사용자가 이 사건 노동조합 조합원들이 3시간 30분을 초과근무하여 발생한 운송수입금은 환급한 것을 감안하여도 이 사건 교섭대표노동조합 조합원들과 비교하면 배차시간 및 근로시간의 차이로 운송수입금이 적어져 이 사건 노동조합 조합원들은 임금이 공제되고, 성과급이 감소하는 등 수입에 상당한 불이익이 발생한다.
이 사건 사용자는 부제소 확인서를 제출하면 기존대로 제한 없이 근무할 수 있다며 이 사건 노동조합 조합원들이 부제소 확인서를 제출하도록 유도하고 있고, 이들이 부제소 확인서를 제출하지 않자 이 사건 교섭대표노동조합 조합원들과 배차시간 및 근로시간을 차별화하여 이로 인한 불이익이 발생하게 함으로써 부제소 확인서를 제출하게끔 압박하고 있다. 이 사건 사용자가 이 사건 노동조합 조합원들이 부제소 확인서를 제출하도록 유도하거나 압박하는 것은 부제소 확인서를 통해 이 사건 노동조합이 주도하여 진행하고 있는 민사소송에 영향을 미치게 하여 이 사건 노동조합의 활동을 위축시키려는 의도가 있다고 볼 수 있다.

2017년 이후 이 사건 노동조합과 조합원들이 이 사건 사용자를 상대로 초심지노위에 제기한 부당해고 및 부당노동행위 구제신청 사건이 약 30건이 될 정도로 이 사건 노동조합과 사용자는 그동안 갈등이 지속되어 왔고, 이러한 갈등 속에서 이 사건 노동조합의 조합원 수가 135명에서 현재 13명으로 감소하였다고 볼 수 있다.

[사례⑨] 서울행정법원 2005. 9. 15. 선고 2005구합7570 판결

2004학년도 학급 담임배정과 관련하여 ○○중학교의 교원인사위원회는 담임을 희망하고 있는 교원을 우선적으로 담임으로 배정하는 원칙을 정하고 그에 따라 담임을 배정한 후 이러한 심의내용을 교장에게 제출하였으나, 교장은 이와 달리 담임으로 배정되어 있던 조합원만을 담임배정에서 제외하면서 그 자리에 전원 비조합원으로 대체시킨 점, 당시 원고학원과 참가인 조합은 학교운영 등과 관련하여 분규가 있었고 그로 인하여 감독기관으로부터 특별감사를 받는 등 관계가 악화되어 있었던 점, 2004년 담임배정과는 달리 2001년부터 2003년까지는 참가인 조합원의 담임배정 비율이 비조합원의 비율보다 높았던 점 및 담임배정에서 배제됨으로 인하여 발생하는 경제적 · 신분상의 불이익을 종합하여 보면, 이 사건 담임배정 배제행위는 노동조합의 정당한 업무를 한 것을 이유로 그 근로자에게 불이익을 주는 것으로서 노동조합 및 노동관계조정법 제81조 제1호 소정의 부당노동행위에 해당한다 할 것이다.

사례 ▌ 부당노동행위 부정 사례

[사례①] 서울고등법원 2014. 9. 5. 선고 2013누25988 판결

참가인이 위와 같이 이 사건 지회 조합원들에게 연장 · 휴일 근로를 시키지 아니한 것이 위 조합원들의 이 사건 파업 참가를 이유로 불이익을 준 것 이라고 볼 수는 없으므로, 원고들의 이 부분 주장도 이유 없다.

① 자동차부품 제조업체인 참가인으로서는 게릴라성으로 진행된 이 사건 파업으로 인한 생산차질을 우려해 이 사건 지회 조합원들에게 연장 · 휴일근로를 못 하도록 하고 대체인력을 투입해 생산일정을 맞추어야 할 경영상의 필요성이 있었고, 실제로 이 사건 파업기간 동안 이 사건 지회 조합원이 아닌 관리직 사원들을 대체 근무자로 투입하여 연장 · 휴일근로를 수행토

> 록 하였다. ② 특히 참가인은 이 사건 파업의 특성상 이 사건 지회가 파업 효과를 극대화하기 위하여 연장 · 휴일근로 도중에도 불시에 파업을 하여 제조 납기를 맞추지 못하게 될 가능성 또한 배제할 수 없었던 것으로 보인다. ③ 이 사건 지회는 이 사건 파업 직전에 파업을 결정하여 조합원들에게 통보하였고, 참가인에게는 이 사건 파업 사실을 알리지 않아, 참가인으로서는 이 사건 파업의 실시 여부 및 종료 시간을 정확히 알 수 없었다. ④ 이 사건 지회 조합원들이 연장 · 휴일근로를 못 한 것은 이 사건 파업 당일 또는 이 사건 파업일에 이은 주말에 그치고, 그 이외에는 연장 · 휴일근로에서 배제되지 않은 것으로 보인다.

(바) 조합활동상 불이익

승진으로 인하여 조합원 자격을 상실함에 따라 조합활동을 할 수 없거나 곤란하게 하는 처분은 조합활동상 불이익한 처분이 되므로 부당노동행위에 해당할 수 있다는 점에 대해서는 앞서 "(라) 승진 및 인사고과 관련 부당노동행위 의사 판단기준"에서 살펴보았다.

한편, 법원은 (구)노조법상 전임자, 노조간부, 근로시간면제자 등의 조합활동상의 불이익도 불이익취급의 한 유형에 해당하므로, 조합활동을 곤란하게 할 목적으로 근로시간면제자 등에 대한 원직복직 명령을 한 경우에는 불이익취급 또는 지배 · 개입의 부당노동행위에 해당한다고 보고 있다.

그러나 이와 동시에 법원은 단체협약 유효기간이 만료된 경우 채무적 부분에 해당하는 근로시간면제자의 경우 원칙적으로 사용자의 원직복직 명령에 따라야 하므로, 그 원직복직 명령이 정당한 경우에는 부당노동행위에 해당하지 않는다는 입장을 취하고 있으므로, 실무상 근로시간면제자 등에 대한 원직복직 명령 등이 사용자의 부당노동행위 의사에 의한 것인지 여부를 판단하기 곤란한 경우가 많다.

이와 관련하여 법원과 노동위원회의 부당노동행위 인정 및 부정 사례를 살펴보면, 근로시간면제자 등에 대한 원직복직 명령이 부당노동행위에 해당하는지 여부는 다음과 같은 요소를 종합적으로 고려하여 판단하고 있음을 알 수 있다.

☑ 시기

[부당노동행위 인정 요소]

- 원직복직 명령 시기가 노사가 대립관계에 있는 시기인 경우
  - 파업, 고소 · 고발 등을 통해 임금문제가 타결되고, 노사 쌍방의 부제소합의를 체결한 직후(대법 90누6392, 인정사례①)
  - 고소 · 고발, 손해배상 청구 등 노사관계 악화 전후(중앙2016부노202, 인정사례②)
  - 단체협약 만료 이후 5개월이 경과하도록 복귀명령을 하지 않다가 단체협약 체결이 임박한 시점을 택하여 갑자기 복귀명령을 하는 경우(중앙2000부해152/부노37 병합, 인정사례③)

[부당노동행위 부정 요소]

- 단체협약 효력상실 시점 이후(대법 96누17738, 부정사례①)

☑ 사유

[부당노동행위 인정 요소]

- 원직복직 명령의 정당한 이유가 존재하지 않는 경우
  - 단체협약 만료를 이유로 복귀명령을 하였으나, 단체협약 연장, 갱신 등으로 근로시간면제자에 관한 단협의 효력이 존재하는 경우(중앙2000부해152/부노37 병합, 인정사례③)
  - 경영상태 악화를 이유로 원직복귀 명령을 하였으나, 매년 흑자를 유지하고 22대의 버스 증차와 40명 정도의 운전사를 증원한 경우[32](대법 90누6392, 인정사례①)

[부당노동행위 부정 요소]

- 원직복직 명령의 정당한 이유가 존재하는 경우
  - 단체협약 만료를 이유로 한 복귀명령(대법 96누17738, 부정사례①)
  - 노동조합에서 사용자에게 조합원의 제명 또는 근로시간면제자 해제 통보를 한 경우(중앙2019부노68, 부정사례②)
  - 전임자 복귀 여부에 대한 단체협약 해석이 불분명하여 전임자가 복귀하여야 한다고 해석될 여지가 있는 경우(서울고법 2012누401, 부정사례③)
  - 단체협약에서 교섭대표노조를 풀타임 근로시간면제자로 인정하고 있는 바, 기존 교섭대표노조가 새로이 개시된 창구단일화 절차에서 소수노조가 되어 풀타임 근로시간면제자의 지위를 상실한 경우(중앙2018부노172, 부정사례⑤)

☑ 관행

[부당노동행위 인정 요소]

- 단체협약 만료 이후에도 근로시간면제자를 인정한 관행이 존재하는 경우(중앙2016부노202, 인정사례②)

[부당노동행위 부정 요소]

- 단체협약 만료 후에도 근로시간면제자를 인정한 관행이 존재한다고 보기 어려운 경우(노동부 업무매뉴얼, 부정사례④)

☑ 사용자와의 관계

[부당노동행위 인정 요소]

- 노사 간 대립적인 관계에 있거나 사용자의 노동조합에 대한 언동 및 태도가 부적절한 경우
  - 직장폐쇄를 실시한 경우(대법 90누6392, 인정사례①)
  - 노동조합 간부를 고발한 경우(대법 90누6392, 인정사례①)
  - 회사가 노조 내 집행부 반대 세력이 실시하려는 집행부 비난 유인물 배포를 지원한 경우(대법 90누6392, 인정사례①)

- 노동조합이 근로시간면제와 관련하여 합리적인 수정(안)을 제시하였음에도 거부한 경우(중앙2016부노202, 인정사례②)

[부당노동행위 부정 요소]

- 사용자의 노동조합에 대한 언동 및 태도가 적절한 경우
  - 단체협약 만료 통보 및 수차례 복귀명령 통보에도 불구하고 복귀하지 않을 경우 무단결근으로 처리할 것임을 통보한 경우(노동부 업무매뉴얼, 부정사례④)

☑ 결과

[부당노동행위 인정 요소]

- 근로시간면제 시간 전면배제로 인하여 정상적인 교섭을 수행하기 어렵다는 등 교섭력이 약화된 경우(중앙2016부노202, 인정사례②)

[부당노동행위 부정 요소]

- 교섭력 약화 등의 결과가 발생하지 않은 경우

☑ 대상

[부당노동행위 인정 요소]

- 적극적으로 조합활동을 하는 자를 대상으로 한 경우
  - 쟁의기간 중 쟁의대책위원장으로 선출되어 농성 주도(대법 90누6392, 인정사례①)
  - 교섭위원으로 활동하는 경우(중앙2016부노202, 인정사례②)
  - 노동조합 위원장 등의 간부 지위에 있는 경우(중앙2000부해152/부노37 병합, 인정사례③)

[부당노동행위 부정 요소]

- 그 대상이 조합 간부가 아니거나 조합활동에 적극적이지 않은 경우

사례 ▌ 부당노동행위 인정 사례

[사례①] 대법원 1991. 5. 28. 선고 90누6392 판결

① 원고가 1988년도 임금협약체결을 위하여 참가인회사와 수차에 걸쳐 단체교섭을 하였으나 교섭이 결렬되자 1988. 10. 7.부터 파업에 돌입하게 되었는데 그 기간중 부위원장은 쟁의대책위원장으로 선출되어 회사 관리직사원들의 농성장진입을 저지하는 등 파업농성을 주도하였고, 위 원고 조합의 부녀부장 역시 파업농성에 참여한 조합원들의 식사문제등을 맡아 처리하는 등 파업에 적극적으로 참여한 사실, ② 위 파업기간중 참가인회사는 직장폐쇄조치와 함께 위 부위원장과 원고조합의 위원장을 사직당국에 고발하는 한편 참가인회사의 상무이사인 소외 송석길, 총무부장인 소외 신성범 등은 원고조합의 집행부에 반대하는 조합원들을 규합하여 집행부를 비난하는 유인물을 작성 배포하게 함으로써 원고조합의 집행부를 무력화시켜 파업을 종결시키려 하는 등 위 파업에 맞서 오다가 같은해 11. 28.노사쌍방이 임금인상문제 등을 타결하면서 쟁의행위를 중단하되 쟁의 행위 기간동안에 발생한 제반문제에 대하여는 쌍방이 그 책임을 묻지 아니하기로 합의한 사실, ③ 참가인회사는 위와 같은 노사합의가 이루어진 직후 갑자기 경영상태악화를 내세워 위 부위원장에 대하여는 원고와 사전에 협의도 없이 같은해 12. 2.노동조합업무전임 및 사고처리업무 보조직에서 원직인 운전직으로 복귀하여 근무할 것을 명령하였으나 원고조합의 이의 제기로 그 실시를 보류하였다가 다시 1989. 1. 4.위와 같은 내용의 원직복귀명령을 한 사실, ④ 참가인회사는 470여명의 근로자와 200여대의 버스를 보유한 인천시내 최대의 시내버스운수회사로서 1988년도에 있어서는 위 파업중의 운송수입금 감소등으로 인하여 적자가 발생하였으나 위 파업발생 전년도까지는 매년 흑자를 유지하여 왔고 위 파업 종료후에도 22대의 버스를 증차하고 40명정도의 운전사를 증원한 각 사실을 인정하고 있음

원고조합에서의 직책, 쟁의기간 중의 활동 내용, 참가인 회사의 쟁의기간 중 원고조합 및 동인에 대한 대응태도, 동인에 대한 처분의 시기 및 절차, 참가인회사의 규모 및 경영상태 등에 비추어 동인의 쟁의행위 등 정당한 조합활동을 혐오한 데서 나온 보복행위인 동시에 원고조합의 운영에 지배 또는 개입하는 행위라고 봄이 상당하다하여 이를 노동조합법 제39조

32) 대법원 1991. 5. 28. 선고 90누6392 판결

제1호, 제4호 및 제5호 소정의 부당노동행위라고 판시한 것은 정당하다.

[사례②] 중노위 2017. 2. 10. 중앙2016부노202 판정

단체협약과 달리 사용자의 동의에 의해 근로시간면제가 인정되는 경우, 당사자 간 별도의 유효기간을 정하지 않았을 때 그 유효기간을 언제까지로 보아야 할지에 대해서는 법령 등에 정해진 바가 없으나, 그 동의의 효력이 기간의 제한 없이 계속된다고 볼 수는 없을 것이고, 조합원수의 변동, 사업장내 신설 노동조합의 설립, 교섭 당사자 변경 등 다양한 사정 변경에 따라 동의 내용을 변경하거나 동의를 철회하는 것도 가능하다고 보는 것이 타당할 것이다. 그러나 이러한 경우에도 사용자 동의 철회를 무제한적으로 인정할 수는 없고, 동의 철회 시에는 그에 합당한 사정이 있어야 할 것이다.

① 이 사건 사용자들은 이 사건 노동조합1이 설립된 1988년경부터 단체협약이 만료된 2013.1.17.(이 사건 사용자 2~16은 2011.7.14.) 이후까지도 전임자를 비롯한 근로시간면제자를 지속적으로 인정하여 오다가 근로시간면제를 일방적으로 전면 배제한 측면이 있는 점, ② 이 사건 노동조합1이 이 사건 회사1(이 사건 회사2 내지 16 내에는 이 사건 노동조합2만이 설립되어 있음) 내 조합원의 90% 가량을 차지하는 다수 노동조합임을 이 사건 사용자1 역시 알고 있었을 것이어서 새로운 교섭창구 단일화 절차 이후에도 이 사건 노동조합1이 교섭대표노동조합으로 선정될 가능성이 높아 계속 교섭 상대방이 될 것이라고 판단할 수 있는 상황이었으므로, 새로운 노동조합 설립에 따라 근로시간면제 시간의 배분 등 근로시간면제와 관련된 합의 내용의 일부 변경이 필요할 수는 있을 것이나, 새로운 교섭창구 단일화 절차를 진행하는 것이 근로시간면제 시간을 전면적으로 배제할 만한 중대한 사정 변경에 해당된다고 보기는 어려운 점, ③ 또한 ㉠ 이 사건 노동조합1은 2012.1.30.부터 같은 해 7.17.까지 '공정방송 제작과 자율성 회복'을 목적으로 전면파업을 실시하였고, 이와 관련하여 이 사건 사용자1은 이 사건 노동조합1을 상대로 손해배상 청구소송을 제기하고, 파업과 관련하여 조합원 5명을 업무방해 혐의 등으로 고소하는 등 2012년 파업 이후 노사관계가 극도로 악화된 것으로 보이고, ㉡ 2013.1.7. 이 사건 노동조합1이 교섭대표노동조합으로 결정된 이후 같은 해 8.16.부터 2015.7.23.까지 2년 여간 17차에 걸친 단체교섭을 진행하였으나 결국 타결에 이르지 못하는 상황에 이르러 교섭이 교착 상태에 빠진 상황에서, ㉢ 2015년 교섭창구단일화 절차종료 이후 이 사건 사용자1과 단체교섭을 개시해야 하는 시점에 근로시간면제자 전원에 대해 복귀명령을 내리고 이후 근로시간면제를 전혀 인정하지 않는 것은 이 사건 노동조합1의 교섭력을 약화시킬 우려가 충분해 보이는 점, ④ (중략) 이 사건 노동조합1은 임협 교섭 시에

"근로시간면제 한도를 10,000시간에서 8,000시간(4명)으로 하고 기존 업무 유지를 위해 위원장은 전임자(전임자는 노조에서 임금 지급)로 지정"하는 변경안을 제출하였는데도 이 사건 사용자1은 '근로시간면제 한도 및 전임자 지정(위원장 무급 전임 포함)은 향후 단체협약 체결을 위한 교섭 시 논의될 사항이고, 임협 교섭 안건으로는 부적합하다며, 임금교섭이 있는 당일과 그 전일만 타임오프를 인정하겠다'며 근로시간면제시간을 조합원 수에 비례하여 배분해 달라는 이 사건 노동조합1의 요청을 거부한 점, ⑤ (중략), ⑥ 이 사건 사용자1은 근로시간면제를 전면적으로 배제함과 동시에 이 사건 노동조합1이 전임자 형태(무급 전임의 형태로 보임)로 전환하고자 하는 제안도 거부하여 이 사건 노동조합1이 사실상 노조 활동 시간을 부여받지 못하여 정상적인 교섭을 진행하기 어려운 상황으로 보이며, 이 사건 사용자1은 교섭 당일과 그 전일 노동조합의 요청 시 사안별로 검토 후 추가적으로 근로시간면제를 부여하고 있다고 하나 이 사건 노동조합1이 15개 지역 방송국의 교섭까지 위임받아 진행하고 있는 점을 고려할 때 그 시간만으로는 정상적 교섭을 수행하는 데 부족한 것으로 보이는 점 등을 종합적으로 고려할 때, 이 사건 사용자들이 그간 동의에 따라 부여하였던 근로시간면제 시간을 전면적으로 배제함에 있어 특별한 사정 변경 사유를 찾을 수 없을 뿐만 아니라 오히려 이 사건 노동조합들의 교섭력을 약화시키기 위한 의도가 있었던 것으로 보이는바, 이는 이 사건 노동조합들의 헌법상 보장된 단결권 및 단체교섭권을 침해하고 정상적인 단체교섭 활동과 노동조합의 정상적인 활동을 어렵게 하는 것으로 노조법 제81조제4호에 따른 지배 · 개입의 부당노동행위에 해당한다고 할 것이다.

[사례③] 중노위 2000. 6. 15. 2000부해152/부노37 병합 판정

피신청인은 단체협약에 규정한 노동조합전임자로 신청인회사의 노동조합위원장으로 활동하여 왔는바, 신청인은 신청인회사의 단체협약이 1999.2.14.에 유효기간이 경과함으로써 그 효력이 모두 상실되어 피신청인의 노조전임자격이 없어졌으므로 피신청인에 대한 승무지시는 정당하다고 주장한 반면, 피신청인은 신청인이 단체교섭을 유리하게 진행할 목적으로 승무지시한 것이므로 이는 부당노동행위라고 주장하므로 이에 관하여 살펴본다.

신청인회사의 단체협약은 그 유효기간이 1999.2.14.로 종료된 것은 사실이나, 신청인은 단체협약의 유효기간이 5개월이 경과하도록 피신청인에게 노조전임에서 원직으로 복귀하라는 지시나 그 전임자격에 대하여 아무런 이의를 제기하지 않았을 뿐 아니라, 그간의 단체교섭과정에서 피신청인을 노동조합의 단체교섭의 대표자로 상대하여 단체교섭을 계속하며 1999.7.10. 단체협약의 갱신을 마무리 한 사실이 있고, 또한 이렇게 체결된 단체협약에서도 노조전임은 계속 인정하고 있으며 단체협약이 갱신된 이후인 1999.9.30.까지 피신청인에게 노조전임자로서 전임임금을 지급하여 왔음이 인정된다.
그렇다면 신청인이 피신청인에 대하여 노조전임을 부정하는 것은 수긍하기 어렵고, 노조전임이 아니기 때문에 승무지시를 내렸다는 이유 또한 정당하지 아니하다 할 것이며, 더욱이 단체교섭을 함께 진행하여 오던 피신청인에게 단체협약체결이 임박한 시점을 택하여 갑자기 승무지시를 내린 것은 단체교섭의 중심역할을 하고 있는 피신청인의 교섭력을 약화시킬 의도에서 영향력을 행사한 것으로 보여지므로, 이는 노동조합 및 노동관계조정법 제 81조 제4호에 정한 노동조합활동에 개입할 의사로 행한 부당노동행위에 해당한다 할 것이다.

사례 Ⅰ 부당노동행위 부정 사례

[사례①] 대법원 1997. 6. 13. 선고 96누17738 판결

단체협약은 1994. 7. 5. 그 유효기간이 만료되어 그로부터 3개월이 지나서는 그 효력이 상실되었고, 노조대표의 전임규정은 새로운 단체협약 체결시까지 효력을 지속시키기로 약정한 규범적 부분도 아니어서 원고는 같은 해 10. 중순경부터는 참가인의 원직 복귀명령에 응하여야 할 것이므로 원고의 위와 같은 복귀명령 불응행위는 취업규칙 소정의 해고사유에 해당하고, 따라서 참가인이 위 복귀명령에 불응한 원고를 해고한 것은 정당한 인사권의 행사로서 그 해고사유가 표면적인 구실에 불과하여 징계권 남용에 의한 부당노동행위에 해당한다고 볼 수 없다.

[사례②] 중노위 2019. 6. 7. 중앙2019부노68 판정

아래와 같은 사정들을 종합하여 보면, 이 사건 사용자가 근로시간면제자 지정이 해제된 이 사건 근로자에게 승무지시하고 임금상당액을 지급하지 않은 행위는 불이익취급 및 지배·개입의 부당노동행위에 해당하지 않는다고 판단된다.
이 사건 노동조합은 제3차 임시대의원 대회를 통해 이 사건 근로자의 제명 처분을 확정하였고, 이 사건 사용자는 이 사건 노동조합에게 이 사건 근로자의 근로시간면제자 해당 여부를 회신 요청하였다. 이 사건 노동조합은 이 사건 근로자의 근로시간면제자 해제를 통보하였고,

이 사건 사용자는 이 사건 근로자에게 원직 복귀 인사발령을 하였다. 따라서 이 사건 사용자의 이 사건 근로자에 대한 승무지시는 노동조합으로부터 근로시간면제자 지위를 해지하는 통보와 단체협약 제13조제3항에 따라 원직복직 명령을 내린 것으로 정당한 조치로 판단된다. 이후 수원지방법원 안양지원은 '제명징계 효력 정지 및 조합원지위 보전 신청'에 관하여 인용하는 판결을 하였고, 경기지노위는 이 사건 근로자의 제명을 결의·처분한 것은 징계양정이 과하여 노동조합 규약에 위반한다는 내용의 의결을 하였다. 하지만 법원 및 노동위원회의 판정 및 결정으로 제명의 징계가 하자가 있더라도 근로시간면제자의 지위가 자동적으로 회복되는 것은 아니다. 근로시간면제자 지정에 대한 권한은 이 사건 노동조합에게 있으며, 이 사건 노동조합은 이 사건 사용자에게 지위 회복을 요청한 바가 없었다.

[사례③] 서울고등법원 2013. 1. 11. 선고 2012누401 판결

참가인의 간부들은 2009.12.2. 유효기간이 2009.3.28.로 만료된 지부 단체협약과 관련하여 회의를 하였는데, 당시 타임오프제시행이 예정되어 있어 종전과 같이 전임자를 두는 것이 부당노동행위가 된다는 것을 전제로 전임자를 업무에 복귀시켜야 한다는 논의가 있었다. 지부단체협약과 산별단체협약의 해석상 산별단체협약 제7조제1항은 노동조합 전임자를 인정하기로 하되 전임자의 인원 등 구체적인 사항은 각 지부별로 따로 정한다는 의미로 해석되고, 나아가 위 조항 중 '기존의 전임자 수 등을 축소하지 아니 한다' 부분은 '지부단체협약으로 전임자 수를 확정할 때' 또는 '전임자 수가 확정된 이후'에 적용되는 것으로 해석될 수도 있는데, 위와 같이 해석될 경우 지부단체협약이 기간 만료로 그 효력을 상실한 이상 이 사건 지부의 전임자 수는 아직 정하지 않은 상태로 돌아가고, 한편 산별단체협약도 적용될 수 없게 되어 결국 A, B은 전임자의 지위를 상실하였다고 볼 가능성도 있다.
참가인은 A, B에게 업무복귀명령을 하면서 지부협약의 효력 상실을 이유로 하였는바, 실제 지부단체협약의 효력이 상실되면 전임자의 지위도 상실된다고 해석하였던 것으로 보인다. 지부단체협약과 산별단체협약의 관계에 관하여 위와 같이 잘못 해석하였다고 하더라도 그와 같은 과실이 있다는 사정만으로 부당노동행위의 의사가 있었다고 인정할 수 없다.

[사례④] 중노위, 「주제별 판례 분석집 집단적 노사관계」, 2018. 8. 270쪽

① 앞서 본 바와 같이 노조전임자의 인정은 사용자와의 협정에 의한 편의제공인데, 노조전임자를 인정한 이 사건 단체협약이 2010. 6월경 종료되어 그 효력을 상실한 이상, 원고가 노조전임자로서 근로제공 의무가 면제된다고 하려면 참가인 회사와 사이의 별도의 협정 내지 참가

인 회사의 동의가 필요한 점, ② 참가인 회사는 이 사건 단체협약의 유효기간이 경과한 후 곧바로 이 사건 분회에 단체협약의 종료를 알리고 원고 등에게 근무에 복귀할 것을 수차례 명하였음에도, 원고는 참가인 회사의 근무복귀 명령에 응하지 아니하였고 이에 참가인 회사는 원고에게 무단결근으로 처리할 것임을 통보하기도 한 점, ③ 참가인 회사가 이 사건 분회와 사이에 이 사건 노사합의를 체결하고, 그 이후 원고를 교섭위원으로 하여 이 사건 분회와 단체교섭을 진행하기는 하였으나, 이 사건 노사합의서 및 그 경위를 살펴보더라도 원고를 노조전임자로 한다는 내용의 명시적 내지 묵시적 합의가 있었음을 인정할 만한 자료가 보이지 아니하는 점, ④ 참가인 회사가 이 사건 노사합의 체결 후 약 8개월가량 동안 원고를 단체교섭위원으로 인정하고 근무복귀를 명하지 아니하였다는 사정만으로 참가인 회사가 원고를 노조전임자로 보아 근로제공의무를 면제하는 묵시적 동의가 있었다거나 그러한 관행이 있었다고 단정하기도 어려운 점,
⑤ 참가인 회사는 2011. 7월 내지 8월경 세 차례에 걸쳐 원고에게 근무복귀 명령을 하였음에도 원고는 한 달이 넘는 기간동안 근무에 복귀하지 아니한 점 등에 비추어 볼 때, 위와 같은 사정만으로 원고를 참가인 회사가 인정한 노조전임자로서 근로제공의무가 면제되는 자라고 볼 수 없는바, 참가인 회사의 정당한 근무복귀 명령에 응하지 아니한 원고의 행위는 무단결근에 해당하는 것으로 봄이 상당하므로, 원고에 대한 이 사건 징계사유는 인정된다고 할 것이다.…(중략)… 앞서 본 바와 같이 원고에 대한 징계사유가 인정되고 원고에 대한 징계양정에 재량 일탈 · 남용이 있다고 보이지 아니하므로, 이 사건 해고가 부당노동행위에 해당한다고 보이지 아니한다.

[사례⑤] 중노위 2019. 2. 7. 중앙2018부노172 판정

아래 사정을 종합하면, 사용자가 2018.8.20. 이 사건 근로자에게 한 승무지시는 풀타임 근로시간면제자의 지위를 상실한 이 사건 근로자에 대한 정당한 인사명령이므로 이 사건 노동조합에 대한 지배 · 개입의 부당노동행위가 성립하지 않는다.
① 이 사건 회사의 2016년도 교섭창구단일화 결과 이 사건 노동조합이 교섭대표노동조합으로 확정되었고, 이후 1년 이내에 단체협약을 체결하지 못하였다. 이후 개시된 교섭창구단일화 결과 2018.1.25. 신청 외 노동조합이 교섭대표노동조합으로 확정되었다. ② 이 사건 근로자는 교섭대표노동조합(분회) 대표(분회장)만을 풀타임 근로시간면제자로 인정하고 있는 이 사건 회사 단체협약 제10조제3호에 따라 2018.1.25. 풀타임근로시간면제자의 지위를 상실하였다. ③ 이 사건 노동조합은 단체협약 제10조 등에 대해 공정대표의무 위반 시정신청을

하였고, 초심지노위는 교섭대표노동조합(분회) 대표(분회장)만을 근로시간면제자로 인정한 위 단체협약 제10조 등이 공정대표의무위반이라고 판정하였다. ④ 위 초심지노위 판정 이후, 신청 외 노동조합과 사용자는 2018.8.16. 근로시간면제시간을 연 2,000시간으로 하되 배분은 노동조합 간 협의에 의하여 정하기로 보충합의를 하고, 같은 날 사용자는 그 사실을 이 사건 노동조합에 알렸다. 신청 외 노동조합은 그 다음날인 2018.8.17. 이 사건 노동조합에 위 노사 합의 사실을 알리고 근로시간면제시간 배분에 대해 협의하자고 제안하는 취지의 공문을 보내면서 노동조합간 합의 전까지 잠정적으로 근로시간면제시간 300시간을 배정하였다. ⑤ 이후 이 사건 사용자는 2018.8.20. 이 사건 근로자에게 차량을 배차하면서 이 사건 승무지시를 하였다. ⑥ 이 사건 근로자가 이 사건 노동조합이 교섭대표노동조합이었던 시기에 인정받았던 풀타임 근로시간면제자의 지위를 상실한 이상 사용자가 행한 이 사건 승무지시는 정당한 인사명령으로 보인다. ⑦ 이 사건 노동조합이 위 300시간의 근로시간면제시간을 언제, 어떤 용도로 사용할 것인가를 구체적으로 정하여 사용자에게 통보하거나 협의하여 그에 해당하는 시간만큼 이 사건 근로자의 승무의무를 면하게 하면 되는 것이지 사용자가 이 사건 근로자를 이전 교섭대표노동조합 분회장의 지위에서 누렸던 풀타임 근로시간면제자처럼 대우할 의무가 있는 것은 아니다. ⑧ 사용자가 신청 외 노동조합의 분회장에 대하여 승무지시 자체를 하지 않은 것은 아니므로 이 사건 승무지시 자체가 위법하다거나 현저히 부당하다고 보기는 어렵다.

(사) 조합원과 비조합원 간 차별 또는 복수노조 간 차별

사용자가 합리적인 이유 없이 조합원과 비조합원 또는 다수노조와 소수노조를 차별하 등 특정 조합의 조합원임을 이유로 지원을 배제하는 경우 불이익취급의 부당노동행위에 해당할 수 있다.

또한, 하나의 기업 내에 복수 노동조합이 존재하는 경우 사용자는 각 노동조합의 단결권을 평등하게 승인·존중하여야 하고, 각 노동조합에 대하여 중립적인 태도를 유지하여야 하므로, 각 노동조합의 성격 및 경향 등에 따라서 차별적인 취급을 하는 것은 허용되지 않는다.

따라서 사용자가 복수 노동조합 중 특정 노동조합의 약체화를 꾀하기 위하여 해당 노동조합의 입장에서 받아들이기 어려울 것으로 예상되는 전제조건을 제안하고 이를 고수함으로써 특정 노동조합을 차별하는 행위는 사용자의 중립유지의무 위반으로서 해당 노동조합에 대한 불이익취급의 부당노동행위가 성립할 수 있고, 이와 같은 차별행위의 부당노동행위 해당 여부는 ▲전제조건의 합리성, ▲근로조건 등의 연관성, ▲전제조건이 각 노동조합에 미치는 영향, ▲조건 제안의 사정, ▲교섭과정, ▲사용자의 노동조합에 대한 현재 및 과거의 태도 등을 종합적으로 고려하여 판단하여야 한다.[33)]

법원과 노동위원회의 부당노동행위 인정 및 부정 사례를 살펴보면, 조합원과 비조합원 간 또는 복수노조 간 차별이 부당노동행위에 해당하는지 여부는 다음과 같은 요소를 종합적으로 고려하여 판단하고 있음을 알 수 있다.

☑ 시기

[부당노동행위 인정 요소]

- 차별적 처우의 시기가 노사가 대립관계에 있는 시기인 경우
  - 파업 종료 후 차별이 시작된 경우(대법 2002두5535, 인정사례①)
  - 민사소송 제1회 변론기일 진행 이후에 무쟁의 장려금 지급 조건으로 소송 부제소 특약을 제시한 경우(부산고법(창원) 2018나11667, 인정사례②)

[부당노동행위 부정 요소]

- 차별적 처우의 시기가 노사 대립관계와 연관이 없는 경우

33) 부산고등법원(창원) 2018. 12. 13. 선고 2018나11667 판결(대법원 2021. 8. 19. 선고 2019다200386 상고기각 판결로 확정됨)

☑ 사유

[부당노동행위 인정 요소]

- 차별적 처우의 사유가 합리적이지 않은 경우
  - 51억원의 적자상태에 있다고 하면서도 특정 노조 조합원에게만 법적 지급의무가 없는 금품을 '무파업 타결금' 명목으로 약 6억원에 해당하는 금액을 일괄 지급한 경우(중앙2015부노191, 인정사례③)
- 사용자가 제시한 전제조건이 합리적이지 않은 경우
  - 무쟁의 장려금의 취지는 대화와 소통을 총한 무쟁의 달성을 장려하기 위한 금품인 반면, 통상임금 분쟁 해소를 위한 금품인 통상임금 부제소 격려금과의 그 취지가 다름에도 무쟁의 장려금 지급 조건으로 통상임금 소송 부제소특약 작성을 결부시킨 경우(부산고법(창원) 2018나11667, 인정사례②)

[부당노동행위 부정 요소]

- 차별적 처우의 사유가 합리적인 경우
  - 조합원과 비조합원간 임금인상 시기의 차이가 유효하게 체결된 임금협약에 의하여 발생한 경우(광주고법 2011나5782, 부정사례①)
  - 타 노조의 쟁의행위로 인하여 해당 업무를 추가로 수행해야 하는 직원에게 합리적인 범위 내에서 정상조업 격려금을 지급한 경우(중앙2019부노44, 부정사례②)
  - 타 노조의 쟁의행위로 인하여 해당 업무를 추가로 수행해야 하는 조합원들이 소속된 노조에서 '업무량 증가에 대한 별도의 대가가 없으면 업무수행을 거부할 것'이라는 취지의 결정을 한 경우로서 이에 대한 대응으로서 장려금 지급을 결정한 경우(중앙2019부노44, 부정사례②)

☑ 관행

[부당노동행위 인정 요소]

- 동종 · 유사 사례 또는 관행에 부합하지 않는 경우
  - 과거에는 출근율에 비례하여 휴가비 및 상여금을 공제한 전례가 없다가 공제한

경우(대법 2013도7896, 인정사례④)

- 조합원에 대해서는 휴가비 및 상여금 등을 공제한 반면, 신규 채용된 근로자에게는 아무런 공제 없이 휴가비와 상여금을 전액 지급한 경우(대법 2013도7896, 인정사례④)
- 과거 유사한 취지로 경영정상화를 위한 격려금을 모든 노종조합 및 비조합원에게 지급하였으나, 유독 이번에만 특정 노조에게만 격려금을 지급한 경우(중앙 2015부노191, 인정사례③)
- 약 7년간 별도의 조건 없이 임금협약 등에 따라 상여금을 지급하였으나, 제2노조 설립 이후 일정 금액에 대해서는 무파업 시 상여금을 지급하는 것으로 변경한 경우(대전지법 2014가합102474, 인정사례⑤)
- 과거에는 배차시간 및 소정근로시간에 대한 특별한 제한을 하지 않았으나, 특정 노조가 이와 관련한 민사소송을 제기하자 배차시간 및 소정근로시간을 제한한 경우(중앙2020부노26, 인정사례⑥)
- 조합원에게는 노후한 차량을 배치하고, 노조 탈퇴자에게는 고급차량을 배차한 경우(대법 2002두5535, 인정사례①)

[부당노동행위 부정 요소]

• 동종 · 유사 사례 또는 관행에 부합하는 경우

☑ 사용자와의 관계

[부당노동행위 인정 요소]

• 노사 간 대립적인 관계에 있거나 사용자의 노동조합에 대한 언동 및 태도가 부적절한 경우

- 개별 면담을 통해 조합원의 탈퇴를 종용하여 왔던 경우(부산고법(창원) 2018나11667, 인정사례②)
- 차별의 대상이 아닌 교섭대표노조가 소수노조에게 불리한 조건을 분리하여 달라고 요구하였음에도 회사가 소수노조에게 불리한 조건 유지를 고수한 경우(부산고법(창원) 2018나11667, 인정사례②)

- 부당해고, 부당노동행위 구제신청 사건이 약 30건이 되는 등 갈등이 지속된 경우(중앙2020부노26, 인정사례⑥)

[부당노동행위 부정 요소]

- 사용자의 노동조합에 대한 언동 및 태도가 적절한 경우
  - 격려금 지급 요건 등에 대하여 전체 근로자가 볼 수 있도록 공고문을 게시한 후 노조와 격려금 지급과 관련하여 수차례 협의한 경우(중앙2019부노44, 부정사례②)

☑ 결과

[부당노동행위 인정 요소]

- 차별의 결과로 인하여 특정 노조의 단결력 등이 저하된 경우(대전지법 2014가합102474, 인정사례⑤)
- 사용자가 제시한 전제조건이 각 노동조합에 미치는 영향
  - 산업별 노조 지부의 경우 통상임금 소송 청구금액이 통상임금 부제소 특약을 조건으로 하는 무쟁의 장려금(300만원)을 상당히 초과하는 금액으로 소송을 유지할 실익이 있던 반면, 기업노조의 경우 통상임금 소송의 청구금액이 적어 소송을 유지할 실익이 적었던 경우(부산고법(창원) 2018나11667, 인정사례②)
  - 특정 노조만이 민사소송을 진행하고 있는 상황에서 해당 소송과 관련된 부제소 확인서를 작성하는 것을 배차시간 제한 해제의 조건으로 제시한 경우(중앙2020부노26, 인정사례⑥)

[부당노동행위 부정 요소]

- 특정 노조의 단결력 등에 영향을 미치지 않는 경우
- 사용자가 제시한 전제조건이 각 노동조합에게 동일하게 적용되는 경우
  - 1노조, 2노조, 비조합원 구별없이 파업으로 인하여 가중된 추가 업무를 수행한 근로자들에게 격려금을 지급한 경우(중앙2019부노44, 부정사례②)

사례 ❙ 부당노동행위 인정 사례

[사례①] 대법원 2002. 10. 11. 선고 2002두5535 판결

회사는 1999.2.4 파업 종료 후 승무에 복귀한 노조원들에 대하여는 스텔라, 에스페로 등 노후한 차량을 배차하였으나, 노조를 탈퇴한 사람들에 대하여는 탈퇴 당일 소나타, 크레도스 등 고급차량을 배차하거나 고급차량이 없을 경우 일단 노후 차량을 배정한 뒤 이후 다시 고급차량을 배차하였는바 (노조원 중 극히 일부를 제외하고는 위 파업 이후 고급차량을 배차받지 못하다가 노조를 탈퇴한 뒤에야 고급차량을 배차받은 사실이 인정된다), 이는 정당한 사유 없이 노조원에 대하여만 불이익을 주는 행위에 해당된다고 판단된다.

[사례②] 부산고등법원(창원) 2018. 12. 13. 선고 2018나11667 판결(대법원 2021. 8. 19. 선고 2019다200386 판결로 확정됨)

사용자가 복수 노동조합 하의 각 노동조합에 동일한 내용의 조건을 제시하였고, 또 그 내용이 합리적 · 합목적적이라면 원칙적으로 부당노동행위의 문제는 발생하지 않는다. 그러나 예외적으로 사용자가 복수 노동조합 중 한 노동조합의 약체화를 꾀하기 위하여 해당 노동조합의 입장에서 받아들이기 어려울 것으로 예상되는 전제조건을 제안하고 이를 고수함으로써 다른 노동조합은 그 전제조건을 받아들여 단체교섭이 타결되었으나 해당 노동조합은 그 전제조건을 거절하여 단체교섭이 결렬되었고, 그와 같은 전제조건을 합리적 · 합목적적이라고 평가할 수 없는 경우와 같이 다른 복수 노동조합과의 단체교섭을 조작하여 해당 노동조합 또는 그 조합원의 불이익을 초래하였다고 인정되는 특별한 사정이 있는 경우에는 사용자의 중립유지 의무 위반으로서 해당 노동조합에 대한 불이익취급의 부당노동행위 내지는 지배 · 개입의 부당노동행위가 성립한다.

그리고 위와 같은 특별한 사정은 전제조건의 합리성, 근로조건 등의 연관성, 전제조건이 각 노동조합에 미치는 영향, 조건 제안의 사정, 교섭과정, 사용자의 노동조합에 대 한 현재 및 과거의 태도 등을 종합적으로 고려하여 판단하여야 한다.

이 사건 합의의 문언이나 임금단체협상 논의 과정 등에 비추어 보면 무쟁의 장려금은 '구성원 모두의 공동 노력을 통한 비전 달성과 대화 · 소통 중심의 노사문화 정착 노력과 무쟁의 달성을 장려하기 위하여 지급되는 금전'으로써 '통상임금 분쟁 해소 및 노사화합 선언 격려금'인 통상임금 부제소 격려금과는 그 성격을 달리하고, 이 사건 통상임금 소송은 정당한 노동조합

활동으로서 노동조합법상의 쟁의행위와는 성격을 달리하므로 무쟁의 장려금의 지급에 통상임금 부제소 특약이나 이 사건 통상임금 소송 취하를 결부할 만한 합리적인 이유가 없으며, F 지회 조합원들이 노사 상생 및 협력 선언에 동참하는데 이 사건 통상임금 소송의 유지가 장애가 된다고 보기도 어려우므로 무쟁의 장려금 지급 조건을 통상임금 부제소 격려금 지급 조건과 결부시키는 것을 정당화할 만한 합리적인 이유가 없는데도 피고가 이 사건 합의 2.의 ④항에 의하여 그 지급 조건을 결부시킴으로써 F 지회 조합원들은 이 사건 통상임금 소송을 유지하는 경우 무쟁의 장려금을 지급받지 못하는 경제적 불이익을 입게 되었다.
기업노조는 노동조합 차원에서 통상임금 소송을 제기하려는 방침을 세운 바도 전혀 없고 실제로 통상임금 소송을 제기한 바도 없었으며 당초 임금단체협상 과정에서 피고에게 통상임금 부제소 격려금을 제안한 바가 없었다. 그럼에도 피고는 이 사건 통상임금 소송의 제1회 변론기일 진행 이후 기업노조에 비로소 통상임금 부제소 격려금 300만 원을 제시하면서 통상임금 소송과 무관한 무쟁의 장려금의 지급에도 통상임금 소송 부제소특약 또는 이 사건 통상임금 소송 취하를 조건으로 하는 이 사건 합의 2.의 ④항을 제안하였고, 기업노조로부터 통상임금 부제소 격려금과 무쟁의 장려금의 지급 조건의 분리를 요구받았음에도 이를 거부하였다.
피고는 이 사건 합의 이전인 2015년 10월경부터 F 지회 조합원들, 특히 생산직 현장 중간관리자인 '반장'들을 F 지회에서 탈퇴시키기 위하여 피고의 관리자들로 하여금 F 지회 조합원들과 개별 면담을 통하여 탈퇴를 종용하였고, 업무보고를 통하여 그 추진 상황이나 각 부서별 F 지회 조합원 가입현황을 보고받는 등으로 F 지회의 약체화를 시도하였다.
피고는 그와 같은 상황에서 교섭대표 노동조합인 기업노조에 무쟁의장려금 지급 조건을 통상임금 부제소 격려금 지급 조건과 결부하는 내용의 이 사건 합의 2.의 ④항을 제시하였는데, 원고들을 비롯한 이 사건 통상임금 소송을 유지한 F 지회 조합원들 375명의 경우에는 이 사건 통상임금 소송의 청구금액이 통상임금 부제소 격려금 300만 원을 상당히 초과하는 금액이므로 이 사건 통상임금 소송을 유지할 실익이 있었던 점[피고가 제출한 자료에 따르더라도 기업노조의 경우 전체 조합원 1,599명 (2015.5.12. 기준) 중 197명(12.3%)만이 통상임금 소송을 제기할 실익이 있다는 것이나, F 지회의 경우에는 전체 조합원 1,267명(2015.5.12. 기준) 중 375명(29.6%)이 이 사건 통상임금 소송을 유지할 실익이 있었다], 그리고 앞서 살펴본 바와 같이 이 사건 합의 2.의 ④항과 같이 무쟁의 장려금 지급 조건을 통상임금 부제소 격려금 지급 조건과 결부시키는 것을 정당화할 만한 합리적인 이유가 없었고, 교섭대표 노동조합인 기업노조 또한 그와 같은 점을 의식하여 피고에게 통상임금 부제소 격려금과 무쟁의 장려금의 지급조건을 분리 하여 달라고 요구하였음에도 피고는 기업노조의 위 요구를 거부하고 이를 계속 고수하였다.
이와 같은 점을 종합하면, 이 사건 합의 2.의 ④항이 F 지회 조합원들뿐만 아니라 기업노조 조합원들에게도 동일하게 적용되더라도 피고가 F 지회의 약체화를 의도하여 F 지회가 받아들이기 어려울 것으로 예상되는 전제조건인 이 사건 합의 2.의 ④항을 제안하고 고수함으로써 F 지회 조합원들의 불이익을 초래하였다고 할 것이므로, 이는 사용자의 중립유지의무 위반으로서 불이익취급의 부당노동행위 및 지배 · 개입의 부당노동행위에 해당한다.

[사례③] 중노위 2015. 12. 16. 중앙2015부노191 판정

① 이 사건 사용자는 2015.4.10. 전 사원을 대상으로 경영현황 설명회를 개최한 자리에서 ○○거점 부동산을 매각하지 않았다면 현재 이 사건 사용자의 경영상황은 51억원이 적자상태에 있다고 하면서도 ○○○노동조합 조합원에게만 법적 지급의무가 없는 금품을 '무파업 타결금' 명목으로 약 6억원에 해당하는 금액을 일괄적으로 지급한 사실이 있는 점, ② 이 사건 사용자는 2015.6.5. ○○○노동조합과 '노사화합을 통한 신 교섭문화 구축 협정서'를 체결하였고, 동 협정서에 따라 ○○○노동조합 조합원들에게만 '무파업 타결금'으로 인당 1,060,000원과 '무파업 이행 타결금'으로 인당 1,060,000원을 같은 달 15일에 각각 지급하였으나, 또한 이 사건 사용자는 2015년에 지급한 '무파업 타결금'과 명칭은 달리하나 그 내용은 대부분 유사하다고 볼 수 있는 '경영 위기 극복 및 고용안정을 위한 협정서'를 2012년도에 체결하였고 2014년에 도 '○○C 생존을 위한 생산성제고 노사 결의문'을 체결한 사실이 있으며 이러한 협정서나 결의문을 체결하고 나서 경영정상화를 위한 격려금으로 700,000원과 2013년 임 · 단협타결 및 구조고도화 사업 성공추진 격려금으로 500,000원을 ○○○노동조합 조합원과 이 사건 노동조합 지회 조합원, 그리고 비조합원에게까지 동일한 금액을 지급한 사실이 있음에도 불구하고 유독 2015년에는 '타결금'이란 명칭으로 ○○○노동조합 조합원에게만 2,120,000원을 지급한 것은 합리적인 이유가 있다고 보기 어렵고, 오히려 이 사건 사용자가 특정 노동조합에 소속된 근로자에게 특혜를 주어 특정 노동조합에의 가입 또는 타 노동조합의 분열을 조장하는 행위로 사용자의 중립유지 의무를 위반한 것으로 볼 수 있는 점, ③ 이러한 중립유지 의무의 위반은 이 사건 사용자가 ○○○노동조합과 협정을 체결하는 형식으로 진행되었다고 하여 정당화 될 수 없으며, 또한 이와 같은 사용자의 중립유지 의무 위반이 이 사건 노동조합 지회가 교섭창구단일화 절차에 참여하지 않았다는 이유로도 정당화 될 수 없다고 보이는 점 등을 종합해 볼 때, 이 사건 사용자가 '무파업 타결금'과 '무파업 이행 타결금'을 전체 근로자가 아닌 ○○○노동조합 조합원들에게만 지급한 것은 특정 노동조

합 소속을 이유로 행한 불이익취급으로서 부당노동행위에 해당될 뿐만 아니라, 특정 노동조합에게는 이익을 또 다른 특정 노동조합에게는 불이익을 줌으로써 불이익을 받는 노동조합의 조직활동 및 운영을 저해하고, 조합원 또는 조합가입 대상자로 하여금 불이익을 받는 노동조합을 탈퇴하고 이익을 받는 노동조합으로 소속을 옮기게 만드는 결과를 초래하는 등 노동조합의 조직 · 운영을 침해하는 지배 · 개입의 부당노동행위에 해당한다 할 것이다.

[사례④] 대법원 2017. 7. 11. 선고 2013도7896 판결

① 2006. 7.부터 같은 해 8.까지 진행된 쟁의행위 당시 노조전임자였던 공소외 3은 그 해당 월의 급여 및 상여금 수령 시 파업기간에 대하여 공제된 적이 없다고 하는 등 이 사건 이전에는 출근율에 비례하여 하기휴가비 및 추석상여금 등을 공제한 전례가 없는 점, ② 피고인은 2007. 7. 20.부터 있었던 공소외 1 회사지회의 쟁의행위에 대하여 위법한 것으로 판단하고, 이후 개시된 공소외 1 회사의 직장폐쇄는 적법한 것으로 판단한 뒤, 노조원들에 대한 휴가비와 상여금을 출근율에 따라 비례하여 공제하고 지급한 점, ③ 그에 반하여 직장폐쇄가 철회된 이후 신규로 채용된 근로자들에게는 새로운 근로계약서에 근거하여 근무기간이 채 4개월이 되지 않았음에도 아무런 공제 없이 휴가비나 상여금을 전액 지급한 점, ④ 피고인은 '종전의 관행과는 달리 앞으로 쟁의행위로 인해 결근한 기간에 해당하는 휴가비 및 상여금을 지급하지 않겠다'는 취지를 미리 공지하지도 않은 것으로 보이는 점 등을 종합하여 보면, 쟁의행위에 참가했던 노조원들에게만 휴가비와 상여금을 일부 공제하여 지급한 피고인의 행위는 사실상 노동조합활동을 이유로 불이익처분을 한 것으로서 부당노동행위의사에 기한 것이라고 봄이 상당하다.

[사례⑤] 대전지방법원 2015. 9. 2. 선고 2014가합102474 판결(대전고등법원 2016. 8. 18. 선고 2015나13940 항소기각 판결로 확정됨)

위 인정 사실 및 사정들을 종합하여 보면, 피고가 '제2 노조의 조합원들 및 사무직 직원 등에게 무분규 격려금 명목으로 550만 원을 지급하였으면서도, 제1 노조에 소속된 원고들에게는 이 사건 파업을 하였다는 이유로 이 부분 금원을 지급하지 아니하고 있는 행위'는, 사용자의 중립유지의무를 위반한 행위로서 부당노동행위 내지 불법행위에 해당한다고 봄이 타당하다. ① 피고는 2005년도에서부터 2011년도에 이르기까지 거의 모든 경우에 임금협약 및 4/4분기 노사협의회 협의에 따라 제1 노조의 조합원들에게 상여 지급기준 대비 일정한 비율(100%부터 200%까지)로 정한 성과급과 일정한 금액(100만 원부터 300만 원까지)으로 정한 성과급을 지급하여 왔다. 그러다가 피고 내에 제2노조가 설립된 이후로 피고는 '성과급'의 명목으로는 상여 지급기준 대비 일정한 비율의 금원만을 예정하면서, 일정한 금액의 지급금에 대하여는 '특별 격려금(무분규 임 · 단협 타결격려금, 단체협약 상생 타결격려금, 2년간 무분규 노사상생격려금)'이라는 명칭을 부여하였고, 이에 이미 이 사건 파업을 하였던 제1노조의 조합원들로서는 그 소속을 유지하는 이상 해당 지급금의 지급요건을 충족시키는 것이 불가능하게 되었다.

② 피고가 2012. 9. 10.까지 파악된 제2 노조 기능직 직원들에 더하여 다음날 오전 10시경까지 제2노조에 가입하는 10명 이내의 직원들에게도 무분규 격려금을 지급할 것을 예정하고 있었던 점에 비추어 볼 때, 피고는 무분규 격려금을 제2노조 조합원들에게 지급하는 것이 제1 노조 일부 조합원의 탈퇴 및 제2 노조로의 가입을 초래할 가능성에 대해 충분히 인식하고 있었던 것으로 보인다.

③ 또한 피고는 제2 노조 단체협약의 효력이 미치지 않는 과장급 이상의 사무직 직원들에게도 무분규 격려금을 지급하였고(피고는 이 부분 지급 근거에 대하여 제1 노조 측에 '관행에 따라 지급하였다'는 입장을 표시하였다), 결과적으로 제1 노조조합원들을 제외한 피고의 거의 모든 근로자들에게 무분규 격려금이 지급된 것과 마찬가지의 상태가 되었다.

④ 이후 피고는 2013년에도 제2 노조 측에 '2년 연속 무쟁의'를 조건으로 상생격려금 400만원을 지급하였고, 비록 제1 노조는 이 사건 파업 이후 새로운 쟁의행위를 한 사실이 없음에도 또다시 일시금 지급조건을 충족시키지 못하는 상황에 처하였다.

⑤ 이러한 일련의 상황들이 지속되자 제1 노조 조합원들 중 상당수가 제2노조로 소속을 변경한 것으로 보인다. (중략) 적어도 이 사건 파업을 정당한 쟁의권 행사의 범위를 현저히 일탈한 것으로 평가하기는 어렵다.

[사례⑥] 중노위 2020. 4. 16. 중앙2020부노26 판정

이 사건 사용자가 이 사건 노동조합 조합원들이 부제소 확인서를 제출하지 않았다는 이유로 이 사건 교섭대표노동조합과 다르게 이 사건 노동조합 조합원들의 배차시간 및 근로시간을 제한하는 것은 합리적 이유로 볼 수 없어 부당한 차별대우이므로 불이익 취급 및 지배 · 개입의 부당노동행위에 해당한다.

이 사건 사용자는 이 사건 노동조합 조합원들이 소정근로시간 단축 관련 대법원 전원합의체 판결에 따라 민사소송을 제기하자 2019. 10. 8. 공고문을 통해 2019년도 임금협정서에 규정된 배차시간 및 소정근로시간을 준수하여 근무하도록 하였고, 이에 이 사건 교섭대표노동조합 조합원들은 부제소 확인서를 제출하였다. 이 사건 사용자는 부제소 확인서를 제출한 이 사건 교섭대표노동조합 조합원들은 기존대로 근무하는 것을 허용하였으나, 부제소 확인서를 제출하지 않은 이 사건 노동조합 조합원들은 2019. 10. 21.부터 2019년도 임금협정서의 규정에 따라 배차시간과 근로시간을 제한하였다. 2019년도 임금협정서는 이 사건 노동조합과 이 사건 교섭대표노동조합에 모두 동일하게 적용되는 것이고, 이 사건 사용자는 그간 임금협정서에 규정된 배차시간 및 소정근로시간과 관련하여 특별한 제한을 하지 않았음에도 이 사건 사용자가 부제소 확인서 제출 여부에 따라 이 사건 노동조합 조합원들의 배차시간 및 소정근로시간을 달리 제한하는 것은 합리적인 이유로 볼 수 없다.

이 사건 교섭대표노동조합 조합원들이 제출한 부제소 확인서를 보면, 소정근로시간 단축에 관한 대법원 전원합의체 판결에 따라 발생할 수 있는 최저임금 등에 대하여 향후 민·형사상 이의를 제기하지 않는다는 내용이다. 이 사건 사용자는 이 사건 노동조합 조합원들도 부제소 확인서를 제출하면 기존대로 근무할 수 있다고 주장하나, 이 사건 노동조합 조합원들이 대법원 전원합의체 판결과 관련하여 민사소송을 진행하고 있는 상황에서 위 소송에 직접적인 영향을 줄 수 있는 내용이 포함된 부제소 확인서를 작성하는 것은 매우 어려운 일이라고 보여진다. (중략) 이러한 여러 상황을 고려하면, 이 사건 사용자가 이 사건 노동조합 조합원들이 부제소 확인서를 제출하지 않은 이유로 이 사건 노동조합 조합원들에게만 2019년도 임금협정서에 규정된 배차시간 및 소정근로시간에 따라 근무하도록 한 것은 납득하기 어렵다.

이 사건 사용자는 부제소 확인서를 제출하면 기존대로 제한 없이 근무할 수 있다며 이 사건 노동조합 조합원들이 부제소 확인서를 제출하도록 유도하고 있고, 이들이 부제소 확인서를 제출하지 않자 이 사건 교섭대표노동조합 조합원들과 배차시간 및 근로시간을 차별화하여 이로 인한 불이익이 발생하게 함으로써 부제소 확인서를 제출하게끔 압박하고 있다. 이 사건 사용자가 이 사건 노동조합 조합원들이 부제소 확인서를 제출하도록 유도하거나 압박하는 것은 부제소 확인서를 통해 이 사건 노동조합이 주도하여 진행하고 있는 민사소송에 영향을 미치게 하여 이 사건 노동조합의 활동을 위축시키려는 의도가 있다고 볼 수 있다.

○○○○노동조합이 이 사건 노동조합의 분회로 조직형태가 변경된 2017년 이후 이 사건 노동조합과 조합원들이 이 사건 사용자를 상대로 초심지노위에 제기한 부당해고 및 부당노동행위 구제신청 사건이 약 30건이 될 정도로 이 사건 노동조합과 사용자는 그동안 갈등이 지속되어 왔고, 이러한 갈등 속에서 이 사건 노동조합의 조합원 수가 135명에서 현재 13명으로 감소하였다고 볼 수 있다.

사례 Ⅰ 부당노동행위 부정 사례

[사례①] 광주고등법원 2012. 4. 20. 선고 2011나5782 판결

F지회 조합원인 원고들에 대해 임금인상분을 지급하지 않는 것이 「노동조합 및 노동관계조정법」 제81조제1호의 근로자가 노동조합에 가입한 것을 이유로 그 근로자에게 불이익을 주는 부당노동행위로서 불법행위를 구성하는지 여부에 관하여 보건대, 피고들이 2010년 임금인상에 앞서 조합원과 비조합원의 구별 없이 전체 근로자를 대상으로 임금조정설명회를 개최하고, 임금조정신청서를 작성 · 제출한 근로자들에 대하여 2010.4.분부터 임금인상을 시행하였으나, 원고들을 포함한 조합원들은 임금조정 신청을 하지 않은 채 피고들과 사이에 이 사건 임금협약을 체결하여 2011.2.분부터 임금을 인상하기로 합의한 사실은 앞서 본 바와 같은바, 조합원과 비조합원간 임금인상 시기의 차이는 노동조합과 피고들 사이에 유효하게 체결된 이 사건 임금협약에 의하여 결과적으로 차별이 발생한 것에 불과하여 이를 두고 근로자가 노동조합에 가입한 것을 이유로 그 근로자에게 불이익을 주는 행위라고 보기 어려우며, 그 밖에 피고들이 부당노동행위를 하였음을 인정할 증거가 없다.

[사례②] 중노위 2019. 6. 5. 중앙2019부노44 판정

이 사건 사용자가 2018.11.15., 12.31. 두 차례에 걸쳐 정상조업을 한 근로자들에게 지급한 격려금은 이 사건 노동조합의 중량물 업무 거부로 다른 근로자의 업무가 가중된 점이 인정되고 이에 대한 대가로서 합리적 범위 내의 금품으로 그 정당성이 인정되므로 그 지급행위가 이 사건 노동조합이나 그 조합원들에 대한 불이익취급의 부당노동행위라고 보기 어렵다.

이 사건 회사의 복수 노동조합 중 하나인 이 사건 노동조합은 2018.10.22.부터 부분파업을 포함하여 쟁의행위를 하였고, 이와 별도로 이 사건 노동조합 소속 항공기 객실 청소 여성 근로자들은 기존에 수행하던 11개 업무 중 무겁고 큰 물건을 다루는 6개의 중량물 업무를 같은 날부터 수행하지 않았다.

이에 이 사건 회사는 이 사건 노동조합 소속 근로자들이 아닌 다른 근로자들로 하여금 위 업무를 수행하도록 하였으나, 다른 근로자들이 가중된 업무의 수행을 거부할 경우에 대비하지 않을 수 없었다. 특히 신청 외 노동조합에서는 업무량 증가에 대한 별도의 대가가 없으면 중량물 업무의 수행을 거부할 것이라는 결정을 하였기 때문에 이 사건 회사로서는 이에 대비하여야 하였다.

이 사건 회사는 신청 외 노동조합의 요구로 가중된 추가 업무를 수행한 근로자에게 격려금을 지급하기로 합의하고 그 취지의 공고문을 게시한 후, 신청 외 노동조합과 수차례 협의를 하여 그 금액을 결정하고, 2018.11.15. 신청 외 노동조합 소속 조합원 89명, 비조합원 23명, 이 사건 노동조합 소속 조합원 2명 등 정상근무자 총 114명에게, 남직원은 20만 원, 여직원은 30만 원을 기준으로 합계 금27,862,500원을 지급하였다. 위와 같은 격려금 지급은 그 액수, 경위, 시기, 횟수, 대상자 등에 비추어 사회적 합리성의 범위를 벗어난 것이라고 보기는 어렵다.

종전에 타인이 수행하던 중량물 업무를 대신하여 수행하게 된 다른 근로자들의 불만이나 상대적 박탈감 등을 해소하여 줌으로써 회사 전반에 걸쳐 업무 수행의 차질을 방지할 필요성은 여전히 존재하였다고 보인다. 만일 중량물 업무 수행의 거부와 그에 대한 대체 수행의 필요성 대두라는 특별한 사정이 없는데도 이 사건 노동조합 소속 조합원들과 다른 근로자들을 차별하여 후자들에게만 격려금을 지급하였다면 불이익취급의 부당노동행위가 성립하는 것은 이론의 여지가 없겠으나, 이 사건의 경우에는 위의 특별한 사정이 분명히 존재한다. 나아가 이 사건 격려금이 쟁의행위에의 참가자와 비참가자를 구별하여 차별적으로 지급된 것이 아니라는 것도 명백하다.

제2절
반조합 계약

1. 의의

노조법 제81조 제1항 제2호 본문은 '근로자가 어느 노동조합에 가입하지 아니할 것 또는 탈퇴할 것을 고용조건으로 하거나 특정한 노동조합의 조합원이 될 것을 고용조건으로 하는 행위'를 부당노동행위로 규정하여 금지하고 있다.

이와 같이 근로자가 노동조합에 가입하는 것을 금지하거나 그로부터 탈퇴 또는 특정한 노조 가입 등을 고용조건으로 하는 계약을 반조합계약이라고 하며, 황견계약(yellow dog contract), 비열계약, 조건부계약, 불공정계약 또는 단결자 유제한계약 이라고도 한다.[34)]

반조합계약은 향후 조합가입 내지 활동 여부를 채용 또는 고용계속의 조건으로 하는 행위[35)]로서 근로자가 반조합계약을 위반한 것에 대하여 사용자가 실질적인 불이익취급으로 나아가지 않더라도 단지 반조합계약을 체결한 사실만으로

34) 노동법실무연구회, 「노동조합 및 노동관계조정법 주해Ⅲ」 제2판, 박영사, 2023, 185쪽

35) 반조합계약은 반드시 근로계약을 체결할 때의 약정만으로 한정되지 않으며, 근로계약기간 도중에 계속 고용을 조건으로 반조합계약을 체결하는 것도 포함된다. 따라서 근로자가 될 자 뿐 아니라 이미 근로자인 자도 반조합계약의 부당노동행위로부터 보호를 받을 수 있다(하갑래, 「집단적 노동관계법」 개정8판, (주)중앙경제, 2023. 537쪽).

부당노동행위가 성립한다. 반면, 불이익취급은 기존의 조합활동 등을 이유로 현실적인 불이익 행위나 조치가 이루어져야 부당노동행위가 성립한다는 점에서 양자는 구분된다.

반조합계약은 문서 뿐만 아니라 구두로 체결한 경우를 포함하고,[36] 강행규정인 노조법 제81조 제1항 제2호에 위반되는 것으로 사법상 당연 무효이며,[37] 여기서 무효의 범위는 반조합계약의 약정 부분만이며, 근로계약 전체가 무효가 되는 것은 아니다.[38]

관련 법령 및 해석

대법원 1993. 12. 21. 선고 93다11463 판결

노동조합법 제39조(현행법 제81조제1항)의 부당노동행위금지규정은 헌법이 규정하는 근로3권을 구체적으로 확보하기 위한 것으로 이에 위반하는 행위에 대하여 처벌규정을 두고 있는 한편 부당노동행위에 대하여 신속한 권리구제를 받을 수 있도록 같은 법 제42조, 제43조에서 행정상의 구제절차까지 규정하고 있는 점에 비추어 이는 효력규정인 강행법규라고 풀이되므로 위 규정에 위반된 법률행위는 사법상으로도 그 효력이 없다 할 것이다.

36) 하갑래, 「집단적 노동관계법」 개정8판, (주)중앙경제, 2023. 536쪽

37) 노동법실무연구회, 「노동조합 및 노동관계조정법 주해Ⅲ」 제2판, 박영사, 2023, 186쪽

38) 고용노동부, 「집단적 노사관계 업무매뉴얼」, 2022, 480쪽

2. 노조법 제81조 제1항 제2호의 구조 및 유형

가. 노조법 제81조 제1항 제2호의 구조

노조법 제81조 제1항 제2호는 다음과 같은 구조로 구성되어 있다.[39]

〈표 7〉 | 노조법 제81조 제1항 제2호의 구조

<table>
<tr><th colspan="2">구분</th><th colspan="2">노조법 제81조 제1항 제2호</th><th>비고(유형)</th></tr>
<tr><td colspan="2" rowspan="2">본문</td><td rowspan="2">다음사항을 고용조건으로 할 것</td><td>① 어느 노동조합에 가입하지 아니할 것
② 탈퇴할 것</td><td>단결 방해</td></tr>
<tr><td>③ 특정한 노동조합의 조합원이 될 것</td><td>제한적 조직강제</td></tr>
<tr><td rowspan="3">단서</td><td rowspan="2">전문</td><td colspan="2">(1) 다만, 노동조합이 당해 사업장에 종사하는 근로자의 3분의 2 이상을 대표하고 있을 때에는</td><td rowspan="2">③의 예외
(Union Shop)</td></tr>
<tr><td colspan="2">(2) 근로자가 그 노동조합의 조합원일 될 것을 고용조건으로 하는 단체협약의 체결은 예외로 하며,</td></tr>
<tr><td>후문</td><td colspan="2">이 경우 사용자는 다음을 이유로 근로자에게 신분상 불이익한 행위를 할 수 없다
(i) 근로자가 그 노동조합에서 제명된 것
(ii) 그 노동조합을 탈퇴하여 새로 노동조합을 조직
(iii) 다른 노동조합에 가입한 것</td><td>예외의 한계
(Union Shop의 한계)</td></tr>
</table>

상기 구조에서 알 수 있는 바와 같이 반조합계약의 유형은 ▲근로자가 어느 노동조합에 가입하지 않거나 탈퇴할 것을 고용조건으로 하는 "단결 방해"와 ▲특정한 노동조합의 조합원이 될 것을 고용조건으로 하는 "제한적 조직강제"로

39) 노동법실무연구회, 「노동조합 및 노동관계조정법 주해Ⅲ」 제2판, 박영사, 2023, 186쪽

구분할 수 있다.

한편, 노조법 제81조 제1항 제2호 단서 전문은 "제한적 조직강제"의 예외로서 (1) 노동조합이 당해 사업장에 종사하는 근로자의 3분의 2 이상을 대표하고 있을 때, 그 노동조합(이하 "지배적 노동조합"이라 함[40])과 사용자가 (2) 근로자가 그 노동조합의 조합원이 될 것을 고용조건으로 하는 단체협약(유니언 숍, Union Shop)을 체결한 경우를 허용하고 있다. 다만, 이와 같은 유니언 숍은 근로자의 단결하지 아니할 자유 내지 노동조합 선택의 자유를 제한하고 있으므로 결과적으로 근로자 개인의 소극적 단결권 등의 기본권을 제한할 수 있다.

따라서 노조법 제81조 제1항 제2호 단서 후문은 Union Shop의 한계로서 (i) 근로자가 그 노동조합에서 제명된 경우, (ii) 그 노동조합을 탈퇴하여 새로 노동조합을 조직하는 경우 또는 (iii) 다른 노동조합에 가입한 경우에는 사용자가 해당 근로자에게 해고 등 신분상 불이익한 행위를 할 수 없도록 규정하고 있다.

나. 반조합계약의 유형 및 내용

(1) 단결방해의 반조합계약 내용

단결방해의 반조합계약 금지의 취지는 향후 조합활동에 대한 사전 억제 내지 제한을 제거하기 위함에 있으므로, ▲노동조합 불가입이나 탈퇴 이외에도 ▲노

40) "지배적 노동조합"이라는 용어는 서울행정법원 2018. 11. 29. 선고 2018구합69318 판결에서 사용되기 시작하여, 그 항소심인 서울고등법원 2019. 6. 13. 선고 2019누30302 판결과 상고심인 대법원 2019. 11. 28. 선고 2019두47377 판결에서 사용된 용어이다(노동법실무연구회, 「노동조합 및 노동관계조정법 주해Ⅲ」 제2판, 박영사, 2023, 187쪽)

동조합 결성 금지, ▲노동조합은 가입하되 조합활동을 전혀 하지 않을 것, ▲노동조합은 가입하되 적극적인 활동을 하지 않을 것[41] 또는 ▲소속 노동조합의 특정 상급 연합단체에의 가입이나 탈퇴를 조건으로 하는 것 등을 고용조건으로 하는 행위도 반조합계약에 포함된다.[42]

노동조합에 가입하지 않을 것을 고용조건으로 한다는 것은 채용 시의 채용조건뿐만 아니라 채용 후 고용계속의 조건으로 약정하는 것도 포함된다. 따라서 ▲노조가입 또는 조합활동 여부에 따라 근로계약 갱신 여부를 결정하는 경우나 ▲노동쟁의 발생 시 노조탈퇴 또는 노조가입 불가 등을 고용계속의 조건으로 하는 것도 반조합계약에 해당한다.[43]

관련 법령 및 해석

노동조합과-1373, 2008. 6. 20.

고용기간을 정한 근로계약의 경우 그 기한이 도래하면 사용자의 별도의 조치없이 자동적으로 종료되므로, 고용기간 만료 후 재계약이 이루어지지 아니하더라도 부당노동행위에 해당되지 않으나, 재계약 여부가 단지 노동조합에 가입하지 아니할 것을 조건으로 하는 경우라면 불공정 고용계약의 부당노동행위에 해당될 소지가 있을 것임.

41) 다만, 조합활동 금지를 고용조건으로 하는 경우는 명문의 규정이 없고, 부당노동행위에 해당할 경우 형사처벌 규정이 존재하므로, 죄형법정주의 원칙상 노조법 제81조 제1항 제2호에 따른 반조합계약에 해당하지 않는다거나(하갑래, 「집단적 노동관계법」 개정8판, (주)중앙경제, 2023, 537쪽) 처벌대상으로서의 부당노동행위로 보기는 어렵다는 견해도 존재한다(임종률, 「노동법」 제20판, 박영사, 2022, 298쪽).

42) 노동법실무연구회, 「노동조합 및 노동관계조정법 주해Ⅲ」 제2판, 박영사, 2023, 188쪽

43) 노동법실무연구회, 「노동조합 및 노동관계조정법 주해Ⅲ」 제2판, 박영사, 2023, 189쪽

더 나아가 승진이나 임금 등 근로조건 기타 근로자의 대우에 관한 고용상의 여러 이익을 조건으로 노동조합 탈퇴나 그 불가입을 약정하는 것 또한 반조합계약에 해당한다는 견해도 발견된다.[44)]

관련 법령 및 해석

고용노동부, 「집단적 노사관계 업무매뉴얼」, 2022, 482쪽

노조 탈퇴로 비조합원이 되자 계속 지급해오던 승무수당 등을 지급하지 아니하면서 노동조합에 재가입하도록 강요하는 행위는 불공정 고용계약에 해당될 수 있음

(2) 제한적 조직강제의 반조합계약 내용

제한적 조직강제의 반조합계약은 특정 노동조합에의 가입을 고용조건으로 하는 것을 의미한다. 이는 주로 복수 노조 사업장에서 어용노조 또는 조합활동이 활발하지 않은 노동조합에의 가입을 강제하는 형태로 나타난다.

다. 반조합계약의 효력

반조합계약은 강행규정인 노조법 제81조 제1항 제2호에 위반되는 것으로서 사법상 당연 무효이다.[45)] 다만, 반조합계약의 약정 부분만이 무효이고 근로계약 전체가 무효로 되는 것은 아니다.[46)]

44) 노동법실무연구회, 「노동조합 및 노동관계조정법 주해Ⅲ」 제2판, 박영사, 2023, 189쪽

45) 대법원 1993 12. 21. 선고 93다11463 판결

또한, 비록 제한적 조직강제의 반조합계약을 계기로 특정 노동조합에 가입하였다고 하더라도 근로자 스스로 노동조합에 가입하려는 의사를 가지고 급여에서 조합비를 공제하는 것에 동의하는 방식으로 청약의 의사표시를 하고, 노동조합이 조합비를 수령함으로써 이를 승낙하였다면, 근로자와 노동조합 사이에 노동조합 가입계약은 유효하게 성립된 것으로 볼 수 있다.

관련 법령 및 해석

대법원 2004. 11. 12. 선고 2003다264 판결

노동조합 가입행위는 원칙적으로 근로자의 청약과 조합의 승낙이라는 의사의 합치에 의하여 성립하는 계약이라고 할 것이므로, 비조합원들이 자발적인 가입의사가 없음에도 불구하고 무효인 유니언 숍 협정에 의하여 급여에서 노동조합비가 일괄 공제됨에 따라 일방적으로 조합원으로 간주된 것에 불과하다면 노동조합에 가입하려는 청약의 의사표시 자체가 결여된 것으로서 그러한 사실만으로 조합원의 자격을 취득하였다고는 볼 수 없을 것이나, 비조합원들이 유니언 숍 협정이 체결된 것을 계기로 또는 유니언 숍 협정과 무관하게 스스로 노동조합에 가입하려는 의사를 가지고 급여에서 노동조합비를 공제하는 것에 동의하는 방식으로 청약의 의사표시를 하고 노동조합이 조합비를 수령함으로써 이를 승낙하였다는 특별한 사정이 인정된다면, 비록 노동조합 가입의 계기가 된 유니언 숍 협정이 부당노동행위에 해당하여 무효라고 하더라도, 근로자와 노동조합 사이에 노동조합의 가입계약이 성립하고 이로써 조합원의 자격을 적법하게 취득하였다고 보아야 한다.

46) 고용노동부, 「집단적 노사관계 업무매뉴얼」, 2022, 480쪽

3. 제한적 조직강제의 반조합계약 예외 : 유니언 숍(Union Shop) 제도

가. 유니언 숍(Union Shop) 제도의 의의

(1) 의의

유니언 숍(Union Shop)이란 조합원 여부와 관계없이 근로자를 채용할 수 있으나 채용된 모든 근로자는 일정기간 내에 노동조합에 가입할 것이 강제되고, 노동조합에 가입하지 않거나 노동조합을 탈퇴하는 경우에는 사용자가 그 근로자를 해고할 의무를 부담하는 단체협약상의 제도를 의미한다.

우리나라는 노조법 제81조 제1항 제2호 단서 "전문"에서 지배적 노동조합의 유니언 숍 체결을 예외적으로 허용하고 있고, 동 규정 "후문"은 이와 같은 유니언 숍의 한계로서 (i) 근로자가 그 노동조합에서 제명된 경우, (ii) 그 노동조합을 탈퇴하여 새로 노동조합을 조직하는 경우 또는 (iii) 다른 노동조합에 가입한 경우에는 사용자가 해당 근로자에게 해고 등 신분상 불이익한 행위를 할 수 없도록 그 한계를 규정하고 있다.

(2) 유니언 숍 협정의 유효성 : 위헌 여부

그러나 이와 같은 유니언 숍 협정은 개별 근로자가 노조에 가입하지 않거나 노조에서 임의로 탈퇴할 수 있는 자유(소극적 단결권)를 박탈할 수 있고, 복수노조가 병존하는 사업장에서는 노동조합을 선택할 수 있는 자유(단결선택권)를 침해할 뿐만 아니라 소수노조의 경우에는 조직강제가 허용되지 않아 사실상 조직의 유지·강화에 차별이 발생하므로, 소수노조에 대한 평등권 침해 여부도 문제될 수 있다는 점에서 위헌의 소지를 안고 있다.[47]

이에 대하여 헌법재판소는 "노조법 제81조 제1항 제2호에 따른 조직강제는 적법·유효하게 할 수 있는 노동조합의 범위를 엄격하게 제한하고 지배적 노동조합의 권한남용으로부터 개별근로자를 보호하기 위한 규정을 두고 있는 등 전체적으로 상충되는 두 기본권 사이에 합리적인 조화를 이루고 있으므로 근로자의 단결권을 보장한 헌법 제33조 제1항에 위반되지 않고, 소수노조에게까지 이를 허용할 경우 자칫 반조합의사를 가진 사용자에 의하여 다수 근로자의 단결권을 탄압하는 도구로 악용될 우려가 있는 점 등을 고려할 때, 이 사건 법률조항이 지배적 노동조합 및 그 조합원에 비하여 소수노조 및 그에 가입하였거나 가입하려고 하는 근로자에 대하여 한 차별적 취급은 합리적인 이유가 있으므로 소수노조의 평등권을 침해하지 않는다"라는 취지로 해당 조항은 헌법에 합치된다고 결정하였다.

관련 법령 및 해석

헌법재판소 2005. 11. 24. 선고 2002헌바95, 96, 2003헌바9 전원재판부 결정

이 사건 법률조항은 노동조합의 조직유지·강화를 위하여 당해 사업장에 종사하는 근로자의 3분의 2 이상을 대표하는 노동조합(이하 '지배적 노동조합'이라 한다)의 경우 단체협약을 매개로 한 조직강제[이른바 유니언 샵(Union Shop) 협정의 체결]를 용인하고 있다. 이 경우 근로자의 단결하지 아니할 자유와 노동조합의 적극적 단결권(조직강제권)이 충돌하게 되나, 근로자에게 보장되는 적극적 단결권이 단결하지 아니할 자유보다 특별한 의미를 갖고 있고, 노동조합의 조직강제권도 이른바 자유권을 수정하는 의미의 생존권(사회권)적 성격을 함께 가지는 만큼 근로자 개인의 자유권에 비하여 보다 특별한 가치로 보장되는 점 등을 고려하면, 노동조합의

47) 노동법실무연구회, 「노동조합 및 노동관계조정법 주해Ⅲ」 제2판, 박영사, 2023, 199~201쪽

> 적극적 단결권은 근로자 개인의 단결하지 않을 자유보다 중시된다고 할 것이고, 또 노동조합에게 위와 같은 조직강제권을 부여한다고 하여 이를 근로자의 단결하지 아니할 자유의 본질적인 내용을 침해하는 것으로 단정할 수는 없다.
> 이 사건 법률조항은 단체협약을 매개로 하여 특정 노동조합에의 가입을 강제함으로써 근로자의 단결선택권과 노동조합의 집단적 단결권(조직강제권)이 충돌하는 측면이 있으나, 이러한 조직강제를 적법・유효하게 할 수 있는 노동조합의 범위를 엄격하게 제한하고 지배적 노동조합의 권한남용으로부터 개별근로자를 보호하기 위한 규정을 두고 있는 등 전체적으로 상충되는 두 기본권 사이에 합리적인 조화를 이루고 있고 그 제한에 있어서도 적정한 비례관계를 유지하고 있으며, 또 근로자의 단결선택권의 본질적인 내용을 침해하는 것으로도 볼 수 없으므로, 근로자의 단결권을 보장한 헌법 제33조 제1항에 위반되지 않는다.
> 노동조합의 조직강제는 조직의 유지・강화를 통하여 단일하고 결집된 교섭능력을 증진시킴으로써 궁극적으로는 근로자 전체의 지위향상에 기여하고, 특히 이 사건 법률조항은 일정한 지배적 노동조합에게만 단체협약을 매개로 한 조직강제를 제한적으로 허용하고 있는데다가 소수노조에게까지 이를 허용할 경우 자칫 반조합의사를 가진 사용자에 의하여 다수 근로자의 단결권을 탄압하는 도구로 악용될 우려가 있는 점 등을 고려할 때, 이 사건 법률조항이 지배적 노동조합 및 그 조합원에 비하여 소수노조 및 그에 가입하였거나 가입하려고 하는 근로자에 대하여 한 차별적 취급은 합리적인 이유가 있으므로 평등권을 침해하지 않는다.

판단컨대, 현행 노조법 제81조 제1항 제2호 단서 후문은 개별 근로자가 유니언 숍 협정을 체결한 노동조합을 탈퇴하거나 새로운 노동조합 조직 또는 타 노동조합에 가입한 것에 대하여 신분상 불이익한 행위를 금지하고 있어 근로자의 단결선택권을 보장하고 있을 뿐만 아니라 소수노조에의 가입자체를 금지하고 있지 않으므로, 소극적 단결권 또는 소수노조의 평등권의 본질적인 내용을 침해하는 것으로 볼 수 없는 바, 노조법 제81조 제1항 제2호에 따른 유니언 숍의 효력이 인정된다고 보아야 할 것이다.

나. 유니언 숍(Union Shop) 협정의 요건 및 효과

(1) 유니언 숍 협정의 요건

노조법 제81조 제1항 제2호에 따른 유니언 숍(Union Shop)은 ① ▲당해 사업장에 ▲종사하는 근로자의 ▲3분의 2 이상을 대표하는 노동조합이 사용자와 ② 해당 노동조합의 조합원이 될 것을 고용조건으로 하는 내용의 단체협약을 체결할 것을 요건으로 한다.

(가) 당해 사업장에 종사하는 근로자의 3분의 2 이상을 대표하는 노동조합

① 당해 사업장

"당해 사업장"이란 노동조합의 조직대상으로 된 사업장을 의미하는 것으로, 노동조합의 조직대상이 기업별로 되어 있고 그 기업에 복수의 사업장이 있는 경우 해당 노동조합이 근로자 3분의 2 이상을 대표하는지를 판단하는 모집단을 전체 사업장으로 볼 것인지, 개별 사업장으로 볼 것인지가 문제된다.

이와 관련하여 해당 기업의 복수의 사업장 전체가 당해 사업장이 되며 해당 노동조합이 복수의 사업장 전체 근로자의 3분의 2 이상을 대표하는지를 기준으로 한다는 견해[48]가 존재하나, ▲노조법 제29조의3은 교섭단위를 하나의 '사업

48) 노동법실무연구회, 「노동조합 및 노동관계조정법 주해Ⅲ」 제2판, 박영사, 2023, 206쪽

또는 사업장'으로 한다고 규정하고 있으며, 동법 제35조 또한 일반적 구속력의 요건을 하나의 '사업 또는 사업장'으로 규정하고 있는 것과 달리 노조법 제81조 제1항 제2호는 유니언 숍의 요건을 당해 '사업장'으로 한정하여 규정하고 있다는 점, ▲'사업'이란 경영상 일체를 이루는 기업체 그 자체를 의미하는 것으로[49] 경영상 일체를 이루면서 유기적으로 운영되는 기업조직을 말하고, '사업장'이란 경영상 일체를 이루는 기업체에 준할 정도의 운영상의 독립성을 가지는 조직체로서 주된 부문과 재무 및 회계가 분리·운영되는 등 경영상 독립성이 인정되고, 근로조건도 별도로 결정되는 등 인사·노무관리상의 독립성도 인정되는 경우로 이해된다는 점[50]을 고려하면, 노조법 제81조 제1항 제2호에 따른 "당해 사업장"이란 재무·회계 및 인사·노무관리가 분리·운영되는 등 독립성을 갖춘 본사, 지점, 출장소, 공장 등을 의미한다고 판단된다.

따라서 특정 기업에 복수의 사업장이 존재하는 경우, 유니언 숍 성립요건인 전체 근로자 3분의 2의 모집단은 복수의 사업장 전체로 한정할 것이 아니라 재무·회계 및 인사·노무관리 독립성을 갖춘 개별 사업장을 기준으로 할 수 있다고 생각된다.

한편, 고용노동부는 "당해 사업장"을 해당 노동조합의 "규약상 조직대상"을 기준으로 판단하는 것으로 보인다. 즉, 특정 노동조합의 규약상 조직대상이 전체 사업인 경우에는 그 사업이 "당해 사업장"이 되고, 규약상 조직대상이 "사업장"

49) 대법원 1993. 2. 9. 선고 91다21381 판결 ; 대법원 1993. 10. 12. 선고 93다18365 판결 ; 대법원 1997. 11. 28. 선고 97다24511 판결 ; 대법원 1999. 8. 20. 선고 98다765 판결 등

50) 노동법실무연구회, 「노동조합 및 노동관계조정법 주해Ⅱ」 제2판, 박영사, 2023, 110~111쪽

인 경우 그 사업장이 노조법 제81조 제1항 제2호에 따른 "사업장"이 된다고 판단하는 것으로 보인다.

관련 법령 및 해석

고용노동부, 「최신사례로 보는 부당노동행위」, 2009. 5. 80쪽

여기에서 「당해 사업장」이란 노동조합의 조직대상으로서의 사업장을 의미하므로 노동조합이 사업단위로 설립된 경우에는 그 사업을, 사업장 단위로 설립된 경우에는 그 사업장을 의미함

노동조합과-1634, 2008. 7. 18.

이 경우 '당해 사업장에 종사하는 근로자'라 함은 같은 법 제2조제1호의 근로자 중에서 같은 조 제4호 '가'목 소정의 사용자 또는 그 이익대표자로서 노조에 가입할 수 없는 자를 제외한 노동조합 가입 가능한 근로자를 말하는 것임.

따라서, 특정기업에 설립된 노조(A대학교병원환경노조)의 규약은 전국에 산재한 60여개 사업장 중 "A대학교병원"에서 종사하는 근로자만을 그 조직대상으로 삼고 있고, 단체협약상 조합원 자격 및 적용 또한 A대학교병원에 종사하는 조합원만을 그 대상으로 하고 있는 경우, 유니온숍 협정은 단체협약상 조합원 자격이 있는 자를 기준으로 하여 법적 요건의 충족여부를 판단하여야 할 것임.

따라서, A대학교병원에서 종사하는 근로자 중 3분의 2 이상이 해당 노조에 가입하고 있다면 유니온숍 협정의 성립요건을 구비하고 있다고 할 것임.

② 종사하는 근로자

노조법 제81조 제1항 제2호에 따른 당해 사업장에 종사하는 '근로자'란 당해 사업장에 취업하고 있는 전체 근로자에서 노조법 제2조 제2호에 따른 사용자[51] 또는 동법 제2조 제4호 가목에 따른 이익대표자로서 노동조합에 가입할 수 없는 근로자를 제외한 노동조합 조직이 가능한 근로자를 의미한다.[52]

관련 법령 및 해석

고용노동부, 「집단적 노사관계 업무매뉴얼」, 2022, 480쪽

「근로자 3분의 2 이상」에서의 근로자라 함은 전체근로자에서 사용자 또는 항상 그의 이익을 대표하여 행동하는 자를 제외한 자를 말함
즉, 노조법 제2조제1호의 근로자 중 제2조제2호 및 제4호 가목의 사용자 또는 이익대표자로서 노조에 가입할 수 없는 근로자를 제외한 노조조직 가능 근로자를 말함
(노조 68107-450, 2002.5.22.)

③ 3분의 2 이상을 대표하는 때

노동조합이 당해 사업장에 종사하는 근로자의 3분의 2 이상을 대표하여야 한다. 해당 요건은 단체협약 체결 시뿐만 아니라 체결 이후에도 지속적으로 갖추어야 효력이 유지되는 효력(유지)요건이다.

따라서 유니언 숍 협정 체결 당시에는 종사근로자의 3분의 2 이상이 가입한 노동조합이라고 하더라도, 다수의 신규 입사자가 다른 노조를 조직·가입하거나 기존 조합원의 탈퇴 등으로 근로자의 3분의 2 이상을 대표하지 못하게 된 경우에는 유니언 숍 협정의 효력은 상실된다. 또한, 이후 가입 조합원이 증가하여 노동조합의 조직이 근로자 3분의 2 이상이 되었다 하더라도 별도로 유니언 숍 협정을 체결하지 않는 한 기존의 무효로 된 유니언 숍 협정이 유효로 되는 것은 아니다.

---

51) 사업주, 사업의 경영담당자, 그 사업의 근로자에 관한 사항에 대하여 사업주를 위하여 행동하는 자

52) 이와 관련하여, '근로자'의 범위를 노동조합 규약상 노조가입대상 근로자 또는 단체협약 적용대상 근로자로 해석하는 견해가 존재한다(노동법실무연구회, 「노동조합 및 노동관계조정법 주해Ⅲ」 제2판, 박영사, 2023, 206~207쪽)

관련 법령 및 해석

대법원 2002. 10. 25. 선고 2000다23815 판결[53)]

원고들이 부산지역택시노조를 탈퇴할 무렵 피고 회사 소속 근로자 전원이 부산지역택시노조의 조합원이었으므로 부산지역택시노조는 노동조합및노동관계조정법(2001. 3. 28. 법률 제6456호로 개정되기 전의 법률, 이하 '노조법'이라 한다) 제81조 제2호 단서가 규정하는 당해 사업장에 종사하는 근로자의 3분의 2 이상을 대표하는 노동조합에 해당된다고 할 것이어서 앞서 본 단체협약상의 유니언 숍 협정은 유효하다.

대법원 2012. 1. 12. 자 2011마646 결정[54)]

사용자가 지배적 노동조합과의 유니언 숍 협정을 이유로 소수노조의 단체교섭에 불응하자 소수노조가 단체교섭응낙가처분 신청을 한 사건에서 법원은 조합원들이 지배적 노동조합을 탈퇴하여 소수노조에 가입함으로써 조합원 3분의 2 이상을 대표하지 못하게 된 시점 이후에는 유니언 숍 협정의 효력이 유지될 수 없다고 판시한 사례

노사관계법제과-1157, 2016. 6. 9.

노조법 제81조 제1항 제2호 단서의 요건을 갖추어 유니온숍 협정을 체결한 경우라도 체결 요건인 3분의 2에 미달되는 때에는 그 때부터 유니온숍 협정은 효력을 상실하므로 이는 회사 합병으로 사업장에 근로자수가 늘어남으로 인해 체결 요건인 3분의 2에 미달되는 때에도 마찬가지라고 할 것임

노사관계법제과-2612, 2018. 11. 13.

유니온숍 협정 체결 당시에는 근로자의 3분의2 이상이었으나, 이후 유니온숍 협정 체결 요건인 조합원 수가 당해 사업장에 종사하는 근로자의 3분의2에 미달하게 된 때에는 유니온숍 협정의 효력은 상실된다 할 것임. 아울러, 이후 가입 조합원이 증가하여 노동조합의 조직이 근로자 3분의2 이상으로 되었다 하더라도 별도로 유니온숍 협정을 체결하지 않는 한, 기존의 무효로 된 유니온숍 협정이 유효로 되는 것도 아니라할 것임.

노사관계법제과-2059, 2018. 8. 28.

법적 요건을 갖추어 유니온숍 협정을 체결한 경우라도 조합원의 집단적 탈퇴 등으로 유니온숍 협정 체결 요건인 조합원 수가 당해 사업장에 종사하는 근로자의 3분의 2에 미달될 때에는 그 때부터 유니온숍 협정의 효력은 상실된다할 것이어서 효력 상실 이후에도 노동조합 가입을 강제할 경우에는 부당노동행위에 해당하므로 노사 당사자는 이를 개선하여야 할 것으로 판단됨.

(나) 근로자가 노동조합의 조합원이 될 것을 고용조건으로 하는 내용의 단체협약 체결

지배적 노동조합과 사용자 사이에 근로자가 해당 노조의 조합원이 될 것을 고용조건으로 하는 내용의 단체협약이 체결되어야 한다.

이와 관련하여, 취업단계부터 조합원이 될 것을 강제하는 클로즈드 숍(Closed Shop) 조항은 조합원만을 채용하고 다른 노동조합의 조합원이나 비조합원은 채용하지 말 것을 의미하므로, 노조법 제81조 제1항 제2호에서 허용하는 유니언 숍 협정이라 볼 수 없어 그 효력이 인정되지 않는다.

53) 해당 판결은 근로자들이 지배적 노동조합을 탈퇴할 무렵에 그 노동조합이 근로자의 3분의 2 이상을 대표하고 있는지를 유니언 숍 협정의 유효요건임을 전제로 판시하고 있는 점에 비추어 '근로자의 3분의 2 이상' 요건을 효력유지요건으로 보고 있다.

54) 노동법실무연구회, 「노동조합 및 노동관계조정법 주해Ⅲ」 제2판, 박영사, 2023, 208쪽

관련 법령 및 해석

울산지방법원 2017. 6. 8. 선고 2017노316 판결

근로자로 하여금 특정 노동조합의 조합원이 되어 있거나 될 것을 강제하는 제한적 조직강제는 근로자의 단결하지 아니할 자유뿐만 아니라 단결권의 한 내용인 단결선택의 자유까지도 제한하는 것으로서 법률에 명문의 규정이 없는 한 허용되지 않는다고 봄이 타당한데, 우리 법률이 일정한 요건하에서 수정된 형태의 유니언숍(Union Shop)만을 허용하고 있는 점(노동조합 및 노동관계조정법 제81조 제2호 단서)에 비추어 볼 때, 클로즈드숍(Closed Shop)은 우리 법제상 허용되지 않는다 할 것이다. 따라서 울산000노조가 건설산업의 사용자에게 울산000노조 조합원의 채용을 요구하는 것을 넘어서서 울산000노조 조합원만을 채용하고 다른 노동조합의 조합원이나 비조합원은 채용하지 말 것까지 요구하는 것은 허용되지 않는다.

노조법 제81조 제1항 제2호는 유니언 숍 협정을 단체협약의 체결에 의하도록 규정하고 있으므로, 사용자의 일방적인 취업규칙 또는 노동조합의 규약 등에 유니언 숍 관련 내용을 규정하더라도, 노조법 제81조 제1항 제2호에 따른 유니언 숍 협정의 효력이 인정되지 않는다.

관련 법령 및 해석

대법원 1989. 1. 17. 선고 87다카2646 판결

피고 회사의 노동조합 규약 제38조 및 취업규칙 제54조 제17호 규정을 보면, 피고 회사의 종업원이 노동조합 상벌위원회로부터 정권이나 제명처분을 당하여 노동조합으로부터 해고요청이 있을 때에는 피고는 그 종업원을 해고할 수 있도록 하고 있는바 이러한 취업규칙의 규정은 비록 노동조합의 미가입자나 탈퇴자는 제외하였지만 노동조합으로부터 제명된 자에 대하여 그 제명사실만을 이유로 해고할 수 있도록 되어 있는 만큼 결국 노동조합의 조합원이 될 것을 고용조건으로 하는 것이 되고 이는 노동조합법에서 금지하고 있는 행위를 용인하는 셈이 되어 부당하다고 할 것이다.

(2) 유니언 숍 협정의 효과

근로자가 일정 기간 내 지배적 노동조합에 가입하지 않거나 지배적 노동조합에서 탈퇴한 경우, 사용자는 특별한 사정이 없는 한 당해 근로자에게 해고 등 신분상 불이익한 조치를 할 의무를 부담하게 된다.

(가) 신분상 불이익한 조치의무 발생

① 신분상 불이익한 조치의무의 내용

노조법 제81조 제1항 제2호에 따른 "신분상 불이익한 행위"는 해고로 한정되지 않고, 유니언 숍 협정의 구체적인 내용에 따라 근로계약 갱신거절, 해고, 휴직, 전직, 전적, 승진제한, 배차변경조치 등 다양한 불이익 처분들을 예상한 것으로 이해된다.[55]

관련 법령 및 해석

서울동부지방법원 2003. 8. 12. 선고 2002가단8873 판결[56]

택시운수회사 소속 운전기사 전원이 가입한 노동조합에서 제명된 근로자(해당 노조는 근로자가 노조위원장 선출절차에 문제를 제기하는 발언을 하였다는 이유로 제명처분을 하였다)에 대하여 유니언 숍 협정에 기한 노조의 요구에 따른 사용자의 '배차변경조치(고정승무를 배제하고 보조기사로 변경한 조치)'가 노조법 제81조 제1항 제2호 단서에서 규정한 신분상 불이익한 행위에 해당하고, 이와 같은 사용자의 배차변경조치는 단체협약에 의한 노조의 요구에 따른 불가피한 조치였다는 사정만으로 적법하다거나 위법성이 조각된다고 볼 수 없으며, 사용자가 부당노동행위를 한다는 인식도 추정되므로, 노조법 제81조 제1항 제2호 단서 후단의 부당노동행위에 해당한다고 본 사례[57]

---

55) 노동법실무연구회, 「노동조합 및 노동관계조정법 주해Ⅲ」 제2판, 박영사, 2023, 209쪽

한편, 유니언 숍 협정에 따른 해고는 복무규율 등 직장질서 위반에 대한 징벌로서 제재에 해당하는 징계라고 할 수 없으므로, 통상해고 내지 일반해고에 해당한다고 보아야 할 것이다. 따라서 유니언 숍 협정에 따른 해고는 취업규칙이나 단체협약에 별도의 절차를 규정한 경우가 아니라면, 취업규칙이나 단체협약상 징계절차 등을 거치지 않아도 무방할 것이다(단, 유니언 숍 협정에 따른 해고도 근로기준법상 해고에 해당하므로 근로기준법 제23조 내지 26조의 적용을 받을 것임).

관련 법령 및 해석

노사관계법제팀-475, 2008. 2. 4.

노조법 제81조 제2호 단서에 따라 노사 당사자가 단체협약으로 유니온숍 협정을 둔 경우, 입사한 근로자가 노동조합 가입을 거부하거나 기존 조합원이 임의 탈퇴시 사용자는 단체협약의 유니온숍 협정에 따라 해당 근로자를 해고할 의무를 부담한다고 할 것임.

따라서, 사용자가 노사간 적법하게 체결된 단체협약의 유니온숍 협정에 근거하여 해당 근로자를 해고하는 것은 단체협약 이행에 따른 일반해고로 보아야 할 것이고, 근로기준법상 복무규율 기타 직장질서 위반에 대한 제재로서 행하는 징계해고와는 그 사안을 달리하는 것임.

56) 해당 판결은 항소심인 서울지방법원 2004. 1. 14. 선고 2003나45327 판결(항소기각)에 쌍방이 상고하지 않음으로써 확정되었다.

57) 노동법실무연구회, 「노동조합 및 노동관계조정법 주해Ⅲ」 제2판, 박영사, 2023, 209~210쪽

② 신분상 불이익한 조치를 할 수 있는 기한

현행 노동관계법령은 사용자가 '신분상 불이익한 조치'를 할 수 있는 기한에 대해서는 전혀 규율하고 있지 않으므로, 사용자가 신분상 불이익한 조치를 할 수 있는 기한은 해석에 맡겨져 있다.

이와 관련하여, 먼저, 고용노동부는 사용자가 노동조합 임의 탈퇴자 등을 해고할 시에는 노동조합 선택권을 행사하는데 필요한 상당한 기간을 부여하여야 한다는 입장을 취하고 있다.

관련 법령 및 해석

고용노동부, 「집단적 노사관계 업무매뉴얼」, 2022, 178~179쪽

노동조합 가입을 거부하거나 노동조합을 임의 탈퇴한 근로자에 대해서는 단체협약의 규정에 따라 노동조합이 요구할 경우 사용자는 당해 근로자를 해고하여야 할 의무가 발생할 수 있음 다만, 사용자가 노동조합 임의 탈퇴자를 해고할 시에는 노동조합 선택권을 행사하는데 필요한 상당한 기간(노동조합 조직과정, 가입절차 등 제반 사정을 종합적으로 고려하여 판단)을 부여하여야만 할 것임

노사관계법제과-1261, 2011. 7. 13.

조합원이 새로운 노동조합을 조직하거나 다른 노동조합에 가입할 의사로 탈퇴하는 경우 사용자는 근로자가 노동조합 선택권을 행사하는데 필요한 상당한 기간을 부여하여야 할 것이며, 이때 상당한 기간이란 노동조합의 조직과정, 형태 등 구체적인 사실관계를 종합적으로 판단하여야 할 것임.

다음으로, 법원의 경우 명시적인 판단은 발견되지 않으나, 하급심 판결 중에는 '근로자가 지배적 노동조합에서 탈퇴할 경우 30일 이내에 해직하여야 한다'는 유니언 숍 협정에도 불구하고 탈퇴일로부터 약 6개월이 지난 후 해당 근로자

를 해고한 것은 정당하다고 본 판결이 존재한다.[58)]

③ 단체협약에 해고 등 신분상 불이익한 조치의무에 대한 규정이 없는 경우

단체협약에 유니언 숍 협정에 따라 근로자는 노동조합의 조합원이어야만 된다는 규정만 존재하고 그 외 노동조합에 가입하지 않은 근로자에 대한 해고 등 불이익처분에 관한 명문의 규정이 없는 경우에도 사용자에게 신분상 불이익한 조치의무가 발생하는지 여부가 문제된다.

고용노동부는 단체협약상 '종업원은 입사와 동시에 조합원이 된다'라는 취지의 규정만 있고 임의탈퇴 또는 가입거부시 해고의무를 명시적으로 두지 않은 경우, ① 해당 조항의 취지가 가입거부 또는 임의탈퇴 시 해고한다는 것을 의미하는 것에 대한 노사 간 이견이 없다면 사용자에게 해고의무가 발생하고, 이와 달리 ② 노사 간 이견이 있고, 그동안 해고한 관행도 없다면 해고의무가 발생한다고 보기 어렵다는 입장을 취하고 있다.

58) 창원지방법원 진주지원 2013. 5. 8. 선고 2012가합2357 판결(부산고등법원(창원) 2014. 3. 14. 선고 2013나1719 판결로 항소기각 후 확정됨), 해당 판결은 단체협약상 해고기간이 30일 이내로 되어있음에도 불구하고 사용자가 6개월 후에 근로자를 해고하였으나, 단체협약상 30일의 기한은 유니언 숍 협정의 실효성을 확보하기 위하여 신속하게 해당 조합원을 해고하여야 할 의무를 부과하고 있는 것으로, 조직강제를 통해 사측과의 교섭력을 제고하려는 유니언 숍 협정의 취지에 비추어보면, 그 기간이 지나면 사용자가 해당 조합원을 해고할 수 없다는 것으로 해석되지 않는다고 하여 해고가 정당하다고 판시하였다(노동법실무연구회, 「노동조합 및 노동관계조정법 주해Ⅲ」 제2판, 박영사, 2023, 210쪽)

관련 법령 및 해석

고용노동부, 「집단적 노사관계 업무매뉴얼」, 2022. 178~179쪽

단체협약에 유니온숍 협정에 따라 '근로자는 조합원이어야만 된다'는 규정만 있고, 미가입자 또는 탈퇴자에 대한 해고의무 조항은 없는 경우에도 그 취지가 가입거부 또는 임의탈퇴 시 해고한다는 것을 의미하는 것에 대한 노사 간 이견이 없다면 사용자의 해고의무가 발생함. 다만, 노사 간 이견이 있고, 그동안 해고한 관행도 없다면, 해고의무가 발생한다고 보기 어려움

고용노동부, 「유니온숍 해고의무 부담여부 해석지침」, 노사관계법제과-89, 2008. 8. 19.

단체협약상 "종업원은 입사와 동시에 조합원이 된다"는 규정만 있고 임의탈퇴 또는 가입거부시 해고의무를 명시적으로 두지 않은 경우

① 단체협약의 체결당사자인 노사간에 동 단협의 취지가 노동조합에서 임의탈퇴 또는 가입거부시 해고한다는 것을 의미한 것으로 서로 해석의 다툼이 없다면 그대로 해석・적용
  - 이 경우에도 사용자는 노조 탈퇴자에 대하여 해고할 의무가 있음을 미리 알려주고 그럼에도 근로자가 노조 탈퇴의사를 철회하지 않을 경우 해고할 수 있음

② 단협상 해당 규정의 해석에 있어서 노사간의 이견이 있고 해고한 관행도 형성되어 있지 않다면 당연히 해고의무가 발생하지 않는 것으로 해석・적용

※ 대법원 판결도 해고의무는 있다고 보나 해고하지 않는 것 자체가 부당노동행위를 구성하는 것은 아니라는 입장으로서 실질에 있어서는 해고의무가 없다고 해석하는 것과 큰 차이가 없음

이와 달리 법원은 단체협약에 유니언 숍 협정에 따라 근로자가 노동조합의 조합원이어야만 된다는 규정이 있는 경우에는 다른 명문의 규정이 없더라도 사용자는 노동조합에서 탈퇴한 근로자를 해고할 의무가 있다는 입장을 취하고 있다.[59)]

관련 법령 및 해석

대법원 1996. 10. 29. 선고 96다28899 판결

유니언 숍 협정에 의한 가입강제가 있는 경우에는 단체협약에 명문 규정이 없더라도 노동조합의 요구가 있으면 사용자는 노동조합에서 탈퇴한 근로자를 해고할 수 있기 때문에 조합측에서 근로자의 조합 가입을 거부하게 되면 이는 곧바로 해고로 직결될 수 있으므로 조합은 노조가입 신청인에게 제명에 해당하는 사유가 있다는 등의 특단의 사정이 없는 한 그 가입에 대하여 승인을 거부할 수 없고, 따라서 조합 가입에 조합원의 사전 동의를 받아야 한다거나 탈퇴 조합원이 재가입하려면 대의원대회와 조합원총회에서 각 3분의 2 이상의 찬성을 얻어야만 된다는 조합 가입에 관한 제약은 그 자체가 위법 부당하므로, 특별한 사정이 없는 경우에까지 그와 같은 제약을 가하는 것은 기존 조합원으로서의 권리남용 내지 신의칙 위반에 해당된다.

대법원 1998. 3. 24. 선고 96누16070 판결

유니언 숍(Union Shop) 협정은 노동조합의 단결력을 강화하기 위한 강제의 한 수단으로서 근로자가 대표성을 갖춘 노동조합의 조합원이 될 것을 '고용조건'으로 하고 있는 것이므로 단체협약에 유니언 숍 협정에 따라 근로자는 노동조합의 조합원이어야만 된다는 규정이 있는 경우에는 다른 명문의 규정이 없더라도 사용자는 노동조합에서 탈퇴한 근로자를 해고할 의무가 있다.

판단컨대, 유니언 숍 협정의 본래의 모습이 사용자에게 노동조합과의 관계에서 임의로 노동조합에 가입하지 않거나 탈퇴한 근로자를 해고시킬 의무를 발생시키는 것이므로, 단체협약상 사용자의 해고의무에 관한 별도의 명문 규정이 없는 경우라도 사용자에게 해고의무가 발생한다고 보는 것이 타당하다.[60)]

59) 대법원 판결 외 대구고등법원 2011. 11. 11. 선고 2011나3177 판결(대법원 2012. 3. 29. 선고 2011다106914 심리불속행기각 판결로 확정됨) ; 창원지방법원 진주지원 2013. 5. 8. 선고 2012가합2357 판결 등

(나) 신분상 불이익한 조치의무의 한계

노조법 제81조 제2항 제2호 단서 후문은 개별 근로자가 지배적 노동조합으로부터 (i) 제명을 당하거나, (ii) 탈퇴 및 새로운 노동조합 조직 또는 (iii) 탈퇴 및 다른 노동조합에 가입하는 경우에는 사용자가 신분상 불이익한 조치를 할 수 없도록 규정하고 있다.

따라서 유니언 숍 협정이 유효하게 성립되어 있다고 하더라도 노동조합에서 제명된 자, 노동조합을 탈퇴하여 새로 노동조합을 조직하거나 다른 노동조합에 가입한 자에 대해 불이익 취급을 하는 것은 부당노동행위에 해당할 수 있으므로,[61] 이들에 대한 사용자의 신분상 불이익한 조치는 금지된다. 그러나 실무상 다음과 같은 경우도 사용자의 신분상 불이익한 조치가 금지되는지 여부가 문제된다.

① 형식적으로 노조 미가입 또는 탈퇴이나, 그 실질이 제명에 해당하는 경우

형식적으로 노조 미가입 또는 탈퇴이나, 그 실질이 제명에 해당하는 경우란 대표적으로 지배적 노동조합이 규약상 제명에 해당하는 사유가 있다는 등의 사정이 없음에도, 해당 노조 가입을 원하는 근로자의 가입 승인을 거부하거나 해당 조합을 탈퇴한 근로자의 탈퇴의사 철회 또는 재가입 요청을 거부하는 경우를

60) 노동법실무연구회, 「노동조합 및 노동관계조정법 주해Ⅲ」 제2판, 박영사, 2023, 211쪽

61) 노조 탈퇴로 비조합원이 되자 계속 지급해오던 승무수당 등을 지급하지 아니하면서 노동조합에 재가입하도록 강요하는 행위는 불공정 고용계약에 해당될 수 있음(고용노동부, 「집단적 노사관계 업무매뉴얼」, 2022, 482쪽)

말한다.

그러나 노동조합은 노조 가입 신청인에게 제명에 해당하는 사유가 있다는 등의 특단의 사정이 없는 한 그 가입을 거부할 수 없으므로, 유니언 숍 협정을 체결한 경우 노동조합이 합리적 이유 없이 조합원자격을 갖춘 근로자의 가입·탈퇴·재가입을 제한 또는 거부하는 것은 권리남용 또는 신의칙위반으로 위법·부당하다고 할 것이며, 이는 사실상 제명의 효과를 갖는 것으로 볼 수 있다.

관련 법령 및 해석

대법원 1995. 2. 28. 선고 94다15363 판결

노조를 탈퇴한 근로자 11명이 노조탈퇴 의사를 철회하고 노조에 다시 가입하기 위한 노력을 하였음에도 불구하고 노동조합이 그중 일부에 대하여는 노조탈퇴 의사 철회를 받아들여 노조원의 자격을 유지하게 하고 나머지 3명에 대하여서만 이를 받아들이지 않고 회사에 대하여 해고를 요구하여 결국 해고하게 되었다면, 노조 자체가 단결권의 정신을 저버리고 실질상 제명과 같은 효과를 발생시킨 것으로서 노동조합법 제39조제2호(현행법 제81조제2호) 단서에 위반될 뿐만 아니라 유니온숍 협정에 기한 해고의 목적범위를 일탈한 것이고, 또한 11명의 탈퇴자 중 3명에 대하여서만 탈퇴의사 철회를 거부하고 해고되게 한 것은 다른 탈퇴 근로자들과의 형평에도 반하여 무효이다.

대법원 1996. 10. 29. 선고 96다28899 판결

조합이 조합원의 자격을 갖추고 있는 근로자의 조합 가입을 함부로 거부하는 것은 허용되지 아니하고, 특히 유니언 숍 협정에 의한 가입강제가 있는 경우에는 단체협약에 명문 규정이 없더라도 노동조합의 요구가 있으면 사용자는 노동조합에서 탈퇴한 근로자를 해고할 수 있기 때문에 조합측에서 근로자의 조합 가입을 거부하게 되면 이는 곧바로 해고로 직결될 수 있으므로 조합은 노조 가입 신청인에게 제명에 해당하는 사유가 있다는 등의 특단의 사정이 없는 한 그 가입에 대하여 승인을 거부할 수 없고, 따라서 조합 가입에 조합원의 사전 동의를 받아야 한다거나 탈퇴 조합원이 재가입하려면 대의원대회와 조합원총회에서 각 3분의 2 이상의 찬성을 얻어야만 된다는 피고 주장의 조합 가입에 관한 제약은 그 자체가 위법 부당하고, 또한 특별한 사정이 없는 경우에까지 위와 같은 제약을 가하는 것은 기존 조합원으로서의 권리남용 내지 신의칙 위반에 해당된다.
원고들은 피고 조합을 무력화시키려고 하는 탈퇴 당시의 기도를 포기하고 피고 조합에 굴복하여 조합원 지위의 회복을 갈망하고 있다고 보이는 반면에, 피고측에서 원고들의 가입 승인을 거부할 특별한 사정이 있다고 인정할 만한 자료가 없으며, 더욱이 피고가 총 36명의 탈퇴자 가운데 8명만을 선별하여 조합원으로 받아들이고 원고들을 비롯한 나머지 탈퇴자들에 대하여는 가입 승인을 끝까지 거부하는 것은 형평에도 반하는 처사라 하여 원고들에 대한 피고의 가입 승인 거부행위는 권리남용 내지 신의칙 위반에 해당한다.

따라서 형식적으로는 노동조합 미가입 또는 탈퇴로 볼 수 있으나, 실질적으로 제명에 해당하는 경우라면, 사용자의 신분상 불이익한 조치는 노조법 제91조 제2항 제2호 단서 후문에 따라 금지된다고 할 것이다.

② 신규입사자가 지배적 노동조합에의 가입 및 탈퇴 절차를 경유하지 않고 곧바로 소수노조 가입 또는 신규 노동조합을 조직하는 경우

노조법 제81조 제1항 제2호 단서 후문의 문언을 살펴보면, “그 노동조합(지배적 노동조합)을 탈퇴하여 새로 노동조합을 조직하거나 다른 노동조합에 가입한 것을 이유로 근로자에게 신분상 불이익한 행위를 할 수 없다.”라고 규정하고 있어 사용자가 신분상 불이익한 행위를 할 수 없는 경우에 해당하기 위해서는 ① 우선 지배적 노동조합에 가입하고, ② 이후 지배적 노동조합 탈퇴한 다음 ③ 새 노동조합 조직 또는 다른 노동조합 가입 등의 요건을 모두 갖추어야 하는지, 다시 말해 반드시 처음에는 지배적 노동조합 가입 및 탈퇴 절차를 별도로 경유하여야 하는지 여부가 문제될 수 있다.

이와 관련하여 대법원은 신규입사자가 지배적 노동조합에 가입 및 탈퇴하는 절차를 거치지 않고 곧바로 다른 노동조합에 가입한 사례에서 유니언 숍 협정의 효력은 어느 노동조합에게도 가입하지 아니한 근로자에게만 발생하므로, 비록 지배적 노동조합에 대한 가입 및 탈퇴절차를 별도로 경유하지 않았더라도 유니언 숍 협정을 근거로 신규입사자를 해고하는 것은 정당한 이유가 없는 해고라고 판단하였다.

따라서 반드시 지배적 노동조합에의 가입 및 탈퇴 절차를 거치지 않더라도 다른 노동조합에 가입하여 있거나 새로운 노동조합을 조직하는 경우에는 사용자가 해당 근로자에 대하여 신분상 불이익한 조치를 취할 수 없다.

관련 법령 및 해석

대법원 2019. 11. 28. 선고 2019두47377 판결

유니온 숍 협정의 효력은 근로자의 노동조합 선택의 자유 및 지배적 노동조합이 아닌 노동조합의 단결권이 영향을 받지 아니하는 근로자, 즉 어느 노동조합에도 가입하지 아니한 근로자에게만 미친다고 보아야 한다. 따라서 신규로 입사한 근로자가 노동조합 선택의 자유를 행사하여 지배적 노동조합이 아닌 노동조합에 이미 가입한 경우에는 유니온 숍 협정의 효력이 해당 근로자에게까지 미친다고 볼 수 없고, 비록 지배적 노동조합에 대한 가입 및 탈퇴 절차를 별도로 경유하지 아니하였다고 하더라도 사용자가 유니온 숍 협정을 들어 신규 입사 근로자를 해고하는 것은 정당한 이유가 없는 해고로서 무효로 보아야 한다.

(다) 신규입사자에 대한 자동가입 규정을 두고 있는 경우 노동조합 가입 여부

단체협약에서 "신규입사자는 입사와 동시에 자동으로 조합원이 된다."라는 취지의 유니언 숍 규정(이하 "자동가입 규정"이라 함)을 두고 있는 경우, 신규입사자가 입사와 동시에 자동적으로 조합원이 되는지 여부가 문제된다.

노동조합 가입행위는 원칙적으로 근로자의 노동조합 가입에 대한 청약의 의사표시와 그에 대한 노동조합의 승낙의 의사표시가 합치되어 성립되는 계약이므로, 단체협약상 자동가입 규정만으로 신규입사자가 곧바로 지배적 노동조합의 조합원이 된다고 볼 수 없으므로, 별도의 노동조합 가입 절차를 거쳐야 한다.

다만, 청약의 의사표시는 묵시적으로도 가능하기 때문에 신규입사자가 스스로 노동조합에 가입하려는 의사를 가지고 조합비 공제를 동의하는 방식으로 청약의 의사표시를 하고 노동조합이 조합비를 수령함으로써 이를 승낙하거나 조합원으로 활동을 하였다면 노동조합에 가입한 것으로 볼 수 있다.[62)]

관련 법령 및 해석

노조 68107-1199, 2001. 11. 2.

노동조합 및 노동관계조정법 제81조제2호(2008.3.28. 노동조합 및 노동관계조정법 제81조제2호 단서)단서의 규정에 의해 제한적으로 허용되고 있는 "유니온숍 제도"는 근로자들이 노동조합에 가입하지 않거나 자발적으로 탈퇴하는 경우 노동조합의 요구에 의해 사용자가 당해 근로자를 해고할 의무를 지게되는 것을 본질적 내용으로 하는 약정이며, 신규 근로자가 별도의 노조가입 절차 없이 입사와 동시에 조합원

62) 노동법실무연구회, 「노동조합 및 노동관계조정법 주해Ⅲ」 제2판, 박영사, 2023, 215쪽

신분을 취득한다는 의미는 아니라고 보아야 할 것이므로 "유니온숍" 협정의 효력 유무와 관계없이 당해 사업(장)의 근로자들이 노동조합에 가입하고자 하는 경우 규약이 정하는 절차에 따라 노조가입원서를 노동조합에 제출하여야 할 것임.

노조 68107-547, 2001. 5. 12.

동법에 의해 허용되고 있는 유니언숍 제도는 근로자들이 노동조합에 가입하지 않거나 자발적으로 탈퇴하는 경우 노동조합의 요구에 의해 사용자가 당해 근로자를 해고할 의무를 지게 되는 것을 본질적 내용으로 하는 약정이며, 신규근로자가 별도의 노조가입 절차 없이 입사와 동시에 조합원 신분을 취득한다는 의미는 아니라고 보아야 할 것임. 따라서 신규입사자가 노동조합에 가입하지 않는 한 노동조합은 사업주에게 당해 근로자의 해고를 요구할 수는 있을 것이나, 당해 근로자의 의사에 반하여 조합비를 징수할 수 없는 것임.

대법원 2004. 11. 12. 선고 2003다264 판결

노동조합 가입행위는 원칙적으로 근로자의 청약과 조합의 승낙이라는 의사의 합치에 의하여 성립하는 계약이라고 할 것이므로, 비조합원들이 자발적인 가입의사가 없음에도 불구하고 무효인 유니언 숍 협정에 의하여 급여에서 노동조합비가 일괄 공제됨에 따라 일방적으로 조합원으로 간주된 것에 불과하다면 노동조합에 가입하려는 청약의 의사표시 자체가 결여된 것으로서 그러한 사실만으로 조합원의 자격을 취득하였다고는 볼 수 없을 것이나, 비조합원들이 유니언 숍 협정이 체결된 것을 계기로 또는 유니언 숍 협정과 무관하게 스스로 노동조합에 가입하려는 의사를 가지고 급여에서 노동조합비를 공제하는 것에 동의하는 방식으로 청약의 의사표시를 하고 노동조합이 조합비를 수령함으로써 이를 승낙하였다는 특별한 사정이 인정된다면, 비록 노동조합 가입의 계기가 된 유니언 숍 협정이 부당노동행위에 해당하여 무효라고 하더라도, 근로자와 노동조합 사이에 노동조합의 가입계약이 성립하고 이로써 조합원의 자격을 적법하게 취득하였다고 보아야 한다.

울산지방법원 2015. 4. 16. 선고 2014나10779 판결

노동조합 가입행위는 원칙적으로 근로자의 청약과 조합의 승낙이라는 의사의 합치에 의하여 성립하는 계약이라고 할 것인바, 단체협약상 유니언 숍 조항에서 입사와 동시에 조합원이 된다는 취지를 정하고 있는 경우라 하더라도, 비조합원들의 자발적인 가입의사가 없었다면 노동조합에 가입하려는 청약의 의사표시 자체가 결여된 것으로서 그러한 사실만으로는 조합원의 자격을 취득하였다고 볼 수 없다. 수정 전 단체협약 제4조 제2항과 같이 '회사의 운전자는 고용계약일로부터 조합원이 된다'는 취지의 규정이 있는 경우 노동조합의 형식적인 가입절차는 생략될 수 있을 것이지만 근로자가 입사와 동시에 노동조합원이 되었다는 것을 인식하고 이후 조합원으로 활동을 함으로써 노동조합 가입의 의사표시를 갈음할 수 있을 것이다.

(라) 소급 적용 가능 여부 : 유니언 숍 체결 전 취업한 근로자에 대한 적용 여부

유니언 숍 협정 체결 이전부터 근무하고 있던 비조합원에게도 유니언 숍 협정이 적용되는지 여부가 문제된다. 그러나 유니언 숍 협정은 소급하여 적용할 수 없으므로, 유니언 숍 협정체결 이전에 취업한 근로자에 대해서는 유니언 숍 협정에도 불구하고 노동조합 가입을 강제할 수 없다고 보아야 한다.

관련 법령 및 해석

노조 01254-4153, 1989. 3. 21.

노동조합법 제39조 제2호 단서(2008. 3. 28 노동조합 및 노동관계조정법 제81조 2호)에서 "조합원이 될 것을 고용조건으로 하는"으로 명시되어 있음은 신규채용을 의미한다고 보며, 노동조합의 대표자는 그 조합원을 위하여 근로조건 기타의 사항에 관하여 사용자와 교섭할 권한이 있고 교섭의 결과 체결된 단체협약은 그 노동조합원

에게만 적용되는데도 노동조합과 사업주가 단체협약에 기속되지 않는 조합원이 아닌 근로자의 의사에 반하는 근로조건 기타의 사항에 관하여 교섭하여 협약을 체결할 수 없는 것이므로 기존근로자의 노조가입은 본인의 의사결정에 따라야 하는 것임.

노조 01254-359, 1995. 3. 31.

신규 근로자에 대하여는 수습기간의 만료후 노조에 가입하도록 단체협약으로 정하고 있음에도 수습기간이 만료된 근로자가 노조가입을 거부하는 경우와 조합원은 근로자가 노동조합으로부터 임의 탈퇴하는 경우 사용자는 당해 근로자들을 해고하기 전에 해당 근로자에게 동 협정의 체결내용에 의거 사용자가 해고의 의무가 있음을 정확히 알려주고 그럼에도 불구하고 동 근로자들이 노조에 가입하지 않겠다는 의사와 탈퇴의사를 철회하지 않는 경우에는 해고가 가능할 것이지만 노동조합으로부터 제명된 근로자나 유니온숍협정 체결 이전의 근로자에게는 동 협정이 적용되지 않는 것임.

노조 68107-89, 2002. 1. 28.

노동조합 및 노동관계조정법 제81조 제2호 단서의 규정에 의거 노동조합이 당해 사업장에 종사하는 근로자의 2/3 이상을 대표하고 있을 때에는 근로자가 그 노동조합의 조합원이 될 것을 고용조건으로 하는 단체협약(이른바 유니언숍 조항)을 체결할 수 있는 것이나, 동 조항은 헌법 및 노동조합 및 노동관계조정법 제5조에 의해 보장된 근로자들의 단결선택의 자유를 제한한 예외적 규정이며, 또한 동조항이 "조합원이 될 것을 고용조건으로 하는"이라고 명시하고 있음을 감안할 때 동 유니언숍 협정은 동 협정체결 이후 기존 조합원과 신규 채용되는 근로자부터 그 효력이 미친다고 봄이 타당할 것임.

위와 유사하게 복수의 회사가 합병하는 경우 합병회사의 노동조합이 유니언 숍 협정을 체결한 경우, 해당 유니언 숍 협정이 피합병회사의 근로자에게도 적용되는지 여부가 문제된다.

합병 시 피합병회사와 그 근로자 사이의 집단적 근로관계나 근로조건 등은 합병회사와 합병 후 전체 근로자들을 대표하는 노동조합과 사이에 단체협약 체결 등을 통하여 합병 후 근로자들의 근로관계 내용을 단일화하기로 변경·조정하는 새로운 합의가 있을 때까지는 피합병회사의 근로자들과 합병회사 사이에 그대로 승계되므로, 기존 합병회사와 노동조합 사이의 유니언 숍 협정이 곧바로 피합병회사의 근로자들에게 미치는 것은 아니다.

관련 법령 및 해석

대법원 2004. 5. 14. 선고 2002다23185, 23192 판결

복수의 회사가 합병되더라도 피합병회사와 그 근로자 사이의 집단적인 근로관계나 근로조건 등은 합병회사와 합병 후 전체 근로자들을 대표하는 노동조합과 사이에 단체협약의 체결 등을 통하여 합병 후 근로자들의 근로관계 내용을 단일화하기로 변경·조정하는 새로운 합의가 있을 때까지는 피합병회사의 근로자들과 합병회사 사이에 그대로 승계되는 것이고, 합병회사의 노동조합이 유니언 숍의 조직형태를 취하고 있었다고 하더라도 위에서 본 바와 같은 피합병회사의 근로자들까지 아우른 노동조합과 합병회사 사이의 새로운 합의나 단체협약이 있을 때까지는 피합병회사의 근로자들이 자동적으로 합병회사의 노동조합의 조합원으로 되는 것은 아니라 할 것이다.

(마) 요건을 상실한 유니언 숍 효과

노조법 제81조 제1항 제2호 단서의 유니언 숍 요건은 효력유지 요건이므로, 해당 요건이 상실되면 유니언 숍 협정의 효력도 종료된다.

따라서 요건을 상실한 유니언 숍 협정에 기하여 사용자가 근로자에게 해고 등 신분상 불이익한 조치를 취할 경우 노조법 제81조 제1항을 위반한 행위로서 해당 조치의 효력이 인정될 수 없으며, 부당노동행위에 해당할 수 있다.

관련 법령 및 해석

노사관계법제과-2059, 2018. 8. 28.

법적 요건을 갖추어 유니온숍 협정을 체결한 경우라도 조합원의 집단적 탈퇴 등으로 유니온숍 협정 체결 요건인 조합원 수가 당해 사업장에 종사하는 근로자의 3분의 2에 미달될 때에는 그 때부터 유니온숍 협정의 효력은 상실된다할 것이어서 효력 상실 이후에도 노동조합 가입을 강제할 경우에는 부당노동행위에 해당하므로 노사 당사자는 이를 개선하여야 할 것으로 판단됨.

이와 관련하여, 노동조합이 유니언 숍 협정의 효력이 상실되기 이전에 해당 조합을 탈퇴한 근로자에 대한 해고를 요구하고, 이후 노동조합 조합원 수가 감소함에 따라 유니언 숍의 효력이 상실된 경우에도 사용자에게 해고의무가 존재하는지 여부가 문제된다.

고용노동부는 이와 같은 경우에도 유니언 숍 협정이 효력유지 요건을 갖추지 못하여 효력을 상실하였으므로, 사용자는 탈퇴 근로자를 해고할 의무가 없다는 입장을 취하고 있다.

관련 법령 및 해석

노동조합과-1807, 2005. 7. 4.

구체적인 사실관계를 정확히 알 수 없으나 조합원이 단기간에 순차적으로 노동조합을 탈퇴함에 따라 사용자가 탈퇴 근로자들에게 해고의무를 고지하였으나 실제 해고에 이르지 아니한 상태에서 유니언숍 협정이 법 소정의 요건을 갖추지 못하여 그 효력이 상실된 경우라면 사용자는 탈퇴 근로자를 해고할 의무가 없다고 보아야 할 것임.

또한, 위와 같이 효력을 상실한 유니언 숍은 노조법 제31조 제3항에 따른 시정명령의 대상이 될 수 있다.

관련 법령 및 해석

노사관계법제과-1368, 2011. 7. 25.

귀 질의는 단체협약상 유니온숍 협정이 요건미달로 효력을 상실한 경우 해당 단협 규정에 대한 시정명령이 필요한지에 관한 것인바, 질의 내용과 같이 조합원의 집단적 탈퇴로 유니온숍 협정이 효력을 상실한 이후부터는 당해 유니온숍 규정은 위법한 상태가 된다 할 것이므로, 관할 행정관청은 노사 당사자에게 자율적으로 개선하도록 지도하되 개선이 되지 않을 경우 노조법 제31조제3항 규정에 따라 노동위원회의 의결을 얻어 그 시정을 명할 수 있을 것으로 사료됨.

대법원 1997. 4. 11. 선고 96누3005 판결

"기능직 사원은 입사와 동시에 조합원이 된다. 신입사원 모집시 노조가입 유무를 확인 후 입사시키고 노조탈퇴 방지와 관련 비제도적 장치를 마련한다."는 내용의 조항을 둔 사실, 위 단체협약 체결시 노동조합에 가입가능한 고려화학의 근로자수는 933명이고, 노동조합원수는 247명이었던 사실, 피고는 원고가 고려화학에 종사하는 근로자의 2/3 이상을 대표하고 있지 않음에도 불구하고 위와 같이 특정한 노동조합에 가입할 것을 고용조건으로 하는 단체협약을 체결한 것은 노동조합법 제39조 제2호에 위반된다는 이유로, 노동조합법 제34조 제3항에 의하여 단체협약시정명령을 한 사실을 인정한 다음, 노동조합이 당해 사업장에 종사하는 근로자의 2/3 이상을 대표하고 있지 아니함에도 불구하고 근로자가 그 노동조합의 조합원이 될 것을 고용조건으로 하는 단체협약을 체결하는 것은 허용되지 아니하므로, 위와 같은 피고의 단체협약시정명령은 정당하다고 판단하였다.

다. 사용자의 해고의무 미이행 관련 쟁점

(1) 부당노동행위 해당 여부

유효한 유니언 숍 협정이 존재하는 경우에도 사용자가 유니언 숍 협정에 위반하여 노동조합에 가입하지 않거나 탈퇴한 근로자에 대한 해고 등 신분상 불이익한 조치를 취하지 않은 경우, 부당노동행위에 해당하는지 여부가 문제될 수 있다.

이와 관련하여, 대법원은 단체협약상 유니언 숍 협정에 의하여 사용자가 노동조합을 탈퇴한 근로자를 해고할 의무는 단체협약상의 채무일 뿐이고, 이러한 채무의 불이행 자체가 곧바로 지배·개입의 부당노동행위에 해당한다고 단정할 수 없다는 입장을 취하고 있다.

관련 법령 및 해석

대법원 1998. 3. 24. 선고 96누16070 판결

단체협약상의 유니언 숍 협정에 의하여 사용자가 노동조합을 탈퇴한 근로자를 해고할 의무는 단체협약상의 채무일 뿐이고, 이러한 채무의 불이행 자체가 바로 같은 법 제39조 제4호 소정 노동조합에 대한 지배·개입의 부당노동행위에 해당한다고 단정할 수는 없다. 이 부당 노동행위가 성립하려면 사용자에게 근로자가 노동조합을 조직 또는 운영하는 것을 지배하거나 개입할 의사가 있어야 하는 것인바, 뒤에서 보는 바와 같은 이 사건 경위에 비추어 볼 때 그 해고조치를 취하지 아니함에 있어 사용자인 참가인에게 그러한 의사가 있었던 것으로 볼 수가 없다.

다만, ▲노조탈퇴자에 대한 그간의 제재조치 및 관행, ▲탈퇴 시기와 경위, ▲탈퇴자에 대해 제재조치를 취하지 아니한 경위, ▲탈퇴자의 노조 내 지위, ▲

평소 사용자와 노조와의 관계, ▲노조탈퇴로 인하여 노동조합에 미치는 영향 등을 종합적으로 고려하여 사용자의 부당노동행위 의사가 인정되는 경우라면, 부당노동행위에 해당할 수 있을 것이다.[63)]

(2) 사용자의 해고의무 이행을 위한 조치

단체협약상 유니언 숍 협정에 의한 사용자의 해고 등 신분상 불이익한 조치의무의 불이행은 민법상 채무불이행에 해당하므로, 노동조합은 사용자의 단체협약 위반으로 인한 재산적·정신적 손해를 주장하면서 민법 제390조에 따른 손해배상을 청구할 수 있다.

다만, 채무불이행에 따른 손해배상 책임이 인정되기 위해서는 ▲채무자에게 채무가 있으나 이를 이행하지 않은 사실, ▲채무자에게 귀책사유가 있다는 사실, ▲채무불이행으로 인하여 채권자에게 손해가 발생한 사실을 입증하여야 하는데, 특히 손해액의 산정이 쉽지 않을 것이다.[64)]

또한, 사용자를 상대로 직접 해고의 의사표시를 구하는 소송도 이론상 가능할 것이나,[65)] 인용 여부와 관계없이 그 소송에 소요되는 시간과 비용을 고려하면 실효성이 매우 떨어질 것이다.

그 밖에 유니언 숍에 의한 해고 등 신분상 불이익한 조치의무가 노조법 제92

63) 고용노동부, 「최신 사례로 보는 부당노동행위」, 2009, 84쪽

64) 노동법실무연구회, 「노동조합 및 노동관계조정법 주해Ⅲ」 제2판, 박영사, 2023, 218쪽

65) 노동법실무연구회, 「노동조합 및 노동관계조정법 주해Ⅲ」 제2판, 박영사, 2023, 218쪽 노동조합이 직접 사용자를 대상으로 유니언 숍 협정에 위반한 근로자에 대한 해고의 의사표시를 하라고 청구하여 승소한 다음 민사집행법 제261조에 따른 간접강제의 방법으로 사용자의 해고의사표시를 집행하는 방법을 고려할 수 있다.

조 제2호 다목에 따른 "징계 및 해고의 사유와 중요한 절차에 관한 사항"에 해당한다고 해석한다면, 노조법 제92조 위반에 따른 고소를 고려할 수 있다. 다만, 해당 규정의 취지가 근로자를 사용자의 징계 내지 해고로부터 보호하려는 데에 있다고 본다면 유니언 숍 협정에 기한 해고의무에 대해서까지 이를 적용하는 것이 가능한지에 대해서는 의문이 존재한다.[66)]

66) 노동조합 및 노동관계조정법 주해Ⅲ」 제2판, 박영사, 2023, 218쪽

제3절
단체교섭 거부 · 해태

1. 의의

단체교섭은 노동조합이 사용자 또는 사용자단체와 임금 · 근로시간 · 후생 · 해고 기타 대우 등에 관하여 단결력을 바탕으로 교섭하는 것으로서 노동조합의 가장 핵심적이고 기본적인 활동이라 할 수 있고, 헌법 제33조 제1항은 노동조합에게 단체교섭권을 보장하고 있다.

이와 같이 노동조합 등 근로자단체에게 단체교섭권이 인정되는 이상 사용자 또는 사용자단체는 그에 대응하는 단체교섭의무를 부담하게 된다. 이에 노조법은 단체교섭을 중심으로 한 합리적인 노사관계 질서를 형성 · 보호하기 위하여 사용자에게 일정한 단체교섭 의무를 부과하고 있다.

또한, 단체교섭은 근로자의 권리 보장과 노사관계 안정의 근간이 되므로 노조법 제30조 제1항 및 제2항은 원만한 단체교섭 및 단체협약체결을 실현하기 위하여 사용자뿐만 아니라 노동조합에게도 동일한 단체교섭 의무를 부여하고 있다.

관련 법령 및 해석

노조법 제30조(교섭등의 원칙)

① 노동조합과 사용자 또는 사용자단체는 신의에 따라 성실히 교섭하고 단체협약을 체결하여야 하며 그 권한을 남용하여서는 아니된다.
② 노동조합과 사용자 또는 사용자단체는 정당한 이유없이 교섭 또는 단체협약의 체결을 거부하거나 해태하여서는 아니된다.

즉, 노동조합 역시 단체교섭권을 행사함에 있어서 신의에 따라 성실히 교섭하고 단체협약을 체결하여야 하며 그 권한을 남용하여서는 아니 되고, 사용자의 단체교섭 요구 사항에 대하여 정당한 이유 없이 교섭 또는 단체협약의 체결을 거부하거나 해태하여서는 아니 된다. 노동조합이 이와 같은 성실교섭의무를 이행하지 않는 경우에는 사용자가 이를 이유로 단체교섭이나 단체협약 체결을 거부・해태하더라도 성실교섭의무 위반에 해당하지 않으며, 사용자는 정당하게 단체교섭을 거부할 수 있다.[67)]

노조법 제30조 제1항 및 제2항에 따라 사용자와 노동조합이 부담하는 단체교섭의무는 다음과 같이 3가지로 구분할 수 있다[68)](다음 3가지 단체교섭의무를 통틀어 편의상 "성실교섭의무"라고 부르기도 한다).

67) 사법연수원, 「노동조합 및 노동관계조정법」, 2016, 172~173쪽 ; 노동법실무연구회, 「노동조합 및 노동관계조정법 주해Ⅱ」 제2판, 박영사, 2023, 230쪽

68) 사법연수원, 「노동조합 및 노동관계조정법」, 2016, 172쪽

〈표 8〉 | 사용자와 노동조합이 부담하는 단체교섭의무의 종류

구분	내용
단체교섭응낙 의무	- 정당한 이유 없이 단체교섭을 거부하지 않을 것
성실교섭 의무	- 신의에 따라 성실히 교섭하고, 권한을 남용하지 않을 것 - 정당한 이유 없이 단체교섭을 해태하지 않을 것
단체협약체결 의무	- 정당한 이유 없이 교섭의 결과 합의된 사항에 대하여 단체협약 체결을 거부·해태하지 않을 것

한편, 노조법은 사용자가 정당한 이유 없이 교섭을 거부하거나 해태하는 것을 부당노동행위로 금지하고 있다.

관련 법령 및 해석

노조법 제81조(부당노동행위)

① 사용자는 다음 각 호의 어느 하나에 해당하는 행위(이하 "不當勞動行爲"라 한다)를 할 수 없다.

3. 노동조합의 대표자 또는 노동조합으로부터 위임을 받은 자와의 단체협약체결 기타의 단체교섭을 정당한 이유없이 거부하거나 해태하는 행위

해당 규정에서 "노동조합의 대표자"라 함은 노동조합 규약에 의한 대표임원을 의미하고, "위임을 받은 자"라 함은 노동조합으로부터 교섭 또는 단체협약 체결 권한을 위임받은 자를 의미한다.

사용자로부터 단체교섭 권한을 위임받은 자가 정당한 이유 없이 교섭을 거부·해태하는 경우라도 사용자의 교섭권은 수임자의 교섭권한과 중복하여 경합적으로 남아 있고,[69] 부당노동행위 주체로서의 형사책임 및 구제명령의 수규자

는 교섭권한을 위임받은 자(수임자)가 아니라 위임자인 사용자에게 있으므로, 사용자가 부당노동행위의 처벌 주체가 된다.

2. 부당노동행위 성립 요건 및 입증책임

가. 사용자의 단체교섭 거부 또는 해태 행위 존재

노조법 제81조 제1항 제3호에 따른 부당노동행위가 성립하기 위해서는 사용자가 ① 단체교섭을 거부 또는 ② 해태하거나 ③ 단체교섭이 타결되었음에도 단체협약의 체결을 거부하는 행위가 있어야 한다.[70)]

이 때, ▲'단체교섭을 거부하거나 해태하는 행위'는 조합의 정당한 단체교섭 요구를 부인하거나 경시하는 일체의 행위를 의미하고,[71)] ▲"단체교섭이 타결되었음에도 단체협약의 체결을 거부하는 행위가 있는 때"라 함은 단체교섭을 통해 노사 간에 진정한 합의가 성립하였음에도 사용자가 그 합의의 내용을 서면으로 협약화하는 것을 거부하는 경우를 의미한다.

다만, 교섭과정에서 사용자가 한 발언이 "전체적인 합의의 성립을 조건으로 하는 잠정적・가정적 양보에 관계되는 것"(잠정합의 등)에 불과하거나 고성과 욕설 가운데 일방적으로 진행된 단체교섭 속에서 같은 업종의 다른 회사의 협약

---

69) 대법원 1998. 11. 13. 선고 98다20790 판결

70) 노동법실무연구회, 「노동조합 및 노동관계조정법 주해Ⅲ」 제2판, 박영사, 2023, 224쪽 ; 고용노동부, 「최신 사례로 보는 부당노동행위」, 2009, 90쪽

71) 최영우, 「집단 노동법 실무」, 개정8판, (주)중앙경제, 2023, 953쪽

상황에 대한 오해를 바탕으로 합의가 이루어진 경우는 "단체교섭이 타결되었음에도 단체협약의 체결을 거부하는 행위"에 해당하지 않는다고 할 것이다.[72]

한편, 복수의 노동조합이 존재하는 사업(장)의 사용자가 교섭대표노동조합을 정하는 교섭창구단일화절차를 거부하거나 해태하는 행위도 노조법 제81조 제1항 제3호에 따른 "기타의 단체교섭"을 거부하거나 해태하는 것으로서 부당노동행위에 해당할 수 있다.

관련 법령 및 해석

서울행정법원 2013. 7. 17. 선고 2013구합50678 판결[73]

노조법 제81조 제3호는 '사용자가 노동조합의 대표자 또는 노동조합으로부터 위임을 받은 자와의 단체협약체결 기타의 단체교섭을 정당한 이유 없이 거부하거나 해태하는 행위'를 부당노동행위로 규정하고 있는데, 위 규정에서 의미하는 '기타의 단체교섭'이라 함은 단체협약의 체결 이외에 단체협약의 체결을 위한 일련의 단체교섭 절차를 의미하는 것이므로 사용자가 단체협약체결 이외에도 단체협약의 체결을 위한 일련의 절차를 거부하거나 해태하는 행위도 부당노동행위로 볼 수 있다.

중노위 2021. 6. 2. 중앙2021부노14 판정

하나의 사업 또는 사업장 내에 복수노동조합이 존재하는 경우 교섭대표노동조합을 정하는 교섭창구 단일화 절차는 단체교섭에 나아가기 위한 필수적인 절차에 해당하고, 교섭창구 단일화 절차는 노동조합의 사용자에 대한 단체교섭 요구로부터 시작하게 되므로 복수노동조합이 존재하는 사업 또는 사업장의 사용자가 교섭대표노동조합과의 단체협약체결 또는 단체교섭을 거부하거나 해태하는 행위뿐 아니라 교섭대표노동조합을 정하기 위한 교섭창구 단일화 절차를 거부하거나 해태하는 행위 역시 노조법 제81조제3호의 기타의 단체교섭을 거부하거나 해태하는 것으로서 부당노동행위에 해당한다고 할 것이다.

72) 노동법실무연구회, 「노동조합 및 노동관계조정법 주해Ⅱ」 제2판, 박영사, 2023, 216쪽

나. 정당한 이유의 부존재

노동조합의 단체교섭권에 대응하는 사용자의 단체교섭의무는 사용자가 성의 있게 교섭에 임하는 것을 의미하는 것이지 교섭사항을 반드시 타결하여야 한다는 의무를 말하는 것은 아니다.

즉, 사용자는 노동조합의 요구나 주장에 대해 대안을 제시하고 근거자료를 제공하는 등 성실히 대응하여 합의 가능성을 모색할 의무는 있으나 무조건적으로 노동조합의 요구를 받아들여 합의하거나 양보해야 할 의무가 있는 것은 아니므로, 정당한 이유가 있는 단체교섭의 거부 등은 부당노동행위에 해당하지 않는다.

사용자의 교섭 거부 등에 정당한 이유가 존재하는지 여부는 ▲노동조합 측의 교섭권자, ▲교섭시간, ▲교섭장소, ▲교섭사항, ▲교섭태도 등을 종합하여 사회통념상 사용자에게 "단체교섭의무"의 이행을 기대하는 것이 어렵다고 인정되지 여부에 따라 판단한다. 여기서 단체교섭의무 이행을 기대하기 어려운지 여부는 사용자의 주관적인 인식이 아니라 단체교섭을 둘러싼 제반사항을 종합하여 판단한다. 이에, 비록 사용자가 단체교섭을 거부할 정당한 이유가 있다거나 단체교섭에 성실히 응하였다고 믿었더라도 객관적으로 정당한 이유가 없고 불성실한 단체교섭으로 판정되는 경우에는 단체교섭 거부・해태의 부당노동행위가 성립한다.

73) 해당 판결은 서울고등법원 2013. 12. 12. 선고 2013누46237 판결에서 항소기각, 대법원 2014. 3. 27. 선고 2014두35034 판결에서 심리불속행 기각으로 확정되었음

관련 법령 및 해석

대법원 2010. 11. 11. 선고 2009도4558 판결

노동조합 및 노동관계조정법 제81조 제3호는 '사용자가 노동조합의 대표자 또는 노동조합으로부터 위임을 받은 자와의 단체협약 체결 기타의 단체교섭을 정당한 이유 없이 거부하거나 해태할 수 없다'고 규정하고 있는바, 단체교섭에 대한 사용자의 거부나 해태에 정당한 이유가 있는지 여부는 노동조합 측의 교섭권자, 노동조합 측이 요구하는 교섭시간, 교섭장소, 교섭사항 및 그의 교섭태도 등을 종합하여 사회통념상 사용자에게 단체교섭의무의 이행을 기대하는 것이 어렵다고 인정되는지 여부에 따라 판단하여야 한다.

대법원 1998. 5. 22. 선고 97누8076 판결

사용자가 아무런 이유 없이 단체교섭을 거부 또는 해태하는 경우는 물론이고, 사용자가 단체교섭을 거부할 정당한 이유가 있다거나 단체교섭에 성실히 응하였다고 믿었더라도 객관적으로 정당한 이유가 없고 불성실한 단체교섭으로 판정되는 경우에도 성립한다고 할 것이다.

대법원은 사용자의 단체교섭 거부·해태에 정당한 이유가 존재하는지 여부에 대하여 ① 노동조합의 교섭요구가 적법하여(교섭권자, 교섭사항) 사용자에게 교섭의무가 존재하는지, ② 노동조합이 성실교섭의무를 이행하여(교섭장소, 시간, 태도 등) 사용자에게 교섭의무의 이행을 기대할 수 있는지, ③ 사용자가 성실교섭의무를 다하였음에도 불구하고 교섭의 진척이 없는 등으로 교섭의무의 이행을 기대할 수 없는지를 고려하여 판단하는 것으로 보인다. 이와 같은 대법원의 판단구조를 그림으로 표현하면 아래와 같다.

〈그림 2〉 ǀ 단체교섭 거부 · 해태의 정당한 이유 존부 및 부당노동행위 판단구조

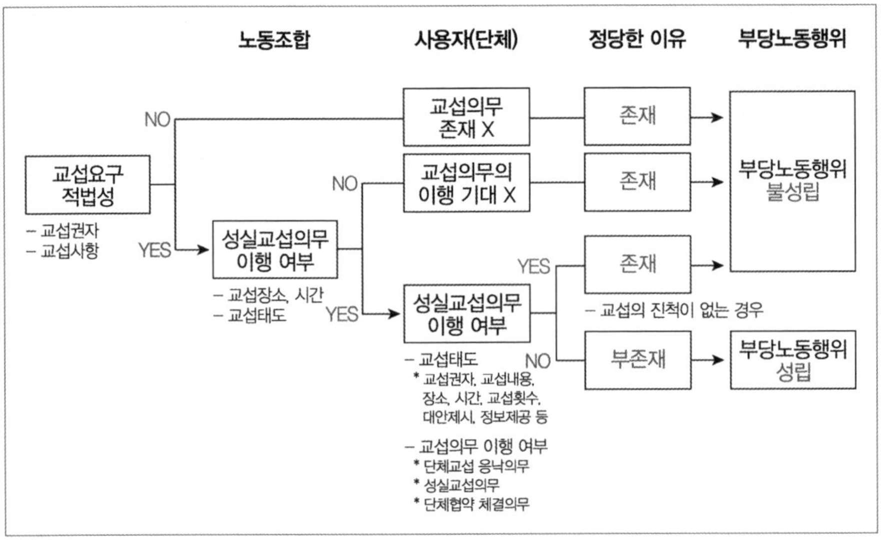

다. 단체교섭 거부 · 해태의 부당노동행위 입증책임

사용자 또는 사용자단체의 단체교섭 거부 · 해태가 부당노동행위에 해당한다는 것에 관한 증명책임은 부당노동행위의 일반적인 증명책임과 동일하게 노동조합에게 있다. 노동조합은 사용자의 단체교섭 거부 또는 해태가 존재하고 그 정당한 이유가 없다는 점에 대한 증명책임을 부담한다.

따라서 필요한 심리를 다하였어도 위와 같은 단체교섭 거부 · 해태 사실 및 정당한 이유가 없다는 점이 불분명하여 부당노동행위의 존재 여부를 확정할 수 없는 경우에는 그로 인한 위험이나 불이익은 그것을 주장한 근로자 또는 노동조합이 부담하게 된다.

관련 법령 및 해석

대법원 2014. 11. 13. 선고 2011두9102 판결

사용자의 행위가 노조법에 정한 부당노동행위에 해당하는지 여부는 사용자의 부당노동행위 의사의 존재 여부를 추정할 수 있는 모든 사정을 전체적으로 심리 검토하여 종합적으로 판단하여야 하고, 부당노동행위에 대한 증명책임은 이를 주장하는 근로자 또는 노동조합에게 있으므로, 필요한 심리를 다하였어도 사용자에게 부당노동행위 의사가 존재하였는지 여부가 분명하지 아니하여 그 존재 여부를 확정할 수 없는 경우에는 그로 인한 위험이나 불이익은 그것을 주장한 근로자 또는 노동조합이 부담할 수밖에 없다.

3. 단체교섭 거부 · 해태의 부당노동행위 판단에 대한 구체적 사례

실무상 단체교섭 거부 · 해태의 부당노동행위 해당 여부 판단 시 주된 쟁점은 사용자의 교섭 거부 · 해태에 정당한 이유가 있는지 여부라고 할 것이다.

이 때, 사용자의 교섭거부 · 해태에 대한 정당한 이유 존재 여부는 ① 노동조합 교섭요구의 적법성, ② 노동조합의 성실교섭의무 이행 여부, ③ 사용자의 성실교섭의무 이행 여부를 고려하여 판단하므로, 이하에서는 ①~③을 구분하여 교섭거부 · 해태의 부당노동행위 판단 사례를 살펴보도록 하겠다.

가. 노동조합 교섭요구의 적법성과 교섭거부 · 해태의 부당노동행위

(1) 노동조합의 교섭권자 : 교섭 당사자와 담당자

단체교섭의 당사자라 함은 단체교섭의 주체로서 단체교섭을 자신의 이름으로 행하고 그 법적 효과가 귀속되는 주체를 말하며, 단체교섭의 담당자란 단체교섭의 당사자를 위하여 사실행위로서 단체교섭을 하는 자를 말한다. 이와 같은 단체교섭의 담당자는 단체교섭의 당사자로부터 교섭 또는 단체협약 체결에 관한 권한을 위임받은 자도 포함된다.

(가) 근로자측 단체교섭 당사자

근로자측의 교섭당사자는 원칙적으로 노조법에 따른 노동조합의 설립요건[74]을 갖춘 적법한 노동조합을 의미한다.

〈그림 3〉 | 노동조합의 설립요건

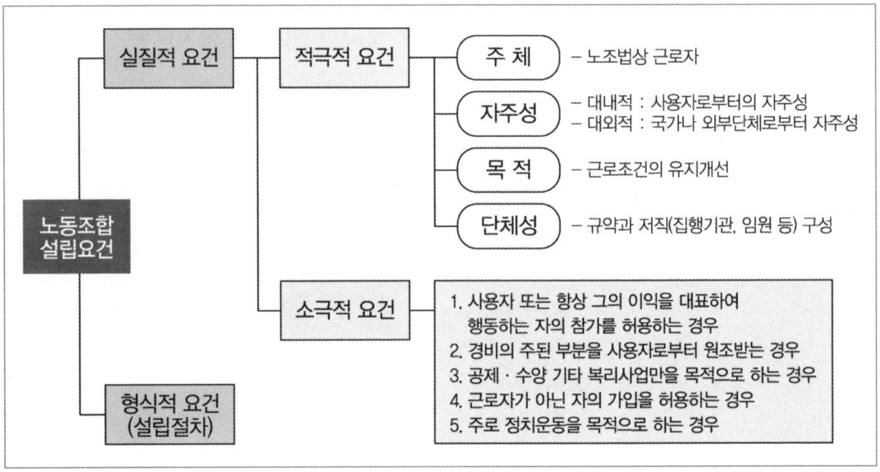

① 법내 노동조합 : 노조법에 따른 노동조합

노조법에 따른 노동조합의 형식적·실질적 요건을 모두 갖춘 노동조합을 이른바 "법내 노동조합"이라 한다. 이와 같은 노동조합은 그 조직형태 및 조합원 수를 불문하고 단체교섭의 당사자가 될 수 있다.

② 법외 노동조합 : 헌법상 단결체

헌법상 단결체란 실질적인 요건은 구비하였으나 설립신고 등 형식적 요건을 구비하지 못한 근로자단체를 의미한다. 이와 같은 헌법상 단결체가 단체교섭의 당사자로서 적법한 단체교섭의 주체가 될 수 있는지 여부가 문제된다.

이와 관련하여 헌법상 단결체라도 단체교섭의 정당한 주체가 될 수 있음을 간접적으로 긍정한 사례가 발견된다. 헌법상 단결체는 노동조합의 실질적 요건을 갖춘 이상 헌법상 단체교섭권을 향유주체가 될 수 있으므로, 단체교섭 및 단체협약을 체결할 수 있는 정당한 당사자가 된다는 견해가 타당하다.[75]

관련 법령 및 해석

대법원 1997. 2. 11. 선고 96누2125 판결

원심의 설시 취지는 전기협이 그 설시와 같은 여러 가지 점에서 노동조합으로서의 실질적 요건을 갖추지 못하였으므로 단체교섭권이나 쟁의행위의 정당한 주체로 될 수 있는 노동조합이라고 볼 수 없다는 것이지, 노동조합법상의 노동조합이 아닌 근로자의 단결체는 무조건 단체교섭권 등이 없다는 것은 아니므로, 이와 다른 전제에서 원심판결을 비난하는 주장 부분은 받아들일 수 없다.

74) 노조법 제2조 제4호, 제10조 내지 제12조

75) 사법연수원, 「노동조합 및 노동관계조정법」, 2016, 144~146쪽

대법원 2016. 12. 27. 선고 2011두921 판결

노동조합 및 노동관계조정법(이하 '노동조합법'이라 한다)이 노동조합의 자유 설립을 원칙으로 하면서도 설립에 관하여 신고주의를 택한 취지는 노동조합의 조직체계에 대한 행정관청의 효율적인 정비・관리를 통하여 노동조합이 자주성과 민주성을 갖춘 조직으로 존속할 수 있도록 보호・육성하려는 데에 있으며, 신고증을 교부받은 노동조합에 한하여 노동기본권의 향유 주체로 인정하려는 것은 아니다. 그러므로 노동조합법 제2조 제4호에서 정한 노동조합의 실질적 요건을 갖춘 근로자단체가 신고증을 교부받지 아니한 경우에도 노동조합법상 부당노동행위의 구제신청 등 일정한 보호의 대상에서 제외될 뿐, 노동기본권의 향유 주체에게 인정되어야 하는 일반적인 권리까지 보장받을 수 없게 되는 것은 아니다.

③ 일시적 쟁의단

근로자와 사용자 간 일시적으로 대립관계가 형성되어 그에 관한 주장을 관철하기 위한 목적으로 결성된 일시적 쟁의단이 단체교섭의 주체가 될 수 있는지 문제된다.

이와 관련하여 고용노동부는 노동조합으로서 실질적 요건을 갖추지 못한 일시적 쟁의단 등의 단결체는 단체교섭권한이 없으므로 이들의 단체교섭 요구를 거부하더라도 부당노동행위에 해당하지 않는다는 입장을 취하고 있다.[76]

④ 상급단체

상급단체란 단위노조가 산업별・업종별 또는 지역별로 다른 단위노조와 결

76) 고용노동부 「집단적 노사관계 업무매뉴얼」, 2022, 487쪽

합관계를 가지는 경우 그 단위노조들의 상부에 존재하는 근로자단체를 말한다. 이러한 단위노동조합의 상급단체인 연합단체가 독자적으로 단체교섭의 주체가 될 수 있는지 여부가 문제된다.[77]

이와 관련한 법원의 입장은 불분명하나, 고용노동부는 상급단체는 곧바로 단체교섭의 주체가 되는 것이 아니고, 단위노조가 단체교섭 및 단체협약체결권 등을 위임해야 비로소 교섭 담당자로서 교섭권한이 생긴다는 입장을 취하는 것으로 보인다.

관련 법령 및 해석

고용노동부, 「최신 사례로 보는 부당노동행위」, 2009, 95~97쪽

교섭권 및 협약체결권이 없는 자의 교섭 요구를 사용자가 거부・해태하거나 교섭권한이 불명확한 자에 대해 체결권 유무를 명확하게 제시할 것을 요구함에 따라 교섭이 지연되는 것은 부당노동행위에 해당하지 아니함

- 상급단체에 교섭권한을 위임하였으나 노동조합의 요구로 직접교섭에 임하면서 이를 이유로 상급단체와의 교섭을 거부하는 경우

⑤ 지부 · 분회

노동조합이 산업별노조 등 초기업별로 조직되어 있는 경우 하부조직으로 지부・분회 또는 지회 등을 두는 것이 통상적인데, 이들 하부조직은 노조법상 노동조합의 하부조직이고, 독립된 노동조합은 아니기 때문에 단체교섭의 당사자가 될 수 있는지 여부가 문제된다.[78]

77) 노동법실무연구회, 「노동조합 및 노동관계조정법 주해 II」 제2판, 박영사, 2023, 70쪽

78) 노동법실무연구회, 「노동조합 및 노동관계조정법 주해 II」 제2판, 박영사, 2023, 72쪽

대법원은 단위노조의 지부나 분회도 ▲독자적인 규약 및 집행기관을 가지고 ▲독립된 조직체로서 활동을 하는 경우에는 당해 조직이나 그 조합원의 고유한 사항에 대하여 단체교섭의 당사자가 될 수 있다는 입장을 취하고 있다.

관련 법령 및 해석

◦ **대법원 2001. 2. 23. 선고 2000도4299 판결 ; 대법원 2008. 1. 18. 선고 2007도1557 판결**

노동조합의 하부단체인 분회나 지부가 독자적인 규약 및 집행기관을 가지고 독립된 조직체로서 활동을 하는 경우 당해 조직이나 그 조합원에 고유한 사항에 대하여는 독자적으로 단체교섭하고 단체협약을 체결할 수 있고, 이는 그 분회나 지부가 노조법 시행령 제7조의 규정에 따라 그 설립신고를 하였는지 여부에 영향받지 아니한다.

(나) 근로자측 단체교섭 담당자

노동조합은 자연인이 아니어서 스스로 교섭행위라는 사실행위를 할 수 없으므로, 자연인인 노동조합의 대표자가 교섭담당자가 된다. 또한, 복수노조가 존재하는 사업(장)에서 교섭창구단일화절차를 거친 경우에는 교섭대표노동조합의 대표자가 교섭담당자가 되고, 노동조합으로부터 교섭 및 단체협약 체결권한을 위임받은 자 역시 근로자측 교섭 담당자가 된다.

관련 법령 및 해석

노조법 제29조(교섭 및 체결권한)

① 노동조합의 대표자는 그 노동조합 또는 조합원을 위하여 사용자나 사용자단체와 교섭하고 단체협약을 체결할 권한을 가진다.

② 제29조의2에 따라 결정된 교섭대표노동조합(이하 "교섭대표노동조합"이라 한다)

의 대표자는 교섭을 요구한 모든 노동조합 또는 조합원을 위하여 사용자와 교섭하고 단체협약을 체결할 권한을 가진다.
③ 노동조합과 사용자 또는 사용자단체로부터 교섭 또는 단체협약의 체결에 관한 권한을 위임받은 자는 그 노동조합과 사용자 또는 사용자단체를 위하여 위임받은 범위안에서 그 권한을 행사할 수 있다.
④ 노동조합과 사용자 또는 사용자단체는 제3항에 따라 교섭 또는 단체협약의 체결에 관한 권한을 위임한 때에는 그 사실을 상대방에게 통보하여야 한다.

① 노동조합의 대표자

노동조합의 대표자란 규약에 따라 선출되어 대외적으로 노동조합을 대표하고 대내적으로 노동조합의 업무집행을 총괄하는 권한을 가진 자를 말한다. 노동조합 내부의 정당한 절차를 거쳐 실질적으로 조합원의 대표로서 선출된 자는 '조합장' 또는 '위원장' 등의 명칭을 불문하고 노동조합의 대표자가 될 것이다.[79]

② 노동조합으로부터 위임을 받은 자 : 제3자 위임금지 조항 문제

노조법 제29조 제3항에 따라 교섭 또는 단체협약의 체결에 관한 권한을 위임받은 자는 그 위임받은 범위 내에서 단체교섭의 담당자가 된다.

이와 관련하여, 단체협약에 기업 외부 또는 조합원 이외의 제3자에게 단체교섭을 위임하지 않겠다는 내용의 조항을 규정한 경우(이하 "제3자 위임금지 조항"이라 함), 노동조합이 해당 규정에 반하여 제3자에게 교섭을 위임한 때 사용

79) 노동법실무연구회, 「노동조합 및 노동관계조정법 주해Ⅲ」 제2판, 박영사, 2023, 79쪽

자가 제3자 위임금지 조항을 이유로 제3자와의 교섭을 거부할 수 있는지 여부가 문제된다.

고용노동부는 노동조합이 제3자 위임금지 조항을 위반한 경우 사용자가 제3자가 아닌 해당 노동조합과 직접 교섭을 요구하면서 교섭이 지연된다고 하더라도 부당노동행위에 해당한다고 보기 어렵다는 입장을 취하고 있다.

관련 법령 및 해석

노조 01254-477, 1997. 5. 28.

'단체협약상 노사 양측은 교섭당사자로서 제3자에게 교섭을 위임하지 아니한다'라고 규정하고 있다면 이에 따라야 할 것이므로, 노동조합이 동 규정을 위반하여 상급단체 등 제3자에게 교섭권을 위임하는 경우 사용자는 당해 노동조합과의 직접 교섭을 요구할 수 있을 것이며 이로 인해 교섭이 지연된다 하더라도 이를 법 소정의 부당노동행위에 해당한다고 보기 어려울 것임.

상기 사안에 대한 구체적인 판결은 존재하지 않으나, 노조법 제29조 제3항에서 노조가 제3자에게 위임하여 단체교섭 권한을 행사할 수 있도록 하는 것은 단체교섭에서 상급단체인 연합단체 등의 조력을 받을 수 있도록 하고 사용자(단체)로 하여금 이러한 수임자의 단체교섭에 성실하게 응하도록 강제함으로써 단체교섭권을 실질적·구체적으로 보장하기 위한 것에 그 취지가 있으므로, 제3자 위임금지 조항은 노조법 제29조 제3항을 위반하는 것으로서 무효라는 견해가 존재한다.[80]

80) 사법연수원, 「노동조합 및 노동관계조정법」, 2016, 153쪽 ; 노동법실무연구회, 「노동조합 및 노동관계조정법 주해Ⅲ」 제2판, 박영사, 2023, 81쪽

③ 교섭권한의 제한 문제

노동조합의 교섭 담당자가 단체교섭의 결과에 따라 사용자와 단체협약의 내용을 합의한 후 다시 협약안의 가부에 관하여 조합원 총회의 의결을 거쳐야만 한다는 내용의 이른바 "총회인준투표제"가 노동조합 규약 내지 단체협약에 규정된 경우, 해당 규정에 의해 노동조합 교섭 담당자의 단체협약 체결권한이 제한되는지 여부가 문제된다.

대법원은 이와 같은 총회인준투표제는 교섭 담당자의 단체협약 체결권한을 전면적 · 포괄적으로 제한함으로써 사실상 단체협약 체결권한을 형해화하여 명목에 불과한 것으로 만드는 것이어서 노조법 제29조의 취지에 위반되므로 무효라는 입장을 취하고 있다.

관련 법령 및 해석

대법원 1993. 4. 27. 선고 91누12257 전원합의체 판결

노동조합법 제33조 제1항 본문은 "노동조합의 대표자 또는 노동조합으로부터 위임을 받은 자는 그 노동자 또는 조합원을 위하여 사용자나 사용자단체와 단체협약의 체결 기타의 사항에 관하여 교섭할 권한이 있다"고 규정하고 있는바, "교섭할 권한"이라 함은 사실행위로서의 단체교섭의 권한 외에 교섭한 결과에 따라 단체협약을 체결할 권한을 포함한다. 노동조합의 대표자 또는 수임자가 단체교섭의 결과에 따라 사용자와 단체협약의 내용을 합의한 후 다시 협약안의 가부에 관하여 조합원총회의 의결을 거쳐야만 한다는 것은 대표자 또는 수임자의 단체협약체결권한을 전면적, 포괄적으로 제한함으로써 사실상 단체협약체결권한을 형해화하여 명목에 불과한 것으로 만드는 것이어서 위 법 제33조 제1항의 취지에 위반된다.

다만, 대법원은 노동조합이 사용자와 실질적인 합의에 이르기 전까지는 규약 등으로 총회 의결 등 내부 절차를 거치도록 하는 것과 같이 노동조합 대표자의 단체협약 체결권을 절차적으로 제한하는 것은 그것이 단체협약체결권을 전면적・포괄적으로 제한하는 것이 아닌 이상 허용된다는 입장을 취하고 있다.

관련 법령 및 해석

대법원 2013. 9. 27. 선고 2011두15404 판결

이 사건 규약 제24조 제1항 제2호에서는 '산별 협약 체결에 관한 사항'을 원고 총회의 의결 사항으로 규정하고 있고, 같은 규약 제68조 제1항 전단에서는 '조합이 협약을 체결하고자 할 때에는 총회를 거쳐 위원장이 체결하도록' 규정하고 있다. 그런데 ① 이 사건 규약 제24조 제1항 제2호와 같은 규약 제68조 제1항 전단이 원고의 대표자인 위원장이 단체교섭의 결과에 따라 사용자와 단체협약의 내용을 합의한 후 다시 협약안의 가부에 관하여 조합원 총회의 의결을 거친 후에만 단체협약을 체결할 수 있는 것으로 한정한 것인지 불분명한 점, ② 원고의 대표자인 위원장은 총회의 의결을 거쳐 조합원들의 의견을 수렴한 후, 수렴한 의견을 반영하여 단체교섭을 할 수 있고, 단체교섭을 하는 과정에서도 사용자와 실질적인 합의에 이르기 전까지는 총회의 의결을 거칠 수도 있다고 보이는 점, ③ 기록상 원고의 대표자인 위원장이 사용자와 단체교섭을 하고 단체협약의 내용에 합의한 후 단체협약을 체결하기에 앞서 다시 협약안의 가부에 관하여 조합원의 의견을 수렴하는 절차로서 총회를 거친 경우가 있었다고 볼 만한 자료가 제출된 바도 없는 점 등에 비추어 보면, 이 사건 규약 제24조 제1항 제2호와 같은 규약 제68조 제1항 전단이 노동조합 대표자의 단체협약 체결권한을 전면적・포괄적으로 제한하는 규정으로서 노조법 제29조 제1항에 위배된다고 보기는 어렵다.

대법원 2014. 4. 24. 선고 2010다24534 판결

단체협약은 조합원들이 관여하여 형성한 노동조합의 의사에 기초하여 체결되어야 하는 것이 단체교섭의 기본적 요청인 점, 노동조합법 제16조 제1항 제3호는 단체협약에 관한 사항을 총회의 의결사항으로 정하여 노동조합 대표자가 단체교섭 개시 전에 총회를 통하여 교섭안을 마련하거나 단체교섭 과정에서 조합원의 총의를 계속

수렴할 수 있도록 규정하고 있는 점 등에 비추어 보면, 노동조합이 조합원들의 의사를 반영하고 대표자의 단체교섭 및 단체협약 체결 업무 수행에 대한 적절한 통제를 위하여 규약 등에서 내부 절차를 거치도록 하는 등 대표자의 단체협약체결권한의 행사를 절차적으로 제한하는 것은, 그것이 단체협약체결권한을 전면적·포괄적으로 제한하는 것이 아닌 이상 허용된다고 보아야 한다.

(다) 교섭권자와 관련된 교섭 거부·해태의 구체적 사례

사용자가 근로자측 교섭권자를 이유로 교섭을 거부·해태한 경우, 그 정당한 이유가 있는지 여부에 대하여 우리 법원과 고용노동부는 근로자측의 ▲교섭 당사자로서의 자격, ▲교섭 담당자의 교섭권한의 존부 및 범위, ▲교섭위임의 적절성 등을 종합적으로 고려하여 사용자의 교섭 거부 또는 해태에 정당한 이유가 있는지 여부를 판단하고 있다.

☑ 교섭 당사자로서의 자격

[교섭 거부·해태의 정당한 이유 인정 요소]

- 노조법상 근로자로 구성되어 있지 않은 경우(대법 2005다39136, 인정사례①)
- 초기업별 노조에 대하여 당해 사업장에 종사하는 조합원의 존재 확인을 조건으로 교섭을 거부하는 경우(노사관계법제과-302, 인정사례②)
- 노동조합의 실질적 요건을 갖추지 못한 경우(ex 일시적 쟁의단, 해고자 단체, 반집행부 간부 등)(노동부 업무매뉴얼, 인정사례③~④)

[교섭 거부·해태의 정당한 이유 부정 요소]

- 당해 사업장에 종사하는 조합원이 1명뿐이라는 이유로 초기업노조의 교섭을 거부하는 경우(노사관계법제팀-2271, 부정사례①)

- 사용자가 노동조합을 적법한 조합이 아니라고 믿었다고 하더라도 노동위원회에서 적법한 노동조합이라고 인정되는 등 객관적으로 단체교섭을 거부할 정당한 이유가 없는 경우(서울행법 2019구합79701, 부정사례②)
- 노동위원회 결정 및 법원의 1심 판결이 있음에도 교섭 상대방이 노동조합법상 근로자에 해당한다고 판단한 확정판결이 없다는 이유로 교섭요구사실을 공고하지 않은 경우(서울고법 2021누53216, 부정사례③)
- 노동조합 선언 및 강령만을 근거로 주로 정치운동을 목적으로 하는 단체에 해당한다고 하여 교섭을 거부한 경우(서울행법 2010구합25794, 부정사례④)
- 단수 노동조합만 존재하여 교섭대표노동조합의 지위를 취득하였다고 볼 수 없음에도, 기존 노동조합이 교섭대표노조의 지위를 유지하고 있다는 이유로 신설 노동조합의 교섭요구를 거부한 경우(중앙2019부해672/부노115 병합, 부정사례⑤)
- 교섭사항이 무엇인지 특정되지 않았다는 이유로 교섭요구사실 공고를 하지 않은 경우(서울행법 2013구합50678, 부정사례⑥)
- 원 · 하청 등 다면적 노무제공관계에서 원청이 하청에서 조직된 노동조합의 사용자가 아니라는 이유로 교섭을 거부하였으나, 사용자성이 인정되는 경우(중앙2021부노14, 부정사례⑦ ; 서울행법 2021구합71748, 부정사례⑧)
- 원청이 하청에서 조직된 노동조합의 사용자성이 인정된 사례에서 원청 내 교섭대표노조가 존재한다는 이유로 하청에 설립된 노조의 교섭을 거부한 경우(원청의 실질적 지배력이 인정되는 경우라도 하청 소속 노조가 교섭창구단일화를 거쳐야 할 교섭단위는 하청에 한정되므로 원청 내 교섭대표노조 및 단체협약이 존재하는지 여부는 하청의 교섭단위에 영향을 미치지 않는다고 본 판정)(중앙2021부노268, 부정사례⑨)

☑ 교섭권한의 존부 및 범위

[교섭 거부 · 해태의 정당한 이유 인정 요소]

- 교섭 담당자에게 단체교섭 또는 단체협약 체결권한이 없는 경우
  - 비상대책위원회 등 교섭 및 협약체결권을 행사할 수 없는 자가 교섭을 요구한 경우(노조 01254-420, 인정사례⑤)

- 총회인준투표제 규정이 존재하는 등 노동조합 대표자에게 최종적인 단체협약 체결권이 존재하지 않는 경우[81](대법 97도588, 인정사례⑥ ; 노사관계법제팀-1624, 인정사례⑦)
- 총회인준투표제 규정이 있는 조합에서 단체협약 체결에 관한 사항을 위원장과 중앙집행위원회에 위임하기로 의결하였음에도, 이와 같은 사정을 회사측에 통보하지 않는 등 노동조합측에서 회사측의 협약 체결권한에 대한 의문을 해소시켜 줄 수 있음에도 불구하고 이를 해소시키지 않은 채 단체교섭만을 요구한 경우(대법 98도3299, 인정사례⑧)
- 교섭 담당자에게 단체교섭권을 위임하면서 단체협약 체결권은 그 권한에서 제외시킨 경우로서 협약체결권이 있는 자로 교섭대표의 교체 등을 요구하며 잠정적으로 교섭을 거부한 경우(노사관계법제과-473, 인정사례⑨)

• 교섭대표노동조합으로 단체교섭권을 취득하였으나 조합의 귀책사유로 인하여 실질적인 교섭이 진행되지 못하고, 약2.5년이 지나 사용자가 새로운 교섭창구단일화 절차를 진행하여 다른 노동조합과 교섭을 진행한 경우(중앙2019부노107,133 병합, 인정사례⑩)

[교섭 거부 · 해태의 정당한 이유 부정 요소]

• 교섭 담당자에게 단체교섭 및 단체협약 체결권한이 존재하는 경우
- 총회인준투표제 규정이 존재하는 경우라도, 총회(대의원회)에서 교섭 담당자가 최종권한을 갖고 있다는 점을 결의하는 등 노동조합대표자가 최종적인 협약체결권을 갖고 있다는 점을 사용자에게 명시적으로 제시한 경우(노사관계법제팀-1624, 부정사례⑩)
- 다수의 조합원이 단체협약 체결을 보류해달라는 요청서를 사용자에게 제출한 경우라도, 교섭 담당자의 교섭권한의 정당성이 인정되는 경우(노조 68107-26, 부정사례⑪)
- 사용자가 단체협약상 조합원 범위가 제한되는 직급으로 승진한 노동조합 위원장은 조합원 자격을 상실하였다는 이유로 교섭을 거부하였으나, 규약상 조합원 자격이 인정되므로 교섭 거부의 정당한 이유가 없다고 본 경우(단체협약에 따른

조합원 범위 제한 규정은 단체협약의 적용을 받는 근로자의 범위를 제한하는 취지에 불과하고, 조합원 자격은 노조 규약에 따라야 하므로 노동조합 위원장의 조합원 자격과 교섭의무를 인정한 사례)(수원지법(안양) 2018카합10031결정, 부정사례⑫)

- 노동조합측 교섭위원이 노조법상 사용자에 해당하지 않음에도, 사용자에 해당한다는 이유로 교섭을 거부한 경우(중앙2015부노221, 부정사례⑬)
- 지노위에서는 1노조가 과반수 교섭대표노동조합임을 확인하였으나, 중노위에서는 2노조가 교섭대표노동조합으로 결정되어 행정소송이 제기된 후, 사용자가 확정판결 전이라는 이유로 교섭을 거부하는 경우(노사관계법제과-2794, 부정사례⑭)

☑ 교섭 위임의 적절성

[교섭 거부 · 해태의 정당한 이유 인정 요소]

- 경쟁업체에 조직된 노조 간부에 대하여 교섭권을 위임함으로서 교섭 과정에서 기업의 비공개 내부정보나 기밀유출 등이 발생할 수 있는 경우(노사관계법제과-1694, 인정사례⑪)
- 노동조합이 해고된 자(특히 노동조합 대표자)에게 교섭권을 위임하여, 사용자가 수임자의 교체를 요구하면서 잠정적으로 교섭을 거부하는 경우(노조 68107-405, 인정사례⑫ ; 노동조합과-1632, 인정사례⑬)

[교섭 거부 · 해태의 정당한 이유 부정 요소]

- 비공개 내부정보나 기밀유출 위험이 없는 경우로서 노동조합이 경쟁업체에 조직된 노동조합 간부에 대하여 교섭권을 위임한 경우(노사관계법제과-1694, 부정사례⑮)
- 해고자가 사용자와의 개인적인 감정 등을 이유로 교섭권한을 남용하는 등 성실교섭을 기대하기 어렵다는 등의 사정이 없음에도, 단지 해고된 자가 노동조합 교섭위원 중의 한명으로 선정되었다는 사정만으로 교섭을 거부하는 경우(노동조합과-975, 부정사례⑯)
- 사용자가 연합에 의한 과반수 노동조합에게 단일대표 선임을 이유로 지속적으로 교섭을 거부하는 경우(노사관계법제과-1915, 부정사례⑰)

사례 ▌ 교섭 거부 · 해태의 정당한 이유 인정 사례

[사례①] 대법원 2005. 11. 24. 선고 2005다39136 판결[82)]

선정자 A노동조합은 결국 근로자가 아닌 자로 구성된 단체로서 '노동조합 및 노동관계조정법'(이하 '노동조합법'이라 한다)상 노동조합에 해당한다고 볼 수 없어 피고 회사가 위 선정자 조합의 단체교섭요구에 응하지 않은 것은 노동조합법상 부당노동행위로 볼 수 없다.

[사례②] 노사관계법제과-302, 2012. 2. 2.

사용자는 자신과 근로관계를 맺고 있는 근로자가 가입한 노동조합에 대해서만 단체교섭 의무를 지는 것이므로 사용자가 지역노동조합에 가입한 당해 사업(장) 소속 조합원의 존재에 대한 확인을 요구할 수 있을 것이며, 조합원의 확인을 조건으로 교섭을 거부하더라도 부당노동행위에 해당한다고 보기는 어려울 것임.
그러나 지역노동조합에 가입한 당해 사업(장) 소속 조합원이 있음은 명백함에도 노동조합에 가입한 당해 사업(장) 소속 조합원의 명부 제출을 요구하며 교섭을 거부한다면 이는 부당노동행위에 해당할 소지가 있다고 사료됨.

[사례③] 고용노동부, 「집단적 노사관계 업무매뉴얼」, 2022. 487쪽

노동조합으로서 실질적 요건을 갖추지 못한 일시적 쟁의단 등의 단결체는 단체교섭권한이 없으므로 이들의 단체교섭 요구를 거부 하더라도 부당노동행위가 되지 아니함

[사례④] 고용노동부, 「최신 사례로 보는 부당노동행위」, 2009, 91쪽

근로자측의 교섭당사자는 노조법 소정의 설립요건을 갖춘 적법한 노동조합이여야 하므로, 일시적인 쟁의단이나 해고자 단체, 반집행부 간부 등은 단체교섭권한이 없으며, 이를 거부하더라도 부당노동행위가 되지 아니함

[사례⑤] 노조 01254-420, 2000. 5. 20.

노동조합 및 노동관계조정법 제29조 제1항(2008.3.28 노동조합 및 노동관계조정법 제29조 제1항)의 규정에 의거 노동조합의 대표자가 노동조합 또는 조합원을 위하여 사용자나 사용자단체와 교섭하고 단체협약을 체결할 권한을 가지므로, 귀 질의의 경우와 같은 비상대책위원회

는 교섭 및 체결권을 행사할 수 없다고 보는 것이 타당할 것이며, 교섭 및 체결권한이 없는 자의 교섭요구를 사용자가 거부하더라도 부당노동행위로 보기는 어려울 것임.

[사례⑥] 대법원 1998. 1. 20. 선고 97도588 판결

노동조합의 대표자 또는 수임자가 단체교섭의 결과에 따라 사용자와 단체협약의 내용을 합의한 후 다시 협약안의 가부에 관하여 조합원 총회의 의결을 거친 후에만 단체협약을 체결할 것임을 명백히 하였다면 노사 쌍방간의 타협과 양보의 결과로 임금이나 그 밖의 근로조건 등에 대하여 합의를 도출하더라도 노동조합의 조합원 총회에서 그 단체협약안을 받아들이기를 거부하여 단체교섭의 성과를 무로 돌릴 위험성이 있으므로 사용자측으로서는 최종적인 결정 권한이 없는 교섭대표와의 교섭 내지 협상을 회피하거나 설령 교섭에 임한다 하더라도 성실한 자세로 최후의 양보안을 제출하는 것을 꺼리게 될 것이고, 그와 같은 사용자측의 단체교섭 회피 또는 해태를 정당한 이유가 없는 것이라고 비난하기도 어렵다 할 것이므로, 사용자측의 단체교섭 회피가 같은 법 제39조 제3호가 정하는 부당노동행위에 해당한다고 보기도 어렵고, 그에 대항하여 단행된 쟁의행위는 그 목적에 있어서 정당한 쟁의행위라고 볼 수 없다.

[사례⑦] 노사관계법제팀-1624, 2006. 6. 16.

노동조합 및 노동관계조정법 제29조 제1항(2008.3.28 노동조합 및 노동관계조정법 제29조 제1항)에서는 '노동조합의 대표자는 그 노동조합 또는 조합원을 위하여 사용자나 사용자단체와 교섭하고 단체협약을 체결할 권한을 가진다'라고 규정하여 노동조합의 대표자가 단체협약을 체결할 권한이 있음에도 노동조합 규약상 노동조합 대표자의 단체협약 체결권을 명백히 제한하고 있는 경우라면 사용자가 단체협약 체결권이 없는 노동조합 대표자와의 단체교섭 결과를 무위로 돌릴 수 있다는 점을 우려하여 단체협약 체결권한의 확보를 요구하며 교섭을 거부하더라도 부당노동행위에 해당한다고 보기 어려울 것임.

이와 달리, 노동조합 대표자의 단체협약 체결권 행사에 대해 총회 인준이 있어야 한다는 규약상 규정에도 불구하고 노동조합의 총회 또는 대의원회에서 노동조합 대표자에게 단체협약 체결권이 있음을 결의하는 등 노동조합 대표자가 최종적인 단체협약 체결권을 갖고 있다는 점을 사용자에게 명시적으로 제시한 후 단체교섭을 요구하였음에도 사용자가 이를 거부하는 경우라면 달리 볼 사정이 없는 한 정당한 교섭거부로 보기 어려울 것임.

[사례⑧] 대법원 2000. 5. 12. 선고 98도3299 판결

비록 조합원들이 노동조합을 결성하면서 단체협약의 체결에 관한 사항을 위원장과 중앙집행위원회에 위임하기로 의결하였다고 하더라도 노동조합측에서 이와 같이 별도의 위임까지 받았다는 사정을 회사측에 통보하지 않은 이상, 회사측으로서는 노사 쌍방간의 타협과 양보의 결과로 단체협약 요구안에 대하여 합의를 도출하더라도 노동조합 총회에서 그 단체협약안을 받아들이기를 거부하여 단체교섭의 성과를 무로 돌릴 위험성이 있어 최종적인 결정 권한이 확인되지 않은 교섭대표와 성실한 자세로 교섭에 임하는 것을 기대할 수 없으니, 노동조합측에서 회사측의 단체협약 체결권한에 대한 의문을 해소시켜 줄 수 있음에도 불구하고 이를 해소시키지 않은 채 단체교섭만을 요구하였다면 단체교섭을 위한 진지한 노력을 다하였다고 볼 수 없고 따라서 그러한 상황에서 가진 단체교섭이 결렬되었다고 하더라도 이를 이유로 하는 쟁의행위는 그 목적과 시기, 절차에 있어서 정당한 쟁의행위라고 볼 수 없다.

[사례⑨] 노사관계법제과-473, 2012. 2. 13.

산별노조인 甲노동조합이 소속인 乙지역본부장에게 A법인에 대한 단체교섭권을 위임하였다면 乙지역본부장은 A법인과 교섭을 할 수 있음은 물론 교섭 결과 합의된 사항에 대하여 단체협약을 체결할 수 있다 할 것이나, 甲노동조합이 乙지역본부장에게 단체교섭권을 위임하면서 단체협약체결권은 그 권한에서 제외시켰다면, A법인은 교섭대표인 乙지역본부장과 교섭을 통하여 임금이나 그 밖의 근로조건 등에 대하여 합의를 도출하더라도 甲노동조합이 그 단체협약안을 받아들이기를 거부하여 단체교섭의 성과를 무로 돌릴 위험이 있으므로 단체협약 체결권이 있는 자로 교섭대표의 교체 등을 요구하며 잠정적으로 교섭을 거부하더라도 이를 부당노동행위라 하기는 어려울 것으로 사료됨

[사례⑩] 중노위 2019. 7. 25. 중앙2019부노107,133 병합 판정

이 사건 노동조합이 2015.12. 취득한 교섭권은 이 사건 노동조합의 귀책에 의한 2년 이상의 권리 불행사로 실효되었다. 이 사건 노동조합이 약 2.5년이 지나서 한 교섭요구는 신의칙상 허용되기 어렵다. 그 교섭요구를 거부한 이 사건 사용자들의 행위는 이 사건 노동조합이 2018.7. 교섭창구 단일화 절차에 참여하지 않아 공무원노조법 제9조제4항 및 같은 법 시행령 제7조제4항에 따른 것으로 부당노동행위에 해당하지 않는다.

이 사건 노동조합이 2015.12. 교섭창구 단일화를 통해 교섭노동조합으로 교섭권을 취득한

사실은 인정된다. 그러나 이후 실질적인 교섭이 진행되지 못한 이유는 이 사건 노동조합이 이 사건 사용자들 소속 공무원 중에 이 사건 노동조합 조합원이 있다는 사실을 확인하여 주지 않음에서 비롯된 것으로 이는 대법원 판결(2018.2.29. 선고 2017두74382)을 통해 확정되었다.
이 사건 노동조합이 2015.12. 교섭권을 취득한 이후 약 2년 이상 실질적인 단체교섭이 이루어지거나 단체협약이 체결되지 않은 이유는 이 사건 노동조합의 귀책인 점, 이 사건 노동조합은 대법원 확정 판결(2018.3.29.)에도 불구하고 약 6개월 간 조합원의 존재를 확인하여 주지 않은 점, 2018.7. ○○○의 교섭요구로 진행된 교섭창구 단일화 절차에 참여하지 않은 점, 2018.9.까지 어떠한 이의도 제기하지 않은 점 등에 비추어보면 2015.12. 교섭창구 단일화를 통해 취득한 이 사건 노동조합의 교섭권은 실효되었다고 봄이 상당하다.

[사례⑪] 노사관계법제과-1694, 2019. 6. 13.

산별노조가 아닌 기업노조의 경우 상급단체로부터 교섭권 등에 관한 위임을 받지 않아도 독자적인 교섭 및 체결권한을 가지고 있음. 따라서 기업노조가 적법하게 교섭권을 위임한 경우에는 사용자는 노조측 교섭위원이 소속 근로자가 아닐지라도 그 교섭에 성실히 응하여야 할 것임. 또한 노동조합의 대표자 또는 노동조합으로부터 위임받은 자와의 단체협약 체결 기타의 단체교섭을 정당한 이유 없이 거부하거나 해태하는 행위를 부당노동행위로 규정하고 있어 노조 측에서 당해 사업장과 경쟁업체의 노조 위원장을 교섭위원으로 선정했다는 이유만으로 사용자가 단체교섭을 거부할 수 없을 것임.
다만 경쟁업체의 노조대표자에게 교섭권이 위임되는 경우에, 교섭과정에서 당사의 비공개 내부정보나 경영상 기밀 유출 등으로 사회통념상 사용자에게 정상적인 단체교섭의무의 이행을 기대하는 것이 어렵다고 인정되는 경우라면 단체교섭을 거부할 수 있을 것임.

[사례⑫] 노조 68107-405, 2001. 4. 4.

동법 제30조 제1항에서는 노동조합과 사용자는 신의에 따라 성실히 교섭하고 단체협약을 체결하여야 하며 그 권한을 남용하지 않도록 규정하고 있으므로 노동조합의 교섭권한 위임이 신의성실의 원칙에 반하거나 권리남용에 해당되어 사회통념상 사용자에게 성실한 교섭의무를 기대하기 어려운 정도에 이르지 않아야 할 것임. 따라서, 귀 질의와 같이 노동조합이 당해 사업(장)에서 해고된 자에게 교섭권을 위임하여 수임자의 활동경력, 당해 수임자와의 그간의 관계 등을 감안하여 정상적인 교섭이 어렵다고 판단되는 경우 사용자는 노동조합에 대하여 교섭권 위임의 철회 또는 수임자의 교체를 요구할 수 있을 것이며, 이를 이유로 한 교섭의 잠정적 거부는 정당한 교섭거부 사유로 볼 수 있을 것으로 사료됨.

[사례⑬] 노동조합과-1632, 2008. 7. 18.

노조법 제29조제1항에 따라 사용자나 사용자단체와 교섭하고 협약을 체결할 권한은 노동조합의 대표자에게 있다고 할 것인바, 특정회사로부터 해고된 자가 해고무효확인소송을 제기하여 대법원에 계류 중일지라도, 부당해고 및 부당노동행위 구제신청을 제기하여 중노위 재심판정에서 부당노동행위는 기각되고 부당해고는 인정되었으나, 사용자가 인정된 부당해고 구제명령을 이행하지 아니한 채 소송을 제기하여 고등법원에 계류중이라면, 해고된 자는 당해 기업과의 고용관계가 단절된 상태에 있으므로 해당 기업노조의 조합원 자격을 상실하였다고 할 것임. 따라서, 비록 해고된 자가 당해 기업에 조직기반을 둔 노조대표자로 선출되었다 하더라도 그 효력을 인정받기 어려우므로, 사용자가 교섭 및 체결권한이 없는 자의 교섭요구를 거부하는 것은 정당한 교섭거부의 사유에 해당된다고 할 것임.

사례 ▌ 교섭 거부 · 해태의 정당한 이유 부정 사례

[사례①] 노사관계법제팀-2271, 2007. 7. 24.

노조법 제29조제1항에 따라 노동조합의 대표자는 그 노동조합 또는 조합원을 위하여 사용자에 대해 단체교섭을 요구할 수 있으며, 이 경우 단체교섭의 사용자측 당사자는 원칙적으로 근로계약에 의하여 근로자를 채용하는 계약상의 당사자를 의미하며, 통상 근로조건의 결정권이 있고 단체협약상의 권리와 의무를 부담하는 자를 말함. 공사에서 근무하는 비정규직 근로자가 초기업 단위의 산업별 · 업종별 노조에 가입한 경우, 단체교섭의 당사자는 원칙적으로 공사와 산업

81) 대법원 1998. 1. 20. 선고 97도588 판결 ; 대법원 2000. 5. 12. 선고 98도3299 판결 ; 노사관계법제팀-1624, 2006. 6. 16.

82) 해당 판결은 학습지교사에 대하여 노조법상 근로자성을 부인하였으나, 추후 대법원은 학습지교사의 노조법상 근로자성을 인정하였다(대법원 2018. 6. 15. 선고 2014두12598, 12604 판결).

별 · 업종별의 초기업 노조라 할 것임. 따라서 비정규직 근로자들이 초기업 노조에 가입한 후 대부분의 근로자들이 노조를 탈퇴하여 현재 조합원이 1명만 남아있다 하더라도, 공사는 조합원 수와 관계없이 당해 조합원에게 적용될 단체협약 체결을 위한 단체교섭에 응하여야 할 것임.

[사례②] 서울행정법원 2022. 4. 21. 선고 2019구합79701 판결

참가인 노동조합은 2017년 설립되어 관할 노동청에 정상적으로 설립신고를 마친 노동조합법상 노동조합이다. 참가인 노동조합이 적법한 노동조합인지와 소속 조합원들이 노동조합법상 근로자인지에 관한 분쟁이 있었으나, 모두 참가인 노동조합이 적법한 노동조합이고, 그 소속 조합원들도 노동조합법상 근로자라는 판단이 이루어졌다. 또한, 원고들이 법률전문가는 아니라고 하더라도 법률전문가의 도움을 받아 참가인 노동조합이 적법한 노동조합인지에 관하여 판단하는 것이 가능한 데다가, ①, ②, ③행위 전 노동위원회와 같은 전문성을 지닌 행정기관이 참가인 노동조합은 적법한 노동조합이고, 소속 택배기사들도 노동조합법상 근로자라고 인정하여 참가인 노동조합의 교섭요구에 대해 원고 A가 그 사실을 공고할 의무가 있다는 시정 결정을 하였으나, 원고 A는 별다른 이유 없이 계속 참가인 노동조합의 단체교섭 요구에 응하지 아니하였고, 원고들은 지배 · 개입 또는 불이익 취급의 부당노동행위까지 감행하였다. 따라서 택배기사들이 노동조합법상 근로자에 해당하는지에 관한 명시적인 판례가 없었던 점, 전국적으로 유사한 사안에 대해 행정소송이 진행되고 있었던 점, 특수형태근로종사자의 근로자성 인정 여부에 관하여 논란이 있었던 점만으로는 원고들에게 부당노동행위 의사가 없었다거나 원고 A에게 단체교섭을 거부하는 것이 정당하다고 오신할 만한 충분한 사유가 있었다고 보기 어렵다.

정당한 이유 없이 단체교섭을 거부하거나 교섭에 성실하게 응하지 않은 경우에는 설령 사용자가 정당한 이유가 있다고 믿었거나 교섭에 성실히 응했다고 믿었더라고 하더라도 단체교섭 거부에 있어서는 그 행위의 성질상 그러한 사용자의 내심은 문제되지 않으므로 객관적으로 단체교섭거부에 정당한 이유가 없는 한 부당노동행위가 되는바, 원고 A가 참가인 노동조합이 적법한 노동조합이 아니라고 믿었다고 하더라도 그러한 사정만으로 단체교섭 거부에 정당한 이유가 있었다고 볼 수는 없다.

[사례③] 서울고등법원 2022. 5. 19. 선고 2021누53216 판결

참가인 노동조합이 2019. 1. 4. 원고에게 단체교섭을 요구할 당시 원고로서는 이미 H가 노동조합법상 근로자에 해당한다는 취지의 노동위원회 결정 및 법원의 제1심 판결이 있었음을 알고 있었던 것으로 보인다.

조합원이 노동조합법상 근로자에 해당하는지 여부에 관하여 일응의 판단이 가능함에도 불구하고 아직 확정된 판결이 존재하지 아니하여 법적 다툼의 여지가 있다는 사정만으로 사용자가 단체교섭을 거부 · 해태할 정당한 이유가 인정된다고 볼 경우 만연히 단체교섭관계의 수립을 지연시킴으로써 노동조합의 단체교섭권이 형해화 될 우려가 있다. 설령 사용자가 노동조합의 교섭요구에 응하여 단체협약을 체결하였다가, 추후 조합원이 노동조합법상 근로자에 해당하지 아니하여 그 노동조합 역시 노동조합법상 노동조합으로서의 지위가 인정되지 않는다는 취지의 판결이 선고되어 확정된다고 하더라도, 단체협약을 체결할 능력이 없는 노동조합이 체결한 위 단체협약은 유효하게 성립하였다고 볼 수 없어 단체협약으로서의 효력이 없게 되는 것에 불과하고, 그러한 사정만으로 사회통념상 사용자에게 단체교섭의무의 이행을 기대하는 것이 어렵다고 볼 수는 없다.
따라서 원고가 이 사건 대리점의 H들이 노동조합법상 근로자에 해당한다고 판단한 확정판결이 없다는 이유로 참가인 노동조합의 교섭요구 사실을 공고하지 않음으로써 단체교섭을 거부한 것에는 객관적으로 정당한 이유가 있다고 볼 수 없으므로, 이는 노동조합법 제81조 제3호의 부당노동행위에 해당한다.

[사례④] 서울행정법원 2010. 10. 28. 선고 2010구합25794 판결

이 사건 노조의 규약 · 규정집(갑 3호증) 중 '선언' 및 '강령'에는 "다수의 빈곤을 기반으로 소수의 부를 보장하는 정치, 경제, 사회구조를 개혁하고 평등사회 건설을 위해 투쟁한다.", "노동자 · 민중의 정당 강화를 통해 노동자 · 민중 정권 창출을 위해 투쟁한다.", "우리의 국토를 강점한 미군을 조속히 철수시키며 자주 · 평화 · 민족대단결의 원칙에 기초해 통일조국을 건설하기 위해 투쟁한다."라는 등의 내용이 기재되어 있기는 하나, 이러한 기재 내용만으로 이 사건 노조가 노조법 제2조 제4호 마목에서 규정하는 '주로 정치운동을 목적으로 하는 단체'에 해당한다고 보기 어렵고, 달리 위 노조가 노조법상 노동조합에 해당하지 아니한다고 볼 만한 아무런 자료가 없다. 따라서 원고가 수차례에 걸친 단체교섭 요구에도 불구하고 이 사건 노조와의 단체교섭을 거부한 데에는 정당한 이유가 있다고 볼 수 없으므로, 이와 결론을 같이 한 이 사건 재심판정은 적법하다.

[사례⑤] 중노위 2019. 8. 16. 중앙2019부해672/부노115 병합 판정

2018년 단체교섭 창구 단일화 절차 진행 당시는 신청 외 노동조합, 즉 단수 노동조합만 존재하여 교섭대표노동조합의 지위가 인정되지 아니하고 이 사건 현장에는 노동조합법 시행령

제14조의2제1항에서 규정하고 있는 '단체협약이 있는 경우'에 해당한다고 보기 어려우므로 이 사건 사용자가 이 사건 노동조합의 2019.3.8.자 교섭요구를 거부한 것은 단체교섭 거부의 부당노동행위에 해당한다(단수 노동조합만 존재하는 상황에서 교섭창구 단일화 절차를 거쳤더라도 당해 노동조합에 교섭대표노동조합의 지위가 부여되었다고 볼 수 없다. 따라서 사용자가 기존 노동조합의 교섭대표노동조합 지위 유지기간이라는 이유로 신설 노동조합의 교섭요구를 거부한 것은 단체교섭 거부의 부당노동행위에 해당한다.)

[사례⑥] 서울행정법원 2013. 7. 17. 선고 2013구합50678 판결(대법원 2014. 3. 27. 선고 2014두35034 심리불속행 기각 판결로 확정됨)

각 지방노동위원회 및 중앙노동위원회가 원고들과 참가인 사이의 교섭요구사실 공고에 대한 시정신청 사건에 대하여 원고들에게 교섭요구사실을 공고할 것을 명하는 시정명령을 하였음에도 원고들이 이를 거부한 점, 원고들이 위 각 시정명령과 관련된 재심결정의 취소를 구하는 소를 제기하기는 하였으나, 노조법 제70조 제2항에 따라 노동위원회의 결정은 행정소송의 제기에 의하여 그 효력이 정지되지 않으므로 위와 같은 사실만으로 원고들에게 시정명령을 따르지 않은 데에 정당한 이유가 있다고 볼 수 없는 점, 원고들로서는 위 소송을 유지함과 동시에 일단 위 시정명령에 따라 교섭요구사실을 공고하고 그 이후 교섭창구 단일화 절차를 진행하는 등 단체교섭에 성실히 응하여야 하고, 혹시 위 소송에서 위 시정명령을 취소하는 판결이 선고되어 확정된다면 앞서 한 절차를 무효화시키면 되는 것이며, 원고들에게 위와 같은 행위를 요구하는 것이 과도한 부담을 지우는 것은 아닌 점, 원고들은 이 사건에서 사용자가 교섭의무를 부담하는 단체교섭사항이 무엇인지 특정이 되지 않아 그 이행이 불가능하다거나 참가인들이 교섭대표노동조합이 아니라서 단체교섭을 원활하게 진행할 수 없다면서 그 거부에 정당한 이유가 있다는 취지로 주장하나, 이 사건에서 문제가 되는 원고들의 행위는 교섭창구 단일화 절차에서 참가인들의 교섭요구사실을 공고하지 않았다는 것이므로 그 단계에서는 아직 단체교섭사항이 무엇인지 특정이 될 수 없는 것이 당연하고, 참가인들이 교섭대표노동조합이 아니더라도 일단 교섭대표노동조합을 정하기 위한 교섭창구 단일화 절차는 진행하여야 하므로 원고들의 위 주장을 받아들이기 곤란한 점, 또한 원고들은 중앙정부기관의 해석 등을 들면서 그 거부에 정당한 이유가 있다고 주장하나, 중앙정부기관의 해석은 하나의 견해에 불과하여 원고들이 그 해석에 반드시 구속되어야 하는 것은 아님에도 노동사건의 관할기관인 노동위원회의 시정명령을 이행하지 않고 참가인들의 교섭요구사실의 공고를 거부한 이상 원고들에게 정당한 이유가 있다고 보기 어려운 점 등을 종합적으로 고려하여 보면 원고들이 참가인들의 교섭요구사실을 공고하지 않은 데에 정당한 이유가 있다고 볼 수 없다.

[사례⑦] 중노위 2021. 6. 2. 중앙2021부노14 판정

앞서 살펴본 바와 같이 이 사건 사용자는 이 사건 노동조합이 이 사건 대리점 택배기사의 노동조건 개선을 위해 단체교섭을 요구한 6가지 교섭의제에 대하여 노동조합법상 단체교섭 의무를 부담하는 사용자 지위가 인정되므로 이 사건 사용자는 이 사건 노동조합의 교섭요구 사실을 공고할 의무가 있다. 그럼에도 불구하고 이 사건 사용자는 이 사건 노동조합에 대해 노동조합법상 단체교섭 의무를 지는 사용자가 아니라는 이유로 교섭요구 사실을 공고하지 않았으며 단체교섭 요구를 계속 거부하고 있는 것은 단체교섭을 정당한 이유 없이 거부하는 부당노동행위에 해당한다. 가사 이 사건 사용자가 단체교섭을 거부할 정당한 이유가 있다고 믿었더라도 앞서 살펴본 사정과 법리 등을 고려할 때 객관적으로 정당한 이유가 없다고 판단되므로 이 사건 노동조합에 대해 단체교섭 거부의 부당노동행위가 성립한다.

[사례⑧] 서울행정법원 2023. 1. 12. 선고 2021구합71748 판결(서울고법 2024. 1. 24. 선고 2023누34646 판결)

원고는 자신이 집배점 택배기사들에 대한 관계에서 노동조합법상 사용자에 해당하지 않는다는 이유로 참가인(전국택배노동조합)의 이 사건 단체교섭 요구를 거부하였다. 그러나 원고는 집배점 택배기사들에 대한 관계에서 노동조합법상 사용자에 해당하므로, 자신이 집배점 택배기사들에 대한 관계에서 노동조합법상 사용자에 해당하지 않는다는 것은 참가인의 이 사건 단체교섭 요구를 거부할 정당한 이유가 될 수 없다. 나아가 원고는 이 사건 단체교섭 요구를 거부할 다른 정당한 이유에 대해 아무런 주장·증명을 하지 않고 있다. 그렇다면 이 사건 단체교섭 거부에 정당한 이유가 있다고 할 수 없고, 노동조합법 제81조제1항제3호의 부당노동행위에 해당한다.

[사례⑨] 중노위 2022. 3. 24. 중앙2021부노268 판정

노동조합법은 제29조의2에서 "하나의 사업 또는 사업장에서 조직형태에 관계없이 근로자가 설립하거나 가입한 노동조합이 2개 이상인 경우 노동조합은 교섭대표노동조합을 정하여 교섭을 요구하여야 한다."라고, 제29조의3제1항에서 "제29조의2에 따라 교섭대표노동조합을 결정하여야 하는 단위(이하 "교섭단위"라 한다)는 하나의 사업 또는 사업장으로 한다."라고 규정하고 있는바, 교섭창구 단일화 제도는 사용자가 아니라 교섭단위인 '사업 또는 사업장'을 대상으로 적용되는 제도로 해석되는데, 이때 이 사건과 같이 사내하청 근로자들로 조직된 노동조합의 단체교섭 상대방이 사내하청 사용자뿐만 아니라 원청 사용자까지 확대되더라도 단체교섭 대상은 사내하청 근로자들의 노동조건임에는 변화가 없으며 근로자들의 이해관계의 공통성을 기반으로 교섭대표노동조합을 정해야 하는 교섭단위는 사내하청 근로자들이 종사하는 '하청 사업'으로 그대로 유지된다. 따라서 사내하청 근로자들이 가입 내지 조직한 노동조합이 '하청 사업'이라는 교섭 단위에서 교섭창구 단일화 절차를 거쳤다면 노동조합법에서 요구되는 교섭창구 단일화 의무를 충족한 것이라고 보아야 할 것이고, 이러한 교섭창구 단일화 절차를 거쳐 확정된 교섭대표노동조합은 하청 사용자뿐만 아니라 하청근로자의 노동조건에 대해 실질적이고 구체적인 지배 · 결정력을 가지는 원청 사용자에게도 교섭을 요구할 수 있다고 보아야 할 것이다.

이 사건 노동조합은 이 사건 사용자에 대한 교섭요구 이전 이미 사내하청 협력업체들의 사업단위에서 노동조합법상 요구되는 교섭창구 단일화 절차를 거친 것으로 확인되고, 이 사건 사용자에게는 이 사건 노동조합이 단체교섭을 요구한 4가지 교섭의제 중 '산업안전보건 의제'에 대하여 노동조합법상 사용자 지위가 인정되므로 이 사건 노동조합의 교섭요구에 응할 의무가 있다. 그럼에도 불구하고, 이 사건 사용자는 이 사건 노동조합의 2021.7.9.자 교섭요구에 대해 노동조합법상 사용자가 아니라는 이유로 교섭요구 사실을 공고하지 않았던바, 이는 단체교섭을 정당한 이유 없이 거부하는 부당노동행위에 해당한다.

나아가 이 사건 사용자는 원청에게 하청 노조에 대한 단체교섭 의무를 인정하게 되면 새로운 교섭단위를 창설하게 되어 현행 교섭창구 단일화 절차와 양립하기 어렵다거나, 이 사건 회사의 교섭단위 내 교섭대표노동조합인 이 사건 노동조합과 체결한 단체협약의 유효기간 중에 교섭창구 단일화 절차에 참여하지 않은 이 사건 노동조합(이 사건 지회)으로부터 교섭요구를 받았으므로 노동조합법 시행령 제14조의10에 따라 이 사건 사용자에게 별도의 개별교섭 의무 내지 당해 교섭요구 사실의 공고 의무는 존재하지 않는다고 주장하나, 앞서 살펴본 바와 같이 원청이 하청과 중첩적으로 단체교섭의 의무를 부담한다고 하더라도 당해 교섭은 하청사업이라는 기본적인 교섭단위를 중심으로 이루어지게 되므로 위와 같은 이 사건 사용자의 주장은 이유 없다.

[사례⑩] 노사관계법제팀-1624, 2006. 6. 16.

노동조합 및 노동관계조정법 제29조 제1항(2008.3.28 노동조합 및 노동관계조정법 제29조 제1항)에서는 '노동조합의 대표자는 그 노동조합 또는 조합원을 위하여 사용자나 사용자단체와 교섭하고 단체협약을 체결할 권한을 가진다'라고 규정하여 노동조합의 대표자가 단체협약을 체결할 권한이 있음에도 노동조합 규약상 노동조합 대표자의 단체협약 체결권을 명백히 제한하고 있는 경우라면 사용자가 단체협약 체결권이 없는 노동조합 대표자와의 단체교섭 결과를 무위로 돌릴 수 있다는 점을 우려하여 단체협약 체결권한의 확보를 요구하며 교섭을 거부하더라도 부당노동행위에 해당한다고 보기 어려울 것임.

이와 달리, 노동조합 대표자의 단체협약 체결권 행사에 대해 총회 인준이 있어야 한다는 규약상 규정에도 불구하고 노동조합의 총회 또는 대의원회에서 노동조합 대표자에게 단체협약 체결권이 있음을 결의하는 등 노동조합 대표자가 최종적인 단체협약 체결권을 갖고 있다는 점을 사용자에게 명시적으로 제시한 후 단체교섭을 요구하였음에도 사용자가 이를 거부하는 경우라면 달리 볼 사정이 없는 한 정당한 교섭거부로 보기 어려울 것임

[사례⑪] 노조 68107-26, 2002. 1. 10.

귀 질의의 경우 노동조합의 대표자가 다수의 조합원들의 신임을 얻고 있지 못하고, 다수의 조합원들이 단체협약 체결을 보류해달라는 요청서를 사용자에게 제출하였다하여 사용자가 정당한 권한을 가지는 노동조합의 대표자의 단체교섭 요구를 거부하는 것은 정당한 이유가 있다고 보기는 어려울 것으로 사료됨.

[사례⑫] 수원지방법원 안양지원 2018. 5. 1.자 2018카합10031 결정

채권자 삼안지부와 채무자 사이의 2014년도 단체협약 제4조는 조합원의 범위에 관하여 규정하면서, 제1항 제1호에서 '현 회사의 직급상 이사대우 이상의 임직원(등기 유무 불문)'은 조합원이 될 수 없도록 규정한 사실, 위 제4조 제2항은 '조합원이 전항 각호의 1에 해당될 경우에는 인사발령일을 기준으로 그 해당 기간에 한하여 조합원의 자격을 상실한다.'라고 규정한 사실, 채권자 2는 2016. 1. 1. 채무자 회사 내에서 부장 직급에서 이사대우의 직급으로 승진한 사실, 채권자 2는 2017. 11. 17. 채권자 삼안지부의 위원장으로 당선된 사실, 채무자는, 채권자 2가 위 단체협약 제4조에 따라 조합원의 자격을 상실하였으므로, 채권자 삼안지부 위원장 자격을 인정할 수 없어서, 채권자 2를 단체교섭담당자로 한 채권자 삼안지부와 단체교섭을 할 수 없다는 취지의 의사를 표시한 사실이 소명된다.

한편 노동조합 및 노동관계조정법(이하 '노동조합법'이라 한다) 제5조, 제11조의 각 규정에 의하면, 근로자는 자유로이 노동조합을 조직하거나 이에 가입할 수 있고, 구체적으로 노동조합의 조합원 범위는 당해 노동조합의 규약이 정하는 바에 의하여 정하여지며, 근로자는 노동

조합의 규약이 정하는 바에 따라 당해 노동조합에 자유로이 가입함으로써 조합원의 자격을 취득한다(대법원 2003. 12. 26. 선고 2001두10264 판결 등 참조). 그런데 단체협약에서 노동조합의 자주적 규약에서 정해진 조합원의 범위를 제한하는 것은 헌법과 노동조합법에서 보장하는 근로자의 자주적 단결권을 사용자와의 협의에 의존하게 하는 결과를 초래하여 노동조합의 자주성을 침해할 우려가 있다. 따라서 위 단체협약 제4조는 단체협약에서 노사 간 상호 협의에 의하여 규약상 노동조합의 조직대상이 되는 근로자의 범위와는 별도로 조합원이 될 수 없는 자를 특별히 규정함으로써 일정 범위의 근로자들에 대하여 위 단체협약의 적용을 배제하고자 하는 취지(대법원 2004. 1. 29. 선고 2001다6800 판결 등 취지 참조), 즉 단체협약의 적용을 받는 근로자의 범위를 제한하는 취지로 보는 것이 옳고, 조합원의 자격을 제한하는 취지는 아니라 할 것이다.
따라서 노동조합의 규약상 조합원에 해당하는 채권자 2가 위 단체협약 규정에 따라 조합원 자격을 잃게 된다고 볼 수 없고, 채권자 2의 채권자 삼안지부 조합원 자격은 인정되며, 채권자 2의 채권자 삼안지부 위원장 자격 역시 인정된다고 보인다. 채권자 2는 노동조합법 제29조 제1항에 따라 채권자 삼안지부의 대표자로서 사용자인 채무자와 교섭할 권한을 가지고, 채무자는 노동조합법 제30조에 따라 사용자로서 채권자 삼안지부와 단체교섭에 응하여야 할 의무를 부담한다.

[사례⑬] 중노위 2016. 2. 5. 중앙2015부노221 판정

「노조법」 제2조제2호의 사용자에는 "근로자에 관한 사항에 대하여 사업주를 위하여 행동하는 자"를 사용자의 하나로 정의하고 있는데, 이 사건 지부 사무국장의 경우, 근로자에 대한 채용, 징계, 해고 등에 대한 결정권이 없는 점, ② 이 사건 노동조합은 2014.10.23. 노동청으로부터 위원장이 조합원 자격이 없다는 이유 등으로 노동조합설립신고가 반려된 사실 없이 노동조합 설립신고증을 정상적으로 교부받은 점, ③ 또한, 노동조합 설립신고 이후 이 사건 노동조합 위원장의 조합원 자격이 없다는 이유로 노동조합 설립신고가 반려되거나 법원으로부터 위와 동일한 취지의 확정판결을 받는 등 이 사건 노동조합 위원장의 노동조합 조합원 자격이 상실된 사실이 없는 점, ④ 이 사건 노동조합과 사용자는 1~6차까지 단체교섭을 정상적으로 진행하였고, 설령 이 사건 사용자의 주장대로 이 사건 노동조합 위원장이 2015.2.2.자로 시지부 사무국장으로 발령이 난 이후 시점부터 이 사건 사용자는 이 사건 노동조합측 교섭위원인 위원장이 시지부 사무국장임을 인지한 상태에서도 교섭위원 자격에 대해 문제를 삼지 않고 2~6차 단체교섭을 진행하였음에도 7차 단체교섭 시점부터 위원장의 사용자성 여

부를 문제 삼으면서 단체교섭을 거부한 것은 신의칙에 반하는 점 등을 종합해볼 때, 이 사건 지부 사무국장은 「노조법」 제2조2호의 '사업의 근로자에 관한 사항에 대하여 사업주를 위하여 행동하는 자'에 해당한다고 보기는 어렵다.

이 사건 지부 사무국장이 「노조법」상 사용자에 해당하지 않아 이 사건 노동조합교섭위원으로 자격이 충분함에도 이 사건 사용자가 「노조법」상 사용자에 해당한다는 이유로 단체교섭을 거부 · 해태한 것, ② 「노조법」 및 관련 법령에 이 사건 노동조합이 조합원 명단을 제공할 의무가 없음에도 이 사건 사용자가 조합원 명단 미제공을 이유로 단체교섭을 거부 · 해태한 것, ③ 「노조법」 및 관련 법령에 교섭위원 수에 대한 제한이 없음에도 이 사건 사용자가 당사자 간에 구속력이 없는 단체협약(안) 위반을 이유로 단체교섭을 거부 · 해태한 것은 모두 「노조법」 제81조제3호의 부당노동행위에 해당한다고 할 것이다.

[사례⑭] 노사관계법제과-2794, 2017. 11. 30.

지방노동위원회의 결정을 중앙노동위원회에서 취소하는 결정을 하고, 이해당사자가 중앙노동위원회의 재심결정에 대해 불복하여 행정소송을 제기하였다면 노동위원회법 제26조제1항에 따라 위 지방노동위원회의 결정은 그 효력을 상실하므로, 이 경우 노조법 제70조제2항에 따른 '행정소송의 제기에 의하여 효력이 정지되지 않는 유효한 결정'이란 행정소송에서 당사자간에 다투고 있는 중앙노동위원회의 재심결정을 의미한다고 할 것임. 한편, 중앙노동위원회의 재심결정은 행정소송의 제기에 의하여 그 효력이 정지되지 않으므로 사용자가 행정소송을 제기한 이후 확정 판결이 나지 않았다는 이유로 중앙노동 위원회의 재심에 따라 결정된 교섭대표노동조합과의 단체교섭을 거부하는 것은 교섭 거부의 부당노동행위에 해당할 소지가 있음.

[사례⑮] 노사관계법제과-1694, 2019. 6. 13.

산별노조가 아닌 기업노조의 경우 상급단체로부터 교섭권 등에 관한 위임을 받지 않아도 독자적인 교섭 및 체결권한을 가지고 있음. 따라서 기업노조가 적법하게 교섭권을 위임한 경우에는 사용자는 노조측 교섭위원이 소속 근로자가 아닐지라도 그 교섭에 성실히 응하여야 할 것임. 또한 노동조합의 대표자 또는 노동조합으로부터 위임받은 자와의 단체협약 체결 기타의 단체교섭을 정당한 이유 없이 거부하거나 해태하는 행위를 부당노동행위로 규정하고 있어 노조 측에서 당해 사업장과 경쟁업체의 노조 위원장을 교섭위원으로 선정했다는 이유만으로 사용자가 단체교섭을 거부할 수 없을 것임.

다만 경쟁업체의 노조대표자에게 교섭권이 위임되는 경우에, 교섭과정에서 당사의 비공개 내부정보나 경영상 기밀 유출 등으로 사회통념상 사용자에게 정상적인 단체교섭의무의 이행을 기대하는 것이 어렵다고 인정되는 경우라면 단체교섭을 거부할 수 있을 것임.

[사례⑯] 노동조합과-975, 2008. 5. 14.

법 제29조제2항은 노사 당사자로 하여금 교섭 및 체결권한을 제3자에게 위임할 수 있도록 정하고 있을 뿐 위임받을 수 있는 자의 범위에 대하여는 아무런 제한이 없으므로, 그 권한의 위임은 신의성실의 원칙이나 권리남용의 법리에 따라 합리적으로 행사하여야 할 것임.
따라서, 노동조합이 특정기업에서 해고된 자를 해당 기업의 교섭위원 중 한명으로 선임한 경우, 수임자인 해고자가 사용자와의 개인적인 감정 등을 이유로 교섭권한을 남용하는 등 성실교섭을 기대하기 어려운 객관적인 사정이 있을 때에는 사용자는 노동조합에 교섭권한의 위임철회나 수임자의 교체를 요구하며 잠정적으로 교섭을 거부할 수 있을 것이나, 단지 해고된 자가 노동조합 교섭위원 중의 한명으로 선정되었다는 사정만으로 교섭을 거부하는 것은 정당하다고 하기 어려울 것임.

[사례⑰] 노사관계법제과-1915, 2017. 7. 31.

「노동조합 및 노동관계조정법」 제29조제3항은 교섭대표노동조합의 대표자는 교섭을 요구한 모든 노동조합 또는 조합원을 위하여 사용자와 교섭하고 단체협약을 체결한 권한을 가진다고 규정하고 있음. 같은 법 시행령 제14조의7 제2항은 자율적 교섭대표노동조합이 결정되지 못한 경우에는 2개 이상의 노동조합의 연합에 의한 과반수 노동조합은 자율적 교섭대표노동조합의 결정기한이 만료된 날부터 5일 이내에 사용자에게 노동조합의 명칭, 대표자 및 과반수 노동조합이라는 사실 등을 통지하도록 규정하고 있음.
3개 노동조합의 연합에 의한 과반수 노동조합의 대표자가 3명으로 공동대표인 경우, 달리 볼 사정이 없는 한 공동대표자 3명이 사용자와 교섭하고 단체협약을 체결할 권한을 가진다고 할 것임. 과반수 노동조합의 공동대표 3명의 의견 불일치로 인해 교섭이 교착상태에 빠질 것을 우려하여 사용자는 과반수 노동조합의 대표자를 1명으로 선임할 것을 노동조합에 요구할 수 있을 것이나, 사용자가 계속해서 과반수 노동조합의 대표자를 1명으로 선임할 것을 과반수 노동조합에 요구하며 교섭을 거부한다면 달리 볼 사정이 없는 한 이는 교섭 거부 · 해태의 부당노동행위 소지가 있다 할 것임.

(2) 노동조합이 요구하는 교섭사항 : 단체교섭 대상사항

(가) 단체교섭 대상사항

노조법은 단체교섭의 대상에 대하여 명문의 규정을 두고 있지 않으나, 헌법 제33조 제1항, 노조법 제2조 제4호 본문 및 제5호와 제29조 제1항의 규정 내용을 바탕으로 단체교섭 대상사항을 도출할 수 있다.

관련 법령 및 해석

헌법 제33조 제1항

근로자는 근로조건의 향상을 위하여 자주적인 단결권·단체교섭권 및 단체행동권을 가진다.

노조법 제2조 제4호 본문

"노동조합"이라 함은 근로자가 주체가 되어 자주적으로 단결하여 근로조건의 유지·개선 기타 근로자의 경제적·사회적 지위의 향상을 도모함을 목적으로 조직하는 단체 또는 그 연합단체를 말한다. 다만, 다음 각목의 1에 해당하는 경우에는 노동조합으로 보지 아니한다.

노조법 제2조 제5호

"노동쟁의"라 함은 노동조합과 사용자 또는 사용자단체(이하 "勞動關係 當事者"라 한다)간에 임금·근로시간·복지·해고 기타 대우 등 근로조건의 결정에 관한 주장의 불일치로 인하여 발생한 분쟁상태를 말한다. 이 경우 주장의 불일치라 함은 당사자 간에 합의를 위한 노력을 계속하여도 더 이상 자주적 교섭에 의한 합의의 여지가 없는 경우를 말한다.

노조법 제29조 제1항

노동조합의 대표자는 그 노동조합 또는 조합원을 위하여 사용자나 사용자단체와 교섭하고 단체협약을 체결할 권한을 가진다.

상기 법규정에 따른 단체교섭의 취지, 노동조합의 목적, 노동쟁의의 정의 등을 종합적으로 고려할 때, 단체교섭의 대상이 되는 사항은 ▲구성원인 근로자의 근로조건 기타 근로자의 대우에 관한 사항, ▲집단적 노사관계의 운영에 관한 사항, ▲사용자가 처분할 수 있는 사항, ▲이익분쟁에 관한 사항을 의미한다.

관련 법령 및 해석

대법원 2003. 12. 26. 선고 2003두8906 판결

단체교섭의 대상이 되는 단체교섭사항에 해당하는지 여부는 헌법 제33조 제1항과 노동조합 및 노동관계조정법 제29조에서 근로자에게 단체교섭권을 보장한 취지에 비추어 판단하여야 하므로 일반적으로 구성원인 근로자의 노동조건 기타 근로자의 대우 또는 당해 단체적 노사관계의 운영에 관한 사항으로 사용자가 처분할 수 있는 사항은 단체교섭의 대상인 단체교섭사항에 해당한다.

위와 같은 단체교섭의 대상사항은 크게 ① 의무적 교섭사항, ② 임의적 교섭사항, ③ 위법적 교섭사항으로 구분할 수 있다.

① 의무적 교섭사항

의무적 교섭사항이란 사용자가 노동조합의 단체교섭 요청에 응할 의무가 있는 사항으로 정당한 이유 없는 교섭 거부·해태 시 부당노동행위가 되며, 의무적 교섭사항에 대하여 단체교섭이 결렬되는 경우 노동쟁의 조정신청 및 쟁의행위의 대상이 되는 사항을 말한다.

의무적 교섭사항에는 임금, 근로시간, 휴게, 휴일, 휴가, 재해보상, 안전보건, 해고나 징계의 기준 또는 절차, 복리후생 등 근로조건의 결정에 관한 사항이 있다.

한편, 사용자의 인사·경영권에 관한 사항은 원칙적으로 교섭대상에 해당하지 않으므로 “경영상 의사결정 자체” 또는 “인사결정권 자체”는 의무적 교섭사항에 해당하지 않는다. 다만, 이와 같이 사용자의 인사·경영권에 속하는 사항이라고 하더라도 근로조건과 밀접한 관련이 있는 부분으로서 사용자의 인사·경영권의 본질적인 사항을 침해하는 것이 아닌 한 그 한도 내에서 의무적 교섭사항이 될 수 있다.

② 임의적 교섭사항

임의적 교섭사항이란 사용자에게 교섭의무가 없으나 임의로 교섭에 응하여 단체협약의 내용으로 할 수 있는 사항을 의미한다. 따라서 사용자가 임의적 교섭사항에 대해 교섭을 거부하거나 해태하더라도 부당노동행위가 성립하지 않으며, 그 사항에 대하여 단체교섭이 결렬되더라도 노동쟁의 조정신청 및 쟁의행위를 할 수 없다.

임의적 교섭사항에는 Union Shop 조항, 노동조합의 활동에 관한 사항, 조합비 공제, 근로시간면제자, 노동조합 사무실, 평화조항, 단체교섭 및 쟁의행위의 절차와 방법에 관한 사항 등 주로 집단적 노사관계에 관한 사항이 있다.

한편, 앞서 살펴본 바와 같이 사용자의 인사·경영권에 관한 사항, 특히 “경영상 의사결정 자체” 또는 “인사결정권 자체”는 의무적 교섭사항에 해당하지 않으나, 이와 같이 사용자의 인사·경영권에 속하는 사항이라 하더라도 사용자가 스스로의 의사에 따라 인사·경영권에 제한을 가할 수 있으므로, 그 내용이 강행법규나 사회질서에 위배되지 않는 사항은 임의적 교섭사항에 해당한다.

관련 법령 및 해석

대법원 2014. 3. 27. 선고 2011두20406 판결

정리해고나 사업조직의 통폐합 등 기업의 구조조정의 실시 여부는 경영주체에 의한 고도의 경영상 결단에 속하는 사항으로서 이는 원칙적으로 단체교섭의 대상이 될 수 없으나, 사용자의 경영권에 속하는 사항이라 하더라도 그에 관하여 노사는 임의로 단체교섭을 진행하여 단체협약을 체결할 수 있고, 그 내용이 강행법규나 사회질서에 위배되지 아니하는 이상 단체협약으로서의 효력이 인정된다. 따라서 사용자가 노동조합과의 협상에 따라 정리해고를 제한하기로 하는 내용의 단체협약을 체결하였다면 특별한 사정이 없는 한 그 단체협약이 강행법규나 사회질서에 위배된다고 볼 수 없고, 나아가 이는 근로조건 기타 근로자에 대한 대우에 관하여 정한 것으로서 그에 반하여 이루어지는 정리해고는 원칙적으로 정당한 해고라고 볼 수 없다.

③ 위법적 교섭사항

위법적 교섭사항이란 강행법규나 공서양속에 위반되는 사항을 의미한다. 따라서 노사가 위법적 교섭사항에 대하여 단체협약을 체결하였다고 하더라도 그 부분은 무효가 된다.

안전보건법규를 위반하는 사항, 근로시간면제한도를 초과하는 급여지급, 고용세습, 유일교섭단체, 일반적 구속력의 적용배제 등이 이에 해당한다.

상기 교섭대상 구분에 따라 사용자의 교섭의무 존부, 협약 체결의 효력, 조정 및 쟁의행위의 대상 등이 아래 〈표 9〉와 같이 달라진다.

〈표 9〉 | 교섭대상 구분에 따른 효과 정리

구분	교섭 의무	협약의 효력	조정 대상	쟁의행위 대상
의무적 교섭사항	○	○	○	○
임의적 교섭사항	×	○	×	×
위법적 교섭사항	×	×	×	×

(나) 단체교섭 대상사항과 관련된 교섭 거부 · 해태의 구체적 사례

앞서 살펴본 바와 같이 임의적 및 위법적 교섭사항에 대해서는 사용자에게 교섭의무가 존재하지 않으므로, 사용자가 노동조합이 요구하는 임의적 · 위법적 교섭사항에 대해 거부 · 해태하더라도 부당노동행위가 성립하지 않는다.

따라서 우리 법원과 고용노동부는 사용자가 근로자측 교섭사항을 이유로 교섭을 거부 · 해태한 경우, 그 정당한 이유가 있는지 여부에 대하여 ① 사용자의 교섭의무 존부(▲근로조건의 결정에 관한 사항인지 여부, ▲사용자의 처분 가능 여부) ② 노동조합이 요구하는 교섭사항의 내용(▲임의적/위법적 교섭사항 해당 여부, ▲교섭사항이 이미 단체협약에 규정된 내용인지 여부) ③ 교섭의제의 명확성 등을 종합적으로 고려하여 사용자의 교섭 거부 또는 해태에 정당한 이유가 있는지 여부를 판단하고 있다.

☑ 사용자의 교섭의무 존부

[교섭 거부 · 해태의 정당한 이유 인정 요소]

- 사용자가 처분할 수 없는 교섭사항을 요구하는 경우
  - 순수한 정치문제, 법 통과 저지, 타기업의 문제 등을 교섭사항으로 하는 경우(노동부 업무매뉴얼, 인정사례①~②)
  - 특정 사용자가 임의로 구성할 수 없는 사용자단체의 구성을 요구를 거부하는 경우(노동부 업무매뉴얼, 인정사례③)
  - 사용자 소속 근로자가 아닌 자에게 적용되는 내용으로 교섭을 요구하는 경우(중앙2009부노67, 인정사례④)

[교섭 거부 · 해태의 정당한 이유 부정 요소]

- 의무적 교섭사항과 임의적 교섭사항이 중복되어 있는 경우로서 임의적 교섭사항이 포함되어 있다는 이유만으로 단체교섭을 거부하는 경우(노동부 업무매뉴얼, 부

정사례①)

- 노사간 매년 임금협약을 새롭게 체결하던 사업장에서 유효기간에 대한 아무런 규정이 없는 임금협약이 단체협약에 따른 자동갱신 규정에 따라 갱신되었다는 점을 이유로 교섭을 거부한 경우(인천지법 2010고정2472, 부정사례②)

☑ 교섭 사항의 내용

[교섭 거부 · 해태의 정당한 이유 인정 요소]

- 임의적 또는 위법적 교섭사항에 대하여 교섭을 요구한 경우
  - 유일교섭단체조항 체결 요구를 거절하는 경우(노동부 업무매뉴얼, 인정사례⑤)
  - 구조조정의 실시 여부 등 경영주체에 의한 고도의 경영상 결단에 속하는 사항에 대하여 교섭을 요구한 경우(대법 2009도4558, 인정사례⑥)
  - 인사 · 경영권 행사에 대하여 노동조합의 사전 합의 · 승인을 요구하는 경우(노동부 업무매뉴얼, 인정사례⑦)
- 이미 체결된 단체협약에 누락된 사항에 대해 재교섭을 요구하는 경우(노조 68107-166, 인정사례⑧)

[교섭 거부 · 해태의 정당한 이유 부정 요소]

- 단체협약 유효기간 중 보충협약 체결규정을 근거로 단체교섭을 요구하였으나 이를 거부하는 경우(노동조합과-564, 부정사례③)
- 노동조합이 과도한 요구를 하였다는 이유만으로 교섭을 거부하는 경우(대법 91누5204, 부정사례④)

☑ 교섭의제의 명확성

[교섭 거부 · 해태의 정당한 이유 인정 요소]

- 원 · 하청 등 다면적 노무제공관계에 있어 원사업주 이외의 사업주에게 단체교섭에 응할 것을 기대하기 위해서는 기본적으로 원사업주 소속 근로자들의 노동조건을 구체적으로 특정한 단체교섭 의제 제시가 선행될 수밖에 없음에도, 구체적인 교섭의제를 제시하지 않은 경우(중앙2022부노156, 인정사례⑨)

- 노동조합의 교섭요구안 중 명확하지 아니한 부분을 명확하게 제시할 것을 요구하여 교섭이 지연되는 경우(노동부 업무매뉴얼, 인정사례⑩)
- 지역노조에 가입한 조합원 1인이 회사에 채용된지 7일만에 지역노조가 회사와 사전 협의 없이 교섭을 요구한 경우로서 구체적인 단체교섭 사항의 기재 없이 단순히 "조합원의 근로조건 등 단체협약 체결을 위해 단체교섭을 요구한다"라는 취지로 교섭을 요구한 경우(대법 2009도8239, 인정사례⑪)

[교섭 거부 · 해태의 정당한 이유 부정 요소]

- 단체교섭 요구서에 교섭요구사항이 분명히 기재되어 있지 않더라도, 회사와 노동조합이 수차례 면담을 하거나, 노조 지부장, 사무국장들을 만나 구두로 요구조건을 듣거나 노동조합이 사내게시판에 인사정책 개선 등 요구사항을 게시하여 회사가 노동조합이 요구하는 사항을 충분히 알 수 있었던 경우(서울고법 2020누58573, 부정사례⑤)
- 종전에 계속하여 교섭을 해온 상대방으로서 단체교섭 요구 문서에 교섭안건으로 "2018년도 임 · 단체협약 교섭에 관한 건"이라고 명시되어 있어 회사가 임금협상에 대한 단체교섭 요구임을 알 수 있는 경우(서울중앙지법 2019고정1754, 부정사례⑥)

사례 ▌ 교섭 거부 · 해태의 정당한 이유 인정 사례

[사례①] 고용노동부, 「집단적 노사관계 업무매뉴얼」, 2022, 488쪽

단체교섭은 근로조건 등 근로자의 처우에 관한 노사간의 합의성립을 목적으로 하므로 교섭사항은 사용자가 처분가능한 사항에 국한됨. 순수한 정치문제나 타기업의 문제 등을 교섭사항으로 할 때 이를 거부하는 것은 정당한 단체교섭 거부에 해당함

[사례②] 고용노동부, 「최신 사례로 보는 부당노동행위」, 2009, 103쪽

단체교섭 대상은 사용자가 처리 · 처분할 수 있는 것이어야 하므로 사용자의 처분권한 밖의 사항에 대한 교섭요구를 거부하는 것은 부당노동행위로 볼 수 없음

- 순수한 정치문제, 법 통과 저지, 타 기업의 문제 등에 대한 교섭요구를 거부하는 경우

[사례③] 고용노동부, 「집단적 노사관계 업무매뉴얼」, 2022, 488쪽

사용자단체 구성은 어느 특정 사용자가 임의로 이를 구성할 수 있는 것이 아니므로 단체교섭의 대상이 될 수 없고, 따라서 노동조합의 '사용자단체 구성' 요구를 특정 사용자가 수용하지 않았다는 사실만으로 곧바로 단체교섭 거부로 보아 부당노동행위라 할 수는 없음

[사례④] 중노위 2009. 6. 9. 중앙2009부노67 판정

이 사건 단체협약은 이 사건 노조원으로 환경미화원을 타 시 · 구 환경미화원을 제외한 나주시 환경미화원만을 대상으로 하고 있는바, 이 사건 노동조합이 주장하는 이 사건 사용자 소속 환경미화원은 이 사건 단체협약 상 나주시 환경미화원이 아닌 타 시 · 구 환경미화원에 해당되어 단체교섭대상이 될 수 없어 이를 거부한 것이 부당하다고 할 수 없으며, 이 사건 사용자는 임금교섭 시 구 예산 삭감으로 임금동결안을 제시하였으나, 교섭이 진행되면서 소폭의 인상안을 제시하고 총 13차례의 임금협상 교섭을 진행하고 결렬된 점, 이 사건 사용자의 반조합적 의도하에서 임금동결안을 제시하였다는 구체적인 증거가 없는 점 등으로 보아 부당노동행위에 해당한다고 보기 어렵다.

[사례⑤] 고용노동부, 「집단적 노사관계 업무매뉴얼」, 2022, 488쪽

유일교섭단체 조항은 연합단체나 다른 노동조합에게 헌법상 보장된 단체교섭권을 침해하는 결과를 초래하기 때문에 단체협약에서 이를 정하고 있다 하더라도 무효이므로, 노동조합의 유일교섭단체조항 요구에 대해 사용자가 불응하더라도 이는 정당한 이유있는 교섭거부이므로 사용자의 부당노동행위로 볼 수 없음

[사례⑥] 대법원 2010. 11. 11. 선고 2009도4558 판결

기업의 구조조정의 실시 여부는 경영주체에 의한 고도의 경영상 결단에 속하는 사항으로서 이는 원칙적으로 단체교섭의 대상이 될 수 없고, 그것이 긴박한 경영상의 필요나 합리적인

이유 없이 불순한 의도로 추진되는 등의 특별한 사정이 없는 한, 노동조합이 실질적으로 그 실시 자체를 반대하기 위하여 단체교섭을 요청한다면 비록 그 실시로 인하여 근로자들의 지위나 근로조건의 변경이 필연적으로 수반된다 하더라도 기업이 위 단체교섭의 요청을 거부하거나 해태하였다고 하여 정당한 이유가 없다고 할 수 없다.

[사례⑦] 고용노동부, 「최신 사례로 보는 부당노동행위」, 2009, 105쪽

경영권 행사에 대하여 노동조합과의 합의 또는 사전 승인을 요구하는 것은 본질적인 사항을 침해하는 것에 해당되며, 정당한 교섭 요구로 볼 수 없음

- 조합원의 인사 (전보, 해고, 부서 이동 등) 등을 노동조합과 사전 합의하여 실시하도록 요구하는 경우
- 특정직종의 채용은 노조와 합의하여야 한다거나, 노조에서 추천한 자의 채용을 거부해서는 아니된다거나, 노조에서 채용거부한 자를 채용하여서는 아니된다는 내용을 요구하는 경우
- 징계위원회를 노사동수로 구성하여 가부동수시 부결처리 등 사용자의 징계권 행사를 본질적으로 침해하는 경우
- 특정 직종이나 부서는 비조합원의 배치를 금지하고, 조합원에 대해서만 근무할 수 있도록 요구하는 경우

[사례⑧] 노조 68107-166, 2002. 2. 22.

노사 당사자가 합의에 의해 적법하게 체결된 단체협약은 기업내 노사관계를 규율하는 질서규범이므로 그 유효기간동안 노사 공히 이를 성실히 이행하여야 하는 것이며, 중대한 사정변경이 없는 한 노사 당사자는 동 유효기간중에 이의 변경 · 폐지를 요구할 수 없는 것이 원칙임. 노동조합이 재교섭을 요구하게 된 배경이 귀 단체협약 제34조에서 정하고 있는 바에 따라 사회적 · 경제적 여건의 변화 또는 협약에 누락, 법률의 개정 등으로 인하여 수정되어야 할 사항이라면 노사 당사자는 협의하여 보충협약을 체결할 수 있다 할 것이나, 사회적 · 경제적 여건의 변화 또는 법률의 개정 등으로 인하여 단체협약의 수정이 불가피한 경우에 해당하지 않는 한 단순히 협약에 누락되었다는 사실만으로 누락된 사항에 대해 재교섭을 요구하는 것은 단체협약에 내재된 평화의무에 위배된다 할 것이며, 이러한 노사 일방의 요구에 타방이 교섭을 거부하는 것은 정당한 교섭거부 사유에 해당된다 할 것임.

[사례⑨] 중노위 2022. 12. 6. 중앙2022부노156 판정

비록 이 사건 사용자에게 지입차주들을 조합원으로 하는 이 사건 노동조합에 대한 단체교섭 의무를 부담하는 노동조합법상 사용자 지위가 인정된다고 하더라도, 이 사건 노동조합이 2022.4.4.자 교섭요구 당시 구체적인 교섭 의제를 제시하지 않았다는 점 등을 종합적으로 고려한다면, 2022.4.4.자 교섭요구에 대한 이 사건 사용자의 거부에 있어 정당한 이유가 존재한다고 볼 수 있고, 따라서 이 사건 사용자의 단체교섭 거부가 노동조합법 제81조제1항 제3호에서 금지하는 '단체교섭 거부 · 해태'의 부당노동행위에 해당된다고 볼 수 없다.

앞서 살펴본 바와 같이 실질적이고 구체적인 지배 · 결정력을 행사하는 한도 내에서 원사업주 이외의 사업주에게 단체교섭 의무가 인정되더라도, 원사업주 이외의 사업주 입장에서는 원사업주 소속 근로자들로 조직된 노동조합으로부터 어느 정도 구체화 된 단체교섭 의제를 제시받은 이후 비로소 당해 교섭 의제로 특정된 조합원들의 노동조건에 대한 실질적이고 구체적인 지배 · 결정력을 행사함으로써 원사업주와 부분적 · 중첩적으로 단체교섭 의무를 부담하는지 여부를 스스로 판단하여 교섭에 임할 수밖에 없다고 봄이 상당하므로, 통상적인 노무제공관계와 달리, 다면적 노무제공관계에 있어 원사업주 이외의 사업주에게 단체교섭에 응할 것을 기대하기 위해서는 기본적으로 원사업주 소속 근로자들의 노동조건을 구체적으로 특정한 단체교섭 의제 제시가 선행될 수밖에 없다고 해석된다. 그런데, 이 사건 노동조합이 이 사건 사용자에 대한 2022.4.4.자 교섭요구 당시 구체적인 교섭 의제를 특정하여 제시하지 않았다는 점에 대해 이 사건 당사자들 간 다툼이 존재하지 않고, 이와 같은 경우, 원청 사용자인 이 사건 사용자에게 이 사건 노동조합에 대한 단체교섭 의무를 부담하는지에 관한 판단과 함께 당해 단체교섭 의무를 구체적으로 이행할 것을 기대하는 것은 어렵다고 봄이 타당하므로 일응 이 사건 사용자의 교섭거부에는 정당한 이유가 존재한다(물론, 이 사건 노동조합이 2022.3.11.경 이 사건 회사 소속인 신청 외 ○○○ 유통물류2팀장에게 카카오톡 메시지를 통해 단체협약 안을 전달한 사실이 존재하기는 하지만, 신청 외 ○○○ 유통물류2팀장의 이 사건 회사 내 담당 업무, 당해 단체협약 안 교부 배경, 단체협약 안 교부와 교섭요구 시점 간의 간격, 단체협약 안에 대한 대략적인 설명의 부재 등의 사정에 비추어 보면, 이를 2022.4.4.자 교섭요구와 관련된 구체적인 교섭 의제의 제시로 보기도 어렵다).

지입차주들로 조직된 이 사건 노동조합의 단체교섭 상대방이 개별 운송사들뿐만 아니라 원청 사용자까지 확대되더라도 단체교섭의 대상은 지입차주들의 노동조건임에는 변화가 없으므로 근로자들의 이해관계의 공통성을 기반으로 교섭대표노동조합을 정해야 하는 교섭단위는 지입차주들의 직접적인 운송위 · 수탁계약의 상대방으로서의 '개별 운송사들의 사업'으로 그대로

유지된다. 따라서 지입차주들이 가입 · 조직한 노동조합이 '개별 운송사들의 사업'이라는 교섭단위를 기반으로 원청 사용자에게 교섭을 요구하기 위해서는 당해 교섭단위 내에서 노동조합법에서 요구하는 교섭창구 단일화 절차의 의무를 선결적으로 이행할 것이 요구되고, 당해 절차를 거쳐 확정된 교섭대표노동조합은 개별 운송사들뿐만 아니라 지입차주들의 노동조건에 대해 실질적이고 구체적인 지배 · 결정력을 가지는 원청 사용자에게도 교섭을 요구할 수 있다고 보아야 할 것이나, 우리 위원회의 보고 및 자료제출 요구에 대한 이 사건 노동조합의 회신 내용에 따르면, 이 사건 노동조합이 이 사건 사용자에 대한 2022.4.4.자 교섭요구 이전에 개별 운송사들의 교섭단위 내에서 교섭창구 단일화 절차를 이행하였다는 사정이 확인되지 않는바, 이 사건 노동조합으로서는 개별 운송사들 외에 이 사건 사용자에게 단체교섭을 요구할 수 있는 선행 조건을 구비하지 못하였다 볼 것이고, 이러한 사정들은 일응 이 사건 사용자의 교섭요구 거부에의 정당한 이유를 판단함에 있어 고려될 수 있다.

[사례⑩] 고용노동부, 「최신 사례로 보는 부당노동행위」, 2009, 99쪽

노동조합의 교섭요구안중 명확하지 아니한 부분을 명확하게 제시할 것을 요구하여 교섭이 지연되는 경우

※ 단체교섭 요구안중 기타사항에 대하여 사용자가 노조측에 동 사항의 내용을 명확히 해 줄 것을 요구함으로써 교섭이 다소 지연되었다 하더라도 이는 합리적인 이유가 되는 것이므로 단체교섭의 거부 · 해태로 보기는 어려울 것이다(노조01254-614, 1995.5.29)

[사례⑪] 대법원 2009. 12. 10. 선고 2009도8239 판결

공소외인은 2006.8.21.이 사건 회사에 용접공으로 채용되었고 그 근로계약기간은 2006.8.31.로 종료예정되어 있던 공사의 완료시까지로 묵시적으로 정해진 사실, 이 사건 회사와 공소외인은 구두로 1일 근로시간을 9시간으로 하고 일급 12만 원을 지급하기로 약정하였는데, 공소외인은 처음에는 1일 9시간씩 근무하다가 2006.8.23.경부터 현장소장에게 1일 8시간 근무를 주장한 사실, 이 사건 조합은 이 사건 회사와의 사전 협의 없이 2006.8.28. '단체협약체결건(1차 교섭요구건)'이라는 제목의 문서(이하 '이 사건 교섭요구서'라 한다)를 팩스로 이 사건 회사에 보낸 사실, 이 사건 교섭요구서에는 구체적인 단체교섭 사항에 대한 언급 없이 조합원 공소외인의 근로조건 등 단체협약 체결을 위해 단체교섭을 요구한다는 것과 교섭일시는 2006.8.30.오후 2시로, 장소는 이 사건 조합 사무실로 기재되어 있었던 사실, 공소외인은 이 사건 회사와 사이에 근로조건에 관한 이견이 좁혀지지 않자

2006.9.2.스스로 이 사건 회사를 떠난 사실을 알 수 있다.

이처럼 이 사건 조합은 공소외인이 이 사건 회사에 채용된 지 7일 만에 이 사건 회사와의 사전 협의 없이 일방적으로 단체교섭을 요구하는 이 사건 교섭요구서를 팩스로 보내었고, 이 사건 교섭요구서에 구체적인 단체교섭의 사항을 기재하지도 않았으며, 교섭일시를 문서전송일로부터 2일 후로, 교섭장소도 자신의 조합사무실로 정하였던바, 위와 같은 이 사건 교섭요구서의 내용, 전달방식 등에 비추어 보면, 이 사건 교섭요구서를 통한 교섭요구가 사회통념상 합리적이고 정상적인 교섭요구라고 보기 어려워 피고인이 이 사건 교섭요구서에 정해진 일시 · 장소에 출석하지 않았다는 것만으로 정당한 이유 없이 단체교섭을 거부하거나 해태한 것이라고 단정하기는 어렵다고 할 것이다.

사례 Ⅰ 교섭 거부 · 해태의 정당한 이유 부정 사례

[사례①] 고용노동부, 「최신 사례로 보는 부당노동행위」, 2009, 102쪽

의무적 교섭사항과 임의적 교섭사항이 중복되어 있는 경우 임의교섭사항이 포함되어 있다는 이유만으로 단체교섭을 거부하는 것은 부당노동행위에 해당됨

※ 노조가 새마을금고측에게 제시한 단체협약안에는 노조전임제 등 일부 임의적 교섭사항에 해당하는 사항이 포함되어 있지만 대부분 징계 · 해고 등 인사의 기준이나 절차, 근로조건 등 의무적 교섭사항을 담고 있으므로, 단체협약안이 주로 임의적 교섭사항에 관한 것이라고 할 수 없으므로 단체협약안의 체결이 결렬된 경우 쟁의행위를 개시할 수 있다 할 것이고, 정당한 쟁의행위에도 불구하고 근로제공을 거부한다는 이유로 해고한 것은 부당노동행위이다(서울행법 2002.9.19. 2002구합8091, 상급심 : 서울고법 2003.1.2. 2002누18595 소취하)

[사례②] 인천지방법원 2011. 1. 25. 선고 2010고정2472 판결

피고인과 변호인은 ◎◎악기의 단체협약 제83조에는 자동갱신협정 규정이 있고, 단체협약에 해당하는 임금협약의 경우 유효기간이 2007. 2. 28.인데 협약만료일 이전에 별도의 이의를 하지 않음으로써 위 자동갱신협정 규정에 따라 자동갱신되어 그 해지를 주장할 수 없게 되었

으며, 그럼에도 불구하고 위와 같이 자동갱신된 임금협약에 대하여 노조가 계속하여 단체교섭을 요구하였으므로 이에 대한 회사의 교섭 거부는 정당하고 주장한다.
① 노사간에 매년 임금협약이 새로이 체결되어 당해 년도의 3월부터 소급하여 적용되어 온 점, ② 임금협약서의 제목 자체도 '○○○○년도 임금인상' 등으로 기재되어 있는 점, ③ 단체협약 제45조에 임금은 별도 협정에 의하도록 규정하고 있는 점, ④ 임금협약은 다른 단체협약 사항과 달리 매년 물가상승률 등을 감안한 인상분을 정하여 새로이 협약을 하여야 할 필요성이 강한 점, ⑤ 만일 임금협약에도 자동갱신조항이 적용된다고 해석할 경우에는 위 (마)항에서 보는 바와 같이 임금협약 대상 연도의 임금인상분을 전년도와 동일한 수준으로 동결할 것인지, 아니면 전년도 임금인상분과 동일한 인상분으로 적용하여야 하는지에 관한 이견이 있을 수밖에 없는데 이 점에 관하여 아무런 규정을 두고 있지 않아 결과적으로 노사 어느 일방의 자의적 해석을 허용하게 되어 현저히 불합리한 점 등을 알 수 있다. 따라서 임금협약에 대하여도 단체협약 제83조가 적용되어 자동갱신된다고 보기 어려우므로 이를 전제로 하는 피고인들과 변호인의 주장은 받아들이지 않는다.

[사례③] 노동조합과-564, 2004. 3. 8.

이와 같은 단체교섭 관련 규정과 달리 "단체협약 유효기간 중 협약에 누락되었거나 법률 개정으로 인하여 당연히 수정되어야 할 사항이 있는 경우, 노사 당사자는 어느 일방이 보충협약 체결을 위한 교섭을 요구하면 상대방은 이에 응하여야 한다"는 요지의 특별조항이 단체협약에 규정되어 있는 경우에는 어느 일방이 동 규정에 따라 보충협약 체결을 위한 단체교섭을 요구하면 단체협약 유효기간 중이라도 상대방은 이에 응하여야 할 것이므로, 귀 질의의 경우 이와 같은 보충협약을 체결하여야 할 사항에 해당하는지 여부를 우선 확인하여야 할 것으로 봄.

[사례④] 대법원 1992. 1. 21. 선고 91누5204 판결

노동조합이 원고 회사로서는 수용할 수 없는 요구를 하고 있었다고 하더라도 이는 단체교섭의 단계에서 조정할 문제이지 노동조합측으로부터 과다한 요구가 있었다고 하여 막바로 그 쟁의행위의 목적이 부당한 것이라고 해석할 수는 없고, 원고 회사가 참가인들을 해고한 것이 정당방위나 자구행위에 해당한다고 할 수 없으며, 이 해고가 정당하다고 할 수 없다.

[사례⑤] 서울고등법원 2021. 11. 26. 선고 2020누58573 판결

위 인정사실과 앞서 든 증거들을 종합하여 알 수 있는 다음과 같은 사정들에 비추어 보면, 원고가 3차 단체교섭 요구에 불응한 것은 원고가 주장하는 제반 사정을 충분히 감안하더라도 정당한 이유가 있다고 인정하기 어려우므로, 단체교섭 거부 · 해태의 부당노동행위에 해당한다고 봄이 타당하다.

가) 참가인은 3차 단체교섭 요구서에 교섭요구사항을 분명히 기재하지 않았다. 그러나 구 노동조합 및 노동관계조정법 시행령(2021. 6. 29. 대통령령 제31851호로 개정되기 전의 것, 이하 '구 노동조합법 시행령'이라 한다) 제14조의2 제2항 및 구 노동조합법 시행규칙 제10조의2 각 호에 의할 때 교섭요구 시 '노동조합의 명칭과 대표자의 성명', '사무소가 있는 경우에는 주된 사무소의 소재지', '교섭을 요구한 날 현재의 조합원의 수'를 기재하면 되고, '교섭요구사항'까지 반드시 기재하여야 할 법령상의 의무는 없다.

나) 비록 3차 단체교섭 요구서에 교섭요구사항이 분명히 기재되어 있지 않았지만, 원고는 참가인이 단체교섭을 요구하는 사항을 충분히 알 수 있었던 것으로 보인다.

(1) 원고는 2018. 9. 30.부터 2019. 2. 10.까지 수회에 걸쳐 참가인의 조합원들과 비공식 면담을 진행하였는데, 이와 관련하여 원고는 소장에서 다음과 같이 자인한 바 있다. ㉠ 원고는 원고의 내부 사정을 잘 아는 이 사건 지부의 지부장 J을 비롯한 사무국장, 조합원들과 종무원들의 근로조건 및 참가인 조합의 설립에 관하여 수차례 대화의 시간을 가지면서 이들의 근로조건 개선을 위한 실질적인 노력을 기울였다. ㉡ 원고는 참가인의 1차 단체교섭 요구 이후 참가인과 면담 자리를 마련하여 대화를 나누었고, 그 면담 날짜는 2018. 9. 30., 2018. 10.경 2회, 2019. 2. 10.이다. ㉢ 위 면담과 별개로 원고는 신임 원장스님이 취임한 2018. 10. 15.부터 2018. 10. 30. 점심시간을 이용하여 총 25개의 부서 및 기관의 전 종무원을 대상으로 종무원들의 건의사항을 청취하는 자리를 마련하기도 하였고, 종무회의를 거쳐 무기계약 근로자의 정규직 전환, 급여 인상 등 근로조건의 개선을 위한 노력을 기울였다. (2) 2018. 9.경부터 총무원 총무부 총무국장의 지위를 맡아 E종교단체의 각종 종무행정업무를 담당하는 제1심 증인 K은 2019. 2. 10. 비공식 면담 실시 당시 총무부장이 참가인의 지부장, 사무국장 등을 만나 요구조건을 들었다고 증언하였다. (3) 참가인은 5회에 걸쳐 원고의 사내 전산망 자유게시판에 인사정책 개선 등 요구사항을 게시하였다.

[사례⑥] 서울중앙지방법원 2020. 6. 4. 선고 2019고정1754 판결

위 인정사실에다가 이 법원이 적법하게 채택하여 조사한 증거들에 의하여 인정할 수 있는 다음과 같은 사정, 즉 ① 피고인 회사에 대한 2018. 3. 30.자 단체교섭 요구 문서에는 교섭안건으로 '2018년도 임 · 단체협약 교섭에 관한 건'이라고 명시되어 있어 피고인들은 임금협상에 대한 단체교섭 요구임을 알 수 있었던 점, ② 이 사건 노조 지부장 H은 통상 약 7일~10일 이후의 날을 단체교섭 일시로 정하여 사용자측에 통보하고 서울에 있는 D노동조합 회의실에서 단체교섭을 진행하였고, 사용자측의 정당한 교섭일시 변경요청이 있는 경우 조정하였던 것으로 보이는바, 이 사건 노조가 교섭일시(2018. 4. 5.)의 6일 전에 D노동조합 회의실에서 단체교섭을 요구한 2018. 3. 30.자 단체교섭 요구는 통상적인 단체교섭 요구 방법으로 보일 뿐 이에 불합리하다고 볼 만한 사정이 없고, 오히려 피고인들은 별다른 이유 없이 교섭일시 · 장소에 참석하지 않은 것으로 보이는 점, ③ 피고인들은 이 사건 노조에 정당한 이유로 교섭일시를 2018. 5. 10.로 변경해달라는 요청을 하였다고 주장하나, 변경 요청의 주된 내용은 '임금인상 요청은 불가능하고, 경영악화로(폐업검토 중) 사정상 서울 출장이 어렵다'는 것으로, 피고인들은 이 사건 노조에 임금협상과 관련한 단체교섭에 응하지 않겠다는 의사를 밝힌 것에 불과한 것으로 보일 뿐 교섭일시에 참석할 수 없는 객관적인 사정이 있었던 것으로 보이지 않는 점, ④ 이후 2018. 5. 10.자 노사합의서가 작성되었으나, 이는 이 사건 노조가 2018. 4.말경 피고인들의 단체교섭 해태에 대한 조정신청을 통하여 서울지방노동위원회의 개입 후에 비로소 이루어진 것인 점, ⑤ 피고인들은 교섭일시가 2018. 5. 25.에서 같은 달 28.으로 연기되어 해당 일시에 이 사건 노조와 단체교섭이 이루어졌다는 취지로 주장하나, 2018. 5. 28.은 이 사건 노조와의 단체교섭을 진행하던 H이 피고인 회사를 상대로 2018. 5. 10.자 노사합의 미이행 등을 이유로 추가 고소한 날로서, 해당 일시에 단체교섭이 이루어진 것으로 보이지 않는바, 위 주장은 그대로 믿기 어려운 점 등을 종합해 보면, 피고인들 및 변호인이 주장하는 위와 같은 사유만으로 피고인들이 당시 이 사건 노조의 단체교섭 요구에 응하지 아니한 데에 정당한 이유가 있었다거나 단체교섭을 성실히 이행하였다고 보기 어려우므로, 피고인들 및 변호인의 위 주장은 받아들이지 아니한다.

나. 노동조합의 성실교섭의무 이행 여부와 교섭 거부 · 해태의 부당노동행위

(1) 노동조합의 성실교섭의무

노조법 제30조 제1항 및 제2항에 따라 노동조합도 사용자에 대하여 신의에 따라 성실히 교섭하고 그 권한을 남용하지 않을 성실교섭의무를 부담한다.

대법원은 사용자의 교섭 거부 · 해태의 정당한 이유 존부에 대하여 "노동조합 측이 요구하는 교섭시간, 교섭장소, 교섭사항 및 그의 교섭태도 등을 종합하여 사회통념상 사용자에게 단체교섭의무의 이행을 기대하는 것이 어렵다고 인정되는지 여부에 따라 판단한다"라는 입장을 취하고 있는 바, 노동조합의 성실교섭의무 이행 문제는 주로 노동조합측이 요구하는 교섭장소, 교섭시간 및 그 교섭태도 등과 관련되어 있다고 판단된다.

한편, 단체교섭을 위한 교섭장소, 시간, 방법 등에 대해서는 노조법상 별도로 정한 바가 없으므로, 구체적으로 어떤 경우에 노동조합이 성실교섭의무를 위반하였다고 볼 수 있는지 여부는 결국 판례와 행정해석 등 여러 사례를 종합하여 판단하여야 할 것이다.

(가) 교섭장소 및 방법

교섭장소 및 방법 등은 참석의 용이성, 교섭진행의 효율성 및 그간의 관행 등을 감안하여 노사가 협의하여 결정할 사안이다.

노동조합이 사용자의 사택이나 창고 등 사용자에게 불안을 줄 수 있는 장소에서의 단체교섭을 요구하는 경우 또는 산별 · 집단 · 중앙교섭 등 특정 교섭방식만을 고집하는 경우 등은 노동조합이 성실교섭의무를 이행하지 않은 것으로 판단될 수 있다.

(나) 교섭시간

교섭시기나 일정 및 그 시간에 대하여 객관적인 기준을 설정하는 것은 곤란하나, 노사 간 합의된 절차나 관행이 있는 경우에는 그에 따라 교섭일정 및 시간을 결정하여야 할 것이다.

그러나 노동조합이 교섭시간을 심야시간대로 설정하거나 통상 근무시간을 정상 이상으로 초과하는 장시간으로 설정하는 등 정상적인 협의를 기대할 수 없는 시간대를 요구하는 것은 성실교섭의무 위반으로 판단될 수 있다.

(다) 교섭태도

노동조합이 단체교섭을 수행하는 경우라도 폭력이나 파괴행위는 허용될 수 없다.[83)]

또한, 노동조합이 ▲단체협약이나 관행에 따른 교섭절차를 위반하여 교섭을 요구하거나 ▲부당하게 다수인이 참석하여 정상적인 교섭을 기대할 수 없는 경우, ▲교섭 과정에서 욕설 등 모욕, 명예훼손, 협박적인 언동을 사용하는 경우, ▲사용자를 교섭장소에 감금하는 행위 등은 성실교섭의무 위반에 해당한다.

83) 노조법 제4조(정당행위) 형법 제20조의 규정은 노동조합이 단체교섭 · 쟁의행위 기타의 행위로서 제1조의 목적을 달성하기 위하여 한 정당한 행위에 대하여 적용된다. 다만, 어떠한 경우에도 폭력이나 파괴행위는 정당한 행위로 해석되어서는 아니된다.

(2) 노동조합의 성실교섭의무와 관련된 교섭 거부 · 해태의 구체적 사례

법원과 고용노동부는 사용자가 근로자측 성실교섭의무 위반을 이유로 교섭을 거부 · 해태한 경우, 그 정당한 이유가 있는지 여부에 대하여 노동조합이 요구하는 ▲교섭장소, ▲교섭방법, ▲교섭일정, 시기, 시간 등의 합리성, ▲노동조합의 교섭태도 등을 종합적으로 고려하여 사용자의 교섭 거부 또는 해태에 정당한 이유가 있는지 여부를 판단하고 있다.

☑ 교섭장소 및 방법

[교섭 거부 · 해태의 정당한 이유 인정 요소]

- 산별 · 중앙 · 집단교섭 등 특정 교섭방식을 사용자가 거부하는 경우
  - 전국 단위 노동조합이 사용자측에게 집단교섭을 요구하였으나, 사용자가 각 회사별 근로조건의 차이를 이유로 집단교섭을 거부한 경우(노조 01254-560, 인정사례①)
  - 교섭권을 위임받은 자가 일방적으로 집단교섭을 요구하여 이를 거부하는 경우(노조 68107-287, 인정사례②)
  - 노동조합이 산별중앙교섭만을 요구하는 경우(노사관계법제과-1393, 인정사례③)
  - 개별기업의 사용자가 사용자단체를 탈퇴하여 중앙교섭을 거부하는 경우(노동조합과-1497, 인정사례④)
- 교섭장소가 근로자의 조업에 방해되는 장소, 노조가 점거농성중인 장소, 기타 사용자에게 현저히 불리하여 불안을 줄 수 있는 장소에 해당하여 교섭장소의 변경에 대한 협의를 요청하면서 교섭이 지연되는 경우(노동부 업무매뉴얼, 인정사례⑤)
- 사용자의 사택, 창고 등 사용자에게 불안을 줄 수 있는 장소에서의 단체교섭을 거부한 경우(노동부 업무매뉴얼, 인정사례⑥)
- 지역 단위 노동조합이 사용자와 사전 협의 없이 일방적으로 지역노조의 조합사무실을 교섭장소로 하여 교섭을 요구한 경우(대법 2009도8239, 인정사례⑦)

[교섭 거부 · 해태의 정당한 이유 부정 요소]

• 과거 노동조합 회의실에서 교섭을 진행한 관행이 있어, 통상적인 경우와 같이 교섭 장소를 노동조합 회의실로 하여 단체교섭을 요구하였으나 회사가 이를 거부한 경우(서울중앙지법 2019고정1754, 부정사례①)

☑ 교섭일정, 시기, 시간

[교섭 거부 · 해태의 정당한 이유 인정 요소]

• 통상적인 근무시간을 정상 이상으로 초과하여 장시간 협의를 하는 경우로서 그 이상의 정상적인 협의를 기대할 수 없어 단체교섭을 거부한 경우(노동부 업무매뉴얼, 인정사례⑥)

• 지역노조가 회사와 사전 협의 없이 교섭일시를 교섭요구 문서전송일로부터 2일 후로 설정한 경우(대법 2009도8239, 인정사례⑦)

• 교섭시기가 사용자에게 현저히 불리하여 새로이 시기를 정할 것을 협의요청하면서 교섭이 지연되는 경우(노동부 업무매뉴얼, 인정사례⑤)

[교섭 거부 · 해태의 정당한 이유 부정 요소]

• 과거부터 통상 약7일~10일 이후의 날을 단체교섭 일시로 정하여 교섭을 요구하고, 사측의 정당한 교섭일시 변경요청이 있는 경우 조정하였던 관행이 있던 사업장에서 노동조합이 교섭일시를 문서전송일로부터 6일 후로 정하였으나 회사가 정당한 이유 없이 해당 교섭일시에 참석하지 않은 경우(서울중앙지법 2019고정1754, 부정사례①)

☑ 교섭태도

[교섭 거부 · 해태의 정당한 이유 인정 요소]

• 노동조합이 폭력을 사용하거나 협박적인 언동을 하는 경우(노동부 업무매뉴얼, 인정사례⑥)

• 노동조합이 공장시설을 불법점거하여 공장가동을 중단시키고 관리직 사원 및 비조합원 등의 출입을 봉쇄하면서 단체교섭을 요구하자 사용자가 불법점거 행위의 시정

을 요구하여 단체교섭을 잠정적으로 거부하는 경우(노조 68107-844, 인정사례⑧)

[교섭 거부 · 해태의 정당한 이유 부정 요소]

- 노동조합이 쟁의기간 중이라는 사정만을 이유로 교섭을 거부하는 경우(대법 2005도8606, 부정사례②)

☑ 기타

[교섭 거부 · 해태의 정당한 이유 인정 요소]

- 노동조합이 위임한 교섭 대상자가 부당하게 많아서 원활한 교섭이 기대되기 어려운 경우(노동부 업무매뉴얼, 인정사례⑥)

[교섭 거부 · 해태의 정당한 이유 부정 요소]

- 단체협약 잠정합의(안)에 따른 교섭위원이 노사 각각 3~5인으로 구성하도록 되어 있는데, 노측 교섭위원이 1명뿐이라는 이유로 교섭을 거부한 경우(중앙2015부노221, 부정사례③)

사례 Ⅰ 교섭 거부 · 해태의 정당한 이유 인정 사례

[사례①] 노조 01254-560, 1997. 6. 20.

사용자는 노동조합 대표자와의 단체협약의 체결을 정당한 이유없이 거부할 수 없는 것이나, 전국 단위로 노동조합이 결성되어 근로조건의 통일적 규율을 위하여 사용자측에게 집단교섭을 요구하는 경우에 사용자측이 노조에서 주장하는 특정교섭방식에 반드시 응하여야 할 의무가 있다고 보기는 어려우며, 사용자측이 각 사별 근로조건의 차이를 이유로 전국 단위노조와 개별 사용자와의 대각선 교섭을 주장하며 교섭에 불응하는 경우에는 달리 특별한 사정이 없는 한 정당한 이유없는 교섭거부라고 보기는 어려울 것임. 또한 당해노조 지부별 사용자측과 대각선교섭을 하는 경우 교섭의 장소는 교섭위원 참석의 용이성 · 교섭진행의 효율성 및 그간의 관행 등을 감안하여 노사가 협의 · 결정하는 것이 타당함

[사례②] 노조 68107-287, 2002. 4. 4.

노동조합 및 노동관계조정법 제31조(2008.3.28 노동조합 및 노동관계조정법 제30조) 및 제81조 제3호는 노동조합과 사용자에게 신의에 따라 성실히 교섭할 의무를 부과하고 사용자가 정당한 이유없이 교섭을 거부 · 해태하는 것을 부당노동행위의 하나로 규정하여 이를 금지하고 있는 바, 동 규정은 정당한 이유없이 노동조합의 교섭요구를 거부하여서는 아니된다는 것이나, 노동조합이 요구하는 특정 교섭방식에 대해 반드시 사용자가 수용하여야 한다는 것을 의미하는 것은 아니며, 교섭방식은 노사가 협의하여 결정할 사안이지 노사 중 어느 한 쪽이 일방적으로 결정할 사안은 아니라 할 것임.

또한, 단체교섭을 위한 교섭시간 · 장소 · 방법 등에 대하여는 동법상 별도로 정한 바가 없으므로 교섭장소는 참석의 용이성 · 교섭진행의 효율성 및 그간의 관행 등을 감안하여 노사가 협의하여 결정할 사안이며, 사용자가 회사 내에서 교섭을 하자는 것만을 이유로 이를 부당노동행위라 하기는 어려울 것임.

다만, 교섭권을 위임받은 자가 일방적으로 집단교섭을 요구하여 이를 거부하는 것은 부당노동행위라 할 수는 없을 것임.

[사례③] 노사관계법제과-1393, 2012. 4. 23.

사용자는 소속 근로자인 조합원에 대해서는 단체교섭의무가 있으나 반드시 산별중앙교섭 등에 참여할 의무가 있는 것은 아님. 사용자가 중앙교섭 또는 지부교섭에 참여할 의사가 없는 경우 노동조합의 교섭요구가 중앙교섭 또는 지부교섭만을 요구하는 것으로 확인된다면 사용자는 그 교섭요구에 거부의사를 명확히 하고 교섭창구단일화 절차를 진행할 필요는 없음. 다만, 노동조합의 교섭요구가 지회교섭까지 포함하는 것이라면 사용자는 노조법 시행령 제14조의2에 따른 적법한 교섭요구일 경우 교섭창구단일화 절차를 진행하되 중앙교섭 또는 지부교섭에는 참여할 의사가 없다는 사실을 명확히 하여야 할 것임.

[사례④] 노동조합과-1497, 2008. 7. 3.

개별기업의 사용자가 사용자단체를 탈퇴한 경우, 노조법 제32조제3항 단서에 따라 단체협약 해지의 효력이 발생하기 전까지는 기존협약을 적용받음이 원칙이라 할 것임. 그러나, "△△산업사용자는 사용자단체에 가입하여 중앙교섭에 적극 임하도록 한다"는 산별협약의 규정을 그 소속 사용자로 하여금 사용자단체로부터의 탈퇴를 제한하고 반드시 중앙교섭 형식에 응하도록 의무화 하는 것으로 해석할 경우, 이는 협약자치의 한계를 벗어나 그 소속 사용자의 헌법상 결사의 자유를 침해하게 될 소지가 있음.
따라서, 개별 사용자가 교섭자체를 거부하는 것이 아니라 단지 그와 같은 방식에의 교섭참가를 거부하는 것이라면 이를 부당한 교섭거부로 볼 수는 없을 것임.
아울러, 개별 사용자가 단체교섭을 거부 · 해태 할 목적으로 하여 의도적으로 사용자단체에의 가입 · 탈퇴를 반복하는 것이 아니라면, 사용자가 중앙교섭이 아닌 대각선교섭을 요구하더라도 부당노동행위의 책임을 묻기 어려울 것임.

[사례⑤] 고용노동부, 「최신 사례로 보는 부당노동행위」, 2009, 100쪽

교섭장소나 시기가 사용자에게 현저히 불리하여 새로이 시기나 장소를 정할 것을 협의요청하면서 교섭이 지연되는 경우에는 부당노동행위로 보기 어려움
- 교섭장소가 ▲근로자의 조업에 방해되는 장소 ▲노조가 점거농성중인 장소 ▲기타 사용자에게 불안을 줄 수 있는 장소 등에 해당되어 사전에 장소변경을 요청하는 경우

[사례⑥] 고용노동부, 「집단적 노사관계 업무매뉴얼」, 2022, 489쪽~490쪽

통상적인 근무시간을 정상 이상으로 초과하여, 장시간에 걸친 협의로 인해 심신이 피로하여 그 이상의 정상적인 협의를 기대할 수 없는 경우에 단체교섭을 거부한 것은 정당한 이유에 해당
- 사용자의 사택침입, 심야의 교섭이나 창고 등 사용자에게 불안을 줄 수 있는 장소에서의 단체교섭을 거부한 것은 정당한 이유에 해당
- 조합측에서 폭력을 사용하거나 협박적인 언동을 할 때 단체교섭을 거부함은 부당노동행위가 성립되지 아니함
- 노동조합이 위임한 교섭 대상자가 부당하게 많아서 원활한 교섭이 기대되기 어려울 경우 단체교섭 거부는 정당한 이유가 인정됨

[사례⑦] 대법원 2009. 12. 10. 선고 2009도8239 판결

이처럼 이 사건 조합은 공소외인이 이 사건 회사에 채용된 지 7일 만에 이 사건 회사와의 사전 협의 없이 일방적으로 단체교섭을 요구하는 이 사건 교섭요구서를 팩스로 보내었고, 이 사건 교섭요구서에 구체적인 단체교섭의 사항을 기재하지도 않았으며, 교섭일시를 문서전

송일로부터 2일 후로, 교섭장소도 자신의 조합사무실로 정하였던바, 위와 같은 이 사건 교섭요구서의 내용, 전달방식 등에 비추어 보면, 이 사건 교섭요구서를 통한 교섭요구가 사회통념상 합리적이고 정상적인 교섭요구라고 보기 어려워 피고인이 이 사건 교섭요구서에 정해진 일시 · 장소에 출석하지 않았다는 것만으로 정당한 이유 없이 단체교섭을 거부하거나 해태한 것이라고 단정하기는 어렵다고 할 것이다.

[사례⑧] 노조 68107-844, 2001. 7. 26.

귀 질의의 경우 노동조합이 공장시설을 불법점거하여 공장가동을 중단시키고 관리직 사원 및 비조합원 등의 출입을 봉쇄하면서 단체교섭을 요구하였다면 이는 노사간 대등한 지위에서의 정상적인 교섭의 실현을 저해하는 것으로서 사용자가 이러한 불법적 공장점거 행위의 시정을 요구하며 단체교섭을 잠정적으로 거부하는 것은 교섭거부의 정당한 사유에 해당한다고 볼 수 있을 것이며, 따라서 이를 부당노동행위라고 보기는 어려울 것임.

사례 ▌ 교섭 거부 · 해태의 정당한 이유 부정 사례

[사례①] 서울중앙지방법원 2020. 6. 4. 선고 2019고정1754 판결

① 피고인 회사에 대한 2018. 3. 30.자 단체교섭 요구 문서에는 교섭안건으로 '2018년도 임 · 단체협약 교섭에 관한 건'이라고 명시되어 있어 피고인들은 임금협상에 대한 단체교섭 요구임을 알 수 있었던 점, ② 이 사건 노조 지부장 H은 통상 약 7일~10일 이후의 날을 단체교섭 일시로 정하여 사용자측에 통보하고 서울에 있는 D노동조합 회의실에서 단체교섭을 진행하였고, 사용자측의 정당한 교섭일시 변경요청이 있는 경우 조정하였던 것으로 보이는바, 이 사건 노조가 교섭일시(2018. 4. 5.)의 6일 전에 D노동조합 회의실에서 단체교섭을 요구한 2018. 3. 30.자 단체교섭 요구는 통상적인 단체교섭 요구 방법으로 보일뿐 이에 불합리하다고 볼 만한 사정이 없고, 오히려 피고인들은 별다른 이유 없이 교섭일시 · 장소에 참석하지 않은 것으로 보이는 점, ③ 피고인들은 이 사건 노조에 정당한 이유로 교섭일시를 2018. 5. 10.로 변경해달라는 요청을 하였다고 주장하나, 변경 요청의 주된 내용은 '임금인상 요청은 불가능하고, 경영악화로(폐업검토 중) 사정상 서울 출장이 어렵다'는 것으로, 피고

인들은 이 사건 노조에 임금협상과 관련한 단체교섭에 응하지 않겠다는 의사를 밝힌 것에 불과한 것으로 보일 뿐 교섭일시에 참석할 수 없는 객관적인 사정이 있었던 것으로 보이지 않는 점, ④ 이후 2018. 5. 10.자 노사합의서가 작성되었으나, 이는 이 사건 노조가 2018. 4.말경 피고인들의 단체교섭 해태에 대한 조정신청을 통하여 서울지방노동위원회의 개입 후에 비로소 이루어진 것인 점, ⑤ 피고인들은 교섭일시가 2018. 5. 25.에서 같은 달 28.으로 연기되어 해당 일시에 이 사건 노조와 단체교섭이 이루어졌다는 취지로 주장하나, 2018. 5. 28.은 이 사건 노조와의 단체교섭을 진행하던 H이 피고인 회사를 상대로 2018. 5. 10.자 노사합의 미이행 등을 이유로 추가 고소한 날로서, 해당 일시에 단체교섭이 이루어진 것으로 보이지 않는바, 위 주장은 그대로 믿기 어려운 점 등을 종합해 보면, 피고인들 및 변호인이 주장하는 위와 같은 사유만으로 피고인들이 당시 이 사건 노조의 단체교섭 요구에 응하지 아니한 데에 정당한 이유가 있었다거나 단체교섭을 성실히 이행하였다고 보기 어려우므로, 피고인들 및 변호인의 위 주장은 받아들이지 아니한다.

[사례②] 대법원 2006. 2. 24. 선고 2005도8606 판결

쟁의행위는 단체교섭을 촉진하기 위한 수단으로서의 성질을 가지므로 쟁의기간 중이라는 사정이 사용자가 단체교섭을 거부할 만한 정당한 이유가 될 수 없다.

[사례③] 중노위 2016. 2. 5. 중앙2015부노221 판정

이 사건 사용자는 단체협약(안) 제20조에는 교섭위원이 노사 각각 3~5인으로 구성하도록 되어 있음에도 불구하고 2015.8.5. 이 사건 노동조합의 교섭을 위임을 받은 연맹 소속 1명만이 교섭위원으로 참가한 것은 부당하므로 이를 이유로 단체교섭을 거부한 것은 정당하다고 주장한다.

하지만, ① 「노조법」 제29조제3항은 "노동조합과 사용자 또는 사용자단체로부터 교섭 또는 단체협약의 체결에 관한 권한을 위임받은 자는 그 노동조합과 사용자 또는 사용자단체를 위하여 위임받은 범위 안에서 그 권한을 행사할 수 있다"라고 규정하고 있고, 같은 법 시행령 제14조제1항은 "노동조합과 사용자 또는 사용자단체는 법 제29조제3항에 따라 교섭 또는 단체협약의 체결에 관한 권한을 위임하는 경우에는 교섭사항과 권한 범위를 정하여 위임하여야 한다."라고 규정하고 있을 뿐 「노조법」상 교섭위원 수와 관련해서는 아무런 제한을 두고 있지 않은 점, ② 이 사건 사용자가 근거로 삼고 있는 단체협약(안)은 노사간의 단체교섭을 통해 서면으로 서명 또는 날인을 한 단체협약이 아니라 교섭 중인 안에 불과하기 때문에 당사자에 대한 구속력이 없는 점, ③ 설령 단체협약(안)이 당사자에 대한 구속력을 가진다고 가정하더라도, 2015.3.10. 이 사건 노동조합 및 사용자가 단체교섭을 통해 합의한 내용(노 제1호증의1 제4차 단체교섭 회의록)에 따르면, 단체협약(안) 제20조제1항에 교섭위원은 노사 각 6명 이내로 구성한다고 합의한 것으로 볼 때, 연맹 소속 1명만이 교섭위원으로 참석한 것은 문제가 될 여지가 없는 점 등을 고려해 볼 때, 이 사건 사용자가 이 사건 노동조합 측의 교섭위원 수를 이유로 단체교섭을 거부한 것은 정당하다고 보기 어렵다.

다. 사용자의 교섭의무 이행 여부와 교섭 거부 · 해태의 부당노동행위

(1) 사용자의 교섭의무

(가) 단체교섭 응낙의무

단체교섭 응낙의무란 정당한 이유 없이 단체교섭을 거부하지 않을 의무를 의미한다. 따라서 사용자가 단체교섭 자체를 거부하는 경우 교섭 거부 · 해태 문제가 발생할 수 있다.

이와 관련하여 사용자는 주로 노동조합측에 단체교섭 당사자성이 없다거나 교섭담당자에게 문제가 있거나 교섭대상 사항이 경영권에 관한 사항인 것 등 의무적 교섭사항이 아니라는 것, 교섭규칙이 확립되어 있지 않다든가 노동조합이 요구하는 태양에 문제가 있다는 것 등을 이유로 교섭을 거부한다.[84]

한편, 사용자가 감사 · 기획실장 · 편집국장에게 교섭권한을 서면으로 위임하고 이를 노동조합에 통보하였음에도 노동조합이 대표이사가 직접 교섭 석상에

84) 노동법실무연구회, 「노동조합 및 노동관계조정법 주해Ⅱ」 제2판, 박영사, 2023, 208쪽

나올 것을 요구하는 경우에는 사용자가 정당한 이유 없이 단체교섭을 거부하였다고 볼 수 없다.[85)]

(나) 성실교섭의무

사용자의 교섭의무의 구체적인 내용은 "사용자는 자기의 주장을 상대방이 이해하고 납득하는 것을 목표로 성의를 갖고 단체교섭에 임해야만 하고, 노동조합의 요구와 주장에 대한 회답과 자기 주장의 근거를 구체적으로 설명하거나 필요한 자료를 제시하는 행위 등을 하고, 결국에는 노동조합의 요구에 양보할 수 없더라도 그 논거를 제시하여 반론하는 등의 노력을 해야할 의무가 있다"는 것이다.[86)]

즉, 노동조합의 주장에 대하여 성실하게 대응하는 것을 통하여 합의달성의 가능성을 모색할 의무를 말한다. 이 때, 일정한 횟수와 일정한 시간을 들인 교섭이 전제되는 것은 당연하다. 다만, 노동조합측에 합의 달성의 노력을 게을리 하는 등 문제가 있는 경우 사용자의 성실교섭의무는 그에 따라 경감될 수 있다.[87)]

이와 같은 사용자의 성실교섭의무 이행 여부를 판단함에 있어 ▲교섭권자, ▲교섭시간, ▲교섭내용, ▲장소, ▲교섭횟수, ▲대안제시, ▲정보제공, 그 밖에 교섭태도 등이 주로 문제된다고 할 것이다.

---

85) 중노위 1989. 1. 24. 중앙88부노76,77 병합 판정

86) 노동법실무연구회, 「노동조합 및 노동관계조정법 주해Ⅱ」 제2판, 박영사, 2023, 210~211쪽

87) 노동법실무연구회, 「노동조합 및 노동관계조정법 주해Ⅱ」 제2판, 박영사, 2023, 211쪽

(다) 단체협약 체결의무

노조법 제30조 제1항 및 제2항은 “신의에 따라 성실히 교섭하고 단체협약을 체결하여야 하며”, “정당한 이유없이 교섭 또는 단체협약의 체결을 거부하거나 해태하여서는 아니된다”라고 규정하여 사용자에게 단체협약 체결의무를 부과하고 있다.

상기 규정에 따라 사용자는 단체교섭이 타결된 경우에는 단체협약을 체결할 의무를 부담하므로, 사용자가 합리적인 이유 없이 타결된 교섭 내용에 대한 서면화(협약체결)를 거부하는 것은 교섭·거부 해태의 부당노동행위에 해당할 수 있다.

(2) 단체교섭의 교착

사용자가 부담하는 단체교섭 응낙의무와 단체협약 체결의무는 노조가 요구하는 사항을 반드시 승낙해야 할 의무라고 볼 수는 없고, 노동조합이 요구한 사안에 대해서 시간적 한도 없이 교섭을 지속할 의무도 아니라고 할 것이다.

따라서 사용자가 성실한 태도로 교섭에 임하였으나 노사 쌍방의 주장 차이가 커서 일정 기간 교섭이 계속 교착상태에 빠져 있는 경우라면, 사용자는 그 이후 단체교섭을 거부할 수 있다.[88]

다만, 교섭결렬 상태에 이른 경우라도 그 이후 일정 기간의 경과나 사정변경 등으로 인하여 노동조합이 새로운 타협안을 제시하는 등 교섭에 새로운 전개를

---

88) 노동법실무연구회, 「노동조합 및 노동관계조정법 주해Ⅱ」 제2판, 박영사, 2023, 213쪽

보일 가능성도 있기 때문에 노동조합이 그러한 것을 이유로 단체교섭을 요구하는 경우에는 사용자가 이에 응할 의무가 있다.[89)]

(3) 사용자의 교섭의무와 관련된 교섭 거부 · 해태의 구체적 사례

사용자가 노조법 제30조에 따른 교섭의무를 이행하지 않고 교섭을 거부 · 해태한 경우, 그 거부 · 해태의 정당한 이유가 있는지 여부에 대하여 우리 법원과 고용노동부는 ▲교섭규칙에 대한 기존의 합의 내지 관행의 존재 여부, ▲사용자가 제시 · 변경 요청하는 교섭장소, 방식, 일정과 그 이유에 대한 합리성 여부, ▲대표자 선거 또는 교섭사항 검토 준비를 위한 시간이 필요하다는 등 교섭 요구에 응하는 것이 곤란한 사정이 있는지 여부, ▲노동조합의 요구안에 수정안을 제시하거나 수용이 불가능한 합리적인 이유를 설명하였는지 여부, ▲교섭 횟수, ▲교섭이 교착 또는 결렬된 경위, ▲교섭 교착 · 결렬 이후 사정변경 발생 여부 등을 종합적으로 고려하여 사용자의 교섭 거부 또는 해태에 정당한 이유가 있는지 여부를 판단하고 있다.

☑ 교섭장소 및 방법

[교섭 거부 · 해태의 정당한 이유 인정 요소]

- 사용자가 회사별 근로조건의 차이 등을 이유로 교섭방식의 변경을 요구하고, 노사간 이에 대한 의견이 일치하지 않아 교섭이 지연된 경우(노동조합과-362, 인정사례①)

89) 노동법실무연구회, 「노동조합 및 노동관계조정법 주해Ⅱ」 제2판, 박영사, 2023, 213쪽

[교섭 거부 · 해태의 정당한 이유 부정 요소]

- 노사 간 교섭장소에 대하여 상호교대로 진행하겠다고 합의한 이후에도 사용자가 회사 내 회의실만을 교섭장소로 주장하고, 노동조합 측이 요구하는 장소에서는 단체교섭이 한 차례도 이루어지지 않은 경우(노동부 업무매뉴얼, 부정사례①)
- 사용자가 제시한 장소만을 고집하고, 노조측이 이에 따르지 않는다는 이유로 교섭을 거부하는 경우(노동부 업무매뉴얼, 부정사례②)
- 노동조합의 교섭요구에 아무런 이의를 제기하지 않다가 교섭일시에 임박하여 교섭장소를 노동조합에 현저히 불리한 장소로 변경 · 요구하며 교섭을 거부하는 경우(노동부 업무매뉴얼, 부정사례②)
- 노동조합이 기존에 실시해왔던 중앙교섭을 지부교섭 방식으로 변경 · 제안하여, 사용자가 노동조합의 교섭방식 및 교섭안이 기존과 다르다는 이유만으로 3개월에 거친 13차례의 지부교섭 요구에 불참 및 거부하는 경우(중앙2009부노195, 부정사례③)
- 단체협약을 통하여 교섭방식을 공동교섭으로 규정하였음에도, 사용자가 개별교섭만을 요구하며 교섭에 불응하는 경우(노동조합과-58, 부정사례④)
- 산별노조의 사용자단체에 가입한 이후 사용자단체가 중앙 또는 집단교섭에 동의하는 합의서를 작성하였음에도 개별 회사가 교섭방식을 표면적인 이유로 교섭을 거부하였고, 그 밖에 교섭방식이나 교섭장소에 관하여 회사 측의 대안을 제시하거나 다른 방식으로 협의하겠다는 의사를 표명하지 않은 경우(인천지법 2010고정2472, 부정사례⑤)

☑ 교섭일정, 시기, 시간

[교섭 거부 · 해태의 정당한 이유 인정 요소]

- 노동조합의 교섭요구일 당시 사용자측이 대표자 선거를 1주일 정도 앞둔 시점인 경우로서, 그 후 의원 선거, 국장급 교역직 임명, 기타 산하기간 교역직 임명이 예정되어 있는 등 혼란스러운 상태여서 교섭에 응하지 못한 경우(중앙2019부노138,141 병합, 인정사례② ; 서울고법 2020누58573, 인정사례③)
- 노동조합의 교섭 요구 당시 사퇴한 대표자의 권한대행이 부재중이고, 새로운 대표자 취임을 앞두고 있어 의사결정권자들이 모두 변경되므로 교섭 요구에 응하는

것이 곤란한 상황인 경우(서울고법 2020누58573, 인정사례③)

- 노동조합이 제안한 교섭일시에 사용자가 교섭사항 등의 검토와 준비를 위하여 필요하다는 등 합리적 이유가 있어 교섭일시의 변경을 요구하면서 노조가 제안한 교섭 일시에 교섭에 응하지 않은 경우(대법 2005도8606, 인정사례④)

[교섭 거부 · 해태의 정당한 이유 부정 요소]

- 노동조합이 회사의 대표자 선거가 종료된 이후 2차례 교섭을 요구하였음에도 교섭에 응하지 않은 경우(중앙2019부노138,141 병합, 부정사례⑥)
- 사용자가 제시한 일시만을 고집하며 노조측이 이에 따르지 않는다는 이유로 교섭을 거부하는 경우(노동부 업무매뉴얼, 부정사례②)
- 노동조합의 교섭요구에 아무런 이의를 제기하지 않다가 교섭일시에 임박하여 교섭일시를 노동조합에 현저히 불리한 장소로 변경 · 요구하며 교섭을 거부하는 경우(노동부 업무매뉴얼, 부정사례②)
- 노동조합이 단협 유효기간 만료에 대비, 교섭관행 등을 고려하여 합리적인 시기에 교섭을 요구하였음에도 단체협약 유효기간 중이라는 이유만으로 교섭 자체를 거부한 경우(노동부 업무매뉴얼, 부정사례②)
- 노동조합이 제안한 교섭일시에 이르기까지 사용자가 아무런 의사표명도 하지 않은 채 해당 교섭일시에 교섭에 응하지 않은 경우(대법 2005도8606, 부정사례⑦)

☑ 교섭태도

[교섭 거부 · 해태의 정당한 이유 인정 요소]

- 정부 예산 삭감 등을 이유로 최초에는 임금동결을 제시하였으나, 교섭 진행 과정에서 소폭의 인상안을 제시한 경우(중앙2009부노67, 인정사례⑤)
- 정부출연기관, 법정관리회사 등 관계법령에 의한 감독관청 또는 법원의 승인 · 허가절차를 진행하면서 단체협약 체결이 지연되는 경우(노동부 업무매뉴얼, 인정사례⑥)
- 단체협약 체결 후 형식적인 단체협약 조인식을 하지 않은 경우(노조 68107-1049, 인정사례⑦)

[교섭 거부 · 해태의 정당한 이유 부정 요소]

- 사용자가 노동조합의 교섭요구를 무시하고 개별 근로자와 근로계약을 갱신하는 경우(노동부 업무매뉴얼, 부정사례⑧)
- 감독관청의 승인, 법원의 허가사항 등의 이유만을 주장하며 교섭자체를 거부하거나 승인 · 허가받기 위해 노력하지 않고 지연시키는 경우(노동부 업무매뉴얼, 부정사례⑨)
  - 기본협약(안)에 대한 합의를 한 후 수개월이 지나서야 법원에 허가신청을 한 경우(중앙2003부노109, 부정사례⑩)
  - 협약 체결을 위하여 구두로만 노력하겠다고 할 뿐, 수정안을 제시하는 등 최선의 노력을 다했다고 볼 만한 다른 입증자료를 제시하지 못하는 경우(중앙2003부노109, 부정사례⑩)
  - 당사자가 수락한 조정안은 원칙적으로 도지사의 승인을 얻어야 하는데, 조정안을 수락할 당시 예견하지 못한 급격한 사정변경이 없음에도, 도지사 승인요청 안건을 대표 교섭권자가 의장이 되는 이사회에서 부결시킨 경우(노사관계법제과-268, 부정사례⑪)
- 교섭권한이 없는 자가 사용자측 교섭위원으로 나와서 상부의 지시만 따르겠다고 하는 경우(노동부 업무매뉴얼, 부정사례⑧)
- 사용자가 노동조합측 교섭위원을 지정하여 교섭에 응하겠다고 하는 경우(노동부 업무매뉴얼, 부정사례⑧)
- 교섭을 하되, 노측의 요구에 대한 대안을 제시하지 않고 무조건 반대만 하는 경우(노동부 업무매뉴얼, 부정사례⑧)
- 노동조합과 단체교섭일을 합의하였다가, 이후 3차례 연기하면서 교섭이 전혀 이루어지지 않은 경우(노동부 업무매뉴얼, 부정사례⑧)
- 회사가 심한 경영난에 처해 있다는 이유로 교섭을 회피하는 경우(노동부 업무매뉴얼, 부정사례⑧)
- 사용자가 노동조합의 교섭안에 대하여 합리적인 이유를 설명하거나 수정안을 제시하지 않은 채 이를 거부하고, 회사측 단체협약안의 수용만을 요구한 경우(서울행법 2015구합62323, 부정사례⑫)

- 회사가 1차 잠정합의를 파기하고 그와 대동소이한 내용으로 2차 잠정합의를 체결하고서는 교섭을 담당한 실무자들의 권한을 넘는 사항에 해당한다는 이유로 이를 다시 파기한 경우로서 4년간 단체협약이 체결되지 않은 경우(서울행법 2013구합56423, 부정사례⑬)
- 재단 최고 의결기구에서 결론을 내지 못하여 당장 교섭요구에 응할 수 없는 경우는 내부 사정에 불과할 뿐 교섭 거부의 정당한 이유가 될 수 없다고 본 사례(중앙2019부노138,141 병합, 부정사례⑥)
- 교섭내용, 교섭위원, 교섭일시 및 장소, 교섭진행 방식 등에 대하여 합의가 이루어지지 않았다는 이유만으로 교섭 개시 자체를 거부하는 경우(서울중앙지법 2010카합182, 부정사례⑭)
- 회사는 약 10개월간 교섭을 진행하면서 조합 측 단체협약안을 받아드릴 수 없는 이유에 관하여 단순히 "30년에 걸친 교섭의 산물이다"라고 설명하였을 뿐 어떤 부분이 수용하기 어려운지 구체적인 설명을 하지 않은 경우(서울행법 2015구합62323, 부정사례⑫)
- 회사가 노동조합이 제시한 단체협약안에 대하여 아무런 규정을 두지 않거나 사규 등 취업규칙 또는 법에 의한다고만 규정하는 것을 고수하는 경우(서울행법 2015구합62323, 부정사례⑫)

☑ 교섭횟수 및 교착 · 결렬의 경위

[교섭 거부 · 해태의 정당한 이유 인정 요소]

- 6개월간 총 32회의 교섭을 진행한 경우(서울행법 2007구합21860, 인정사례⑧)
- 총 13차례의 임금교섭을 진행하고, 교섭이 결렬된 경우(중앙2009부노67, 인정사례⑤)
- 총10차례에 걸쳐 교섭을 진행하였으나, 노사간 현격한 임금인상안 차이로 인하여 별다른 진전 없이 교섭이 잠정 중단된 경우(중앙2008부노171, 인정사례⑨)
- 16차례에 걸쳐 공동교섭을 진행하여 단체협약안 102개 조항 중 71개 조항에 잠정합의한 경우로서 지방노동위원회에서 당사자간 주장 차이가 크다는 이유로 조정안을 제시되지 못하여 조정이 종료된 경우(중앙2001부노138, 인정사례⑩)

[교섭 거부 · 해태의 정당한 이유 부정 요소]

- 교섭 결과 합의에 도달한 사항에 대한 협약체결을 거부하는 경우(노동부 업무매뉴얼, 부정사례⑧)
- 교섭이 교착상태에 이른 후, 노조 교섭권의 상급단체 위임, 새로운 교섭안 제시 등 교섭재개가 의미있을 것으로 기대되는 사정변경이 발생하였음에도 계속 단체교섭을 거부하는 경우((대법 2005도8606, 부정사례⑦ ; 노동부 업무매뉴얼, 부정사례⑧)
- 13차례 단체교섭을 진행하였으나, 조합원 자격 문제와 노동조합의 교섭권한을 문제 삼아 실질적인 교섭이 이루어지지 못한 경우(중앙2006부해136/부노30 병합, 부정사례⑮)

사례 ▌ 교섭 거부 · 해태의 정당한 이유 인정 사례

[사례①] 노동조합과-362, 2004. 2. 11.

노조법에는 단체교섭의 방식에 대하여 별도의 규정을 두고 있지 아니하므로 지역단위로 여러 사업장을 대상으로 설립된 노동조합의 단체교섭 방식은 그간의 교섭관행, 사용자단체의 구성 여부, 근로조건의 통일적 규율의 필요성 유무 등을 고려하여 노사가 협의하여 결정하는 것이 바람직함. 따라서 사용자가 회사별 근로조건의 차이 등의 이유를 제시하며 교섭방식 및 교섭시기 등의 변경을 요구하고, 노사간 이에 대한 의견이 일치하지 않아 교섭이 진행되지 않았다는 것만으로 정당한 이유없는 교섭거부로 보기는 어렵다.

[사례②] 중노위 2019. 9. 16. 중앙2019부노138,141 병합 판정

이 사건 노동조합이 2018.9.20.~2019.3.8. 사이에 이 사건 사용자에게 3차례에 걸쳐 단체교섭을 요구하였는데 이 사건 사용자가 2018.9.20. 교섭에 응하지 못한 것은 당시 이 사건 재단의 대표자인 선거가 1주일 후에 예정되어 있고 이와 관련한 업무 과중에서 비롯된 것으로 보이고 이는 사회통념상 정당한 이유가 있어 보인다.

[사례③] 서울고등법원 2021. 11. 26. 선고 2020누58573 판결

원고가 참가인의 1차 단체교섭 요구에 응하지 않은 것은 정당한 이유가 있다고 볼 수 있으므로 단체교섭 거부 · 해태의 부당노동행위에 해당하지 않는다고 봄이 타당하다.

가) 원고는 제35대 총무원장이 2018. 8. 23. 임기 중 사퇴함에 따라 2018. 9. 28. 제36대 총무원장 선거를 시행하여야 했고, 2018. 10. 11.에는 중앙종회의원 선거, 2018. 10. 12.에는 중앙종무기관 국장급 교역직 임명, 2018. 10. 17. 및 2018. 10. 25.에는 각 산하기관 교역직 임명이 각 예정되어 있는 등 매우 혼란스러운 상태였다. 1차단체교섭 요구일인 2018. 9. 20.은 원고의 총무원장 선거를 불과 1주일 정도 앞둔 시점으로, 경북 영천시에 소재하고 있는 L사에서 총무원장 후보 토론회를 겸해서 제58차M협의회가 열리고 있던 날이다.

나) 그런데 참가인 소속 정책실장(N)과 조직국장(O)이 2018. 9. 20. 15:00경 사전통보 없이 원고의 서울 사무실로 찾아와 단체교섭을 요구하였고, 이들은 이 사건 지부의 집행부 구성원 중 누구도 대동하지 않아, 원고 측으로서는 찾아온 사람들이 누구인지 제대로 알 수 없었고, 그들이 하는 말을 섣불리 믿을 수도 없었다. 그 당시 원고는 총무원장 권한대행이던 총무부장이 부재중이었고, 새로운 총무원장이 취임하게 되면 의사결정권자들이 모두 변경되게 되므로 단체교섭 요구에 응하는 것이 곤란한 상황이었던 것으로 보인다.

다) 1차 단체교섭 요구서에는 단체교섭 요구사항이 전혀 기재되어 있지 않아 원고로서는 참가인이 어떠한 사항에 대하여 단체교섭을 요구하는지 알기 어려웠던 것으로 보인다. 앞서 보았듯이 3차 단체교섭 요구 이후 참가인은 2019. 10. 1. 단체교섭 요구사항을 구체적으로 명시하여 원고에게 다시 단체교섭을 요구하였는바, 이는 참가인이 그동안의 단체교섭(1~3차)에서 단체교섭 요구사항을 전혀 특정하지 않았던 것과는 분명히 대비되는 것이고, 그러자 원고가 이에 응하여 참가인의 단체교섭 요구사실을 공고하였음은 앞서 본 바와 같다.

라) 원고는 중요사항에 대한 의사결정 시 종단의 대의기구인 중앙종회의 의결을 거쳐야 하고, E종교단체의 의사결정 구조상 다양한 스님들의 의견을 들어야 하는 특수성이 있으므로, 원고가 스님과 신도들의 총의를 수렴하고 안건을 처리하는 데 시간이 다소 소요된다는 점, 참가인 이전에는 원고 내부에 노동조합이 한 번도 결성된 적이 없어 단체교섭에 임한 경험도 없었던 점 등의 사정을 고려할 필요가 있다.

[사례④] 대법원 2006. 2. 24. 선고 2005도8606 판결

단체교섭의 일시를 정하는 데에 관하여 노사간에 합의된 절차나 관행이 있는 경우에는 그에 따라 단체교섭 일시를 정하여야 할 것이나, 그와 같은 절차나 관행이 없는 경우, 노동조합측이

어느 일시(이하 '노조제안 일시'라 한다)를 특정하여 사용자에게 단체교섭을 요구하더라도 사용자가 교섭사항 등의 검토와 준비를 위하여 필요하다는 등 합리적 이유가 있는 때에는 노동조합측에 교섭일시의 변경을 구할 수 있고, 이와 같은 경우에는 노동조합측이 사용자의 교섭일시 변경요구를 수용하였는지 여부에 관계없이 사용자가 노조제안 일시에 단체교섭에 응하지 아니하였다 하더라도 사용자의 단체교섭 거부에 정당한 이유가 있다고 할 것이나, 사용자가 합리적인 이유 없이 노조제안 일시의 변경을 구하다가 노동조합측이 이를 수용하지 아니하였음에도 노조제안 일시에 단체교섭에 응하지 아니하였거나 사용자가 위 일시에 이르기까지 노조제안 일시에 대하여 노동조합측에 아무런 의사표명도 하지 아니한 채 노조제안 일시에 단체교섭에 응하지 아니한 경우에는 사용자가 신의에 따라 성실하게 교섭에 응한 것으로 볼 수 없으므로, 사용자의 단체교섭 거부에 정당한 이유가 있다고 할 수 없다.

[사례⑤] 중노위 2009. 6. 9. 중앙2009부노67 판정

이 사건 단체협약은 이 사건 노조원으로 환경미화원을 타 시 · 구 환경미화원을 제외한 나주시 환경미화원만을 대상으로 하고 있는바, 이 사건 노동조합이 주장하는 이 사건 사용자 소속 환경미화원은 이 사건 단체협약 상 나주시 환경미화원이 아닌 타 시 · 구 환경미화원에 해당되어 단체교섭대상이 될 수 없어 이를 거부한 것이 부당하다고 할 수 없으며, 이 사건 사용자는 임금교섭 시 구 예산 삭감으로 임금동결안을 제시하였으나, 교섭이 진행되면서 소폭의 인상안을 제시하고 총 13차례의 임금협상 교섭을 진행하고 결렬된 점, 이 사건 사용자의 반조합적 의도하에서 임금동결안을 제시하였다는 구체적인 증거가 없는 점 등으로 보아 부당노동행위에 해당한다고 보기 어렵다.

[사례⑥] 고용노동부, 「최신 사례로 보는 부당노동행위」, 2009, 103쪽

정부출연기관, 법정관리회사 등이 인사, 급여 등 중요한 사항에 대하여 관계법령에 의한 감독관청 또는 법원의 승인 · 허가절차를 진행하면서 단체협약 체결이 지연되는 것은 부당노동행위로 보기 어려움

- 특히 공기업 등 공공기관에서 단체협약을 체결하였다고 할지라도 단체협약 내용 중 주무부처의 장관의 승인이 필요한 사항이 있을 경우에는 주무부처의 장관이 승인후 효력이 발생

[사례⑦] 노조 68107-1049, 2001. 9. 12.

노동조합 및 노동관계조정법 제31조 제1항(2008.3.28 노동조합 및 노동관계조정법 제31조

제1항)의 규정에 따라 단체협약을 노사 쌍방이 서면으로 작성하여 서명 · 날인하였다면 그 효력이 인정되는 것인 바, 귀 질의의 경우와 같이 단체협약을 체결하고 단지 형식적인 단체협약 조인식을 하지 않았다하여 단체협약의 효력에 영향을 미치는 것은 아니므로 단체협약 조인식을 하지 않은 사용자의 행위를 부당노동행위라고 보기는 어려울 것임.

[사례⑧] 서울행정법원 2007. 11. 2. 선고 2007구합21860 판결(서울고등법원 2008. 6. 12. 선고 2007누33353 항소기각 판결로 확정됨)

① 참가인의 노사는 2005년도까지 관행적으로 단체교섭시 주 2회만 본교섭을 진행하여 온 점, ② 단체교섭 일정에 관한 임시협약이 아직 체결되지 아니한 상태에서, 참가인으로서는 위와 같은 관행에 따라 교섭일정을 제시하는 것이 일응 합리적이라고 보이는 점, ③ 참가인이 제시한 '주 3회 교섭(본교섭 2회, 실무교섭 1회)'의 일정이 단체교섭을 지나치게 장기화시키는 것으로 보이지는 아니하고, 참가인의 노사도 이 사건 행위 이후 위와 같은 일정에 합의한 점, ④ 참가인은 2006년도 단체협약 갱신체결과 관련하여 2006. 7. 3.부터 같은 해 12. 1.까지 본교섭을 매주 2회, 총 32회 이상 진행하였던바, 참가인은 위 단체교섭에 객관적으로 성실하게 응한 것으로 보이고, 이와 반대되는 사정에 관하여는 아무런 주장 · 입증도 없는 점, ⑤ 이 사건 노조가 참가인이 거부한 일자의 매 본교섭에 대하여 단체협약에 따라 그 7일 이전에 교섭을 요청하였다고 볼 자료가 없는 점, ⑥ 이 사건 노조의 교섭위원들은 단체협약상 노동조합 전임근무자로 지정되지 아니하였으므로, 교섭위원들이 단체교섭을 이유로 결근하면 참가인으로서는 결근일수만큼 업무차질을 빚을 것으로 예상되는 점, ⑦ 참가인은 단체교섭을 위하여 월요일부터 목요일까지의 주 4일에 대하여는 교섭위원들의 전임 근무를 인정하였던 바, 교섭위원들은 본교섭이 진행되지 아니하는 주 2일(적어도 1일) 동안은 교섭을 위한 제반 활동에 종사할 수 있는 점을 감안할 때 참가인의 위 전임 인정 범위가 지나치게 제한적이라고 보이지는 아니하는 점 등에 비추어 보면, 이 사건 행위는 '노동조합의 업무를 위한 정당한 행위를 이유로 한 불이익취급' 또는 '객관적으로 정당한 이유가 없는 단체교섭의 거부 · 해태'에 해당한다고 볼 수 없다.

[사례⑨] 중노위 2008. 11. 13. 중앙2008부노171 판정

노동조합은 당초 교섭위원 명단에 없었던 신청 외 이○○ 및 이○○을 사전 통보 없이 교섭위원으로 참석시켰으며, 사용자는 "고소 및 고발 등을 통해 회사의 정책를 무조건적으로 비난만 하던 자를 교섭위원으로 참여시키는 것은 노사간의 신뢰를 깨고 교섭을 파행으로 이끄는 것이다."라고 주장하며 교섭위원 교체를 요청하였으나, 노동조합은 이를 거부하였다. 그러나 사용자는 노동조합의 교섭위원 교체거부와 관계없이 단체교섭을 계속 진행하였고, 중앙노동위원회는 노동쟁의 조정신청에 대하여 "당사자간 주장의 현격한 차이로 조정안의 제시가 어렵다고 판단되어 조정안을 제시하지 아니하고 조정을 종료한다."고 조정중지 결정을 하였으며, 이후 사용자가 다시 단체교섭을 요청하여 2008. 6. 19.까지 10차례에 걸쳐 단체교섭을 진행하였으나 노사간의 현격한 임금인상안 차이로 인하여 별다른 진전 없이 단체교섭은 잠정 중단되었고, 이러한 사유는 노사간 임금인상안의 현격한 차이에 의한 것으로 보이며, 사용자가 단체교섭을 해태 또는 거부하였다고 판단되지 아니 한다.

[사례⑩] 중노위 2001. 12. 28. 중앙2001부노138 판정

노동조합은 피신청인 등 3개 정부출연연구기관의 대표와 16차례에 걸쳐 공동교섭을 진행하여 단체협약안 102개 조항 중 71개 조항에 잠정합의한 사실이 있는 점, 신청인 노동조합이 미타결 단체협약안에 대하여 조정을 신청하였으나 초심지노위는 당사자간 주장의 차이가 크다는 이유로 조정안을 제시하지 않고 조정을 종료한 점, 신청인 노동조합은 쟁의행위에 대한 조합원 찬반투표를 실시하고 같은 해 10.27. 경고파업에 이어 같은 해 11.22.부터 11.24.까지 전면파업을 한 점, 피신청인은 2000.10.30. 및 같은 해 11.6. 두 차례 시설관리 민영화에 대하여 협의할 것을 요청하였으나 노동조합은 시설민영화 문제는 임 · 단협교섭이 끝난 이후에 논의할 것을 주장한 점, 피신청인과 한국과학기술원 지부는 종전의 공동교섭에서 지부별 교섭으로 전환하여 2000.12.1.부터 같은 달 12. 사이 3차례에 걸쳐 시설민영화 문제와 임 · 단협 미타결 조항에 대하여 교섭을 진행하였으나 결렬된 점등을 종합하여 보면, 신청인 노동조합과 피신청인은 2000.3.부터 같은 해 9.까지 노사간 단체교섭을 진행하여 왔으나 2000.10.말경 피신청인이 시설 민영화 문제를 제기하면서 이에 대한 교섭여부를 놓고 일시적으로 교섭이 이루어지지 않은 사실을 인정할 수 있고, 또한 2000.12.1.부터 교섭형태를 종전 공동교섭에서 지부별 교섭으로 전환하여 노사간 3차례(12.1, 12.4, 12.12)에 걸쳐 시설 민영화 문제를 포함한 단체협약의 쟁점사항에 대한 교섭이 진행되었으나 노사간 현격한 주장차이로 교섭이 결렬되었음이 인정될 뿐, 이와 달리 피신청인이 단체교섭을 회피하였다고 볼 수 있는 구체적인 근거는 없다.
그렇다면 피신청인이 정부에서 추진하는 경영혁신 과제인 시설 민영화 문제를 주요사안으로 보고 이에 대한 교섭을 노동조합측에 요구하였다고 하여 이를 두고 단체교섭을 불성실하게 하였다고 할 수 없는 것이며, 설사 이로 인해 교섭이 제대로 이루어지지 않았더라도 이는 시설 민영화 문제에 대한 노사의 주장 차이에 기인한 노사공동의 책임이라 할 것이지 사용자에게만 전적으로 그 책임이 있다고 볼 수도 없는 것이다. 따라서 피신청인이 시설관리의 민영화를 제기한 이후 정부의 눈치를 보며 성실교섭을 회피함으로써 실질적인 교섭이 이루어지지 않았다는 신청인의 주장은 달리 이를 입증할 구체적 증거가 없는 한 이를 받아들이기 어렵다 할 것이다.

사례 Ⅰ 교섭 거부·해태의 정당한 이유 부정 사례

[사례①] 중노위, 「주제별 판례 분석집 집단적 노사관계」, 2018, 340쪽

이 사건에 관하여 보건대, 앞서 든 사실 및 증거들에 의하여 인정되는 다음과 같은 사정 즉 ① 원고는 참가인 조합이 주장하는 교섭장소가 부적당하고, 원고가 주장하는 원고 회사 내 회의실이 교섭장소로 적당하므로 교섭장소를 이유로 참가인 조합과의 단체교섭을 거부한 데에 정당한 이유가 있다고 주장하나, 원고와 참가인 조합 사이의 2011. 11. 25.자 임금교섭 회의록에 참가인 조합측이 "교섭장소에 대해서 전과 같이 분란이 없도록 상호교대로 하겠습니다"라고 말하자 원고측이 "교섭장소는 불러만 주시면 가겠습니다"라고 말한 사실이 기재되어 있음에 비추어 당시 참가인 조합과 원고는 적어도 교섭장소를 상호 요구하는 바대로 번갈아가며 정하기로 하였다고 봄이 상당함에도 원고는 2011. 11. 25. 이후 여전히 교섭장소를 원고 회사 내 회의실로만 주장하였고, 이에 참가인 조합이 원고의 주장에 응하여 원고 회사 내 회의실에 찾아갔을 때만 교섭이 이루어졌을 뿐, 참가인 조합의 요구에 따른 교섭장소에서는 단 한 차례도 단체교섭이 이루어지지지 않았으며 원고가 참가인 조합이 주장하는 교섭장소가 교섭장소로서 부적절하다는 점에 대하여 추정에 근거한 주장만을 할 뿐, 이에 대한 증거를 제출하지 못하고 있고, 원고와 참가인 조합 사이에 2011년 임금협상과 관련하여 최초교섭을 시작한 때로부터 2년이 경과한 시점에서도 제대로 된 단체교섭이 이루어지지 않았다는 사정을 모두 고려하여 볼 때, 원고가 교섭장소를 이유로 참가인 조합과의 단체교섭을 거부하거나 해태한 데에 정당한 이유가 있다고 보기 어려운 점, ② 또한 원고는 광주고등법원의 2012. 11. 30.자 결정이 이루어지기 전에는 교섭범위가 불명확하였다고 주장하여 그 이전에는 부당노동행위가 되지 않는다는 취지의 주장을 하나, 이미 그 이전에도 전주지방법원의 단체교섭응

낙가처분 결정이 있었고, 원고가 이에 대해 이의신청을 하거나 항고하였을 뿐, 그 결정 자체의 집행을 정지하는 신청을 하여 인용되었다는 사정이 없는 이상 원고는 전주지방법원의 단체교섭응낙가처분 결정이 확정되지 않았더라도 이에 따라 성실하게 단체교섭에 응하였어야 할 것이므로 원고의 위 주장을 받아들이기 어려운 점 등을 종합적으로 고려하여 보면, 원고가 정당한 이유 없이 교섭장소만을 문제 삼아 참가인 조합의 단체교섭 요구에 제대로 응하지 않은 것은 노조법 제81조 제3호의 부당노동행위에 해당한다고 할 것이다.

[사례②] 고용노동부, 「최신 사례로 보는 부당노동행위」, 2009, 100쪽

교섭시기, 장소 등에 대한 노사간 의견이 대립될 때에 사용자가 제시한 일시, 장소만을 고집하며 노조측이 이에 따르지 않는다는 이유로 교섭을 거부하는 것은 부당노동행위에 해당됨

- 노동조합의 교섭요구에 대해 사전에 아무런 이의를 제기하지 않다가 정당한 이유없이 교섭일시에 임박하여 교섭장소나 일시를 노동조합에 현저히 불리한 장소나 시간대로 변경 · 요구하며 교섭을 거부하는 경우
- 단체협약 유효기간 만료에 대비, 교섭관행 등을 고려하여 합리적인 시기에 교섭을 요구하였음에도 유효기간중이라는 이유만으로 교섭 자체를 거부하는 경우

[사례③] 중노위 2010. 3. 16. 중앙2009부노195 판정

교섭범위 및 교섭방식의 결정에 대하여 노사협의에 의해 변경이 가능하고, 중앙교섭방식이 정해져있다 하더라도 지부교섭을 통하여도 단체협약 체결이 가능하다는 점을 사용자도 인정하고 있으며, 법령 및 단체협약에 근거 이 사건 사용자에게 노동조합의 교섭요구에 응하여야 할 의무가 부과되어 있다고 인정되고, 아울러 사용자는 노동조합이 요구하는 단체교섭안이 중앙교섭을 통해 교섭해야하는 사항이고 그 교섭방식이 기존의 방식과 달라 부당하다고 생각되더라도 단체교섭 과정에서 이에 대한 의사를 이 사건 노동조합에게 전달하고 그것을 교섭의 자리에서 해결해야 할 것이므로 노동조합의 교섭방식 및 교섭안이 기존과 다르다는 이유만으로 3개월에 거친 13차례의 지부교섭 요구에 불참 및 거부하는 것은 정당한 사유 없이 이 사건 노동조합의 단체교섭요구에 대해 거부 및 해태하는 것으로서 노동조합 및 노동관계조정법 제81조제3호의 부당노동행위에 해당한다 하겠다.

[사례④] 노동조합과-58, 2008. 3. 7.

노사 당사자가 적법하게 체결한 단체협약은 그 유효기간 동안 모두 성실히 이행하여야 할

것인 바, 전국○○노조와 36개의 △△지역의 사용자들이 동종업종의 근로조건을 통일적으로 규율할 목적으로 단체협약을 통하여 "교섭은 공동교섭"으로 진행하기로 합의한 경우, 동 협약의 유효기간 중 중대한 사정변경 등으로 해당 협약을 변경하지 아니하는 한 당사자는 이를 준수하고 이행할 의무가 있음. 따라서, 협약 유효기간 중 공동교섭을 진행할 수 없는 특별한 사정이 없음에도 일부 사용자가 단체협약으로 합의된 교섭방식과는 달리 개별교섭만을 요구하며 교섭요구에 불응하는 것은 교섭거부 · 해태의 정당한 사유로 보기 어려울 것임.

[사례⑤] 인천지방법원 2011. 1. 25. 선고 2010고정2472 판결

회사가 2003년 이후 금속산업사용자협의회에 가입하여 중앙교섭 합의서와 집단교섭 합의서를 체결한 점이나 위 각 합의서의 내용에 비추어 보면, 각 교섭요구는 노조가 일방적으로 요구하는 방식에 의한 것이 아니라 2006년까지의 인천지부 집단교섭, 중앙교섭 시에 회사 스스로 동의하였던 교섭의 원칙적인 방식으로 보인다. 또한 회사가 노조 측에 보낸 각 공문의 내용을 보더라도 교섭방식이나 교섭장소에 관하여 회사 측의 대안을 제시하거나 다른 방식으로 협의를 하겠다는 의사를 표명하지 않았고, 오히려 아래에서 보는 바와 같이 계속되는 노조의 임금협상 요구에 대해 2007년 임금인상과 관련하여 이미 노조는 단체교섭권을 상실하였으므로 이에 응할 수 없다고 답변하며 교섭에 응하지 아니한 것을 알 수 있어 교섭방식에 대한 이견이 교섭불응의 주된 이유는 아닌 것으로 보인다. 따라서 피고인들은 노조가 주장하는 일방적인 방식에 따른 교섭참가를 거부한 것이 아니라 정당한 이유 없이 교섭을 거부한 것으로 봄이 상당하다.

[사례⑥] 중노위 2019. 9. 16. 중앙2019부노138,141 판정

이 사건 노동조합이 2018.9.20.~2019.3.8. 사이에 이 사건 사용자에게 3차례에 걸쳐 단체교섭을 요구하였는데 이 사건 사용자가 2018.9.20. 교섭에 응하지 못한 것은 당시 이 사건 재단의 대표자인 ○○○○ 선거가 1주일 후에 예정되어 있고 이와 관련한 업무 과중에서 비롯된 것으로 보이고 이는 사회통념상 정당한 이유가 있어 보인다. 그러나 이 사건 노동조합의 나머지 두 차례의 교섭요구(2019.1.28., 3.8.)는 ○○○○ 선거가 종료된 상황에서 제기되었으므로 ○○○○ 선거라는 내부 사정은 더 이상 이 사건 노동조합의 교섭요구에 응하지 않은 정당한 이유가 될 수 없다.

이 사건 사용자는 이 사건 노동조합과 수차례 비공식 면담을 통하여 근로조건의 개선을 위해 노력하였다고 주장하나, 이 사건 사용자는 면담 내용과 관련하여 구체적 자료를 제시하지 않아 구체적 내용을 알기 어려울 뿐만 아니라, 일부 개별 조합원과의 면담은 노동조합법에서 정하고 있는 단체교섭과는 별개의 사안이므로 개별적 면담을 하였다는 사정만으로 이 사건 사용자가 단체교섭의무를 이행하였다고 볼 수 없다.

또한 이 사건 사용자는 이 사건 재단의 최고 의결기구인 중앙 종회의에서 결론을 내지 못하여 당장 이 사건 노동조합의 단체교섭 요구에 응할 수가 없다고 주장하나, 이는 이 사건 사용자의 내부 사정에 불과할 뿐 단체교섭 거부의 정당한 이유가 될 수 없다.

[사례⑦] 대법원 2006. 2. 24. 선고 2005도8606 판결

쟁의행위는 단체교섭을 촉진하기 위한 수단으로서의 성질을 가지므로 쟁의기간 중이라는 사정이 사용자가 단체교섭을 거부할 만한 정당한 이유가 될 수 없고, 한편 당사자가 성의 있는 교섭을 계속하였음에도 단체교섭이 교착상태에 빠져 교섭의 진전이 더 이상 기대될 수 없는 상황이라면 사용자가 단체교섭을 거부하더라도 그 거부에 정당한 이유가 있다고 할 것이지만, 위와 같은 경우에도 노동조합측으로부터 새로운 타협안이 제시되는 등 교섭재개가 의미 있을 것으로 기대할 만한 사정변경이 생긴 경우에는 사용자로서는 다시 단체교섭에 응하여야 하므로, 위와 같은 사정변경에도 불구하고 사용자가 단체교섭을 거부하는 경우에는 그 거부에 정당한 이유가 있다고 할 수 없다.

단체교섭의 일시를 정하는 데에 관하여 노사간에 합의된 절차나 관행이 있는 경우에는 그에 따라 단체교섭 일시를 정하여야 할 것이나, 그와 같은 절차나 관행이 없는 경우, 노동조합측이 어느 일시(이하 '노조제안 일시'라 한다)를 특정하여 사용자에게 단체교섭을 요구하더라도 사용자가 교섭사항 등의 검토와 준비를 위하여 필요하다는 등 합리적 이유가 있는 때에는 노동조합측에 교섭일시의 변경을 구할 수 있고, 이와 같은 경우에는 노동조합측이 사용자의 교섭일시 변경요구를 수용하였는지 여부에 관계없이 사용자가 노조제안 일시에 단체교섭에 응하지 아니하였다 하더라도 사용자의 단체교섭 거부에 정당한 이유가 있다고 할 것이나, 사용자가 합리적인 이유 없이 노조제안 일시의 변경을 구하다가 노동조합측이 이를 수용하지 아니하였음에도 노조제안 일시에 단체교섭에 응하지 아니하였거나 사용자가 위 일시에 이르기까지 노조제안 일시에 대하여 노동조합측에 아무런 의사표명도 하지 아니한 채 노조제안 일시에 단체교섭에 응하지 아니한 경우에는 사용자가 신의에 따라 성실하게 교섭에 응한 것으로 볼 수 없으므로, 사용자의 단체교섭 거부에 정당한 이유가 있다고 할 수 없다.

노동조합의 요청이 있음에도 회의 자체를 차일피일 미루어 아예 교섭이 불가능하게 하거나 대안도 없이 무조건 거부하는 경우, 단체교섭의 시기와 장소를 비합리적으로 요청하는 경우,

기타는 신의를 가지고 성실히 교섭에 임하지 않는 경우에는 부당노동행위에 해당한다고 할 것이고, 다만 사용자로서는 정상적인 교섭을 기대할 수 없다든가 교섭을 강제하는 것이 현저히 부당한 경우에는 단체 교섭 거부에 정당한 사유가 있다고 할 것으로서 구체적으로는 권한 없는 자의 교섭요구, 교섭 사항이 아닌 사항에 대하여 교섭을 요구하는 경우, 교섭 요구의 시기와 장소, 방법이 현저히 비합리적인 경우에는 이에 응할 의무는 없다고 할 것이다.

[사례⑧] 고용노동부, 「집단적 노사관계 업무매뉴얼」, 2022, 486~487쪽

나. 단체교섭의 거부 · 해태로서 부당노동행위에 해당하는 경우

- 사용자가 단체교섭에 응하지 않는 것(교섭불응) 또는 노동조합의 교섭요구를 무시하고 개개 근로자와 근로계약을 갱신하는 경우
- 교섭결과 협약체결을 거부하거나 교섭권한이 없는 자가 사용자측 교섭위원으로 나와서 정당한 이유없이 상부의 지시만 따르겠다고 하는 경우
- 교섭전후 노동조합측 교섭위원을 배치 · 전환시키거나 노동조합측 교섭위원을 지정하여 교섭에 응하겠다고 하는 경우
- 교섭은 하되 노동조합의 요구에 대하여 대안을 제시하지 아니하고 무조건 반대만 하거나 정당한 사유없이 고의적으로 교섭을 중단 또는 지연시키는 경우
- 노동조합과 단체교섭일을 합의하였다가, 이후 1차, 2차, 3차 연기하면서 단체교섭이 전혀 이루어지지 않은 경우
- 사용자가 일방적으로 교섭을 중단하거나 단체교섭으로 합의에 도달한 사항에 대해 단체협약 체결을 거부하는 경우(대법원 2009.6.25. 선고 2007도10274 판결)
- 단체교섭 진행 중 교착상태에 이른 이후, 교섭재개가 의미 있을 것으로 기대되는 사정변경(노조 교섭권의 상급단체 위임, 새로운 교섭안 제시 등)이 발생하였음에도 계속하여 단체교섭을 거부하는 경우(대법원 2006.2.24. 선고 2005도8606 판결)
- 회사가 심한 경영난에 처해 있다는 이유로 단체교섭을 회피하는 경우

[사례⑨] 고용노동부, 「최신 사례로 보는 부당노동행위」, 2009, 104쪽

감독관청의 승인, 법원의 허가사항 이라는 이유만을 주장하며 교섭자체를 거부하거나, 승인 · 허가받기 위해 노력하지 아니하고 정당한 이유없이 단체협약 체결을 지연시키는 것은 부당노동행위에 해당할 수 있음

[사례⑩] 중노위 2003. 12. 29. 중앙2003부노109 판정

사용자가 단체협약 체결을 거부할 이유가 있었다 하더라도 객관적으로 정당한 이유가 입증이 되지 않는 경우에도 성립한다고 할 것인 바, 회사는 법원에 허가를 받아야 한다는 이유를 들어 체결을 유보하였고, 이후 법원의 허가를 얻기 위하여 노력을 다하였으나 법원이 허가를 거부하여 체결을 하지 못한 것으로 주장하지만 기본협약(안)에 대한 합의를 한 후 수개월이 지나 법원에 정식 공문으로 허가신청을 한 것으로 확인되는 점, 또한 기본협약 체결을 위하여 구두로만 노력하였다고 할 뿐이며, 노조에 수정안을 제시하는 등의 최선의 노력을 다했다고 볼 만한 다른 입증자료를 제시하지 못하고 있는 점 등을 종합적으로 고려할 때, 기본협약을 체결하지 않았던 것은 정당한 이유없이 단체협약의 체결을 해태한 것으로 인정된다.

[사례⑪] 노사관계법제과-268, 2009. 2. 3.

특별법에 따라 설립된 지방의료원은 관련 법률, 자치단체의 조례, 해당 지방의료원의 정관 등의 제 규정을 종합하면, 당사자가 수락한 조정서는 원칙적으로 해당 도지사의 승인을 얻은 때 효력을 가지는 것으로 보며, 조정서에 서명 또는 날인한 노사는 조정서가 효력을 발생할 수 있도록 상호 협력의무를 부담한다고 보아야 할 것임. 따라서, 지방의료원은 이러한 협력의무에 기인하여 조정서에 대해 도지사의 승인을 얻도록 하기 위한 내부절차를 이행하여야 할 것이므로, 조정안을 수락할 당시 예견하지 못한 급격한 경영악화 등의 상황변화가 없음에도 조정서에 대한 도지사 승인요청 안건을 교섭대표 원장이 직접 의장이 되는 이사회에서 부결시킨 것은 이러한 협력의무를 성실히 이행하지 아니한 것으로서, 결과적으로는 합의사항에 대한 실질적인 단체협약 체결을 고의로 지연하거나 거부하는 행위로서 부당노동행위에 해당될 것으로 판단된다.

[사례⑫] 서울행정법원 2015. 10. 23. 선고 2015구합62323 판결(서울고등법원 2016. 6. 22. 선고 2015누64765 항소기각 판결로 확정됨)

원고가 참가인으로부터 단체협약안을 제시받고도 합리적인 이유를 설명하거나 수정안을 제시하지 않은 채 이를 거부하고, 원고 측 단체협약안의 수용만을 요구하면서 그에 대한 참가인 측의 수정 요구를 수용하지 아니함으로써 이 사건 단체교섭이 결렬되도록 한 행위는 객관적으로 정당한 이유가 없고 불성실한 단체교섭으로 충분히 판정할 수 있는 경우에 해당한다 할 것이다.

가) 원고는 2013.10.8. 여수공장 노동조합과 사이에 단체협약을 체결하였고, 참가인이 원고에게 제시한 참가인 측 단체협약안은 조합의 규모, 연봉제에 의한 임금 지급 등 여수공장과의 차이점을 반영한 일부 조항을 제외하면 여수공장 단체협약과 동일함에도 원고는 참가인 측이 납득할 만한 근거를 제시하지 않고 참가인 측 단체협약안에 따른 단체협약 체결을 거절하였다.

이에 대하여 원고는 여수공장과 전주공장의 사업환경, 노동조합 규모, 경영상황 등에 현저한 차이가 있어 여수공장 단체협약안과 유사한 내용의 참가인 측 단체협약안을 받아들일 수 없다고 주장한다. 그러나 원고는 2014.1.21.부터 같은 해 11.10.까지의 단체교섭 과정에서 참가인 측 단체협약안을 받아들일 수 없는 이유에 관하여 '여수공장 단체협약의 채용, 인사, 인사제도개선위원회 등 조항은 30년에 걸친 교섭의 산물이다'라고만 설명하였을 뿐, 참가인 측 단체협약안의 어떤 부분이 전주공장의 여건에 비추어 수용하기 어려운지에 관하여는 아무런 설명을 하지 아니하였는바, 여수공장 단체협약이 오랜 교섭의 결과라는 사정만으로는 원고가 여수공장 단체협약과 유사한 내용의 참가인 측 단체협약안을 받아들이지 아니한 데 정당한 이유가 있다고 볼 수 없다.

나) 원고는 2014.2.7.부터 2014.9.17.까지의 기간 동안 참가인에게 원고 측 단체협약안에 따른 단체협약의 체결을 요구하였을 뿐, 단체협약 내용에 관하여 참가인과 사이에 합의를 도출하기 위한 성의 있는 노력을 하지 아니하였고, 정당한 이유 없이 참가인의 원고 측 단체협약안 수정요구를 거절하였다. 특히 정년, 승진, 휴직, 복직, 징계, 해고 등 인사에 관한 사항과 교대근무, 연차휴가, 경조휴가 등 근무시간에 관한 사항, 교대 근무자 휴일근무수당, 자격 · 면허 수당, 성과급 등 임금에 관한 사항은 조합원 전체에 적용될 근로조건에 관한 사항으로서 단체교섭 대상에 해당하고, 원고는 참가인 측으로부터 위 각 사항에 관한 구체적인 내용이 기재된 단체협약안을 제시받았으므로, 원고는 그에 대한 원고 측의 입장을 밝히고 참가인 측과 협의함으로써 교섭 과정에 성실하게 임하였어야 할 것이나, 원고가 참가인 측에 제시한 원고 측 단체협약안은 위 각 사항에 관하여 아무런 규정을 두지 아니하거나 사규 등 취업규칙 또는 법에 의한다고만 규정하였다. 또한 원고 측은 2014.2.21. 4차 교섭에서는 '원고 측 단체협약안을 끝까지 고수할 의사가 없으니 그에 대한 의견을 밝혀달라'고 하였다가 2014.3.5. 5차 교섭에서 참가인 측으로부터 '원고 측 단체협약안 중 "사규 등 취업규칙에 의한다"고 한 부분을 변경하여 구체적인 사항을 단체협약에 직접 규정하자'는 수정요구를 받자 '인사에 관한 부분은 사규에 보장된 수준 이상의 내용을 담고 싶지 않다. 인사에 관한 부분을 단체협약에 직접 규정하게 되면 취업규칙을 불이익하게 변경하더라도 조합원들에게

적용할 수 없다'는 입장만을 거듭하여 밝히면서 정당한 이유 없이 단체교섭 대상인 인사 등 사항에 관한 참가인 측의 교섭요구를 거절하였다.

원고는, 원고와 참가인이 2014.10.22. 회의록 작성 방법에 관하여 합의하였고, 같은 해 11.10.과 11.19. 조합활동, 안전보건 및 재해보상, 교육과 복지후생, 노사협의회, 단체교섭, 평화협정 등 조항에 관하여 합의하였으며, 이후 원고가 원고 측 단체협약안의 일부 내용을 참가인 측의 요구에 맞게 변경하여 2014.12.8. 제1차 수정안, 2015.2.12. 제2차 수정안, 2015.4.14. 제3차 수정안, 2015.8.19. 제4차 수정안을 각 제시하는 등 성실하게 단체교섭을 진행하고 있다고 주장하나, 위와 같은 사정은 참가인이 전북지방노동위원회에 노동쟁의 조정신청을 한 이후의 사정으로서, 원고가 앞서 본 바와 같이 2014.1.21.부터 2014.9.17.까지의 기간 중에 참가인 측 단체협약안을 합리적 이유 없이 거절하고 원고 측 단체협약안만을 고집하여 교섭 결렬에 이르는 등 정당한 이유 없이 단체교섭을 해태한 이상 그 이후에 위와 같은 노력을 하였더라도 이를 이유로 단체교섭 거부.해태의 부당행위에 해당하지 아니한다고 볼 수 없다. 또한, 기록상 알 수 있는 여러 정황에 비추어 볼 때 원고 측이 2014.9.17. 교섭장소에서 원고가 제시한 단체협약안을 일방적으로 수용할 것을 요구하면서 무단으로 퇴장한 후 참가인이 곧바로 전북지방노동위원회에 구제신청을 하는 등 적극 대응에 나서자 원고가 형식적으로 단체교섭을 이어가면서 위와 같은 일부 사항에 관한 합의를 도출하였을 뿐 전체적으로 보아 원고 측의 태도 변화를 통해 해당 기간 동안 단체교섭의 실질적인 진척이 있었다고 보기는 어려우므로 위 주장은 받아들이지 않는다.

[사례⑬] 서울행정법원 2014. 5. 23. 선고 2013구합56423 판결(서울고등법원 2015. 4. 2. 선고 2014누52994 항소기각 판결로 확정됨)

참가인 회사가 이 사건 제2차 잠정합의와 동일한 내용의 단체협약을 체결할 의무를 부담하는지는 여부는 별론으로 하더라도 참가인 회사가 이 사건 제1차 잠정 합의를 파기한 후 그와 대동소이한 내용으로 이 사건 제2차 잠정합의를 체결하고서는 이를 다시 파기한 일련의 행위들은 원고와 참가인 회사 사이의 단체교섭을 부당하게 지연시킨 행위로서 정당한 이유 없이 불성실하게 단체교섭에 응한 것으로 판단된다.

참가인 회사가 이 사건 제2차 잠정합의를 파기한 이유는 연봉제 임금과 호봉제 임금 간의 차액 상당의 돈을 소급적으로 지급하는 것이 참가인 회사의 인사 원칙을 훼손하고, 그와 같은 사항은 교섭을 담당한 실무자들의 권한을 넘는 사항에 해당하기 때문이라는 데에 있다. 그런데, 연봉제 임금과 호봉제 임금의 차액을 소급적으로 지급한다는 내용은 이미 이 사건 제1차 잠정합의에도 포함되어 있었다. 참가인 회사는 위와 같은 내용이 포함된 이 사건 제1차 잠정합의를 체결하고 스스로 위 합의내용을 파기한 후 이 사건 제2차 잠정합의를 위한 협상을 개시하였으므로 당연히 원고가 이 사건 제2차 잠정합의를 위한 협상에서도 위와 같은 임금 차액의 소급 지급에 대한 요구가 있을 것을 예상하였을 것으로 판단된다.

참가인 회사가 단체교섭에 성실한 자세로 응하였더라면 위와 같이 당연히 예상되는 노동조합 측의 요구에 대해 실무자들에게 협상 지침을 주었거나 최소한 이 사건 제1차 잠정 합의를 파기할 당시 임금 차액의 소급 지급이라는 조건은 수용할 수 없다는 점을 알렸을 것이다. 참가인 회사가 그와 같은 조치를 취하였다면 원고와 참가인 회사는 상호 수용 가능한 조건이 무엇인지에 대해 보다 명확히 인식하고 합의 가능한 협약을 체결하기 위한 교섭을 진행할 수 있었을 것이다. 그러나 참가인 회사는 위와 같은 조치를 전혀 취하지 않고 형식적으로 교섭에 임하여 이 사건 제2차 잠정합의가 이 사건 제1차 잠정합의와 대동소이한 내용으로 체결되게끔 방치한 후 앞서 본 바와 같은 이유로 이 사건 제2차 잠정합의를 파기하여 위 교섭에 들인 시간과 노력을 무위로 돌렸다. 즉, 참가인 회사는 연봉제와 호봉제 임금 차이를 해결하기 위한 교섭이 시작된 2012.4.경부터 약 6개월이 경과하기까지 교섭 담당자들에게 원고 노동조합의 가장 기본적인 요구사항에 관한 협상 권한도 부여하지 않으면서 마치 협상 권한 일체를 위임한 것과 같은 위임장을 주어 원고로 하여금 기본적 요구사항의 수용 여부에 관한 권한도 없는 자와 무의미한 협상만을 반복하게 만들었고 이로 인해 원고와 참가인 회사의 합의가 상당기간 지연되는 결과가 초래되었다. 이러한 참가인 회사의 교섭 태도는 이 사건 형사판결에서 인정한 것처럼 참가인이 단체교섭을 해태하는 등의 부당노동행위를 자행하여 교섭 개시일부터 4년이 경과하도록 단체협약 체결이 이루어지지 못한 상황에서 나온 것이어서 참가인이 불성실하게 교섭에 응하였음을 더욱 강하게 추단할 수 있게 한다.

[사례⑭] 서울중앙지방법원 2010. 6. 4.자 2010카합182 결정

신청인이 2010. 1. 4. 피신청인 교육과학기술부장관에게 단체교섭 실시를 위한 예비교섭을 요청한 이래 지금까지 수개월이 경과하였음에도, 여섯 차례에 걸친 사전협의만이 실시되었을 뿐 단체협약 내용에 관한 실질적인 교섭은 개시조차 되지 않았다.

그런데 기록 및 심문 전체의 취지에 의하면, 위와 같이 단체협약 내용에 관한 실질적인 단체교섭의 개시가 지체되고 있는 것은 주로 피신청인 대한민국의 교섭대표기관인 피신청인 교육과학기술부장관이 위와 같은 실질적인 단체교섭을 개시하기 전에 교섭내용, 교섭위원, 교섭일시 및 장소, 교섭진행 방식 등 단체교섭을 실시하기 위하여 필요한 제반 사항에 관하여 사전협의

를 통해 미리 '합의'하여야 한다는 입장을 고수하고 있고, 더 나아가 위와 같은 사전협의의 일정과 방식에 대해서도 미리 협의할 것을 요구하였기 때문인 것으로 판단된다. 그러나 앞서 본 관련 법령의 내용을 종합해 보면, 교원의 노동조합이 교섭개시 예정일 30일 전까지 단체교섭을 요구하는 경우 피신청인 대한민국은 정당한 이유 없이 교섭개시 예정일에 단체교섭을 개시하는 것을 거부할 수 없다 할 것이고, 교섭내용 · 교섭위원수 · 교섭일시 및 장소 기타 교섭에 필요한 사항에 관하여는 교섭요구일로부터 교섭개시 예정일까지의 기간 동안 미리 '협의'를 할 수 있을 뿐이다. 물론 원활한 단체교섭 실시를 위해서는 교섭개시 예정일 전까지 위와 같은 사항에 관하여 상호간의 의사합치를 통해 미리 합의를 해 두는 것이 필요할 것이지만, 위 관련 법령의 내용에 비추어 볼 때 단지 위와 같은 사항에 관하여 완전한 합의가 이루어지지 않았다는 사정만으로는 단체협약 내용을 대상으로 하는 교섭개시 자체를 거부할 수 있는 정당한 사유가 될 수 없다고 판단된다.

[사례⑮] 중노위 2006. 8. 1. 중앙2006부해136/부노30 병합 판정

전주지방법원 군산지원의 2005카합441 단체교섭응낙가처분 결정에서 판시하듯이 단체교섭이 13차례나 진행되었으나 그 회의에서 회사가 경기보조원의 조합원 자격 문제와 노조의 교섭권한을 문제 삼는 바람에 실질교섭이 이루어지지 못하였고, 또한 회사 사정을 이유로 수차례 교섭일자를 연기하기도 하였는 바, 이는 단체교섭해태의 부당노동행위에 해당한다고 할 것이다.

제4절
지배 · 개입

1. 지배 · 개입의 개념

가. 개요

'지배 및 개입'이란 근로자가 자주적으로 결정하여야 할 노동조합의 조직 및 운영에 관해 사용자가 부당하게 간섭하는 모든 행위를 말한다.[90] 노조법 제81조 제1항 제4호는 '▲근로자가 노동조합을 조직 또는 운영하는 것을 지배하거나 이에 개입하는 행위와 ▲근로시간 면제한도를 초과하여 급여를 지급하거나 노동조합의 운영비를 원조하는 행위'를 지배 · 개입의 부당노동행위로서 금지하고 있다.

여기에서, ▲'근로자가 노동조합을 조직 또는 운영하는 것을 지배하거나 이에 개입하는 행위'를 좁은 의미의 지배 · 개입이라 하며, ▲'좁은 의미의 지배 · 개입'과 '운영비원조'를 포함한 행위를 넓은 의미의 지배 · 개입이라 한다. 본 절에서는 운영비원조를 제외한 좁은 의미의 지배 · 개입에 한정하여 살펴보기로 한다.

90) 중노위, 「주제별 판례 분석집 집단적 노사관계」, 2018, 347쪽

관련 법령 및 해석

노조법 제81조(부당노동행위)

① 사용자는 다음 각 호의 어느 하나에 해당하는 행위(이하 "不當勞動行爲"라 한다)를 할 수 없다.

4. 근로자가 노동조합을 조직 또는 운영하는 것을 지배하거나 이에 개입하는 행위와 근로시간 면제한도를 초과하여 급여를 지급하거나 노동조합의 운영비를 원조하는 행위. 다만, 근로자가 근로시간 중에 제24조제2항에 따른 활동을 하는 것을 사용자가 허용함은 무방하며, 또한 근로자의 후생자금 또는 경제상의 불행 그 밖에 재해의 방지와 구제 등을 위한 기금의 기부와 최소한의 규모의 노동조합사무소의 제공 및 그 밖에 이에 준하여 노동조합의 자주적인 운영 또는 활동을 침해할 위험이 없는 범위에서의 운영비 원조행위는 예외로 한다.

참고로, 지배·개입에서 '지배'란 노동조합을 사용자에게 종속시키거나 사용자의 의도대로 조종하는 것을 말하고, '개입'은 지배에까지 이르지는 못하지만 사용자가 노동조합의 조직·운영에 간섭하여 그 의사결정에 영향력을 미치는 것을 말한다.[91] 지배와 개입은 개념상 사용자의 간섭·방해 정도에 따라 구별될 수는 있으나 모두 헌법상 보장된 노동3권에 대한 침해이고 이에 대한 구제의 내용과 방법도 차이가 없어서 엄격하게 구별할 실질적 이익은 없다.[92]

노조법 제81조 각 호의 관계와 관련하여, 부당노동행위 유형을 병렬적으로 규정한 것인지, 지배·개입이 부당노동행위 전체를 포괄하는 것인지에 대하여는 견해 대립이 있다. 고용노동부는 노조법 제81조 각 호는 각각 독립하여 병렬적으

91) 서울행정법원 2016. 8. 18. 선고 2015구합78311 판결

92) 중노위, 「주제별 판례 분석집 집단적 노사관계」, 2018, 348쪽

로 규정된 것이지만, 서로 배척하는 것이 아니라 부분적으로 중첩하는 것이므로 상호 간에 보충적 기능을 가지고 있다고 본다.[93)]

2. 성립요건

지배 · 개입의 부당노동행위가 성립하기 위해서는 아래 3가지 요건을 모두 갖추어야 한다.

① 행위의 주체가 사용자일 것

② 지배 · 개입 행위가 존재할 것(단결권 침해 등 결과 발생은 요하지 않음)

③ 지배 · 개입 의사가 존재할 것

가. 지배 · 개입의 주체

지배 · 개입이 성립하기 위해서는 그 주체가 사용자이어야 한다. 부당노동행위 구제신청과 구제명령의 상대방인 사용자에는 노동조합 및 노동관계조정법 제2조 제2호에서 정한 사업주, 사업의 경영담당자 또는 그 사업의 근로자에 관한 사항에 대하여 사업주를 위하여 행동하는 사람 모두가 포함된다.[94)]

사용자가 제3자를 통하여 근로자에게 노동조합의 탈퇴를 권고 · 요구하거나

93) 고용노동부, 「최신 사례로 보는 부당노동행위」, 2009, 116쪽

94) 대법원 2022. 5. 12. 선고 2017두54005 판결

근로자들의 노동조합 탈퇴를 원하는 사용자의 의사를 전달한 경우와 같이, 사용자가 제3자에게 청탁·교사하여 실행하게 한 경우라도 사용자의 행위와 같이 평가할 수 있는 이상 지배·개입의 부당노동행위가 성립할 수 있다.[95]

관련 법령 및 해석

서울행정법원 2020. 4. 9. 선고 2019구합68480 판결

사용자가 근로자에게 노동조합의 탈퇴를 권고·요구하는 행위는 노동조합의 조직에 대하여 간섭·방해하는 행위로 지배·개입의 부당노동행위에 해당한다. 이때 사용자가 제3자를 통하여 근로자에게 노동조합의 탈퇴를 권고·요구하거나 근로자들의 노동조합 탈퇴를 원하는 사용자의 의사를 전달한 경우에도 사용자의 행위와 같이 평가할 수 있는 이상 지배·개입의 부당노동행위에 해당한다고 봄이 타당하다.

다만, 부당노동행위는 "사용자라는 신분"을 요하는 신분범이므로 원칙적으로 노조법상 사용자(근로자와 근로계약관계를 맺고 있는 자)에 대해서만 부당노동행위로 규율할 수 있고, 사용자가 아닌 자에 대해서는 공범죄를 적용할 수 있다. 형법상 공범죄 법리를 살펴볼 때, ▲사용자가 아닌 자(비신분자)가 ▲사용자와 의사소통하여 ▲사용자의 노조법 제81조에 해당하는 행위에 ▲가공(공모, 교사, 방조) 경우 이에 해당할 수 있다. 이러한 법리에 따라, 사용업체·원청업체 사용자는 물론 타업체 소속 근로자, 거래처 임·직원, 친·인척 등 그 신분에 관계없이 사용자의 행위에 가공한 경우에는 공범으로 처벌이 가능하다.[96]

95) 서울행정법원 2020. 4. 9. 선고 2019구합68480 판결

96) 고용노동부, 「집단적 노사관계 업무매뉴얼」, 2022, 535~537쪽

한편, 일부 판례에서는 하청업체 근로자의 기본적인 노동조건 등에 관하여 그를 고용한 사업주로서의 권한과 책임을 일정부분 담당하고 있다고 볼 정도로 실질적이고 구체적으로 지배·결정할 수 있는 지위에 있는 원청업체의 사용자성을 인정하는 등 사용자 개념의 확대가 나타나고 있다.[97)]

나. 지배·개입 행위

(1) 개요

지배·개입 행위는 근로자의 단결권 행사와 노동조합의 조직·운영에 대한 사용자의 개입·간섭·조종 행위를 말한다. 지배·개입 행위는 물리력의 행사만을 의미하는 것은 아니며, 노동조합 조직·운영에 관한 사용자의 견해 표명도 해당될 수 있다.[98)] 또한, 노동조합 자체에 직접 행하여지지 않더라도, 복수 노조 하에서 특정 노조에 대해서만 교섭타결수당 등을 지원하거나 특근·연장근로 기회 부여, 징계·승진·배치전환 등에서 노조원간 차별을 두는 경우와 같이 특정노조를 상대적으로 우대하는 행위도 지배·개입이 될 수 있다.[99)]

한편, 지배·개입의 부당노동행위가 성립하기 위하여 근로자의 단결권 침해와 같은 결과 발생은 요하지 않는다.[100)] 대법원 판례는 노조활동에 전혀 영향을

97) 대법원 2010. 3. 25. 선고 2007두8881 판결

98) 대법원 2013. 1. 10. 선고 2011도15497 판결

99) 고용노동부, 「집단적 노사관계 업무매뉴얼」, 2022, 500쪽

100) 대법원 1997. 5. 7. 선고 96누2057 판결

미치지 못하였다고 하더라도 부당노동행위의 (범죄)성립에는 장애가 되지 않는다고 판시하기도 하였다.[101] 이는 사용자의 지배・개입을 통해 노동조합의 자율성, 독립성이 실제로 침해된 구체적 결과까지 요구하지 않는다는 의미이며, 이에 대한 추상적 위험조차도 필요 없다는 의미는 아니다. 노동3권에 대한 침해가능성이 전혀 없는 행위를 구제대상으로 삼을 필요나 이익이 없기 때문이다.[102]

(2) 유형

일반적으로 지배・개입 행위의 유형은 크게 ▲노동조합 '조직'에 대한 지배・개입 행위와 ▲노동조합 '운영'에 대한 지배・개입 행위로 분류된다. 여기에서, 노동조합의 '조직'은 조직준비행위 등 노동조합의 결성을 지향하는 근로자의 일체의 행위를 모두 포함하는 개념이며, 노동조합의 '운영'은 조합의 내부적 운영뿐만 아니라, 단체교섭, 쟁의행위, 고충처리 등의 대사용자 활동, 선전, 계몽, 교육활동 등의 대내적 활동과 각종 문화활동 등의 대외적 활동도 포함하는 개념이다.[103]

지배・개입의 대상인 '노동조합의 조직・운영'의 범위가 노동조합의 결성과 노동조합원의 모집, 노동조합의 내부 영역에 관한 사항에 한정되지 않고, 노동조합의 활동 전반으로 넓게 이해된다는 점에서,[104] 지배・개입은 매우 포괄적이며 지배・개입의 유형 분류에 있어 통일된 기준이 있는 것도 아니다.

101) 대법원 2006. 9. 8. 선고 2006도388 판결

102) 중노위, 「주제별 판례 분석집 집단적 노사관계」, 2018, 349쪽

103) 고용노동부, 「집단적 노사관계 업무매뉴얼」, 2022, 492~493쪽

104) 노동법실무연구회, 「노동조합 및 노동관계조정법 주해Ⅱ」, 제2판, 박영사, 2023, 241쪽

노동조합의 '조직'과 '운영'에 대한 지배 · 개입 행위를 각각 별도 유형으로 분류하여 검토하는 것은 실무상의 실익이 크지 않고 분류상의 모호함이 존재하여, 본서에서는 조직과 운영이라는 분류 기준에 국한하지 않고 "유형별 검토"[105] 에서 주요 사례를 위주로 살펴보고자 한다.

다. 지배 · 개입 의사

(1) 개요

지배 · 개입의 부당노동행위가 성립하기 위해서는 사용자에게 근로자가 노동조합을 조직 또는 운영하는 것을 지배하거나 개입할 의사가 있어야 한다.[106] 지배 · 개입은 노동조합의 의사결정과 활동을 제약하거나 이에 지장을 초래할 위험이 있는 사용자의 모든 행위를 포괄하는 불확정 개념이므로, 결국 부당노동행위 의사의 인정 여부가 핵심이 된다.[107]

대법원 판례는 '지배 · 개입의 의사'와 내용과 관련하여 일관된 표현을 사용하지 않고 사용자의 구체적인 행위에 따라 달리 표현하고 있다. 구체적으로, '쟁의행위 등 정당한 조합활동을 혐오한 나머지 조합활동을 곤란하게 할 목적',[108] '조합활동을 방해하려는 의도',[109] 단결활동의 자주성을 저해하거나 거기에 영향

---

105) 본서 277쪽 참조

106) 대법원 1998. 3. 24. 선고 96누16070 판결

107) 최영우, 「집단 노동법 실무」, 개정8판, (주)중앙경제, 2023, 966쪽

108) 대법원 1991. 5. 28. 선고 90누6392 판결

109) 대법원 1997. 5. 7. 선고 96누2057 판결

을 미치려 한 것',[110] '노동조합의 조직이나 운영 및 활동을 지배하거나 이에 개입하는 의사'[111] 등으로 부당노동행위 의사를 다양하게 표현하고 있다.

(2) 지배 · 개입 의사 유무의 판단

지배 · 개입의 성립 여부는 사용자의 부당노동행위 의사 여부를 추정할 수 있는 모든 사정을 전체적으로 심리 · 검토하여 종합적으로 판단하게 된다.[112]

사용자의 행위가 지배 · 개입 부당노동행위에 해당되는지 여부는, 사용자의 그러한 행위가 행하여진 시기, 동기, 과정과 절차 및 방법, 사용자의 행위의 필요성이나 합리성 존부, 사용자의 행위가 노동조합의 운영이나 활동에 미치는 영향, 사용자와 노동조합과의 관계, 그밖에 해당 행위 당시에 외형적 · 객관적인 사정에 의하여 추정되는 부당노동행위 의사의 존재 유무 등을 종합적으로 검토하여 판단하여야 한다.[113]

(3) 입증책임

부당노동행위 의사의 존재여부에 대한 입증책임은 이를 주장하는 근로자 또는 노동조합이 부담하므로,[114] 지배 · 개입의 의사의 존재에 대해서도 이를 주장하는 근로자 또는 노동조합이 부담한다.

---

110) 대법원 1998. 3. 24. 선고 96누16070 판결

111) 대법원 2006. 9. 8. 선고 2006도388 판결

112) 대법원 2007. 11. 15. 선고 2005두4120 판결

113) 대법원 2013. 5. 23. 선고 2010도15499 판결

114) 대법원 2007. 11. 15. 선고 2005두4120 판결

다만, 그 의사는 객관적 · 외형적 사실로부터 추정되는 의사만으로 충분하며, 적극적인 목적이나 동기까지를 필요로 하는 것은 아니다.[115)]

3. 유형별 검토

가. 반조합적 발언

(1) 세부 유형

사용자는 헌법 제21조에 따라 사내에서 연설, 방송, 서한 등을 통하여 자신의 의견을 표명할 언론의 자유를 가진다. 그러나, 사용자의 언론 행위는 해당 행위가 이루어진 상황이나 내용 등에 따라 노동3권 행사에 직 · 간접적인 영향을 줄 수 있으므로, 사용자의 언론의 자유 또한 부당노동행위 법리에 의한 제한을 받는다.[116)]

지배 · 개입의 부당노동행위가 될 수 있는 사용자의 반조합적 발언의 세부 유형은 아래와 같다.

(가) 노조 가입 · 설립 방해 및 탈퇴 · 해산 종용

노동조합의 가입 · 설립을 방해하거나 탈퇴 · 해산을 종용하는 행위는 대표적인 지배 · 개입 행위이다.

115) 고용노동부, 「집단적 노사관계 업무매뉴얼」, 2022, 469쪽

116) 고용노동부, 「최신 사례로 보는 부당노동행위」, 2009, 135쪽

(나) 특정노조 가입 종용

제2단체를 통해 노동조합 조직을 와해 또는 약화시키는 행위도 지배・개입에 해당한다. 복수노조 사업장에서 사용자와 적대적 관계에 있는 노조의 조직을 와해 또는 약화시키기 위하여 다른 노조의 가입을 종용하는 것은 지배・개입의 부당노동행위에 해당할 수 있을 것이다.

(다) 조합의 활동에 개입하는 발언

쟁의행위 등을 비롯하여 노동조합의 내부 운영 및 활동에 대하여 사용자가 의견을 표명하는 행위도 노동조합의 운영에 영향을 미치려는 의도임이 인정된다면 지배・개입의 부당노동행위에 해당할 것이다.

(라) 조합원 범위 설정 개입

사용자의 이익 대표자 등 노동조합 비가입 대상자에게 노조탈퇴를 유도하는 것은 부당노동행위로 보기 어려우나,[117] 특정 직급・보직의 근로자를 노동조합원에서 배제할 것을 요구하면서 조합원의 범위 설정에 개입하는 행위는 지배・개입의 부당노동행위가 될 수 있다.[118]

(2) 부당노동행위 의사 판단요소

사용자가 연설, 사내방송, 게시문, 서한 등을 통하여 의견을 표명하는 경우

117) 서울행정법원 2004. 4. 23. 선고 2003구합27891 판결

118) 중노위, 「주제별 판례 분석집(집단적 노사관계)」, 2018, 351쪽

그것이 지배·개입의 부당노동행위에 해당하는지는 '그 표명된 의견의 내용과 함께 그것이 행하여진 상황, 시점, 장소, 방법 및 그것이 노동조합의 운영이나 활동에 미치거나 미칠 수 있는 영향 등'을 종합하여 판단하여야 한다. 다만, '징계 등 불이익의 위협 또는 이익제공의 약속 등이 포함되어 있거나 다른 지배·개입의 정황 등 노동조합의 자주성을 해칠 수 있는 요소'가 연관되어 있지 않는 한, 사용자에게 노동조합의 조직이나 운영 및 활동을 지배하거나 이에 개입하는 의사가 있다고 가볍게 단정할 것은 아니다.[119)]

특히, 단순히 노조의 주장에 대한 반론제기나 그 잘못을 지적·비판하는 행위, 회사의 사정 및 단체협약 진행상황 등에 관한 입장표명 등이라면 지배·개입의 부당노동행위에 해당한다고 보기는 어려울 것이다.[120)]

사례 Ⅰ 반조합적 발언의 지배·개입 의사 존부

[판단기준] 대법원 2013. 1. 10. 선고 2011도15497 판결

사용자가 연설, 사내방송, 게시문, 서한 등을 통하여 의견을 표명하는 경우 그 표명된 의견의 내용과 함께 그것이 행하여진 상황, 시점, 장소, 방법 및 그것이 노동조합의 운영이나 활동에 미치거나 미칠 수 있는 영향 등을 종합하여 노동조합의 조직이나 운영 및 활동을 지배하거나 이에 개입하는 의사가 인정된다면 노동조합 및 노동관계조정법 제81조 제4호에 규정된 '근로자가 노동조합을 조직 또는 운영하는 것을 지배하거나 이에 개입하는 행위'로서 부당노동행위가 성립하고, 또 그 지배·개입으로서의 부당노동행위의 성립에 반드시 근로자의 단결권의

119) 대법원 2013. 1. 10. 선고 2011도15497 판결

120) 노조 68107-745, 2001. 6. 30.

침해라는 결과의 발생까지 요하는 것은 아니다(대법원 2006. 9. 8. 선고 2006도388 판결 참조).
그러나 사용자 또한 자신의 의견을 표명할 수 있는 자유를 가지고 있으므로, 사용자가 노동조합의 활동에 대하여 단순히 비판적 견해를 표명하거나 근로자를 상대로 집단적인 설명회 등을 개최하여 회사의 경영상황 및 정책방향 등 입장을 설명하고 이해를 구하는 행위 또는 비록 파업이 예정된 상황이라 하더라도 그 파업의 정당성과 적법성 여부 및 파업이 회사나 근로자에 미치는 영향 등을 설명하는 행위는 거기에 징계 등 불이익의 위협 또는 이익제공의 약속 등이 포함되어 있거나 다른 지배 · 개입의 정황 등 노동조합의 자주성을 해칠 수 있는 요소가 연관되어 있지 않는 한, 사용자에게 노동조합의 조직이나 운영 및 활동을 지배하거나 이에 개입하는 의사가 있다고 가볍게 단정할 것은 아니라 할 것이다.

이와 관련하여 법원과 노동위원회의 부당노동행위 인정 및 부정 사례를 살펴보면, 사용자의 반조합적 발언이 부당노동행위에 해당하는지 여부는 다음과 같은 요소를 종합적으로 고려하여 판단하고 있음을 알 수 있다.

☑ 발언의 내용

[부당노동행위 인정 요소]

- (표현의 수위) 노조에 대한 혐오 · 비하 표현이 포함된 경우
  - "돈에 먼 노동조합, 돈에만 정신이 팔려있는 것 아닌가 하는 생각이 든다, 비열한 노동조합이라고들 한다, 노조의 비열한 이중잣대와 행동."(전주지법 2018고정256, 인정사례①)
- (표현의 대상) 노조 자체에 대해 부정적 표현을 한 경우
  - "전교조라는 단체가 또다시 우리 학교를 자기들의 이기적인 목적 달성을 위해 희생양으로 삼으려고 한다"라는 내용의 가정통신문을 유포(중앙2002부노8, 인정사례②)
  - "E노총이 주관하는 설명회 자리에 왜 갔냐? 노조를 만들려고 하냐? 노조 만드는

것은 근로자 권리이나 우리 회사 현재 상황으로 볼 때 2개 노조가 있는 것보다 1개 노조가 있는 것이 좋겠다. 단일 노조로 갈 수 있도록 1노조와 협의하면 좋겠다"라는 발언을 한 경우(대전지법 2021노575, 인정사례⑱)

[부당노동행위 부정 요소]

- (표현의 수위) 단순히 비판적 견해의 표명에 그친 경우
  - 구조조정에 대한 노조의 주장을 반박하면서 노조가 파업 시 그 파업의 타당성 여부 등에 대하여 외부강사가 제시한 의견을 기재한 경우(서울행법 2003구합27020, 부정사례①)
- (표현의 대상) 노조 그 자체가 아닌 관련자에 대하여 비판한 경우
  - 노조지부장 개인의 비리의혹에 대하여 부정적·비판적 의견을 표현한 경우(서울행법 2003구합27020, 부정사례①)
  - "노조 자체는 존중합니다. 노조 이용하는 세력은 존중할 수 없다."(서울중앙지법 2021노25, 부정사례②)

☑ 발언의 상황·시점·장소·방법

[부당노동행위 인정 요소]

- 조합원 개별 면담 등 특정인을 대상으로 조합 운영 등에 개입한 경우
  - 조합원들을 사장실에 부르거나 그들의 집으로 찾아가 개별적인 면담을 통해 쟁의행위 불참을 종용한 경우(대법 91누636, 인정사례③)
  - 조합원 자격에 관한 사항에 대해 노동조합을 배제하고 직접 개별 조합원과 접촉하여 조합가입 사실을 언급하거나 기존 직책과 연계하여 탈퇴를 권유(서울고법 2018누31308, 인정사례④)
- 발언의 시기와 조합의 설립 및 활동 시기가 밀접한 경우
  - 노동조합의 설립 초기로서 조직대상 근로자에게 노동조합의 설립을 알리고 가입을 홍보하여 조직을 형성하는 단계로서 아주 중요한 때에 반조합적 발언을 한 경우(서울행법 2018구합63334, 인정사례⑤)
- 공식적인 장소에서 발언하는 경우

- 종무식상에서 전직원을 상대로 발언한 경우(대법 97누8076, 인정사례⑥)

• 평소 친분이 없는 자에게 발언하는 경우
  - 약 5년간 아무런 개인적인 교류가 없었던 자에게 노조 설립을 만류하는 발언을 한 경우(제주지법 2015노197, 인정사례⑦)
  - 노조위원장 선거를 앞두고 선거 후보자들 간 첨예하게 대립된 상황에서 평상시 잘 어울리거나 친밀한 관계도 없는 조합원에게 현 노조위원장 지지 발언을 한 행위(중앙 2008부노134, 인정사례⑧)

• 지속적 · 반복적으로 발언하는 경우
  - 반노동조합적 발언이 수차례 거쳐서 반복(중앙2015부해1056, 인정사례⑨)

• 노조설립의 움직임을 인지하고 노조설립을 막기 위해 발언하는 경우
  - "노조를 만들어야 되겠다, 이런 얘기도 들었어요"라고 발언한 점에 비추어 노조 설립 움직임을 인지하고 있었던 것으로 인정된 경우(제주지법 2015노197, 인정사례⑦)

• 노사간 갈등관계가 지속되는 상황에서 발언하는 경우
  - 노동조합과의 갈등관계가 지속되던 상황에서 사용자가 조합원과 노동조합의 활동에 강한 반감이나 비난을 드러내는 유인물을 배포하고, 근로자로 하여금 이를 낭독하게 한 경우(대법 2003두4133, 인정사례⑩)

[부당노동행위 부정 요소]

• 일반적, 포괄적 안내에 그친 경우
  - 일반적 · 포괄적으로 노조 비가입 대상자의 직명 · 직위를 명시하고 그 해당자가 스스로 탈퇴할 것을 유도한 경우(서울행법 2003구합27891, 부정사례③)

• 일회적 · 우발적으로 발언한 경우
  - 사용자측 출입을 막아선 조합원들에게 우발적으로 파업으로 인해 입을 손해를 우려하는 취지의 충고성 발언을 한 경우(대법 2011도15497, 부정사례④)

☑ 노동조합의 운영이나 활동에 미치거나 미칠 수 있는 영향

[부당노동행위 인정 요소]

- 사용자 발언 이후 조합원 수 감소 등 영향이 확인되는 경우
  - 발언 후 30분만에 근로자 17명이 똑같은 내용의 탈퇴원서를 작성한 것을 비롯하여 조합에 가입하였던 근로자 48명 중 33명이 나흘만에 거의 동일한 내용의 탈퇴원서를 작성하여 제출한 경우(서울행법 2001구52243, 인정사례⑪)
- 사용자 발언이 조합 운영 및 활동에 대한 심리적 압박감을 줄 수 있는 경우
  - 쟁의행위 찬반투표를 자신에 대한 신임투표로 간주하고, 조합원들이 파업을 선택하면 깨끗이 병원장 자리에서 물러나겠다는 이메일을 발송함으로서 찬반투표 참여에 부담감을 갖게 만든 경우(서울행법 2011구합16384, 인정사례⑫)

[부당노동행위 부정 요소]

- 실제로 불이익한 처분 없는 경우
  - 조합 가입 범위와 관련한 권고행위를 하면서 불이익 위협 및 실제 불이익 처분이 없었던 경우(서울행법 2008구합20680, 부정사례⑤)

☑ 불이익의 위협 또는 이익제공의 약속 포함 여부

[부당노동행위 인정 요소]

- 인사상 불이익한 처분을 예고하는 경우
  - "노동조합을 빙자하여 사업을 방해하고 명예를 실추시키는 직원은 지위고하를 막론하고 즉시 인사조치를 할 것이다."(전주지법 2018고정256, 인정사례①)
  - 사용자가 중간관리자들로 하여금 근로자들에게 신설노조에 가입할 것을 강요하도록 지시하고, 이에 응하지 않을 경우 인사상 불이익을 줄 것처럼 하도록 지시한 경우(서울서부지법 2014가합38234, 인정사례⑬)
  - 쟁의행위에 대한 의견을 개진하는 수준을 넘어 이 사건 노동조합의 조합원들에게 노동조합 활동을 계속하면 민·형사상 책임은 물론 해고될 수 있다고 위협하는 경우(대법 2010도15499, 인정사례⑭)
- 신분상의 불안감을 야기하는 경우
  - "왜 제3자를 끌어들여요? 내가 이 자리에서 만약 그만두고 나가면 나 이 C(사업체명) 없앨 거에요. 분명히 문 닫게 만들 거에요. 그럴 수 있어요. 쌤들 같이

공멸합시다."(부산지법 2020노4214, 인정사례⑮)
- "분쟁이 야기되어 전직원으로부터 사표를 받고 공개채용으로 다시 충원해야 하는 일이 없기 바란다."(대법 97누8076, 인정사례⑥)
- 노동조합 활동을 왕성하게 하는 경우 본사에서 대전동부지사를 없애거나 통폐합하는 등의 방법으로 불이익을 줄 수 있다는 취지에서 "괘씸죄는 죽이는 것으로 끝나는 게 아니예요. 괘씸하니까 더 강하게 그냥 없애버린 거예요."라고 발언한 경우(대전지법 2019고정482, 인정사례⑯)
- 업무에 지장을 초래하는 채권발행이나 근무시간 중의 채권발행에 대하여 엄중조치하겠다는 내용의 공문을 발송(대법 2006도388, 인정사례⑰)

[부당노동행위 부정 요소]

- 불이익에 대한 명시적 표현이 없는 경우
  - "내일 파업이니까 오신 거예요. 파업하지 말라고. 내일 파업하면 우리 직원들이 많이 다치니까 하지 말라고 얘기하러 오신 거예요."(대법 2011도15497, 부정사례④)
  - 징계 등 불이익의 위협 또는 이익제공의 약속 등이 포함되지 않은 경영정상화 홍보(광주지법 2012노2110, 부정사례⑥)
- 회사의 대응방침을 기재한 것에 불과한 경우
  - "정상조업을 수행하는 직원들에게 격려금을 지급한다"(서울행법 2019구합73147, 부정사례⑦)

사례 ▮ 부당노동행위 인정 사례

[사례①] 전주지방법원 2019. 4. 10. 선고 2018고정256 판결

1) 별지 범죄일람표 기재 호소문 및 소식지에 기재된 내용을 보면, 피고인은 이 사건 노동조합에 대하여 '이미 식물노동조합이 되었다고 생각한다, 스스로의 자정능력을 상실하였다, 약자인 노동자를 보호하고 함께 할 의사가 전혀 없는 것 같다, 더 이상 존재의 이유가 없다, 사회적

으로 문제가 되고 있는 귀족노조 그 이상의 모습이다, 모든 간부들은 전원 사퇴함으로써 … 아니, 스스로 노동조합의 거취를 결정해야 할 때가 되었다, 직원들의 근로조건 · 복리후생 등을 말할 자격이 있는지요?' 등 이 사건 노동조합의 존재 의의나 가치를 부정하거나 '반대를 위한 반대만 하고, 흑백논리로 자기들만의 조직으로 편 가르기를 하고 있다, 사회적 규범과 관행을 저버리고 … 반대만 하고 있다, 말도 안되는 트집으로 H조합이미지에 먹칠을 하고 있다, 노동조합 운동하며 놀러 왔습니까?, 돈에 먼 노동조합, 돈에만 정신이 팔려있는 것 아닌가 하는 생각이 든다, 비열한 노동조합이라고들 한다, 노조의 비열한 이중잣대와 행동' 등 노골적이고 거친 표현으로 이 사건 노동조합의 활동을 폄훼하고 비난하고 있다. 또한 이 사건 노동조합 분회장에 대해 '분회장이란 완장을 차고 있으니까 조한장도 감사님도 눈에 보이지 않나 봅니다'라고 비난하면서 '대의원들이 대의원 총회를 소집 요구하고 이런 직원에 대하여 징계 해직을 요구하였다'고 언급하고, '노동조합을 빙자하여 사업을 방해하고 명예를 실추시키는 직원은 … 지위고하를 막론하고 즉시 인사조치를 할 것이다'고 하는 등 이 사건 노동조합 조합원들에게 노동조합 활동을 이유로 불이익한 처우를 할 수 있음을 암시할 뿐 아니라, '양심 있는 많은 직원들은 노조의 비열한 이중잣대와 행동을 비판하고 환멸을 느껴 노조를 탈퇴했다, 현명한 직원 50여명이 급기야 노조를 탈퇴해서 현재 노조원과 비노조원은 거의 반반 정도의 수준이다' 등 이 사건 노동조합 활동을 하지 말 것을 종용 내지 권고하는 것으로 해석될 만한 표현도 하고 있다.

2) C의 조합장으로서 징계권, 인사권 등을 행사함으로써 C 소속 근로자들에 대하여 우월적 지위를 점하고 있는 피고인이 이 사건 노동조합 조합원을 포함한 C 직원들에게 위와 같은 내용의 호소문을 발송하고 C 직원 모두 볼 수 있는 C 소식지에 위와 같은 내용의 글을 게재하는 행위는, 이 사건 노동조합을 부인하는 태도를 명백히 함과 동시에 노동조합원으로 활동을 계속할 경우 징계나 인사평정 등에 있어 불이익을 입을 수 있다는 신분상의 불안감을 느끼게 하여 노동조합활동을 위축시킴으로써 노동조합의 운영이나 활동에 영향을 미칠 가능성이 매우 크다.

[사례②] 중노위 2002. 6. 3. 중앙2002부노8 판정

가정통신문을 발송하면서 "전교조라는 단체가 또 다시 우리 학교를 자기들의 이기적인 목적 달성을 위해 희생양으로 삼으려고 한다"는 등 전교조 또는 그 조합원들을 지칭해 극도로 혐오 내지 비하하는 내용을 학부모 및 동문들에게 유포한 사실이 있고, 그에 대해 잘못된 사실관계 및 내용의 정정을 요구했음에도 받아들여지지 않자 사실관계를 바로잡고자 유인물을 발송한 사실을 징계사유로 삼았을 뿐만 아니라, 학교의 간부들이 교사 또는 그의 처에게 전교조 조합원은 불이익을 당할 수 있다는 내용의 전화통화를 한 사실 등 일련의 행위들은 근로자가 노동조합의 업무를 위한 정당한 행위를 한 것에 대해 불이익을 주는 행위인 동시에 정상적인 노동조합 활동을 심히 위축시키는 부당노동행위라 할 것이다.

[사례③] 대법원 1991. 12. 10. 선고 91누636 판결

원심은 노동조합법 제39조 제4호가 부당노동행위의 한 유형으로서, "근로자가 노동조합을 조직 또는 운영하는 것을 지배하거나 이에 개입하는 행위와 노동조합의 운영비를 원조하는 행위"를 규정하고 있는바, 앞에서 사실을 인정한 바와 같이 참가인 회사의 대표이사나 전무가 원고 조합의 일부 조합원들을 개별적으로 만나거나 원고 조합의 결의에 불만을 품은 일부 조합원들을 모아서, 원고 조합 운영위원회의 결의에 의하여 시행하고 있는 위 준법운행에 참여하게 된 경위를 묻고, 위 준법운행에 반대하여 종전과 같은 방식으로 근무할 것을 종용하는 등의 행위를 하고, 그 결과로 조합원들 중의 일부가 원고 조합의 위 준법운행을 반대하고 종전과 같은 방식으로 근무할 것을 결의하는 등의 행위를 하게 되었다면, 참가인 회사가 위와 같이 원고 조합의 준법운행에 대항하여한 행위는 위 법조 소정의 부당노동행위에 해당된다고 인정함이 상당하다고 판단하였는바, 노동조합법 제39조 제4호 등 관계법령의 규정내용에 비추어 볼 때, 원심의 위와 같은 판단은 정당한 것으로 수긍이 되고, 원심판결에 소론과 같이 판단을 유탈하거나 이유를 제대로 갖추지 못한 위법이나 법률을 잘못 해석한 위법이 있다고 볼 수 없으므로, 논지도 이유가 없다.

[사례④] 서울고등법원 2018. 7. 5. 선고 2018누31308 판결

위 인정 사실과 앞서 든 각 증거에 변론 전체의 취지를 더하여 알 수 있는 아래의 사정들을 위 법리에 비추어 살펴보면, D는 노동조합법상 '그 사업의 근로자에 관한 사항에 대하여 사업주를 위하여 행동하는 자' 또는 '항상 사용자의 이익을 대표하여 행동하는 자'에 해당한다고 볼 수 없다.

원고는 실제 이 사건 면담 이전에도 참가인 조합에서 탈퇴하면 파트장 등의 직책을 부여하거나 파트장 등으로 직책이 부여되면 참가인 조합에서 탈퇴하는 등의 사례가 있었다. 이러한 상황에서 G, H가 D에게 전달한 원고의 입장은 'D의 파트장 직책을 유지하기 위해서 참가인 조합의 탈퇴가 필요하다'는 것으로 이해된다.

이 사건 면담 후에도 D가 여전히 참가인 조합에서 탈퇴하지 아니하자 원고는 2016. 2. 10.

발령을 통하여 D의 파트장 직책을 면하였는데, 이러한 인사발령에 관한 다른 업무상 필요성이 특별히 발견되지 않는다. 같은 날 파트장으로 발령된 I은 참가인 조합을 탈퇴하였는데 인사발령 전 원고로부터 참가인 조합 탈퇴를 권유받은 사실이 있다.
사용자가 조합원 자격에 관한 사항에 대해 노동조합을 배제하고 직접 개별 조합원과 접촉하여 조합가입 사실을 언급하거나 기존 직책과 연계하여 탈퇴를 권유하는 것은 그 자체로 사용자의 부당노동행위의 의사를 인정하기에 충분하다.

[사례⑤] 서울행정법원 2019. 4. 25. 선고 2018구합63334 판결

앞서 본 사실과 이로부터 알 수 있는 다음과 같은 사정에 비추어 보면, 이 사건 제3 행위는 이 사건 노동조합의 활동에 대하여 단순히 의견을 표명한 것을 넘어 원고 본사 소속 직원들이 이 사건 노동조합에 가입하여 활동하는 것을 방해하려는 의도로 행하여진 것으로서 노동조합법 제81조제4호가 정한 '노동조합의 조직 또는 운영에 관한 지배 · 개입'의 부당노동행위에 해당한다고 봄이 타당하므로, 원고의 이 부분 주장은 이유 없다.
가) 박○○은 원고의 석유화학본부 임원(상무)으로서 소속 직원들에게 업무를 지시하고, 이를 지휘 · 감독하는 지위에 있으므로 노동조합법 제2조제2호의 '사업의 경영담당자 또는 그 사업의 근로자에 관한 사항에 대하여 사업주를 위하여 행동하는 자'에 해당한다.
나) 박○○의 이 사건 제3 행위는 이 사건 노동조합이 원고 본사 소속 직원들에게 이 사건 노동조합이 설립되었음을 공지한 당일에 자신이 우월한 지위에서 영향력을 행사할 수 있는 부하 직원 이○○, 정○○, 최○○ 등이 모인 자리에서 이루어졌다. 그 시기는 이 사건 노동조합의 설립 초기로서 조직대상 근로자에게 노동조합의 설립을 알리고 가입을 홍보하여 조직을 형성하는 단계로서 아주 중요한 때이다.
다) 먼저 박○○은 이○○ 등에게 자신이 모이도록 한 이유를 설명하면서 '지금 (이 사건 노동조합의 설립이 공지된 때로부터) 완전 반나절이 지났잖아, (중략) 우리는 지금 현재 이것이(이 사건 노동조합 또는 이 사건 노동조합의 설립을 지칭한 것으로 보인다) 좋은 방향으로 갈지 어떨지 모르니, 똥인지 된장인지 모르니, wait and see로 입장에 있어야 않겠나? (중략) 그런데 (이 사건 노동조합이) △△자동차 노조처럼 막강하다면 거기에 가입 안 할 이유가 전혀 없는 거지. 그런데 지금으로서는 반짝 반나절이 지나서 이게(이 사건 노동조합) 어떻게 될 건가는 두고, 이거를 설립한 사람들한테 정말 힘든 일이지만 좀 더 지켜봐야 되지 않겠냐'고 말하였다. 위 발언은 이 사건 노동조합이 향후 어떻게 될지 모르니 당장 또는 쉽사리 가입하지 말고 일단 지켜보는 것이 좋다는 취지로서 이 사건 노동조합에 가입하는 행위를 만류하

는 것으로 해석된다.

[사례⑥] 대법원 1998. 5. 22. 선고 97누8076 판결

이 사건 조합의 조합원들이 연명으로 1995. 12. 5. 원고의 대표자인 회장 소외 이재전 등을 업무상횡령혐의로 수사기관에 고소함으로써 원고와 이 사건 조합간의 갈등이 형사문제로 비화된 사실을 알 수 있고, 이러한 상황 속에서, 원심이 적법하게 인정한 사실과 같이, 위 이재전이 1995. 12. 29. 종무식상에서 전직원을 상대로 원고 조직의 성질상 태어나지 말아야 할 노동조합이 생겼으며, 자신을 포함한 우리 모두가(감독관청인 국방부에 대하여) 노동자인 것이고, 원고 조직의 성격상 노조활동에는 한계가 있다고 보며, 계속하여 분쟁이 야기되어 전직원으로부터 사표를 받고 공개채용으로 다시 충원해야 하는 일이 없기 바란다는 취지로 발언한 것은, 이 사건 조합을 부인하는 태도를 명백히 함과 동시에 조합활동이 계속되는 경우 직원의 신분이 박탈될 수도 있다는 신상의 불안감을 느끼게 하여 조합활동을 위축시킴으로써 조합의 조직과 활동에 영향을 미치고자 하는 의도임이 충분히 인정되므로,

[사례⑦] 제주지방법원 2015. 9. 10. 선고 2015노197 사건

그러나 앞서 본 E대학교에서의 피고인의 지위를 고려하면 피고인이 행한 부당노동행위의 정도가 가볍다고 볼 수 없다. 특히 피고인이 F와의 전화통화에서 "그래서 노조를 만들겠다, 이런 식으로 얘기하고 다닙니까?"라고 말하고(수사기록 제199쪽), 다음날 직원회의에서 "노조를 만들어야 되겠다, 이런 얘기도 들었어요"라고 말하는 등(수사기록 제179쪽) 이 사건 범행 당시 노조설립의 움직임을 알고 노조설립을 막기 위해 위 범행을 저질렀음이 객관적인 증거에 명백히 드러나 있는데도 당심 법정에 이르기까지 당시 F 등이 노조를 설립하고자 한다는 것을 몰랐다고 주장하는 점 등을 고려하면 그 죄가 무겁다.

[사례⑧] 중노위 2008. 10. 2. 중앙2008부노134 판정

이 사건 근로자가 신청인 적격이 있는지 여부 노동조합 및 노동관계조정법 제82조 4호 위반을 다투는 경우에는 노동조합이 신청인이 되는 것이 원칙이나, 현 노조위원장이 사용자의 지배 개입의 부당노동행위를 다툴 의사가 없어 사실상 노동조합이 부당노동행위 구제를 제기하는 것이 불가능하다고 보이는 상황에서는, 선거에서 낙선한 조합원 개인도 신청인 적격이 인정된다. ○ 부당노동행위 성립 여부 이 사건 사용자에 15년간 근무하면서 인사 노무관리

및 업무상 지휘 감독을 하여와 사용자의 지위에 있는 ○○○부장이, 노조위원장 선거를 앞두고 선거 후보자들 간 첨예하게 대립된 상황에서 평상시 잘 어울리거나 친밀한 관계도 없는 조합원에게 현 노조위원장 지지 발언을 한 행위는 노조위원장 선거에 개입함으로써 조합의 조직과 활동에 영향을 미치고자 하는 의도임이 추정되므로 노조법 제81조 제4호에서 정한 지배 개입의 부당노동행위에 해당한다.

[사례⑨] 중노위 2005. 12. 24. 중앙2015부해1056/부노193 병합 판정

누적되는 적자를 만회하기 위한 방안으로 근로자를 해고한 것으로서 해고 처분을 그 자체를 부당노동행위라고 볼 수는 없으나, 노조 결성 사실을 인지한 직후 전직원을 대상으로 지속적으로 반노동조합적 발언을 행한 점, 발언이 수차례 거쳐서 반복되었으며 그 내용이 향후 인사 등에 있어 불이익 내용이 포함되어 있어 사용자가 우월적 지위를 바탕으로 노조 활동을 지배 · 개입할 의도를 가지고 행하여 진 발언으로 볼 수 있는 점, 발언 이후 노동조합 소속 조합원 12명이 노조 탈퇴서를 제출하는 등 조합원수가 크게 감소하게 된 점 등을 고려할 때 지배 · 개입의 부당노동행위에 해당한다.

[사례⑩] 대법원 2003. 6. 24. 선고 2003두4133 판결

위 유인물의 내용이 노조원과 노동조합의 활동에 강한 반감이나 비방을 드러내는 것이고, 당시 노조원의 승진누락이나 사용자 측에 의한 노동조합 탈퇴종용 등의 문제와 관련하여 노동조합과의 갈등관계가 지속되던 상황에서 사용자가 그와 같은 유인물을 배포하고 간호사들로 하여금 인수인계 낭독하게 한 점 등의 여러 사정에 비추어 볼 때, 위 유인물의 작성, 배포 등 행위에는 노동조합의 조직이나 운영을 지배하거나 이에 개입하는 의사가 있음을 인정할 수 있다.

[사례⑪] 서울행정법원 2002. 7. 11. 선고 2001구52243 판결

원고 법인의 대표이사가 참가인 조합 영락원지부에서 원고 법인의 근로자들로부터 가입신청을 받은 바로 그날 저녁에 방송으로 전직원을 소집하여, 노동조합의 주장이 대부분 사실이었음에도 약 3시간 가까이 이에 대하여 변명을 하면서 신앙심에 호소하여 노동조합이 필요없음을 역설하고, 노동조합에 가입한 동기를 묻고 노동조합 없이도 자신이 근로자들의 어려움을 해결해 줄 수 있다는 취지의 말을 하였으며, 그 결과로 원고 법인의 근로자 17명이 불과

30분만에 똑같은 내용의 탈퇴원서를 작성한 것을 비롯하여 참가인 조합에 가입하였던 근로자 48명 중 33명이 나흘만에 거의 동일한 내용의 탈퇴원서를 작성하여 제출하게 되었다면, 원고 법인의 위와 같은 행위는 노동조합에 대한 비판적 의견을 표현하는 범위를 넘어서, 근로자들에게 신분상 불안감을 느끼게 하여 조합활동을 위축시킴으로써 노동조합의 조직과 활동에 영향을 미치는 간섭행위라고 보지 않을 수 없다. 따라서 이는 위 법조 소정의 지배 · 개입으로 인한 부당노동행위에 해당한다.

[사례⑫] 서울행정법원 2011. 9. 22. 선고 2011구합16384 판결

병원장이 파업의 결과를 현저히 비관적으로 표현한 이메일을 발송한 것은 조합원들로 하여금 쟁의행위 찬반투표에 참여하지 아니하도록 압박하는 시도로 비추어질 수 있고, 쟁의행위 찬반투표를 자신에 대한 신임투표로 간주하고, 조합원들이 파업을 선택하면 깨끗이 병원장 자리에서 물러나겠다는 이메일을 통한 의견표명은 쟁의행위 찬반투표에 관하여 단순히 개인적인 의견을 개진하는 수준을 넘어 조합원 개개인의 판단과 행동에까지 영향을 미치게 할 의도에서 비롯된 것이라고 이해될 수 있으며, 이메일에서 쟁의행위 찬반투표소의 분위기를 언급하면서 부정적인 표현을 사용한 것은 쟁의행위 찬반투표 결과에 영향을 미치게 하는 시도로 보여질 수 있다. 따라서 병원장의 이 사건 각 이메일 발송행위는 쟁의행위 찬반투표 결과에 영향을 미칠 의도로 행하여진 것으로서 노동조합 및 노동관계 조정법 제81조제4호에서 정한 노동조합의 운영에 관한 지배 · 개입의 부당노동행위에 해당한다.

(나) ○○○대학교 ○○병원장은 2010.10.1.자 이메일에서 "시설도, 장비도, 서비스도 딱히 내세울 것 없는 병원이 파업을 한다면 수많은 환자들이 순식간에 우리에게서 등을 돌리고 말 것입니다. 그리고 그것은 회복되지 않을 수도 있습니다. 여러분들의 월급은 어디서 나오던가요? 환자가 없으면 나와 여러분의 월급도 나올 곳이 없습니다."라고 하였는데, 이는 파업의 결과를 현저히 비관적으로 표현하여 조합원들로 하여금 쟁의행위 찬반투표에 참여하지 아니하도록 압박하는 시도로 비추어질 수 있다.

(다) ○○○대학교 ○○병원장은 2010.10.4.자 이메일에서 쟁의행위 찬반투표를 자신에 대한 신임투표로 간주하고, 조합원들이 파업을 선택하면 깨끗이 병원장 자리에서 물러나겠다고 하였는데, 이러한 의견표명은 쟁의행위 찬반투표에 관하여 단순히 개인적인 의견을 개진하는 수준을 넘어 조합원 개개인의 판단과 행동에까지 영향을 미치게 할 의도에서 비롯된 것이라고 이해될 수 있다. 그리고 ○○○대학교 ○○병원장의 위와 같은 의견표명으로 인하여 조합원들은 쟁의행위 찬반투표에 참여하는 것 자체에 부담감을 가지게 되었을 것으

로 보인다.

(라) ○○○대학교 ○○병원장은 2010.10.6.자 이메일에서 쟁의행위 찬반투표소의 분위기를 언급하면서 '어떻게 해서든 투표율을 올리기 위해 소리를 지르며 옷소매를 잡아끄는 호객행위'라고 부정적인 표현을 사용하였는데, 이는 쟁의행위 찬반투표 결과에 영향을 미치게 하는 시도로 보여질 수 있다.

[사례⑬] 서울서부지방법원 2015. 10. 15. 선고 2014가합38234 판결

피고 B이 2010.2.25. ○의료원장에 취임한 이후, 피고 B, C, D, E, F, H, I, J(이하 '피고 B 등'이라 한다)은 2010.3.3.경부터 2011.8.3.경까지 총 38회에 걸쳐 원고의 노조활동 및 노조동향 파악, 원고 와해, 이 사건 신설노조 설립방안 및 과반수 조합원 가입방안 등과 관련한 회의를 하였다. 피고 B 등은 회의사항을 각 병원의 수간호사, 계장, 팀장 등 중간관리자에게 전달하여 중간관리자들이 소속 직원들에게 원고를 탈퇴하고 이 사건 신설노조에 가입할 것을 강요하도록 지시하고, 이에 응하지 않을 경우 인사상 불이익을 줄 것처럼 하도록 지시하였다.

앞서 본 사실에 의하면 사용자인 피고들은 노동조합법상 사용자의 지위에 있는 사람들이고, 위와 같이 사용자인 피고들이 ○의료원의 근로자들에게 원고를 탈퇴하고 이 사건 신설노조에 가입하도록 종용하는 행위는 근로자가 노동조합을 조직 또는 운영하는 것을 지배하거나 이에 개입하는 행위로서 헌법상 보장되는 단결권과 단체교섭권을 침해하는 행위이자 노동조합법 제81조제4호에서 금지하는 부당노동행위로 불법행위에 해당한다. 그리고 피고 N는 노무사로서 회의에 참석하여 원고 와해방안에 대하여 논의하고 법률적인 자문을 함으로써 사용자인 피고들과 공모하여 부당노동행위를 하였거나 방조자로서 사용자인 피고들의 부당노동행위를 용이하게 하였으므로 사용자인 피고들과 공동불법행위책임을 진다.

[사례⑭] 대법원 2013. 5. 23. 선고 2010도15499 판결

이 사건 각 공고문 게시 행위는 단순히 사용자의 입장에서 노동조합의 쟁의행위에 대한 의견을 개진하는 수준을 넘어 이 사건 노동조합의 조합원들에게 노동조합 활동을 계속하면 민·형사상 책임은 물론 해고될 수 있다고 위협하는 등으로 신분상 불안감을 조성하여 노동조합 활동을 위축시키는 행위라고 본 다음, 이는 조합원 개개인의 판단과 행동, 노동조합의 운영에까지 영향을 미치려는 시도로서 노동조합의 운영에 개입하는 행위라고 판단한 것은 정당하고

[사례⑮] 부산지방법원 2021. 6. 10. 선고 2020노4214 판결

그럼에도 불구하고 피고인은 2019. 5. 3.자로 D노동조합 E지부 C분회(이하 'C분회'라고 한다) 결성을 통보받자, 2019. 5. 8.경 위 C 직원회의실에 요양보호사 F, G을 비롯한 소속 근로자 10여명을 소집한 후 "이제는 노조까지 가입해서 한번 뒤집어, 자 죽읍시다 같이. 같이 공멸합시다", "이제 노조까지 끌어들여 한번 해 봅시다 이거 아니에요", "지금 부부싸움 하는데 제3자를 끌어들입니까? 같이 공멸하자고? 저도 학생운동했고, 우리 삼촌들 다 H에 전부 다 위원회까지 했던 사람들이에요. 내 따라다니면서 그 운동하는 거 다 봤어요. 그 사람들 어떻게 됐어요 지금? 폐인 돼가지고. 우리 삼촌 한 명은 아직도 폐인이에요. 같이 죽자면 같이 죽어요. 그 사람들은 상관없어요. 선생님들한테 회비 받아가지고 시끄럽게 만들어가지고 없어지면 선생님들 뭐 다른데 다 갈수 있을 것 같아요? 천만에 내가 막지. 원장들도 지금 이제는 안 받아준다고 선언할꺼에요, 아마", "왜 제3자를 끌어들여요? 내가 이 자리에서 만약 그만두고 나가면 나 이 C 없앨 거에요. 분명히 문 닫게 만들 거에요. 그럴 수 있어요. 쌤들 같이 공멸합시다.", "같이 공멸하자 하면 같이 공멸할거고, 같이 상생하자 하면 상생할거고. 협박이 아니라 어떻게 자기한테 조금 유리하자고 다른 선생님들 다 불이익을 받게 만들어요? 결국 부부싸움하는데 시누이가 개입하면 어떻게 됩니까? 깨지는 거에요", "우리끼리 해결하지 못하고 옆에서 누가 들어오고 제3자가 개입하면 같이 공멸할 수밖에 없다. 나는 수없이 봐 왔습니다. 그걸 우리 삼촌들이 다 노조위원장이라서 다 회사 말아먹고 나가는 거 내가 다 봤으니까."라는 등 노동조합 탈퇴를 종용하면서 노동조합 활동을 계속할 경우 C을 폐지할 수 있고 다른 시설에 재취업도 못하게 할 수 있다 등의 취지로 발언하여 노동조합의 운영에 개입하였다.

[사례⑯] 대전지방법원 2019. 10. 10. 선고 2019고정482 판결

이 법원이 적법하게 채택하여 조사한 앞서 든 각 증거에 의하여 알 수 있는 다음과 같은 사정들, 즉 판시 발언 당시는 주식회사 B에 노사 간의 대립과 교섭이 있었던 시기였고, 대전동부지사는 근로자 노동조합가입률이 타 지역 내지 지사에 비해 월등히 높았던 점, 피고인의 판시 발언 중 "녹생(푸른) 물결"은 노동조합의 투쟁조끼 색깔이 녹색이고 판시 발언 당시 노동조합원들이 녹색의 투쟁조끼를 입고 판시 조회에 참석하고 있었던 사정 등에 비추어 노동조합 활동을 빗대어 표현한 것임이 분명한 것으로 보이고, "그러한 수준에서 자꾸 벗어나면 결국은 시범 케이스가 될 수 있는 거예요, 시범 케이스. 내가 옛날에 군대생활 할 때 보니까 하도 저쪽 지사에 사고가 많이 나. 위에 사단장이 '야, 중대 하나 없애버려. 없애버리고 통합해버려' 끝나는 거예요. 그런 우려가 있다는 거예요.", "이 본부장에 대한 적개감이 막 불타오르고 회사에 대한 적개감이 불타오릅니까, 여러분들?", "세상에서 제일 무서운죄가 괘씸죄라잖아요, 괘씸죄. 괘씸죄에요. 세상에서 제일 무서운 죄가 괘씸에요. 괘씸죄는 죽이는 것으로 끝나는 게 아니예요. 괘씸하니까 더 강하게 그냥 없애버린 거예요.", "집단적으로 뭘 자꾸 이렇게 자꾸 생각하고 그러면 괘씸죄예요. 잘못하면, 나는 그게, 내가 지사장으로서 지금 여기서 여러분들한테 해주고 싶은 말이 그게 굉장히 우려된다는 거예요." 등의 발언은 그 자체로 노동조합 활동을 왕성하게 하는 경우 본사에서 대전동부지사를 없애거나 통폐합하는 등의 방법으로 불이익을 줄 수 있다는 취지로 이해되는 점 등을 종합하면, 피고인의 판시 발언은 사용자의 의견을 표명할 수 있는 자유의 범위를 벗어난 것으로서 판시 발언 당시 피고인에게 노동조합의 운영 및 활동을 지배하거나 이에 개입하려는 의사가 있었다고 봄이 상당하므로, 피고인 및 변호인의 위 주장은 이를 받아들일 수 없다.

[사례⑰] 대법원 2006. 9. 8. 선고 2006도388 판결

회사의 조합비에 대한 가압류로 인해 경제적인 어려움을 겪고 있던 지회가 이를 극복하기 위한 방안으로 채권을 발행하기로 하자, 피고인 1, 2등이 2회에 걸쳐 지회의 채권발행을 중단할 것을 촉구하고, 업무에 지장을 초래하는 채권발행이나 근무시간 중의 채권발행에 대하여 엄중 조치하겠다는 내용의 공문을 발송한 사실이 인정되고, 당시 노동조합의 경제적 상황과 회사 측 공문 내용 등에 비추어 보면 위와 같은 행위는 단순히 사용자의 입장에서 노사현안에 대한 의견을 개진하는 수준을 넘어 조합원 개개인의 판단과 행동, 노동조합의 운영에까지 영향을 미치려는 시도로서 노동조합의 운영에 개입하는 행위임을 충분히 인정할 수 있고, 이 사건에 있어 실제로 지회가 회사의 의견을 무시한 채 채권발행을 강행하여 사용자 측의 위와 같은 의사표명이 노조활동에 전혀 영향을 미치지 못하였다고 하더라도 이 부분 공소사실을 유죄로 인정하는 데 장애가 되지 아니한다고 판단한 것은 정당하고, 거기에 상고이유의 주장과 같이 판결 결과에 영향을 미친 법리오해나 채증법칙 위배 또는 심리미진에 의한 사실오인 등의 위법이 있다고 할 수 없다.

[사례⑱] 대전지방법원 2022. 11. 17. 선고 2021노575 판결(대법원 2023. 2. 23. 선고 2022도15750 상고기각 판결로 확정됨)

비록 피고인이 해당 자리에서 명시적으로 불이익의 위협 또는 이익제공의 약속을 하지 않은 것은 사실이다. 그러나 이 법원이 적법하게 채택하여 조사한 증거에 의하면, ① D은 제2노조를 설립하는 데 가장 주도적인 역할을 수행하고 있었고, 피고인은 제2노조의 설립이 임박한 상황에서 D을 개별적으로 만나 "E노총이 주관하는 설명회 자리에 왜 갔냐? 노조를 만들려고 하냐? 노조 만드는 것은 근로자 권리이나 우리 회사 현재 상황으로 볼 때 2개 노조가 있는 것보다 1개 노조가 있는 것이 좋겠다. 단일 노조로 갈 수 있도록 1노조와 협의하면 좋겠다"와 같은 언동을 하였다. ② 피고인은 그로부터 이틀 후 D이 제2노조를 설립하자 앞서 본 것과 같이 이를 이유로 D에게 근로계약 해지를 통보하고, 그 후에도 G을 통해 제2노조 활동을 그만두면 복직시켜주겠다는 취지로 이야기하였다. 이러한 사정을 앞서 본 법리에 비추어 보면, 피고인은 단순히 비판적 견해를 표명한 것을 넘어 근로계약 해지라는 불이익한 처분을 염두에 두고 제2노조의 조직이나 운영, 활동에 개입하려는 의사를 가지고 D에게 그와 같은 이야기를 하였다고 보아야 한다.

사례 ▌ 부당노동행위 부정 사례

[사례①] 서울행정법원 2003. 12. 9. 선고 2003구합27020 판결

그러므로 살피건대, 위 인정사실에 의하면, 먼저 참가인 회사가 회사 내 게시판에 게시한'회사발전을 위해'와 '노무전문가와의 대화'의 내용은 윤전과 폐지 및 윤전과 직원의 광고국 발령이 단체협약에 위반한 강제구조조정이라는 노조지부의 주장을 반박하면서 노조지부가 위 윤전과 폐지 등을 이유로 파업할 경우 그 파업의 타당성 여부 등에 대하여 외부강사가 제시한 의견을 기재한 것으로서 비록 그 문구 중에 원고에 대하여 부정적인 표현이 일부 포함되기는 하였으나 전체적으로 볼 때 참가인 회사가 사용자로서 노조지부의 활동에 대하여 비판적 견해를 발표한 것에 지나지 아니하여 그것만으로는 조합에 대한 지배 · 개입이 있다고 볼 수 없다.

다음으로 '부끄럽습니다'라는 게시물의 내용은 이미 노조지부 부지부장에 의하여 외부에까지 공개된 노조지부장의 비리의혹에 대한 것으로서 노조지부장 개인의 비리의혹에 대하여 부정적 · 비판적 의견을 표현하는 것에 불과하여 이러한 내용이 참가인 회사가 가지는 언론의 자유를 넘어서 노조지부장 뿐만 아니라 조합자체의 명예를 훼손하게 되었음은 변론으로 하더라도 위 게시물의 게시로 인하여 조합활동이 위축된다거나 참가인 회사가 노조지부활동을 지배 · 개입한다고 볼 수는 없다.

마지막으로 참가인 회사가 직원간담회에서 임금인상안, 회사의 경영상황, 윤전과 직원들의 배치전환문제, 노사의 합동단결 등의 사항에 관하여 한 발언과 관련하여 노동조합의 조직이나 운영을 지배하거나 개입할 의사가 있었는지 여부에 관하여는 이를 인정할 아무런 증거가 없으므로 참가인 회사가 위 직원간담회에서 행한 발언이 노조지도부에 대한 지배 · 개입에 해당한다고 볼 수 없다.

[사례②] 서울중앙지방법원 2021. 9. 30. 선고 2021노25 판결

가) 원심의 판단

(1) 간부워크숍에서의 발언 부분

노조가 암적인 요소가 아니라 노조를 활용해서 자기 사익을 취하려는 사람이 있으면 그것이 암적인 존재라고 한 것이다. 사익이란 자기 인사상의 이익이나 특파원 갈 때 특권, 조금 앞서서 가점을 받으려고 하는 행동들을 말한다"고 진술하였던 점 등을 종합하여 보면, 검사가 제출한 증거들만으로는 피고인 A이 간부워크숍에서 이 부분 공소사실 기재와 같은 발언을 하였다는 사실을 인정하기에 부족하고 달리 이를 인정할 증거가 없다고 하면서 이 부분 공소사실을 무죄로 판단하였다.

(2) 편집회의에서의 발언 부분

원심은 원심이 적법하게 채택하여 조사한 증거들에 의하여 인정되는 다음 사정들, 즉 ① 이 부분 역시 피고인 A이 행한 발언의 전체적인 내용을 확인할 수 있는 객관적 자료가 없는 점, ② 검사는 이 부분 증거로 편집국 전국부장 Q이 피고인 A의 발언을 정리하였다는 이메일 기재내용 등을 제시하지만 위 이메일의 기재내용은 Q이 피고인 A의 발언을 듣고 자신의 입장에서 이해한 내용을 정리한 것으로서 피고인 A이 발언한 객관적인 내용의 전부라고 단정할 수 없는 점, ③ 나아가 위 이메일에 기재된 피고인 A의 발언 내용을 보더라도 피고인 A은 E, F 기자의 지방발령에 대해 노조측에서 보복인사라고 주장한 것에 대한 해명 내지 반박하려는 것이 주된 발언의 취지였던 것으로 보이는 점, ④ 위 이메일에 피고인 A이 '노조 자체는 존중합니다. 노조 이용하는 세력은 존중할 수 없다'고 발언한 것으로 기재되어 있는 점에 비추어 이는 앞서 본 간부워크숍에서의 피고인 A이 주장하는 취지인 '노조의 사적 이용'에 대한 부정적 의견을 피력하였던 것으로 볼 여지도 있는 점 등을 종합하여 보면, 검사가 제출한 증거들만으로는 피고인 A이 편집회의에서 사용자로서 우월한 지위를 바탕으로 지배 · 개입의 의도를 가지고 근로자에게 불이익의 위협을 가하는 등으로 노동조합의 자주성을 해치는 발언을 하여 근로자가 노동조합을 조직 · 운영하는 것을 지배 · 개입하는 행위를 하였다는 사실을 인정하기에 부족하고 달리 이를 인정할 증거가 없다고 하면서 이 부분 공소사실을 무죄로 판단하였다.

(3) 노사상견례에서의 발언 부분

원심은 원심이 적법하게 채택하여 조사한 증거들에 의하여 인정되는 다음 사정들, 즉 ① 노사상견례에서의 발언은 그 대화의 전체적인 내용이 녹취되어 있는데 그 녹취록에 나오는 피고인 A의 발언의 주된 취지는 '노조의 사유화'에 반대한다거나 '과거 노조를 이용하여 사적 이익을 도모하였던 행위'에 대해 비판하였던 것으로 보이는 점

이와 결론을 같이하여 이 부분 공소사실을 무죄로 판단한 원심은 정당하고, 여기에 검사의 주장과 같은 사실오인 및 법리오해의 위법이 있다고 할 수 없다.

[사례③] 서울행정법원 2004. 4. 23. 선고 2003구합27891 판결

노동조합 비가입대상 직원들이 원고에게 가입되어 있다면 관련 법령을 위반한 것임에도 그동안 원만한 노사관계를 위하여 이를 묵인하여 왔던 점, 그러나 노동조합이 불법적인 총파업을 강행하여 요구사항을 관철시키려 함에 따라 회사에서 그 대응조치로 관련 법령에 의거하여 노동조합 비가입대상자에 대하여 노조탈퇴 지시를 내린 점, 서무 · 인사 · 기밀 · 경리 · 물품출납 · 보안시설경비 · 승용자동차 및 구급차운전 등 업무를 담당하는 이상 소속기관의 최소기능 유지를 위한 비가입대상 직원에 해당한다고 보여지는 점, 한편 회사에서 노조탈퇴 지시를 함에 있어 비가입대상 직원을 구체적으로 지적하여 탈퇴를 지시하거나 강요한 것이 아니라 일반적 · 포괄적으로 비가입 대상자의 직명 · 직위를 명시하고 그 해당자가 스스로 탈퇴할 것을 유도한 점 등을 종합하여 볼 때, 노동조합 비가입 대상자에 대한 탈퇴지시나 노동조합 탈퇴 직원들의 일부 소속장이 탈퇴서를 수령하여 회사에 송부한 행위에 노동조합의 조직이나 운영을 지배하거나 개입하려는 의도가 있다고 보기는 어려우므로, 위 지시 등이 부당노동행위에 해당한다고 볼 수 없을 것이다.

[사례④] 대법원 2013. 1. 10. 선고 2011도15497 판결

발언의 내용이 이 사건 설명회가 무산된 뒤 중간관리자 등을 상대로 하였던 발언 내용과 별 차이가 없는 것이라면, 이는 파업이 예정된 상황에서 한국철도공사의 전반적 현황과 파업이 회사에 미치는 영향을 설명하면서 파업 참여에 신중할 것을 호소 · 설득하는 등 사용자 입장에서 노동조합이 예정한 파업방침에 대해 비판적 견해를 표명한 것으로서 사용자측에 허용된 언론의 자유의 범위를 벗어난 것이라고 단정하기는 어렵다 할 것이다. 다만 원심판결

이유 및 기록에 의하면, 피고인들의 출입방해 행위 당시 서울차량사업소장 이○○이 피고인들 등에게 '내일 파업이니까 오신 거예요. 파업하지 말라고. 내일 파업하면 우리 직원들이 많이 다치니까 하지 말라고 얘기하러 오신 거예요'라는 취지로 말한 사실이 인정되기는 한다. 그러나 이는 이○○이 서울차량사업소장으로서 피고인들이 이○○의 출입을 막아선 상황에서 이를 풀 것을 설득하는 과정에서 우발적으로 한 것으로 보이고, 그 내용도 그 사업소 소속 직원인 피고인들이 파업으로 인해 입을 손해를 우려하는 취지의 충고성 발언으로 볼 수 있는 등 발언 당시의 상황, 발언의 경위 및 시기 등 여러 사정들에 비추어 볼 때, 보복이나 위협 등의 의사가 표시되었다고 보기는 어렵다. 그 밖에 강○○가 이 사건 설명회를 개최하려고 한 과정에서 노동조합의 조직이나 운영을 지배하거나 이에 개입하는 의사가 있었던 것으로 볼 만한 행동을 하였다는 자료는 찾아볼 수 없다.

[사례⑤] 서울행정법원 2009. 7. 16. 선고 2008구합20680 판결

앞서 본 바와 같이 이 사건 권고행위 이전에 참가인 소속 조합원 중 부목사나 집사가 근로자에 해당하지 않고 참가인이 법상 노동조합에 해당하지 않는다는 취지의 확정판결이 있었고 그 후 원고의 상급기관인 대한예수교장로회총회에서 유사한 취지의 헌법시행규정을 신설한 바 있는 점, 이사건 권고행위에는 신설된 위 헌법시행규정을 적시하면서 김×옥에 대하여 위 헌법시행규정을 이행할 것을 권고한다는 내용이 기재되어 있을 뿐 그 외에 김×옥에 대하여 노동조합 활동을 이유로 불이익을 가하겠다거나 참가인에 대하여 지배 · 개입하겠다는 의사가 직접적으로 표현된 바는 없는 점, 이 사건 권고행위에 불응하였다는 이유로 원고가 그 이후 김×옥에 대하여 추가적인 불이익 처분을 하였다거나 참가인에 대하여 개입하였다는 점을 인정할 만한 아무런 자료가 없는 점, 이 사건 권고행위 이후의 일이기는 하나, 참가인이 부목사, 집사 등 법상 근로자에 해당하지 않는 자들을 그 구성원으로 허용하고 있어 법에 의하여 설립된 노동조합에 해당하지 않으므로 이 사건 권고행위가 부당노동행위에 해당하지 않는다는 취지의 판결 등이 선고된 점 등에 비추어 볼 때, 비록 원고에게 평소 김×옥 등 참가인 소속 조합원들의 노동조합 활동을 못마땅하게 생각하는 등 반노동조합의사가 있었던 것으로 추정된다고 하더라도, 그러한 사정만을 가지고 확정판결 및 그와 유사한 취지의 상급기관의 헌법시행규정에 근거하여 이루어진 이 사건 권고행위를 원고의 부당노동행위 의사에 기한 부당노동행위라고 단정하기 어렵다.

[사례⑥] 광주지방법원 2013. 5. 15. 선고 2012노2110 판결(대법원 2016. 6. 23. 선고 2013도6617 판결로 확정됨)

① 이 사건 경영정상화 홍보 업무는 피해자 AM의 서울 본사 직원들이 회사경영의 정상화를 위해 노력하고 있으니, AQ공장의 근로자들도 구조조정에 힘써달라고 설득하기 위한 것이었고, 그러한 내용이 기재된 서한을 전달한 외에 달리 징계 등 불이익의 위협 또는 이익제공의 약속 등은 없었던 점, ② 그럼에도 불구하고 피고인들은 본사 직원들 80여명이 탑승한 차량의 진입을 막고, 회의개최 등을 방해한 점, ③ 피고인들은 위와 같은 행위가 정당방위 또는 정당행위에 해당하여 위법성이 조각된다는 주장도 하고 있으나, 위 경영정상화 홍보 업무가 부당노동행위에 해당하지 않음에도 불구하고

[사례⑦] 서울행정법원 2020. 4. 2. 선고 2019구합73147 판결

이 사건 공고문의 주된 내용은 '정상조업을 수행하는 직원들에게 격려금을 지급한다'는 것으로, 지급대상자, 지급금액, 지급일자 등 격려금 지급과 관련된 내용이 기재되어 있다. 이 사건 공고문의 '기타사항'으로 "정상적인 업무를 거부하거나 정상조업을 하는 직원을 비방, 모욕, 업무방해, 그리고 Sign조 거부 등의 직원은 인사조치 및 손해배상 청구 진행"이라고 기재되어 있지만, 이는 정상적인 업무를 거부하는 경우나 정상조업을 하는 직원을 비방, 모욕, 업무방해 등을 하는 직원에 대한 회사의 대응방침을 적은 것에 불과하므로, 위 기재만을 이유로 이 사건 공고문 게시가 원고의 활동을 지배하거나 개입하려 한 것이라고 볼 수 없다.

나. 쟁의행위 시 단결력 저해

(1) 세부 유형

사용자가 노동조합이 행하는 쟁위행위에 관여하여 이를 방해하거나 단결력을 저해하는 행위 등은 지배·개입의 부당노동행위에 해당할 수 있다.

사용자의 불이익취급 행위는 그 세부내용에 따라 아래와 같이 유형화할 수 있다.

(가) 쟁의행위 전 : 쟁의행위 찬반투표 개입

사용자가 이메일에서 쟁의행위 찬반투표를 자신에 대한 신임투표로 간주하고, 조합원들이 파업을 선택하면 깨끗이 병원장 자리에서 물러나겠다고 한 경우[121]와 같이, 쟁의행위 개시를 방해하거나 이에 개입하는 행위는 지배·개입에 해당할 수 있다.

(나) 쟁의행위 중 : 위법 대체근로

노조법 제43조 제1항 및 제2항에 따라, 노동조합의 쟁의행위가 정당한 경우에는 쟁의행위로 중단된 업무의 수행을 위하여 당해 사업과 관계없는 자를 채용·대체하거나, 그 업무를 도급·하도급 주는 것이 금지된다.

노동조합 활동을 방해할 의도로 정당한 쟁의행위에 대해 노조법상 금지되는 대체근로를 사용한 경우에도 지배·개입이 성립할 수 있다.

---

121) 서울행정법원 2011. 9. 22. 선고 2011구합16384 판결,

(다) 쟁의행위 중 : 위법 직장폐쇄

노조법 제46조의 직장폐쇄는 쟁의행위로 노사간에 힘의 균형이 깨지고 오히려 사용자측이 현저히 불리한 압력을 받는 경우에 사용자측이 그 압력을 저지하고 힘의 균형을 회복하기 위한 대항·방어 수단으로 사용할 때 정당성이 인정된다.[122] 또한, 직장폐쇄는 시기적으로 노동조합의 쟁의행위가 개시된 이후에(사후성)만 할 수 있을 뿐만 아니라, 노사간의 교섭경과, 노동조합의 쟁의행위 태양, 사용자측이 받은 압력의 정도 등을 비교하여 방어수단으로서 상당성이 인정되어야 한다.[123]

이러한 요건을 갖추지 못한 위법한 직장폐쇄라고 하더라도 곧바로 부당노동행위가 되는 것은 아니고, 부당노동행위 해당 여부는 직장폐쇄의 개시 내지 유지를 통해 노동조합의 조직력을 약화시키기 위한 의도 등 부당노동행위 의사 존재 여부에 따라 판단하게 된다.[124]

쟁의행위 개시 이전에 직장폐쇄를 하는 등 방어적 목적을 벗어나 노동조합의 조직력을 약화시키는 의도로 행한 공격적 직장폐쇄는 지배·개입에 해당할 수 있다. 특히, 직장폐쇄 개시가 정당하였더라도 노조가 쟁의행위를 중단하고 진정으로 업무복귀 의사를 표시하였음에도 직장폐쇄를 지속하는 경우가 이에 해당할 수 있을 것이다.[125] 또한, 직장폐쇄 기간 중이라 하더라도 노조 사무실 등 정

---

122) 대법원 2000. 5. 26. 선고 98다34331 판결

123) 대법원 2007. 3. 29. 선고 2006도9307 판결

124) 중노위, 「주제별 판례 분석집(집단적 노사관계)」, 2018, 366쪽

125) 고용노동부, 「집단적 노사관계 업무매뉴얼」, 2022, 499쪽

상적인 노조활동에 필요한 시설에 대한 출입을 금지할 수는 없을 것이다.[126)]

(라) 쟁의행위 후 : 서약서 · 경위서 등의 징구

원칙적으로 근로자를 징계함에 있어 개전의 정이 있는지 여부는 징계양정에 있어 중요한 참작사유가 되므로 이를 판단하기 위하여 불법파업에 대한 잘못을 인정하고 재발방지를 약속하는 내용의 서약서, 불법파업에 참가한 경위서 등을 제출받는 것은 부당하다고 할 수 없다.[127)]

특히, 징계절차에서 양정자료로 삼을 목적으로 근로자로 하여금 장차 불성실 근무나 불법 쟁의행위를 하지 않을 것을 약속하고 자신의 잘못을 인정하고 재발방지를 약속하는 내용의 서약서를 작성, 제출하게 할 수 있고, 특별한 사정이 없는 한 이러한 행위가 부당노동행위에 해당한다고 보기 어렵다.[128)]

그러나, 노동조합에 대한 개별 조합원의 조직 충성도를 시험 · 판별하는 기초자료를 확보함과 아울러 개별 조합원의 성향을 파악하는 기회로 삼고자하는 경우라면, 지배 · 개입의 부당노동행위에 해당할 수 있을 것이다.[129)]

(마) 기타

정당한 정당한 쟁의행위를 이유로 징계를 하거나, 쟁의행위에 가담한 정도를 고려하지 않고 직책에 따라 징계를 하는 등 합리성이 결여된 경우[130)]에도 부당노

126) 대법원 2016. 6. 10. 선고 2009도12180 판결

127) 고용노동부, 「최신 사례로 보는 부당노동행위」, 2009, 126쪽

128) 서울행정법원 2004. 7. 6. 선고 2003구합32909 판결

129) 서울행정법원 2004. 7. 6. 선고 2003구합32909 판결

동행위가 성립할 수 있을 것이다.

또한, 판례는 법원의 가처분결정 집행을 위하여 조합원을 강제 퇴거시키는 행위,[131] 불법파업으로 인한 손해배상책임을 신원보증인에게 통지하는 행위[132] 등에 대해서 지배·개입의 부당노동행위에 해당하지 않는다고 판시한 바 있다.

(2) 부당노동행위 판단요소

법원 및 노동위원회의 판결(판정)을 살펴보면, 각 판단요소에 대하여 아래와 같은 구체적인 사실관계를 살펴 부당노동행위 성립 여부를 판단하고 있다.

☑ 시기

[부당노동행위 인정 요소]

- 쟁의행위 중이나 직전, 직후에 이루어진 행위
  - 쟁의행위가 발생한 시기에 비상업무도급계약이 빈번하게 이루어져 노조법에서 금지하는 대체근로로서 부당노동행위에도 해당한다고 본 사례(서울고법 2009누17959, 인정사례①)

[부당노동행위 부정 요소]

- 쟁의행위와 시기적으로 동떨어진 경우
- 쟁의행위가 지나치게 장기화되어 불가피하게 조치를 취한 경우

130) 서울행정법원 2018. 12. 20. 선고 2014구합72125 판결

131) 서울행정법원 2002. 12. 5. 선고 2002구합22073 판결(서울고등법원 2003. 10. 30. 선고 2003누1020 판결로 확정됨)

132) 서울행정법원 2009. 11. 13. 선고 2009구합18738 판결

☑ 동기

[부당노동행위 인정 요소]

- 노조 단결력 약화를 위한 조직적 · 계획적 추진 정황이 있는 경우
  - 복수노조 제도를 악용하여 우호 노조의 설립과 육성, 적대 노조의 조합원 수 축소 등의 내용이 기재된 내부 문건이 확인된 경우(서울행법 2014구합72125, 인정사례②)
- 노사관계를 정상화하고자 하는 진정성이 인정되지 않는 경우
  - 쟁의행위 중인 노조에게 수용하기 어려운 선결조건 제시하는 등 복귀의사 타진의 진정성이 없다고 평가되는 경우(대구지법 2012노789, 인정사례③)

[부당노동행위 부정 요소]

- 경영상 어려움으로 인한 불가피한 행위
  - 노조 쟁의행위로 회사 명예 실추, 사실상의 조업중단과 임금지급으로 인한 경제적 부담 등의 타격이 매우 큰 경우(서울고법 2002누9348, 부정사례①)

☑ 과정 · 절차 · 방법

[부당노동행위 인정 요소]

- 조합의 활동에 참가한 자에게 불이익을 주는 행위
  - 정리해고 대상자 선정 평가 시 파업에 주도적으로 참여한 사람은 낮은 점수를 받도록 평가 기준이 설정되어 있는 경우(서울고법 2014누8652, 인정사례④)

☑ 사용자의 행위의 필요성이나 합리성 존부

[부당노동행위 인정 요소]

- 합리적 기준에 따른 행위가 아닌 경우
  - 불법파업 가담 정도가 아닌 노조 직책에 따라 징계 양정을 결정하는 등 합리성이 결여된 경우(서울행법 2014구합72125, 인정사례②)

[부당노동행위 부정 요소]

• 쟁의행위가 정당하지 않은 경우
  - 불법 쟁의행위로 수입의 감소 및 회사 기물 파손이 초래된 경우 회사의 재산상 손해가 충분이 예측되어 파업참가자의 신원보증인들에게 손해배상책임에 대하여 통지한 경우(서울행법 2009구합18738, 부정사례②)
  - 쟁의행위를 이유로 근로자를 징계한 경우 지배개입의 의사가 일부 인정되더라도 불법 쟁의행위에 해당하여 징계사유가 존재한 경우(대법91누636, 부정사례③)(서울행법 2009구합29257, 부정사례④) (중앙2017부해361,369/부노56 병합, 부정사례⑤)
• 법적 근거 하에 이루어진 행위인 경우
  - 법원으로부터 공장이전방해금지가처분 결정을 받아 이를 집행하는 경우(서울행법 2002구합22073, 부정사례⑥)
  - 노동조합 가입대상자가 아닌 자의 가입을 허용하는 경우에는 노동조합으로 보지 않도록 규정되어 있어 그와 같은 노동조합은 단체 교섭의 대상이 아닌 점에 근거하여 노조가입 제외대상자가 있는 노조와는 면담 · 교섭을 불허한 경우(서울행법 2009구합5060, 부정사례⑦)
• 회사의 특수성 등을 고려할 때 필요한 행위로 인정되는 경우
  - 사업장이 금융기관이라는 특수성 때문에 업무의 연속성과 철저한 보안이 필수적이었던 점 등을 고려하면 노조원들의 진의를 확인한 후 직장폐쇄 유지 여부를 결정할 필요성 때문에 노조원들의 진정한 의사를 확인하는 차원에서 파업종료 확인서에 서명을 요구한 경우(대법 2004도7218, 부정사례⑧)

☑ 사용자의 행위가 노동조합의 운영이나 활동에 미치는 영향

[부당노동행위 인정 요소]

• 사용자의 행위로 인하여 단결이 훼손된 경우
  - 집행부 사퇴, 기업별 노조로의 조직변경 등의 결과를 초래한 경우(대구지법 2012노789, 인정사례③)
  - 파업 후 조합원에 징계 및 민형사 책임 등에 내용이 포함된 서약서를 징구하는 행위가 조합원들의 조합활동을 위축시킬 수 있다는 개연성이 다분히 내포되어

노조의 단결력을 해치는 것은 물론 조합원들의 이탈을 유도하는 것으로 인정되어 부당노동행위에 해당한다고 본 사례(서울2002부노102, 인정사례⑤)

☑ **사용자와 노동조합과의 관계**

[부당노동행위 인정 요소]

- 노사관계가 적대적이었던 경우
  - 법적 분쟁 등으로 노사가 첨예하게 대립하고 있던 경우(서울행법 2003구합32909, 인정사례⑥)

☑ **그 밖에 해당 행위 당시에 외형적 · 객관적인 사정**

[부당노동행위 인정 요소]

- 노조에 대한 그 밖의 통제적 조치를 통하여 노조 와해 유도 정황이 있는 경우
  - 휴대전화를 일괄 수거하여 보관하면서 여성 등 일부를 제외한 대부분의 복귀 조합원들을 회사 내에서 숙식케 함으로써 외부 조합원들과의 접촉을 차단한 경우(대법 2013도7186, 인정사례③)

사례 I 부당노동행위 인정 사례

[사례①] 서울고등법원 2009. 12. 8. 선고 2009누17959 판결

비상업무도급계약이 원고들의 사업장에서 잔업거부 등 쟁의행위가 발생한 시기에 빈번하게 이루어진 사정, 신규채용자들의 계약기간이 대부분 3개월 이내이고, 잔업거부 시점과 신규채용 시점이 상당 부분 일치하는 사정, 원고들은 휴직, 퇴직자 등의 업무 대체를 이유로 근로자를 신규 채용하였다고 주장하나 채용목적에 맞게 배치하였다는 구체적인 증거를 제시하지 못하고 있는 사정, 원고들이 잔업거부 등의 쟁의행위로 인하여 중단된 업무를 신규채용 근로자들을 이용하여 차질없이 수행하여 온 사정, 원고들은 임금 및 단체협약이 체결되지 아니한 상태에서 일방적으로 2004년도 임금을 인상하여 지급한 사정 등에 비추어 보면, 원고들은 쟁의행위로 인하여 중단된 업무를 수행하기 위하여 근로자를 신규채용하였다고 판단되고,

위와 같은 원고들의 행위는 노동조합의 쟁의권을 무력화하기 위한 것으로 노동조합의 운영을 지배하거나 이에 개입하려는 의도에서 이루어진 부당노동행위에 해당한다.

[사례②] 서울행정법원 2018. 12. 20. 선고 2014구합72125 판결

라) 이 사건 해고 당시 참가인이 마련한 징계양정기준은 실제로 제1, 2쟁의행위에 가담한 정도를 고려하지 않고 M지회 내의 직책에 따라 가담의 정도를 추정한 것이어서 합리성이 결여되어 있다. 특히 지회장, 부지회장, 사무장, 쟁의부장, 사수대장은 집단적 쟁의행위 당시의 직책만으로 100점을 부여하여 무조건적인 해고처분을 예정하고 있다.

[사례③] 대구지방법원 2013. 5. 24. 선고 2012노789 판결(대법원 2016. 3. 10. 선고 2013도7186 판결로 확정됨)

위 인정사실과 원심 및 당심에서 적법하게 채택하여 조사한 증거들에 의하여 인정되는 다음과 같은 사정, 즉 ① 위 피고인들을 포함한 사측이 이 사건 직장폐쇄를 단행할 시기에는 사측과 N지회 사이의 분쟁이 심화되어 있는 상태였고, 이 사건 1차 쟁의행위 이후 약 2달이 지난 시점으로 N지회의 쟁의행위가 계속 되고 있었던 상태였던 점, ② 사측은 이 사건 직장폐쇄를 단행하면서 N지회의 노조사무실 사용을 사실상 전면적으로 제한하였던 점, ③ 위 피고인들은 N의 전산 및 생산시설에 대한 N지회 노조의 접근 및 점거가능성이 합리적으로 예상가능하였을 뿐만 아니라, 사측에서 사업장 외부에 대체사무실을 제공할 용의가 있음을 N지회에 통지하였는데 이를 N지회가 거절한 것이라고 주장하나, 당시 사측이 고용한 용역경비업체가 회사 사업장을 경비하고 있었을 뿐만 아니라, N지회가 노조사무실 자체를 쟁의장소로 활용하는 등 노조사무실을 쟁의행위와 무관한 정상적인 노조활동의 장소로 활용할 의사나 필요성이 없음이 객관적으로 인정되는 별다른 정황이 없었으며, 사측에서 N지회에게 위와 같은 통지만 하였을 뿐 그 이후 대체사무실을 제공하려는 실제적인 어떠한 노력을 하지 않았던 점, ④ 사측은 이 사건 직장폐쇄 이후 2010. 8. 29.부터 일부 조합원들을 개별적으로 현장에 복귀시키기 시작하였는데, 일부 자발적으로 현장에 복귀한 조합원 이외의 N의 생산부장 AE, 복귀한 직조장 등이 개별적으로 연락하여 복귀여부를 묻거나, 설득하여 이에 동의하는 조합원에 대하여만 노무를 수령함과 동시에 집단교육 프로그램을 동원하는 등 그 복귀과정의 면에 있어서 단순히 자발적이라고 평가하기 어려운 부분이 많은 점, ⑤ 자발적으로 복귀한 조합원을 근로케하였다고 하여 이러한 사실만으로는 부당노동행위라고 할 수 없을 것이나, N지회에서 현장복귀에 대한 진정성을 보이면서 일괄 복귀 의사를 표명하였음에도 불구하고, 사측은 진정한 복귀의사를 타진하려는 노력이 전혀 없이, 수용하기 힘든 선결조건만을 제시하면서 위법한 직장폐쇄를 유지하였던 점, ⑥ U지방고용노동청이 2010. 9. 28. 사측에게 직장폐쇄의 지속 여부에 대한 재검토 및 성실한 교섭을 촉구하는 서면을 발송하였음에도 불구하고, 사측은 조합원들을 개별적으로 현장에 복귀시키면서 직장폐쇄를 계속하여 유지하였던 점, ⑦ 개별적으로 복귀하는 근로자가 많아질수록 조합원의 단결권이 침해될 가능성이 많아지는 것은 사측 입장에서 당연히 인식가능한 점, ⑧ 위 피고인들은 현장에 복귀한 조합원들이 자발적으로 휴대전화를 반납하거나, 외부의 조합원과의 마찰을 우려하여 스스로 회사 내에서 숙식하였다고 주장하나, 휴대전화를 반납하게 되는 경위, 상황, 당시 사측과 N지회와의 분쟁 현황 및 휴대전화 관리 및 숙식이 집단적으로 관리되었다는 점에 비추어 보면, 위 피고인들의 주장을 쉽사리 믿기 어려운 점, ⑨ 결국 위 피고인들을 포함한 사측의 위와 같은 부당노동행위로 인하여 N지회 조합원들의 단결권을 침해한 행위는 당시 N지회의 집행부 총사퇴 및 N지회의 기업별 노동조합으로의 조직변경이라는 결과를 초래함에 있어 하나의 원인으로 작용한 것으로 보이는 점 등을 종합하면, 위 피고인들이 이 부분 공소사실과 같이 노동조합의 조직, 운영에 지배 · 개입하였다고 인정할 수 있다.

[사례④] 서울고등법원 2017. 1. 11. 선고 2014누8652 판결

다) 이 사건 정리해고의 대상을 보면 2011. 2. 24. 작성된 이 사건 문건에서는 250명을 정리해고 대상으로 예정하고 있었는데, 그 중 이 사건 파업에 참가한 이 사건 지회 소속 조합원 215명 전원이 포함되어 있었음을 알 수 있다.

원고가 이 사건 파업 참가 여부를 직접적인 평가항목으로 정하지 않았다고 하더라도 이 사건 파업으로 징계를 받거나 공장 점거에 참여하는 등 이 사건 파업에 주도적으로 참여한 자들은 징계 및 해사행위 항목에서 낮은 점수를 받을 수밖에 없는 평가 기준이 설정되어 있음을 알 수 있다.

원고는 이 사건 해고 당시 부당노동행위의 의사를 갖고 있었다고 판단된다.

[사례⑤] 서울지노위 2002. 10. 22. 서울2002부노102 판정

서약서를 징계의 정상참작자료로 활용하기 위한 것이라는 피신청인의 주장을 인정한다 하더라도 서약서 작성거부시의 불이익을 감안한다면 실질적으로 강요가 아니라고 보기 어렵고, 더욱이 서약서의 내용이'회사가 가중징계를 결정하더라도 아무런 이의없이 이를 감수할 것이며 회사에 발생한 손해에 대하여 이를 배상한다', '민 · 형사상의 책임을 포함하여 회사의 인사

방침에 의거한 징계조치에 그대로 따르겠다'는 등이어서 순수한 개전의 정을 표시하는 정도를 벗어난 것으로 보여지며, 이는 조합원들의 조합활동을 위축시킬 수 있다는 개연성이 다분히 내포되어 노조의 단결력을 해치는 것은 물론 조합원들의 이탈을 유도하는 것으로 인정하는데 무리가 없다고 보여진다.
행동기록표의 작성목적이 파업참여과정에 대한 조사가 아니라 파업종료 이후 조합원들의 활동에 대하여 매일 등급을 평가하는 것이어서 비록 피신청인들이 의도한 바는 아닐지라도 징계가 완전히 끝나지 않은 상황에서 조합원들에게 심리적으로 압박감을 주고 조합활동을 위축시킴으로써 신청인 노조의 활동에 부당하게 개입을 한 것으로 밖에 볼 수 없다. 셋째, 개별감사문답서에 대하여 피신청인들은 불법파업에 참여한 조합원들에 대하여 그 시기, 태양, 원인 및 결과 등에 대한 상세한 질의가 불가피하였고, 해당 조합원들이 유리한 진술을 할 수 있는 기회를 부여하여 징계양정을 결정하기 위한 참고용이라고 주장하고 있으나, 전시 제1의 2 '나항 (3)'에서 인정한 바와 같이 개별 감사문답서의 문항들 중 파업찬성 여부, 자금관리, 근무지 이탈경위 등 노동조합 내부에서 이루어진 사항에 대해서도 답변을 하도록 요구하는 것은 설령 불법파업이라는 피신청인들의 주장을 인정한다 하더라도 노조의 내부 성향을 파악하기 위한 질문이나 일상적인 조합활동은 물론 파업이후 행동에 부담을 느끼도록 한 질문들이 포함되어 있어, 비록 답변의 자유가 보장되어 있다고 하더라도 답변하지 않을 경우 불이익이 예상되고 있다는 점에서 개별감사의 목적과는 달리 노동조합의 자율적 활동을 훼손하는 지배·개입의 소지가 있음을 부인하기는 어렵다 할 것이다.

[사례⑥] 서울행정법원 2004. 7. 6. 선고 2003구합 32909 판결

일반적으로 사용자는 근로자의 채용 당시 혹은 근로기간 중에 준법의식 및 성실 근로의식을 고취, 함양한다거나 징계절차에서 양정자료로 삼을 목적 등으로 근로자로 하여금 장차 불성실 근무나 불법 쟁의행위를 하지 않을 것을 약속하고, 자신의 잘못을 인정하고 재발방지를 약속하는 내용의 서약서를 작성, 제출하게 할 수 있고, 특별한 사정이 없는 한 이러한 행위가 노동조합및노동관계조정법 제81조에서 정한 부당노동행위에 해당한다고 보기 어렵다 할 것이나, 그 서약서 작성경위 및 과정 등에 비추어 볼 때 사용자의 근로자에 대한 서약서의 징구행위가 '근로자가 노동조합을 조직 또는 운영하는 것을 지배하거나 이에 개입'하기 위하여 행해졌다고 볼 수 있는 특별한 사정이 있는 경우 이러한 서약서 징구행위는 부당노동행위로서 허용되지 아니한다고 할 것이다.
이 사건으로 돌아와 보건대, 원고회사가 조합원들로부터 서약서를 제출받을 당시 파업의 정당성 여부 등에 관한 견해 차이 및 대규모 징계와 해고, 고소 · 고발 및 손해배상청구 · 가압류 등으로 인하여 노사간이 첨예하게 대립하고 있는 상황이었던 점, 사측이 서약서를 징구하려는 주된 의도는 서약서의 제출시기나 제출 여부에 따라 노동조합에 대한 개별 조합원의 조직 충성도를 시험판별하는 기초자료를 확보함과 아울러 개별 조합원의 성향을 파악하는 기회로 삼으려 한 것으로 보이는 점, 또한 대부분의 파업참가자들이 재심징계절차를 앞두고 있는 상태에서 불법파업으로 인한 민 · 형사상의 책임과 회사의 징계조치를 인정하고, 향후 회사의 지시에 따르지 않고 조업활동을 방해하는 위법행위를 할 경우 가중징계처분 내지는 어떠한 징계처분도 감수하겠다는 서약서의 내용은 단순히 개전의 정을 표시하는 정도를 벗어나는 것으로 조합활동에의 참여를 위축시키는 결과를 초래할 우려가 있는 것으로 보이는 점, 해고자를 제외한 모든 파업참가 조합원들에 대하여 일률적으로 정해진 양식에 따라 서약서를 작성하도록 요구하는 한편, 이에 불응하는 조합원에 대하여는 보직을 부여하지 않거나 예정에 없는 교육발령을 하는 등의 방법으로 지속적으로 압박을 가한 점, 회사측이 서약서 제출거부시의 불이익에 대하여 강조하였을 뿐만 아니라 위에서 본 '서약서 징구시 주지사항' 등에 따르면 서약서 제출거부로 인하여 실질적인 불이익이 예상되는 점 등 위 인정사실에 나타난 서약서 징구의 동기, 시기, 방법 및 과정 등에 관한 사정을 종합하여 보면, 원고 회사가 파업참가 조합원들에 대하여 서약서 제출을 요구한 것은 노동조합의 단결력을 해치고 그 활동을 방해하는 행위로서, 노동조합및노동관계조정법 제81조 제4호에서 정한 지배 · 개입의 부당노동행위에 해당한다고 봄이 상당하므로 결국 이와 같은 결론의 이 사건 재심판정은 적법하다고 할 것이다.

사례 Ⅰ 부당노동행위 부정 사례

[사례①] 서울고등법원 2003. 5. 1. 선고 2002누9348 판결

일반 시민법에 의하여 압력행사 수단을 크게 제약받고 있어 사용자에 대한 관계에서 현저히 불리할 수밖에 없는 입장에 있는 근로자를 그러한 제약으로부터 해방시켜 노사대등을 촉진하고 확보하기 위하여 근로자의 쟁의권을 적극적으로 보장하여야 하고 일반적으로는 힘에서 우위에 있는 사용자에게 쟁의권을 인정할 필요는 없다 할 것이나, 개개의 구체적인 노동쟁의

의 장에서 근로자측의 쟁의행위로 노사간에 힘의 균형이 깨지고 오히려 사용자측이 현저히 불리한 압력을 받는 경우에는 사용자측에게 그 압력을 저지하고 힘의 균형을 회복하기 위한 대항 · 방위 수단으로 쟁의권을 인정하는 것이 형평의 원칙에 맞는다 할 것이고, 노동조합법 제2조 제6호도 바로 이같은 경우를 상정하여 사용자의 직장폐쇄나 근로자가 그 주장을 관철할 목적으로 행하는 행위에 대항하는 사용자의 행위를 노동조합의 파업이나 태업 등과 나란히 쟁의행위의 한 유형으로서 규정하고 있는 것으로 보이는 바, 다만 구체적인 노동쟁의의 장에서 단행된 사용자의 직장폐쇄나 대항행위가 정당한 쟁의행위로 평가받기 위하여는 노사간의 교섭태도, 경과, 근로자측 쟁의행위의 태양, 그로 인하여 사용자측이 받는 타격의 정도 등에 관한 구체적 사정에 비추어 형평의 견지에서 근로자측의 쟁의행위에 대한 대항 · 방위 수단으로써 상당성이 인정되는 경우에 한한다 할 것이다(2000.5.26, 대법 98다34331 판결 참조).
그리하여 배차거부를 포함한 사용자의 대항행위가 근로자측의 쟁의행위에 대한 대항수단으로서 상당성이 인정되는 범위를 넘어서서 근로자의 쟁의권 행사의 본질적 내용을 침해하고 쟁의행위에 참가한 것을 이유로 불이익을 주려는 의도하에 행해진 것으로 평가될 수 있는 경우에는 노동조합법 제81조 제5호 소정의 부당노동행위가 성립할 수 있고, 그렇지 않은 경우에는 부당노동행위를 부정하여야 할 것이다.
그러나 원고 노조들은 그 다음 날부터 부분파업을 선언하고 정해진 운행횟수 중 1회만을 운행하거나 승무를 거부하는 등의 쟁의행위에 돌입하였던 바, 비록 이러한 쟁의행위가 당일 배차를 받은 일부 조합원들에 의해 1~2일간(원고 H노조-2000.8.24과 8.25, 원고 S노조-2000.8.21) 시행되었다고 할지라도, 이러한 파행운행으로 인하여 운송수입금의 저하, 노선결행, 시민의 버스이용 불편으로 인한 항의, 회사 명예 실추 등 참가인 회사들이 받는 타격이 대단히 클 뿐만 아니라 위와 같은 노무의 불완전한 제공 상황에서 사용자는 사실상의 조업중단과 임금지급이라는 이중적인 부담을 떠안게 되는 점, 위 부분파업 선언에 종기가 표시되지 아니하여 참가인 회사들로서는 이러한 파행운행이 언제까지 지속될지 예측할 수 없었고 원고노조들이 위 부분파업의 철회 의사를 명확히 밝히지도 않았던 점, 시내버스운송사업의 공익적 성격에 비추어 볼 때 위와 같은 파행운행은 일반 시민의 정상적인 버스이용을 직접적으로 저해하는 반공익적 결과를 초래하는 점 등에 비추어 보면, 사용자로서는 위와 같은 파행운행에 대항하여 영업상의 손실과 시민의 불편 등을 최소화하는 범위 내에서 조업을 계속하기 위한 조치로서 쟁의행위 참가 조합원들에 대한 배차거부라는 수단을 선택할 수 있는 것으로 판단되고, 위와 같은 상황하에서 사용자가 쟁의행위 참가 조합원들에 대한 배차를 거부하였다는 것만으로 부당노동행위가 성립한다고는 할 수 없다.

[사례②] 서울행정법원 2009. 11. 13. 선고 2009구합18738 판결

참가인 등이 일반 시민들을 상대로 원고 운행의 버스에 안전상 문제가 있는 것처럼 오인시켜 운행수입의 감소를 초래케 하거나 회사 기물을 파손하는 등의 행위는 근로조건의 유지 · 개선을 위한 적법한 쟁의행위로 볼 수 없고, 구체적인 손해액수를 떠나 그로 인한 원고의 재산상 손해 등 발생을 충분히 인정할 수 있는 점, 신원보증법상 신원보증인의 책임(피용자의 고의 또는 중과실로 인한 손해배상책임) 및 사용자의 신원보증인에 대한 통지의무(신원보증인의 책임을 야기할 우려가 있음을 안 경우 등에 있어 통지의무) 등에 비추어 참가인 등의 불법행위로 인해 손해가 발생하는 경우 그 신원보증인들에 대하여 해당 내용을 통지하는 것은 원고의 권리이자 의무이기도 한 점, 참가인 등을 제외한 나머지 일부 조합원들(정×수, 김×규, 한×식, 남×덕, 김×국, 박×연)은 이 사건 통지가 있기 훨씬 전에 자진하여 조합에서 탈퇴하였던 관계로 이 사건 통지와 무관하다 할 것이고 달리 이 사건 통지로 인해 일부 조합원이 조합에서 탈퇴하였다고 볼 증거가 없는 점 등 제반 사정에 비추어 볼 때, 신원보증계약 존속기간(원칙적으로 계약 성립일로부터 2년간 효력을 갖되 갱신할 수 있다)의 도과 여부를 떠나 원고가 이 사건 통지를 함에 있어 나름의 정당한 사유가 있는 것으로 보이고, 달리 이 사건 통지가 노동조합을 조직 또는 운영하는 것을 지배 · 개입하고자 하는 부당노동행위 의사에 기인하여 이루어진 것이라고 단정할 수 없다. 따라서 이와 달리 본 이 사건 재심판정은 위법하므로 이를 취소한다.

[사례③] 대법원 1991. 12. 10. 선고 91누636 판결

원고조합이 운영위원회의 결의만으로 쟁의발생의 신고나 냉각기간을 거침이 없이, 위 결의를 한 다음날부터 이를 시행하였으니, 위 쟁의행위는 노동쟁의조정법 제12조, 제16조, 제14조 등의 제규정을 지키지 아니한 불법적인 행위로 보아야 할 것이고, 이로 인하여 참가인회사에게 막대한 손해를 입혔다면, 위와 같은 행위를 주도한 간부들은 회사에 대하여 그로 인한 책임을 면하기 어렵다고 할 것이므로, 참가인회사가 이와 같은 책임을 물어 위 소외인들을 각 해고한 이 사건에 있어서, 비록 위 각 해고가 이른바 위 준법운행의 시행중에 이루어진 것이라고 하더라도, 노동조합법 제39조 제1호 또는 제5호 소정의 부당노동행위가 성립되지는 않는다고 보아야 할 것이라는 이유로 원고의 주장을 배척하였다.

원심이 판시한 이유에 다소 미흡한 점이 없는 것은 아니지만, 원심은 소론과 같이 이 사건 준법운행이 노동쟁의조정법에 규정된 절차를 거치지 아니한 것만을 들어 쟁의행위의 정당성을 부인한 것이 아니라, 원고조합이 위 쟁의행위를 하게 된 경위와 그 목적 및 수단, 그로

인하여 참가인회사가 입게 된 손해의 정도와 위 쟁의행위가 노동쟁의조정법에 규정된 절차를 거치지 아니한 점 등 구체적인 제반사정을 종합하여, 참가인회사가 위와 같은 쟁의행위를 주도한 원고조합의 간부들의 책임을 물어 그들을 해고한 것이 그들 근로자가 노동조합의 업무를 위한 정당한 행위를 한 것을 이유로 하였거나 정당한 단체행동에 참가한 것을 이유로 한 것이라고 볼 수 없다는 취지로 판단한 것으로 이해되므로, 원심판결에 쟁의행위나 부당노동행위에 관한 법리를 오해하였거나 준법운행의 성격을 잘못 파악한 위법이 있다는 논지도 받아들일 것이 못된다.

[사례④] 서울행정법원 2011. 1. 27. 선고 2009구합29257 판결

원고는 2008.6.12.부터 2008.12.10.까지 직장폐쇄를 하였던 사실, 원고는 2008.6.30. 조합원들의 가정에 "이 사건 지회는 당초의 생산적인 노사관계 정립의 목표에서 벗어나 정치적인 성향에 편승함으로써 노사관계의 걸림돌이 되고 있다."라는 취지의 '직원 여러분께 드리는 글'이란 제목의 통신문을 보냈던 사실 등을 인정할 수 있고, 위 인정사실에 비추어 보면 이 사건 징계처분 역시 참가인들에 대한 반노동조합적 의도나 노동조합에 대한 지배 · 개입의 의사에서 비롯된 것이라고 볼 여지가 전혀 없는 것은 아니라고 할 것이다.

그러나 앞서 본 바와 같이 참가인들에게 쟁의절차를 위반한 연장근로 등의 집단거부와 같은 징계사유가 인정되는 이상 이 사건 징계처분이 부동노동행위에 해당한다고 단정할 수 없다.

[사례⑤] 중노위 2017. 8. 1. 중앙2017부해361,369/부노56 병합 판정

이에 대해 살펴보면, 이 사건 사용자가 이 사건 노동조합의 조합원들에 대한 반복적인 징계로 이 사건 노동조합의 조합원 수가 감소하였으며, 이전에 있었던 많은 징계 건에 대하여 부당노동행위로 인정된 판결이 다수 있었고, 이 사건 근로자가 이 사건 노동조합의 간부로서 대의원 등의 직책을 맡은 점 등을 감안할 때, 이 사건 사용자가 이 사건 노동조합의 활동을 위축시키려는 목적이 전혀 없었다고 단정할 수는 없다.

그러나 ① 위 '가. 징계(해고)의 정당성'에서 살펴본바와 같이, 이 사건 근로자가 휴대전화를 위력으로 빼앗은 행위, 징계위원회 사진촬영을 지시한 행위, 이 사건 회사 영동공장 임원 차량 뒤에 주차한 행위, 시무식을 중단시킨 행위는 정당한 조합활동의 일환으로 보기 어렵고 징계사유로 인정되어 이 사건 근로자에 대한 징계가 단순히 표면상의 구실에 불과하다고 볼 수 없는 점, ② 이 사건 사용자가 쟁의행위와 무관한 이 사건 근로자의 개인 비위행위를 이유로 징계한 것에 불과한바, 이 사건 징계가 이 사건 노동조합의 활동을 위축시키거나 운영에 지배 · 개입하고자 하는 의도에 기인하였다고 보기 어려운 점, ③ 이 사건 사용자가 부당노동행위의 의도를 가지고 이 사건 근로자를 징계하려고 하였는지를 확인할 만한 특별한 사정이 보이지 않고 이 사건 근로자 및 노동조합이 구체적으로 입증을 하고 있지 못하고 있는 점 등을 종합해 볼 때, 이 사건 징계를 불이익 취급 및 지배 · 개입의 부당노동행위에 해당한다고 보기 어렵다.

[사례⑥] 서울행정법원 2002. 12. 5. 선고 2002구합22073 판결(서울고등법원 2003. 10. 30. 선고 2003누1020 판결로 확정됨)

이 사건에서 보건대, 위 인정사실에 의하면, 참가인 회사는 기업개선작업을 조기 종료하는 과정에서 한국산업은행을 비롯한 채권금융단으로부터 2001. 말경까지 서울 공장을 매각할 것을 요구받아 이를 수행하기 위하여 안산공장으로 이전할 것을 계획하였고, 단체협약에 따라 그러한 내용을 노조에게 통보한 후 공장 이전 작업을 진행하였는데, 노조의 반발에 부딪혀 원활하게 공장 이전 작업을 수행할 수 없게 되자, 기계장비 등을 이전하기 위하여 노조를 상대로 법원으로부터 공장이전방해금지가처분 결정을 받아 위 결정을 집행하는 과정에서 노조원들과 물리적으로 충돌하여 여러 명의 부상자가 발생하고 노조 사무실의 기물이 일부 파손되었는바, 비록 노조가 쟁의행위 중에 있었다 하더라도 법원 집행관의 감독 하에 법원의 가처분결정을 집행하는 행위 자체가 노조의 단결권을 침해하는 부당노동행위라고 보기는 어렵고, 가처분결정의 집행을 방해하는 노조원들을 강제로 공장 밖으로 내모는 과정에서 노조측의 반발로 인하여 부상자가 일부 발생하였다 하더라도 이는 참가인 회사와 노조측의 대립으로 인한 격앙된 분위기 속에서 우발적으로 발생한 사고일 뿐이므로, 이에 대하여 개별적으로 형사처벌을 구하거나 민사상 손해배상을 구할 수 있는지 여부는 별론으로 하고, 사용자가 노동조합을 사용자의 의도대로 조종함으로써 근로자의 단결권을 침해한 부당노동행위라고 볼 수는 없다 할 것이다.

[사례⑦] 서울행정법원 2009. 7. 17. 선고 2009구합5060 판결

갑 제1호증의 기재에 의하면 이 사건 추진계획에는 노조가입 제외대상자가 있는 노조와는 면담 · 교섭을 불허하도록 하고 있는 사실을 인정할 수 있는바, 앞서 본 바와 같이 공무원노조법에 의하여 노동조합 가입이 허용되지 않은 공무원의 노동조합의 가입은 징계 및 형사처벌 대상일 정도로 엄격히 금지된 점, 노조법 제2조 제4호 단서 라목의 규정에 의하면 노동조합 가입대상자가 아닌 자의 가입을 허용하는 경우에는 노동조합으로 보지 않도록 규정되어 있어 그와 같은 노동조합은 단체 교섭의 대상이 아닌 점 등에 비추어 보면, 참가 행정청이 원고 조합의 조직 또는 운영에 지배하거나 개입할 의사로 이 사건 추진계획을 시행한 것이라고 보기 어렵다.

[사례⑧] 대법원 2005. 6. 9. 선고 2004도7218 판결

긴박한 경영상의 위기상황에 처해 있었기 때문에 신속하게 농림부장관의 경영개선명령에 따른 조치들을 이행하여야 할 상황이었음에도, 공소 외 ○○노조는 경영주체에 의한 고도의 경영상 결단에 속하는 사항으로서 단체교섭 대상이 될 수 없는 합병에 따른 근로자들의 신분보장, 고용안정 등을 단체교섭의 주된 요구사항으로 주장하면서 이러한 요구사항이 받아들여지지 아니하자 전면파업을 실시한 점, 공소 외 ○○노조는 2002. 11. 14. 전면파업에서 노조 부지부장을 제외한 나머지 파업참가 조합원들이 업무에 복귀하는 내용의 부분파업으로 파업형태를 변경하기로 하고 이를 공소 외 ○○에 통지하였으나, 파업을 전면적으로 철회하는 것인지 여부를 확인하기 위하여 파업종료확인서를 작성해 달라는 피고인의 요구를 거부하면서 업무에 복귀하지 않았고, 과거 공소 외 ○○노조의 파업태양 등에 비추어 언제든지 다시 전면파업으로 진행될 개연성이 높았으며, 실제로 2002. 11. 26. 직장폐쇄 종료 후에도 공소 외 ○○노조원들은 정시출근 등을 통한 준법투쟁, 익산○○○협동조합 앞에서의 합병반대집회, 업무에 복귀하였던 노조원 공소 외 1의 파업 참가 등으로 쟁의행위를 계속한 점, 공소 외 ○○의 경우 사업장이 금융기관이라는 특수성 때문에 업무의 연속성과 철저한 보안이 필수적이었던 점 등을 종합하면, 피고인이 업무에 복귀하고자 하는 노조원들의 진의를 확인한 후 직장폐쇄 유지 여부를 결정할 필요성 때문에 노조원들의 진정한 의사를 확인하는 차원에서 파업종료 확인서에 서명을 요구한 것이 노조원들에게 부당한 요구를 한 것이거나 노동조합의 조직과 운영에 개입하기 위한 것으로 보이지 않으므로, 노조원들의 업무복귀 의사를 확인할 수 없다고 하여 직장폐쇄를 계속 유지한 것이 위법하다고 볼 수 없고,

다. 단체교섭 · 조합활동에 대한 방해 · 개입

(1) 세부 유형

노조의 단체협약 및 조합활동에 관여하여 노동조합의 의도를 좌절시키거나 사용자의 의도에 맞게 조종하려는 시도 등은 조합 운영에 대한 지배 · 개입으로서 부당노동행위가 성립할 수 있다.

(가) 조합활동 방해 · 불허

조합활동을 허용하지 않거나 조합원이 조합 행사에 참여하는 것을 정당한 이유 없이 불허하거나 방해하는 행위 등이 이에 해당한다.

특히, 사용자에게 단체협약 또는 관행 등에 의하여 근무시간 중 노동조합 회의, 행사 등 조합활동을 허용하여야 할 의무가 있으나 이를 허용하지 않는 경우에도 지배 · 개입의 부당노동행위에 해당할 소지가 있다. 판례는 이와 관련하여, ▲조합활동의 정당성, ▲단체협약 또는 관행상의 허용 의무 유무, ▲회의나 행사 등을 반드시 근무시간 중에 개최해야 할 당위성, ▲근무시간 중 조합활동 불허와 관련하여 사용자가 조합과 사전 협의절차를 거쳤는지 여부, ▲불허의 정당한 사유 존부 등과 관련한 사실관계 등을 고려하고 있는 것으로 보인다.

(나) 시설관리권 남용

사용자가 시설관리권을 남용하여 조합원 또는 상급단체 소속 교섭위원의 사업장 출입을 금지하는 등의 행위는 지배 · 개입에 해당할 수 있다.

근로자는 정직, 출근정지 등 징계에 의해 사업장 출입이 금지된 기간이라도 정당한 조합활동을 위해 사업장 내 노조사무실에 출입할 수 있다.[133] 그러나, 사업장 내부에 위치한 노동조합사무소에 출입하면서 조합활동을 하는 것은 원칙적으로 그 사업장에 고용된 근로자에 한정되고, 조합의 상급단체 간부 등 그 사업장 소속이 아닌 조합원은 단체협약에서 따로 출입을 허용하는 별도 규정을 두고 있거나 정당한 조합 활동을 위하여 출입이 필요한 특별한 사정이 있는 경우에 한하여 출입이 허용된다.[134]

(다) 조합 선거 개입

임원선거에 있어 특정후보를 지지・반대하거나,[135] 선거에 입후보할 수 없도록 불이익을 주는 등 선거에 개입하는 경우[136] 등도 부당노동행위에 해당할 수 있다.

(라) 불이익을 주는 행위

한편, 조합활동을 이유로 노조나 그 조합원에 불이익을 주는 행위도 지배・개입이 될 수 있는데, 조합활동을 곤란하게 할 목적으로 근로시간면제자 등에 대한 원직복직 명령을 한 경우와 같이, (구)노조법상 전임자, 노조간부, 근로시간면제자 등의 조합활동상의 불이익도 이에 해당할 수 있을 것이다.[137] 다만, 단체

---

133) 대법원 1992. 6. 23. 선고 92누4253 판결

134) 중노위, 「주제별 판례 분석집 집단적 노사관계」, 2018, 380쪽

135) 중노위 1998. 1. 23. 중앙97부노89 판정

136) 대법원 1992. 6. 23. 선고 92누3496 판결

137) 대법원 1991. 5. 28. 선고 90누6392 판결 ; 중노위 2017. 2. 10. 중앙2016부노202 판정 ; 중노위 2000. 6. 15. 2000부해152/부노37 병합 판정 등

협약에 따른 사전협의 없이 일방적으로 노조전임을 통보한 것에 대하여 사용자가 이를 인정하지 않고 타직종 종사자로 교체해 줄 것을 요구하였다 하여 이를 부당노동행위로 보기는 어렵다.[138)]

(마) 단체교섭 방해 · 개입

교섭위원을 징계함으로써 교섭에 지장을 초래하거나,[139)] 교섭 준비를 위하여 사내 노조사무실에 방문한 상급단체 간부 등 교섭위원의 사업장 출입을 금지하는 등의 행위[140)]가 이에 해당할 것이다.

(2) 부당노동행위 판단요소

이와 관련하여 법원과 노동위원회의 부당노동행위 인정 및 부정 사례를 살펴보면, 다음과 같은 요소를 종합적으로 고려하고 있음을 알 수 있다.

☑ 시기

[부당노동행위 인정 요소]

- 단체교섭 · 조합활동 직전에 전격적으로 이루어진 행위
  - 행사예정일 하루 전날 대상자 전원의 근무시간 중 참석을 불허한 경우(서울고법 2000누14575, 인정사례①)
- 단체교섭 · 조합활동 중 이루어진 행위
  - 임금교섭 중 교섭위원을 해고함으로써 임금협상을 지연시켜 조합의 영향력을

138) 노동조합과-682, 2004. 3. 18.

139) 서울행정법원 2018. 12. 20. 선고 2014구합72125 판결

140) 대전지방법원 2015. 9. 17. 선고 2015노302 판결

약화하려는 의도가 인정되는 경우(서울행법 2014구합72125, 인정사례②)

[부당노동행위 부정 요소]

- 단체교섭 · 조합활동과 시기적으로 동떨어진 경우

☑ 동기

[부당노동행위 인정 요소]

- 정당한 조합활동 등에 대하여 이를 방해하거나 불허하는 등의 경우
  - 노동조합이 규약 등에 의하여 대의원입후보등록에 재직증명서의 첨부를 요구하는 것은 입후보자격인 조합원의 지위를 갖고 있는가를 심사함에 필요한 것으로서 그 합리성이 충분히 있음에도, 이를 인정하지 않고 재직증명서 발급을 거부한 경우(대법 92누3496, 인정사례③)
  - 교섭권한을 위임받은 교섭위원이 단체교섭 준비를 위하여 노동조합 사무실을 방문하는 행위는 정당한 노조활동 범위 내로서 출입이 허용되어야 함에도 교섭당일이 아니라는 이유만으로 이를 저지한 경우(대전지법 2015노302, 인정사례④)
- 노조 단결력 약화를 위한 조직적 · 계획적 추진 정황이 있는 경우
  - 복수노조 제도를 악용하여 우호 노조의 설립과 육성, 적대 노조의 조합원 수 축소 등의 내용이 기재된 내부 문건이 확인된 경우(서울행법 2014구합72125, 인정사례②)

[부당노동행위 부정 요소]

- 정당하지 않은 조합활동 등에 대하여 필요한 조치를 취하는 행위
  - 근무시간 중 조합활동의 당위성 및 정당성이 인정되지 않고 참가 근로자를 징계한 경우(중앙2007부해183/부노67 병합, 부정사례①)
  - 반집행부 활동에 가담한 조합원이 실제 목적 이외의 '연가' 및 '병가'를 신청하여 사용자가 이를 허가하지 아니하고 '직장복귀 지시'를 하였음에도 이에 불응하고 출근하지 아니하여 관련 규정에 따라 '결근처리'한 경우(중앙2000부노108, 부정사례②)

☑ 과정 · 절차 · 방법

[부당노동행위 인정 요소]

- 사전협의절차 없이 이루어진 행위
  - 근무시간 중 조합활동에 대하여 참가 인원 또는 시간 조정의 통보 없이 참석을 불허한 경우(서울고법 2000누14575, 인정사례①)

[부당노동행위 부정 요소]

- 노조와의 사전협의를 거친 경우

☑ 사용자의 행위의 필요성이나 합리성 존부

[부당노동행위 인정 요소]

- 단체교섭 · 조합활동 참가 대상자 전원의 참가를 불허하는 경우
  - 근무시간 중 조합활동에 대하여 참가 대상자 전원의 참석을 불허한 경우(서울고법 2000누14575, 인정사례①)
- 정당한 조합활동 등을 이유로하거나 특정 노조 조합원에게만 불이익한 조치를 하는 경우
  - 승무정지 기간 중에 보궐선거 출마 준비 등을 이유로 2차례 회사에 출입한 행위는 정당한 노동조합 활동의 범위 내에 속하는 것으로서 이를 이유로 한 징계(대법 2003두9923, 인정사례⑤)
  - 조합원들에게 정신 교육, 전직, 통근 버스의 미배정, 구내 식당 사용의 금지, 야간 근무의 미배정 등의 행위(대법 2007두19249, 인정사례⑥)
- 사용자의 시설관리권에 따른 정당성 내지 필요성이 인정되는 경우
  - 조합사무소가 기업시설인 이상 조합사무소를 출입하는 외부인의 인적사항이나 출입목적을 파악할 필요도 있으므로 회사를 방문하는 외부인으로 하여금 시설관리권한에 터잡아 면담신청서를 작성하도록 하고 출입에 관한 승인을 받도록 한 경우(노동부 업무매뉴얼, 부정사례③)

[부당노동행위 부정 요소]

- 단체교섭 · 조합활동 참가 대상자 일부만의 참가를 불허하는 경우
- 허용의무가 없는 조합활동 등에 대하여 불허하는 경우
  - 단체협약상 근무시간 중 임시총회를 허용할 의무가 있다고 볼 수 없는 경우(중앙 2007부해183/부노67 병합, 부정사례①)
  - 단체협약에 노조전임은 동일직종 배제를 원칙으로 하되 불가피한 경우 노사가 협의하도록 규정되어 있어 노조가 일방적으로 동일직종 종사자의 노조전임을 통보한 것에 대하여 사용자가 이를 인정하지 않고 타직종 종사자로 교체해 줄 것을 요구한 경우(노동조합과-682, 부정사례④)
- 노동조합의 활동에 해당하지 않거나 노동조합의 묵시적 수권 · 승인을 받지 않은 행동을 조합활동으로 인정하지 않는 행위
  - 노조건물을 점거하면서 노조 집행부와 대립 투쟁을 벌이고 있는 공투본의 집회와 투쟁농성 참여를 위하여 일부 조합원이 연가 또는 병가를 신청한 것을 불허한 경우(서울행법 2011구합729, 부정사례⑤)
  - 노동조합의 대의원이나 임원도 아니고, 개인자격으로 위 전국대의원대회에 참석하기 위한 연차 휴가신청을 불승인한 경우(대법 2003두4317, 부정사례⑥)

☑ 사용자의 행위가 노동조합의 운영이나 활동에 미치는 영향

[부당노동행위 인정 요소]

- 단체교섭 · 조합활동에 지장이 생기는 경우
  - 사전협의 없이 정당한 조합활동을 불허함으로써 참가인 조합으로 하여금 상급단체에서 활동하는데 지장을 초래한 경우(서울고법 2000누14575, 인정사례①)
  - 교섭 중 교섭위원을 해고함으로써 교섭 지연(서울행법 2014구합72125, 인정사례②)

[부당노동행위 부정 요소]

- 단체교섭 · 조합활동에 큰 지장을 주지 않는 경우
  - 사용자가 노조사무실이 있는 승용공장 건물과 본관 건물 사이에 컨테이너박스로

바리케이드를 설치하였으나 노조사무실에 자유로운 출입이 가능한 경우(서울고법 2015누60251, 부정사례⑦)

☑ 사용자와 노동조합과의 관계

[부당노동행위 인정 요소]

- 노사관계가 적대적이었던 경우
  - 평소 노조와 조합원에 불이익을 주는 등 노사관계가 원만하지 않았던 경우(중앙 97부노89, 인정사례⑦)

☑ 그 밖에 해당 행위 당시에 외형적 · 객관적인 사정

[부당노동행위 인정 요소]

- 사용자의 행위가 기존 관행과 상이한 경우
  - 정당한 사유없이 관행에 어긋나게 노조전임자에게 출퇴근 시간 등 근무시간의 준수를 강요하는 경우(대법 2002누6264, 부정사례⑧)

사례 I 부당노동행위 인정 사례

[사례①] 서울고등법원 2001. 6. 7. 선고 2000누14575 판결(대법원 2003. 8. 22. 선고 2001두5767 판결로 확정됨)

상급단체의 행사참석을 위하여 사전협의를 거치도록 한 단체협약의 규정은 참가인뿐만 아니라 원고 공단에게도 적용되는 것으로서 원고와 참가인 사이에 사전협의에 관하여는 별다른 절차가 없었는데, 원고가 이 사건 불허통보 이전에는 참가인으로부터 상급단체의 행사에 대한 근무배려요청을 받았던 경우 이를 전부 승인하거나 인원 및 시간 조정이 필요하면 참가인에게 이를 통보한 다음 참가인과 협의를 거쳐 참석허용대상자를 통보하였던 점, 이 사건의 경우 원고가 참가인 조합으로부터 행사예정일로부터 9일 전에 근무배려요청을 받았던 이상 사전협의를 할 수 있는 충분한 시간적 여유가 있었을 뿐 아니라 공단의 운영 및 지장을 초래한다고 판단될 경우 참석자를 줄이거나 일정을 조정하는 등의 협의를 거칠 수 있었던 점, 노동조합의 조직, 운영활동에는 상급단체를 조직하거나 그 운영에 참여하는 행위도 포함되는 점 등에 비추어 보면, 원고가 참가인에게 인원 또는 시간 조정의 통보 없이 행사예정일 하루 전날 대상자 전원의 근무시간 중 참석을 불허한 것은 오히려 원고가 사전협의 없이 이를 불허함으로써 참가인 조합으로 하여금 상급단체에서 활동하는데 지장을 초래한 것으로서 노동조합을 조직 또는 운영하는 것을 지배하거나 이에 개입하는 부당노동행위에 해당한다 할 것이다.

[사례②] 서울행정법원 2018. 12. 20. 선고 2014구합72125 판결

따라서 2013. 10. 이루어진 이 사건 해고로 인하여 M지회의 임금협상에 차질 및 지연이 불가피하게 되었다. 여기에 ① R이 2011년부터 2012년 초까지 작성한 문건의 내용에 따르면 M지회와의 임금협상을 제2노조와의 임금협상에 비해 지연시켜 M지회의 영향력을 약화하고 제2노조의 조합원 수를 늘리려는 것이 참가인의 전략이었던 점, ② '2011년 임금협약'과 관련한 교섭이 2011년 이후 교착상태에 빠진 것은 참가인이 M지회에 제2노조에 비하여 불리한 협상조건을 제시한 것에 주된 원인이 있다고 보이는 점(예컨대 참가인은 2013. 8. 22. 64차 교섭에서 생산기여금으로 190만 원의 지급을 제안하였는데, 이는 제2노조에 대한 임금지급조건에 비해 불리한 것이었다고 보인다) 등까지 더하여 보면, 참가인이 이 사건 해고에 이른 데에는 M지회와의 임금협상을 지연시켜 M지회의 영향력을 약화하려는 의도도 있었다고 보인다.

이 사건 해고는 목적과 절차가 정당한 이 사건 쟁의행위 도중 이루어진 것으로서 (중략) 교섭위원으로도 임명된 원고 A, B, J, K가 포함되어 있었고, 따라서 이 사건 해고는 M지회의 단체행동권 및 단체교섭권의 행사에 실질적인 영향을 미쳤던 점 등에 비추어, 참가인의 위 주장은 타당하지 않다.

[사례③] 대법원 1992. 6. 23. 선고 92누3496 판결

특별한 사정이 없는한 근로자의 지위를 상실하면 조합원의 지위마저 상실하는 것이 원칙이므로 노동조합이 규약 등에 의하여 대의원입후보등록에 재직증명서의 첨부를 요구하는 것은 입후보자격인 조합원의 지위를 갖고 있는가를 심사함에 필요한 것으로서 그 합리성이 충분히 있다 할 것이고, 만약 노동조합의 규약 등에서 대의원입후보등록서류로서 재직증명서를 요구하고 있다면 이를 존중해주어야 함이 마땅하다. 따라서 대의원입후보등록서류로 재직증명서를 요구하고 있음에도 불구하고 재직증명서를 첨부하지 않은 채 대의원에 입후보할 수 있다는 견해를 전제로 하여 원고회사의 재직증명서발급거부행위가 부당노동행위에 해당할 수 없다는 논지 역시 이유없다.

[사례④] 대전지방법원 2015. 9. 17. 선고 2015노302 판결

위 인정사실에 의하면, 이 사건 단체협약에 단체교섭의 요청은 최소한 10일 전에 문서로써 제출하도록 규정하고 있기는 하나, 실제로 2012. 9. 17.자 단체교섭 요청이 있은 후 10일이 경과하지 않은 시점인 2012. 9. 27.에 첫 번째 단체교섭이 이루어진 점을 고려하면, 위 조항이 반드시 교섭요청의 상대방까지 구속한다고 볼 수는 없어 그 단체교섭 요청의 효력이 없다고 단정하기 어렵고, 나아가 이 사건 노동조합이 2012. 9. 17.자로 요청한 2012. 9. 18.자 단체교섭이 이루어질 수 있는지 여부와 관계없이 그 교섭위원인 N으로서는 단체교섭의 개최 여부 및 그 후속조치 등과 관련한 준비 내지 방어를 위하여 위 2012. 9. 18.에도 이 사건 회사 노동조합 사무실을 방문할만한 충분한 이유가 있다고 보이므로, 정당한 노조활동 범위 내로서 피고인 회사의 출입이 허용되어야 하며, 달리 N이 위 출입을 정상적인 노조활동 외의 목적으로 사용할 의사가 있었다거나 N의 위 출입이 피고인 회사의 업무운영 · 시설관리상의 실질적 지장을 초래하는 경우였다는 등의 사정이 보이지도 않는 이상, 피고인 C과 피고인 회사의 N에 대한 출입거부 행위는 이 사건 노동조합의 조직 · 운영에 지배 · 개입하는 부당노동행위라고 봄이 상당하다. 그럼에도 불구하고 원심이 이 부분 공소사실을 무죄로 판단한 데는 사실을 오인하여 판결에 영향을 미친 위법이 있으므로, 검사의 사실오인 주장은 이유 있다.

[사례⑤] 대법원 2003. 12. 12. 선고 2003두9923 판결

승무정지 및 사업장 출입금지 명령을 받은 기간 중에 2차례 회사에 출입한 사실이 인정되나, 그 출입목적을 보면 노동조합장 보궐선거에 출마하기 위해 조합원들로부터 추천을 받는 등 후보등록에 필요한 절차의 처리를 위한 것이거나 후보등록 확정공고일에 위 선거와 관련하여 노조를 방문한 상급단체 간부 등을 만난 것으로서 노동조합 활동 목적임을 인정할 수 있고, 출입장소나 시간 또한 회사 내에 위치한 노동조합 사무실 등에 출입하였다가 회사측의 퇴거지시를 받고 즉시 퇴거함으로써 다른 근로자들의 업무를 방해하였다거나 사용자의 노무지휘권과 시설관리권 등 기업질서를 크게 침해한 바도 없는 것으로 보인다. 여기서 위 사업장 출입금지 명령 및 취업규칙상의 징계처분자에 대한 사업장 출입금지 규정의 취지는 해당 근로자로 하여금 직무에서 배제시킴으로써 과오를 반성하도록 하며 기업질서를 회복시키는 데 목적이 있는 것으로 보이고, 노동조합 활동 등 출입 목적을 불문하고 일체의 사업장 출입을 금지하는

취지라고는 할 수 없는 점 들을 종합하여 보면, 승무정지 기간 중에 2차례 회사에 출입한 행위는 정당한 노동조합 활동의 범위 내에 속하는 것으로서 이를 이유로 한 징계는 부당노동 행위이다.

[사례⑥] 대법원 2008. 9. 11 선고 2007두19249 판결(파기환송 후 2009. 4. 15. 선고 2008누26758 판결로 확정됨)

A분회 조합원들에게 정신 교육, 전직, 통근 버스의 미배정, 구내 식당 사용의 금지, 야간 근무의 미배정 등의 행위를 하였음을 충분히 인정할 수 있고, 달리 반증이 없으며, 이와 같이 차별적 취급이 인정되는 이상 원고 재단이 주장하는 사유들은 그 자체로도 이를 정당화할 만큼 합리적이거나 불가피한 사유로 보기도 어려우므로, 원고 재단의 이 부분 각 주장은 이유 없다(부당노동행위에 해당)

[사례⑦] 중노위 1998. 1. 23. 중앙97부노89 판정

본건 신청에 있어 신청인은 노조운영에 개입한 바 없다고 주장하나, 제1의 2. '다'에서 인정한 바와같이 1997. 6월의 경우 단체협약에 의거하여 매월 임금지급시 일괄 공제하여 노동조합에 인도하여 온 조합비를 인도하지 아니한 점이나, 우리위원회의 심문회의시 피신청인이 전조합장 4~5명이 신청인의 탄압을 견디지 못하여 조합장 임기만료 전에 모두 퇴직하였고, 또 평소에도 노조사무실을 출입하는 노조원들에게 차량수리를 해 주지 아니하거나, 배차에 불이익을 주는 등 탄압하였다는 진술과, 노조원 김○○ 등 5인이 회사 총무부장 장○○로부터 노동조합비를 공제할 것인지, 아니할 것인지에 대한 확인서에 서명하라 하여 서명하였다고 진술한 점, 그리고 노조원 임○○ 등 4인이 조합장 선거를 실시하려던 노동조합 총회장에 관리직사원들과 비노조원들이 난입하여 선거를 원천봉쇄하였다는 진술 등을 모아보면, 비록 조합장 선거의 무산이 신청인의 방해로 인한 것인지의 여부에 대해서는 당사자 모두 상반된 주장을 하고 있을 뿐, 인정할만한 객관적인 거증자료를 제시하고 있지 아니하거나 미흡하여, 그 진위판단이 어려운 바 있으나, 평소 노사관계가 원만치 못하였음을 알 수 있고, 신청인의 부인에도 불구하고 조합장 선거와 관련하여 피신청인에게 투표하지 말라고 압력을 행사하였다는 노조원 허○○나 박○○ 등에게 신청인이 적극적으로 추궁하거나 해명을 요구한 바 없는 점에 비추어, 달리 증거가 없는 한 이를 부인키 어렵다고 판단되므로, 노조운영에 개입한 바 없다는 본건 신청인의 재심신청은 그 이유가 없다.

사례 Ⅰ 부당노동행위 부정 사례

[사례①] 중노위 2007. 9. 12. 중앙2007부해183/부노67 병합 판정

그러나 단체협약상 이 사건 사용자가 근무시간 중 임시총회를 허용할 의무가 있다고 볼 수 없고, 이 사건 근로자들 및 노동조합이 제출한 임시총회안의 세부적인 내용에 비추어 보더라도 전 조합원이 참석하는 권역별 임시총회를 반드시 업무시간 중에 개최하여야 할 필요성 및 긴급성을 인정하기 어려우며, 이 사건 임시총회의 목적인 안건심사에 소요되는 시간이 1~2시간에 불과하여 임시총회를 업무시간 외에 개최함으로써 노사의 대립되는 이해관계를 조화시키려는 충분한 노력을 했다고 인정하기도 어려울 뿐만 아니라, 이 사건 노동조합의 상급단체인 전국공공운수사회서비스노동조합연맹이 2006. 7. 12. 한미FTA 반대집회를 계획하고 실제로 같은 날 이와 관련한 집회를 개최하였고, 이 사건 노동조합의 "담화문" 및 "쟁대위 속보"에 한미FTA 저지를 위한 내용이 상당부분 포함되어 있는 점 등을 감안하면 권역별 임시총회가 한미FTA 협상저지 총파업 투쟁 결의대회 참석을 위한 것이 아니었다는 이 사건 근로자들 및 노동조합의 주장도 선뜻 받아들이기 어렵다.

노동조합 및 노동관계조정법 제81조에 의한 부당노동행위가 성립되기 위해서는 노동조합 활동의 정당성이 전제되어야 하나, 앞의 5. 판단에서 인정한 바와 같이 근무시간 중 개최된 노동조합의 권역별 임시총회를 정당한 노동조합 활동으로 인정할 수 없고, 징계처분의 정당성에 대해서도 부당하다고 할 수 없는 이상 이 사건 근로자들에 대한 징계와 부당노동행위 사이에 인과관계가 있다거나 이 사건 근로자들의 노동조합 활동을 혐오하여 징계한 것이라고 볼 수 없으며, 또한 부당노동행위 주장에 대해서도 구체적이고 객관적인 입증도 하지 못하고 있는 바, 이 사건 징계를 부당노동행위에 해당한다고 볼 수 없을 것이다.

[사례②] 중노위 2000. 12. 14. 중앙2000부노108 판정

노조집행부에 반대하여 노조 사무실을 점거하는 등 노-노간의 갈등이 심화되어 충돌의 가능성이 높은 상황에서 반집행부 활동에 가담한 신청인이 실제 목적 이외의 '연가' 및 '병가'를 신청하여 사용자가 이를 허가하지 아니하고 '직장복귀 지시'를 하였음에도 이에 불응하고 출근하지 아니한 경우 사용자가 관련 규정에 따라 '결근처리'한 것은 정상적인 업무처리로 보아야 할 것이므로 부당노동행위에 해당하지 아니한다.

[사례③] 중노위, 「주제별 판례 분석집 집단적 노사관계」, 2018, 380쪽

산업별 노동조합에는 동일한 산업계에 종사하는 여러 사업장에 고용된 근로자들이 조합원으로 가입할 수 있고, 심지어 해고되거나 일시 실직 상태에 있더라도 조합원으로 가입하여 활동할 수 있다. 이러한 산업별 노동조합 구성원의 특성을 감안하면, 특정 사업자의 사업장 내부에 위치한 노동조합사무소에 출입하면서 노조활동을 하는 것은 원칙적으로 그 사업장에 고용된 근로자에 한정되고, 조합의 상급 간부 등 그 사업장 소속이 아닌 조합원은 단체협약에서 따로 출입을 허용하는 별도 규정을 두고 있거나, 정당한 조합활동을 위하여 출입이 필요한 특별한 사정이 있는 경우에 한하여 출입이 허용된다고 할 것이다. 그리고 원고로서는 노동조합사무소에 출입하는 외부인으로 인하여 조합사무소 외 다른 기업시설의 관리, 보존에 지장을 초래할 위험이 있으므로 그러한 위험을 방지할 필요가 있고, 조합사무소가 기업시설인 이상 조합사무소를 출입하는 외부인의 인적사항이나 출입목적을 파악할 필요도 있으므로 회사를 방문하는 외부인으로 하여금 시설관리권한에 터잡아 면담신청서를 작성하도록 하고 출입에 관한 승인을 받도록 할 수 있다.

[사례④] 노동조합과-682, 2004. 3. 18.

단체협약에 노조전임은 동일직종 배제를 원칙으로 하되 불가피한 경우 노사가 협의하도록 규정되어 있다면 사용자가 정당한 이유없이 노조와의 협의를 거부하거나 노조전임을 불허하는 등의 특별한 사정이 없는 한 노동조합이 단체협약과는 달리 사전협의없이 일방적으로 동일직종 종사자의 노조전임을 통보한 것에 대하여 사용자가 이를 인정하지 않고 타직종 종사자로 교체해 줄 것을 요구하였다 하여 이를 부당노동행위로 보기는 어렵다.

[사례⑤] 서울행정법원 2001. 4. 20. 선고 2001구합729 판결

원고가 여러 차례에 걸쳐 연가와 병가를 신청한 것은 노조건물을 점거하면서 노조 집행부와 대립 투쟁을 벌이고 있는 공투본의 집회와 투쟁농성에 참여하기 위함이므로, 이는 노동조합 내부의 갈등과 관련된 것일 뿐으로서 노동조합의 결의나 구체적인 지시에 따라서 이루어지는 노동조합의 조직적인 활동이라든가 혹은 그 성질상 노동조합의 활동에 해당하는 행위 내지 노동조합의 묵시적인 수권 혹은 승인을 받아 이루어진 행위에 해당한다고는 보기 어려울 뿐만 아니라, 수단 · 방법의 적법성이라는 측면에서 보더라도 위와 같은 공투본의 점거 농성 등의 행위가 정당한 행위로 평가되기도 어렵다고 할 것이므로 연가 및 병가신청에 대해 불허한 실질적인 이유가 공투본의 집회와 투쟁 농성에 참여하는 것을 막기 위함에 있다고 하더라도 노동조합의 조직 · 운영을 지배 · 개입한 것이라고 볼 수 없다.

[사례⑥] 대법원 2003. 6. 30. 선고 2003두4317 판결

원고는 노동조합의 대항세력으로 활동하고 있는 ○○동지회 소속 회원으로 활동하면서 위 ○○동지회 전국대표자회의에서 노동조합의 전국대의원대회에 회원들이 참석할 것을 결의함에 따라 위 전국대의원대회에 참석하려한 사실을 인정할 수 있는 바, 원고는 노동조합의 대의원이나 임원도 아니고, 개인자격으로 위 전국대의원대회에 참석한 것이므로 노동조합의 결의나 구체적인 지시에 따라서 이루어지는 노동조합의 조직적인 활동이라든가 혹은 그 성질상 노동조합의 활동에 해당하는 행위 내지 노동조합의 묵시적인 수권 혹은 승인을 받아 이루어지는 행위에 해당한다고는 보기 어렵다고 할 것이고, 원고의 연차휴가신청에 대한 불승인의 실질적인 이유가 위 전국대의원대회에 참석하는 것을 막기 위함에 있다하더라도 연차휴가를 불승인한 행위가 노동조합의 조직 · 운영을 지배하거나 개입하는 행위에 해당한다고 볼 수도 없다.

[사례⑦] 서울고등법원 2016. 3. 24. 선고 2015누60251 판결

① 참가인 노조 지회 조합원들은 원고 회사와 장기간 대치하는 과정에서 노조사무실에 스피커를 설치하여 본관 건물을 향해 원고 대표이사 등을 노골적으로 비방하는 내용의 방송을 계속하여 내보내고, 정문을 출입하는 업무차량을 가로막거나 원고 회사 임직원들을 여러 차례 폭행하기도 하였는바, 원고는 참가인 노조지회 조합원들의 이 같은 불법행위를 최소화하고 상호간의 충돌을 방지하기 위하여 노조사무실이 있는 승용공장 건물과 본관 건물 사이에 컨테이너박스로 바리케이드를 설치한 것으로 보인다.
② 참가인들은 원고가 위와 같이 바리케이드를 설치함으로써 노조사무실 출입과 그 이용을 방해받고 있다고 주장하나, 참가인 노조지회 조합원들은 설치된 바리케이드와 관계없이 노조사무실에 자유로운 출입이 가능하고 다만 본관 건물과 직원 식당을 이용할 때 다소 우회를 해서 가야 하는 불편이 있을 뿐이다.
③ 이러한 원고의 바리케이드 설치는 사용자의 시설관리권에 바탕을 둔 합리적인 규율이나 제약으로서 그로 인해 참가인 노조 지회의 활동에 다소간의 불편이 초래되었다고 하더라도 원고가 시설관리권을 남용한 것으로 보기 어렵다

[사례⑧] 대법원 2003. 6. 24. 선고 2002누6264 판결

노동조합이 결성된 이래 노조전임자의 출근시간을 조합의 자체 규율로 통제하여 왔고, 회사도 이에 대하여 아무런 이의를 제기하지 아니하다가 2000.8월경부터 참가인 지부장에게 출근카드를 찍을 것과 아침에 실시하는 친절교육에 참석할 것을 요구하는 내용증명우편을 발송하였고, 회사측의 반드시 08:30 이전에 출근하여 출근카드를 체크하라는 요구에 대해 조합원 대다수가 3교대를 하고 있는 관계로 노조 전임자가 3교대하는 조합원들을 만나기 위하여 또는 외근하는 경우에는 출근시간이 달라질 수 있기 때문에 계속하여 8:30 이전에 출근하기 어렵다는 점을 밝혔음에도 계속 8:30 이전에 출근할 것을 요구하는 등 이제까지의 관행에 반하여 노조전임자에게 출근시간을 준수할 것을 강요하는 것은 노조활동에 대한 지배개입 행위에 해당한다.

라. 복수노조 간 차별

사용자는 헌법 제33조와 노동조합 및 노동관계조정법상의 부당노동행위제도의 취지 등에 의하여 모든 노동조합에 대해 중립적인 태도를 유지할 의무가 있다. 사용자가 어느 한 노동조합을 우대하거나 상대적으로 불리하게 처우하여 복수인 노동조합을 차별하면 불리한 처우를 받는 노동조합 소속 조합원들의 노동조합 활동을 위축시키거나 저해할 수 있다. 이는 노조법 제29조의4에서 정한 공정대표의무를 위반한 것이거나, 복수노조 상황에서 사용자가 노동조합간의 경쟁에 개입하거나 특정 조합을 우대하고 다른 조합을 차별하는 정책을 실시해서는 아니 된다는 이른바 '사용자의 중립의무'에 반하는 것으로, 사용자가 노동조합의 조직 또는 운영에 개입한 부당노동행위에 해당될 수 있다.[141]

특정 노조에 대해 직접적으로 행해지는 지배·개입과 제2노조 등을 이용하여간접적으로 행해지는 지배·개입은 이에 관한 사용자의 의도가 다르기 때문

에 단결권에 대한 침해의 양상이 다르며, 이에 따라 구제의 방식도 달라야 한다. 즉, 전자의 직접적 방해의 경우에는 지배·개입의 대상이 된 노동조합이 사용자의 방해를 배제하고자 하는 것이 구제의 형태가 될 것이고, 후자의 간접적 방해의 경우에는 지배·개입의 대상이 된 노동조합이 아닌, 이와 경쟁하는 다른 노동조합이나 위 노동조합에서 배제되거나 이탈한 근로자들이 지배개입의 대상이 된 노동조합에 대한 사용자의 지배·개입·지원을 단절시키거나 단체교섭의 상대방이 될 수 없도록 함으로써 스스로 자주적 단결의 주체로서 다른 근로자들을 대표할 수 있도록 하는 것이 구제의 내용이 된다.[142)]

후자의 지배·개입 행위로는, 복수노조가 존재하는 사업장에서 ▲특정 노조에게만 금품 등의 특혜를 제공하는 행위, ▲타 노조에 비하여 불리한 단체협약안을 제시하는 행위 등이 있다.

▲특정노조에 대한 '금품지급행위'가 부당노동행위에 해당하는지 여부와 관련하여 대법원 판례는, 금품을 지급하게 된 배경과 명목, 금품지급에 부가된 조건, 지급된 금품의 액수, 금품지급의 시기나 방법, 다른 노동조합과의 교섭 경위와 내용, 다른 노동조합의 조직이나 운영에 미치거나 미칠 수 있는 영향 등을 종합적으로 고려하여 판단해야 한다고 판시하였다.[143)]

▲복수 노동조합과의 '단체교섭'에 있어 부당노동행위가 성립하는지 여부에 대하여 하급심 판례는, 전제조건의 객관적 합리성, 근로조건 등의 연관성, 전제

141) 중노위, 「주제별 판례 분석집(집단적 노사관계)」, 2018, 389쪽

142) 노동법실무연구회, 「노동조합 및 노동관계조정법 주해Ⅱ」, 제2판, 박영사, 2023, 231쪽

143) 대법원 2019. 4. 25. 선고 2017두33510 판결

조건이 각 조합에 대하여 미치는 영향, 조건제안의 사정, 교섭과정, 사용자의 반조합적 의도라고 할 수 있는 특별한 사정 등의 제반사정을 종합적으로 고려하여 판단하여야 한다고 판시한 바 있다.[144)]

법원 및 노동위원회의 판결(판정)의 구체적 사례를 살펴보면, 각 판단요소에 대하여 아래와 같은 구체적인 사실관계를 살펴 부당노동행위 성립 여부를 판단하고 있다.

☑ 시기

[부당노동행위 인정 요소]

- 조합의 단결력 유지가 중요한 단체교섭 또는 쟁의행위 중인 경우
- 각 노조에 대한 차별적 처우가 동시에 혹은 밀접한 시기에 의도적으로 이루어진 경우

[부당노동행위 인정 요소]

- 조합의 단결력 유지가 특별히 중요한 시기가 아닌 경우

☑ 동기

[부당노동행위 인정 요소]

- 노조의 요청이 없음에도 사용자가 특정노조에만 자의적으로 혜택을 준 경우
- 차별행위를 악용하여 각 노조의 조합원 수 증감 등에 영향을 미치려는 의도가 인정되는 경우
  - 특정 노동조합에 격려금을 지급하고 이를 조합원 가입 유치 수단으로 홍보하게 함으로써 개별 단체교섭에 간접적으로나마 영향을 미칠 의도가 인정되는 경우 (대법2017두33510, 인정사례①)

144) 대전지방법원 2016. 1. 21. 선고 2015노2298 판결

[부당노동행위 부정 요소]

- 특정노조의 지속적인 요구로 금품제공 등의 혜택을 준 경우
  - 복지기금 지급문제로 노사 간에 이견이 있다가 결국 복수노조에 이를 지급하기로 하는 보충합의가 체결된 경우(서울북부지법 2019고정914, 부정사례①)
- 차별행위를 통하여 각 노조의 단결력 등에 영향을 미치려는 고의가 확인되지 않는 경우
  - 특정노조를 차별하려는 의사가 아니라, 교섭대표노조에 각 노조의 조합원들 모두를 위한 복지기금을 지급한다는 의사로 보충합의를 체결한 후 매월 75만 원을 지급한 경우(서울북부지법 2019고정914, 부정사례①)

☑ 과정 · 절차 · 방법

[부당노동행위 인정 요소]

- 노조의 지속적 개선 요청 묵살하고 해당 노조에 차별적 행위를 지속한 경우
  - 소수노조가 교섭대표노조와 체결한 단체협약 조항이 합리적인 이유 없이 소수노조를 차별하고 있다면서 이를 개선하여 줄 것을 계속하여 요청하였음에도 개선되지 않은 경우(서울행법 2015구합61535, 인정사례②)

[부당노동행위 부정 요소]

- 모든 노조에 동일한 기회를 부여하였으나 결과적으로 처우 등에 차이가 발생한 경우
  - 복수노조에 동일한 단체교섭안을 제시하였으나 특정노조는 이를 수용하고 다른 노조는 이를 거부함으로써 교섭 결과 근로조건의 차이가 발생한 경우(울산지법 2019노1258, 부정사례②

☑ 사용자의 행위의 필요성이나 합리성 존부

[부당노동행위 인정 요소]

- 차별의 내용 또는 특정노조에만 지급된 금품의 액수가 과도한 경우
  - 공무 취임 인정 여부, 조합비 공제, 인사원칙, 규정의 제정과 개정, 장애인의

계속 근로조건, 징계절차, 고용안정, 임시직 사원의 채용, 공장 신설로 인한 조합원 이동, 임금체계의 개편, 근무시간 등의 사항에 관하여 제2노조와 체결한 단체협약과 비교하여 불리한 내용의 단체협약안을 제1노조에 제시한 경우(대법 2016도2446, 인정사례③)

- 차별적 취급을 정당화할 합리적인 이유가 존재하지 않는 경우
  - 유일노조와 체결한 단체협약 조항을 복수노조 설립 후의 단체협약 체결 시 교섭대표노조로 선정된 해당 노조의 존치 요구에 따라 유지함으로써, 교섭대표노조에만 매년 100만원을 지급하기로 한 경우(서울행법 2015구합61535, 인정사례④)

[부당노동행위 부정 요소]

- 각 노조에 대한 처우 및 단체협약의 전반적 내용을 고려할 때 차별행위의 내용·수준 및 부가조건이 과도하지 않은 경우
  - 개별교섭 중인 특정노조가 사용자의 단체협약안을 거부함으로써, 해지 전까지 적용되는 기존 단체협약상의 이익이 단체협약안에 합의한 타 노조에 지급된 금품을 제공받지 못한 불이익을 상쇄하는 경우(울산지법 2019노1258, 부정사례②)
- 차별적 취급을 정당화할 합리적인 이유가 존재하는 경우
  - 새 취업규칙과 동일한 단체협약안을 체결한 노조에게만 취업규칙개선격려금을 지급한 경우(울산지법 2019노1258, 부정사례②)
  - 임금협약에서 공통직 과장과 생산직 기감의 직급체계 및 임금체계의 차이 등에 기인하여 임금인상률에 차이를 둔 경우(중앙2019공정4·부노43, 부정사례③)
  - 교섭창구 단일화 절차에 참여하지 않았음을 이유로 단체협약의 채무적 부분을 적용하지 않은 경우(중앙2019부노147, 부정사례④)

☑ 사용자의 행위가 노동조합의 운영이나 활동에 미치는 영향

[부당노동행위 인정 요소]

- 불이익을 받는 노동조합을 탈퇴하고 이익을 받는 노동조합으로 소속을 옮기게 만드는 결과를 초래하는 경우(중앙2015부노191, 인정사례④)

☑ 사용자와 노동조합과의 관계

[부당노동행위 인정 요소]

- 불성실하게 단체교섭을 해온 경우

[부당노동행위 부정 요소]

- 성실하게 단체교섭을 위해 노력해온 경우

☑ 그 밖에 해당 행위 당시에 외형적 · 객관적인 사정

[부당노동행위 인정 요소]

- 법률이나 관행 등의 근거가 없는 경우
  - 과거 모든 노조의 조합원 및 비조합원에게 격려금을 지급해왔음에도, 이후 이와 달리 특정노조의 조합원을 배제하고 유독 타 노조 조합원에게만 타결금이라는 명칭으로 상당한 금품을 지급한 경우(중앙2015부노191, 인정사례④)
  - 복수노조가 존재하는 상황에서 법률에 근거한 협의회 이외에 사용자가 신규 노조와의 의견수렴을 위해 협의체를 구성 · 운영(분기1회)하고, 협의회 참석 시간을 유급으로 인정하는 경우(노사관계법제과-2341, 인정사례⑤)

[부당노동행위 부정 요소]

- 법률이나 관행 등의 근거가 있는 경우

사례 Ⅰ 부당노동행위 인정 사례

[사례①] 대법원 2019. 4. 25. 선고 2017두33510 판결

노동조합 및 노동관계조정법 제29조의2 제1항 단서에 따라 개별 교섭 절차가 진행되던 중에 사용자가 특정 노동조합과 체결한 단체협약의 내용에 따라 해당 노동조합의 조합원에게만 금품을 지급한 경우, 사용자의 이러한 금품 지급 행위가 다른 노동조합의 조직이나 운영을

지배하거나 이에 개입하는 의사에 따른 것이라면 부당노동행위에 해당할 수 있다. 이 경우 사용자의 행위가 부당노동행위에 해당하는지 여부는, 금품을 지급하게 된 배경과 명목, 금품 지급에 부가된 조건, 지급된 금품의 액수, 금품 지급의 시기나 방법, 다른 노동조합과의 교섭 경위와 내용, 다른 노동조합의 조직이나 운영에 미치거나 미칠 수 있는 영향 등을 종합적으로 고려하여 판단하여야 한다. 다만 그 지배 · 개입으로서의 부당노동행위의 성립에 반드시 근로자의 단결권의 침해라는 결과의 발생까지 요하는 것은 아니다.
원고 회사는 2015. 12. 3. 대신증권 노동조합과 단체협약을 잠정적으로 합의하면서 '무쟁의 타결 격려금' 150만 원 및 '경영목표 달성 및 성과향상을 위한 격려금' 150만 원을 단체협약 체결일 현재 조합원에 한하여 지급한다고 명시하고 단체협약을 같은 달 17. 체결하기로 하여 14일의 기간 동안 대신증권 노동조합이 격려금 지급을 조합원 가입 유치의 수단으로 이용할 가능성 및 그로 인하여 원고 회사가 지급해야 할 격려금이 증가될 가능성을 열어두었고, 실제로 대신증권 노동조합은 잠정합의 내용을 조합원 가입 유치의 수단으로 적극 활용하였다. 이러한 사정에 비추어 보면, 원고 회사는 대신증권 노동조합으로부터 복리후생에 대한 사항을 양보받는 것에 대한 대가로 격려금을 지급하는 것을 넘어 대신증권 노동조합이 격려금 지급 사실을 조합원 가입 유치 수단으로 홍보하게 함으로써 개별 교섭 중인 참가인 노동조합의 단체교섭에 간접적으로나마 영향을 미칠 의도가 있었던 것으로 보인다.

[사례②] 서울행정법원 2016. 8. 25. 선고 2015구합61535 판결

① 2013년도 단체협약 제44조제2항은 원고가 C노조에 체육대회 지원금으로 매년 100만 원씩을 지원한다고 규정하고 있고, C노조가 위 단체협약 조항을 근거로 원고에게 체육대회 지원금을 지급하여 줄 것을 요구하는 경우 원고로서는 이를 거부할 수 없으므로, 실제 지급 여부를 떠나 위 단체협약 조항이 존재하는 것만으로도 체육대회지원금과 관련하여 노동조합 간 차별이 존재한다고 볼 수 있다.
② 원고는 C노조가 지급 근거를 남겨두자고 고집하는 바람에 부득이 이를 존치시킨 것일 뿐이라고 주장하나, 이러한 사정이 위와 같은 차별적 취급의 합리적인 이유가 될 수는 없다.
③ 나아가 원고의 주장에 의하더라도 공정대표의무 위반 등의 우려가 있어 위 단체협약 조항에도 불구하고 C노조에 체육대회 지원금을 지급하지 않았다는 것이고 참가인은 2013년도 단체협약 체결을 전후로 체육대회 지원금 지급 등에 있어 노동조합간에 차별을 하지 말 것을 수차례 요청하였음에도 원고는 이를 무시하고 C노조에 대해서만 체육대회 지원금을 지급하는 것으로 2013년도 단체협약을 체결한 점에 비추어 보면, 원고는 참가인을 비롯한 다른 소수

노동조합 활동의 자주성, 독립성을 저해하거나 거기에 영향을 미치려는 의도로 체육대회 지원금의 대상을 C노조로 한정한 것으로 봄이 타당하므로, 지배 · 개입의 부동노동행위 의사가 인정된다.

[사례③] 대법원 2018. 9. 13. 선고 2016도2446 판결

○○전장 측은 제2노조와 단체협약을 체결한 이후 제1노조와 단체교섭을 하는 과정에서, 공무 취임 인정 여부, 조합비 공제, 인사원칙, 규정의 제정과 개정, 장애인의 계속 근로조건, 징계절차, 고용안정, 임시직 사원의 채용, 공장 신설로 인한 조합원 이동, 임금체계의 개편, 근무시간 등의 사항에 관하여 제2노조와 체결한 위 단체협약과 비교하여 불리한 내용의 단체협약안을 제1노조에 제시하였다. 이는 근로자의 단결권을 보장한 헌법 제33조와 노동조합 및 노동관계조정법(이하 '노동조합법'이라 한다)상의 부당노동행위 제도의 취지 등에서 도출되는 사용자의 중립의무를 위반한 것으로, 제1노조의 운영과 활동을 위축시키려는 의도에서 이루어진 지배 · 개입의 부당노동행위에 해당한다.

[사례④] 중노위 2015. 12. 16. 중앙2015부노191 판정

'무파업 타결금'이란 명칭으로 교섭대표노조 조합원에게만 금품을 지급한 것은 특정노조에 소속된 근로자에게 특혜를 주어 특정노조에의 가입 또는 타 노조의 분열을 조장함으로써 사용자의 중립유지 의무를 위반한 것으로 볼 수 있다. 따라서 '무파업 타결금'과 '무파업 이행타결금'을 전체 근로자가 아닌 교섭대표노조인 ○○○노조 조합원들에게만 지급한 것은 특정노조 소속을 이유로 행한 불이익취급으로서 부당노동행위에 해당될 뿐만 아니라, 특정노조에게는 이익을 또 다른 특정노조에게는 불이익을 줌으로써 불이익을 받는 노조의 조직활동 및 운영을 저해하고, 조합원 또는 조합가입 대상자로 하여금 불이익을 받는 노조를 탈퇴하고 이익을 받는 노조로 소속을 옮기게 만드는 결과를 초래하는 지배 · 개입의 부당노동행위에 해당한다 할 것이다.

[사례⑤] 노사관계법제과-2341, 2011. 11. 22.

[질 의] 노조법 등 관련법을 위반하지 않는 범위 내에서 신규노조와 민법상 사적계약에 의해서 근무시간 중 최소한의 노조활동과 노사협의회와 별도로 신규노조의 의견수렴을 위한 비정기적 협의체를 운영하고자 하는데 부당노동행위성이 있는지

[회 시] 사용자가 단체교섭권이 없는 노동조합에 대해 근무시간 중 조합활동을 합리적인 범위 내에서 동의로 인정하는 것은 가능하다 할 것임.

그러나 복수노조가 존재하는 상황에서 법률에 근거한 협의회 이외에 사용자가 신규 노조와의 의견수렴을 위해 협의체를 구성 · 운영(분기1회)하고, 협의회 참석 시간을 유급으로 인정한다면 이는 신규노조에 대한 특혜로 지배 · 개입의 부당노동행위 소지가 있다 할 것임.

사례 ▌ 부당노동행위 부정 사례

[사례①] 서울북부지방법원 2020. 7. 24. 선고 2019고정914 판결(서울북부지방법원 2020. 12. 4. 선고 2020노1202 판결로 확정됨)

나. 피고인은 B의 대표이사로서 2015. 5. 29. 당시의 단일 노동조합인 G분회와 2015년 집단교섭 보충협약을 체결하였는데, B이 G분회에 조합원 복지후생을 위해 복지기금 명목으로 매월 90만 원을 지급하기로 약정하고(제6조 제1항) G분회의 계좌로 매월 위 복지기금을 지급하였다.

다. 2016. 3.경 G분회 조합원 수가 40명, I지부 조합원 수가 39명이 되자, 피고인은 2016. 3. 30. G분회 및 I지부와 개별교섭을 하여 각 위 노동조합에게 복지기금으로 45만 원씩 지급하기로 하는 내용의 보충협약을 따로 채결하였고, 이에 따라 G분회 및 I지부의 각 계좌로 매월 각 45만 원씩 지급되었다.

라. 2017년에는 I지부가 과반수노동조합으로서 교섭대표노동조합이 되어 2017. 2. 6. 피고인과 단체협약을 체결하였고, 복지기금 지급을 요청하였다. 피고인은 복지기금을 지원하는 것이 문제가 있다고 판단하여 1월과 2월에는 지급하지 않다가 계속된 요청에 응하여 2017. 3. 6. I지부와 단체협약에 따른 안암병원사업장의 보충합의(이하 '이 사건 보충합의'라고 한다)를 체결하였다. 이 사건 보충합의에서 B이 매월 75만 원의 복지기금을 '노사상생기금'이라는 명칭으로 I지부에 지급하기로 하면서(제3조 제1항), "조합원의 증원, 감원 여부에 상관없이 회사는 현 조합원(89명)의 기준으로 매월 지급한다"고 기재하였는데(제3조 제2항), 위 89명은 당시 I지부와 G분회의 조합원 수를 모두 합산한 전체 조합원 수이다. 이후 2018. 7.경까지 I지부 계좌로 매월 75만 원이 지급되었다.

마. I지부와 G분회의 조합원 수 변동내역, 이 사건 보충합의가 I지부가 교섭대표노동조합으로서 체결한 2017년 단체협약에 부속하는 합의인 점, 이 사건 보충합의 제3조 제2항에서 당시 I지부의 조합원 수가 아닌 G분회 조합원 수까지 합산한 전체 조합원수를 기준으로 지급한다고 명시한 점, 복지기금 지급문제로 노사 간에 이견이 있다가 이를 지급하기로 하는 이 사건 보충합의가 체결되면서 위 제3조 제2항을 기재하게 된 경위 등 제반 사정을 종합하면, 피고인은 G분회를 차별하여 I지부에 대하여만 복지기금을 지급하려는 의사가 아니라 복수 노동조합을 모두 대표하는 교섭대표노동조합의 지위에 있는 I지부에게 전체 조합원들에 대한 복지기금을 지급한다는 의사로 이 사건 보충합의를 체결한 후 매월 75만 원을 지급하였고, I지부도 교섭대표노동조합으로서 그러한 의미에서 이 사건 보충합의를 체결하였다고 보인다.

[사례②] 울산지방법원 2020. 6. 26. 선고 2019노1258 판결

노동조합법 제81조제4호는 근로자가 노동조합을 조직 또는 운영하는 것을 지배하거나 이에 개입하는 행위 등을 사용자의 부당노동행위의 한 유형으로 규정하고 있고, 이는 단결권을 침해하는 행위를 배제 · 시정함으로써 정상적인 노사관계를 회복하려는 데에 그 취지가 있는 바, 이러한 부당노동행위 금지 규정과 취지를 고려하면, ▲사용자가 복수 노동조합에 대하여 해당 교섭안을 제시하게 된 경위 및 배경사정, ▲사용자가 개별 노동조합에 대하여 교섭안을 제시한 후 실제 교섭하는 과정에서 특정 노동조합을 부당하게 차별대우하거나 전제조건을 불합리하게 고집하지 않는 등 중립적이고 성실한 태도로 단체교섭에 임하였는지 여부, ▲제시한 교섭안 내용 자체가 비합리적이거나 특정 노동조합에 대해 차별적이거나 불리한 내용을 담고 있지 않는지 여부, ▲제시된 교섭안에 대한 개별 노동조합의 요구사항이나 조건 등에 대하여 적절한 수정안을 제시하는 등 사용자가 노동조합의 요구에 합목적적이고 진지하게 대응하였는지 여부, ▲교섭절차 진행 중에 사용자가 특정 노동조합의 교섭력을 부당하게 감소시키거나 노동3권을 부당하게 제한하려는 등 특정 노동조합의 조직이나 운영을 지배하거나 이에 개입하는 의사 내지 혐오 의사가 있었는지 여부 등 사용자의 협상태도, ▲교섭방법과 경위, ▲사용자의 노동조합에 대한 지배 · 개입 의사의 유무, 단체교섭안의 내용, ▲그밖에 단체교섭을 통해 실제 발생한 개별 노동조합의 조합원 간의 근로조건 또는 각 조합 간 처우의 차이 정도 등을 종합적으로 고려하여 판단할 때, 사용자의 반노동조합적인 의도가 결정적 동기가 되었다는 등의 특별한 사정이 인정되지 않는 한, 사용자가 단체교섭의 결과에 따라 취한 조치가 중립유지의무를 위반한 것이거나 그에 따른 지배 · 개입의 부당노동행위에 해당한다고 볼 수 없다.

[사례③] 중노위 2019. 5. 17. 중앙2019공정4/부노43 병합 판정

가) 앞서 본 바와 같이 2017년 및 2018년 임금협약에서 공통직 과장과 생산직 기감의 임금인상률에 차이를 둔 것은 직급체계 및 임금체계의 차이 등에 기인하는 것으로 합리적인 이유가 있으므로, 특별한 사정이 없는 한 이 사건 사용자가 부당노동행위 의사를 가지고 그러한 행위를 하였다고 보기 어렵다.

나) 이 사건 노동조합과 교섭대표노동조합은 공통직 사원과 생산직 사원 모두를 조직 대상으로 하고 있고, 이 사건 노동조합에는 공통직 사원도 많이 가입되어 있으며, 생산직 기감 중에도 교섭대표노동조합에 조합원으로 가입한 사람이 있으므로, 공통직 과장과 생산직 기감의 임금인상률에 차이를 두었다고 하여 이를 곧바로 이 사건 노동조합에 대한 지배개입 행위라고 평가하기 어렵다.

[사례④] 중노위 2019. 9. 2. 중앙2019부노147 판정

위 법원의 판단법리와 '4. 인정사실'의 내용 및 아래와 같은 사정들을 종합하여 보면, 교섭창구 단일화 절차에 참여하지 않은 이 사건 노동조합에 조합원 교육시간 부여, 조합원 체육대회 및 노동조합 창립기념일 행사시 유급처리 등 단체협약의 채무적 부분을 적용하지 않는 것은 지배 · 개입의 부당노동행위에 해당하지 않는다고 판단된다.

마. 비조합원 임금인상

사용자가 임금교섭이 진행되는 중에 교섭상대방인 노동조합과의 합의 또는 동의 없이 비조합원 등에 대하여 임금인상분을 지급하는 행위도 노동조합의 자주성을 침해할 위험이 있는 경우라면 지배 · 개입의 부당노동행위에 해당할 수 있다.

교섭권을 가진 노동조합은 사용자와의 교섭을 통해 임금 등 근로조건을 결정할 수 있고, 이러한 교섭 및 결정권은 노동조합의 조직 · 유지 · 확대에 가장

큰 전제가 된다고 할 것이다. 따라서, 사용자의 임의적인 임금인상분 지급 행위의 부당노동행위 성립 여부는 인상분 지급이 노동조합에 대한 교섭력 약화 또는 단결력 저하로 이어질 가능성이 있는지 여부로 판단해야 할 것이다. 즉, 사용자의 교섭기간 중 임금인상분 임의지급의 부당노동행위 해당 여부는 구체적인 사실관계에 따라 달라질 수밖에 없을 것이다. 고용노동부 행정해석도 이하와 같이 그간의 교섭진행 경과 등 제반 사정을 살펴 부당노동행위 여부를 판단하고 있다.

관련 법령 및 해석

노동조합과-2031, 2004. 7. 27.

귀 질의만으로는 구체적인 사실관계를 알 수 없어 정확하게 회시하기 어려우나, 임금협약의 유효기간이 만료되었으나 자동연장협정에 의해 종전 임금협약의 효력이 계속 유지되고 있고 임금협약 갱신을 위한 단체교섭이 진행 중에 있는 경우라면 사용자가 개별 조합원과 임금인상에 대하여 협의 결정하는 경우 이는 달리 볼 사정이 없는 한 효력이 연장된 임금협약에 위배되며 노동조합의 본질적인 기능인 단체교섭 권한을 침해할 소지가 있다고 할 것임.

다만, 사용자가 장기간 성실하게 단체교섭을 진행하였음에도 단체협약이 체결되지 아니하여 조합원이 생계의 어려움을 호소하며 개별교섭을 요구하여 부득이 이에 응한 경우, 이러한 사용자의 행위가 부당노동행위에 해당되는지 여부는 그간의 교섭진행 경위, 노동조합측의 단체협약 체결권한 남용여부, 개별교섭의 대상 및 목적이나 동기 등을 종합적으로 검토하여 판단하여야 할 것임.

노사관계법제팀-68, 2008. 1. 7.

1. 노사가 임금협약 갱신을 위한 장기간의 단체교섭과 노동위원회의 조정에도 불구하고 임금인상율 등에 대한 합의가 이루어지지 않아 사용자인 ○○공단이 보수규정을 개정하여 임금인상분을 소급 지급한 것이 정당한지 여부는 기존의 노사관행,

> 그간 단체교섭 진행경과, 임금인상의 예산상 제약, 회계연도 내에 예산을 집행하여야 하는 점, 최종 임금협약 체결시 기지급분과의 차액분 추가지급 여부, 보수규정 개정권한이 사용자에게 있고 인상된 보수규정 개정은 만료된 임금협약보다 유리한 근로조건으로의 변경으로 볼 수 있는 점 등을 종합적으로 고려하여 판단하여야 할 것임.

이와 관련하여 법원과 노동위원회의 부당노동행위 인정 및 부정 사례, 고용노동부 행정해석을 살펴보면, 비조합원 임금인상이 부당노동행위에 해당하는지 여부는 다음과 같은 요소를 종합적으로 고려하여 판단하고 있음을 알 수 있다.

☑ 시기

[부당노동행위 인정 요소]

- 교섭횟수 少, 교섭기간 短

[부당노동행위 부정 요소]

- 교섭횟수 多, 교섭기간 長
  - 11차에 걸쳐 임금협상을 벌였으나 합의가 지연되었던 경우 (대법 97누19731, 부정사례①)

☑ 동기

[부당노동행위 인정 요소]

- 사측에서 아무런 수정안을 제시하지 않는 등 협약 체결을 위해 노력하지 않은 경우
- 교섭 장기화(지연)의 귀책사유가 회사에게 있는 경우

[부당노동행위 부정 요소]

- 사측에서 수차례 수정안을 제시하는 등 협약 체결을 위해 노력해온 경우 (중앙98부노62, 부정사례②)
- 교섭 장기화(지연)의 귀책사유가 회사에 있지 않은 경우
  - 임금문제보다는 노조가입 범위 등에 관한 문제로 합의가 지연된 경우 (대법 97누19731, 부정사례①)

☑ 과정 · 절차 · 방법

[부당노동행위 인정 요소]

- 사전 협의 or 통보 없는 일방적 임금인상분 지급의 경우 (중앙96부노59, 인정사례①)

[부당노동행위 부정 요소]

- 교섭회의 또는 공문을 통한 사전 협의 or 통보 후 임금인상분 지급의 경우 (대법97누19731, 부정사례③)

☑ 사용자의 행위의 필요성이나 합리성 존부

[부당노동행위 인정 요소]

- 임금인상분을 선지급 할 수밖에 없었던 부득이한 상황 부재한 경우
  - 임금협약 체결 전 임금인상에 대한 구성원들의 요청이 전혀 없는 경우
  - 임금인상 지연에 대하여 구성원들이 동의하고 감내하고 있는 경우
- 비조합원에 대하여 조합원보다 현저히 양호한 대우를 한 경우

[부당노동행위 부정 요소]

- 임금인상분을 선지급 할 수밖에 없었던 부득이한 상황 존재하는 경우
  - 비조합원 및 조합원 등 구성원이 임금인상 지연에 대하여 지속적으로 불만을 표출하는 경우
  - 임금협약 체결 전 임금인상에 대한 구성원들의 요청이 있는 경우
- 비조합원에 대하여 조합원과 동일 또는 유사한 대우를 한 경우

☑ 사용자의 행위가 노동조합의 운영이나 활동에 미치는 영향

[부당노동행위 인정 요소]

• 旣 지급한 임금인상분 외 추가지급이 없는 경우

[부당노동행위 부정 요소]

• 임금교섭 최종 결과(임금협약)에 따라 旣 지급된 금액과의 차액분 추가지급이 없는 경우 (중앙98부노62, 부정사례②)

☑ 사용자와 노동조합과의 관계

[부당노동행위 인정 요소]

• 장기간 성실하게 단체교섭을 진행해온 경우

[부당노동행위 부정 요소]

• 불성실하게 단체교섭을 진행해온 경우

☑ 그 밖에 해당 행위 당시에 외형적 · 객관적인 사정

[부당노동행위 인정 요소]

• 과반수노조가 있는 사업장인 경우
• 기존 임금인상 관행(지급시기, 결정방식 등)과 다른 임금인상의 경우

[부당노동행위 부정 요소]

• 과반수노조가 없는 사업장인 경우
• 기존 임금인상 관행 등을 따른 임금인상의 경우
  - 비조합원은 근무경력과 성과에 따라 차등인상하고 조합원에 대해서는 그간의 관행대로 동일률로 인상한 경우(중앙98부노62, 부정사례②)
  - 매년 특정한 시기에 근로자들에게 임금을 인상하는 관행에 따라 사용자가 비조합원의 의견을 수렴하여 임금인상을 임의결정하여 지급하는 경우(노조 01254-1156, 부정사례③)

사례 Ⅰ 부당노동행위 인정 사례

[사례①] 중노위 1996. 11. 6. 중앙96부노59 판정

1996년도 임금인상을 위해 노사간에 1996. 3. 11. 부터 같은 해 5. 21. 까지 12차에 걸쳐 임금교섭을 해오던 중 사용자가 일방적으로 같은 해 3. 1자로 조합원 · 비조합원 포함 모든 근로자에 대해 15% 소급인상하여 같은 해 6. 8. 지급한 사실이 인정된다. 이 때, 임금교섭 과정 중에 피신청인이 일방적으로 임금을 인상 지급하는 것이 노동조합의 지배 · 개입에 해당되는지 유무는 임금인상 지급이 노동조합의 자주성을 침해할 수 있는지 여부를 종합적으로 검토 판단할 것으로서, 임금교섭 중에 피신청인이 일방적으로 조합원 · 비조합원 구별없이 전 근로자에게 임금을 소급 인상 지급한 것은 임금인상안과 인상율에 대하여 노 · 사 당사자간에 논의가 지속된다고 할지라도 노동조합의 의사에 반하여 일방적으로 지급하는 것은 지배 · 개입하고자 하는 피신청인의 의사가 있었는지와 관계없이 결과적으로 단체교섭의 존재의의를 무의미하게 하고, 노동조합의 단결력을 감소시키고 교섭에 대한 일반 조합원의 관심과 호응을 저하시킬 수 있으며, 비록 피신청인이 근로자의 생계를 위해서 인상된 임금을 지급함으로써 교섭력의 약화 또는 노동조합의 위상이 저하되지 않았다 할지라도 사전에 노동조합과의 협의 또는 동의없이 노동조합의 의사에 반하여 피신청인이 일방적으로 조합원 · 비조합원 구별없이 전 근로자에게 임금을 소급 인상한 것은 부당노동행위라고 판단된다.

사례 Ⅰ 부당노동행위 부정 사례

[사례①] 대법원 1999. 4. 9. 선고, 97누19731 판결

총장은 참가인 조합과 11차에 걸쳐 임금협상을 벌였으나 임금문제보다는 노조가입 범위 등에 관한 문제로 합의가 지연되자 1996.5.20 참가인 조합에 공문을 보내어, 비노조원들의 선의의 피해가 예상되고, 합의 지연시 인상금액을 일시에 지급할 경우 보수취지에 적절하지 못함을 지적하면서 차기 협상에서도 합의가 되지 않을 경우 학교측의 처우개선방침대로 우선 3, 4, 5월분의 급여를 지급하겠다고 통보한 다음, 제12차 협상에서 합의에 이르지 못하자 위와 같이 모든 기성회 근로자들에게 1996년 3월분부터 소급하여 임금을 인상지급한 사실이 인정

되는 점, 앞서 본 바와 같이 기성회 직원들 중 노조원보다는 비노조원이 절대 다수인 점 등에 비추어 보면, 총장이 위와 같은 임금교섭 중의 임금인상 지급행위가 노동조합을 지배 · 개입하려는 의도나 노동조합의 단결력을 감소시키려는 의도에서 이루어졌다고 보기 어렵다고 판단된다.

[사례②] 중노위 1998. 11. 18. 중앙98부노62 판정

피신청인은 인상율에 대해 2차례 수정제시하여 노 · 사의 의견을 접근시키고자 (노력)하였음에도 원만한 교섭이 진행되지 아니하자 임금인상을 단행한 것으로 보여지며, 임금인상의 내용을 보면 조합원에 대해서는 일률적으로 7% 인상시키고 차후 타결시 조정을 할 것이라 하고, 비조합원에 대해서는 입사경력이 짧은 직원 10명에 대해서는 높은 율로 인상하고, 장기근속자 4명은 낮은율로 인상한 것을 보면 입사경력과 근무성적에 따라 차등인상시켰다는 신청인의 주장이 타당성이 있고, 이는 곧 하후상박의 원칙에 입각한 임금조정이라고 보여진다. 그렇다면 피신청인이 조합원에 대해서 일방적이면서, 동일률의 임금인상조치가 노동조합을 무력화시키기 위한 의도적 행위로 보아야 할 것인지에 대해 살펴보면, 조합원의 동일률 인상은 그간의 관행사항으로서 위에서 논한 바와 같이 피신청인의 임금인상이 노동조합을 무력화시키기 위한 의도에서 시행된 것이라고 볼만한 흔적을 발견할 수 없고, 신청인의 주장에 대한 다른 입증이 없으므로 그 목적이나 동기면에서 부당노동행위라고 인정하기는 어려운 것으로(서울고법 96구43142 부당노동행위 구제 재심판정취소) 보여진다.

[사례③] 노조 01254-1156, 1994. 8. 23.

노사 간의 합의 체결된 단체협약은 노동조합법 제37조에 의한 일반적 구속력의 요건에 해당되어 그 효력이 확장 적용되는 경우 이외에는 노동조합과 그 구성원인 조합원에 대하여만 효력이 있는 것이 원칙인 바, 단체협약 체결전이라도 아무런 근거없이 비조합원에 대하여 조합원보다 현저히 양호한 대우를 한 경우가 아니고 사용자가 매년 특정한 시기에 근로자들에게 임금을 인상하는 관행이 있다면 사용자가 비조합원의 의견을 수렴하여 임금인상을 임의결정하여 지급하였다 하더라도 이는 부당노동행위가 성립된다 할 수는 없는 것임. 다만, 사용자측이 노조와의 단체교섭을 교란 · 와해할 의도로 조합원을 제외한 비조합원에 대한 일방적인 임금인상을 결정하고 노조원들을 노조로부터 탈퇴시키려는 등 노동3권을 침해하려고 한 것이라면 부당노동행위가 성립될 것임.

바. 편의제공 거부·중단 등

노동조합에 제공하던 편의를 불합리하게 철회 또는 취소하는 것은 지배·개입에 해당한다.[145] 판례에서 나타나는 사용자의 노조에 대한 편의제공은 조합비 공제, 노조사무실 제공, 노조 홈페이지 지원 등이 있다.

특히, 노조사무실과 관련하여 사용자의 시설관리권이 문제될 수 있다. 사용자는 사업장 전반에 대한 시설관리권을 갖고 있고 노동조합의 편의를 위해 사무실을 당연히 제공하여야 할 의무는 지지 않는 것이 원칙이나 노사 간 체결된 단체협약이나 사업장 내의 취업규칙, 노동관행 등으로 일정한 시설이 조합 활동에 제공되어 온 경우 사용자가 합리적 이유 없이 이를 일방적으로 폐지하면 조합 활동에 대한 지배개입이 성립할 수 있을 것이다.[146]

또한, 사용자가 단체협약으로 특정장소를 노조사무실로 제공하기로 한 경우, 노조사무실의 사용권은 노조에 일정기간 귀속된다고 보아야 하므로 사용자가 임의로 노조사무실을 이전하는 것은 타당하지 않다. 노조사무실의 이전은 사전에 노조와 협의하는 등 이전사유나 이전절차 등에 있어서 사회적 합리성이나 상당성이 인정되어야 한다. 이 경우 부당노동행위에 해당되는지 여부는 ▲이전사유나 동기 ▲노조사무실의 위치와 업무수행과의 상관관계 ▲이전전후의 노조사무실 위치·규모·이용상 편리성 ▲노동조합 활동에 미치는 영향 ▲노조와의 사전 협의 여부 등을 종합적하여 판단하여야 한다.[147]

145) 하갑래, 「집단적 노동관계법」, 제8판, (주)중앙경제, 2023. 610쪽

146) 중노위, 「주제별 판례 분석집 집단적 노사관계」, 2018, 379쪽

147) 고용노동부, 「최신 사례로 보는 부당노동행위」, 2009, 113쪽

법원 및 노동위원회의 판결(판정)을 살펴보면, 편의제공 거부 · 중단의 부당노동행위 성립과 관련한 각 판단요소에 대하여 아래와 같은 구체적인 사실관계를 살펴 부당노동행위 성립 여부를 판단하고 있다.

☑ 시기

[부당노동행위 인정 요소]

- 법적인 절차를 통한 적절한 문제 해결을 시도하기 전에 편의제공을 일방적으로 거부 · 중단한 경우
  - 노조에 단체협약 해지통보를 한 후 노조사무실 반환을 요구하며 인도단행가처분 또는 인도소송 등의 법적인 절차를 통해 적절한 문제 해결을 시도하기도 전에 노조사무실에 대하여 단전 · 단수 조치를 감행한 경우(서울행법 2014구합75209, 인정사례①)

☑ 동기

[부당노동행위 인정 사례]

- 편의제공 거부 · 중단의 정당한 사유가 없는 경우
  - 노동위원회에서 해고의 효력을 다투는 조합장의 조합원 지위를 인정하지 않고 조합장 명의로 보낸 통지문을 반려한 경우(대법 96누2057, 인정사례②)
  - 정당한 사유없이 조합비 공제 대상이 되는 조합원들의 조합원 자격 부인하고 조합비 공제 대상에서 제외하는 경우(중앙97부노95, 인정사례③)
  - 파업의 종료 후 경영진 등에 대한 명예를 훼손하는 내용의 글이 계속 홈페이지에 게시되는 등의 이유로 조합 홈페이지 접속 자체를 차단한 경우(서울행법 2003구합32947, 인정사례④)

[부당노동행위 부정 사례]

- 편의제공 거부 · 중단의 정당하거나 불가피한 사유가 있는 경우
  - 노동조합을 탈퇴하고 신설 노동조합에 가입한 것으로 보이는 조합원에 대하여, 가입 여부에 대한 별도 확인을 위해 일시적으로 공제를 미루는 경우(서울행법

2012구합41929, 부정사례①)

- 사용자가 병원 내의 조합사무실을 위한 공간이 없어 원외사무실을 제공한 경우(서울행법 2007구합42874, 부정사례②)
- 사무실 공간 부족으로 상당한 어려움을 겪고 있었던 사용자가 다소 여유가 있는 노동조합 사무실을 축소 이전할 것을 요구한 경우(서울행법 2011구합9898 판결, 부정사례③)

• 사용자가 편의제공 의무불이행을 명확히 인식하지 못한 경우
  - 단체협약 제14조 제1항의 '조합사무실'이 '병원 내의 조합사무실'로 해석됨이 문언상 명백하지 아니하여 사용자가 자신의 의무불이행 사실을 명확히 인식하지 못하고 원외 사무실을 제공한 경우(서울행법 2007구합42874, 부정사례②)

☑ 과정 · 절차 · 방법

[부당노동행위 인정 요소]

• 사용자가 노조에 자신과 무관한 전제조건의 이행을 요구하는 경우
  - 노동조합의 회계감사 결과 공개를 위한 게시판 사용 요청에 대해 노조의 회계자료 첨부를 요구하면서 거부한 경우(서울행법 2013구합9311판결, 인정사례⑤)

☑ 사용자의 행위의 필요성이나 합리성 존부

[부당노동행위 인정 요소]

• 편의제공 거부 · 중단 범위 또는 정도가 과도한 경우
  - 제1노조를 탈퇴하고 제2노조에 가입한 조합원들에 대하여, 제1노조 탈퇴 이전의 조합비까지 제2노조에 인도한 경우(대법 2016도2446, 인정사례⑥)
  - 파업의 종료 후 경영진에 대한 명예를 훼손하는 내용의 글이 계속 홈페이지에 게시되는 등의 이유로 업무용 컴퓨터뿐만 노동조합 사무실의 컴퓨터와 일부 사택에 설치된 컴퓨터의 홈페이지 접속마저 차단한 경우(서울행법 2003구합32947, 인정사례④)

• 편의제공 거부 · 중단의 사유가 유효하지 않았던 경우
  - 산업별 노동조합 지부의 조직형태 변경결의가 유효하지 않음에도 이를 이유로

해당 지부에 제공하던 사무실을 폐쇄한 경우(대법 2007두15506판결, 인정사례⑦)

[부당노동행위 부정 요소]

- 노동조합의 법적 근거 없는 편의제공 요구를 거부하는 경우
  - 단체협약상 조합비 공제의 근거가 부재한 경우(중앙2012부노1, 부정사례④)
- 편의제공 거부 · 중단의 사유가 유효한 경우
  - 사직서 제출이 비진의의사표시에 해당하지 않고, 사직서가 유효하게 수리됨에 따라 조합원 자격이 상실된 자에 대한 조합비 공제를 중단한 경우(대법 2003두11834, 부정사례⑤)

☑ 사용자의 행위가 노동조합의 운영이나 활동에 미치는 영향

[부당노동행위 인정 요소]

- 조합활동에 상당한 지장을 초래하는 경우
  - 노조사무실에 대하여 일방적으로 단전 · 단수 조치를 하여 정상적인 조합활동을 하는데 상당한 제약과 지장을 받은 경우(서울행법 2014구합75209, 인정사례①)

[부당노동행위 부정 요소]

- 조합운영에 악영향을 미치지 않는 경우
  - 사용자가 병원 내의 조합사무실을 위한 공간이 없어 원외사무실을 제공한 경우 사회통념상 노조 운영에 영향을 미칠 만큼 중대한 것으로 보이지 않는다고 본 사례(서울행법 2007구합42874, 부정사례②)
  - 사무실 공간 부족으로 상당한 어려움을 겪고 있었던 사용자가 다소 여유가 있는 노동조합 사무실을 축소 이전할 것을 요구한 경우 사무실 넓이 및 위치가 조합활동에 그다지 불리한 것으로 보이지 않는다고 본 사례(서울행법 2011구합9898판결, 부정사례③)

☑ 사용자와 노동조합과의 관계

[부당노동행위 인정 요소]

- 편의제공 거부 · 중단과 더불어 그 밖에 반조합적 행위를 한 경우
  - 편의제공 중단과 더불어, 노조를 압박하여 노조원들에게 유리한 기존 단체협약을 변경할 목적으로, 경영상 긴급한 필요가 없음에도 구조조정을 시도하고 제2노조의 설립을 지원한 사실이 인정되는 경우(대법 2007두15506판결, 인정사례 ⑦)

사례 ❙ 부당노동행위 인정 사례

[사례①] 서울행정법원 2015. 9. 3. 선고 2014구합75209 판결

3) 단전 · 단수 조치에 관하여

(가) 앞서 인정한 사실과 변론 전체의 취지에 의하여 인정할 수 있는 다음과 같은 사정들을 종합하면, 원고가 참가인 노조 지회의 노조사무실에 대하여 일방적으로 단전 · 단수 조치를 한 것은 노동조합 운영에 대한 간섭 또는 방해행위로서 지배 · 개입의 부당노동행위에 해당한다고 봄이 타당하다.

① 노조사무실은 노동조합의 운영에 필요한 긴요한 시설로서 정상적인 조합활동이 이루어지기 위해서는 노조사무실에 전기와 물의 공급이 보장되어야 하는데, 원고는 참가인 노조와의 단체협약에 따라 상당 기간 참가인 노조 지회에 노조사무실을 무상으로 제공해 왔다.

② 그런데 원고는 2013. 9. 27. 참가인 노조에 단체협약 해지통보를 한 후 노조사무실을 인도하여 줄 것을 여러 차례 요청하였고, 참가인 노조가 이에 응하지 않자 2014. 4.경 노조사무실에 대하여 일방적으로 단전 · 단수 조치를 하였는바, 이로 인하여 참가인 노조는 정상적인 조합활동을 하는데 상당한 제약과 지장을 받았을 것으로 보인다.

③ 원고는 인도단행가처분 또는 인도소송 등의 법적인 절차를 통해 적절한 문제 해결을 시도하기도 전에 노조사무실에 대하여 단전 · 단수 조치를 감행하였고, 당시 단전 · 단수 조치가 불가피한 사정이 있다고 볼만한 사정도 엿보이지 않는다.

④ 또한 원고는 단체협약을 해지하기 전인 2013. 7. 20. 참가인 노조와 합의서를 작성하면서 조합 사무실 비품과 관련하여 조합의 업무수행이 가능하도록 협조할 것을 약속한 바 있다.

[사례②] 대법원 1997. 5. 7. 선고 96누2057 판결

1. 원심판결 이유에 의하면, 원심은, 소외 1이 참가인의 운전기사로 근무하다가 1993. 4. 29. 원고의 조합장으로 선출되어 노조 전임자로 활동하던 중 1994. 8. 19. 해고된 사실, 소외 1은 같은 달 26. 참가인을 상대로 대전지방법원에 해고무효확인소송을 제기하여 소송계속중이던 같은 해 9. 9. 부조합장인 소외 류규현을 조합장 직무대행자로 지명하였다가 같은 해 12. 1. 조합장으로 복귀하고는 복귀사실을 같은 날 및 그 다음날 참가인에게 문서로 통지하였으나 참가인은 통지문을 각 반려한 사실, 참가인은 1994. 단체협약에 따라 원고가 공제를 요청하는 노동조합비 등의 금원을 종업원의 급료에서 일괄공제하여 원고에게 인계하여 왔는데, 원고는 조합장인 위 소외 1의 명의로, 1994. 12. 5. 참가인에게 같은 해 11.분 조합비를 미납한 조합원 9명의 노동조합비 및 전별금을 그들의 월급에서 일괄공제하여 원고에게 인계하여 줄 것을 요청하고, 같은 해 12. 31. 같은 조합원 9명의 같은 해 12.분 노동조합비 및 전별금을 일괄공제하여 인계하여 줄 것을 요청하였으나, 참가인은 이미 해고된 소외 1이 원고를 대표하여 한 위와 같은 요청에는 응할 수 없다는 이유로 이를 모두 거부한 사실을 인정한 다음, 구 노동조합법(1996. 12. 31. 법률 제5244호로 폐지되기 전의 것, 이하 같다) 제3조 제4호 단서가 "해고의 효력을 다투고 있는 자를 근로자가 아닌 자로 해석하여서는 아니 된다."고 규정하고 있으므로 위 소외 1은 노동조합 내부관계에서는 물론이고 조합원의 지위에서 하는 대외적인 조합활동 등 조합원의 지위와 관련된 대외관계에서도 근로자 및 조합원으로서의 신분을 보유함에도 불구하고 참가인이 조합장으로서의 소외 1의 자격을 부인하여 조합장 복귀 통지문을 반려하고, 조합비 등의 일괄공제 요구를 소외 1이 아닌 다른 조합원의 명의로 할 것을 요청한 것은 조합장인 위 소외 1의 노동조합활동을 방해하려는 의도에서 이루어진 것으로서 지배 · 개입으로서의 부당노동행위에 해당한다고 판단하였다.

원심판시와 같이 참가인이 소외 1의 조합장 복귀 통지문을 반려하고, 소외 1이 아닌 다른 조합원의 명의로 조합비 등의 일괄공제 요구를 할 것을 요청한 것은 조합장인 소외 1의 노동조합활동을 방해하려는 의도에서 이루어진 것으로서 비록 이로 인하여 근로자의 단결권 침해라는 결과가 발생하지 아니하였다고 하더라도 지배 · 개입으로서의 부당노동행위에 해당한다고 할 것이다.

[사례③] 중노위 1998. 3. 11. 중앙97부노95 판정

피신청인이 위 제1의 2. 관련사실에 대한 인정 '가'와 같이 1997년 9월분 조합비 등의 금액을 노조원들의 9월분 급여에서 공제하여 인도해 줄 것을 신청인에게 요구하였으나 신청인은 노조원 117명 중 7명만 노조원이라며 7명분의 조합비만 공제인도 하였는바, 일반적으로 노동조합의 구성원이 납입하는 조합비는 당해 노동조합의 조직을 유지 · 존속시키며 노동조합 활동에 필요한 비용으로 사용되고 있으므로 조합비가 제반 노조활동의 원천적 수단으로 작용하고 있는 점을 감안하면 신청인이 노동조합의 공제요청을 거부하고 일방적으로 노조원이 7명에 불과하다며 7명분 조합비만 공제한 행위는 노동조합의 경제적 수단을 차단하게 되는 효과가 있고 이로 인하여 조합활동이 위축되는 불리한 결과를 초래할 수 있음을 충분히 짐작할 수 있으므로 이는 신청인이 피신청인측 노동조합 활동을 방해하려는 의도로써 행한 것이라고 볼 수 있으며, 나아가 노동조합의 운영을 지배 · 개입하게 되는 부당노동행위가 성립됨이 명백하다고 판단된다.

[사례④] 서울행정법원 2004. 7. 22. 선고 2003구합32923 판결

(2) 홈페이지 접속차단 경위

(1) 먼저, 원고 회사의 홈페이지 접속 차단에 관하여 보건대, 원래 사용자는 자신의 시설관리의 방법을 자유로이 변경할 수 있고, 그로 인하여 노동조합의 활동에 다소간의 불편이 초래되더라도 그것은 불가피한 것이라고 할 수 있으나, 그와 같은 시설 관리 방법의 변경이 구체적인 경우에 권리남용에 해당하는 때에는 노동조합의 운영에 대한 지배 · 개입이 될 수 있으며, 어떠한 경우에 사용자의 시설 관리 방법의 변경이 권리남용이 되는가는 그 변경의 시기와 사유, 그 필요성과 그것이 노동조합 활동에 미치는 일반적 또는 구체적 영향, 그 시설의 특성과 노동조합 운영과의 관련성, 사용자의 의도와 같은 관련 사항을 모두 종합하여 판단하여야 하는 것으로서, 예를 들어, 단체교섭의 결과로 또는 확립된 노사간의 관행에 의하여 노동조합이 사용자의 시설을 이용해 온 경우로서 그 시설이 노동조합의 운영에 긴요한 것이지만 기업의 운영에는 그다지 현저한 지장을 주지 아니하는 경우에는 원칙적으로 사용자는 노동조합의 시설 이용을 수인하여야 할 것이므로, 그 같은 경우에 사용자가 일방적으로 노동조합의 시설 이용을 거부하거나 종전의 관행을 파기하는 것은 노동조합의 운영에 대한 지배 · 개입행위가 된다고 할 것이다. 이러한 관점에서 보면, 앞에서 인정한 바와 같이, ① 산업별 노동조합인 참가인 조합은 이 사건 파업 이전부터 전국에 흩어져 있는 조합원들에게 각종 공지사항이나 긴급한 사안에 대한 행동지침 등을 전달하기 위하여 인터넷 홈페이지를 활용하여 왔고, ② 원고 회사도 그 동안 근로자들이 회사의 컴퓨터를 이용하여 참가인 조합의 홈페이지에 접속하는 것을 아무런 제한 없이 허용하여 오다가, ③ 이 사건 파업 이후 원고 회사가 사무실 등의 업무용 컴퓨터뿐만 아니라 노동조합 사무실의 컴퓨터와 일부 사택에 설치된 컴퓨터의 홈페이

지 접속마저 차단하였고, ④ 이 사건 파업 전후를 비교하여 볼 때 근로자들의 참가인 조합 홈페이지 접속으로 인하여 파업 이후에 원고 회사의 운영에 더 많은 지장이 초래되었다고 볼 수 없는 점에 비추어 보면, 비록 이 사건 파업이 종료된 후에도 참가인 조합의 홈페이지에 원고 회사 및 그 경영진들의 명예를 훼손하는 내용의 글이 계속 게시되는 등의 사정이 있었다고 하더라도, 원고회사가 근로자들의 참가인 조합 홈페이지 접속 자체를 일괄 차단한 것은 노동조합 운영에 대한 간섭 또는 방해행위로서 지배 · 개입에 해당한다고 할 것이다.

[사례⑤] 서울행정법원 2013. 10. 25. 선고 2013구합9311판결

3) 게시판 사용거부 행위의 부당노동행위 인정 여부

노동조합 및 노동관계조정법 제81조 제4호는 사용자가 '근로자가 노동조합을 조직 또는 운영하는 것을 지배하거나 이에 개입하는 행위'를 부당노동행위로 인정하고 있는데, 앞서 든 사실 및 증거들에 의하여 인정되는 다음과 같은 사정, 즉 원고가 이 사건 노동조합에게 수입지출 상세 내역, 통장사본 등 자료첨부를 요구하면서 이 사건 노동조합의 회계감사 결과의 공개를 위한 게시판 사용을 거부하였으나, 회계감사의 내용은 이 사건 노동조합 내부의 문제로서 그 회계감사결과의 정확성을 담보하는 수입 · 지출 상세 내역, 통장사본 등과 같은 자료첨부는 원고와 아무런 관련이 없음에도 그와 같은 자료첨부를 요구하면서 게시판 사용을 거부하는 것은 받아들이기 어려운 점, 원고는 노동조합이 위 게시판 사용을 요구할 권리가 없다고 주장하나, 원고는 다른 조합에게도 게시판 사용을 허용했었던 것으로 보이는데다가 이 사건 노동조합에 대한 게시판 사용거부의 이유가 자료첨부일 뿐이므로 관행적으로 원고는 특별한 사정이 없는 한 노동조합에게 게시판 사용을 허락하였던 것으로 보이는 점 등을 종합적으로 고려하여 보면, 원고가 2012. 7. 16. 회계감사의 결과를 조합원들에게 공개하기 위한 이 사건 노동조합의 게시판 사용요청에 대해 자료첨부를 요구하면서 이를 거부한 것은 노동조합 운영에 대한 지배 · 개입의 부당노동행위라고 보인다.

[사례⑥] 대전지방법원 2015. 7. 7. 선고 2013고단5010 판결(대법원 2018. 9. 13. 선고 2016도2446 판결로 확정됨)

먼저 피고인 A, C, D, E 및 변호인은, 판시 범죄사실 기재와 같이 제2노조에 조합비를 공제하여 인도한 사실은 있으나, 조합비 일괄공제는 단체협약의 적용을 받는 사항이 아닐 뿐만 아니라 제2노조의 공식적인 요청과 해당 조합원들 개인의 신청이 있었으므로 노동조합의 조직 또는 운영에 지배 · 개입한 것은 아니라고 주장하므로 살피건대, 판시 각 증거에 의하면 조합비의 징수는 단체협약의 내용임이 인정되고 노동조합의 활동에 있어서 조합비의 징수는 필수 불가결한 요소인 점을 감안할 때 개별 근로자가 어느 노조에 소속된 이상 임의로 처분할 수 없다고 봄이 상당하므로, 이 사건과 같이 사용자 측이 단체협약과 달리 제1노조에 귀속되어야 할 조합비를 다른 노조에 지급하는 것은 부당노동행위에 해당한다.

[사례⑦] 대법원 2008. 10. 9. 선고 2007두15506 판결

1. 사용자가 기업별 노동조합의 설립이 같은 사업장에 설치된 산업별 노동조합의 지부의 유효한 조직형태변경의 결의에 따른 것이라고 오인하였다고 하여도, 사용자가 산업별 노동조합의 지부에게 제공하던 사무실을 폐쇄하는 등 편의시설의 제공을 일방적으로 거절한 것은 산업별 노동조합의 운영에 개입하는 부당노동행위에 해당한다.
2. 원심은, 원고가 산업별 노동조합인 피고보조참가인 ○○○○○○노동조합(이하 '참가인 노조'라고 한다) 산하 조직으로 원고 사업장에 설치된 ○○○○○○노동조합○○○○기술평가원지부(이하 '○○○지부'라고 한다)를 압박하여 노조원들에게 유리한 기존 단체협약을 변경할 목적으로, 경영상 긴급한 필요가 없음에도 구조조정을 시도한 사실, 평가원지부 소속 노조원 상당수가2003. 10. 22. 신분보장에 불안을 느끼고 집단으로 참가인 노조와 ○○○지부를 탈퇴한 사실, 위탈퇴한 근로자들이 집단으로 평가원지부에 재가입신청을 함과 아울러 ○○○지부의 기업별 노동조합으로의 조직형태변경, 조직형태변경에 따른 신규규약 제정 및 집행부 선출 등을 위하여 임시총회의 소집을 요구한 사실, ○○○지부가 그 요구를 거절하자, 위 탈퇴한 근로자들은 2004. 9. 14. 그들만이 모인 자리에서 임시총회를 개최하여서 ○○○지부의 조직형태를 기업별 노동조합으로 변경하여, 그에 따른 규약을 제정하고, 신규 임원을 선출한 사실, 서울특별시 강남구청장이 위 임시총회의 결의에 따라 설립된 ○○○○기술평가원노동조합(이하 '○○○ 노조'라고 한다)에게 설립신고증을 교부한 사실, 원고는 평가원 노조로부터 요청을 받고, 일방적으로 같은 달 28. 원고 사업장 내에서의 ○○○지부의 인터넷 홈페이지에 대한 접속을 차단하고, 같은 달 말경 ○○○지부 사무실을 폐쇄한 사실 및 원고가 ○○○ 노조 설립에 참여한 근로자들이 설립신고를 위하여 임차한 버스의 임차료를 지원한 사실을 인정한 다음, ○○○지부에서 평가원 노조로의 조직형태 변경의 효력이 없으므로, ○○○ 노조가 ○○○지부를 승계한 원고 사업장 내의 단일 노동조합이 아님에도, 원고가 일방적으로 위와 같이 인터넷 홈페이지에 대한 접속 차단 및 사무실을 폐쇄한 행위와 원고가 평가원 노조 설립을 지원한 행위를 참가인 노조의 운영에 개입하는 부당노동행위로 판단하고,

사례 ▮ 부당노동행위 부정 사례

[사례①] 서울행정법원 2013. 7. 3. 선고 2012구합41929 판결

앞서 본 바와 같이 이 사건 단체협약 규정은 변동된 조합원 명단을 매월 5일까지 제출토록 하고 있는 점, 참가인 공사에 복수노조가 설립되면서 노동조합들 간에 조합원 변동과 조합비 공제 등과 관련하여 갈등이 발생하였고, 특히 원고 노동조합이 원고 노동조합을 탈퇴하고 신설 노동조합에 가입한 것으로 보이는 조합원에 대해서까지 계속하여 조합비 공제를 요청해 오고 있는 상황에서 참가인 공사로서는 노동조합 가입 여부를 별도로 확인할 필요가 있고 여기에는 일정한 시간이 소요될 것으로 보여 매월 5일까지의 공제요청만을 당월 급여에 반영하는 것으로 업무처리 관행을 바꾼 것에는 합리적인 이유가 있다고 보이는 점, 참가인 공사는 이 사건 재가입자의 2012년 4월분 조합비를 2012년 5월분 급여에서 함께 공제해 준 점, 참가인 공사가 이렇게 관행을 바꾼 이후에 신설 노동조합에 대해서만 5일 이후의 조합비공제 신청을 받아 주었다고 보이지 않는 점, 참가인 공사가 2010년 9월 및 10월 원고 노동조합의 조합비 공제요청을 거부한 90명 중 참가인 공사가 행정착오임을 시인한 23명 외에 나머지 근로자들이 당시 원고 노동조합을 탈퇴하지 않은 상태였다는 점에 대하여 원고는 증명하지 못하고 있고 위 23명의 경우도 이러한 일회적 사건만으로 참가인 공사에 부당노동행위의 의사가 있다고 추단하기 어려운 점 등의 사정을 종합해 보면, 참가인 공사가 2012년 4월부터 관행을 바꿔 원고 노동조합의 이 사건 조합비공제 요청을 거부한 것이 원고 노동조합을 불리하게 취급하고 신설 노동조합을 지원하는 지배 · 개입행위라고 볼 수 없다.

[사례②] 서울행정법원 2008. 3. 28. 선고 2007구합42874 판결

① 이 사건 단체협약 제14조 제1항의 '조합사무실'이 '○○○병원 내의 조합사무실'로 해석됨은 앞에서 본 바와 같으나, 그와 같은 결론이 이 사건 단체협약 자체의 문언상 명백하지 아니하므로, 참가인들이 자신들의 의무불이행 사실을 명확히 인식하였다고 보기는 어렵다.

③ 참가인들은 이 사건 노조에게 이 사건 원외사무실을 제공하였던바, 이 사건 노조의 조합사무실이 ○○○병원 외부에 있을 경우에는 그것이 내부에 있을 경우에 비하여 조합활동에 다소 불편이 있을 것으로 예상되나, ○○○병원과 이 사건 원외사무실 사이의 거리 및 왕복시간을 감안할 때 그러한 불편이 사회통념상 이 사건 노조의 운영에 영향을 미칠 만큼 중대한 것으로 보이지는 아니하고, 원고도 이 사건 변론기일에 '만약 이 사건 단체협약상 참가인들이

○○○병원 외부에 조합사무실을 제공할 수 있도록 되어 있다면, 이 사건 원외사무실은 선택 가능한 적절한 위치에 있음'을 자인하였다.

[사례③] 서울행정법원 2011. 12. 9. 선고 2011구합9898 판결

갑 제331호증, 을 제16 내지 18호증, 증인 ○○○의 증언에 변론 전체의 취지를 더하여 알 수 있는 다음과 같은 사정들, 즉 참가인은 사무실 공간 부족으로 상당한 어려움을 겪고 있었던 점, 참가인은 2010. 초순경 신관을 증축하였으나 사무실 공간 부족 문제는 여전히 해결되지 않은 점, 이 사건 지부 사무실은 그와 같은 참가인의 공간 부족 상황을 고려하면 다소 여유가 있는 편인 점, 참가인이 새로이 마련해 주려고 한 이 사건 지부 사무실의 위치가 조합활동에 그다지 불리한 것으로 보이지 않는 점 등을 종합하여 보면, 참가인의 조합사무실 축소 이전 요구는 정당한 사유가 있는 것으로 보이고, 따라서 위 4)항에서 본 법리에 비추어 보면 참가인이 주장하는 조합사무실 축소이전 요구 사유를 표면상의 구실에 불과하다고 할 수는 없으므로, 이는 부당노동행위에 해당한다고 할 수 없다.

[사례④] 중노위 2012. 3. 21. 중앙2012부노1 판정

① 이 사건 노동조합은 2010. 12. 3. 설립되었으나, 당시 이 사건 사용자에는 기존 노동조합인 우창여객분회가 존재하고 있었고, 2010. 7. 7. 우창여객분회와 유효기간 2012. 1. 31.까지의 단체협약을 체결하여 동 단체협약의 효력이 유효하게 지속되고 있는 상황이어서 이 사건 사용자가 이 사건 노동조합의 교섭요구에 응해야 할 의무가 없는 것으로 판단되는 점, ② 이 사건 사용자와 이 사건 노동조합 간에는 조합비 일괄공제의 근거가 될 수 있는 단체협약이 체결된 사실이 없는 점, ③ 노동조합 및 노동관계조정법 제35조(일반적 구속력)에 의한 단체협약의 효력 확장은 규범적부분에 한하는 바, 기존 노조인 우창여객분회와 체결된 단체협약에 조합비 일괄공제 등 체크오프 관련 규정이 있으나 동 체크오프규정은 사용자가 노동조합에 제공하는 편의제공 약정으로 해당 노동조합과 사용자간의 채무적 부분에 속하는 것이라 보아야 하므로 위 체크오프규정이 이 사건 당사자 사이에도 그대로 적용된다고 단정하기 어렵다는 점 등을 종합적으로 판단할 때 이 사건 사용자의 행위가 새로이 설립된 이 사건 노동조합의 단결을 방해하고 재정 상태를 열악하게 하여 조직력을 약화시키기 위한 목적으로 행하여진 지배 · 개입의 부당노동행위라고 볼 수는 없다고 할 것이다.

[사례⑤] 대법원 2004. 4. 12. 선고 2003두11834 판결

원심은, 심○○ 등 42명의 참가인 회사 노동조합(2003.5.20자 원고 표시정정 전까지의 원고, 이하 '원고 조합(종전)'이라 한다)의 조합원들은 사직서 제출 후로도 계속하여 참가인 회사에서 근무하고 있으나, 그들의 사직서 제출이 회사측의 강요나 필요에 의하여 어쩔 수 없이 이루어졌다고 볼 만한 사정을 인정할 증거가 없고, 그들의 회사 내에서의 지위가 사직 전과는 실질적으로 다른 연봉제 계약직으로 바뀐 점 등에 비추어 그들의 사직서 제출이 비진의의사표시에 해당한다거나 단지 형식적으로 이루어졌다고 보기도 어려우므로, 그들의 사직서가 수리된 때에 일단 회사와의 근로관계는 일단 유효하게 단절되어 그들이 노동조합에 다시 가입하는 것은 별개로 하더라도 일단 조합원자격을 상실하였다는 이유로 참가인 회사가 이들에 대한 조합비 공제를 중단한 행위는 노동조합의 조직 · 운영에 대한 지배 · 개입행위로서의 부당노동행위에 해당하지 않는다고 판단하였는 바, 위의 법리 및 기록에 비추어 살펴보면, 원심의 이러한 판단은 정당한 것으로 수긍이 가고(비록 위 조합원들이 사직 전후에도 계속 조합원 지위를 유지하고 있다고 하더라도 참가인이 이들의 조합비를 공제하지 아니한 것이 원고 조합의 조직이나 운영을 지배 · 개입할 의사에 따른 것이었다고 볼 자료도 없다), 거기에 상고이유에서 주장하는 바와 같은 법리오해의 위법이 있다 할 수 없다.

[사례⑥] 중노위 2023. 9. 15. 중앙2023부해918 판정

① 사내 그룹웨어 접속 권한 차단, ② ○○명함 사용금지 내용증명 발송, ③ 조합활동 관련 이메일 통지, ④ 단체협약 제공 거부가 불이익 취급 및 지배·개입의 부당노동행위에 해당하는지 여부 ① 사내 그룹웨어 접속 권한 차단, ② ○○명함 사용금지 내용증명을 발송한 행위는 징계해고에 수반되는 조치이고, ③ 조합활동 관련 이메일 통지는 사업부서 내 전체 근로자를 대상으로 해서 근무시간 내 노동조합 활동 관련 사전 안내에 불과하고, ④ 단체협약 제공을 거부한 행위는 체결 당사자가 아닌 신설 노동조합인 이 사건 노동조합에게 단체협약을 제공하여야 할 의무까지 있다고 보기 어려우므로 불이익 취급 및 지배·개입의 부당노동행위에 해당한다고 보기는 어려움

사. 위장폐업

헌법 제23조는 사유재산권의 보장을 규정하고 있고 제15조는 직업선택의 자유를 기본권으로 규정하고 있다. 따라서, 기업의 운영과 그 폐지는 개인의 자유이며, 국가라 하더라도 법률상 정당한 근거 없이는 이에 개입할 수는 없다.[148)]따라서, 근로자를 해고한 회사가 (구제절차가 계속되는 중에) 실질적으로 폐업하여 법인격까지 소멸됨으로써 그 복귀할 사업체의 실체가 없어졌다면 기업의 존재를 전제로 하여 기업에 있어서의 노사의 대립관계를 유지하는 것을 목적으로 하는 부당노동행위 구제신청의 이익도 없게 되는 것이다.[149)]

반면, 사용자가 노동조합을 혐오한 나머지 위장폐업을 하는 경우라면 지배·개입의 부당노동행위가 성립될 것이다. 대법원 판례에 따르면, 부당노동행위가 되는 위장폐업은 ▲기업이 진실한 기업폐지의 의사가 없이, ▲노동조합의 결성 또는 조합활동을 혐오하고 노동조합을 와해시키기 위한 수단으로서 ▲기업을 해산하고 조합원을 전원 해고한 다음 ▲새로운 기업을 설립하는 등의 방법으로 ▲기업의 실체가 존속하면서 조합원을 배제한 채 기업활동을 계속하는 것을 말한다.[150)]

기업의 폐업이 위장폐업에 해당하는지와 관련하여, 이하의 〈표 10. 위장폐업 판단기준 및 판단요소〉를 참조할 수 있다.

---

148) 고용노동부, 「최신 사례로 보는 부당노동행위」, 2009, 153쪽

149) 중노위, 「주제별 판례 분석집(집단적 노사관계)」, 2018, 229쪽

150) 대법원 1991. 12. 24. 선고 91누2762 판결

〈표 10〉 Ⅰ 위장폐업 판단기준 및 판단요소

판단기준	판단요소
폐업의 동기	• 폐업시기 • 평소 조합활동에 대한 사용자의 태도 • 폐업당시 및 그 이전 상당기간의 영업실적 • 노동조합 결성 또는 노동쟁의 발생 전의 사업계획 • 동종 사업의 재개 가능성 여부 • 거래처와의 계약존속 여부 • 사업장 주요설비의 유출 여부
기업실체의 존속 여부	• 신·구회사의 소재지 및 업종 • 신·구 회사의 자본 성격 • 자본금 • 설립자, 출자자, 임원, 종업원 등과 폐업 회사와의 관련성 • 영업목적 등 신·구회사의 운영상황 등

※ 대법원 1991. 12. 24. 선고 91누2762 판결 등 재구성

사용자의 폐업이 지배·개입의 부당노동행위에 해당하는지 여부와 관련한 법원 및 노동위원회의 판결(판정)은 아래와 같다.

사례 Ⅰ 부당노동행위 인정 사례

중노위 2005. 5. 9. 중앙2004부해993/부노212 병합 판정

헌법 제23조에 사유재산권의 보장을 규정하고 있고, 헌법 제15조에서는 직업선택의 자유를 기본권으로 규정하고 있으므로 기업의 운영과 그 폐지에 대하여 국가도 법률상 정당한 근거 없이는 이에 개입할 수 없으며 개인의 자유는 존중되어야 한다.

그러나, 기업이 진실한 기업폐지의 의사가 없이 노동조합의 결성 또는 노동조합 활동을 혐오하여 노동조합을 와해시키기 위한 수단으로 기업을 해산하고 조합원 전원을 해고한 다음 새로

운 기업을 설립하는 등의 방법으로 기업의 실체가 존속하면서 조합원을 배제한 채 기업활동을 계속한다면 이는 법상 허용될 수 없는 것이다. 이러한 경우를 이른바 "위장폐업"이라 하며 위장폐업의 방법으로 근로자를 해고하는 것은 부당해고 및 부당노동행위에 해당되는 것이다. (같은 취지의 대법원 판례 : 1991.12.24. 선고 91누2762)

위 제1의 2. 관련사실의 인정 다. 내지 하.(자., 차. 제외)에서 기술한 바와 같이 재심피신청인 1은 인천지역일반노동조합이 2004.8.16. (주)○○기업분회 설립사실을 통보하면서 임금교섭을 위한 상견례를 할 것을 요청하자 서둘러서 근로자들과 연봉계약을 체결하려 한 사실, 재심신청인1이 연봉하향 조정을 조건으로 하는 연봉계약체결에 응하지 아니하자 연봉계약체결 거부를 이유로 2004.8.23. 재심신청인1을 해고한 사실, 경영사정의 어려움 등 폐업사유에 대한 아무런 입증이 없고 폐업신고 외에 자산의 처분 등 회사를 정리하였다는 사실을 입증할 아무런 자료도 제시하지 못한 사실, 평소에 알고 지내던 재심피신청인2를 재심피신청인1의 대표이사 이××의 주민등록지로 전입케 하고 영업 양도 양수의 실체도 없이 재심피신청인1의 사업장 소재지를 "광고회사 제일기획"의 사업장 소재지로 한 사실, 재심피신청인2가 운영하였다는 "광고회사 제일기획"은 2004.8.31. 개업에서 2005.2.18. 폐업에 이르기까지 영업사실을 입증할 아무런 자료도 없는 사실, 재심피신청인2는 자신이 6개월간 고용하였다는 3명의 근로자 중 단 한명의 이름도 기억하고 있지 못한 사실, 재심피신청인1의 소유 장비인 화물자동차 3대의 명의가 그대로 유지된 채 2005.3.7. 재심피신청인1의 소재지에 "미래기업"의 간판이 부착되고 소유 장비에도 "미래기업"이라고 표시한 사실, 재심피신청인1의 폐업 이후에도 재심피신청인1의 명의로 월간지 「팝사인」에 광고가 계속 게재되었고, 2004.12.13. 신청외 (주)○○개발에 "건물(대지)사용승락서"를 작성해주어 (주)○○개발로 하여금 2004.12.17. 인천광역시 남구청장으로부터 「옥외광고물등 표시허가서」를 교부받게 한 사실 등 제반사정을 종합하여 볼 때 재심피신청인1이 진실한 기업폐지의 의사 없이 인천지역일반노조 (주)○○기업분회 결성을 혐오하여 이를 와해시키고자 폐업신고를 하여 (주)○○기업분회의 존립기반을 없애 버리고 재심신청인2 마저 폐업을 이유로 사업장에서 배제시킨 후 재심피신청인2의 명의로 사업을 계속해 온 것이므로 재심피신청인1의 2004.8.27.자 폐업은 이른바 "위장폐업"에 해당된다.

따라서, 재심피신청인1의 폐업을 이유로 한 재심신청인2에 대한 해고는 부당해고이며, 노동조합및노동관계조정법 제81조 제1호(불이익처분), 제4호(지배 · 개입)의 부당노동행위에 해당한다.

중노위 2005. 9. 26. 중앙2005부해81,82/부노19,20,21,23 병합 판정

사용자는 2004.5.7. 새로 설립된 노조와 임금교섭을 진행하다가 노동조합이 2004.9.16.부터 파업에 돌입하자 2004.10.14. 직장폐쇄를 단행하고, 2004.11.10. 법인해산을 결의하였으며, 2004.11.19. 전직원중 3명을 제외하고 89명에 대하여 해고통지를 하였는바, 지방신문사가 겪는 만성적인 적자 외에 폐업동기가 불분명하고, 파산결의 이후 상법 및 사회통념상 요구되는 해고절차 및 청산절차를 이행하지 아니한 점, 노조와해 전략 등이 담긴 '노조설립관계 보고서', '퇴직금 및 정산에 대한 소견'등 내부문건이 작성된 점 등을 종합해 볼 때 이 사건 해고는 파업 등 노동조합의 활동을 혐오하여 노조를 와해시킬 목적으로 폐업의 진정한 의사 없이 폐업결의를 이유로 해고한 것으로서 신의성실의 원칙에 위배되고 권리남용에 해당되므로 부당해고 및 부당노동행위에 해당한다.

사례 ▮ 부당노동행위 부정 사례

대법원 1991. 12. 24. 선고 91누2762 판결

2. 원심이 확정한 사실에 의하면 원고는 피고보조참가인(이하 참가인이라고 한다)이 대표이사로 있던 소외 주식회사 안양전자(이하 소외회사라고 한다)의 노동조합위원장이었고 위 노동조합과 소외 회사는 1989. 4. 3.부터 5. 2.까지 9회에 걸쳐 단체교섭을 하였으나 결렬되자 노동조합은 같은 해 5. 3.과 6.14.에 관계기관에 쟁의발생신고를 하였고 소외 회사는 이에 대항하여 같은 달 17.직장폐쇄신고를 하였으며, 노동조합과 소외 회사는 그 후에도 같은 해 10. 27.까지 30여 회에 걸쳐 교섭을 계속하였으나 타협에 실패하였는데 그 사이에 조합원들의 조직적인 집단조퇴, 지각과 결근, 태업이 행하여졌고 원고는 같은 해 7.과 8.경에 다른 회사 노동조합원들과 연계된 노동조합활동을 하였고, 소외 회사의 생산이사등 기술관리직 직원 18명이 같은 해 7. 1. 일방적으로 퇴사하여 그 중 일부가 ○○전자라는 별도의 하청업체를 설립 운영하였으며, 소외 회사는 설립 후 전자제품의 수출호조로 수주량을 소화하기 어려워 1987.과 1988.에는 하청업체를 둘 정도로 사업이 번창하였으나 1989.에는 노사분규로 인한 생산성의 급격한 저하와 기술인력의 부족, 원화절상에 따른 채산성 악화로 경영의욕을 상실한 데다가 자금압박까지 겹치게 되어, 같은 해 10. 23. 주주총회에서 해산을 결의하고,

참가인을 청산인으로 선임한데 이어 같은 해 11.2. 근로자들에게 퇴직금과 각 1개월분 임금에 상당하는 해고수당 및 생계보조비 등을 지급한다는 내용과 폐업에 관한 공고를 함과 아울러 개별적인 통고를 하여, 이에 응한 근로자들에게는 위 퇴직금 등을 지급하였으나 불응한 근로자 37명에 대하여는 같은 달 30. 수원지방법원에 공탁하는 한편 회사청산절차를 거쳐 1990. 9.18. 청산종결등기까지 마치었고, 한편 소외 회사의 대표이사였던 소외인은 1988. 9.경 소외 회사를 그만두고 주식회사 우림이라는 회사를 설립하여 소외회사가 영위하고 있던 것과 동종의 전자제품 제조사업을 하고 있다는 것인바, 사실관계가 그와 같다면 소외 회사는 실질적으로 폐업하여 법인격까지 소멸되었고, 위 소외인이 소외 회사와 노동조합의 노사분규가 본격화되기 전에 이미 설립, 경영하고 있는 주식회사 우림이나 소외 회사의 일부 관리자들이 독자적으로 경영하고 있는 ○○전자가 소외 회사와 실질적으로 동일한 사업체라고 할 수 없어 원고가 복귀할 사업체의 실체가 없어진 지금에 와서는 구제신청의 이익이 없다는 원심의 판단은 정당하여 수긍이 가고, 거기에 소론과 같은 부당노동행위에 관한 법리오해나 구제이익에 관한 법리를 오해한 위법이 있다고 할 수 없다.

3. 위장폐업의 방법으로 근로자를 해고하는 것은 부당노동행위에 해당하는 것임은 분명하다 하겠으나, 위장폐업이란 기업이 진실한 기업폐지의 의사가 없이, 다만 노동조합의 결성 또는 조합활동을 혐오하고 노동조합을 와해시키기 위한 수단으로서 기업을 해산하고 조합원을 전원 해고한 다음 새로운 기업을 설립하는 등의 방법으로 기업의 실체가 존속하면서 조합원을 배제한 채 기업활동을 계속하는 경우를 말한다고 할 것인데, 원심이 확정한 사실에 의하면 소외 회사의 대표이사이던 소외인이 주식회사 우림을 설립한 것은 소외 회사와 노동조합의 분규가 본격화 되기 훨씬 이전의 일로서 주식회사 우림의 설립 당시에는 노동쟁의가 발생하지도 않았을 뿐만 아니라, 기록을 살펴보면 위 소외인이 소외회사의 대표이사를 사임한 날짜는 1988. 4. 28.이고(을 제1호증), 그가 소외 회사의 자금으로 위 회사를 설립하였다고 인정되지도 아니하고, 가사 위 소외인이 소외 회사를 사임한 이유가 노동조합을 혐오하였기 때문이라고 하더라도 그가 소외 회사를 사임하고 이와는 별도의 회사를 설립한 이상 특별한 사정이 없는 한 이를 소외 회사와 동일하다고 볼 수 없으며, 노사의 대립이 격화되어 직장폐쇄까지 된 상태에서 일부 기술직사원이 일방적으로 퇴사하고 ○○전자라는 별도의 하청업체를 설립 운영하였다고 하여 이것만 가지고 이를 소외 회사와 동일한 기업이라고 보기는 어렵다고 할 것이므로, 이 사건에서 소외 회사가 해산을 하고 폐업한 것이 위장폐업을 한 것이라고 할 수 없다.

4. 그리고 소외 회사가 폐업을 한 경위가 원심이 인정한 바와 같은 것이라면 이것이 사용자가

직업선택의 자유나 영업의 자유를 남용한 것으로서 무효라고 할 수 없고, 이와 같이 소외 회사는 실질적으로 폐업한 것이고 주식회사 우림이나 ○○전자가 소외 회사를 승계한 실질적으로 동일한 기업이라고 인정되지 아니하며 소외 회사의 폐업을 무효라고 할 수 없는 이상, 기업의 존재를 전제로 하여 기업에 있어서의 노사의 대립관계를 유지하는 것을 목적으로 하는 부당노동행위구제신청의 이익도 없다고 아니할 수 없다(당원 1990. 2. 27. 선고 89누6501 판결 참조).

대법원 1990. 2. 27. 선고 89누6501 판결

원심판결 이유에 의하면, 원심은 다툼없는 사실과 거시증거에 의하여 원고는 피고보조참가인이 경영하던 새한병원에서 임상병리사로 근무하여 왔는데 위 병원근로자들이 1987.10.20. 전국연합노동조합연맹 새한병원노동조합을 결성하고 원고를 조합장으로 선출하여 단체교섭을 요구하자 피고보조참가인은 노동조합을 혐오하여 위 병원을 폐업하기로 마음먹고 자신이 고용하고 있던 의사 5명으로 하여금 사직서를 제출하게 하여 1987.12.30. 위 병원을 폐업하고 그 다음날 원고를 비롯한 근로자를 모두 해고한 사실을 확정한 다음 위 폐업이 위장폐업임을 인정할 자료가 없으므로 그 사업체를 폐업함으로써 원고가 복귀할 사업체가 없어진 이상 원고의 구제신청은 실익이 없게 되었다고 판시하고 있는 바, 기록에 비추어 검토하여 보니 원심의 위와 같은 조치는 정당하여 수긍이 가고 거기에 소론과 같은 부당노동행위에 관한 법리나 구제이익에 관한 법리를 오해한 위법이 없으므로 논지는 이유없다.

중노위 2001. 11. 9. 중앙2001부노154 판정

부당노동행위가 되는 위장폐업이란 기업이 진실한 기업폐지의 의사가 없이, 다만 노동조합의 결성 또는 조합활동을 혐오하고 노동조합을 와해시키기 위한 수단으로서 기업을 해산하고 노동조합원을 전원 해고한 다음 새로운 기업을 설립하는 등의 방법으로 기업의 실체가 존속하면서 노동조합원을 배제한 채 기업활동을 계속하는 경우를 말하며, 사용자가 사업체를 폐업하고 근로자 전원을 해고하는 것이 노동조합의 단결권 등을 방해하기 위한 위장폐업이 아닌 한 원칙적으로 기업경영의 자유에 속하는 것으로 유효하다 할 것이다.

본 건의 경우, 위 "제1의 2,가. 내지 바."의 인정사실과 같이 피신청인 1 회사의 월 평균 매출액이 2000년도에는 20억원정도 되었으나, 2001년도에는 12억원정도로 감소되었고, 2001.4월말 이후 수주물량이 거의 없어 같은 해 5.4부터 같은 달 10일까지 휴업한 점, 피신청인 1 회사는 2001.5.15 이사회 및 임시주주총회를 각각 개최하여 "회사 정상화의 희망이 보이지 않을시 폐업을 하고 회사 청산까지의 모든 업무는 대표이사가 맡아서 한다"는 내용으로 폐업을 결의한 점, 2001.5.17 피신청인 1은 "2001.5.18부로 폐업하고 같은 날부터 근로자들과의 근로관계가 종료된다"는 내용의 공고를 한 점, 피신청인 1 회사는 2001.5.18 폐업하고, 피신청인 1은 같은 날 관할 세무서에 폐업신고를 한 점, 피신청인 1 회사는 2001.7.11 임시주주총회를 개최하여 "업계의 불황과 본 회사의 사업부진으로 이 상태가 계속되면 재기불능에 이르게 될 것이므로 회사의 채권자와 주주의 더 큰 손실을 막기 위하여 부득이 회사를 해산한다"는 내용으로 법인해산 결의를 하고, 해산 일 처리를 위하여 피신청인 1을 청산인으로 선임한 점, 피신청인 1은 위 결의에 따라 2001.7.12 법인해산 및 청산인 등기를 한 점 등을 종합해 볼 때, 피신청인 1 회사는 원청회사로부터 물량 감소 등 사업 부진을 이유로 임시 주주총회를 개최하여 법인해산을 결의하고 법인해산 및 청산인 등기를 하므로써 폐업하였고 새로운 기업을 설립한 사실도 없으므로 피신청인 1이 신청인들의 노동조합 활동을 혐오한 나머지 위장 폐업하였다는 신청인들의 주장은 우리 위원회로서는 받아들일 수 없다.

중노위 2003. 8. 11. 중앙2003부해194 판정

신청인은 피신청인들과 기간의 정함이 있는 근로계약을 체결하였으며 근로계약기간이 만료되어 재계약 체결을 하지 않은 것이므로 해고가 아니라는 주장인 반면, 피신청인들은 전 사업주 이○○과 신청인이 회사를 허위로 양도양수하면서 정당한 해고절차를 거치지 않았기 때문에 부당한 해고라고 주장하는 점으로 볼 때, 본 건의 쟁점은 근로계약이 기간의 정함이 있는 계약인지 또는 기간의 정함이 없는 계약인지의 여부와, 신청인 등에 대한 양도가 단순히 학원 경영에 대한 권리의 이전인지 또는 위장폐업에 해당하는지의 여부에 달려 있다고 보여진다. 그러므로 위의 내용들을 종합하여 판단할 때, 신청인은 피신청인들과 기간의 정함이 있는 근로계약을 체결하였던 점, 사업체 및 대표자 변경을 위한 폐업과 개업이 적법한 절차를 통하여 이루어진 점, 신청인이 2003.3.5.자로 폐업조치 하였으나 건물에 대한 임대차 계약은 2003.11.30.까지 이었던 점, (주)○○싱크의 대표이사 서○○은 신청인 회사의 직원이 아니었던 점, 피신청인들은 위장폐업이라고 주장할 뿐 명확한 증거를 제시하지 못하는 점 등으로 비추어 볼 때, 신청인은 학원 경영이 어려워지고 계속 손실이 발생하자 부득이하게 폐업조치 하였던 것이므로, 신청인 등이 위장폐업을 통하여 피신청인들의 근로관계를 단절시킨 것이라는 피신청인들의 주장은 수긍하기가 어렵다고 판단된다.

아. 근로자 감시

근로자 감시 및 동태파악 행위가 노동조합의 불법행위 등에 대해 적절하게 대응하기 위한 것으로 그 목적에 있어서 업무상 상당성이 인정되는 경우에는 부당노동행위로 보기는 어려우나, 노동조합 조직·가입 차단 등 조합활동을 방해할 의도로 비밀리에 조합간부나 조합활동에 적극적인 자 등을 불법적인 방법이나 수단으로 감시하는 것은 부당노동행위 의사를 추정할 수 있다.[151)]

특히, 사업장 내에서의 감시카메라 설치 등이 설치장소·규모·감시방법 등에 있어 업무상 필요성·상당성이 인정된다면, 이로 인하여 노동조합 조직·운영에 영향을 받았더라도 당연히 부당노동행위에 해당된다고 보기는 어렵다. 다만, 설치 필요성이 거의 없음에도 주로 조합원이 이용하는 장소에 CCTV를 설치하여 조합원들에게 심리적 압박감을 주어 조합활동을 위축시킬 의도인 경우에는 부당노동행위로 볼 여지도 있을 것이다.[152)]

이와 관련한 법원의 판례는 아래와 같다.

사례 ▮ 부당노동행위 인정 사례

서울행정법원 2023. 5. 11. 선고 2021구합69653 판결

위 인정사실에다가 앞서 든 증거들 및 변론 전체의 취지를 종합하여 알 수 있는 아래와 같은

151) 고용노동부, 「최신 사례로 보는 부당노동행위」, 2009, 148쪽

152) 고용노동부, 「최신 사례로 보는 부당노동행위」, 2009, 144쪽

사실 및 사정을 더하여 보면, 원고는 참가인 H지회 소속 근로자들의 근태를 감시하는 데에 CCTV를 적극적으로 활용한 것으로 보이는바, 이를 토대로 위 근로자들에게 문답서를 발송한 것은 노동조합 활동을 방해하려는 의도에서 이루어진 지배 · 개입의 부당노동행위에 해당한다고 봄이 타당하다. 따라서 원고의 이 부분 주장 역시 받아들이지 않는다.

(1) 원고가 발송한 문답서에는 대상자들을 직접 목격하여야만 알 수 있는 행위들이 구체적이고 상세하게 기재되어 있었을 뿐만 아니라 해당 행위가 발생한 시간을 분 단위까지 정확하게 기재하기도 하였는바, 문답서를 작성하는 데에 CCTV를 활용한 것은 분명하다고 보인다.

(2) 원고는 복무규율을 위반한 사례에 대한 신고가 접수되거나 작업량이 현저하게 감소하는 등 특별한 사정이 있는 경우에만 사실관계를 확인하기 위하여 CCTV를 참고하였다고 주장하지만, G노동조합이 참가인 H지회로 조직형태를 변경한 이후 원고가 CCTV를 검색한 시간이 유의미하게 증가하였는데, 달리 위 조직형태 변경 이후에 원고가 주장하는 것과 같은 특별한 사정도 더 많이 발생하였다고 인정할 만한 아무런 근거가 없는바, 원고의 위 주장은 선뜻 믿기 어렵고, 오히려 원고가 문답서를 발송한 대상자들이, 극히 일부 근로자를 제외하면, 모두 참가인 H지회 소속 간부들인 점을 보태어 보면, 원고가 참가인 H지회의 간부 등 근로자들의 근태를 감시하는 데에 CCTV를 적극적으로 활용하였다는 합리적 의심이 든다.

(3) 원고가 과거에도 조합원이 아닌 근로자를 상대로 허위의 연장, 휴일근무 여부를 확인하기 위해 문답서를 요구하거나 CCTV를 확인한 사례가 있었던 것으로 보이고, 또한 서버의 로그 기록만으로는 원고가 사업장 내에 설치, 관리하는 CCTV 중 어느 것을 확인하였는지 정확히 특정할 수 없기는 하지만, 앞서 살핀 사정들에다가 원고가 CCTV 검색시간이 이례적으로 증가한 이유에 관하여 여전히 합리적인 설명을 하지 못하는 점을 보태어 보면, 원고가 주장하는 사정들만으로는 이 부분 부당노동행위에 대한 판단을 뒤집기에 부족하다.

사례 Ⅰ 부당노동행위 부정 사례

대법원 2000. 4. 7. 선고 99두3256 판결

병원의 시설과 계장의 업무용 노트의 기재내용은 대부분 자신이 이미 한 일이나 앞으로 할 일 등을 메모한 것에 불과하여 이를 병원장이 조합의 운영에 지배 · 개입하도록 지시하였다는 증거로 삼기 어렵고, 위 기재 내용도 병원장이 조합의 불법집회에 대한 대응책을 지시하였고 부서장회의에서 조합 대의원들에 대한 동태 파악 및 대응책 등이 논의되었다는 것인데, 당시 불법농성 등이 계속되어 병원의 진료업무에 막대한 지장을 초래하고 있었으므로, 그들의 동태를 파악하여 이에 대한 적절한 대응조치를 취하는 것은 병원의 진료업무가 환자의 생명과 신체를 다루는 고도의 공익적 성격을 지닌 업무라는 점에 비추어 정당하다 할 것이다.

자. 단체협약 해지

노조법 제32조는 제1, 2항에서 단체협약의 유효기간은 2년을 초과할 수 없다고 정하고 있고, 제32조 제3항에서 '단체협약의 유효기간이 만료되는 때를 전후하여 당사자 쌍방이 새로운 단체협약을 체결하고자 단체교섭을 계속하였음에도 불구하고 새로운 단체협약이 체결되지 아니한 경우에는 별도의 약정이 있는 경우를 제외하고는 종전의 단체협약은 그 효력만료일부터 3월까지 계속 효력을 갖는다.'고 정하고 있다.

한편, 노조법 제32조 제3항 단서는 '다만, 단체협약에 그 유효기간이 경과한 후에도 새로운 단체협약이 체결되지 아니한 때에는 새로운 단체협약이 체결될 때까지 종전 단체협약의 효력을 존속시킨다는 취지의 별도의 약정이 있는 경우에는 그에 따르되, 당사자 일방은 해지하고자 하는 날의 6월전까지 상대방에게 통고함으로써 종전의 단체협약을 해지할 수 있다.'라고 정하고 있어, 자동연장협정을 규정한 경우 당사자 일방은 해지하고자 하는 날의 6월 전까지 상대방에게 통고하여 종전의 단체협약을 해지함으로써, 실정에 맞지 않는 단체협약의 지속방지와 단체협약의 공백방지를 조화시켜 노사관계의 안정을 도모할 수 있도록

하고 있다.[153)]

단체협약이 유효기간의 만료로 종료된 경우 그 갱신 여부는 원칙적으로 당사자의 자유이고, 자동연장조항(노조법 제32조 제3항 단서)에 따른 효력의 존속을 저지하기 위한 해지도 당사자의 자유라는 점, 노조법은 단체협약의 해지를 제한하는 규정을 두고 있지 않은 점 등을 들어 단체협약의 해지가 부당노동행위가 될 수는 없다는 것이 판례의 태도이다.[154)]

사례 Ⅰ 부당노동행위 부정 사례

광주고등법원 2012. 7. 11. 선고 2011나4949 판결

이 사건 단체협약은 2008. 11. 14. 유효기간의 만료 단체협약 제2조 제2항에 따라 갱신될 때까지 그 효력을 가지게 되었으나, 피고가 노조법 제32조 제3항 단서규정에 따라 2009. 6. 19. 이 사건 해지통고를 하여 이때부터 6월이 경과한 2009. 12. 20. 그 해지의 효력이 발생함으로써, 이 사건 단체협약 중 노조대표의 전임규정과 같이 단체적 노사관계의 운영에 관한 부분은 효력을 상실하게 되는바, 종전에 인정되던 원고의 조합 활동에 대한 보장이 축소되게 되었음을 인정할 수 있다.

그러나, ① 앞서 본 바와 같이 피고의 이 사건 단체협약의 해지의 근거 규정인 노조법 제32조 제3항 단서는 노사가 어느 일방에게 불리한 기존의 단체협약에 장기간 구속되는 것을 방지하기 위하여 마련된 것인 점, ② 이 사건 단체협약이나 노조법에는 노조법 제32조 제3항 단서규정에 의한 해지권을 제한하는 규정이 없는 점, ③ 원고는 피고가 단체교섭을 정당한 이유 없이 거부하거나 해태하였다는 사정을 주장하고 있으나, 피고의 그와 같은 행위는 노조법 제81조 제3호에서 따로 부당노동행위로 정하고 있으므로 원고는 피고의 그와 같은 행위 자체

153) 중노위, 「주제별 판례 분석집(집단적 노사관계)」, 2018, 382쪽

154) 중노위, 「주제별 판례 분석집(집단적 노사관계)」, 2018, 383쪽

를 부당노동행위라고 주장하여야 할 것인 점,④ 종전에 인정되던 원고의 조합 활동이 제한되더라도 원고는 노조법 등 노동관계법에 의하여 단체행동권 등을 행사하는 등 법적으로 일정한 범위의 조합 활동을 보장 받을 수 있으므로, 이 사건 단체협약이 실효됨으로써 피고가 노동조합의 조직 또는 운영을 지배 · 개입할 수 있다고 할 수 없는 점, ⑤ 이 사건 단체협약 해지가 부당노동행위로 인정되지 않더라도 피고에 의한 노동조합의 조직 또는 운영을 방해하는 행위가 발생하는 경우 원고는 그 개별 행위에 대하여 부당노동행위임을 주장하여 권리구제를 받을 수 있는 점 등에 비추어 보면, 피고의 이 사건 단체협약 해지가 근로자가 노동조합을 조직 또는 운영하는 것을 지배하거나 이에 개입하는 행위로서 부당노동행위에 해당한다고 볼 수는 없다.

제5절
운영비 원조

1. 의의

노동조합의 운영비란 노동조합의 존립과 활동에 필요한 모든 경비로서 조합 직원의 인건비, 사무보조비, 사무실 유지관리비, 차량 유류비, 노조발전기금 등 조합 운영에 필요한 비용과 기타 조합예산에서 지출되어야 할 모든 비용을 의미한다.

노조법 제81조 제1항 제4호는 사용자가 근로시간면제자에게 근로시간 면제 한도를 초과하여 급여를 지급하거나 노동조합의 운영비를 원조하는 행위를 금지하고 있다.

다만, 해당 규정은 예외적으로 ▲사용자가 노조법 제24조 제2항에 따른 근로시간면제 대상 활동 허용하는 것, ▲근로자의 후생자금 또는 경제상의 불행 그 밖의 재해의 방지와 구제 등을 위한 기금의 기부, ▲최소한의 규모의 조합사무실의 제공, ▲노동조합의 자주적인 운영 또는 활동을 침해할 위험이 없는 범위 내의 운영비를 원조하는 행위를 허용하고 있으며, 노조법 제81조 제2항에서는 노동조합의 자주적 운영 또는 활동을 침해할 위험 여부에 대한 판단기준을 제시하고 있다.

관련 법령 및 해석

노조법 제81조(부당노동행위)

① 사용자는 다음 각 호의 어느 하나에 해당하는 행위(이하 "不當勞動行爲"라 한다)를 할 수 없다.

4. 근로자가 노동조합을 조직 또는 운영하는 것을 지배하거나 이에 개입하는 행위와 근로시간 면제한도를 초과하여 급여를 지급하거나 노동조합의 운영비를 원조하는 행위. 다만, 근로자가 근로시간 중에 제24조제2항에 따른 활동을 하는 것을 사용자가 허용함은 무방하며, 또한 근로자의 후생자금 또는 경제상의 불행 그 밖에 재해의 방지와 구제 등을 위한 기금의 기부와 최소한의 규모의 노동조합사무소의 제공 및 그 밖에 이에 준하여 노동조합의 자주적인 운영 또는 활동을 침해할 위험이 없는 범위에서의 운영비 원조행위는 예외로 한다.

② 제1항제4호단서에 따른 "노동조합의 자주적 운영 또는 활동을 침해할 위험" 여부를 판단할 때에는 다음 각 호의 사항을 고려하여야 한다.

1. 운영비 원조의 목적과 경위
2. 원조된 운영비 횟수와 기간
3. 원조된 운영비 금액과 원조방법
4. 원조된 운영비가 노동조합의 총수입에서 차지하는 비율
5. 원조된 운영비의 관리방법 및 사용처 등

실무상 운영비 원조는 노동조합의 활동과 매우 밀접한 관계에 있어 단체교섭 시 임·단협 타결 기능을 가지고 있고, 노동조합의 자주적 운영 또는 활동을 침해할 위험이 없는 운영비 원조를 허용하는 방향으로 노조법이 개정됨(법률 제17864호, 2021. 1. 5. 일부개정)에 따라 운영비 원조의 부당노동행위 해당 여부에 대한 해석 변경이 이루어지고 있으므로, 개정법에 따른 운영비 원조를 이해할 필요가 있다고 할 것이다.

〈그림 4〉 | 조합활동과의 관련성

사무보조비, 인건비, 각종 비품, 유류비, 사무실 제공	⇨	필수 · 원활한 조합활동과의 관련성 多	⇨	임 · 단협 타결 기능 수행
◦ 운영비란 노동조합의 존립/활동을 위하여 필요한 모든 경비.		◦ 이와 같은 경비는 노동조합의 필수/원활한 활동과 관계됨.		◦ 노조는 운영비 원조 관련 조항을 협약에 규정하기 원함. ◦ 운영비 원조 규정을 임금인상 등 요구에 대한 trade-off로 제시 가능

〈그림 5〉 | 법 개정에 따른 해석 변경

헌법재판소의 헌법불합치 결정	⇨	노조법 개정	⇨	운영비 원조 판단 해석 변경
◦ 운영비 원조 행위를 일률적으로 부노로 간주한 종전 법률은 과잉금지원칙 위반.		◦ 노조의 자주적 운영/활동을 침해할 위험 없는 운영비 원조는 허용. ◦ 2021. 7. 6. 시행, 법률 제17864호, 2021. 1. 5. 일부개정		◦ 노조법 개정에 따라 법원의 운영비 원조 판단에 대한 해석 변경. ◦ 형식설 → 실질설

2. 운영비 원조에 대한 법원의 입장 변화와 현행 노조법의 구조

가. 운영비 원조의 부당노동행위 해당 여부에 법원의 입장 변화

(1) 실질설

운영비 원조의 부당노동행위가 성립되려면 형식상 운영비 원조에 해당하는 행위가 있는 것으로는 부족하고, 그것으로 노동조합의 자주성이 저해되었거나

저해될 구체적 위험이 발생해야 한다고 보는 견해이다.[155)]

실질설에 따르면, 사용자의 운영비 원조가 노동조합의 적극적인 요구 내지 투쟁결과로 얻어진 것이라면, 노동조합의 자주성이 저해될 위험이 거의 없으므로 부당노동행위에 해당하지 않는다고 판단할 수 있다.

법원은 전임자 급여 지급 금지 등 노조전임자에 대한 법적 규율[156)]이 없고, 운영비 원조를 부당노동행위로만 규정하고 있던 시기(1963.4.17.~2010.7.1.)에는 실질설에 따라 운영비 원조의 부당노동행위 해당 여부를 판단하였다.

관련 법령 및 해석

대법원 1991. 5. 28. 선고 90누6392 판결

노동조합법 제39조 제4호 본문에서 사용자가 노동조합의 운영비를 원조하는 행위를 부당노동행위의 하나로 보고 이를 금지하고 있는바 따라서 노조전임자나 노조간부가 사용자로부터 급여를 지급받는 것이 형식적으로 보면 위 법조에 해당하는 것 같지만 그러나 운영비 원조금지의 입법목적이 조합의 자주성을 확보하는 데에 있다 할 것이므로 위 법조 소정의 부당노동행위의 성립여부는 형식적으로만 볼 것은 아니고 그 급여지급으로 인하여 조합의 자주성을 잃을 위험성이 현저하게 없는 한 부당노동행위가 성립되지 않는다고 봄이 상당하다 할 것이고 특히 그 급여지급이 조합의 적극적인 요구 내지는 투쟁결과로 얻어진 것이라면 그 급여지급으로 인하여 조합의 자주성이 저해될 위험은 거의 없다고 보아야 할 것이므로 이는 위 법조 소정의 부당노동행위에 해당하지 않는다고 보아야 할 것이다.

155) 노동법실무연구회, 「노동조합 및 노동관계조정법 주해Ⅲ」 제2판, 박영사, 2023, 252쪽

156) 구(舊) 노조법(법률 제15849호, 2018. 10. 16. 일부개정) 제24조(노동조합의 전임자) 제2항

① 근로자는 단체협약으로 정하거나 사용자의 동의가 있는 경우에는 근로계약 소정의 근로를 제공하지 아니하고 노동조합의 업무에만 종사할 수 있다.

② 제1항의 규정에 의하여 노동조합의 업무에만 종사하는 자(이하 "專任者"라 한다)는 그 전임기간동안 사용자로부터 어떠한 급여도 지급받아서는 아니된다.

(2) 형식설

사용자의 운영비 원조 행위는 그 자체로서 노동조합의 자주성 상실 내지 저해의 위험을 내포하고 있기 때문에 실제 그러한 결과에 이르렀는지를 묻지 않고 일률적으로 부당노동행위로서 금지되어야 한다는 견해이다.[157)]

형식설에 따르면, 사용자의 운영비 원조 행위는 노동조합의 적극적인 요구 내지 투쟁으로 얻어진 결과라고 하더라도, 부당노동행위에 해당된다고 판단될 수 있다.

법원은 전임자 급여 지급 금지 등 노조전임자에 대한 법적 규율이 시행되어 전임자에 대한 급여 지급이 부당노동행위로 규정되고, 근로시간면제제도가 신설된 시기(2010.7.1.~2018.5.31.)에는 형식설에 따라 운영비 원조의 부당노동행위 해당 여부를 판단하였다.

관련 법령 및 해석

대법원 2016. 1. 28. 선고 2012두12457 판결

노동조합법 제24조 제2항에 따라 전임기간 동안 사용자로부터 일체의 급여를 지급받는 것이 금지되며, 노동조합법 제81조 제4호 본문과 단서는 이를 반영하여 규정하고 있으므로, 노조전임자 급여 지원 행위는 별도로 노동조합의 자주성을 저해할 위험성이 있는지 가릴 필요 없이 그 자체로 부당노동행위를 구성한다고 해석된다.

대법원 2016. 1. 28. 선고 2013다72046 판결

노동조합법 제81조 제4호 단서에서 정한 행위를 벗어나서 주기적이나 고정적으로

157) 노동법실무연구회, 「노동조합 및 노동관계조정법 주해Ⅲ」 제2판, 박영사, 2023, 252쪽

이루어지는 운영비 원조 행위는 노조전임자 급여 지원 행위와 마찬가지로 노동조합의 자주성을 잃게 할 위험성을 지닌 것으로서 노동조합법 제81조 제4호 본문에서 금지하는 부당노동행위라고 해석되고, 비록 그 운영비 원조가 노동조합의 적극적인 요구 내지 투쟁으로 얻어진 결과라 하더라도 이러한 사정만을 가지고 달리 볼 것은 아니다.

나. 운영비 원조의 부당노동행위 해당 여부에 대한 헌법재판소의 입장

헌법재판소는 실질설의 입장에서 구(舊) 노조법 제81조 제4호는 노동조합의 자주성을 저해하거나 저해할 위험이 현저하지 않은 운영비 원조까지 금지하는 결과 단체교섭권을 과도하게 침해하여 헌법에 위반된다는 취지로 해당 조항에 대한 헌법불합치 결정을 하였다.

관련 법령 및 해석

헌법재판소 2018. 5. 31. 선고 2012헌바90 결정

운영비원조금지조항은 사용자가 노동조합의 운영비를 원조하는 행위(이하 '운영비 원조 행위'라 한다)를 통해 노동조합에 영향력을 행사하는 것을 금지함으로써 노동조합의 사용자로부터의 자주성을 확보하여 궁극적으로 근로3권의 실질적인 행사를 보장하기 위한 것으로서 그 입법목적이 정당하다. 운영비 원조 행위가 노동조합의 자주성을 저해할 위험이 없는 경우에는 이를 금지하더라도 노동조합의 자주성을 확보하고자 하는 입법목적의 달성에 아무런 도움이 되지 않는다. 그런데 운영비원조금지조항은 단서에서 정한 두 가지 예외(근로자의 후생자금 또는 경제상의 불행 기타 재액의 방지와 구제 등을 위한 기금의 기부와 최소한의 규모의 노동조합사무소의 제공)를 제외한 일체의 운영비 원조 행위를 금지함으로써 노동조합의 자주성을 저해할 위험이 없는 경우까지 금지하고 있으므로, 입법목적 달성을 위한 적합한 수단이라고 볼 수 없다. 노동조합의 자주성을 저해하거나 저해할 현저한 위험이 있는 운영비 원조 행위만을 금지하더라도 노동조합의 자주성을 확보하고 근로3권의 실질적인 행사를 보장하고자 하는 입법목적을 달성할 수 있음에도 불구하고, 운영비원조금지조항이 단서에서 정한 두 가지 예외를 제외한 운영비 원조 행위를 일률적으로 부당노동행위로 간주하여 금지하는 것은 침해의 최소성에 반한다. 노동조합의 자주성을 저해하거나 저해할 위험이 현저하지 않은 운영비 원조 행위를 부당노동행위로 규제하는 것은 노동조합의 자주성을 확보함으로써 실질적인 근로3권의 행사를 보장하는 데에 기여하는 바가 전혀 없는 반면, 운영비원조금지조항으로 인하여 청구인은 사용자로부터 운영비를 원조받을 수 없을 뿐만 아니라 궁극적으로 노사자치의 원칙을 실현할 수 없게 되므로, 운영비원조금지조항은 법익의 균형성에도 반한다.

다. 헌법불합치 결정 이후 노조법 개정

상기 헌법재판소의 헌법불합치 결정의 취지를 반영하여 개정된 노조법(법률 제17432호, 2020. 6. 9. 일부개정)은 제81조 제1항 제4호 단서로 “노동조합의 자주적인 운영 또는 활동을 침해할 위험이 없는 범위에서의 운영비 원조행위”를 부당노동행위의 예외 사유로 추가하고, 제2항에 “노동조합의 자주적 운영 또는 활동을 침해할 위험”을 판단하는데 고려할 요소를 명시하였다.

또한, ILO 핵심협약 비준[158]을 위하여 ILO의 구 노조법상 전임자 급여지급 금지 규정의 폐지 권고를 수용하면서 노조전임자에 관한 규율을 삭제하고 근로시간면제 제도로 통합하는 방향으로 노조법을 개정하였다(현행 노조법 : 법률 제17864호, 2021. 1. 5. 일부개정).

158) 제87호. 결사의 자유 및 단결권 보호에 관한 협약

상기 개정에 따라 현행 노조법은 노조전임자에 대한 규율을 삭제하고, 사용자로부터 급여를 지급받으면서 노조 업무에 종사하는 자는 모두 "근로시간면제자"로 규율하게 되었다.

라. 운영비 원조에 대한 현행 노조법의 구조

헌법재판소의 결정 등에 따라 개정된 현행 노조법상 운영비 원조의 부당노동행위 해당 여부에 대한 구조는 아래와 같이 정리할 수 있다.

〈그림 6〉 ǀ 운영비 원조의 부당노동행위 판단구조

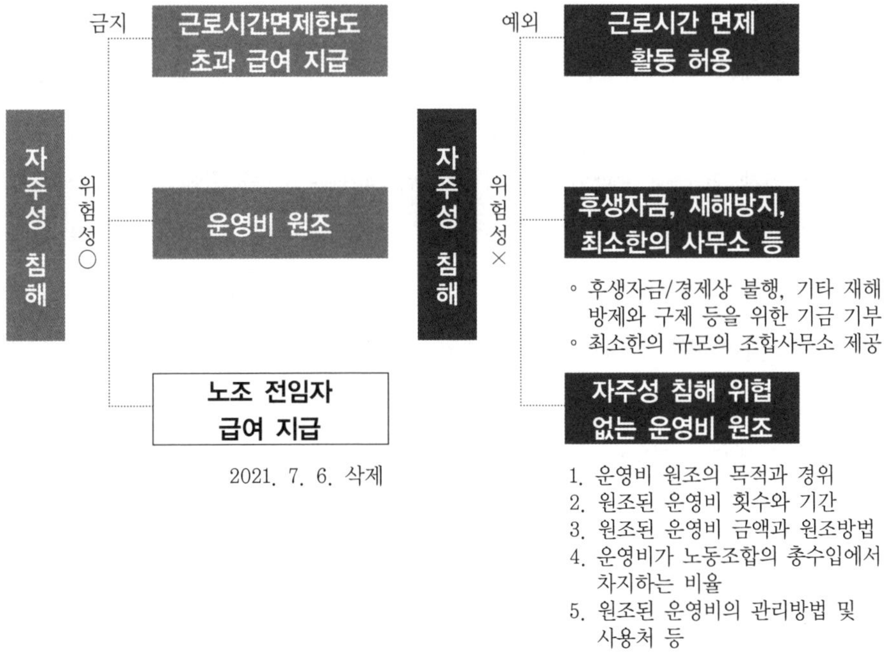

따라서 현행 노조법상 부당노동행위에 해당하는 운영비 원조의 유형은 ① 근로시간면제한도를 초과한 급여 지급, ② 운영비 원조 일반으로 구분할 수 있는 바, 이하에서는 근로시간면제자에 대한 급여 지급 및 운영비 원조 일반으로 나누어 부당노동행위 해당 여부에 대하여 검토하도록 하겠다.

3. 근로시간면제자에 대한 급여 지급의 부당노동행위

가. 부당노동행위 판단기준

(1) 원칙

노조법 제81조 제1항 제4호 본문은 제24조 제2항에 따른 근로시간면제 한도를 초과한 급여 지급을 금지하고 있으므로, 노조법 제24조 제2항에 따른 법정 근로시간면제 한도를 초과한 급여지급 행위 자체는 노동조합의 자주성을 침해할 위험성이 있는지 여부와 관계없이 그 자체로 부당노동행위에 해당한다.[159)]

또한, 근로시간면제 한도 초과 급여지급 행위에서 부당노동행위 의사는 노조법 제81조 제1항 4호 단서에 의하여 예외적으로 허용되는 경우가 아님을 인식하면서도 급여 지원행위를 하는 것 자체로 인정할 수 있고, 그 밖에 지배・개입의 적극적・구체적인 의도나 동기까지 필요한 것은 아니다.

159) 고용노동부, 「집단적 노사관계 업무매뉴얼」, 2022, 502쪽 ; 고용노동부, 「개정 노동조합 및 노동관계조정법 설명자료」, 2021, 40쪽

관련 법령 및 해석

대법원 2016. 4. 28. 선고 2014두11137 판결

노동조합법 관련 규정의 형식이나 내용, 그 입법목적, 다른 부당노동행위 유형과 구별되는 특성 등을 종합하여 보면, 노조전임자 급여 지원 행위 또는 노동조합 운영비 원조 행위에서 부당노동행위 의사는 노동조합법 제81조 제4호 단서에 의하여 예외적으로 허용되는 경우가 아님을 인식하면서도 급여 지원 행위 혹은 운영비 원조 행위를 하는 것 자체로 인정할 수 있고, 지배·개입의 적극적·구체적인 의도나 동기까지 필요한 것은 아니다. 이는 근로시간 면제자에게 과다한 급여를 지급한 것이 노조전임자 급여 지원 행위나 노동조합 운영비 원조 행위로 평가되는 경우에도 마찬가지이다.

따라서 ① 근로시간면제 한도를 초과하여 급여를 지급하는 경우, ② 급여지급의 대상이 된 업무가 근로시간면제 대상 업무에 해당하지 않는 경우, ③ 급여의 수준이 합리적인 범위를 벗어나 과다하게 책정된 경우는 부당노동행위에 해당한다.[160)]

(2) 근로시간면제 한도 초과지급 여부

사업(장)의 종사근로자인 조합원 수 등을 고려하여 근로시간면제 한도고시[161)]에 따른 연간 단위 근로시간면제 시간 및 인원을 초과한 경우에는 부당노동행위에 해당한다.

160) 고용노동부, 「집단적 노사관계 업무매뉴얼」, 2022, 503쪽

161) 고용노동부고시 제2013-31호

〈표 11〉 | 조합원 규모별 근로시간면제 한도

조합원 규모	연간 시간 한도	사용가능인원
99명 이하	최대 2,000시간 이내	• 조합원 수 300명 미만의 구간 : 파트타임으로 사용할 경우 그 인원은 풀타임으로 사용할 수 있는 인원의 3배를 초과할 수 없다. • 조합원 수 300명 이상의 구간 : 파트타임으로 사용할 경우 그 인원은 풀타임으로 사용할 수 있는 인원의 2배를 초과할 수 없다. ※ 조합원은 종사근로자인 조합원을 기준으로 함
100명~199명	최대 3,000시간 이내	
200명~299명	최대 4,000시간 이내	
300명~499명	최대 5,000시간 이내	
500명~999명	최대 6,000시간 이내	
1,000명~2,999명	최대 10,000시간 이내	
3,000명~4,999명	최대 14,000시간 이내	
5,000명~9,999명	최대 22,000시간 이내	
10,000명~14,999명	최대 28,000시간 이내	
15,000명 이상	최대 36,000시간 이내	

〈표 12〉 | 지역분포에 따른 근로시간면제 한도

대상	추가 부여되는 근로시간면제 한도	
	광역자치단체 개수	시간
전체 조합원 1,000명 이상인 사업 또는 사업장	2~5개	사업(장) 연간 근로시간면제 한도×10%
	6~9개	사업(장) 연간 근로시간면제 한도×20%
	10개 이상	사업(장) 연간 근로시간면제 한도×30%

※ 광역자치단체 개수의 산정기준 :

① 광역자치단체는 지방자치법 제2조제1항제1호에 따른 특별시, 광역시, 특별자치시, 도, 특별자치도를 말한다.

② 광역자치단체의 개수는 해당 사업 또는 사업장의 전체 조합원 5% 이상이 근무하는 것을 기준으로 산정한다.

근로시간면제 한도를 산정하는 1년의 산정 기준은 단체협약 등 노사간 별도로 정함이 있으면 그에 따르고, 별도로 정한 바가 없다면 단체협약 유효기간 기산일로부터 1년간을 근로시간면제 한도 산정기간으로 보아야 할 것이다.

종사근로자인 조합원 수는 원칙적으로 단체협약을 체결한 날 또는 사용자가 동의한 날을 기준으로 산정하므로, 노사간 별도로 정함이 있으면 그에 따르고, 별도로 정한 바가 없다면 단체협약을 체결한 날이 근로시간면제 한도를 결정하는 조합원 수 산정 시점이 된다.

별도의 한도 조정에 대한 합의 없이 단체협약으로 근로시간면제 한도를 정한 경우, 단체협약 유효기간 중 조합원 수의 변동이 있는 경우라도 근로시간면제 한도는 당해 단체협약의 유효기간까지 유효하다고 할 것이다. 다만, 조합원 수 변동 등에 따라 노사간 협의를 통해 근로시간면제 한도를 재조정하는 것도 가능하다.

관련 법령 및 해석

고용노동부, 「집단적 노사관계 업무매뉴얼」, 2022, 503쪽

사업(장)의 종사근로자인 조합원 수 등을 고려하여 「근로시간면제 한도고시」에 따른 연간 단위(노사간 달리 정함이 없다면 단체협약 유효기간 기산일로부터 1년간) 근로시간면제 시간 및 인원을 초과한 경우 부당노동행위에 해당

- 종사근로자인 조합원 수의 산정 시점은 원칙적으로 단체협약 체결시 또는 사용자가 동의한 날이나 노사협의로 달리 정할 수 있으며, 단체협약으로 근로시간면제 한도를 정한 경우 별도의 정함이 없는 한 종사근로자인 조합원 수 변동과 관계없이 해당 면제 한도는 당해단협의 유효기간까지 유효

고용노동부, 「노동조합 및 노동관계조정법 질의회시 모음집」, 2020, 143쪽

근로시간면제한도 고시(고용노동부 고시 제2013-31호)에 따른 조합원 규모는 노조법 제24조제4항의 사업 또는 사업장의 전체 조합원 수를 의미하며, 단체협약을 체결한 날 또는 사용자가 동의한 날을 기준으로 산정한다고 규정하고 있음.

이때, 사용자가 동의한 날은 노사가 근로시간면제 시간 및 사용방법 등 근로시간면제 한도에 대하여 '합의서', '협약서' 등 명칭에 관계없이 노사간에 근로시간 면제에 대한 합의를 하거나 사용자가 근로시간면제에 대한 동의를 한 날을 의미한다 할 것임(노사관계법제과-2552, 2018. 11. 5.)

- 사용자가 동의한 날은 2가지의 의미로 해석되므로 2가지 방법 모두 가능
  ① 사용자가 근로시간면제한도를 부여하기로 한 날
  ② 사용자가 근로시간면제한도를 부여하면서 특정일을 기준으로 조합원 수를 산정하기로 한 날
  예) 노사간 근로시간면제한도 산정을 위한 조합원 수 산정시점을 매년 1.1 또는 12.31 기준으로 하기로 한 경우 사용자가 동의한 날은 1.1 또는 12.31 의미

노사관계법제과-2370, 2011. 11. 24.

단체협약으로 근로시간면제한도를 정한 경우에는 별도의 한도조정 관련 규정이 없는 한 이후 조합원 수가 다소 변동되더라도 해당 면제한도는 원칙적으로 단체협약의 유효기간까지 효력이 있다 할 것임. 다만, 조합원 수의 변동 등이 있을 경우 노사·노노간 협의를 통해 근로시간면제한도를 재조정하는 것이 바람직할 것임.

사용자와 기존 노동조합 간 체결한 단체협약에 "복수노조 발생, 조합원 수 변동 등이 있을 경우 노조와 협의하여 어느 일방의 노조가 불이익을 당하지 않도록 근로시간면제한도를 재결정한다"는 취지의 규정이 있다면 이는 조합원 수 변동 등이 있을 경우 당사자 간 협의를 거쳐 근로시간면제한도를 합리적으로 재조정할 수 있는 근거를 마련한 것으로 재조정 자체를 의무화 한 것으로 볼 수 없으므로 당사자 간 협의를 거쳐 근로시간 면제한도를 재조정하지 않는다 하더라도 단체협약 위반으로 볼 수 없을 것임.

한편, 기존노조의 단체협약 유효기간이 상당기간 남아 있고, 사용자가 기존노조에게 법정 근로시간면제한도 총량을 모두 부여한 경우라면 사용자와 신규노조가 임금협약 체결을 위해 개별교섭을 하고 있다하더라도 사용자는 기존노조와 협의 없이 임의로 신규노조와 근로시간면제한도를 재조정할 수 없다 할 것임.

다만, 상기와 같이 단체협약에 신규노조 출현 등의 경우에 근로시간면제한도 재조정

할 근거가 있음에도 불구하고 사용자와 기존노조가 합리적인 이유 없이 근로시간면제한도 재조정을 위한 협의조차 하지 않는다면 기존 노조 우대를 통한 노조들 간 차별 등 지배·개입의 부당노동행위로 볼 소지가 있다 할 것임.

(3) 근로시간면제 대상 업무 해당 여부

근로시간면제자가 수행하는 업무는 노조법 제24조 제2항에 따른 ① 사용자와의 협의·교섭, ② 고충처리, ③ 산업안전 활동 등 ④ 노조법 또는 다른 법률에서 정하는 업무와 ⑤ 건전한 노사관계 발전을 위한 노동조합의 유지·관리 업무에 해당하여야 한다.

따라서 근로시간면제 대상 업무에 해당하지 않는 업무에 대해서도 유급처리를 하고, 그에 따라 근로시간면제 한도를 초과하여 급여를 지급하게 되는 경우라면 부당노동행위에 해당할 수 있다.

〈표 13〉 ｜ 근로시간면제 대상 업무 해당 여부의 판단요소

구분	내용
협의·교섭 업무	• 근참법에 의한 노사협의회 위원으로 실제 회의 참석 활동 - 이동시간, 회의안건 준비 등 회의와 직접 관련된 활동시간 포함 • 근로기준법에 따른 근로자대표로서 사용자와 실제 협의하는 활동 - 탄력적/선택적 근로시간제, 재량/간주근로시간제, 특별연장근로 합의 - 근로시간/휴게시간 특례, 보상휴가제 등 근로시간제도 도입 - 공휴일 대체, 연차유급휴가 대체 등 • 단체협약 체결을 위해 사용자와 교섭하는 활동 - 협의·교섭 형태를 불문하고, 본교섭, 실무교섭, 보충교섭 등 교섭활동 - 교섭안 마련, 교섭결과 설명회 등 교섭과 직접 관련된 활동

고충처리 업무	• 근참법 및 취업규칙 등에 의해 정식 위촉된 고충처리위원의 활동 – 정식 제기된 고충을 처리하기 위해 협의하는 활동 – 고충사항을 청취하고 이를 처리하기 위해 협의하는 활동
산업안전활동	• 산업안전보건위원회 업무 – 산업안전보건위원회 위원으로 실제 회의에 참석하는 활동 – 회의안건 준비, 안건검토 등 이와 직접 관련된 활동 • 산안법상 근로자대표의 활동(동의 · 입회 · 의견청취 등) – 안전보건관리규정 작성 · 변경시 동의 – 작업환경측정, 건강진단, 안전보건진단에의 입회 – 안전보건개선계획의 수립 · 시행에 대한 의견청취 – 명예산업안전감독관으로서의 정당한 활동
사내근로복지기금	• 근로복지기본법에 따른 사내근로복지기금협의회 관련 업무 – 사내근로복지기금협의회 위원 및 이사, 감사로서의 활동
노조유지관리업무	• 건전한 노사관계 발전을 위한 노동조합 유지 · 관리 업무 – 노동조합의 관리 업무(노조법 제2장 제3절) – 정기총회, 대의원회, 임원선거, 회계감사 등 – 생산성 향상 등을 위한 노사공동위원회의 활동 – 사용자 위탁교육, 직업능력개발훈련 등 노사공동의 이익과 관련된 교육 – 기타 이에 상응하는 건전한 노사관계 발전을 위한 노조 유지 · 관리업무

근로시간면제 대상 업무와 관련하여 노동조합 상급단체 파견업무가 근로시간면제 대상 업무에 해당하는지 여부가 문제되나, 고용노동부는 상급단체 파견업무도 사업(장) 활동과 무관하지 않으므로 원칙적으로 노사 합의에 따라 근로시간면제 한도 내에서 사용 가능하다는 입장이다.

반면, 쟁의행위, 공직선거 출마 등 사업장 내 노사공동의 이해관계에 속하는 업무로 볼 수 없는 경우에는 근로시간면제 대상 업무에 포함되지 않는다. 따라서 쟁의 발생 결의대회 등 쟁의행위 준비시간 또한 근로시간면제 대상 업무에 해당하지 않는다.

관련 법령 및 해석

노사관계법제과-2161, 2013. 8. 7.

하나의 사업(장)에 조직된 기업단위 노동조합의 조합원이 상급단체(연합단체 등)에 파견되어 활동하는 경우, 상급단체도 노조법상 노동조합에 포함되며 상급단체 파견 활동이 사업(장) 활동과 무관하지 않으므로 사업(장)의 근로시간면제 한도 내에서 사용이 가능하다 할 것임

노사관계법제과-1968, 2014. 8. 8.

상급단체 파견은 연합단체인 노동조합에 파견되는 것뿐만 아니라 초기업노조의 지부 조합원이 본조인 초기업노조에 파견되는 경우도 포함된다 할 것임. 다만, 근로시간면제 시간은 단체협약으로 정하거나 사용자가 동의하는 경우에 부여하는 것이므로 상급단체(또는 본조) 파견에 대한 면제시간 부여는 사업(장)의 노사 당사자가 법정 근로시간면제 한도를 초과하지 않는 범위 내에서 협의·결정하여야 할 사안임

노사관계법제과-645, 2010. 9. 2.

쟁의행위 등 사업장 내 노사공동의 이해관계에 속하는 업무와 무관한 활동은 근로시간면제 대상 업무가 될 수 없는 바, 쟁의발생결의 대회 등 쟁의행위 준비행위 시간 또한 근로시간면제 한도에 포함되지 않는다 할 것임.

(4) 급여의 수준이 과다하게 책정되었는지 여부

단체협약 등 노사합의에 의한 경우라도 타당한 근거 없이 근로시간면제자에게 과다하게 책정된 급여를 지급하거나 실제 소요된 시간보다 과다한 시간을

유급으로 처리하였다면 부당노동행위에 해당할 수 있다.

이와 관련하여 대법원은 근로시간면제자가 일반 근로자로 근로하였다면 해당 사업장에서 동종 혹은 유사 업무에 종사하는 동일 또는 유사 직급·호봉의 일반 근로자의 통상 근로시간과 근로조건 등을 기준으로 받을 수 있는 급여 수준이나 지급기준을 사회통념상 수긍할 만한 합리적인 범위를 초과할 정도로 과다한지 여부 등을 고려하여 부당노동행위 해당 여부를 판단하고 있다.

관련 법령 및 해석

대법원 2016. 4. 28. 선고 2014두11137 판결

근로시간 면제자로 하여금 근로제공의무가 있는 근로시간을 면제받아 경제적인 손실 없이 노동조합 활동을 할 수 있게 하려는 근로시간 면제 제도 본연의 취지에 비추어 볼 때, 근로시간 면제자에게 지급하는 급여는 근로제공의무가 면제되는 근로시간에 상응하는 것이어야 한다. 그러므로 단체협약 등 노사 간 합의에 의한 경우라도 타당한 근거 없이 과다하게 책정된 급여를 근로시간 면제자에게 지급하는 사용자의 행위는 노동조합 및 노동관계조정법 제81조 제4호 단서에서 허용하는 범위를 벗어나는 것으로서 노조전임자 급여 지원 행위나 노동조합 운영비 원조 행위에 해당하는 부당노동행위가 될 수 있다.

여기서 근로시간 면제자에 대한 급여 지급이 과다하여 부당노동행위에 해당하는지는 근로시간 면제자가 받은 급여 수준이나 지급 기준이 그가 근로시간 면제자로 지정되지 아니하고 일반 근로자로 근로하였다면 해당 사업장에서 동종 혹은 유사 업무에 종사하는 동일 또는 유사 직급·호봉의 일반 근로자의 통상 근로시간과 근로조건 등을 기준으로 받을 수 있는 급여 수준이나 지급 기준을 사회통념상 수긍할 만한 합리적인 범위를 초과할 정도로 과다한지 등의 사정을 살펴서 판단하여야 한다.

나. 근로시간면제자에 대한 급여 지급과 관련된 부당노동행위의 구체적 사례

우리 법원과 고용노동부는 사용자가 근로시간면제한도를 초과하여 급여를 지급하는 등부당노동행위에 해당하는지 여부에 대하여 ▲근로시간면제자에게 부여된 시간이 법정 한도를 초과하였는지 여부, ▲근로시간면제 대상 업무 해당 여부, ▲동종 · 유사 직급 · 호봉 · 근속년수의 근로자가 받는 임금, ▲그 밖에 급여지급 수준의 합리성 등을 종합적으로 고려하여 판단하고 있다.

☑ 법정 근로시간면제 한도 초과 여부

[부당노동행위 인정 요소]

- 법정 근로시간면제 한도를 초과한 경우
  - 노동조합에게 법정 근로시간면제 한도를 모두 부여하였음에도 근로시간면제자에게 추가로 고정연장근로수당 및 직책수당을 지급하였고, 해당 수당을 시간으로 환산할 경우 근로시간면제한도를 초과(533시간 초과)하는 경우[162](중앙2016부노140,146 병합, 인정사례①)
  - 회사가 단체협약을 체결할 당시 총 조합원 수가 609명이어서 연6,000시간의 근로시간면제를 부여하였으나, 이후 약 7년에 걸쳐 조합원 수가 470명, 150명으로 순차적으로 감소하였음에도, 동일하게 연6,000시간의 근로시간면제를 부여한 경우(서울행법 2018구합2483, 인정사례②)

[부당노동행위 부정 요소]

- 법정 근로시간면제 한도를 초과하지 않은 경우

☑ 근로시간면제 대상 업무 해당 여부

[부당노동행위 인정 요소]

- 근로시간면제자가 면제대상 업무를 수행하지 않았음에도 불구하고, 사용자가 남은

면제한도 시간에 대해 별도의 수당으로 지급하는 경우(노사관계법제과-91, 인정사례③)

[부당노동행위 부정 요소]

• 근로시간면제자가 토요일, 일요일에 집회 등 노동조합 행사에 참석한 시간에 대하여 근로시간면제로 인정하여 연장근로수당을 지급하는 경우(대구지법 2020구합21410, 부정사례①)

☑ 급여 수준의 합리성

[부당노동행위 인정 요소]

• 근로시간면제자가 받은 급여 수준이 합리적인 범위를 초과하여 과다한 경우
  - 근로시간면제자와 근속연수가 비슷한 근로자가 지급받은 연봉총액(34,295,520원) 대비 근로시간면제자가 받은 연봉총액(50,875,900원)이 과다한 경우(서울행법 2013구합1102, 인정사례④)
  - 근로시간면제자가 동일한 근무연수의 근로자가 지급받은 연봉(36,147,450원) 대비 약 46%를 초과하는 액수의 연봉(53,034,800원)을 지급받은 경우(전주지법 2013노1369, 인정사례⑤)
  - 근로시간면제자와 입사시기가 비슷한 근로자의 같은 기간 동안 통상임금인상률(34.3%)과 비교했을 때 임금인상률(151%)이 매우 높고, 근로시간면제자가 동종·유사 근로자들의 평균연봉(37,168,000원) 대비 약 2.4배 높은 급여를 받은 경우(서울중앙지법 2016가합561931, 인정사례⑥)
  - 근로시간면제자가 받은 급여 및 상여 합계액(49,584,369원)이 동일 호봉 근로자들이 지급받은 평균 급여 및 상여 합계액(45,845,311원)을 초과하여 그 차액이 3,739,058원에 이르고, 동일 호봉 근로자가 받은 기본급 600%의 상여금은 9,700,000원으로 동일함에도 근로시간면제자만 동일한 상여금으로 12,180,000원을 지급받은 경우[163](대법 2018두33050, 인정사례⑦)
  - 근로시간면제자의 급여가 유사 직급·호봉의 일반근로자보다 9.9% 내지 16.9% 정도 더 많고, 지부장으로 선출된 후 동일 호봉 근로자의 기본급 보다 약 10.7%

더 많은 기본급을 지급받은 경우(노동부 업무매뉴얼, 인정사례⑧)

- 일반 근로자로 근로하였을 때 연봉은 4,300만원인 반면, 근로시간면제자로 지정된 이후 연봉이 5,300만원으로 연간 1,000만원의 급여를 더 지급받게 되는 경우(중앙2015부노15, 인정사례⑨)
- 근로시간면제자로 지정된 후 임금이 69.8%인상되었고, 동종 호봉의 근로자에게 지급된 금액 보다 연간 약 1,660만원 내지 1,387만원을 더 받은 경우(중앙2015부노217, 인정사례⑩)
- 근로시간면제자로 지정된 후 평균급여는 월간 4,869,704원으로 같은 기간·동일 호봉의 근로자가 지급받은 평균급여 3,558,878원 보다 1,310,826원을 더 지급받은 경우(중앙2018부노73,74 병합, 인정사례⑪)

[부당노동행위 부정 요소]

- 근로시간면제자가 받은 급여 수준이 합리적인 범위 내에 있는 경우
  - 근로시간면제자에게 지급한 급여수준(31,407,600원)이 입사시기가 유사한 근로자들의 급여 범위(30,843,000원~48,045,000원) 내에 있는 경우(서울중앙지법 2016가합561931, 부정사례②)
  - 근로시간면제자가 인정받은 연장근로시간이 월 평균 59.5시간이고, 동종 업무에 종사하는 동일 직급 근로자들의 월 평균 연장근로시간은 57시간~63시간인 경우(부산고법(창원) 2017나24277, 부정사례③)
  - 근로시간면제자가 정상적으로 근로하였다면 받을 수 있었던 부가가치 경감세액 상당액(매월 100,000원)을 지급받은 경우(중앙2016부노234, 부정사례④)
  - 실제 택시운전 업무를 하지 않는 근로시간면제자에게 초과운송수입금 84만원이 지급되는 경우라도, 근로시간면제자의 연봉이 25,087,104원으로 일반 근로자가 받는 연봉 범위(22,276,440원~34,184,292원)내에 있는 경우(중앙2018부노168, 부정사례⑤)
  - 근로시간면제자와 동일호봉 근로자간 월 평균 311,588원의 급여 차이가 존재하나, 일반근로자의 급여 수준이 근로시간면제자 보다 더 많은 경우도 있는 경우(노동부 업무매뉴얼, 부정사례⑥)

☑ **기타**

[부당노동행위 인정 요소]

- 근로시간면제자라는 이유로 별도의 고정적인 연장 · 야간근로수당을 과도하게 지급하는 경우(노사관계법제과-1056, 인정사례⑫)
- 근로시간면제자가 면제대상 업무를 수행하지 않았음에도 남은 면제한도 시간에 대해 근로시간면제자에게 별도의 수당으로 지급하는 경우(노사관계법제과-91, 인정사례⑬)
- 시간강사의 경우, 강의 제공의무가 없는 시간에 대해 유급처리 하는 경우(노사관계법제과-326, 인정사례⑭)

[부당노동행위 부정 요소]

- 일반근로자로서 정상적으로 근로하였다면 받을 수 있는 범위 내에서 연장 · 야간근로수당을 지급하는 경우(노사관계법제과-1056, 부정사례⑦)
- 매년 연말 경영실적에 따라 근로자를 대상으로 지급하는 성과급을 근로시간면제자에게도 일반근로자에게 적용되는 기준에 따라 지급하는 경우(노사관계법제과-1272, 부정사례⑧)

---

162) 해당 사례는 노동조합 내에서의 직책에 따라 고정연장수당 및 직책수당이 차등적으로 지급되었다는 점을 고려한 것으로 보임

163) 해당 사례에서 회사는 근로시간면제자와 동일한 호봉의 근로자 중 가장 많은 급여를 지급받은 자는 근로시간면제자와 유사하게 약 4,900만원의 임금을 지급받았다고 하여 합리적인 범위 내에서 급여를 지급받은 것이라고 주장한 것으로 보이나, 대법원은 1인의 근로시간면제자가 회사로부터 면제받은 근로시간은 연3,000시간으로 일반 근로자가 제공한 최대 근로시간인 연2,800시간을 초과하므로, 3,000시간의 면제시간이 유사 직급 · 호봉의 일반 근로자가 통상적으로 제공하는 근로시간이라고 볼 여지가 없다고 하여 회사의 주장을 배척한 것으로 보인다.

사례 ▮ 부당노동행위 인정 사례

[사례①] 중노위 2016. 10. 12. 중앙2016부노140,146 병합 판정

이 사건 사용자는 고용노동부장관의 고시에서 정한 근로시간면제한도(총 6,000시간)에 따라 신청 외 노동조합들의 임원들에게 이미 근로시간면제한도 6,000시간을 모두 부여(신청 외 노동조합1에게는 4,468시간, 신청 외 노동조합2에게는 1,532시간)하고 있음에도 불구하고, 이와는 별개로 신청 외 노동조합들의 근로시간면제자들에게 고정연장근로수당(연장근로수당 및 휴일근로수당) 및 직책수당을 지급하고 있는바(위 '4. 인정사실'의 '타'항과 같이 이를 근로시간면제한도로 환산할 경우 최소 47시간에서 최대 120시간), 이를 포함할 경우 이 사건 사용자에게 「노동조합 및 노동관계조정법」상 허용된 근로시간면제한도를 초과(533시간 초과)한 것이 되므로 이는 같은 법 제81조제4호 및 그 단서에서 허용된 범위를 벗어난 부당노동행위에 해당한다고 할 것이다. 이 사건 사용자는 이들 근로시간면제자들에게 지급된 고정연장근로수당 및 직책수당에 대해 이들 근로자들이 실제 현장에서 근로를 제공하고 있고, 그 금액도 사업장의 통상적인 급여지급기준을 토대로 정한 것이라고 주장하나, 근로시간면제자가 근로시간면제시간(근로시간부분 면제자의 경우에는 근로시간면제시간과 현장업무시간을 포함한 시간)을 제외한 시간에 실제 고정적 활동을 수행하였다는 입증도 없고, 그 금액도 이 사건 회사 내에서의 직책에 따른 것이 아닌 노동조합 내에서의 직책에 따라 순차적으로 차이를 두도록 정하고 있는 것을 감안하면, 이러한 사용자의 주장은 타당성이 있다고 볼 수는 없을 것이다.

[사례②] 서울행정법원 2018. 8. 30. 선고 2018구합2483 판결

2013년부터 2017년까지 원고의 교섭창구 단일화 절차에 참여한 총 조합원 수가 약 470명에서 약 150명으로 감소하였고, 제1 노동조합의 조합원 수도 약 270명에서 약 50명으로 감소하였다. 원고는 교섭창구 단일화 절차를 통해 이와 같은 사정을 잘 알았을 것으로 보임에도 불구하고 2017.12.31.까지 2010년도 단체협약이 유효하다는 이유로 제1 노동조합에만 연 6,000시간의 근로시간면제를 부여하였고 참가인에게는 이를 전혀 부여하지 않았다.
2013년경부터 총 조합원 수가 감소함에 따라 근로시간면제의 법정 최대한도도 이에 상응하여 감소하였다. 노동조합법 제24조제4항, 제24조의2 제1항, 제2항에 의하면 근로시간면제는 조합원 수 등을 고려하여 근로시간면제심의위원회에서 심의 · 의결하고 고용노동부장관이

고시한 한도 내에서 이루어져야 하는데, 근로자의 근로제공의무 및 근로시간면제제도의 취지에 비추어 볼 때 위 한도를 초과하는 근로시간면제를 부여하는 내용의 단체협약 규정은 무효로 봄이 타당하다. 원고는 위 각 규정의 내용에 비추어 2010년도 단체협약 제12조의 효력 여부를 충분히 판단할 수 있었을 것으로 보인다.
그러나 원고는 상당한 기간 동안 참가인 및 제1 노동조합에 근로시간면제 부여 · 배분의 책임을 전가하기만 하였고, 중부지방고용노동청으로부터 시정지시를 받았음에도 불구하고 참가인에게 직접적으로 근로시간면제를 부여하거나 제1 노동조합에 대하여 근로시간면제 시간을 제한하는 등의 적극적인 조치를 전혀 취하지 않았다. 원고는 근로자들로부터 근로를 제공받는 입장에 서 있으므로 근로시간면제의 직접적인 주체는 원고이고, 그에 관한 책임도 원고가 부담한다. 이와 같은 사정에 비추어 보면 원고가 제1 노동조합에 관계 법령에 따른 근로시간면제 한도를 초과한 근로시간면제를 부여하고 참가인에 대하여 근로시간면제 박탈을 묵인한 행위는 근로시간면제자에게 과다한 급여를 지급하는 행위와 본질적으로 다르지 않으며, 이는 참가인과 제1 노동조합의 운영에 대한 사실상의 지배 · 개입행위에 해당한다.

[사례③] 노사관계법제과-91, 2018. 1. 9.

근로시간면제자는 연간 부여된 면제한도 내에서 면제대상 업무를 수행하고 그 수행한 시간에 대해 급여를 받을 수 있으되 사용하지 못하고 남은 면제한도 시간은 소멸된다 할 것이므로, 근로시간면제자가 면제대상 업무를 수행하지 않았음에도 불구하고 사용자가 남은 면제한도 시간에 대해 근로시간면제자에게 별도의 수당으로 지급한다면 이는 부당노동행위에 해당한다 할 것임

[사례④] 서울행정법원 2013. 9. 12. 선고 2013구합1102 판결(서울고등법원 2014. 7. 23. 선고 2013누27762 판결, 대법원 2016. 4. 28. 선고 2014두11137 판결로 확정됨)

근로시간면제자에게 지급한 연봉 총액은 50,875,900원이고, 근로시간면제자와 근속연수가 비슷한 근로자(일반 조합원)에게 지급한 연봉총액은 34,295,520원인 경우 부당노동행위에 해당한다고 판단한 사례

[사례⑤] 전주지방법원 2014. 6. 20. 선고 2013노1369 판결(대법원 2016. 4. 29. 선고 2014도8831 상고기각 판결로 확정됨)

원심이 적법하게 채택하여 조사한 증거들에 의하여 인정할 수 있는 다음과 같은 사정, 즉 피고인 A이 운영하는 G과 전북자동차노조 사이에 2011. 7. 1. 체결된 단체협약과 임금협정에서는 근로자의 소정근로시간을 주 40시간으로 정하였으므로 연간 소정근로시간은 2,080시간(=40시간×52주)이고, 노조 전임자의 경우 근로시간을 면제하고 임금을 월 320만 원의 정액으로 정한 점, 위 회사가 노조 전임자 H에게 2012. 1.부터 2012. 12.까지 지급한 급여는 위 임금에 상여금, 근속수당 등을 더한 53,034,800원으로, 같은 기간 H과 비슷한 근무연수의 근로자인 AA에게 지급한 급여인 36,147,450원보다 약 46%를 초과하는 액수로서 일반 근로자가 단체협약과 임금협정에 따라 통상적으로 받을 수 있는 급여에 비하여 과도한 금액으로 보이는 점, 피고인 A은 노조 전임자가 업무의 특성상 일반 근로자의 근로시간을 훨씬 상회하여 근무한다고 주장하나, 원심 증인 Y의 법정 진술, 사법경찰관 작성의 W에 대한 진술조서의 진술기재만으로는 이를 인정하기에 부족하고 달리 이를 인정할 증거가 없으며, 오히려 위 회사에서는 근로시간 면제자의 출·퇴근을 육안으로 확인하고 있을 뿐 출·퇴근을 특정한 형태로 확인하고 있지 않아 그 근무시간을 객관적으로 관리한 바 없고, 해당 근로시간 면제한도, 실제 노조활동 시간 등을 고려하여 근로시간 면제자가 소정근로시간 외에 얼마나 노동조합의 유지·관리 업무를 하였는지를 따져 이를 근로시간에 반영하여 근로시간 면제한도에 들도록 하는 등의 노력을 하지 아니한 채 만연히 노동조합측에서 요구한다는 이유로 위와 같이 일반 근로자에 비하여 높은 수준의 급여를 지급한 점 등을 종합하여 보면, 피고인 A이 노조 전임자로 근로시간 면제자인 H에게 동일한 조건의 다른 근로자의 임금 수준을 넘는 임금을 지급한 것은 노조법 제24조 제4항에 따라 지급할 수 있는 임금의 범위를 초과하여 지급한 것으로서 노조법 제81조 제4호 본문의 노동조합의 전임자에게 급여를 지원하는 행위에 해당한다 할 것이다.

[사례⑥] 서울중앙지방법원 2019. 9. 20. 선고 2016가합561931 판결(서울고등법원 2020. 7. 10. 선고 2019나2045686 판결)

① 피고는 원고 A를 비롯한 면제자의 근로시간 면제시간의 사용 시간, 내역에 대해 사후적으로 확인한다거나 원고 A를 비롯한 근로시간 면제자들의 급여 수준을 산정함에 있어 근로시간 면제시간과의 관계를 고려하지 않은 이상, 원고 A에게 부여받은 근로시간 면제한도를 기초로 근로시간 면제자에게 지급하는 급여를 산정하기는 어렵고, 원고 A와 입사시기가 비슷한 근로자의 임금 수준을 기초로 원고 A의 급여를 산정함이 상당한 점, ② 원고 A의 연도별 급여 내역을 살펴보면, 2004년경부터 급격한 인상이 이루어졌는데(2004년 57.3% 인상, 2008

년 16% 인상, 2012년 22.9% 인상), 2003년부터 이 사건 급여 조정 전까지 인상률은 151%로 같은 기간 피고의 통상임금인상률 34.3%와 비교했을 때 매우 높은 수치로서, 원고 A는 피고 임원 급에 준하는 급여를 받고 있었던 점, ③ 이 사건 급여 조정 무렵 원고 A와 입사시기가 비슷한 근로자들의 급여는 최저 30,843,000원에서 최대 48,045,000원이었고 평균 연봉은 37,168,000원으로, 원고 A의 종전 급여 수준은 재직기간이 유사한 직원들 평균과 비교하더라도 약 2.4배 높았던 점, ④ 원고 A의 급여 수준은 사실상 피고 임원에 준하는 수준이었는데, 2002년부터 2009년까지 피고 대표이사로 근무했던 L의 증언에 의하면, 피고 측도 원고 A가 계속 노조 위원장직을 수행하길 원했고, 이점이 원고 A에 대한 급여가 높아지게 되었던 원인으로 보이는 점 등을 종합하면, 이 사건 급여 조정 전까지 원고 A가 지급받은 급여는 타당한 근거 없이 과다하게 책정된 급여에 해당하므로, 피고가 이와 같이 원고 A에게 과다한 급여를 지급하는 행위는 노동조합법 제81조 제4호 단서에서 허용하는 범위를 벗어나는 것으로서 같은 호 본문의 부당노동행위에 해당하고, 나아가 이 사건 급여 조정을 통해 피고가 원고 A에게 지급한 급여 수준(연봉 기준으로 31,407,600원)은 원고 A와 입사시기가 비슷한 피고 근로자들의 연봉 수준 범위 내로서 사회통념상 수긍할 만한 합리적인 범위 내에 있다고 봄이 상당하다.

[사례⑦] 대법원 2018. 5. 15. 선고 2018두33050 판결

① 원고 3이 원고 회사로부터 면제받은 근로시간은 연 3,000시간으로, 근로기준법 제2조 제1항 제7호에 따른 원고 회사의 소정 근로시간 연 2,080시간보다 920시간이 많다. 노동조합법 제24조 제4항에서 근로시간 면제자에게 임금의 손실 없이 근로시간 면제대상 활동을 수행할 수 있도록 보장한 취지는 궁극적으로 노동조합의 활동이 위축되지 않도록 하려는 데 있고, 면제가 허용되는 근로시간을 소정 근로시간으로 엄격히 제한하면 일반 근로자로 근무하는 경우와 비교하여 임금의 손실이 불가피할 수 있으므로, 면제할 수 있는 근로시간을 반드시 소정 근로시간으로 한정할 것은 아니지만, 이러한 경우에도 일반 근로자가 통상적으로 제공하는 근로시간을 반영하는 정도에 그쳐야 할 것인데, 원고 회사의 다른 근로자가 제공한 근로시간은 가장 많은 경우에도 연 2,800시간 남짓한 정도에 불과하여 원고 3이 면제받은 연 3,000시간의 근로시간이 위 원고 3과 동일 또는 유사 직급 · 호봉의 일반 근로자가 통상적으로 제공하는 근로시간이라고 볼 여지는 없다.

② 원고 3이 원고 전국자동차노동조합연맹 서울시버스노동조합 아진교통지부의 지부장으로 취임하여 근로시간 면제자로 지정된 2014. 9.부터 2015. 8.까지 원고 회사로부터 급여 및

상여 합계액 총 49,584,369원(급여 37,404,369원 + 상여 12,180,000원)을 지급받은 반면, 같은 기간 동안 원고 회사의 운전직 4호봉 근로자들이 지급받은 평균 급여 및 상여 합계액은 45,845,311원(평균 급여 36,143,151원 + 평균 상여 9,702,160원)에 불과하여 그 차액이 3,739,058원에 이르는 이상, 원고 3이 받은 급여 수준은 동일 호봉의 일반 근로자가 통상 근로시간과 근로조건 등을 기준으로 하여 받을 수 있는 급여 수준보다 과다하다고 할 것이고, 통상적인 근로시간보다 더 많은 근로를 제공하는 근로자의 급여 수준을 기준으로 근로시간 면제자에게 지급된 급여가 과다한지를 판단할 것은 아니다.
③ 나아가 원고 회사의 운전직 4호봉 근로자들이 1년 동안 상여금으로 지급받은 금액은 기본급의 600%에 해당하는 금액인 약 9,700,000원으로 동일함에도, 원고 3만이 이와 달리 12,180,000원의 상여금을 지급받았으므로, 이러한 상여금의 지급을 통상의 지급기준에 따른 것으로 볼 수도 없다.

[사례⑧] 중노위, 「주제별 판례 분석집 집단적 노사관계」, 2018, 394쪽

근로시간 면제자의 급여가 유사직급호봉의 일반근로자보다 9.9% 내지 16.9% 정도 더 많고, 지부장으로 선출된 후 동일 호봉 근로자 기본급 보다 약 10.7% 더 많은 기본급을 지급받았다면 노동조합법 제81조 제4호 본문을 위반한 경우에 해당함

근로시간 면제자의 경우, 사용자가 일반 근로자와 동일한 방식으로 근로시간 면제자의 근태를 관리하거나 파악할 수 없어 일반 근로자와 동일한 임금체계에 따라 임금을 산정할 수 없다 하더라도, 근로시간 면제자에게 근로제공의무가 있는 근로시간을 면제하여 경제적 손실 없이 노동조합 활동을 할 수 있도록 하려는 제도 취지에 비추어 보면, 근로시간 면제자에게 지급하는 급여는 근로제공의무가 면제되는 근로시간에 상응 하는 것이어야 한다. 또한, 근로시간 면제자가 초과 근무를 하더라도 일반 근로자의 초과근무와 달리, '사용자와의 협의 · 교섭, 고충처리, 산업안전 활동 등이 법 또는 다른 법률에서 정하는 업무와 건전한 노사관계 발전을 위한 노동조합의 유지 · 관리업무'(노동조합법 제24조 제4항)를 한 것이므로 당초 제도의 취지를 넘어서까지 특별히 고려할 것은 아니다. 따라서 근로시간 면제자의 급여에 관하여, 해당 사업장의 동일 또는 유사 직급 · 호봉의 일반 근로자의 급여 수준이나 지급 기준과 비교하여 사회통념상 수긍할 만한 합리적인 범위를 초과할 정도로 과다한 것이라면 노동조합법 제81조 제4호 본문을 위반 하는 것이 된다. 노사합의로 근로시간 면제자의 급여 수준을 정할 수 있지만, 앞서 살펴본 바와 같이 2015년 운전직 근로자의 임금 인상률이 3.7%인데 비하여 원고 지부장은 취임 후 급여액이 22.4%나 상승하였고, 원고 회사의 일반적인 운전직 8호봉

근로자들의 임금격차는 적게는 0.9%에서 많아도 6.3%에 불과함에도, 지부장은 유사 직급 · 호봉의 일반 근로자보다 9.9% 내지 16.9% 정도 더 많은 급여를 지급받았으며, 지부장이 원고 지부의 지부장으로 선출된 후 특별한 이유없이 동일 호봉 근로자의 기본급보다 약 10.7% 더 많은 기본급을 지급받았다면, 근로시간 면제를 인정한 취지, 노동조합의 전임자에게 급여를 지원하거나 노동조합의 운영비를 원조하는 행위를 원칙적으로 금지하는 노동조합법 제81조 제4호에 비추어 이를 사회통념상 수긍할 만한 합리적인 범위 내라고 볼 수 없다. 원고들은, 면제되는 근로시간도 단체협약이나 임금협정에 따라 근로제공의무가 있는 근로시간으로서 연간 최대 2,470시간에 그치는 것은 아니고, 원고 회사 소속 일반 근로자가 통상적으로 제공하는 근로시간은 실제 근로시간을 기준으로 산정한 연간 2,648시간이므로 이에 따라 원고 ○○○의 급여 수준을 판단하여야 한다는 취지로 주장한다. 그러나 원고들의 주장처럼 원고 회사 소속 일반 근로자가 통상적으로 제공하는 근로시간이 실제로 최대 연 2,648시간이거나 원고 회사가 원고 ○○○에게 연 3,000시간의 근로시간면제를 부여하는 합의를 하였다고 하더라도, 앞서 살펴본 바와 같이 원고 회사 소속 운전직 근로자의 경우 단체협약이나 임금협정으로 근로제공의무를 인정할 여지가 있는 근로시간 연 2,470시간을 초과한 근로시간면제가 허용된다고 볼 수 없으므로, 이를 전제로 하는 원고들의 위 주장도 이유 없다.

[사례⑨] 중노위 2015. 5. 21. 중앙2015부노15 판정

A 지부장이 근로시간 면제자로 지정되기 전인 일반 근로자로 근로하였을 때의 2013년 연봉은 4,300만원(월 358만원)인 반면, 근로시간 면제자로 지정된 이 사건 지부장일 때의 2013년 연봉은 5,300여만 원을 지급받게 되므로 결국 근로시간면제자로 지정됨에 따라 연간 1,000여만 원(월 83여만 원)의 급여를 더 지급받게 되는 것에 비추어 볼 때, 이 사건 사용자가 지부장 A 등에게 통상적으로 받을 수 있는 급여보다 과도한 급여를 지급하였다고 할 것이고, 이는 「노조법」 제81조제4항에서 금지하고 있는 경비원조의 부당노동행위에 해당하고, 이러한 급여 지급이 이 사건 노동조합과 사용자가 소속한 버스운송조합간 체결한 단체협약에서 비롯된 것이라 하더라도 달리 볼 것은 아니며, 노동조합이나 근로시간 면제자에 대한 경비원조는 부당노동행위 의사를 전제로 성립되는 것은 아니라고 할 것이다.

[사례⑩] 중노위 2016. 2. 16. 중앙2015부노217 판정

① 이 사건 사용자가 지부장에게 지급한 급여는 운전직 근로자로 근로할 때인 2010. 2월에는 월 2,983,375원이나, 지부장의 임기가 시작된 2010.3.1.부터는 월 5,067,400원으로 69.8%

를 인상되었고, 이에 비해 신청 외 노동조합 ○○○지부 조합원들의 2010년도 임금인상률이 4.2%인 점을 감안할 때 상당히 높은 인상률인 점, ②「노조법」 개정으로 노조전임자 급여 지급제도가 금지되고 근로시간 면제제도가 도입된 2010.7.1. 이후에는 이 사건 사용자는 지부장에게 근로시간 면제제도의 취지에 따라 임금을 지급하여야 하나, 이전 노동조합 전임자 급여 수준인 위 월 5,067,400원을 그대로 지급하였고(이후 조합원의 임금인상율을 적용하여 급여 산정), 이로 인해 지부장은 운전직 근로자로 종사하였을 경우에 통상적으로 지급받을 수 있는 급여보다 과도하게 높은 급여를 지급받은 점, ③ 지부장이 1989년에 이 사건 회사에 입사하여 2014년 현재 운전직 8호봉에 해당하므로, 운전직 근로자 8호봉의 동종 근로자에게 지급된 임금 수준과 비교해보면 2014년도의 경우 동종 근로자 임금은 최저 연간 46,511,941원, 최고 연간 49,245,264원인 반면, 지부장의 급여는 연간 63,116,800원으로 지부장이 동종 운전직 근로자 8호봉에 비해 많게는 약 1,660만원(월 138만원), 적게는 약 1,387만원(월 115만원)을 더 많이 수령한 점, ④ 이 사건 사용자는 고용노동부 고시(제2013-31호)는 조합원 규모별 근로시간 면제한도를 정하면서 풀타임 근로시간면제자의 수를 제한하고 있지 않고, 고용노동부 행정해석으로도 법정 소정근로시간(2,080시간)을 초과하여 근로시간 면제한도를 부여하는 것도 가능하며, 단체협약 및 버스 업종의 특성을 고려할 때 이 사건 사용자는 지부장에게 근로시간 면제시간으로 3,200시간을 부여할 수 있을 뿐 아니라 실제 지부장은 사용자의 노무관리 업무를 일부 수행하고 있다는 점 등을 고려할 때 지부장에 대한 위 임금 지급 수준은 문제가 없다고 주장하나, 이 사건 사용자는 지부장이 법정 소정근로시간을 초과하여 근로시간 면제활동을 하였다고 주장만 할 뿐 객관적인 자료를 제출하지 못하고 있고, 근로시간 면제제도는 사용자의 노무관리 업무 수행을 지원하기 위한 것으로 볼 수 없다는 점에서 이 사건 사용자의 주장은 타당성이 없는 점 등을 종합할 때, 이는「노조법」 제81조제4호에서 제한적으로 허용하는「노조법」 제24조제4항의 범위를 벗어난 것으로「노조법」 제81조제4호의 부당노동행위에 해당된다고 볼 수 있다.

[사례⑪] 중노위 2018. 7. 27. 중앙2018부노73,74 병합 판정

신청 외 노동조합 지부장이 근로시간면제자로 지정된 후 1년간(2017. 2월~2018. 1월)의 월 평균 근무일수는 30일, 평균급여는 4,869,704원이며, 같은 기간 동안 신청 외 노동조합 지부장과 동일한 운전직 7호봉 20명의 평균 근무일수는 25.4일, 평균급여는 3,558,878원으로 근무일수는 4.6일, 평균급여는 1,310,826원의 차이가 있다.

지부장이 근로시간면제자로 지정되지 않고 이 사건 회사의 다른 근로자와 마찬가지로 근무하였다면 지부장의 급여수준은 7호봉에 준하는데 이 사건 회사의 해당 호봉 근로자 20명의 1년간(2017. 2월~2018. 1월) 월 평균 근로일은 25.4일이며, 지부장의 근로시간면제자 지정 전 1년간의 월 평균 근로일도 25.6일에 불과하다. 따라서 근로시간면제자인 지부장의 급여산정 시 근무일을 월 30일로 간주한 데 대한 합리적인 이유는 없다.
이 사건 사용자는 지부장이 근로시간면제자로서 이 사건 회사의 노무업무를 수행하는 대가로 월 800,000원의 직무(위험)수당을 지급하였다고 주장한다. 그러나 근로시간면제자에게 지급되는 급여는 '근로시간면제대상 활동을 하는 것에 대한 대가'로 지급하는 것이 아니라 '근로제공의무가 면제되는 근로시간에 상응하는 대가'로서 지급되는 것이므로 이 사건 사용자의 주장은 위 법원의 판단법리에 정면으로 배치된다. 또한 근로시간면제자의 업무는 노동조합법 제24조제2항에 규정된 바와 같으므로 근로시간면제자가 그 본연의 업무를 수행하는 것이 결과적으로 사용자의 노무관리에 일부 도움을 주는 측면이 있다고 하더라도 이는 근로시간면제자가 자신의 업무를 행한 것에 불과하므로 이에 관해 사용자가 별도의 수당을 지급해서는 안 된다.

[사례⑫] 노사관계법제과-1056, 2010. 10. 18.

휴가, 상여금 등에 대해서는 일반 근로자와 동일한 기준을 적용할 수 있을 것이며, 연장 및 야간근로수당은 일반 근로자로서 정상적으로 근로하였다면 받을 수 있는 범위 내에서 지급하는 것은 가능하다 할 것이나 근로시간면제자라는 이유로 별도의 고정적인 연장 및 야간근로수당을 과도하게 지급하는 것은 정해진 근로시간면제 한도를 초과하는 결과를 초래하여 부당노동행위에 해당할 소지가 있다 할 것임

[사례⑬] 노사관계법제과-91, 2018. 1. 9.

근로시간면제자는 연간 부여된 면제한도 내에서 면제대상 업무를 수행하고 그 수행한 시간에 대해 급여를 받을 수 있으되 사용하지 못하고 남은 면제한도 시간은 소멸된다 할 것이므로, 근로시간면제자가 면제대상 업무를 수행하지 않았음에도 불구하고 사용자가 남은 면제한도 시간에 대해 근로시간면제자에게 별도의 수당으로 지급한다면 이는 부당노동행위에 해당한다 할 것임

[사례⑭] 노사관계법제과-326, 2012. 2. 3.

노조법 제24조 제4항의 근로시간면제제도는 시간강사의 경우 강의 제공의무가 있는 강의시

간에 대해 강의를 하지 않고 근로시간면제 대상업무를 수행하는 것을 말하는 것으로 강의 제공의무가 없는 시간에 대해 유급처리하는 것은 부당노동행위에 해당한다 할 것임. 근로시간 면제에 대한 기준시간은 근로시간면제가 없었더라면 맡을 수 있는 강의시간을 기준으로 상정하되 근로시간면제 활동에 대한 급여는 이와 같이 근로시간면제에 따라 강의를 맡지 못함에 따라 받을 수 없게 된 강의료 수준으로 지급하여야 할 것임

사례 ▌ 부당노동행위 부정 사례

[사례①] 대구지방법원 2020. 6. 25. 선고 2020구합21410 판결(대구고등법원 2021. 1. 15. 선고 2020누3169 항소기각 판결로 확정됨)

원고는 피고 소속 환경미화원 중 근로시간 면제자에게 근무를 하지 않은 토요일에 대하여 연장근로수당을 지급하는 것은 위법하다고 주장하나, 근로시간 면제자가 토요일에 근로면제 시간을 사용한 경우(근로시간 면제자들이 토요일, 일요일 집회 등 노동조합 행사에 참석한 시간) 피고가 이에 대하여 연장근로수당을 지급하는 것이 위법하다고 할 수는 없다.
또한, 이 사건 정보는 특정인의 연장근로시간과 수당을 알 수 있는 정보로 공개될 경우 개인의 사생활의 비밀 또는 자유를 침해할 우려가 있다고 인정되는 반면, 원고가 제출한 증거만으로는 피고가 소속 환경미화원들에게 부당하게 연장근로수당 및 퇴직금을 지급한다고 볼 만한 사정이 없다. 따라서 이 사건 정보는 비공개에 의하여 보호되는 개인의 사생활의 비밀 등의 이익보다 공개에 의하여 보호되는 이익이 더 큰 정보라고 볼 수 없어 정보공개법 제9조 제1항 제6호 단서 다목의 예외사유가 인정되지 않으므로, 원고의 이 부분 주장도 이유 없다.

[사례②] 서울중앙지방법원 2019. 9. 20. 선고 2016가합561931 판결(서울고등법원 2020. 7. 10. 선고 2019나2045686 판결)

① 피고는 원고 A를 비롯한 면제자의 근로시간 면제시간의 사용 시간, 내역에 대해 사후적으로 확인한다거나 원고 A를 비롯한 근로시간 면제자들의 급여 수준을 산정함에 있어 근로시간 면제시간과의 관계를 고려하지 않은 이상, 원고 A에게 부여받은 근로시간 면제한도를 기초로 근로시간 면제자에게 지급하는 급여를 산정하기는 어렵고, 원고 A와 입사시기가 비슷한 근로

자의 임금 수준을 기초로 원고 A의 급여를 산정함이 상당한 점, ② 원고 A의 연도별 급여 내역을 살펴보면, 2004년경부터 급격한 인상이 이루어졌는데(2004년 57.3% 인상, 2008년 16% 인상, 2012년 22.9% 인상), 2003년부터 이 사건 급여 조정 전까지 인상률은 151%로 같은 기간 피고의 통상임금인상률 34.3%와 비교했을 때 매우 높은 수치로서, 원고 A는 피고 임원 급에 준하는 급여를 받고 있었던 점, ③ 이 사건 급여 조정 무렵 원고 A와 입사시기가 비슷한 근로자들의 급여는 최저 30,843,000원에서 최대 48,045,000원이었고 평균 연봉은 37,168,000원으로, 원고 A의 종전 급여 수준은 재직기간이 유사한 직원들 평균과 비교하더라도 약 2.4배 높았던 점, ④ 원고 A의 급여 수준은 사실상 피고 임원에 준하는 수준이었는데, 2002년부터 2009년까지 피고 대표이사로 근무했던 L의 증언에 의하면, 피고 측도 원고 A가 계속 노조 위원장직을 수행하길 원했고, 이점이 원고 A에 대한 급여가 높아지게 되었던 원인으로 보이는 점 등을 종합하면, 이 사건 급여 조정 전까지 원고 A가 지급받은 급여는 타당한 근거 없이 과다하게 책정된 급여에 해당하므로, 피고가 이와 같이 원고 A에게 과다한 급여를 지급하는 행위는 노동조합법 제81조 제4호 단서에서 허용하는 범위를 벗어나는 것으로서 같은 호 본문의 부당노동행위에 해당하고, 나아가 이 사건 급여 조정을 통해 피고가 원고 A에게 지급한 급여 수준(연봉 기준으로 31,407,600원)은 원고 A와 입사시기가 비슷한 피고 근로자들의 연봉 수준 범위 내로서 사회통념상 수긍할 만한 합리적인 범위 내에 있다고 봄이 상당하다.

[사례③] 부산고등법원(창원) 2020. 9. 24. 선고 2017나24277 판결(대법원 2021. 1. 28. 선고 2020다279524 심리불속행기각 판결로 확정됨)

노조 전임자가 사용자의 동의를 받아 단체교섭 관련 업무를 수행한 시간은 합리적인 범위를 초과할 정도로 과다하지 않은 한 사용자에 대한 관계에서 근로를 제공한 것으로 간주된다. 피고는 원고가 2013년 10월부터 2014년 4월까지 근로시간 면제자로서 연장근로시간을 인정받아 연장근로수당을 받아왔다고 주장하는바, 위 기간 동안 원고의 평일연장근로시간이 월 평균 59.5시간인 사실은 당사자 사이에 다툼이 없다. 이는 원고와 같은 공장 보전반 사원의 연장근로시간(월 평균 57시간~63시간)이나 원고가 근로시간을 면제받지 않은 기간의 연장근로시간과 비슷한 수준으로, 동종 업무에 종사하는 동일 직급 근로자의 연장근로 실태와 그에 따른 급여 수준을 반영한 것으로서 생산직 근로자들이 매월 수행한 연장근로시간에 비해 과다한 것으로 보이지 않는다.

[사례④] 중노위 2017. 2. 15. 중앙2016부노234 판정

① 「노동조합 및 노동관계조정법」(이하 '노조법'이라 한다) 제24조제4항은 조합전임자 등 근로시간면제자에 대해서는 임금의 손실 없이 사용자와의 협의교섭, 고충처리, 산업안전 활동, 기타 노동조합의 유지관리업무를 할 수 있도록 규정하고 있는 바, 이 때의 임금이란 「근로기준법」상의 엄격한 임금 개념에 한정된다고 해석할 필요가 없이 노동조합업무에 종사하지 않았다면 받을 수 있는 금전을 지칭한다고 볼 수 있을 뿐 아니라 여기서 임금을 「근로기준법」 제2조제5호에서 규정하고 있는 임금으로 본다고 하더라도 임금은 명칭 여하를 불문하고 사용자가 근로의 대가로 근로자에게 지급하는 일체의 금품을 말하는 것이므로 임금 및 수당과 함께 전체 근로자에게 일률적, 고정적으로 지급되는 위 부가가치세경감액을 근로시간면제자가 받을 수 있는 임금의 개념에서 꼭 제외시켜야만 할 특별한 이유가 없는 점(2015. 6월 이전까지는 부가가치세경감액을 '생산수당'이라는 항목으로 임금에 포함하여 지급하여 왔음), ② 이 사건 사용자는 교섭대표 노동조합과의 임금협약에 따라 부가가치세 경감세액을 1인1차제의 경우 승무일 1일당 4,348원, 2인1차제의 경우 승무일 1일당 4,000원씩으로 계산하여 매월 최소한 100,000원씩을 전체 택시 운전근로자들에게 지급하여 오고 있는 점, ③ 풀타임 근로시간면제자도 정상적으로 근로를 제공한다면 위 부가가치세 경감세액 상당액 100,000원을 당연히 지급받을 수 있는 점 등을 종합하여 볼 때, 이 사건 사용자가 근로시간면제자에게 매월 부가가치세 경감세액 상당액 100,000원을 지급하는 것이 노조법 제24조제4항의 임금의 손실 범위를 넘어선 과도한 급여지급이라고 보기 어려워 노조법 제81조제4호의 부당노동행위에 해당한다고 볼 수 없다.

[사례⑤] 중노위 2019. 1. 24. 중앙2018부노168 판정

초과운송수입금은 임금에 해당되고, 소정근로시간과 임금 체계 등이 통상의 경우와 현저히 다른 택시운송사업의 특성상 근로시간면제자에게 지급되는 임금의 범위에 소정근로시간에 대한 고정급만 포함 할 수 없는 점, 근로시간면제자의 경우 금840,000원을 포함한 총 수입이 금25,087,104원인데 반해 일반 근로자의 경우 초과운송수입금을 포함한 총 수입이 금22,276,440원~금34,184,292원으로 근로시간면제자의 수입이 사회통념상 과도해 보이지 않은 점, 다른 근로자와 동일하게 금840,000원에 대해 평균임금에 산입하지 않기로 한 점 등을 종합해볼 때 이 사건 사용자가 풀타임 근로시간면제자에게 소정근로시간에 대한 고정급 외에 금840,000원을 지급한 행위는 택시운송사업이 일반 사업과 다른 특성을 감안한다면 사회통념상 합리적인 범위를 벗어난 과다한 것으로 볼 수 없어 경비원조의 부당노동행위에 해당하지 않는다.

[사례⑥] 중노위, 「주제별 판례 분석집 집단적 노사관계」, 2018, 395쪽

한편, 근로시간면제자와 동일호봉 근로자간 월 평균 311,588원의 급여 차이가 존재하고, 일반근로자의 급여 수준이 근로시간 면제자보다 더 많은 경우도 있다면 지급받을 수 있는 급여 수준에 비하여 사회통념상 수긍할 만한 합리적인 범위를 초과할 정도로 과다하다고 보기는 어렵다고 본 사례도 있음

[사례⑦] 노사관계법제과-1056, 2010. 10. 18.

휴가, 상여금 등에 대해서는 일반 근로자와 동일한 기준을 적용할 수 있을 것이며, 연장 및 야간근로수당은 일반 근로자로서 정상적으로 근로하였다면 받을 수 있는 범위 내에서 지급하는 것은 가능하다 할 것이나 근로시간면제자라는 이유로 별도의 고정적인 연장 및 야간근로수당을 과도하게 지급하는 것은 정해진 근로시간면제 한도를 초과하는 결과를 초래하여 부당노동행위에 해당할 소지가 있다 할 것임.

[사례⑧] 노사관계법제과-1272, 2019. 4. 25.

근로시간면제자는 노사간 합의에 따라 근로계약 소정의 근로를 제공하는 대신 사용자와의 협의 · 교섭, 고충처리, 산업안전 활동 등 노조법에 규정된 근로시간면제 대상 업무를 수행할 수 있다는 법 취지를 고려할 때, 질의내용과 같이 매년 연말 경영실적에 따라 근로자를 대상으로 성과급을 지급하여 왔다면, 근로시간면제자에게도 일반근로자에게 적용되는 성과급 지급 기준에 따라 성과급을 지급하는 것도 가능하다고 사료됨.

4. 운영비 원조의 부당노동행위

가. 부당노동행위 판단기준

(1) 원칙

사용자의 노동조합에 대한 운영비 원조 행위는 부당노동행위에 해당한다. 노동조합의 운영비를 원조하는 행위는 노동조합의 자주성 침해 위험이 있는 경우

라면 그 명목, 재원, 현물 등과 관계없이 부당노동행위에 해당할 수 있으며, 간접적인 운영비 원조 행위도 부당노동행위에 해당할 수 있다.

운영비 원조 행위의 예시로는 ▲인건비 등 노조사무실 운영비를 지원하는 경우, ▲노조 활동에 필요한 경비 및 물품을 지원하는 경우, ▲자판기·매점 등 재정자립을 위한 시설운영권을 지원하는 경우 등이 있다.[164)]

〈표 14〉 | 운영비 원조 예시

- 인건비 등 노조사무실 운영비 지원
  - 전기료, 수도료, 통신비 등 노조 운영에 필요한 비용 지원
  - 노조 채용 직원의 인건비 지원
  - 회사에서 채용한 직원을 노조에 파견하고 그 인건비를 회사가 지급하는 경우 등
- 노조 활동에 필요한 경비 및 물품 지원
  - 자동차 및 유류비 제공
  - 노조 자체 행사를 위한 금품 지원 등
- 자판기·매점 등 재정자립을 위한 시설운영권 지원
  - 사업장 내 자판기운영권, 식당운영권, 매점운영권 등 수익사업권 제공 등

(2) 예외

① 근로자의 후생자금, 경제상의 불행 기타 재액의 방지와 구제 등을 위한 기금의 기부와 ② 최소한의 규모의 노동조합 사무소 제공 및 ③ 노동조합의 자주적 운영·활동을 침해할 위험이 없는 운영비원조는 부당노동행위에 해당하지 않는다.

164) 고용노동부, 「집단적 노사관계 업무매뉴얼」, 2022, 507쪽

(가) 후생자금 등의 기부

사용자가 근로자들을 위해 경제적 불행, 재액방지 및 구제 등의 목적을 정하여 노동조합에 자금을 지원하거나 개개 근로자에게 지원하는 것은 운영비 원조에 해당하지 않는다.

이와 같은 후생자금 등의 기부에 해당하는지 여부는 전체 조합원 또는 근로자를 대상으로 후생 또는 상부상조의 목적으로 조성되고 사용된 기금으로서 명칭에 관계없이 그러한 목적과 용도로 사용되는지를 기준으로 판단한다.

관련 법령 및 해석

노사관계법제과-38, 2011. 3. 4.

노동조합에 대한 운영비 원조의 예외에 해당하는 노조법 제81조제4호 단서의 "근로자의 후생자금 또는 경제상의 불행 기타 재액의 방지와 구제 등을 위한 기금"은 전체 조합원 또는 근로자를 대상으로 후생자금 또는 상부상조의 목적으로 조성되고 사용된 기금으로서 이는 명칭에 관계없이 실질적으로 그러한 목적과 용도로 사용되는지를 기준으로 판단하여야 할 것임.

사용자가 단체협약에 따라 복리후생비 명목으로 매월 일정액을 노동조합에게 지급하고 노동조합은 동 금액을 노동조합의 일상적인 경비 등으로 사용한다면 이는 운영비 원조의 부당노동행위에 해당한다 할 것임. 한편, 법에 위반되는 단체협약의 내용은 그 부분에 한하여 무효이므로 사용자의 노동조합에 대한 복지기금 지급이 운영비 원조의 부당노동행위에 해당한다면 단체협약의 유효기간 중에 그 지급을 중단하더라도 단체협약 위반 문제는 발생하지 않을 것임.

(나) 노동조합 사무소 제공

사용자가 제공하는 노동조합 사무소는 노동조합의 자주적 운영을 저해하지 않을 정도로 "최소한의 규모"인 경우에 한하여 부당노동행위에 해당하지 않는다고 할 것이다. 다만, 최소한의 노동조합 사무소 제공에는 사무소 이외에 전기시설 등 최소한 사무실을 사용하는데 필요한 부대시설이 포함될 수 있다.

관련 법령 및 해석

노사관계법제과-741, 2010. 9. 10.

노조사무실을 제공하면서 그에 따른 필요적 시설(책상, 의자, 전기시설 등)을 지원하는 것은 가능할 것이나 차량렌탈비, 유류비, 통신비, 복합기임대료 등 금품을 노동조합에 지원하는 행위는 같은 법 제81조 제4호 단서에서 정하고 있는 예외사항으로 볼 수 없어 부당노동행위에 해당된다 할 것임

노사관계법제과-1024, 2010. 10. 13.

노조사무실을 제공하면서 그에 따른 필요적 시설(책상, 의자, 전기시설, 통신시설 등)을 지원하는 것은 가능할 것이지만 소모성 집기나 비품 또는 그 비용을 지속적·반복적으로 지원하거나 전신·전화료, 인터넷사용료 등을 지원하는 행위는 동법 제81조 제4호 단서에서 정하고 있는 예외사항으로 볼 수 없어 부당노동행위에 해당한다 할 것임

(다) 자주성 침해 위험이 없는 운영비 원조

앞의 두 가지 예외에 해당하지 않는 그 밖의 운영비 원조라도, 노동조합의 자주적인 운영 또는 활동을 침해할 위험이 없는 정도라면 부당노동행위에 해당하지 않는다.

이 때, "노동조합의 자주적인 운영 또는 활동을 침해할 위험"이 존재하는지 여부는 ▲운영비 원조의 목적과 경위, ▲운영비의 성격 및 내용, ▲원조된 운영비의 횟수와 기간·금액 등 지급관행, ▲원조된 운영비가 노동조합의 총수입에서 차지하는 비율, ▲원조된 운영비의 관리방법 및 사용처 등을 고려하여 판단한다.[165)]

① 운영비 원조의 목적과 경위

사용자가 자발적·선제적·적극적으로 운영비를 원조하는 경우에는 자주성 침해의 위험이 높다. 또한, 사용자가 자발적으로 운영비를 원조하는 경우가 아니라 단체교섭 과정에서 노동조합이 운영비 원조를 요구한 경우라도, 원조 목적과 수용과정 등을 확인하여 자주성 침해 여부를 개별적·구체적으로 판단하여야 한다.

〈표 15〉 | 자주성 침해 위험 판단요소 : 운영비 원조의 목적과 경위

구분	자주성 침해 위험 多	자주성 침해 위험 小
목적/경위	◦ 회사의 자발적·적극적 지원 ◦ 교섭 과정에서 회사가 운영비 지원을 먼저 제안하는 경우 ◦ 쟁의행위가 없고, 사용자의 부담이 적은 경우	◦ 노조의 적극적 요구 ◦ 교섭 과정에서 노조가 운영비 지원을 중요 이슈로 제기 ◦ 쟁의행위가 존재하고 사용자의 부담이 큰 경우
확인사항	◦ 노조가 운영비 원조를 중요 요구사항으로 제시하였는지 여부 ◦ 교섭 과정에서 쟁의행위 발생 여부 ◦ 쟁의행위 기간 및 양태(폭력 등) ◦ 쟁의행위로 인한 사용자의 부담이나 업무저해성 정도	
관련자료	◦ 교섭 일지, 회의록 ◦ 노측 최초 교섭(안), 수정(안) ◦ 노동조합 노보, 투쟁소식지, 그밖에 선전물 등 ◦ 노사 교섭위원, 간사 및 서기의 인식과 진술 등 ◦ 타 노조 조합원의 인식과 진술 등	

165) 고용노동부, 「노조법 개정에 따른 부당노동행위 처리 가이드라인」, 노사관계법제과-1660, 2020. 6. 22.

② 운영비의 성격 및 내용

운영비의 성격 및 내용이 특정 조합원에 대한 지원 또는 그 성격이 불분명하거나 복리후생과의 연관성이 떨어지는 경우에는 노동조합의 자주성 침해 위험이 높다.

그러나 운영비의 성격이 복리후생수당 등 불특정 조합원을 대상으로 하는 경우에는 상대적으로 자주성 침해 위험이 낮다.

특히, 노동조합 행사비(워크숍, 체육행사 등) 또는 각종 활동비(출장, 해외연수 등)는 기본적으로 노동조합에서 부담하여야 하나, ▲행사·활동의 성격상 필요성이 인정되고, ▲지원금액이 과다하지 않으며, ▲행사·활동에 필요한 수준이라면, 자주성 침해 위험이 높지 않다고 볼 수 있다.

〈표 16〉 Ⅰ 자주성 침해 위험 판단요소 : 운영비 원조의 성격 및 내용

구분	자주성 침해 위험 多	자주성 침해 위험 小
성격/내용	◦ 운영비 성격이 불명확한 경우 ◦ 조합원 복리후생과 무관 ◦ 특정 조합원 대상 지원 ◦ 노동조합에게 재원 직접 지급 ◦ ex) - 노조 재정 자립금 - 매점, 자판기 운영권 - 노조 간부 활동비 - 특정 조합원에 대한 차량(렌트비 포함), 주거(임대료) 등 지원	◦ 조합원 전체의 복리후생 ◦ 노조가 회사의 노무관리 업무를 대행하는 것을 지원 ◦ 회사가 전체 조합원에게 직접 지급 ◦ ex) - 학자금, 경조사비 등 - 노조 사무실 운영비용(전기, 수도, 통신료) - 사무실 비품(복사용지, 정수기, 컴퓨터 등)
확인사항	◦ 운영비로 인한 이익의 향유 주체(불특정 다수 or 특정 조합원) ◦ 운영비 지원의 필요성 및 최소한의 조합운영·활동과의 관련성, 활동에 필요한 범위 내 지급 여부 등 ◦ 운영비의 복리후생과의 연관성	

	◦ 행사 지원 관행, 행사의 필요성, 일상적인 행사 여부, 행사 지원 횟수 및 금액 등 ◦ 노사간 합의 내용
관련자료	◦ 교섭 회의록, 단체협약, 임금협약 ◦ 노사협의회 회의록, 협의, 의결 자료 ◦ 노동조합 행사·활동 관련 기안, 보고자료 ◦ 노조 출장명령부, 출장복명서 등

③ 횟수, 기간, 금액 등 운영비 지급관행

운영비 지원 기간, 횟수, 금액이 길거나 클수록 자주성 침해 위험이 상대적으로 높다고 할 것이나, 이와 반대로 운영비 지원 기간이 짧고, 횟수가 적거나 금액이 적을수록 자주성 침해 위험이 낮다고 할 수 있다.

〈표 17〉 | 자주성 침해 위험 판단요소 : 운영비 원조의 지급관행

구분	자주성 침해 위험 多	자주성 침해 위험 小
지급관행	◦ 지원 횟수 많음 ◦ 지원 금액이 큼 ◦ 장기간 지원	◦ 지원 횟수 적음 ◦ 지원 금액 적음 ◦ 단기간 지원
확인사항	◦ 운영비 지원 기간 ◦ 지원 금액 ◦ 지원 횟수 등	
관련자료	◦ 회사의 회계 관련 서류(손익계산서, 원가명세서, 보조원장 등) ◦ 은행 이체 내역서 등 ◦ 노동조합 수입결의서, 지출결의서, 금전출납부, 월계표, 일계표 ◦ 노동조합 비품대장, 소모품대장 등	

④ 운영비가 노조 총수입에서 차지하는 비율

사용자로부터 지원받은 운영비의 규모가 노동조합 전체 재정에서 차지하는 비중이 클수록 자주성 침해 위험이 높을 가능성이 있다.

다만, 고용노동부는 해당 지표는 노동조합의 자주성 침해 여부를 판단하는 하나의 지표일 뿐 다른 사정도 종합적으로 고려하여 판단하여야 하므로, 단순히 운영비 원조가 조합 재정의 몇 퍼센트를 차지하면 자주성이 침해된다는 도식적 접근은 지양하여야 한다는 입장을 취하고 있다.

〈표 18〉 ❙ 자주성 침해 위험 판단요소 : 운영비가 노조 총수입에서 차지하는 비율

구분	자주성 침해 위험 多	자주성 침해 위험 小
운영비의 재정 대비 비율	◦ 원조된 운영비가 조합 총 수입에서 차지하는 비율이 높음	◦ 원조된 운영비가 조합 총 수입에서 차지하는 비율이 낮음
확인사항	◦ 노동조합의 총 수입 등 재정상황 ◦ 지원받은 운영비의 규모 ◦ 1인당 조합비와 조합원 총수	
관련자료	◦ 노동조합 회계장부(수입결의서, 지출결의서, 금전출납부, 월계표, 일계표, 회계결산보고서, 지출내역서, 예산 기안 등) ◦ 체크오프 내역 ◦ 회사의 회계 관련 서류(손익계산서, 원가명세서, 보조원장 등) ◦ 은행 이체 내역서 등	

⑤ 운영비 관리방법 및 사용처

운영비의 사용처를 정하지 않거나 조합원 등에게 공개하지 않고 운영비를 지원하는 등 지출내역이 관리・공개되지 않고 일부 임원이나 간부 등에 의해

임의로 사용될 가능성이 있는 경우에는 자주성 침해 위험이 상대적으로 높다고 할 수 있다.

이와 달리 운영비의 사용처를 구체적으로 정하고, 이를 조합원에게 공개하는 경우라면, 자주성 침해 위험이 상대적으로 낮다고 할 것이다.

한편, 사용자가 노동조합과 협의하여 운영비의 사용처를 정하고, 이를 조합원 등에게 공개할 것을 요청하였음에도, 노동조합이 합의된 사용처에 지출하지 않거나 지출내역을 관리·공개하지 않은 경우에는 사용자의 책임을 단정하기 어려우나, 이와 같이 운영비 원조 목적에 따른 지출이 발생하지 않았음이 확인되는 경우에도 아무런 조치 없이 운영비 원조가 계속되는 때에는 자주성 침해 위험이 상대적으로 높아질 것이다.

〈표 19〉 | 자주성 침해 위험 판단요소 : 운영비 관리방법 및 사용처

구분	자주성 침해 위험 多	자주성 침해 위험 小
운영비 관리방법 (사용처)	◦ 노조간부가 운영비를 재량으로 관리 ◦ 사용처 미공개 ◦ 원조 목적과 다른 사용처에 사용 ◦ 원조 목적과 다른 지출이 확인되었음에도 계속 원조하는 경우	◦ 운영비를 조합 차원에서 관리 ◦ 사용처가 투명하게 공개됨 ◦ 원조 목적과 동일한 사용처에 사용 ◦ 원조 목적과 다른 지출이 확인되어 일정한 조치를 하는 경우
확인사항	◦ 운영비 지원 목적 및 사용처 ◦ 노동조합의 운영비 관리 현황 ◦ 사용자의 운영비 목적 외 사용 확인 및 그에 따른 조치 존재 여부	
관련자료	◦ 영수증 ◦ 노동조합 회계장부 등 지출 증빙자료(수입결의서, 지출결의서, 금전출납부, 월계표, 일계표, 회계결산보고서, 지출내역서, 예산 기안 등)	

⑥ 운영비 원조 이후 정황

고용노동부의 가이드라인[166]에서는 운영비 원조 이후의 정황을 운영비 원조의 판단지표로 제시하지 않았다.

그러나, 노조법 제81조 제1항 제5호는 노동조합의 자주적 운영 또는 활동을 침해할 위험 여부를 판단할 때의 고려사항으로 "원조된 운영비의 관리방법 및 사용처 등"을 규정하고 있고, 이와 같은 규정 체계상 해당 규정은 예시규정으로 보아야 할 것이며, 지배·개입의 부당노동행위를 판단함에 있어 특정 행위 전후의 정황 등을 살펴보는 것이 일반적이므로, 사용자의 운영비 원조가 노동조합의 자주성을 침해하는지 여부와 관련하여서도 운영비 원조 이후의 정황 등을 고려할 수 있다고 판단된다.

이와 같은 입장에서 운영비 원조 이후 노동조합이 노사 간 주요 이슈에 대하여 사용자의 입장을 대변하거나 사용자가 운영비 원조를 계기로 조합을 지배하거나 운영에 개입하려는 정황이 존재하는 경우에는 노동조합의 자주성 침해 가능성이 높다고 할 것이다.

이와 달리 운영비 원조 이후에도 조합이 노사 간 주요 이슈에 대해 기존 입장에 비하여 큰 입장변화가 존재하지 않고, 사용자가 운영비원조를 계기로 조합을 지배하거나 운영에 개입하려 한 정황이 존재하지 않는 경우라면, 노동조합의 자주성 침해 가능성이 낮다고 할 것이다.

166) 고용노동부, 「노조법 개정에 따른 부당노동행위 처리 가이드라인」, 노사관계법제과-1660, 2020. 6. 22.

〈표 20〉 | 자주성 침해 위험 판단요소 : 운영비 원조 이후 정황

구분	자주성 침해 위험 多	자주성 침해 위험 小
운영비 원조 이후 정황	◦ 운영비 원조 이후 조합이 주요 이슈에 대해 사용자 입장 대변 ◦ 운영비 원조를 계기로 한 지배·개입 정황 존재	◦ 운영비 원조 이후에도 조합의 주요 이슈에 대한 기존 입장 변화 없음 ◦ 운영비 원조를 계기로 한 지배·개입 정황 없음
확인사항	◦ 운영비 원조 이후, 주요 이슈에 대한 노사 간 입장 변화 ◦ 임·단협 주요 이슈에 대한 변경사항 존재 여부 ◦ 사용자의 지배·개입 정황 ◦ 조합원의 노사 합의사항에 대한 이의제기 존재 여부 등	
관련자료	◦ 노무 이슈 등에 관한 회사의 게시판, 공지사항, 지침 등 ◦ 노조의 입장 표명 자료(공문, 보도자료, 대의원회 및 총회, 회의록 등) ◦ 교섭 회의록 ◦ 노동조합 SNS 등 조합원의 이의제기 내용(네이버 밴드, 카카오톡, 홈페이지, 블로그 등)	

⑦ 소결

앞서 살펴본 자주성 침해 위험이 없는 운영비 원조에 대한 판단기준과 구체적인 판단요소를 표로 나타내면 아래와 같다.

〈표 21〉 | 운영비 원조의 부당노동행위 판단요소

구분	자주성 침해 위험 多	자주성 침해 위험 小
목적/경위	◦ 회사의 자발적·적극적 지원 ◦ 교섭 과정에서 회사가 운영비 지원을 먼저 제안하는 경우 ◦ 쟁의행위가 없고, 사용자의 부담이 적은 경우	◦ 노조의 적극적 요구 ◦ 교섭 과정에서 노조가 운영비 지원을 중요 이슈로 제기 ◦ 쟁의행위가 존재하고 사용자의 부담이 큰 경우

성격/내용	◦ 운영비 성격이 불명확한 경우 ◦ 조합원 복리후생과 무관 ◦ 특정 조합원 대상 지원 ◦ 노동조합에게 재원 직접 지급	◦ 조합원 전체의 복리후생 ◦ 노조가 회사의 노무관리 업무를 대행하는 것을 지원 ◦ 회사가 전체 조합원에게 직접 지급
지급관행	◦ 지원 횟수 많음 ◦ 지원 금액이 큼 ◦ 장기간 지원	◦ 지원 횟수 적음 ◦ 지원 금액 적음 ◦ 단기간 지원
운영비의 재정 대비 비율	◦ 원조된 운영비가 조합 총 수입에서 차지하는 비율이 높음	◦ 원조된 운영비가 조합 총 수입에서 차지하는 비율이 낮음
운영비 관리방법 (사용처)	◦ 노조간부가 운영비를 재량으로 관리 ◦ 사용처 미공개 ◦ 원조 목적과 다른 사용처에 사용 ◦ 원조 목적과 다른 지출이 확인되었음에도 계속 원조하는 경우	◦ 운영비를 조합 차원에서 관리 ◦ 사용처가 투명하게 공개됨 ◦ 원조 목적과 동일한 사용처에 사용 ◦ 원조 목적과 다른 지출이 확인되어 일정한 조치를 하는 경우
운영비 원조 이후 정황	◦ 운영비 원조 이후 조합이 주요 이슈에 대해 사용자 입장 대변 ◦ 운영비 원조를 계기로 한 지배·개입 정황 존재	◦ 운영비 원조 이후 조합의 주요 이슈에 대한 기존 입장 변화 없음 ◦ 운영비 원조를 계기로 한 지배·개입 정황 없음

나. 운영비 원조와 관련된 부당노동행위의 구체적 사례

(1) 헌법불합치 결정 이후 사례

헌법불합치 결정 이후 현재까지 운영비 원조의 부당노동행위에 대한 법원, 노동위원회의 구체적인 판단사례는 7개(하급심 판결 2, 중앙노동위원회 1, 지방노동위원회 4) 정도가 발견된다.

이와 같은 사례에서 운영비 원조의 부당노동행위를 판단함에 있어 주로 검토한 사실관계를 정리하면 아래와 같다. 다만, 운영비 원조의 부당노동행위 해당 여부에 대한 대법원의 명확한 판결은 현재까지 존재하지 않고, 그 밖에 하급심 판결이나 노동위원회 사례도 많지 않으므로, 추후 운영비 원조의 부당노동행위와 관련된 판단사례가 어느 정도 축적되기 전까지는 다음에서 정리한 내용들은 참고용으로 살펴보는 것이 바람직할 것이다.

☑ 목적 · 경위

- 운영비 원조의 경위 등에 대한 합리적 이유 존재 여부
  - 노조 설립 초창기부터 노조 임원들에게 전임자수당을 지원한 관례가 만들어진 경위나 이유에 대한 설명이 부족한 경우(충남2020부노25, 인정사례①)
- 노동조합의 운영비 원조에 대한 적극적 요구 존재 여부
  - 노동조합이 적극적으로 요구하여 단체협약에 출장비 지원이 규정된 경우(서울행법 2018구합77166, 부정사례②)

☑ 성격 · 내용

- 운영비 원조의 내용 및 성격
  - 출장비(교통비, 숙박비, 식비 등)가 정기 분회 순방에 소요되는 실비 보전의 성격인 경우(서울행법 2018구합77166, 부정사례②)
  - 단체협약 문언상 후생자금 명목으로 제공하였다고 볼 수 있는지 여부(부산고법 2018나53934, 부정사례②)
  - 사용자와 근로자가 반액씩 부담하는 운전자 사고대책기금으로 운전자의 재해방지와 구제의 목적으로 운영된다고 볼 수 있는 경우(경남2020부해536, 부정사례③)
  - 노조지원금의 사용처가 장학기금인 경우(경북2020부노118, 부정사례④)
  - 상생협력 사업비가 주로 근로여건 개선비, 택시산업발전 환경개선비 등으로 사용된 경우(경북2019부노96, 부정사례⑤)
- 운영비 원조의 대상(특정 조합원 or 조합원 다수)

- 노동조합 임원에게 전임자 수당, 주유권을 지급하고, 노조위원장에게 법인차량을 지원한 것을 부당노동행위로 본 사례(충남2020부노25, 인정사례①)
- 노동조합에 사업비, 상생사업비를 지급하고, 분회장에게 차량을 제공하는 행위를 부당노동행위로 인정하지 않은 사례(중앙2021부노155, 부정사례⑥)

☑ 지급관행

- 운영비 원조 기간(장기간/단기간)
  - 노조 설립 초창기부터 계속 지원한 경우(충남2020부노25, 인정사례①)

☑ 운영비의 재정 대비 비율

- 원조된 운영비의 조합 총 수입 대비 비율
  - 원조 금액이 조합비 공제액에서 차지하는 비중이 1%인 경우(서울행법 2018구합77166, 부정사례②)

☑ 운영비 관리방법(사용처)

- 지급된 운영비가 실제로 사용된 용도
  - 복지공제조합 시설 임대료 수입의 대부분을 노동절 선물비, 정기총회 선물비, 명절선물비, 생일 선물비, 결혼 축의금, 병문안비, 조의금, 퇴직전별금 등으로 사용한 경우(부산고법 2018나53934, 부정사례②)
  - 사용 용도를 사업비 지침서상 정한 사업 항목별로 제한한 경우(경북2019부노96, 부정사례⑤)
- 원조된 운영비의 사용 용도 결정 주체(노조 or 사용자)
  - 노동조합이 사용자와 독립적으로 복지공제조합 시설 임대료의 구체적인 사용 용도를 결정한 경우(부산고법 2018나53934, 부정사례②)

☑ 운영비 원조 이후 정황

- 운영비 원조와 사용자의 지배·개입 정황 사이의 인과관계 존재 여부
  - 운영비 원조를 기화로 한 사용자의 지배·개입 정황이 없는 경우(부산고법 2018나53934, 부정사례②)

- 운영비 원조와 조합원들에게 불리한 단체협약 체결되거나 근로시간이 하향 조정되고 임금이 삭감되는 등 근로조건이 악화된 것 사이에 인과관계가 없는 경우 (중앙2021부노155, 부정사례⑥)

사례 Ⅰ 차량 지원의 부당노동행위 판단기준

노사관계법제과-1931, 2020. 7. 17.

노동조합은 근로자들의 자주적 결사체로 대외적 자주성을 갖추어야 하는바, 노동조합의 운영에 필요한 경비는 노동조합 스스로 부담하는 것이 원칙이므로 노동조합 활동을 위한 차량의 구입 및 운행에 필요한 비용은 노동조합이 스스로 부담하는 것이 바람직하다 할 것임.

한편, 단체교섭 등의 과정에서 임의적 교섭사항인 차량 제공 등의 운영비 원조를 노동조합에서 요구하고 사용자가 이에 대한 수용여부를 판단할 때에는, 사용자는 노동조합의 운영비 원조 요구가 노조법 제81조제1항제4호 단서에 적시된 부당노동 행위의 예외에 해당하는지 여부를 고려하여야 할 것임.

아울러, 사용자가 노동조합의 요구를 수용하여 차량을 제공했을 경우에 이러한 행위가 부당노동행위의 예외에 해당하는지 여부는 실제 사건의 조사과정에서 개별 · 구체적으로 판단될 것인 바, 노동조합의 차량지원 요구가 노사관계에 미치는 영향, 차량 지원의 수혜 대상(전체 또는 불특정 조합원인지, 특정 조합원인지), 노동조합 활동을 위한 차량지원의 필요성 차량지원에 소요된 경비가 노동조합의 총수입에서 차지하는 비율 지원된 차량의 관리 · 운행 방법과 그간의 노사 관행 등을 종합적으로 고려하여 판단하게 될 것임.

사례 Ⅰ 부당노동행위 인정 사례

[사례①] 충남지노위 2020. 6. 24. 충남2020부노25 판정

사용자는 노동조합의 설립 초창기부터 지원했던 관례가 있어 노동조합 임원들에게 전임자

수당을 지원하였다고 주장하나, 그러한 관례가 만들어진 경위나 이유에 관해 설명하지 못하므로, 사회통념상 수긍할 만한 합리적인 범위를 초과할 정도로 과다한 급여를 지원한 것으로 볼 수 있다. 아울러 사용자는 장기간에 걸쳐 노동조합 임원들에게 주유권, 노동조합 위원장에게 법인차량을 원조하였는데, 이는 노동조합의 자주적 운영 또는 활동을 침해할 의도로 노동조합 임원들에게 특혜를 제공한 것으로 보인다. 따라서 사용자가 노동조합 임원들에게 전임자 수당을 지원하거나 주유권을 원조한 행위, 노동조합 위원장에게 법인차량을 원조한 것은 부당노동행위에 해당한다고 판단된다.

사례 ▮ 부당노동행위 부정 사례

[사례①] 서울행정법원 2019. 1. 11. 선고 2018구합77166 판결

① 이 사건 조항은 B이 아닌 원고 내지 이 사건 지부의 적극적인 요구에 따라 단체협약에 포함된 것인바, 원고 내지 이 사건 지부의 적극적 요구에 따라 단체협약에 포함된 이 사건 조항으로 인해 원고 내지 이 사건 지부의 자주성이 저해될 우려가 있음을 인정할 만한 별다른 근거가 없는 점, ② 이 사건 지부 조합전임자와 운영위원 2인은 이 사건 조항에 의한 출장비 지급 혜택을 받기 위해 B에 정기 분회 순방 일시와 장소 등을 통보한 것으로 보이나, 정기 분회 순방의 의제나 내용 등을 생략한 채 일시와 장소 등을 통지한 것만으로 원고 내지 이 사건 지부의 자주성이 저해될 우려가 있다고 볼 수 없는 점, ③ 2015년부터 2017년까지 출장비 지급액이 이 사건 지부의 수입이라 할 수 있는 조합비 공제액에서 차지하는 비중은 약 1%에 불과하여 이 사건 조항에 의한 출장비 지급이 이 사건 지부의 재정에 유의미한 영향을 미친다고 볼 수 없는 점, ④ 이 사건 조항에 의한 출장비 지급은 교통비, 숙박비, 식비 등 정기 분회 순방에 소요되는 실비를 보전한 것에 불과한 점 등을 종합하면, 이 사건 조항에 의한 출장비 지급이 원고 내지 이 사건 지부의 자주성을 저해하거나 저해할 현저한 위험이 있는 운영비원조행위에 해당한다고 볼 수 없다.

[사례②] 부산고등법원 2021. 5. 12. 선고 2018나53934 판결(대법원 2021. 9. 30. 선고 2021다236890 심리불속행기각 판결로 확정됨)

다음 사정들을 종합하면, 원고가 제출한 증거들만으로는 원고가 피고에게 이 사건 복지공제조합 시설을 무상으로 제공함으로써 자금을 지급한 것이 운영비 원조에 의한 부당노동행위에 해당한다고 보기 부족하고 달리 이를 인정할 증거가 없으며, 오히려 원고가 피고에게 이 사건 복지공제조합 시설을 무상으로 제공함으로써 자금을 지급한 것은 부당노동행위에서 제외되는 후생자금 기부행위에 해당한다 할 것이다.

이 사건 단체협약 조항에서 규정하는 '복지공제조합 시설'이라는 문언에 의하면, 원고는 후생자금 명목으로 피고에게 이 사건 복지공제조합 시설을 무상으로 제공하였다고 해석된다.

피고가 이 사건 복지공제조합 시설 임대료를 사용한 내역을 보면, 후생자금으로 사용한 비율이 2012년 82%, 2013년 91%, 2014년 106% 상당에 이른다. 따라서 피고는 실제로 이 사건 복지공제조합 시설 임대료 수입의 대부분을 후생자금으로 사용해 왔다고 평가할 수 있다(설날 선물비, 추석 선물비, 노동절 선물비, 정기총회 선물비, 생일 선물비, 결혼 축의금, 병문안비, 조의금, 퇴직전별금 등으로 사용).

한편 노동조합법 제81조 제1항 제4호 단서의 해석상, 사용자가 근로자의 후생자금을 기부하는 경우에는 굳이 운영비 횟수와 기간, 운영비 금액, 원조된 운영비가 노동조합의 총수입에서 차지하는 비율 등을 고려하여 '노동조합의 자주적인 운영 또는 활동을 침해할 위험이 없는 범위'를 가릴 필요 없이 부당노동행위인 '노동조합의 운영비를 원조하는 행위'로 볼 수 없다. 또한 후생자금의 기부란 결국 자금용도가 근로자의 후생용도로 제한된 증여계약으로 구체적인 자금집행은 수증자인 노동조합이 담당하게 될 것인데, 만약 노동조합이 근로자의 후생용도가 아닌 다른 용도로 그 자금을 사용하는 경우, 용도 약정 부분에 법적 구속력이 있다면 사용자는 노동조합에게 시정조치를 요구하거나 증여계약을 해제하는 등으로 대응할 수 있을 것이고, 용도 약정 부분에 법적 구속력이 없다면 사용자는 다음해 단체협약에서 증여계약을 체결하지 않는 등으로 대응할 수 있을 것이다. 이 사건에서도 피고가 이 사건 복지공제조합 시설의 임대료를 집행하게 되고 피고가 그 과정에서 당초 예정한 복지공제사업 내지 근로자의 후생용도가 아닌 피고의 운영비로 자금을 전용하는 경우 원고는 위와 같은 방식으로 피고에게 대응할 수 있다고 보인다. 이와 같이 사용자의 관여 내지 법적 대응 관점에서도 이 사건 복지공제조합 시설의 제공을 후생자금의 기부와 달리 볼 수 없다. 결국 앞서 본 것처럼 피고가 이 사건 복지공제조합 시설의 임대료 중 상당부분을 당초 예정한 용도대로 사용해 온 이상, 이 사건 복지공제조합 시설의 제공을 후생자금의 기부가 아닌 일반적인 노동조합의 운영비를 원조하는 행위로 볼 수는 없다.

원고는 피고가 노동절 선물비, 정기총회선물비, 구정선물비, 추석선물비 등 운영비 명목으로 약 31% 정도를 사용하였다고도 주장한다. 그러나 노동조합 사무실 임대비용, 노동조합에서 채용한 직원에 대한 인건비, 노동조합이 개최하는 정기총회 기타 각종 행사에 소요된 비용 등이 부당노동행위로 인정되는 원조 대상인 노동조합 운영비에 해당하는 것이지, 원고가 주장하는 노동절 선물비, 정기총회선물비, 구정선물비, 추석선물비 등은 그 비용의 객관적 성질상 위와 같은 노동조합 운영비가 아니라 근로자들의 후생자금으로 볼 수 있다. 또한 회계 전문가가 아닌 피고가 지출결산서를 작성하면서 노동절 선물비, 정기총회선물비, 구정선물비, 추석선물비 등을 운영비 항목으로 계상하였다 하더라도 마찬가지이다. 따라서 원고의 이 부분 주장은 타당하지 않다.

사용자인 원고는 1989년 이 사건 단체협약 조항을 통해 피고에게 이 사건 복지공 제조합 시설을 제공한 이래 현재까지 이를 기화로 노동조합을 지배하거나 노동조합의 운영에 개입한 적이 없고, 노동조합이 사용자와 독립적으로 이 사건 복지공제조합 시설 임대료의 구체적인 사용 용도를 결정해 왔다(대부분은 후생자금의 범위 내에서 결정하였고, 일부 후생자금이 아닌 부분에 대하여도 원고의 관여는 없었다). 따라서 이 사건 단체협약 조항으로 인하여 원고의 피고에 대한 지배 · 개입 위험성이 발생하였거나 강화되었다고 볼 수 없다. 또한 피고가 강한 투쟁력을 바탕으로 이 사건 복지공제조합 시설 제공을 요구하여 원고로서는 부득이 이를 수용할 수밖에 없었다는 원고의 주장은, 그 자체로 이 사건 복지공제조합 시설 제공을 통한 원고의 피고에 대한 지배 · 개입 위험성과 양립하기 어렵다.

[사례③] 경남지노위 2021. 2. 5. 경남2020부해536 판정

운전자의 재해 방지와 구제의 목적으로 운용되는 운전자 사고대책기금은 근로자와 사용자가 반액씩 부담하고 있는 것으로 사용자 부담분이 운용비 원조의 부당노동행위로 볼 수 없다.

[사례④] 경북지노위 2021. 3. 8. 경북2020부노118 판정

신청 외 노동조합1에 노조지원금을 지급하는 것은 버스사업조합연합회와 자동차노조연맹의 상호 합의에 따라 2003년부터 추진되고 있는 사안으로 사용자들의 의사결정이 사실상 배제되어 있는 점, 사용자들에게 버스준공영제가 실시됨에 따라 버스외부광고 수입금의 온전한 처분권이 부여되어 있다고 보기 어려운 점 등으로 사용자들이 노조지원금 지급 경위와 관련한 노동조합 활동에 대한 지배 · 개입 주체로서 지위는 형식적이고 권한 행사에 한계가 있는 것으로 판단된다. 또한 노조지원금의 사용처는 장학기금으로 노동조합 운영비 원조 금지의 예외인 근로자의 후생자금으로 봄이 타당하고, 노조지원금을 이유로 사용자들이 노동조합 활동을 방해하거나 개입하는 등의 객관적 증거를 노동조합이 제시하지 못하고 있으며 사용자들의 부당노동행위 의사를 단정할 만한 특별한 사정이 없어 사용자들이 노조지원금을 지급하는 행위는 지배 · 개입의 부당노동행위로 볼 수 없다.

[사례⑤] 경북지노위 2020. 1. 10. 경북2019부노96 판정

상생협력 사업비는 2011. 2. 15. 노사 간 단체협약 및 임금협정을 갱신, 체결하며 지급하기 시작하였고 2018. 1. 26. 체결한 노사합의서에 근거해 지급되는 사항으로 사업비 지침서상 정한 사업 항목별로 사용하도록 하였으며 사업 내용은 주로 근로자 후생복리 및 근로여건 개선비, 택시산업발전 환경개선비 등으로 노동조합 운영비 원조 금지의 예외인 근로자의 후생자금으로 봄이 타당하다. 또한 상생협력 사업비를 이유로 사용자가 노동조합 활동을 방해하거나 개입하는 등의 객관적 증거를 노동조합이 제시하지 못하고 있으며 사용자의 부당노동행위 의사를 단정할 만한 특별한 사정이 없어 사용자가 노동조합에 상생협력 사업비를 지급하는 행위는 지배 · 개입 및 운영비 원조의 부당노동행위로 볼 수 없다.

[사례⑥] 중노위 2021. 9. 2. 중앙2021부노155 판정

사용자들이 노사합의에 따라 신청 외 노동조합에 사업비, 상생사업비를 지급하는 행위와 재단법인 디티엘에 약정금을 출연하는 행위, 신청 외 노동조합 분회장에게 차량을 제공하는 행위는 이로 인하여 신청 외 노동조합의 자주적 운영이 침해되었다고 보기 어려운 점, 사용자들이 신청 외 노동조합에 사업비, 상생사업비 지급 행위 등과 신청 노동조합이 주장하는 조합원들에게 불리한 단체협약이 체결된 것, 조합원들의 근로시간이 하향 조정되고 임금이 삭감되는 등 근로조건이 악화된 것 사이에 직접적인 인과관계에 있다고 보기도 어려운 점 등을 고려할 때, 노동조합 및 노동관계조정법 제81조제1항제4호에서 금지하는 운영비 원조의 부당노동행위에 해당한다고 보기 어렵다.

(2) 헌법불합치 결정 이전 사례

운영비 원조의 부당노동행위 해당 여부에 대한 헌법불합치 결정 이전 사례는 형식설의 입장에서 판단하였기 때문에 현재 시점에서 원용하기에 적합하지 않

은 판결들이 존재한다. 다만, 추후 운영비 원조의 부당노동행위 해당 여부를 판단함에 있어 참고할 사항도 존재할 수 있으므로, 헌법불합치 결정 이전 사례에 대해서는 대표적인 사례 일부만을 제시하도록 하며, 이는 참고용으로 활용하는 것이 바람직할 것이다.

☑ 성격 · 내용

[부당노동행위 인정 요소]

- 노조 사무실과 집기 · 비품을 넘어 유지관리비(전기 · 수도료, 냉 · 난방비, 영선비), 차량과 그 관리비 및 유류비를 지원하는 경우(대전고법 2012누483, 인정사례①)
- 차량, 유류비, 사용료(복사기, 인쇄기, 인터넷) 대납, 현물(신문, 복사용지, 갱지) 제공 및 임대수익(구판장, 자판기)을 제공한 경우(대전지법(천안) 2016가합100112, 인정사례②)
- 발전기금 명목으로 매월 150만원씩 지급하고, 이를 사무국장의 급여, 사무실 임대료, 경조사비, 상근자 중식비, 차량유지비 등으로 사용한 경우(대법 2014다28763, 인정사례③)
- 단체협약에 노조사무소 제공 외 노동조합 활동에 필요한 시설과 비품 일체를 지원하도록 되어 있는 경우(대법 2011두13392, 인정사례④)
- 사용자가 휘발유(매월 200L), 재정자립기금(매월 30만원)을 제공하고, 노조사무실 유지관리비(냉 · 난방비, 식수, 전기, 통신비 등)을 부담하도록 하는 경우(대법 2012두15821, 인정사례⑤)
- 조합 간부 숙소용 주택과 차량(스타렉스 6대)를 제공하는 경우(울산지법 2012가단7327, 인정사례⑥)
- 차량 1대 제공 및 소비조합(매점) 등을 운영함에 있어 장소, 시설, 수송수단을 제공하도록 하는 경우(대법 2013두11789, 인정사례⑦)
- 노조사무실 제공이 아닌 비품구입비, 사무실 이전비(부대시설비 포함)를 제공하는 것은 운영비 원조의 예외사유에 해당하지 않는다고 본 사례(서울고법 2011누12520, 인정사례⑧)

- 노조 운영지원금으로 매달 100만원씩 지원하는 경우(노사관계법제과-237, 인정사례⑨)

[부당노동행위 부정 요소]

- 노동조합 사무실 장소를 제공하는 대신 이에 상응하는 사무실 임차료를 제공하는 경우(서울고법 2011누12520, 인정사례⑧)
- 조합원수당이라는 명목으로 사용자가 조합원인 근로자에게 직접 수당을 지급하는 경우(노사관계법제과-171, 부정사례①)

☑ 지급관행

[부당노동행위 인정 요소]

- 5년간 약 243,257,610원을 지원받은 경우(대전지법(천안) 2016가합100112, 인정사례②)

☑ 운영비의 재정 대비 비율

[부당노동행위 인정 요소]

- 노조 총 수입 대비 원조된 금액의 비율이 4.22%~11.17.%에 이르는 경우(대구고법 2011누2768, 인정사례⑩)

☑ 운영비 관리방법 및 사용처

[부당노동행위 인정 요소]

- 조합원 수에 따라 일정금액의 돈을 지급하는 등 실제 비용의 사용 여부와 관계없이 매월 정액으로 일정 금액이 지급되는 경우(대구고법 2011누2768, 인정사례⑩)
- 원조된 금액에 대하여 별도로 회계처리를 하지 않고, 주로 사무실 여직원 임금 등으로 지출한 경우(대구고법 2011누2768, 인정사례⑩)
- 사용자가 현금 또는 현물을 지급·교부하거나 노동조합의 사용료를 대납하는 방식으로 지원한 경우(대전지법(천안) 2016가합100112, 인정사례②)
- 회사가 노동조합에게 매장 및 자판기를 설치할 약 80평의 장소와 수익사업권을

매월 264,000원에 임대하고, 해당 장소를 운영하기 위한 전기, 용수, 통신 등도 무상으로 제공하는 경우로서 노조가 해당 수익금을 조합의 운영경비로 사용하는 경우(노사관계법제과-2325, 인정사례⑪)

[부당노동행위 부정 요소]

- 사용자가 매점 또는 자판기 운영사업권을 노동조합에 위탁하는 경우라도, 노동조합이 특혜에 해당되지 않는 합리적인 수준에서 임대료 및 관리비를 직접 부담하고, 사업에 소요되는 제반 비용 및 운영상 발생하는 경영상 위험도 노조 스스로 부담하며, 수익금 관리 규정 등에 따라 용도를 명확히 구분하는 경우(노사관계법제과-1351, 부정사례②)

사례 ▌ 부당노동행위 인정 사례

[사례①] 대전고등법원 2013. 1. 10. 선고 2012누483 판결(대법원 2016. 3. 10. 선고 2013두3160 상고기각 판결로 확정됨)

원고와 회사 사이의 각 단체협약은 사용자가 노동조합의 사무실과 집기 · 비품을 제공하고 조합사무실 관리유지비(전기료, 수도료, 냉난방비, 영선비) 등을 부담하며 노동조합에 차량을 제공하거나 차량관리비 및 유류비 등을 지원한다는 내용의 조항을 두고 있는바, 앞서 본 해석에 의하면 위 각 조항 중 노동조합 사무실과 집기 · 비품의 제공을 넘어서 사무실 유지관리비, 차량과 그 관리비 및 유류비 등을 지원한다는 부분은 노조법 제81조 제4호를 위반하였다고 할 것이므로, 원고의 이 부분 주장은 받아들일 수 없다.

[사례②] 대전지방법원 천안지원 2017. 1. 13. 선고 2016가합100112 판결(대전고등법원 2017. 11. 16. 선고 2017나10747 판결로 확정됨)

원고가 피고에게 노동조합 운영비 명목으로 지원한 돈은 아래 표 기재와 같이 합계 243,257,610원(2011년부터 2015년까지 약 5년간)이다.

원고가 3의 가항에서 본 바와 같이 피고에게 상당한 기간에 걸쳐 정기적으로 현금이나 현물을 지급 또는 교부하고 사용료를 대납하는 방식으로 노동조합인 피고의 운영비 243,257,610원을 지원한 것은 노동조합인 피고의 자주성을 잃게 할 위험성을 지닌 것으로 노동조합법 제81조 제4호가 금지하는 부당노동행위에 해당한다고 할 것이다(피고는, 복사기 · 인쇄기 · 인터넷 사용료 지원과 신문 · 복사용지 · 갱지의 현물 지원은 최소한의 경비원조에 해당하므로 부당원조행위가 아니라고 주장하나, 복사기, 인쇄기, 신문, 복사용지, 갱지가 노동조합사무소에 반드시 필요한 물품이라고 보기 어렵고, 위 물품 등의 사용료 및 현물 지원이 수년간에 걸쳐 정기적으로 이루어진 점을 감안하면, 원고의 위 사용료 및 현물지원은 최소한의 경비원조에 해당하는 것으로 보기 어렵다).

[사례③] 대법원 2016. 2. 18. 선고 2014다28763 판결

원심은 그 판시와 같은 이유를 들어, 이 사건 합의의 내용은 피고가 원고의 운영비를 원조하는 차원에서 발전기금이라는 명목으로 매월 150만 원씩 지급한다는 것으로서, 원고는 위 돈으로 사무국장의 급여, 사무실 임대료, 경조사비, 상근자 중식비, 차량유지비 등으로 사용하여 왔으므로 이 사건 합의는 노동조합법 제81조 제4호 본문에 규정된 부당노동행위에 해당하여 무효라고 판단하고, 이와 달리 복지비와 사무실 임대료를 지원받은 것은 노동조합법 제81조 제4호 단서가 허용하고 있는 적법한 지원행위라거나, 원고 노동조합의 자주성을 해할 구체적인 위험성이 객관적으로 명백하게 존재하지 않는 이상 이 사건 합의는 부당노동행위에 해당하지 않는다는 원고의 각 주장을 받아들이지 아니하였다. 원심판결 이유를 앞서 본 법리와 기록에 비추어 살펴보면, 원심의 위와 같은 판단은 정당하고, 거기에 상고이유 주장과 같이 논리와 경험의 법칙을 위반하고 자유심증주의의 한계를 벗어나거나, 부당노동행위에 관한 법리를 오해하여 판결에 영향을 미친 위법이 없다.

[사례④] 대법원 2017. 1. 12. 선고 2011두13392 판결

이 사건 단체협약은 제12조 제1항에서 부산광역시 영도구청장이 청사 내에 전용 사무실을 제공하고 나아가 '그 활동에 필요한 시설 · 장비, 차량, 집기 등 비품 일체를 제공하여야 한다'고 정하면서 그 제공 대상의 범위를 제한하는 조항을 따로 두고 있지 아니하므로, 위 단체협약 조항은 노동조합이 사용자로부터 최소한의 규모의 노동조합사무소와 함께 통상 비치되어야 할 책상, 의자, 전기시설 등의 비품과 시설을 제공받는 것을 넘어서서 부산광역시 영도구청장으로 하여금 노동조합 활동에 필요한 시설과 비품 일체를 지원하도록 의무를 지우는 내용으로 되어 있다.

이러한 위 단체협약 조항의 내용을 앞에서 본 법리에 비추어 살펴보면, 위 단체협약 조항은 노동조합법 제81조 제4호 단서에 의하여 허용되는 범위를 넘는 운영비 원조 행위를 내용으로 하는 것으로서 같은 조 본문이 정한 부당노동행위에 해당하여 위법하다고 할 것이다.

[사례⑤] 대법원 2016. 1. 28. 선고 2012두15821 판결

원심은 그 판시와 같은 이유로, 사용자가 휘발유(매월 200L 무상 제공), 재정자립기금(매월 30만원)을 노동조합에 제공하고 노동조합사무소의 관리유지비(냉 · 난방비, 식수, 전기, 통신비 등)를 부담하도록 한 이 사건 시설편의제공조항(단체협약 제15조 제7항 등)은 노동조합법 제81조 제4호 본문이 정한 부당노동행위에 해당하는 운영비 원조 행위를 내용으로 하는 것이어서 위법하다고 보아, 그에 대한 피고의 시정명령이 적법하다고 판단하였다. 관련 법리와 기록에 비추어 살펴보면, 원심의 위와 같은 판단은 정당하고, 거기에 상고이유 주장과 같이 부당노동행위로서 금지되는 운영비 원조 행위에 관한 법리를 오해한 잘못이 없다.

[사례⑥] 울산지방법원 2013. 2. 20. 선고 2012가단7327 판결(대법원 2016. 1. 28. 선고 2013다72046 상고기각 판결로 확정됨)

이 사건 사용대차의 내용은 원고가 피고의 운영비를 원조하는 차원에서 조합간부 숙소용 주택과 조합 활동의 편의를 위한 차량(스타렉스 6대)을 무상으로 제공하는 것인바, 위 법리에 비추어 볼 때 위 사용대차는 노조법 제81조 제4호에 규정된 부당노동행위에 해당됨이 명백하다고 할 것이다.

[사례⑦] 대법원 2016. 4. 15. 선고 2013두11789 판결

> 제16조(시설편의 제공)
> ① 회사는 원활한 조합활동을 위해 업무용 차량 1대를 제공한다. 단, 차량의 유지관리에 따른 비용은 회사가 부담한다.
> ② 회사는 조합이 조합원을 위하여 소비조합(매점), 신용협동조합, 이용자조합, 주택조합 등을 운영함에 있어서 장소, 시설, 수송수단을 제공한다.

원심은 그 판시와 같은 이유로 사용자가 조합활동을 위한 업무용 차량을 노동조합에 제공하고, 차량의 유지관리비를 부담하도록 한 이 사건 단체협약 제16조제1항과 노동조합이 조합원을 위하여 소비조합(매점) 등을 운영함에 있어 장소, 시설, 수송수단을 제공하도록 한 이 사건 단체협약 제81조제2항은 노동조합법 제81조제4호 본문이 정한 부당노동행위에 해당하는 운영비 원조 행위를 내용으로 하는 것이어서 위법하다고 보아 그에 대한 피고의 시정명령이 적법하다고 판단하였다. 관련 법리에 비추어 기록을 살펴보면, 원심의 위와 같은 판단은 정당하고, 거기에 각 상고이유의 주장과 같이 부당노동행위로서 금지되는 노조전임자 급여 지원 행위나 운영비 원조 행위에 관한 법리오해, 헌법위반, 심리미진, 이유모순 등의 잘못이 없다.

[사례⑧] 서울고등법원 2011. 12. 7. 선고 2011누12520 판결

'사무실 임차료, 비품구입비 및 사무실 이전비(부대시설비 포함)' 중 '사무실 임차료' 부분은 노동조합법 제81조제4호 단서에서 허용되는 '최소한 규모의 노동조합 사무소' 대신에 이에 상응하는 사무실 임차료를 제공하는 것으로서 경비원조 금지 예외사유에 해당한다. 그러나 '비품구입비'는 문언 자체로 사무실에 통상 비치되는 물품에 한정되지 않고 조합활동에 일상적으로 필요한 물품 구입비를 포괄하는 의미로 해석되므로 '최소한 규모의 노동조합 사무소'에 포함되지 않는다. 또한 '사무실이전비(부대시설비 포함)' 역시 '최소한 규모의 노동조합 사무소' 제공 허용이 노동조합 사무실 공간 확보 과정에서 소요되는 모든 비용 제공을 허용한다는 의미로 해석될 수는 없으므로 사무실 자체가 아닌 사무실 이전과정에서 발생하는 경비나 부대시설비는 위 예외 조항에 해당하지 않는다.

[사례⑨] 노사관계법제과-237, 2000. 7. 29.

사용자가 노조 운영지원금으로 매달 100만원씩 지원하는 것은 같은 법 제81조 제4호 단서에서 정하고 있는 예외사항으로 볼 수 없어 부당노동행위에 해당된다 할 것이며, 운영지원금 지원과 관련하여 노사 대표가 서명한 합의서의 존재 유무는 동 부당노동행위 성립에 아무런 영향을 미치지 않는다 할 것임.

[사례⑩] 대구고등법원 2012. 5. 4. 선고 2011누2768 판결(대법원 2016. 1. 28. 선고 2012두12457 상고기각 판결로 확정됨)

이 사건 사무보조비 조항은 사무비품, 보조비 명목으로 사용자에게 매월 노조원의 수에 따라 일정금액의 돈을 지급하도록 정하고 있어 노동조합이 사용자로부터 제공받을 수 있는 사무실과 사무실 운영에 필요하여 사회통념상 용인되는 정도의 부대시설비 및 비품비의 범위 내인지 여부, 실제 비용의 사용 여부와 상관없이 매월 정액으로 일정 금액을 지급하도록 하고 있다. 원고 조합 포항지부의 총수입은 조합비, 사무보조비, 기타(찬조금, 후원금 등)로 구성되는데, 아래표와 같이 이 사건 사무보조비 조항에 따라 원고 조합 포항지부에 지급된 사무보조비의 연도별 금액은 24,420,000원(2008년도 10개월 합산 금액임.) 내지 64,450,000원, 총수입에서 사무보조비가 차지하는 비율은 4.22% 내지 11.17%에 이르고 있고, 원고 조합 포항지부는 이 사건 사무보조비를 별도로 회계처리하지 않고 조합비와 합하여 관리하면서 주로 노동조합 사무실 여직원 임금 등으로 지출하여 왔는바, 이러한 사무보조비의 금액 정도, 총수입에서 차지하는 비율, 지급된 사무보조비의 관리 및 사용처 등을 고려하면 이 사건 사무보조비 조항으로 인해 노동조합이 사용자와 대항관계에 있는 단체로서의 자주성을 잃게 되거나 사용자에게 노동조합에 대한 지배 · 개입을 용이하게 하는 기회를 제공할 우려가 있어 보인다.

[사례⑪] 노사관계법제과-2325, 2011. 11. 18.

사용자가 사내 매장(생필품, 의류 등) 및 자판기 운영의 수익사업권을 노동조합에 양도하는 행위가 노조법 제81조제4호에서 규정한 운영비 원조의 부당노동행위에 해당하는지 여부는 매장 및 자판기 운영사업에 소요되는 제반 비용과 운영상 발생하는 경영상 위험을 노동조합 스스로가 부담하는지, 사용자의 수익사업권 양도시 노동조합에 특혜를 주었는지, 수익금이 근로자들의 후생자금 또는 경제상의 불행 및 재액의 방지와 구제의 목적으로 사용되는지 아니면 노동조합의 일반 운영경비로 지출되는지 등을 종합적으로 고려하여 판단해야 할 것임.
따라서 귀 질의의 경우와 같이 사용자가 사내 매장 및 자판기를 설치할 장소와 공간(사내 회사소유 건물 약 80평) 및 수익사업권을 노동조합에 무상 또는 합리적인 수준을 벗어난 가격(매월 264,000원 부가세 포함)으로 특혜를 줄 뿐만 아니라 매장 및 자판기 운영에 필요한 전기, 용수, 통신 등도 무상으로 제공하고, 노동조합은 그 수익금을 노동조합의 운영경비 등으로 사용한다면 이는 부당노동행위에 해당한다 할 것임.
아울러, 상기의 특혜에 해당하지 않는 합리적인 수준이란 일률적으로 말하기는 어려우나, 주변의 임대료 시세 등에 비추어 외부의 제3자에게 양도하였다면 수령할 것으로 예상되는 정도를 의미한다 할 것임.

사례 Ⅰ 부당노동행위 부정 사례

[사례①] 노사관계법제과-171, 2010. 8. 10.

조합원수당이라는 명목으로 조합원인 근로자에게 사용자가 직접 지급하는 수당을 노조에 대한 운영비 원조로 보기는 어려울 것이며, 이는 근로자의 대우에 관한 부분으로 노조법 제35조 소정의 일반적 구속력이 적용되는 사업(장)일 경우 조합원이 아닌 동종의 근로자에게도 단체협약의"조합원 수당"규정이 확장 · 적용된다고 보아야 할 것이고, 이는 "조합원에 한하여 지급하고 여타 사원에게는 지급하지 않는다"고 단협상 명시하였다 하더라도 마찬가지일 것입니다.

[사례②] 노사관계법제과-1351, 2010. 11. 25.

한편, 운영비 원조는 사용자가 단순히 금품을 지원하는 행위만을 의미하는 것이 아니라 사용자가 보유하고 있는 수익사업권을 노동조합에 무상으로 양도하고 노동조합은 이를 통해 수익을 발생시키는 간접적인 원조행위도 포함된다 할 것인 바,

사용자의 매점 및 자판기 운영의 수익사업권을 노동조합에 양도하는 행위가 운영비 원조의 부당노동행위에 해당하는지 여부는 매점과 자판기 운영사업에 소요되는 제반 비용과 운영상 발생하는 경영상 위험을 노동조합 스스로가 부담하는지, 사용자의 수익사업권 양도시 노동조합에 특혜를 주었는지, 사업수익금 관리를 노사가 공동으로 하는지, 수익금이 근로자들의 후생자금 또는 경제상의 불행 및 재액의 방지와 구제의 목적으로 사용되는지 아니면 노동조합의 일반운영경비로 지출되는지 등에 따라 판단하여야 할 것임

따라서 귀 질의와 같이 사업장 내에 매점과 자판기를 설치할 시설과 공간, 수익사업권을 노동조합에 무상으로 제공하고 노동조합은 그 수익금을 노동조합의 운영경비 등으로 사용한다면 이는 노조법 제81조 제4호에서 금지하는 운영비 원조에 해당한다 할 것임

만약, 사업주가 사업장 내의 매점 및 자판기 운영사업권을 노동조합에 위탁하여 운영하고자 한다면 노동조합에 대한 특혜에 해당되지 않는 합리적인 수준에서 임대료 및 관리비를 수탁인인 노동조합측이 부담하도록 하고, 사업에 소요되는 제반 비용 및 운영상 발생하는 경영상 위험도 노동조합 스스로 부담하며, 수익금 관리 규정 등에 따라 용도를 명확히 구분하는 등의 조치가 이루어진다면 이를 운영비 원조라 하기는 어려울 것임

알면 이기는 부당노동행위 실무

제3장 부당노동행위 구제제도

Contents

제1절 부당노동행위 구제제도의 의의 및 종류
제2절 노동위원회의 부당노동행위 구제제도
제3절 부당노동행위 구제명령에 대한 긴급이행명령

제1절
부당노동행위 구제제도의 의의 및 종류

1. 의의

부당노동행위의 구제제도는 사용자의 부당노동행위를 예방·제거하거나 이로 인하여 침해된 노동3권을 회복하기 위한 제도로서, 우리나라는 부당노동행위 구제제도로서 행정적, 사법적(민사적, 형사적) 구제제도를 두고 있다.

2. 부당노동행위 구제제도의 종류

가. 행정적 구제제도

노조법 제82조 내지 제86조는 부당노동행위로부터 노동3권을 보장하기 위한 공법상 권리구제절차로서 부당노동행위 구제신청과 긴급이행명령에 대하여 규정하고 있다. 행정적 구제제도는 전문적인 행정기관이자 준사법적 기능을 가진 노동위원회에서 이루어지고 있으며, 이는 집단적 노사관계질서를 파괴하는 사용자의 행위를 예방·제거함으로써 근로자의 단결권·단체교섭권 및 단체행동권을 확보하여 노사관계의 질서를 신속하게 정상화하고자 함에 그 목적이 있다.[167)]

법원에서 이루어지는 민사적 구제제도는 소송의 복잡성, 신속성과 탄력성의 결여, 과다한 비용부담 등의 문제가 있을 뿐만 아니라, 기본적으로 당해 권리의무의 유무와 범위를 확정하는 데 주안점을 두고 있어 노사관계의 유동적 특성을 반영한 합목적적 구제를 기대하기 곤란한 경우가 있어 왔다. 반면, 노동위원회를 통한 구제제도는 부당노동행위로 인하여 발생한 권리침해에 대한 원상회복에 중점을 두고 있어 상대적으로 신속・간편하고, 유동적 노사관계를 고려한 유연하고 탄력적인 구제를 함으로써 부당노동행위 구제제도의 실효성을 확보할 수 있다는 장점을 가진다.[168)]

나. 민사적 구제제도

노동위원회를 통한 부당노동행위 구제명령은 사용자에게 이에 복종하여야 할 공법상의 의무를 부담시킬 뿐, 직접 노사 간의 사법상의 법률관계를 발생・변경시키는 것은 아니다.[169)] 따라서 근로자 또는 노동조합은 노동위원회의 구제절차와 별도로 민사소송으로 부당노동행위에 해당하는 사용자의 처분에 대한 무효확인소송이나 손해배상을 청구할 수 있다.

민사적 구제제도는 노동위원회의 부당노동행위 구제신청을 활용할 수 없는 경우에 활용할 수 있고,[170)] 노사간 사법상 법률관계를 발생・변경시키므로 사법

167) 대법원 2018. 12. 27. 선고 2017두47311 판결

168) 노동법실무연구회, 「노동조합 및 노동관계조정법 주해Ⅲ」 제2판, 박영사, 2023, 270쪽

169) 대법원 2014. 5. 16. 선고 2011다98006 판결

170) 노동위원회의 부당노동행위 구제신청은 노조법에 따른 노동조합만이 활용할 수 있으므로, 헌법상 단결체는 사법적

상 효력을 지닌 강제집행이 가능하며, 위자료 또는 손해배상을 청구할 수 있다는 장점이 있다.[171)]

다. 형사적 구제제도

노조법은 제90조에서 "노조법 제81조 제1항의 규정에 위반한 자는 2년 이하의 징역 또는 2천만원 이하의 벌금에 처한다"라고 규정하여 부당노동행위에 대한 벌칙 규정을 두고 있으므로, 부당노동행위로 피해를 입은 근로자 또는 노동조합은 지방고용노동관서(이하 "노동청"이라 함)에 진정, 고소(발) 등 사용자의 처벌을 요구할 수 있다.

부당노동행위에 대해서는 피해자의 의사와 관계없이 처벌이 가능하고, 노동위원회를 통한 부당노동행위 구제신청과 병행하여 형사적 구제절차를 진행하는 것도 가능하다.[172)]

부당노동행위에 대한 공소시효는 5년이므로,[173)] 부당노동행위에 대한 진정 또는 고소(발)는 사용자의 부당노동행위가 있은 날로부터 5년 이내에 이루어져야 한다.

또한, 노동위원회 또는 행정소송을 제기하여 확정된 구제명령을 위반한 경우

구제수단에 의하여 노동3권을 보장받아야 하고, 노동위원회 구제신청의 제척기간인 3개월을 도과한 경우에는 비교적 시효기간이 길고 제소기간에 제한이 없는 무효확인소송 등의 사법적 구제제도를 활용할 수 있다.

171) 노동법실무연구회, 「노동조합 및 노동관계조정법 주해Ⅲ」 제2판, 박영사, 2023, 476~477쪽

172) 고용노동부, 「집단적 노사관계 업무매뉴얼」, 2022, 461쪽

173) 형법 제78조

에도 벌칙이 적용되므로(노조법 제89조 제2호, 3년 이하의 징역 또는 3천만원 이하 벌금), 노동조합이나 근로자는 확정된 구제명령을 이행하지 않는 사용자에 대해서도 고소(발)을 통해 사용자의 처벌을 요구할 수 있을 것이다.

〈그림 7〉 ㅣ 형사적 구제절차 처리 흐름도[174)]

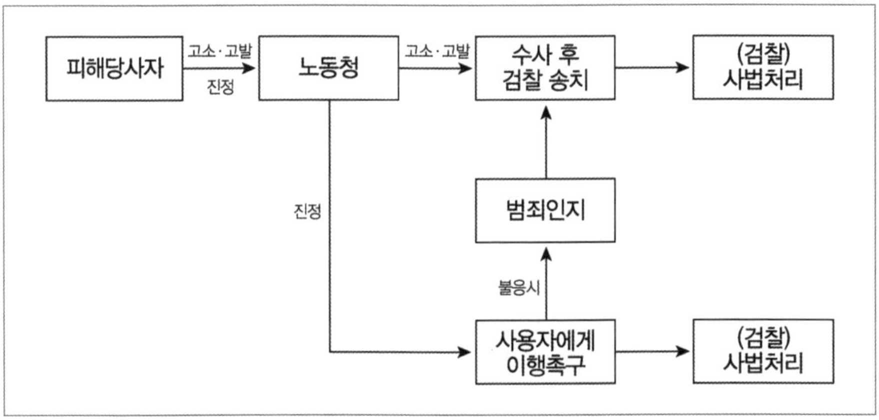

〈그림 8〉 ㅣ 확정된 구제명령 불이행 시 형사처벌 절차

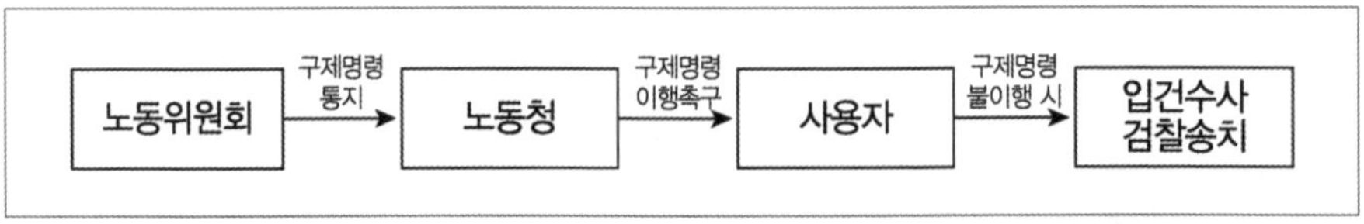

174) 고용노동부, 「최신 사례로 보는 부당노동행위」, 2009, 19쪽

3. 부당노동행위 구제제도 비교

앞서 살펴본 부당노동행위 구제제도를 비교하면 아래 표와 같이 정리할 수 있다.[175)]

〈표 22〉 ❙ 부당노동행위 구제제도 비교

구분	행정적 구제 (노동위원회)	사법적 구제	
		민사적 구제	형사적 구제
성격	◦ 원상회복주의 ◦ 공법성	◦ 권리·의무관계 확정 ◦ 손해배상 ◦ 사법성	◦ 처벌주의 ◦ 공법성
종류	◦ 부당노동행위 구제신청 ◦ 긴급이행명령	◦ 의무이행 소송[176)] ◦ 확인소송[177)] ◦ 손해배상청구 소송[178)] ◦ 가처분[179)]	◦ 진정 ◦ 고소(발) ◦ 확정된 구제명령 불이행에 대한 벌칙
내용	◦ 원상회복(작위 명령) ◦ 중지 및 부작위 명령 ◦ 공고문(판정문) 게시	◦ 권리·의무 이행 ◦ 권리·의무관계 확인 ◦ 손해배상금/위자료 지급 ◦ 권리침해 예방 및 보전	◦ 2년(2천만원) 이하 징역(벌금) ◦ 3년(3천만원) 이하 징(벌금)

175) 최영우, 「집단 노동법 실무」, 개정8판, (주)중앙경제, 2023, 890쪽

176) 임금 상당액 지급, 조합 사무실의 인도, 단체교섭의무이행소송 등이 있다.

177) 해고무효확인소송, 근로자지위확인소송 등이 있다.

178) 주로 부당노동행위가 불법행위가 성립하는 경우 또는 사용자가 단체협약에 따른 의무를 불이행(채무불이행)함에 따른 손해배상청구를 말한다.

179) 임금지급가처분, 근로자지위보전가처분, 근로방해금지 가처분, 전직명령효력정지가처분, 단결권 침해에 대한 방해배제가처분, 단체교섭응낙가처분 등이 있다.

제2절
노동위원회의 부당노동행위 구제제도

1. 행정적 구제제도의 특색

가. 원상회복주의와 처벌주의 병용

노조법상 부당노동행위 구제제도는 노동위원회의 구제명령을 통하여 부당노동행위가 행하여지기 이전의 상태로 회복시킴으로써 근로자의 침해된 권리를 복구시켜주는 원상회복을 기본으로 하면서도(원상회복주의), 부당노동행위를 예방・억제하는 차원에서 부당노동행위를 한 자를 처벌할 수 있도록 하여(처벌주의) 원상회복주의와 처벌주의를 병용하고 있다.[180)]

다만, 고용노동부는 부당노동행위 관련 민원은 노사관계의 특수성에 비추어 형사처벌보다는 노동위원회의 구제절차를 중심으로 처리・운영하는 것이 바람직하므로, 노동청과 노동위원회에 동시에 사건이 계류 중일 경우 양 기관은 사건 진행 상황을 상호 확인・협의하는 등 연계 처리하되 신고사건은 노동위원회의 초심판정을 기다려 그 결과를 존중하여 처리함으로써 노동행정의 일관성을 유

---

180) 노동법실무연구회, 「노동조합 및 노동관계조정법 주해Ⅲ」 제2판, 박영사, 2023, 270쪽 ; 하갑래, 「집단적 노동관계법」 개정8판, (주)중앙경제, 2023, 573쪽

지하는 것이 바람직하다는 입장을 취하고 있다.[181) 182)]

나. 당사자주의와 직권주의 병용

노동위원회의 부당노동행위 구제절차는 근로자나 노동조합의 신청에 의하여 개시되고,[183)] 당사자가 신청을 취하하면 구제절차가 종료된다.[184)] 노동위원회는 심문회의에서 노사 당사자가 주장하는 사실관계에 대하여 당사자가 제출한 증거를 중심으로 증거조사 및 판정을 하여 민사소송과 유사한 당사자주의적 요소를 가지고 있다.[185)]

또한, 노동위원회는 평화적·안전적 노사관계를 신속하게 회복하기 위하여 직권으로 증거를 수집할 수 있는 조사권이 부여되어 있어 직권주의적 요소도 가지고 있다.

다. 2심급과 재결주의

노동위원회 구제절차는 지방노동위원회(1심) 판정에 대하여 중앙노동위원회(2심)에 재심을 신청할 수 있는 2심제로 구성되어 있다.

---

181) 고용노동부, 「집단적 노사관계 업무매뉴얼」, 2022, 511쪽

182) 다만, 고용노동부는 고의적·반복적으로 부당노동행위를 자행하고 사회적 물의를 야기하는 사용자에 대해서는 신속하게 수사하여 사법처리함으로써 사전예방 효과를 높인다는 입장이다.

183) 노조법 제82조

184) 노동위원회규칙 제75조 제1항

185) 노동법실무연구회, 「노동조합 및 노동관계조정법 주해Ⅲ」 제2판, 박영사, 2023, 274쪽

또한, 지방노동위원회의 초심판정에 대해서는 곧바로 행정소송을 제기할 수 없고, 중앙노동위원회의 재심판정에 대해서만 행정소송을 제기할 수 있는 재결주의를 채택하고 있다.[186]

〈표 23〉 | 부당노동행위 구제제도의 특징

구분	내용
원상회복주의	◦ 부당노동행위 이전의 상태로 회복 ◦ 침해된 노동3권 복구
처벌주의	◦ 부당노동행위 행위자 처벌 ◦ 부당노동행위 예방·억제
당사자주의	◦ 피해당사자(근로자, 노동조합) 신청에 의하여 구제절차 개시 ◦ 당사자의 신청 취하 시, 구제절차 종료 ◦ 당사자가 제출한 증거를 중심으로 조사 및 판정이 이루어짐
직권주의	◦ 전문적 행정기관인 노동위원회의 주도로 조사와 심문 진행 ◦ 노동위원회 직권으로 증거조사 가능
2심급	◦ 2심제 구제절차(지방노동위원회 → 중앙노동위원회)
재결주의	◦ 지방노동위원회의 초심판정에 대한 행정소송 제기 불가 ◦ 중앙노동위원회의 재심을 거친 후 재심판정에 대한 행정소송 제기

2. 노동위원회 부당노동행위 구제신청의 요건

가. 신청인

부당노동행위 구제신청을 할 수 있는 자는 사용자의 부당노동행위로 인하여 권리를 침해당한 노조법상 근로자 또는 노동조합이다.

186) 노조법 제85조 제2항

부당노동행위 구제신청을 제기할 수 있는 자는 원칙적으로 법내 노동조합 및 그 소속 근로자로 보아야 할 것이나, 노조법 제81조 제1항 제1호, 제2호, 제5호의 경우에는 법외 노동조합의 소속 근로자가 직접 부당노동행위 구제신청을 할 수 있다고 보아야 할 것이다.

또한, 노동조합의 조직을 이유로 한 불이익취급 등의 부당노동행위가 이루어진 경우에는 이와 같은 부당노동행위 후에 설립된 노동조합도 독자적인 구제신청권을 가지고, 현재 소속 조합원은 아니나 향후 노동조합에 가입하려고 하는 근로자에 대하여 부당노동행위가 있을 경우 해당 노동조합은 자신의 명의로 구제신청이 가능하며, 특정 노동조합에 가입하려고 하거나 특정 노동조합과 연대하려고 하는 노동조합에 대한 부당노동행위로 인하여 특정 노동조합의 권리가 침해당할 수 있는 경우에는 그 특정 노동조합이 부당노동행위의 직접 상대방이 아닌 경우에도 자신의 명의로 부당노동행위에 대한 구제신청을 할 수 있다.

관련 법령 및 해석

◦ **서울고등법원 2002. 5. 16. 선고 2001누9856 판결(대법원 2002. 10. 11. 선고 2002두5535 심리불속행 기각 판결로 확정됨)**

노조법 제81조에서 규정하고 있는 부당노동행위의 유형 중 제1호, 제2호, 제5호의 경우(불이익취급 및 황견계약)에는 법외 노동조합의 경우라도 그 소속 근로자가 직접 구제신청을 할 수 있지만, 제3호, 제4호의 경우에는 법내 노동조합과 그 소속 근로자만이 구제신청권을 갖는 취지로 봄이 상당하다.

대법원 1991. 1. 25. 선고 90누4952 판결

사용자의 부당노동행위로 인하여 그 권리를 침해당한 근로자 또는 노동조합은 노동위원회에 그 구제를 신청할 수 있도록 되어 있으므로 노동조합을 조직하려고 하였다는 것을 이유로 근로자에 대하여 한 부당노동행위에 대하여는 후에 설립된 노동조합도 독자적인 구제신청권을 가지고 있다고 보아야 할 것이다.

대법원 2022. 5. 12. 선고 2017두54005 판결

노동조합으로서는 자신에 대한 사용자의 부당노동행위가 있는 경우뿐만 아니라, 그 소속 조합원으로 가입한 근로자 또는 그 소속 조합원으로 가입하려고 하는 근로자에 대하여 사용자의 부당노동행위가 있는 경우에도 노동조합의 권리가 침해당할 수 있으므로, 그 경우에도 자신의 명의로 부당노동행위에 대한 구제신청을 할 수 있는 권리를 가진다.

이러한 법리는 다른 노동조합에 가입하려고 하거나 다른 노동조합과 연대하려고 하는 노동조합에 대하여 사용자의 부당노동행위가 있는 경우에도 적용된다. 따라서 특정 노동조합에 가입하려고 하거나 특정 노동조합과 연대하려고 하는 노동조합에 대한 부당노동행위로 인하여 특정 노동조합의 권리가 침해당할 수 있는 경우에는 그 특정 노동조합이 부당노동행위의 직접 상대방이 아닌 경우에도 자신의 명의로 부당노동행위에 대한 구제신청을 할 수 있다.

나. 피신청인

부당노동행위 구제신청의 피신청인은 사용자이다. 이 때, 부당노동행위 구제신청과 구제명령의 상대방인 사용자는 사업주로 한정되지 않고, 노조법 제2조 제2호에 정한 사용자(▲사업주, ▲사업의 경영담당자, ▲그 사업의 근로자에 관한 사항에 대하여 사업주를 위하여 행동하는 자)가 모두 포함된다.

관련 법령 및 해석

대법원 2022. 5. 12. 선고 2017두54005 판결

부당노동행위 구제신청과 구제명령의 상대방인 사용자에는 「노동조합 및 노동관계조정법」 (이하 '노동조합법'이라 한다) 제2조 제2호에서 정한 사업주, 사업의 경영담당자 또는 그 사업의 근로자에 관한 사항에 대하여 사업주를 위하여 행동하는 사람 모두 포함된다고 해석함이 타당하다. 그 이유는 다음과 같다.

노동조합법 제81조에 따라 부당노동행위를 하는 것이 금지되는 '사용자'에는 사업주뿐만 아니라 사업의 경영담당자, 그 사업의 근로자에 관한 사항에 대하여 사업주를 위하여 행동하는 사람이 모두 포함된다(대법원 2009. 4. 23. 선고 2008도4413 판결 참조). 한편 노동조합법 제82조는 '사용자'의 부당노동행위로 그 권리를 침해당한 근로자 또는 노동조합은 노동위원회에 그 구제를 신청할 수 있다고 정하고 있고, 제84조는 부당노동행위가 성립한다고 판정한 때에 노동위원회는 '사용자'에게 구제명령을 발하여야 한다고 정하고 있다. 여기에서 사용자의 범위는 조문의 체계 및 규정의 문언 등에 비추어 노동조합법 제81조에서 정한 '사용자'의 범위와 같다고 해석하는 것이 논리적으로 일관된다.

노동조합법이 같은 법 각 조항에 대한 준수의무자로서의 사용자를 사업주에 한정하지 아니하고 사업의 경영담당자 또는 그 사업의 근로자에 관한 사항에 대하여 사업주를 위하여 행동하는 자로 확대한 이유는 노동현장에서 노동조합법의 각 조항에 대한 실효성을 확보하기 위한 정책적 배려에 있다고 볼 수 있다(근로기준법에 관한 대법원 2009. 1. 30. 선고 2007도10873 판결 참조). 부당노동행위 구제신청에서 피신청인적격의 존부를 판단할 때도 이와 같은 정책적 배려의 취지를 충분히 고려할 필요가 있다.

부당노동행위에 대한 구제제도는 집단적 노사관계의 질서를 침해하는 사용자의 행위를 예방·제거함으로써 근로자의 단결권·단체교섭권 및 단체행동권을 확보하여 노사관계의 질서를 신속하게 정상화하는 것에 그 목적이 있다(대법원 2018. 12. 27. 선고 2017두37031 판결 참조). 그런데 현실적으로 발생하는 부당노동행위의 유형이 다양하고 노사관계의 변화에 따라 그 영향도 다각적이어서 부당노동행위의 예방·제거를 위한 구제명령의 방법과 내용은 유연하고 탄력적일 필요가 있으므로, 구제명령을 발령할 상대방도 구제명령의 내용이나 그 이행 방법, 구제명령을 실효적으로 이행할 수 있는 법률적 또는 사실적인 권한이나 능력을 가지는지 여부 등을 고려하여 결정하여야 하고, 그 상대방이 사업주인 사용자에 한정된다고 볼 수 없다.

다. 신청기간

(1) 부당노동행위 구제신청의 신청기간 : "부당노동행위가 있는 날부터 3개월 이내"

부당노동행위 구제신청은 부당노동행위가 있은 날(계속하는 행위는 그 종료일)부터 3월 이내에 하여야 한다.[187)]

부당노동행위 구제신청 기간은 제척기간이므로 그 기간이 경과하면 그로써 행정적 권리구제를 신청할 권리는 소멸된다. 따라서 소멸시효에 있어서의 정지, 중단이나 신청인이 책임질 수 없는 사유로 기간을 준수하지 못하였다는 등 정당한 사유가 있더라도 구제신청을 할 권리는 소멸된다.[188)]

부당노동행위 구제신청 사건의 심사대상은 그 대상이 된 부당노동행위를 구성하는 구체적 사실에 한정되므로, 구제신청기간은 근로자가 부당노동행위라고 주장하는 구체적 사실이 발생한 날부터 기산된다.[189)]

다만, 부당노동행위가 계속하는 행위인 경우에는 그 종료일부터 신청기간이

187) 노조법 제82조 제2항

188) 대법원 1997. 2. 14. 선고 96누5926 판결 ; 대법원 1996. 8. 23. 선고 95누11238 판결

189) 대법원 1996. 8. 23. 선고 95누11238 판결

기산된다.

(2) 계속하는 행위의 판단기준 및 사례

"계속하는 행위"란 동일한 부당노동행위 의사에 근거하여 계속적으로 반복되는 행위를 말하며(사용자가 한 행위의 효과가 계속된다는 의미는 아님), 1개의 행위가 바로 완결되지 않고 일정 기간 계속되는 경우뿐만 아니라 수 개의 행위라도 각 행위 사이에 부당노동행위 의사의 단일성, 행위의 동일성, 동종성, 시간적 연속성이 인정되는 경우도 포함된다.[190)]

이 때, 1개의 행위가 계속되는 경우라 함은 행위 자체가 시간적 중단 없이 연속되는 경우이거나 일련의 절차 내 동일성·동종성이 인정되고 규범적으로 시간적 연속성이 인정되는 경우를 말하며, 이러한 사정없이 어떠한 행위로 인한 상태 또는 효과가 지속된다고 하여 이를 모두 시간적 중단이 없는 1개의 계속되는 행위로 볼 수 없다.

관련 법령 및 해석

대법원 2014. 5. 29. 선고 2011두24040 판결

노동조합 및 노동관계조정법(이하 '노동조합법'이라고 한다) 제82조 제2항에 의하면, 부당노동행위에 대한 구제신청은 부당노동행위가 있은 날 또는 그 행위가 계속하는 행위인 때에는 그 종료일로부터 3월 이내에 하여야 한다. 여기서 '계속하는 행위'란 1개의 행위가 바로 완결되지 않고 일정 기간 계속되는 경우뿐만 아니라 수 개의 행위라도 각 행위 사이에 부당노동행위 의사의 단일성, 행위의 동일성·동종성, 시간적 연속성이 인정될 경우도 포함한다.

190) 고용노동부, 「집단적 노사관계 업무매뉴얼」, 2022, 458쪽

서울행정법원 2020. 6. 11. 선고 2019구합74935 판결

1개의 행위가 계속되는 경우란 행위 자체가 시간적 중단 없이 연속되는 경우 또는 일련의 절차 내에 동일성·동종성이 인정되고 규범적으로 시간적 연속성이 인정되는 경우라고 할 것이고, 그러한 사정이 인정되지 않는 한 어떠한 행위로 인한 상태 또는 효과가 지속된다고 하여 이를 모두 시간적 중단이 없는 1개의 계속되는 행위로 평가할 수는 없다.

부당노동행위가 계속하는 행위인지 여부와 관련하여 아래와 같은 요소가 발견된다.

☑ 계속되는 행위 인정 요소

- 근로시간면제자에 대한 과도한 급여를 매월 지급하는 경우(노사관계법제과-1830, 인정사례①)
- 일정 기간 계속되는 직장폐쇄(노동부 업무매뉴얼, 인정사례②)
- 동일한 사유로 계속 단체교섭을 거부한 경우(서울행법 2021구합71748, 인정사례③)
- 두 가지 행위가 시간적 단절이 있더라도, 연구용역과제수행을 위한 절차의 한 부분을 이루고, 각 행위의 주체가 동일인물인 경우(서울행법 2009구합50961, 부정사례①)

☑ 계속되는 행위 부정 요소

- 근로자가 주장하는 불이익(연구과제에서의 배제, 종합평가 등급 하락, 해외업무연수자 선발 탈락, 대외활동 금지, 명예훼손 등)이 시간적으로 단절된 경우(서울행법 2009구합50961, 부정사례①)
- 종합평가 등급 하락에 따른 임금하락의 경우(임금하락은 사후적 정산의 결과에 불과하다고 본 경우)(서울행법 2009구합50961, 부정사례①)
- 무기정직 처분(대법 92누15406, 부정사례②)
- 같은 해 이루어진 전임면직 인사발령(6.1.), 정직처분(11.8.), 해고처분(12.17.)의 경우(대법 95누11238, 부정사례③)

- 1차 교섭거부와 3차 교섭거부 간 약 5개월의 간격이 있고, 그 교섭 거부 사유가 상이한 경우(서울고법 2020누58573, 부정사례④)
- 근로시간면제자에 대한 복직명령 후 승무지시행위와 승무지시 불이행에 따른 급여 미지급 행위(서울행법 2019구합74935, 부정사례⑤)
- 노동조합 홈페이지 접속 차단과 그 후 홈페이지 접속 차단 상태가 지속되는 행위(서울행법 2011구합42406, 부정사례⑥)

사례 ▌ 계속되는 행위 인정 사례

[사례①] 노사관계법제과-1830, 2012. 6. 15.

사용자가 근로시간면제자에게 과도한 수준의 급여를 매월 지급하는 부당노동행위를 행하고 있다면 이는 계속되는 행위로 볼 수 있으므로 그 종료일부터 3월 이내에 구제신청을 할 수 있을 것임.

[사례②] 고용노동부, 「집단적 노사관계 업무매뉴얼」, 2022. 458쪽

계속하는 행위는 직장폐쇄와 같이 그 행위가 완결되지 아니하고 일정기간 계속되는 경우를 말함

[사례③] 서울행정법원 2023. 1. 12. 선고 2021구합71748 판결(서울고등법원 2024. 1. 24. 선고 2023누34646 판결)

단체교섭거부는 이 사건 구제신청 당시까지 종료되지 않고 계속되고 있었다고 할 것이므로, 이 사건 구제신청은 노동조합법 제82조 제2항에 따른 제척기간을 경과하지 않은 때에 이루어졌다고 봄이 타당하다. 따라서 이 부분 원고의 주장 또한 받아들이지 아니한다.

(1) 참가인은 이 사건 구제신청 이전에도 원고에게 이 사건 의제와 동일·유사한 의제에 대하여 단체교섭을 수차례 요구하였으나, 원고는 참가인에 가입한 직계약 택배기사는 물론 집배점 택배기사들에 대한 관계에서 노동조합법 제2조 제2호의 사용자에 해당하지 않는다는 이유로 지속적으로 원고의 단체교섭 요구를 거부하였다.

(2) 참가인은 원고가 2020. 4. 2. '원고는 집배점 택배기사들에 대한 관계에서 노동조합법

제2조 제2호의 사용자에 해당하지 않는다.'는 이유로 이 사건 단체교섭 요구를 거부하자, 2020. 5. 8. 및 2020. 5. 18. 이 사건 단체교섭 요구와 동일한 내용으로 재차 원고에게 단체교섭을 요구하였다. 그러나 원고는 2020. 5. 20. 이 사건 단체교섭거부와 같은 취지로 원고의 단체교섭을 거부하였다.
(3) 참가인은 그 이후로도 이 사건 구제신청을 할 때까지 지속적으로 원고에게 이 사건 단체교섭 요구에 응할 것을 문자메시지 등을 통해 요청하였으나, 원고는 이에 불응하였다.

사례 Ⅰ 계속되는 행위 부정 사례

[사례①] 서울행정법원 2010. 11. 12. 선고 2009구합50961 판결(대법원 2014. 5. 29. 선고 2011두24040 상고기각 판결로 확정됨)

가) 이 사건 불이익① 내지 ⑫가 계속하는 행위인지 여부[191)]

노동조합 및 노동관계조정법 제82조 제2항에 의하면 부당노동행위구제신청은 부당노동행위가 있은 날(계속하는 행위는 그 종료일)부터 3월 이내에 하여야 하는데, 이 때 '계속하는 행위'란 행위 자체가 시간적 중단 없이 연속되는 경우 또는 징계절차에 착수하기 위한 사전절차로서의 면직과 그에 이은 징계처분과 같이 문제되는 행위가 일련의 절차를 이루는 등 행위 사이에 객관적 관련성이 있기 때문에 사실적으로는 각 행위간에 시간적 단절이 있지만, 규범적으로 보아 시간적 중단이 없는 것으로 평가하여야 할 경우에 한정된다고 보는 것이 위 법문의 문언에 충실한 해석일 뿐 아니라 신속 · 간이한 행정적 구제절차로서의 기능확보라는 구제신청기간 규정의 입법취지에도 부합한다. 따라서 행위 사이의 객관적 관련성 없이 참가인의 부당노동행위의사가 계속되었다는 사정만으로는 문제되는 행위 상호간에 시간적 중단이 없는 것으로 평가할 수 없다.

이 사건에 관하여 보건대, 이 사건 불이익⑧, ⑨는 서로 시간적 단절이 있으나, 양자가 농림수산식품부의 연구용역과제 수행을 위한 절차의 한 부분을 이루는 점, 양자 모두 해양물류연구부장 G의 행위가 주로 문제되는 점에 비추어 객관적 관련성이 인정되어 계속하는 행위라 할 것이다. 그러나 이 사건 불이익⑧, ⑨를 제외한 나머지이 사건 불이익은 서로 시간적으로 단절되어 발생한 사건들로서, 서로 간에 일련의 절차를 이룬다거나 하는 등 행위간의 객관적 관련성을 인정할 만한 증거가 부족하다. 특히 이 사건 불이익⑤, ⑥은 원고를 연구진에서 제외한다는 점에서는 결과적으로 공통되나, 각 연구과제 상호간에 어떠한 견련성이 있다고 보기 어려운 점에 비추어 계속하는 행위라 할 수 없고, 이 사건 불이익⑩, ⑪은 대외활동의 자제라는 점에서 공통점이 있으나 양 행위 사이에 시간적으로 약 6개월의 간격이 있는 점, 이 사건 불이익⑩은 팀원 전체에 대한 일반적인 요구이고, 이 사건 불이익⑪은 원고에 대한 개별적인 요구인 점에 비추어 역시 계속하는 행위로 보기 어렵다.

부당노동행위에 대한 구제신청기간은 근로자가 부당노동행위라고 주장하는 구체적 사실이 발생한 날로부터 기산되고, 근로자가 취업규칙 등의 규정에 따라 이의신청, 재심신청 등을 통하여 내부적으로 다투고 있다 하더라도 그 결론을 달리할 수 없다. 다만, 사용자의 근로자에 대한 부당노동행위가 일정한 기간이 경과한 후에 그 효력을 발생하는 경우에는 구제신청기간은 그 효력발생일부터 기산하는 것으로 보아야 할 것이다(대법원 2002. 6. 14. 선고 2001두11076 판결, 1996. 8. 23. 선고 95누11238 판결 등 참조). 살피건대, 원고가 2007년 종합평가에 대하여 2008. 2. 27. 이의신청을 한 사실, 참가인은 2009. 2. 26. 2008년 종합평가결과를 확정한 사실을 인정할 수 있는데, 근무평가의 효력발생일은 근무평가가 확정된 날로 봄이 상당하고, 근무평가에 따라 원고가 지급받는 임금이 달라진다 하더라도 이는 확정일에 이미 효력을 발생한 근무평가에 따른 사후적 정산의 결과에 불과하며, 원고가 근무평가결과에 이의신청을 하였다고 하여 부당노동행위구제신청기간의 기산점을 달리 볼 이유는 없으므로 이 사건 불이익①, ⑦에 관한 구제신청은 구제신청기간을 도과하여 제기되었음이 역수상 분명하다.

[사례②] 대법원 1993. 3. 23. 선고 92누15406 판결

무기정직의 처분은 그 처분과 동시에 처분행위가 종료되는 것이지 무기정직의 기간 동안 그 처분행위가 계속하여 위 법조항에서 말하는 "계속하는 행위"에 해당하는 것은 아니라고 할 것이므로, 받아들일 수 없다.

[사례③] 대법원 1996. 8. 23. 선고 95누11238 판결

구제신청기간은 신청인이 부당노동행위라고 주장하는 구체적 사실이 발생한 날이나 근로기준법 제27조의3 소정의 해고 등 사용자의 불이익처분이 있은 날(다만 계속하는 행위인 경우에는 그 종료일)로부터 기산된다 할 것이고, 해고 등 불이익처분에 대하여 근로자가 취업규칙 등의 규정에 따른 재심절차를 밟고 있다고 하더라도 그 결론을 달리할 수 없다 할 것이며, 구제신청기간은 이와 같이 신속 · 간이한 행정적 구제절차로서의 기능을 확보하기 위한 것이므로 그 기간이 경과하면 그로써 행정적 권리구제를 신청할 권리는 소멸한다 할 것이다. 원고가 1994. 6. 20. 전라남도지방노동위원회에 이 사건 구제신청을 하면서 피고 보조참가인(이하 참가인이라 한다)의 부당노동행위 또는 부당해고 등 불이익처분으로 내세운 구체적 사실은 원고에 대한 참가인의 1993. 6. 1. 자 전임면직의 인사발령과 같은 해 11. 8. 자 정직처분 및 같은 해 12. 17. 자 해고처분임이 명백하고 그 밖에 참가인이 원고와의 합의사항을 이행하지 아니하였다는 점은 위와 같이 부당노동행위 등으로 내세우는 구체적 사실이나 처분이 있은 후에 이루어진 원고와의 합의내용을 참가인이 이행하고 있지 않다는 것이어서 원고가 그 자체를 구제신청의 대상이 되는 독립한 사실이나 처분으로 내세운 것으로 보기 어려워 단순히 그 후의 상황을 부가적으로 기재한 것에 불과한 것으로 보일 뿐만 아니라 그것이 노동조합법 제40조 제2항 소정의 '계속하는 행위'에 해당한다고도 할 수 없으므로 결국 이 사건 구제신청기간은 원고가 구제신청을 함에 있어서 부당노동행위 등으로 구성한 구체적 사실이나 처분이 있은 날로부터 기산된다 할 것이고, 비록 원고가 노동조합법 제40조 제2항 소정의 구제신청 기간을 경과하게 된 것이 소론과 같은 사정에 기인한 것이라고 하여도 그 결론을 달리할 수 없다 할 것이다

[사례④] 서울고등법원 2021. 11. 26. 선고 2020누58573 판결

① 위에서 보았듯이 참가인의 2차 단체교섭 요구의 의사표시가 원고에게 도달하였다고 보기 어려운 점, ② 원고가 1차 단체교섭 요구에 불응한 데 대한 중요한 원인이 된 제36대 총무원장 선거가 1차 단체교섭 요구일로부터 1주일 후에 실시되었을 뿐만 아니라 중앙종회의원 선거 등 1차 단체교섭에 장애가 될 만한 상황들도 2018. 10.경 모두 해소된 것으로 보이는 점, ③ 1차 단체교섭 요구와 3차 단체교섭 요구 사이의 시간적 간격이 5개월이 넘고, 그 사이에 원고와 참가인 사이에 수회 면담을 거친 점 등을 종합하면, 원고의 각 단체교섭 불응 상호간에는 그 의사의 단일성, 행위의 동일성 · 동종성, 시간적 연속성이라는 기준에 비추어 '계속하는 행위'의 관계에 있다고 보기 어렵다.

[사례⑤] 서울행정법원 2020. 6. 11. 선고 2019구합74935 판결

참가인 회사와 이 사건 노동조합의 단체협약 제13조 제3항에 의하면 참가인회사는 근로시간 면제자 지정이 해제된 전임자를 원직에 복직시켜야 하므로, 확인요청행위는 원고가 근로시간 면제자인지 여부를 확인하고 위 조항에 따라 원고를 원직에 복직시킬지 결정하기 위한 사전절차이다. 이러한 규정의 내용에 비추어 확인요청 행위와 2018. 8. 24. 이루어진 이 사건 인사

발령은 행위 사이에 객관적 관련성이 인정되는 일련의 절차로서 규범적으로 시간적 중단이 없다고 평가할 수 있겠지만, 나머지 원고가 주장하는 승무지시 행위, 급여 미지급 행위 등은 위와 같은 객관적 관련성을 인정하기 어렵다.

원고에게 노동조합 전임자의 지위가 인정되지 않는다면, 단체협약 제13조 제3항의 내용에 따라 원직에 복귀하여 원칙적인 근로계약상의 권리 · 의무 대상이 되므로, 근로계약상의 근로를 이행할 의무가 있고, 승무지시 행위나 급여 미지급 행위는 이 사건 인사발령 행위로 인하여 근로계약의 내용을 적용받게 되는 상태 또는 효과를 전제로, 참가인 회사가 구체적인 의무 이행을 요구하고, 노무 제공 거부에 따라 임금을 지급하지 않는 것뿐이다. 따라서 원고가 주장하는 내용들은 근로계약의 본질적인 성질에서 비롯되는 것이지 참가인 회사의 1개의 확인요청 행위가 계속되는 경우라고는 볼 수 없다.

[사례⑥] 서울행정법원 2012. 7. 5. 선고 2011구합42406 판결

참가인의 원고 조합 홈페이지 접속 차단 등과 같이 참가인의 행위가 참가인 청사를 통제하는 전산망의 설정 변경 등을 통해 완결되고 그 이후 접속이 차단된 상태가 지속될 뿐인 경우는 이에 포함되지 아니한 것으로 보이는 점, 만약 이와 같이 해석하지 아니할 경우 전산망이 차단되어 있는 이상 구제신청기간이 도과하지 아니하게 되어 신속한 구제를 통한 노사관계 정상화라는 부당노동행위 구제제도의 취지에 반하게 되는 점 등에 비추어 볼 때, 이 사건 재심판정 중 이 부분에 대한 판단은 정당한 것으로 판단된다(노동조합 홈페이지 접속 차단 등과 같이 사용자의 행위가 전산망의 설정변경 등을 통해 완결되고 그 이후 접속이 차단된 상태가 지속될 뿐인 경우에는 계속하는 행위로 볼 수 없다는 사례)

---

191) 원고가 계속되는 행위라고 주장하는 불이익은 다음과 같다.
① 2008. 2. 27. 종합평가 등급 하락, ② 2008. 3. 20. 근로자가 제안한 연구과제 불선정 결정, ③ 2008. 9. 17. 해외업무연수자 선발 탈락, ④ 2009. 3. 상해 파견 선발 탈락, ⑤ 2008. 10. 연구과제에서 배제, ⑥ 2009. 4. 27. 이후 모든 연구과제에서의 배제, ⑦ 종합평가 등급 하락, ⑧ 2009. 2. 2. 해외출장 신청 거부, ⑨ 2009. 5. 11. 연구용역과제에 대한 연구관리비 지급 결재 거부 및 지연, ⑩ 2008. 11. 대외적으로 개별적인 시황언급 자재 요청, ⑪ 2009. 5. 13. 대외활동 금지, ⑫ 2008. 10.경부터 2009. 6. 15.까지의 명예훼손

(3) 부당노동행위 유형별 "부당노동행위가 있은 날"

노동위원회의 구제신청 기간을 산정하기 위한 부당노동행위 유형별 "부당노동행위가 있은 날"을 살펴보면, 아래와 같이 정리할 수 있다.[192)]

〈표 24〉 | 유형별 부당노동행위 산정 기준일

<table>
<tr><th>구분</th><th>내용</th></tr>
<tr><td rowspan="3">불이익취급</td><td>① 해고의 경우
– 근로기준법 제27조에 따라 근로자가 받은 해고통지서에 기재된 해고일
– 단, 해고통지서에 기재된 해고일이 해고통지서를 받은 날보다 이전인 때 → 통지서를 받은 날</td></tr>
<tr><td>② 해고 이외의 불이익취급
– 근로자가 그 불이익취급에 관한 통지(구술통지 포함)를 받은 날
– 통지가 없는 경우, 해당 불이익취급이 있었음을 안 날</td></tr>
<tr><td>③ 징계 재심절차를 거친 경우
– (원칙) 원처분일
– (예외) 재심처분일
* 재심절차에서 원처분이 취소·변경되는 경우
* 재심청구 시 재심결정시까지 원처분의 효력이 정지되는 경우</td></tr>
<tr><td>반조합계약</td><td>– 반조합 계약을 체결한 날</td></tr>
<tr><td rowspan="2">단체교섭 거부·해태</td><td>① 사용자가 교섭을 명시적으로 거부하는 의사표시를 한 경우
– 단체교섭 거부의 의사표시가 노조에 도달한 날</td></tr>
<tr><td>② 명시적인 의사표시 없이 노조가 요구한 교섭일에 참석하지 않은 경우
– 노동조합이 요구한 단체교섭일</td></tr>
<tr><td>지배·개입</td><td>– 지배·개입 행위가 끝난 날</td></tr>
</table>

192) 노동위원회규칙 제40조, 중노위, 「심판업무 매뉴얼」, 2019, 44~45쪽, 중노위, 「심판업무 매뉴얼」, 2022, 47쪽

(4) 신청기간의 계산 방법

부당노동행위 구제신청기간의 계산은 민법 제6장[193]을 적용한다. 따라서 기간 산정에 있어 아래와 같은 내용이 적용된다.

〈표 25〉 I 부당노동행위 구제신청기간 계산 방법

구분	내용
초일불산입	① 기간의 첫날은 산입하지 않음 - 기간은 익일 00:00부터 기산하여 기간 말일 24:00에 만료 ex) 해고일이 2023. 3. 28. 경우 구제신청 기간은 2023. 3. 29. 00:00부터 2023. 6. 28. 24:00까지임
	② 기간이 00:00부터 시작되는 경우에는 초일 산입
역에 의한 계산	① 역에 의하여 계산(기간을 주, 월 또는 연으로 정한 경우) - 기산일이 그 달의 중간에 있는 경우 세 번째 달에서 그 기산일에 해당한 날의 전일로 기간 만료 ex) 해고일이 2023. 1. 2.인 경우, 초일불산입에 따라 기산일은 2023. 1. 3.이고, 기간의 말일은 2023. 4. 2.임 - 기산일이 그 달의 1일인 경우 세 번째 달의 말일로 기간이 만료됨 ex) 해고일이 2022. 12. 31. 경우 초일불산입에 따라 기산일은 2023. 1. 1.이고, 기간의 말일은 2023. 3. 31.임
	② 최종의 월에 해당일이 없는 때 → 그 월의 말일로 기간 만료 ex) 해고일이 2022. 11. 30.인 경우, 3개월 기간의 말일은 2023. 2. 28.
공휴일과 기간의 만료점	① 기간의 마지막 날이 토요일/공휴일인 경우 → 그 익일로 기간 만료 ex) 해고일이 2023. 1. 1.인 경우, 초일불산입에 따라 기산일은 2023. 1. 2.이고, 기간의 말일은 2023. 4. 1.이나 4. 1.과 4. 2.은 토요일과 일요일이므로, 그 익일인 4. 3.(월)일로 기간 만료 ② 기간의 기산일이 토요일/공휴일인 경우 → 기간 산정에 포함하여 기산

193) 민법 제155조부터 제161조

라. 구제신청의 이익(구제이익)

(1) 의의

구제신청의 이익(이하 "구제이익"이라 함)은 부당노동행위에 관하여 노동위원회의 공권적 판단(구제명령)을 구할 이익 또는 필요를 의미한다.

초심 구제절차에서의 구제신청의 이익은 신청인(근로자 또는 노동조합)에게만 문제되며, 이는 신청인이 노동위원회 "구제절차를 유지할 이익 또는 필요" 또는 "구제명령을 얻을 이익"등을 의미한다.[194)]

반면, 재심절차에서의 신청의 이익은 재심을 신청하는 당사자에 따라 달리 판단하여야 하고, 근로자 또는 노동조합이 초심 지방노동위원회의 기각(각하) 판정에 불복하여 재심신청을 제기한 경우에는 초심 구제절차에서의 구제신청의 이익과 동일하나, 사용자가 초심 지방노동위원회의 구제명령에 불복하여 재심신청을 제기한 경우에는 "초심 구제명령으로 인하여 부과된 공법상 의무를 면하기 위한 법률상 이익"이라고 할 수 있다.[195)]

(2) 구제이익 판단 기준시점

노동위원회의 구제명령은 행정처분에 해당하고 행정처분은 처분 당시를 기준으로 그 위법성 등을 판단하고 있으므로, 노동위원회의 행정처분에 해당하는 구제이익의 존부를 판단함에 있어서도 구제명령을 할 당시(처분 당시)를 기준으

194) 대법원 1995. 12. 5. 선고 95누12347 판결 ; 대법원 2020. 2. 20. 선고 2019두52386 전원합의체 판결

195) 중노위, 「심판업무 매뉴얼」, 2022, 67쪽

로 판단하여야 할 것이다.[196)]

(3) 구제이익이 부정되는 경우 노동위원회의 판정

구제이익의 존부는 노동위원회 구제신청의 신청요건이므로, 구제이익이 부정되는 경우 노동위원회는 구제신청을 각하하여야 한다고 판단되고, 과거 노동위원회의 판정을 살펴보더라도 구제이익이 없는 경우에는 "각하" 판정을 내려왔다.[197)]

그러나 2021. 10. 7. 노동위원회규칙이 개정되면서[198)] 제60조 제1항에 따른 각하사유에서 "신청의 이익"이 삭제되었고, 중앙노동위원회는 해당 규칙 개정이 임금상당액 지급의 독자적 구제이익을 인정한 대법원 판결[199)]의 취지를 반영한 것으로서 조사 및 심리결과 구제이익이 없는 경우에도 각하 판정이 아닌 "기각" 판정을 한다는 입장을 취하고 있다.[200)]

(4) 근로관계 종료와 구제이익 판단

구제신청 절차 도중 근로계약기간이 만료하거나 정년이 도래하여 근로관계가 종료됨에 따라 원직복직이 불가능하게 된 경우라도, 해고기간 중 임금상당액을 지급받을 필요가 있다면 구제이익이 인정된다.

이와 달리, 구제신청 前 계약기간이 만료하거나 정년에 도래하여 근로자의

---

196) 대법원 2004. 1. 15. 선고 2003두11247 판결

197) 노동법실무연구회, 「노동조합 및 노동관계조정법 주해Ⅲ」 제2판, 박영사, 2023, 402쪽

198) 노동위원회규칙 제26호

199) 대법원 2020. 2. 20. 선고 2019두52386 판결

200) 중노위, 「심판업무 매뉴얼」, 2022, 68쪽

지위에서 벗어난 경우에는 구제이익이 부정된다.

관련 법령 및 해석

대법원 2020. 2. 20. 선고 2019두52386 전원합의체 판결

부당해고 구제명령제도에 관한 근로기준법의 규정 내용과 목적 및 취지, 임금 상당액 구제명령의 의의 및 법적 효과 등을 종합적으로 고려하면, 근로자가 부당해고 구제신청을 하여 해고의 효력을 다투던 중 정년에 이르거나 근로계약기간이 만료하는 등의 사유로 원직에 복직하는 것이 불가능하게 된 경우에도 해고기간 중의 임금 상당액을 지급받을 필요가 있다면 임금 상당액 지급의 구제명령을 받을 이익이 유지되므로 구제신청을 기각한 중앙노동위원회의 재심판정을 다툴 소의 이익이 있다고 보아야 한다.

대법원 2022. 7. 14. 선고 2020두54852 판결

근로자가 부당해고 구제신청을 할 당시 이미 정년에 이르거나 근로계약기간 만료, 폐업 등의 사유로 근로계약관계가 종료하여 근로자의 지위에서 벗어난 경우에는 노동위원회의 구제명령을 받을 이익이 소멸하였다고 봄이 타당하다.

3. 구제신청 절차

〈그림 9〉 ㅣ 심판사건 처리 흐름도

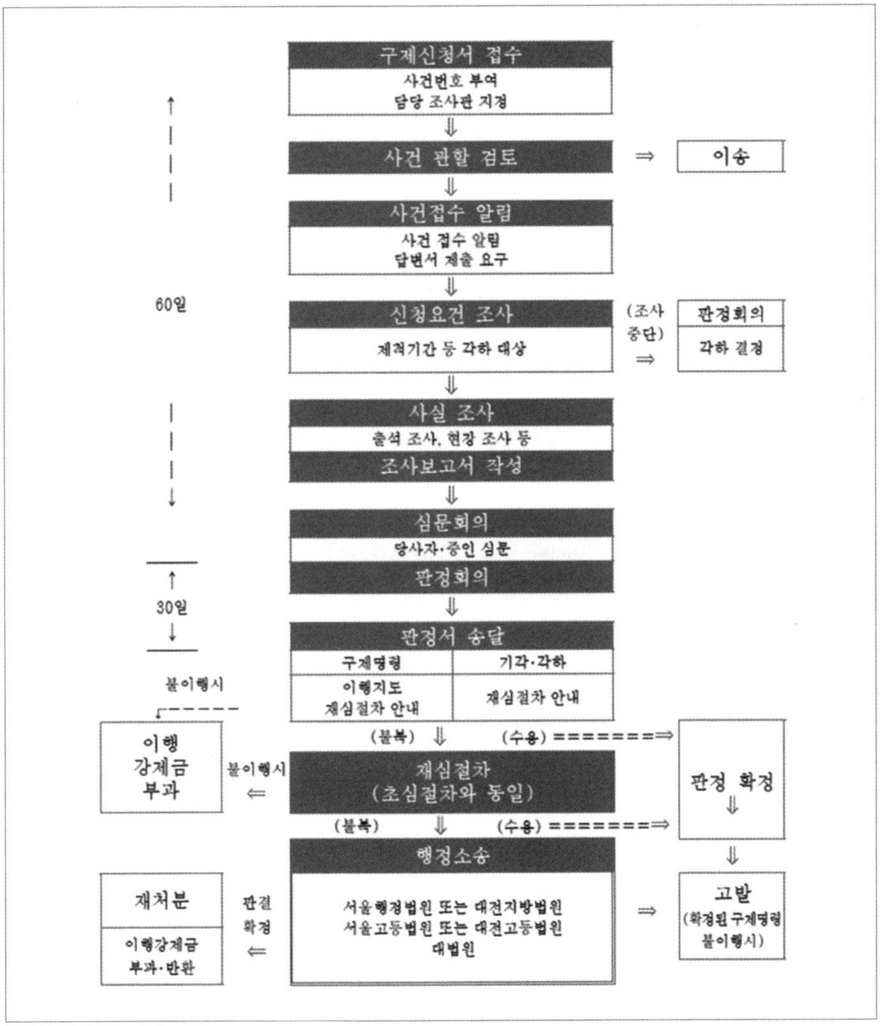

※ 이행강제금 및 고발은 부당해고 등 구제신청 사건에만 해당됨

가. 신청 방식

부당노동행위 구제신청은 노동위원회규칙 제39조에 따른 구제신청서에 다음 사항을 기재하여 노동위원회에 제출하는 방식으로 이루어져야 한다.

- 근로자의 성명, 주소
  - 노조인 경우에는 그 명칭, 대표자의 성명, 주된 사무소의 소재지
- 사업주의 성명, 주소
  - 근로자가 본점이나 본사에 소속되어 있지 아니한 경우 → 근로자가 소속되어 있는 사업장의 명칭·주소·대표자 성명 등 함께 기재
- 신청취지
  - 근로자나 노동조합이 구제받고자 하는 사항
- 신청이유
  - 부당노동행위의 경위와 부당한 이유를 기재
- 신청일자
  - 구제신청서가 노동위원회에 제출된 날[201)]

201) 노동법실무연구회, 「노동조합 및 노동관계조정법 주해Ⅲ」 제2판, 박영사, 2023, 332쪽

〈노동위원회규칙〉 | 별지 제9호의3서식

부당노동행위 구제 신청서

<table>
<tr><td rowspan="2">근로자</td><td>성 명</td><td colspan="3">(생년월일: , 성별)</td></tr>
<tr><td>주 소</td><td colspan="3">(이메일:)
(☎:)</td></tr>
<tr><td rowspan="2">노동조합</td><td>명 칭</td><td></td><td>대 표 자</td><td></td></tr>
<tr><td>소 재 지</td><td colspan="3">(이메일:)
(☎:)</td></tr>
<tr><td rowspan="3">사용자</td><td>사업체명</td><td></td><td>대표자</td><td></td></tr>
<tr><td>소 재 지</td><td colspan="3">(☎:)</td></tr>
<tr><td>부당노동행위 사 업 장</td><td colspan="3">- 사업장명 :
- 소 재 지 :
- 대 표 자 : 직위 및 성명
※ 부당노동행위가 있었던 당시의 사업장과 본사가 다른 경우 기재</td></tr>
<tr><td colspan="2">신청 취지</td><td colspan="3">1.
2.</td></tr>
<tr><td colspan="2">신청 이유
(별지 기재 가능)</td><td>「노동조합 및 노동관계조정법」 제81조
제( )호 위반
제( )호 위반
제( )호 위반</td><td colspan="2">1. 부당노동행위 경위
2. 부당한 이유
※ 관련 입증자료가 있는 경우 별첨 가능</td></tr>
</table>

위 근로자 또는 노동조합은

「노동조합 및 노동관계조정법」 제82조와 노동위원회규칙 제39조에 따라 부당노동행위 구제를 위와 같이 신청합니다.

년 월 일

신청인 (서명 또는 날인)

○○지방노동위원회위원장 귀하

구비서류	없음(다만, 대리인이 신청한 경우 대리인 선임 신고서, 위임장, 직무개시등록증 등)

210mm × 297mm(백상지 80g/㎡)

나. 담당 조사관 지정

노동위원회 위원장은 구제신청서가 접수된 후 지체 없이 조사관을 지정하여야 한다.[202]

노동위원회는 심판사건 조사관 지정에 있어 임의성을 배제함으로써 사건처리의 공정성을 확보하기 위해 사전에 정해진 조사관 사건배정 순서에 따라 담당 조사관을 차례로 배정하는 것을 원칙으로 하고 있다.

다만, 다수인 관련사건, 사회적 관심이 집중된 사건, 동일지역 또는 사업장에서 발생한 다수 사건의 처리를 위해 전담조사팀을 구성하거나 전담조사관을 지명하여 운영할 필요성이 있는 경우 등은 조사관 사건배정 순서에 따르지 않고 조사관을 지정하거나 이미 지정된 조사관을 변경할 수 있다.[203]

다. 사건 관할

지방노동위원회(이하 "지노위"라고 함)는 관할 구역에서 발생하는 부당노동행위 구제신청 사건을 관장한다. 다만, 2개 이상의 관할구역에 걸친 사건은 '주된 사업장의 소재지'를 관할하는 지방노동위원회에서 관장한다.[204]

202) 노동위원회 규칙 제45조 제1항

203) 중노위, 「심판사건 접수 및 조사관 지정에 관한 지침」, 2013. 1. 14.

204) 노동위원회 규칙 제30조 제2항

〈표 26〉 | 지방노동위원회의 명칭 및 관할구역

명칭	관할구역
서울지방노동위원회	서울특별시
부산지방노동위원회	부산광역시
경기지방노동위원회	경기도, 개성공단
충남지방노동위원회	대전광역시, 충청남도, 세종시
전남지방노동위원회	광주광역시, 전라남도
경북지방노동위원회	대구광역시, 경상북도
경남지방노동위원회	경상남도
인천지방노동위원회	인천광역시
울산지방노동위원회	울산광역시
강원지방노동위원회	강원도
충북지방노동위원회	충청북도
전북지방노동위원회	전라북도
제주지방노동위원회	제주특별자치도

2개 이상의 관할구역에 걸친 사건에 있어 '주된 사업장 소재지'는 부당노동행위 당시 구제신청을 한 노동조합 소재지 또는 근로자 근무지를 기준으로 결정한다.[205)]

다만, 사업(장)에 노조 지부・지회・분회 등 하부기관이 있는 경우에는 당해 하부기관 소재지 관할 지노위에서 관장하고, 불이익 처분의 경우 노동조합 소재지와 근로자 근무지가 다른 경우에는 근로자 근무지를 관할하는 지노위에서 관장한다.[206)]

205) 노동위원회 규칙 제30조 제3항

라. 심판위원회 구성

노동위원회 위원장은 구제신청서가 접수되면 사건처리를 담당할 심판위원회를 지체 없이 구성하고 해당 위원들에게 통보하여야 한다.[207)]

노동위원회는 심판위원회 위원의 구성을 공정하게 처리하여 판정의 신뢰성을 높이기 위해 사건 당사자 및 위원의 제척·기피·회피 제도를 두고 있다.

(1) 제척

제척이라 함은 위원이 당해 사건과 관련하여 노동위원회법 제21조 제1항 각 호에 따른 사유가 있는 경우 노동위원회의 직권 또는 당사자 신청으로 해당 위원을 심의·의결에서 배제하는 것을 말한다.

이 때, 제척사유는 직권 조사 사항에 해당하므로 노동위원회는 당사자의 제척 신청 여부에 상관없이 제척사유 존재여부에 대해 조사하여야 하며, 담당조사관은 위원이 아래 제척사유에 해당하는지 여부를 조사한다.[208)]

☑ 제척 사유(노동위원회법 제21조 제1항)

1. 위원 또는 위원의 배우자이거나 배우자였던 사람이 해당 사건의 당사자가 되거나 해당 사건의 당사자와 공동권리자 또는 공동의무자의 관계에 있는 경우
2. 위원이 해당 사건의 당사자와 친족이거나 친족이었던 경우
3. 위원이 해당 사건에 관하여 진술이나 감정을 한 경우
4. 위원이 당사자의 대리인으로서 업무에 관여하거나 관여하였던 경우

206) 중노위, 「심판업무 매뉴얼」, 2022, 21쪽

207) 노동위원회규칙 제44조 제1항

208) 중노위, 「심판업무 매뉴얼」, 2022, 94쪽

4의2. 위원이 속한 법인, 단체 또는 법률사무소가 해당 사건에 관하여 당사자의 대리인으로서 관여하거나 관여하였던 경우
5. 위원 또는 위원이 속한 법인, 단체 또는 법률사무소가 해당 사건의 원인이 된 처분 또는 부작위에 관여한 경우

(2) 기피

기피라 함은 제척사유에 해당하지는 아니하나 심의·의결 또는 조정의 공정을 기대하기 어려운 위원이 있을 경우에 당사자의 신청에 따라 해당 위원을 심판위원회의 구성에서 배제하는 것을 말한다.[209)]

(3) 회피

회피라 함은 위원이 제척 또는 기피 사유가 있는 경우에 위원 스스로 그 사건에 관한 직무집행에서 배제시켜 주기를 희망하는 것을 말한다.

☑ 회피 신청 사유 예시[210)]

1. 사건의 당사자 또는 대리인을 혈연·지연·학연 등의 관계로 개인적으로 알고 있는 경우
   - 사건의 당사자 또는 대리인과 친인척, 고향지인, 학위 지도교수 관계, 같은 초·중·고등학교 및 대학 출신, 같은 교인 등 사적인 친분 관계가 있는 경우
2. 본인 또는 소속 법인·단체·법률사무소가 자문하는 회사이거나 사건대리를 하였던 회사의 사건을 맡은 경우
   - 소속 법무(노무)법인의 다른 변호사 또는 노무사가 초심에서 대리하였던 사건을

209) 중노위, 「심판업무 매뉴얼」, 2022, 94쪽

재심에서 맡게 된 경우
- 본인이 소송대리인으로 사건을 수임하였던 회사의 다른 노동위원회 사건을 맡게 된 경우
- 소속 법무(노무)법인이 자문하는 회사의 사건을 맡게 된 경우
- 본인이 해당 사건에 관하여 진술이나 감정을 한 경우

3. 자신이 직·간접적으로 관여하였던 법인·개인사업체 등의 사건을 맡은 경우
   - 이사, 자문위원, 사외이사, 고문 등으로 재직 또는 경력이 있던 회사·기관·단체 등의 사건을 맡게된 경우
4. 본인 또는 본인의 배우자이거나 배우자였던 사람이 해당 사건의 당사자가 되거나 해당 사건의 당사자와 공동권리자 또는 공동의무자의 관계에 있는 경우
5. 본인 또는 본인이 속한 법인, 단체 또는 법률사무소가 해당 사건의 원인이 된 처분 또는 부작위에 관여한 경우

노동위원회는 사건이 배정되면 심문일정 통지와 함께 당해 심판위원회의 공익위원 및 노사위원 명단과 제척·기피신청서를 제공하고, 당사자는 제척 또는 기피사유에 해당하는 위원이 있을 경우 심문일정 통지를 받은 날부터 5일 이내에 그 사유를 객관적으로 증명할 자료를 첨부하여 제척·기피신청서를 제출하여야 한다.[211]

또한, 심판위원회 위원은 제척 또는 기피사유가 있는 경우 해당 노동위원회 위원장의 허가를 얻어 당해사건 처리를 회피할 수 있고, 회피를 원하는 위원은 위원 회피신청서를 작성하여 해당 노동위원회에 제출하여야 한다.

210) 중노위, 「심판업무 매뉴얼」, 2022, 94쪽
211) 중노위, 「심판업무 매뉴얼」, 2022, 95쪽

○○ (지 방) 노 동 위 원 회

수신자
(경 유)
제 목 심문 일정 통지

아래 사건에 대하여 「노동위원회법」 제23조에 따라 심문하고자 하오니 신분증을 가지고 출석하시기 바랍니다.

<table>
<tr><td>사 건</td><td colspan="3"></td></tr>
<tr><td rowspan="4">당 사 자</td><td rowspan="2">근 로 자
(또는 노동조합)</td><td>성 명
(명 칭)</td><td></td></tr>
<tr><td>주 소</td><td></td></tr>
<tr><td rowspan="2">사 용 자</td><td>사업주</td><td></td></tr>
<tr><td>주 소</td><td></td></tr>
<tr><td rowspan="2">증 인</td><td>성 명</td><td colspan="2"></td></tr>
<tr><td>주 소</td><td colspan="2"></td></tr>
<tr><td>심판위원회 위원</td><td colspan="3">공 익 위 원:</td></tr>
<tr><td>참 여 위 원</td><td colspan="3">근로자위원: 사용자위원:</td></tr>
<tr><td>심문회의 일시</td><td colspan="3">년 월 일(요일), 시 분(회의 시작 20분 전까지 참석)</td></tr>
<tr><td>심문회의 장소</td><td colspan="3">OO(지방) 노동위원회 제 ○ 심판정</td></tr>
<tr><td>유 의 사 항</td><td colspan="3">1. 심문회의 개최 전까지 참석자 명단을 제출하시기 바람
2. 정당한 이유 없이 회의에 참석하지 아니하는 경우 「노동위원회규칙」 제54조 제2항에 따라 참석한 일방 당사자를 상대로 심문회의를 진행할 수 있으니 부득이 한 사정으로 위 일시에 참석이 어려운 경우 「노동위원회규칙」 제53조의 규정에 따라 연기신청서를 제출하시기 바람
3. 신청인·재심신청인이 2회 이상 심문에 불참, 출석통지서가 주소불명 또는 소재불명으로 2회 이상 반송, 그 밖의 사유로 신청의 의사를 명백히 포기한 것으로 인정될 경우 신청이 각하될 수 있음
4. 위의 공익위원에 대해서 「노동위원회규칙」 제22조에 따른 제척·기피의 사유가 있는 경우에는 이 통지서를 받은 날로부터 5일 이내에 제척·기피신청을 하시기 바람</td></tr>
<tr><td>첨 부 서 식</td><td colspan="3">심문회의 참석자 명단 1부, 심문회의 연기신청서 1부, 위원 제척·기피 신청서 1부</td></tr>
</table>

OO(지방)노동위원회위원장

조사관
협조자
시행 ( ) 접수 ( )
우 /
전화 /전송 / /

210mm×297mm(백상지 80g/㎡)

위원 제척 · 기피 신청서

<table>
<tr><td colspan="2">사건번호 · 사건명</td><td></td></tr>
<tr><td rowspan="3">신청인</td><td>성 명</td><td></td></tr>
<tr><td>주 소</td><td>(☎:)</td></tr>
<tr><td>당사자
지 위</td><td>[ ] 근로자(또는 노동조합) [ ] 사용자 (해당란에 √표시)</td></tr>
<tr><td rowspan="2">제
척</td><td>대상위원</td><td></td></tr>
<tr><td>사 유
(해당란에
√표시)</td><td>[ ] 위원 또는 위원의 배우자이거나 배우자였던 사람이 해당 사건의 당사자가 되거나 해당 사건의 당사자와 공동권리자 또는 공동의무자의 관계에 있는 경우
[ ] 위원이 해당 사건의 당사자와 친족이거나 친족이었던 경우
[ ] 위원이 해당 사건에 관하여 진술이나 감정을 한 경우
[ ] 위원이 당사자의 대리인으로서 업무에 관여하거나 관여하였던 경우
[ ] 위원이 속한 법인, 단체 또는 법률사무소가 해당 사건에 관하여 당사자의 대리인으로서 관여하거나 관여하였던 경우
[ ] 위원 또는 위원이 속한 법인, 단체 또는 법률사무소가 해당 사건의 원인이 된 처분 또는 부작위에 관여한 경우</td></tr>
<tr><td rowspan="2">기
피</td><td>대상위원</td><td></td></tr>
<tr><td>사 유</td><td></td></tr>
</table>

「노동위원회법」 제21조, 「노동위원회규칙」 제22조에 따라 위와 같이 제척 · 기피를 신청합니다.

년 월 일

신청인 (서명 또는 날인)

(대리인) (서명 또는 날인)

OO(지방)노동위원회위원장 귀하

구비서류	제척 · 기피 사유에 대한 증명자료

210mm×297mm(백상지 80g/㎡)

마. 사실조사

(1) 사실조사의 범위

노동관계법령 또는 규칙에 사실조사 범위에 대한 명시적인 내용이 존재하지는 않으나, 노동위원회법 제23조 및 제14조의3의 내용과 취지에 비추어 볼 때 구제신청 취지의 범위 내에서 필요한 사항에 대하여 조사할 수 있다.[212)]

(2) 사실조사 방법

조사관은 부당노동행위 구제신청 신청인이 제출한 구제신청서 및 이유서 부본을 상대방 당사자에게 송달하고 이에 대한 답변서를 제출하도록 요구하여야 하며, 제출받은 답변서 부본은 신청인에게 송달하여야 한다.[213)]

또한, 노동위원회는 사건 당사자 또는 참고인에 대한 출석조사, 자료제출 요구, 현지 출장조사, 유선조사 등의 방법을 활용하여 조사할 수 있다. 노동위원회법은 이와 같은 사실조사의 실효성 확보를 위하여 조사의 거부·기피·방해 등의 행위를 한 자에 대하여 500만원 이하의 벌금을 부과할 수 있도록 규정하고 있다.[214)]

(가) 당사자 및 참고인 출석조사

조사관은 이유서와 답변서 및 입증자료를 검토한 결과 당사자 또는 참고인의

212) 중노위, 「심판업무 매뉴얼」, 2022, 70쪽

213) 노동위원회 규칙 제45조 제2항

214) 노동위원회법 제31조

진술을 통하여 직접 확인하여야 할 사항이 있으면 출석요구를 하여 조사할 수 있고, 출석조사의 방법으로는 ▲당사자 주장이 불일치하는 사실 등에 대하여 문답형태로 진술조서를 작성하는 방식, ▲당사자 및 관계인(참고인)의 진술 요지를 기재하는 방식, ▲양 당사자 대질조사를 통해 주장이 서로 다른 부분에 대한 주장요지를 정리하는 방식 등을 활용할 수 있다.[215]

(나) 자료제출 명령 및 협조요청

당사자의 상반된 주장에 대하여 확인이 필요하거나 입증이 미비하여 추가적인 입증자료가 필요한 경우 당사자에게 자료제출을 명령하거나 참고인에게도 서류제출을 요구할 수 있다. 또한, 당사자 주장의 내용 또는 제출한 자료의 진위 확인을 위해 국가기관・지방자치단체 및 그 하부기관 등 관계 행정기관에 사실 유무 확인 또는 자료 송부 등 협조를 요청할 수 있다.[216]

(다) 현장조사

사업장의 폐업 여부, 상시 근로자 수 확인, 근로자・사업주 소재 불명, 입증자료의 제출 미흡 및 서면 또는 출석조사만으로 사실관계 판단이 어려운 경우 등에는 조사관이 해당 사업장 등을 실시할 수 있다.

현장조사를 실시한 경우 조사목적 및 내용 등을 기재한 '현지출장 보고서'를 작성하고, 이를 통해 확보한 자료는 '노위 제0호증'으로 하여 전자사건기록목록

215) 중앙노동위원회, 「심판업무 매뉴얼」, 2022, 72쪽

216) 중노위, 「심판업무 매뉴얼」, 2022, 80쪽

에 첨부한다.[217)]

(라) 전화 등 사실확인서 작성

사안이 경미하거나 확인할 사항이 간단한 경우 또는 출석요구를 하기가 곤란한 경우 등에는 전화를 통하여 사실조사를 할 수 있으며, 조사 후에는 '전화 등 사실확인 내용'을 작성하여 결재를 받아야 한다. 이 때, 전화 등 사실확인 내용은 '노위 제0호증'으로 하여 전자사건기록목록에 첨부한다.[218)]

바. 증인 또는 참고인 신청

(1) 당사자 신청에 의한 증인 채택

당사자는 심문회의 시 본인의 주장을 입증하기 위해 심문회의 개최일 5일 전까지 증인신청서 및 증인심문사항을 제출하여 증인을 신청할 수 있다.[219)] 다만, 조사관은 증인신청서의 심문사항에 사건의 쟁점과 무관하거나 관련성이 낮은 사항이 다수 포함되어 있을 경우, 증인 신청인에게 보정을 요구할 수 있다.

이후, 노동위원회 위원장은 증인 신청사유 및 증인심문사항 보정 결과 등을 검토하여 당사자가 신청한 증인 지정 여부를 결정하여야 한다.

노동위원회 위원장이 증인을 채택하기로 결정할 경우, ① 증인을 신청한 당

217) 중노위, 「심판업무 매뉴얼」, 2022, 80쪽

218) 중노위, 「심판업무 매뉴얼」, 2022, 81쪽

219) 노동위원회규칙 제56조 제1항

사자에게 '증인신청에 대한 결과 회신' 공문을 보내고, ② 반대 당사자에게는 증인심문사항 및 반대심문사항 제출 요청 내용이 담긴 증인신청에 따른 안내 공문을, ③ 채택된 증인에게는 증인심문사항의 요지가 담긴 '증인 채택에 따른 심문회의 참석 안내' 공문을 각 발송하여, 당사자들이 심문회의 개최 2일 전까지 관련 내용을 통지받을 수 있도록 하여야 한다.[220]

(2) 직권에 의한 증인 지정

당해 심판위원회 심문에 참여한 공익위원·근로자위원·사용자위원이나 조사관이 핵심 쟁점과 관련하여 증인의 증언이 필요한 경우 당해 심판위원회 위원장의 지시에 따라 증인을 지정할 수 있다.

지정된 증인에게는 심문회의 일시 및 심문할 내용의 요지가 담긴 '심문회의 참석 안내' 공문을 발송하여 심문회의 2일 전까지 통지받을 수 있도록 조치하고, 사건 당사자에게도 심문회의 2일 전까지 증인 지정 사실을 통지하여야 한다.[221]

---

220) 중노위, 「심판업무 매뉴얼」, 2022, 99쪽

221) 중노위, 「심판업무 매뉴얼」, 2022, 100쪽

증 인 신 청 서

<table>
<tr><td colspan="2">사 건</td><td colspan="6"></td></tr>
<tr><td rowspan="3">신
청
인</td><td>성 명</td><td colspan="6"></td></tr>
<tr><td>주 소</td><td colspan="6">(☎:　　　　)</td></tr>
<tr><td>당사자 지위</td><td colspan="6">[ ]근로자　[ ]노동조합　[ ]사용자　(해당란에 √표시)</td></tr>
<tr><td rowspan="2">증인
인적
사항</td><td>성 명</td><td></td><td>생년월일</td><td></td><td>성별</td><td colspan="2">[ ]남 [ ]여</td></tr>
<tr><td>주 소</td><td colspan="6">(☎:　　　　)</td></tr>
<tr><td colspan="2">신 청 사 유</td><td colspan="6"></td></tr>
<tr><td colspan="2">증인심문 사항의 요지</td><td colspan="6"></td></tr>
</table>

「노동위원회규칙」 제56조에 따라 위와 같이 증인을 신청합니다.

년　　월　　일

신청인　　　　(서명 또는 날인)

(대리인)　　　　(서명 또인 날인)

○○(지방)노동위원회위원장 귀하

구비서류	없음

210mm×297mm(백상지 80g/㎡)

〈노동위원회규칙〉 | 별지 제14호의3서식

증 인 심 문 사 항

사 건						
증인 인적 사항	성 명		생년월일		성별	[ ]남 [ ]여
증인심문 사항		1. 2. 3. 4. 5. 6. 7. 8. 9. 10.				

「노동위원회규칙」 제56조에 따라 위와 같이 증인심문사항을 제출합니다.

년 월 일

신청인 (서명 또는 날인)

(대리인) (서명 또인 날인)

OO(지방)노동위원회위원장 귀하

구비서류	없음

사. 조사보고서 작성

조사보고서는 조사관이 당사자가 제출한 이유서·답변서 및 입증자료, 조사관이 확보한 자료, 진술서 등을 기초로 사건개요 및 내용, 당사자 주장과 그 조사결과, 관련법령·판례 등을 종합적으로 정리한 것으로 위원들이 사건의 본질 및 쟁점사항을 정확히 이해하고 효율적인 심문과 정확한 판정을 할 수 있도록 돕는 기능을 하며,[222] 조사보고서의 구성은 다음과 같다.

〈표 27〉 ǀ 조사보고서의 구성

구성		내용
표지		◦ 사건번호와 사건명 ◦ 당사자 ◦ 신청일 ◦ 신청취지
본문	사건 개요	◦ 당사자 ◦ 신청에 이른 경위 ◦ 관계 당사자 주장의 요지 ◦ 이 사건의 경위 ◦ 관련 법령 및 규정
	당사자 주장 조사결과	◦ 주요 쟁점 ◦ 주요 쟁점별 조사확인 사항
	그 밖의 직권 조사결과	◦ 조사 과정에서 화해가 추진된 경우 화해 추진 경위와 당사자 입장 ◦ 금전보상신청 시, 임금상당액의 산정 등
	참고자료	◦ 재심의 경우 초심판정 내용 ◦ 기타 추가 기재사항

222) 중노위, 「심판업무 매뉴얼」, 2022, 116쪽

아. 심문회의

(1) 심문회의 개최 준비

노동위원회는 부당노동행위 구제신청 접수일로부터 60일 이내에 심문회의가 개최될 수 있도록 하여야 하고, 심문회의 일정이 정해지면 사건 당사자에게 심문일정 통지서를 심문회의 개최 7일 전까지 도착되도록 송부하여야 한다.

노동위원회는 심문일정 통보 시 당사자에게 공익위원에 대한 제척·기피 안내문 및 신청서와 심문회의 참석자 명단을 송부하여 당사자로 하여금 심문회의 개최 전까지 심문회의 참석자 명단을 제출하도록 요청하여야 한다.

심문일정을 통지받은 당사자는 다음과 같은 사유가 있을 경우 심문회의 개최 3일 전까지 심문회의 연기신청서를 제출하여 심문회의의 연기를 신청할 수 있다(단, 제6호부터 8호까지의 경우에는 심문회의 개최 전까지 신청할 수 있다).

☑ 심문회의 연기 사유

1. 노동조합선거 출마자로서 선거일이 심문회의 당일인 경우
2. 사용자의 주주총회일이 심문회의 당일인 경우
3. 당해 구제신청사건과 같은 원인에 따른 소송의 재판기일이 심문회의 당일인 경우
4. 당사자나 대리인이 수행하는 심판사건의 심문회의가 같은 날 다른 노동위원회에서 개최 예정인 경우
5. 당사자나 대리인이 해외출장 중인 경우
6. 중대한 신병치료 중으로 거동이 불편하거나 상해, 급성질병 등이 발생한 경우
7. 「형사소송법」에 따라 체포·구속된 경우
8. 본인이나 배우자의 직계존·비속과 형제자매의 사망으로 장례 기간 중인 경우
9. 당사자가 합의하여 심문회의의 연기를 신청한 경우
10. 그 밖에 이에 준하는 사유[223)]

심문회의 참석자 명단

사건	
심문회의 일시	

「노동위원회규칙」 제52조제3항에 따라 심문회의 참석자 명단을 아래와 같이 제출합니다.

당사자 지위	국적	성명	성별	생년월일	연락처	소속	직위·직책	당사자와의 관계 (대리인, 참고인)
[ ] 근 로 자 [ ] 노동조합 [ ] 사 용 자 (해당란에 √표시)								

※ 개인차량으로 청사 내 출입을 원하시는 경우 차량번호를 같이 적어주시기 바랍니다.
(사전에 등록되지 않은 차량은 청사 내로 들어올 수 없으니 외부 주차장을 이용하여 주시기 바랍니다.)

차량번호 (예 : 서울○○가○○○○, ○○가○○○○)	성명

※ 코로나19 바이러스 감염 예방을 위해 최소 인원만 참석 요청
※ 청사출입보안지침(행정안전부훈령) 제17조 내지 제19조, 제30조 및 [별지 제5호 서식] 등에 따라 청사를 방문하고자 하는 외부인의 방문 등을 위한 정부청사출입관리시스템(GACS) 등록 정보 수집 필요

붙임 : 위임장(대리인의 경우)

년 월 일

제출자 (서명 또는 날인)

중앙노동위원회위원장 귀하

---

223) 중앙노동위원회는 심문회의 연기사유 제10호에 따른 그 밖에 이에 준하는 사유에 대한 예시로 ▴당사자나 노동조합이거나 노조임원으로서 총회 · 대의원회, 단체교섭(임금교섭 포함)이 심문 회의개최 당일에 예정되어 있어 심문회의에 참석할 경우 준비에 차질이 초래될 우려가 있을 때, ▴당사자의 주주총회 · 이사회, 단체교섭(임금교섭 포함)이 심문회의 개최 당일에 예정되어 있어 사용자 측의 대표자 또는 부서장 등이 심문회의에 참석할 경우 준비에 차질이 초래될 우려가 있을 때, ▴당사자나 대리인(변호사)이 노동위원회 심문회의 일정보다 먼저 통지받은 법원의 재판기일에 출석해야 하는 때 등을 제시하고 있다(중노위, 「심판업무 매뉴얼」, 2022, 140쪽).

심문회의 참석자 명단

사 건	
심문회의 일시	년 월 일(요일), 시 분

「노동위원회규칙」 제52조제3항에 따라 심문회의 참석자 명단을 아래와 같이 제출합니다.

당사자 지위	성 명	당사자와의 관계 (대리인, 참고인)	직위 · 직책
[ ]근 로 자 [ ]노동조합 [ ]사 용 자 (해당란에 √표시)			

붙임: 위임장 사본

년 월 일

제출자 (서명 또는 날인)

OO(지방)노동위원회위원장 귀하

210mm×297mm(백상지 80g/㎡)

심 문 회 의 연 기 신 청 서

<table>
<tr><td colspan="2">사 건</td><td></td></tr>
<tr><td rowspan="3">신
청
인</td><td>성 명</td><td></td></tr>
<tr><td>주 소</td><td>(☎:   )</td></tr>
<tr><td>당사자 지위</td><td>[ ]근로자 [ ]노동조합 [ ]사용자 (해당란에 √표시)</td></tr>
<tr><td colspan="2">연기 사유
(해당란에 √표시)</td><td>[ ]근로자가 노동조합선거 출마자로서 선거일이 심문회의 당일인 경우
[ ]사용자의 주주총회일이 심문회의 당일인 경우
[ ]당해 구제신청사건과 같은 원인에 따른 소송의 재판기일이 심문회의 당일인 경우
[ ]당사자나 대리인이 수행하는 심판사건의 심문회의가 같은 날 다른 노동위원회에서 개최 예정인 경우
[ ]당사자나 대리인이 해외출장 중인 경우
[ ]중대한 신병치료 중으로 거동이 불편하거나 상해, 급성질병 등이 발생한 경우
[ ]「형사소송법」에 따라 체포ㆍ구속된 경우
[ ]본인이나 배우자의 직계존ㆍ비속과 형제자매의 사망으로 장례 기간 중인 경우
[ ]당사자가 합의하여 심문회의의 연기를 신청한 경우
[ ]그 밖에 이에 준하는 사유(상세히 기재)</td></tr>
</table>

「노동위원회규칙」 제53조제1항에 따라 위와 같이 심문회의 연기를 신청합니다.

년 월 일

신청인 (서명 또는 날인)

(대리인) (서명 또는 날인)

○○(지방)노동위원회위원장 귀하

구비서류	연기사유에 대한 소명 자료

210mm×297mm(백상지 80g/㎡)

(2) 심문회의 진행

심문회의는 공익위원 3명 전원의 출석으로 개의하고, 근로자위원과 사용자위원 각 1명이 심문회의에 참석하게 된다. 다만, 단독심판위원이 처리하는 사건의 경우에는 근로자위원과 사용자위원이 참여하지 않는다.

심문회의는 의장이 위원성원 여부 확인 후 개회선언을 하고, 당사자 출석 확인, 조사관의 유의사항 낭독, 조사관의 당사자 주장 요지 보고, 위원들의 당사자 심문 순으로 진행한다.[224)]

당사자 심문은 공익위원, 근로자위원, 사용자위원 순서로 하며, 공익위원 중 주심위원으로 지명된 위원이 먼저 심문한다.

위원은 조사보고서에 신청요건 구비 여부에 관한 조사결과가 기재되어 있는 경우에는 본안에 앞서 신청요건에 관한 심문을 먼저 진행하여야 하고, 해고 등의 정당한 이유가 있다는 입증책임은 사용자에게 있으므로 해고의 정당성에 대하여는 사용자를 상대로 심문하고, 근로자에 대해서는 해고의 부당성에 대하여 심문한다.

부당노동행위 사건에 대해서는 부당노동행위 성립 주장 관련 사항은 근로자・노동조합을 상대로 심문하고, 사용자에 대해서는 사용자의 행위가 부당노동행위 의사와 무관한 정상적인 업무를 위한 행위인지 여부에 대하여 심문한다.

---

224) 중노위, 「심판업무 매뉴얼」, 2022, 152쪽

(3) 참고인 및 참관인

심문회의는 공개로 진행함을 원칙으로 하나 심판위원회의 결의에 의하여 비공개로 할 수 있다.[225)]

당사자가 심문회의에 참고인과 함께 참석하고자 하는 경우에는 심문회의 개최 전에 당해 심판위원회위원장의 승인을 얻어야 하고,[226)] 이는 참관인의 경우에도 동일하다.

당사자 등의 민감정보, 성희롱 등의 2차 피해 가능성 등이 있는 사건의 경우 조사관은 심판위원회위원장에게 보고하고, 심판위원회위원장은 참석자 제한, 비공개 진행 여부 등에 대하여 결정하여야 한다. 또한, 당사자가 심문회의의 비공개를 요청하면 참고인, 참관인 등은 관련 질문 사항이 있는 경우에 한정하여 참석시켜 심문회의를 진행하는 것도 가능하다.

(4) 심문회의 전후 제출되는 증거자료의 처리

사건 당사자는 조사관의 조사보고서 작성 이전까지 입증자료를 제출하는 것을 원칙으로 한다. 다만, 조사보고서 작성 이후 심문회의 전후에 제출되는 추가자료에 대해서는 다음과 같이 처리하게 된다.

225) 노동위원회법 제19조

226) 노동위원회규칙 제54조 제3항

☑ **추가 지출되는 자료에 대한 처리 방식**

- 조사보고서 작성 이후 심문회의 개최일 이전에 추가자료를 제출하는 경우
  - 상대방에게 메일 등으로 송부하여 반대진술권 행사 등에 지장이 없도록 하며, 각 위원들에게 송부한다.
- 심문회의 개최일에 추가자료를 제출하는 경우
  - 반대진술권 보장을 위해 가장 먼저 상대방에게 전달하고, 상대방이 증거채택을 동의할 경우 증거로 채택한다.
  - 상대방이 증거채택에 동의하지 않더라도, 자료가 판정결과에 중대한 영향을 미칠 수 있는지 등을 판단하여 당해 심판위원회위원장이 증거 채택 여부를 결정할 수 있다.
- 심문회의는 있었으나 판정회의가 연기된 상황에서 추가자료가 제출된 경우
  - 추가자료를 증거로 채택하지 않는 것을 원칙으로 한다.
  - 다만, 판정결과에 중대한 영향을 미칠 수 있다고 주장하는 자료는 조사관이 검토하여 당해 심판위원회위원장에게 보고 및 송부하고 증거채택 여부를 결정한다.
  - 증거로 채택된 경우 상대방에게 송부하여 반대진술 기회를 부여한다.

자. 판정

판정이란 당사자의 구제신청에 대하여 조사・심문 결과를 토대로 구제신청의 인정 또는 기각(각하)에 대한 법률적인 판단을 내리는 것을 말한다.

노동위원회는 심문회의를 종결한 후 판정회의를 개최하여야 하고, 판정회의는 공익위원 3명의 전원 참석으로 개의하고, 출석위원 과반수의 찬성으로 의결한다. 판정의 종류는 구제신청의 (1) 인정, (2) 기각, (3) 각하로 분류할 수 있다.

(1) 인정

신청취지의 전부 또는 일부에 대한 신청인의 주장이 이유 있다고 판단하는 경우로서 신청취지를 수용하고, 그 신청취지에 따라 사용자에게 공법상 의무를 부과하는 판정을 말한다.

(2) 기각

신청취지에 대한 신청인의 주장이 이유 없다고 판단하는 경우로서 신청취지를 배척하는 판정을 말한다.

(3) 각하

신청사건이 신청요건을 결여하여 노동위원회규칙 제60조 제1항의 각하 사유에 해당할 경우 구제신청 자체를 배척하는 판정을 말한다(이는 당사자의 주장 여부와 관계없이 직권으로 심사하여 판단하여야 함).

차. 구제명령

(1) 구제명령의 종류 및 내용

노동관계법령은 구제명령의 내용 등에 대하여 아무런 규정을 두고 있지 않으나, 노동위원회의 부당노동행위 구제제도의 취지가 집단적 노사관계질서를 파괴하는 사용자의 행위를 예방·제거함으로써 근로자의 단결권·단체교섭권 및 단체행동권을 확보하여 노사관계의 질서를 신속하게 정상화하고자 함에 있다는 점을 고려하면,[227] 부당노동행위 구제명령은 부당노동행위의 종류와 효과 등을 고려하여, 해당 부당노동행위로 인해 침해된 권리의 원상회복과 그를 통한 노사 관계 질서의 정상화에 필요한 유연하고 탄력적인 내용과 형식을 취하여야 할 것이다.[228)]

부당노동행위 구제명령은 크게 ① 작위명령(원상회복), ② 중지 및 부작위 명령, ③ 공고문(판정문) 게시 등으로 구분할 수 있다.

① 작위 명령(원상회복)

해고, 징계 등 불이익한 처분에 대하여는 원직목직 및 불이익 처분 취소 등과 같이 행위 이전의 상황으로 원상회복될 수 있도록 이행 기간을 포함하여 명령하는 것을 말한다.

해고, 정직, 강등, 감봉 등의 징계로 인하여 금전적인 손해가 발생한 경우에는 일반적으로 그러한 해고 내지 징계처분이 없어 정상적으로 근무하였다면 받을 수 있는 임금상당액을 지급하라는 구제명령이 동시에 이루어진다.

☑ 해고, 정직, 강등, 감봉 등의 경우

1. 이 사건 사용자가 2019. 0. 0. 이 사건 근로자에 행한 (징계처분)은 불이익 취급의 부당노동행위임을 인정한다.
2. 이 사건 사용자는 이 사건 판정서를 송달받은 날로부터 30일 이내에 이 사건 근로자에게 행한 (징계처분)을 취소하고, 그 기간 동안 정상적으로 근로하였다면 받을 수 있는 임금상당액을 지급하라.
3. 이 사건 사용자는 이 사건 판정서를 송달받은 날로부터 10일 이내에 이 사건 근로

227) 대법원 2018. 12. 27. 선고 2017두47311 판결

228) 중노위, 「심판업무 매뉴얼」, 2019, 278쪽

자에 대한(징계처분)은 불이익 취급의 부당노동행위라는 게시물을 사내게시판 및 내부전산망에 10일간 게시하라.

☑ **인사발령의 경우**

1. 이 사건 사용자가 2019. 0. 0. 이 사건 근로자에 행한 전보처분은 불이익 취급의 부당노동행위임을 인정한다.
2. 이 사건 사용자는 이 사건 판정서를 송달받은 날로부터 30일 이내에 이 사건 근로자에게 행한 전보처분을 취소하라.
3. 이 사건 사용자는 이 사건 판정서를 송달받은 날로부터 10일 이내에 이 사건 근로자에게 행한 전보는 불이익 취급의 부당노동행위라는 게시물을 사내게시판 및 내부전산망에 10일간 게시하라.

인사평가 차별 등으로 인한 승진누락 내지 성과상여금 미지급과 같은 사례에 있어서는 "성과평가를 정상적으로 재실시하여 성과상여금 차액분을 지급하라"[229)]와 같은 구제명령이 내려지기도 하고, 그 밖에 특정 노조 내지 조합원을 차별하여 금품을 지급하지 않은 경우 해당 금품을 지급할 것을 내용으로 하는 구제명령을 내리기도 한다.[230)]

229) 중앙노동위원회는 교섭대표노조 조합원 등에 비해 소수노조 조합원에게 낮은 성과등급을 부여하여 성과상여금을 차등지급한 것을 불이익취급의 부당노동행위로 인정하면서 "이 사건 사용자는 이 판정서를 받은 날부터 2개월 이내에 이 사건 근로자들의 2014년 상반기 성과평가를 하면서 불이익취급의 부당노동행위로 낮은 성과등급을 부여하여 2014.8.20. 성과상여금을 차별 지급한 것을 취소하고, 이 사건 근로자들에게 2014년 상반기 성과평가를 정상적으로 재실시하여 성과상여금 차액분을 지급하라"라는 내용으로 구제명령을 발하였다(중노위 2015. 5. 4. 중앙2015부노5,6 병합 판정).

230) 사용자가 조합원들의 지부총회 참석을 불인정하면서(지부총회 참석시간은 단협에 따라 유급 인정) 해당 시간만큼 임금을 공제한 것을 부당노동행위로 인정하여 "이 사건 사용자는 이 판정서를 송달받은 날부터 30일 이내에 노동조합의 지부총회에 참석한 조합원들에게 공제하였던 임금을 지급하라"라고 판정한 사례이다(중노위 2014. 10. 27. 중앙2014

단체교섭 거부·해태의 경우 해당 사실을 구체적으로 명시하면서 단체교섭의 재개, 교섭에 필요한 정보의 제공, 교섭 참여자와 관련된 사항, 합의 도달에 따른 단체협약 체결 등과 같은 구체적이고 실효성 있는 내용으로 단체교섭을 이행할 것을 명령한다.

☑ 단체교섭 거부의 경우

1. 이 사건 사용자가 2017. 11. 21. 이 사건 노동조합이 요구한 단체교섭을 거부한 행위는 교섭 거부의 부당노동행위임을 인정한다.
2. 이 사건 사용자는 이 사건 판정서를 송달받은 즉시 이 사건 노동조합의 단체교섭 요구에 성실하게 임하라.
3. 이 사건 사용자는 이 사건 부당노동행위 구제명령 내용을 회사 게시판에 10일간 게시하라.

☑ 단체교섭 해태의 경우

1. 이 사건 사용자가 2018. 1. 19.부터 5. 11.까지 성실하고 진정성 있게 교섭에 임하지 않은 사용자의 행위는 단체교섭 거부·해태의 부당노동행위임을 인정한다.
2. 이 사건 사용자는 위 '1'항의 부당노동행위를 즉시 중단하고 성실히 교섭에 임하라.
3. 이 사건 사용자는 이 판정서를 송달받은 날부터 10일 이내에 이 판정서를 7일간 사내 게시판에 게시하라.

② 중지 및 부작위 명령

사용자의 부당노동행위가 반조합 발언 등 사실행위로 이루어진 경우, 그 행위 자체를 제거 내지 취소하여 원상회복하는 것은 매우 곤란할 뿐만 아니라 이

부노118 판정)

러한 행위는 장래에 걸쳐 계속·반복적으로 이루어질 가능성이 많다.[231)]

이와 같은 사실행위로 인한 부당노동행위(주로 지배·개입)에 대하여 노동위원회는 부당노동행위의 대상이 되는 행위를 구체적으로 명시하여 해당 행위의 중지를 명령하거나 향후에도 금지하도록 구제명령을 할 수 있고, 부당노동행위가 계속 행해지거나 동종·유사 행위가 반복될 우려가 있는 경우에는 그 행위에 대해서도 금지하는 구제명령이 가능하다.

이 때, 동종·유사 행위란 대상자만 다를 뿐 부당노동행위로 인정된 행위와 동일한 의도와 방식, 절차에 따라 이루어진 행위로 볼 수 있고, '유사한 행위'란 부당노동행위로 인정된 행위와 동일하지는 않으나, 동일한 의도를 가지고 행한 것으로서 법적으로 같은 범주에 있다고 평가받을 수 있는 행위로 볼 수 있다. 다만, 사용자가 금지 명령을 위반하였는지 여부는 부당노동행위로 인정된 행위와의 시간적 근접성, 당시의 노사관계, 경위, 기업 환경 변화 등 구체적인 사정을 고려하여 판단하여야 할 것이다.[232)]

이와 같은 중지 및 부작위 명령의 구제명령의 예시는 다음과 같다.

☑ 사용자의 반조합 발언의 경우

1. 이 사건 사용자가 2019. 0. 0. 학부모 운영위원장에게 교사들이 노동조합에서 탈퇴할 수 있도록 도와달라는 취지의 발언을 한 행위는 지배·개입의 부당노동행위임을 인정한다.
2. 이 사건 사용자는 즉시 위 제1항의 행위 및 유사한 방식의 행위를 중지하고 향후

231) 대법원 2010. 3. 25. 선고 2007두8881 판결

232) 중노위, 「심판업무 매뉴얼」, 2019, 280쪽

에도 하여서는 아니 된다.

3. 이 사건 사용자는 이 사건 판정서를 송달받은 날로부터 10일 이내에 이 판정서를 10일간 사업장 내 게시판에 게시하라.

☑ 조합비 일괄공제 거부의 경우

1. 이 사건 사용자가 2019. 0. 0. 이 사건 노동조합 조합원 ○○명의 조합비 일괄공제를 임의로 중단한 것은 지배·개입의 부당노동행위임을 인정한다.
2. 이 사건 사용자는 향후 조합비 일괄공제를 임의로 중단하는 행위 및 이와 유사한 방식으로 이 사건 노동조합의 활동에 지배·개입하는 행위를 하여서는 아니 된다.
3. 이 사건 노동조합의 나머지 구제신청을 기각한다.

☑ 근로시간면제시간 미부여의 경우(지배·개입의 부당노동행위 인정)

1. 이 사건 사용자가 신청 외 노동조합1에게만 근로시간면제 시간 한도를 초과하여 독점적으로 근로시간면제 시간을 부여하면서 이 사건 노동조합에게는 배분하지 않은 것은 지배·개입의 부당노동행위임을 인정한다.
2. 이 사건 사용자는 법령상 근로시간면제시간 한도를 초과하지 아니하는 범위 내에서 이 사건노동조합에게 (ex. 조합원 수 비율을 고려한 합리적인 범위의) 근로시간면제시간이 배분될 수 있도록 하라.
3. 이 사건 사용자는 즉시 그리고 향후에 위와 같은 부당노동행위가 재발되지 않도록 하고, 이 판정서를 송달받은 날로부터 10일 이내에 위 1, 2항의 내용이 기재된 공고문을 이 사건 사용자의 근로자들이 쉽게 볼 수 있는 게시판에 1개월 이상 게시(등록)하라.

☑ 노동조합 게시판 축소 설치 행위의 경우(지배·개입의 부당노동행위 인정)

1. 이 사건 사용자가 노동조합 게시판을 축소하여 설치한 행위는 지배·개입의 부당노동행위임을 인정한다.
2. 이 사건 사용자는 노동조합 게시판을 기존과 같이 재설치하고, 향후 동일·유사한 행위가 재발되지 않도록 하라.
3. 이 사건 사용자는 이 판정서를 송달받은 날로부터 10일 이내에 위 1, 2항의 내용이 기재된 공고문을 사업장 내 게시판과 인트라넷에 20일 간 게시하라.

③ 공고문(판정문) 게시

부당노동행위가 인정될 경우, 특정 장소에 일정 내용의 문서를 게시하도록 명령하는 것으로서, 통상 부당노동행위로 판정을 받았고 사용자에게 일정한 명령이 내려졌다는 내용을 게시하도록 하는 구제명령을 말한다. 이와 같은 공고문 외에 노동위원회의 판정문을 게시하도록 하는 경우도 많이 발견된다.

☑ 유니온 숍 협정 위반을 이유로 면직처분을 한 경우

1. 이 사건 사용자가 2019. 0. 0. 이 사건 근로자에게 행한 면직처분은 부당해고 및 반조합계약의 부당노동행위임을 인정한다.
2. 이 사건 사용자는 이 판정서를 송달받은 날부터 30일 이내에 이 사건 근로자를 원직에 복직시키고, 면직 기간 동안 정상적으로 근로하였다면 받을 수 있었던 임금상당액을 지급하라.
3. 이 사건 사용자는 이 사건 판정서를 송달받은 날로부터 10일 이내에 이 사건 근로자를 면직시킨 행위는 반조합계약의 부당노동행위라는 게시물을 사내게시판 및 내부전산망에 10일간 게시하라.

☑ 근로시간면제자에 대한 과다한 급여 지급의 경우

1. 이 사건 사용자가 이 사건 노동조합의 풀타임 근로시간면제자에게 매월 84만원의 급여와 실경비 20만원을 지급하는 행위는 경비원조 및 지배·개입의 부당노동행위임을 인정한다.
2. 이 사건 사용자는 이 판정서를 송달받은 날부터 10일 이내에 위 '1'항의 행위가 부당노동행위로 인정되었다는 내용의 공고문을 10일간 사내 게시판에 공고하라.

☑ 노동조합 행사비 지원의 경우

1. 이 사건 사용자가 2019. 0. 0. 이 사건 노동조합이 소속 조합원들을 위한 가을산행에 차량임차비와 도시락 구입비를 원조한 것은 지배·개입의 부당노동행위임을 인정한다.

2. 이 사건 사용자는 이 사건 판정서를 송달받은 날로부터 10일간 사내 전자게시판에 이 사건 판정서를 게시하라.

☑ 노조 핵심 간부에 대한 해고 사례

1. 이 사건 사용자가 2015.2.2. 이 사건 근로자들을 해고한 것은 이 사건 근로자들 및 이 사건 노동조합에 대한 불이익취급 및 지배 · 개입의 부당노동행위에 해당한다.
2. 이 사건 사용자는 이 사건 노동조합의 활동을 위축 또는 약화시키는 행위를 중지하고, 이 사건 판정문을 송달 받은 날로부터 10일 이내에 아래 내용의 공고문과 이 사건 판정문을 학교 내부 전산망(인트라넷)을 포함한 학내 게시판 등 이 사건 대학교의 교직원이 쉽게 볼 수 있는 공개된 장소에 15일 동안 게시(등록)하라. "이 사건 사용자는 중앙노동위원회로부터 2015.2.2. 이 사건 근로자 13명을 해임 또는 파면한 것은 부당해고이고, 「노동조합 및 노동관계조정법」 제81조제1호 및 제4호의 불이익취급 및 지배 · 개입의 부당노동행위에 해당된다고 판정을 받았습니다."

☑ 자동차 판매영업사원과의 판매용역계약 해지의 경우

1. 이 사건 사용자가 이 사건 근로자들에게 자동차판매용역계약을 해지한 것은 불이익 취급 및 지배 · 개입의 부당노동행위임을 인정한다.
2. 이 사건 사용자가 이 사건 근로자들에게 이 사건 노동조합 탈퇴를 종용한 행위는 지배 · 개입의 부당노동행위임을 인정한다.
3. 이 사건 사용자는 이 판정서를 송달받은 날부터 즉시 이 사건 근로자들에 대한 자동차판매용역계약 해지를 취소하고 원직에 복직시켜라.
4. 이 사건 사용자는 이 판정서를 송달받은 날부터 즉시 아래 내용의 공고문[용지 : 전지(78.8cm×109cm), 글자 : 제목(3.0cm×4.5cm), 내용(2.5cm×3.5cm), 공표자(3.0cm×4.5cm)]과 이 사건 판정서를 이 사건 사용자의 근로자들이 쉽게 볼 수 있는 공개된 사내 게시판에 15일간 게시하라.

☑ 전북지방노동위원회로부터 받은 구제명령의 게시

1. 전북지방노동위원회는 ○○자동차 ○○판매대리점 대표 ○○○이 아래와 같이 「노동조합 및 노동관계조정법」을 위반하였다고 판정하였다.

가. ○○자동차 ○○판매대리점 대표 ○○○이 '○○○, ○○○, ○○○, ○○○, ○○○(이하 '○○○ 등 5명'이라 한다)에게 노동조합 활동을 이유로 자동차판매용역계약을 해지한 행위'는 「노동조합 및 노동관계조정법」 제81조제1호 및 제4호 불이익 취급 및 지배·개입의 부당노동행위이다.
나. ○○자동차 ○○판매대리점 대표 ○○○이 '○○○ 등 5명에게 아침조회, 면담 등의 과정에서 전국자동차판매노동자연대노동조합으로 인해 ○○자동차 ○○판매대리점 재계약이 거부될 수 있다는 취지로 발언하고, 인도후불 금지 및 개인 인센티브를 제한을 통해 전국자동차판매노동자연대노동조합에서 탈퇴하도록 종용한 행위'는 「노동조합 및 노동관계조정법」 제81조제4호가 규정하는 지배·개입의 부당노동행위이다.
다. ○○자동차 ○○판매대리점 대표 ○○○은 이 판정서를 받은 날부터 즉시 ○○○ 등 5명에 대한 자동차판매용역계약 해지를 취소하고 원직에 복직시켜라.

2. 전북지방노동위원회는 ○○자동차 ○○판매대리점 대표 ○○○에게 이 공고문과 판정서를 ○○자동차 ○○판매대리점의 공개된 사내 게시판에 15일간 게시하고 구제명령을 준수하라고 명령하였다.

2016.   .   .

○○자동차 ○○판매대리점 대표 ○○○

(2) 구제명령의 효력[233)]

노동위원회의 구제명령은 준사법적 성격의 행정처분으로서 ① 기속력, ② 공정력, ③ 불가변력, ④ 불가쟁력이 발생한다.

233) 중노위, 「심판업무 매뉴얼」, 2022, 200쪽

① 기속력

구제명령이 내려지면 구제명령의 취지에 따르도록 관계 당사자를 구속하는 효력을 말하며, 특히 사용자는 구제명령의 내용을 이행할 의무가 부여된다.

② 공정력

노동위원회의 판정은 비록 하자가 있더라도 중대·명백한 하자가 있어 무효가 아닌 한 해당 판정을 취소할 수 있는 기관이나 법원의 취소가 있기 전까지는 유효한 것으로 인정받는 효력을 말한다.

따라서 중앙노동위원회가 지방노동위원회의 구제명령을 취소하는 재심판정을 하거나 행정소송에서 중앙노동위원회의 구제명령을 취소하는 판결이 확정되기 전까지는 사용자에게 여전히 구제명령을 이행할 의무가 부과되고, 구제명령을 이행하지 않을 경우 이행강제금이 부과된다.

③ 불가변력

구제명령은 노동위원회가 노동행정 전문기관으로서 내린 준사법적 처분이므로, 비록 하자가 있음을 발견하여도 재심이나 행정소송에서 다투어야 할 뿐, 그 처분을 한 노동위원회 스스로 이를 취소하거나 변경할 수 없다.

④ 불가쟁력

구제명령에 대한 불복신청기간이 지나면 당사자는 이에 대하여 다툴 수 없다.

(3) 구제명령의 한계

노동위원회의 구제명령은 사용자에 대하여 구제명령에 복종하여야 할 공법상 의무를 부담시킬 뿐 직접 근로자와 사용자 간의 사법상 법률관계를 발생 또는 변경시키는 것은 아니다.

즉, 노동위원회의 구제명령은 사법상 사용자가 행한 해고를 무효로 하는 것은 아니기 때문에(법률관계의 변동을 가져오지 않음) 사용자가 구제명령을 거부하는 경우 근로자는 민사상 해고무효확인 소송 또는 종업원지위확인 소송 등을 제기하여 사법상 권리를 구제받아야 한다는 한계가 존재한다.[234)]

카. 재심

(1) 재심 신청 기간

지방노동위원회의 처분이 위법하거나 부당함을 이유로 취소를 원하는 당사자는 판정서를 받은 날부터 10일 이내에 재심신청서를 중앙노동위원회에 제출하여야 한다.

이 때, 중앙노동위원회 인터넷 홈페이지에서 재심신청을 하는 경우 서면에 의한 신청으로 보며, 당사자가 당해 사건을 처리한 지방노동위원회에 재심신청서를 제출한 경우 그 지방노동위원회에 재심신청서를 접수한 날을 재심신청일로 본다.[235)]

---

234) 대법원 2014. 5. 16. 선고 2011다98006 판결

(2) 재심 신청 범위

재심신청은 당사자가 초심에서 신청한 범위를 넘어서는 아니 되고, 중앙노동위원회의 재심 심리와 판정은 당사자가 재심신청 한 불복의 범위 안, 즉, 당사자가 재심신청서에 기재한 재심신청 취지의 범위 내에서 하여야 한다.[236]

(3) 재심 절차

재심절차는 그 취지에 어긋나지 않는 범위에서 초심절차에 준하여 진행된다.[237]

(4) 재심 불복

중앙노동위원회의 재심판정에 대하여 불복하려는 당사자는 재심판정서의 송달을 받은 날부터 15일 이내에 행정소송법이 정하는 바에 따라 소송을 제기할 수 있다.[238]

---

235) 중노위, 「심판업무 매뉴얼」, 2022, 331쪽

236) 노동위원회규칙 제89조

237) 노동위원회규칙 제33조

238) 노조법 제85조 제2항

제3절
부당노동행위 구제명령에 대한 긴급이행명령

1. 의의

사용자가 중앙노동위원회의 재심판정에 불복하여 행정소송을 제기하더라도 노동위원회의 구제명령은 그 효력이 정지되지 않는다. 그러나 이와 같은 경우에는 구제명령이 법원의 판결에 의하여 확정된 후에만 구제명령 미이행에 대한 벌칙을 적용할 수 있기 때문에 구제명령의 실효성을 확보하기 어렵다.

이에 노조법 제85조 제5항은 사용자가 행정소송을 제기한 경우에 관할법원이 중앙노동위원회의 신청에 의하여 결정으로써 판결이 확정될 때까지 노동위원회 구제명령의 전부 또는 일부를 이행하도록 명할 수 있도록 규정하고 있는데, 이를 통상 긴급이행명령이라고 한다.[239)]

2. 긴급이행명령의 요건

긴급이행명령은 노동위원회 구제명령에 대한 법원판결이 확정되기 전에 잠

239) 중노위, 「심판업무 매뉴얼」, 2022, 367쪽

정적으로 구제명령의 이행을 강제하는 것이기 때문에 판결확정 시까지 구제명령의 이행을 강제할 필요성이 요구된다.

이 때, '이행을 강제할 필요성'이란 구제명령을 바로 이행하지 않는다면 노동3권의 보장을 통한 집단적 노사관계의 정상적인 운영이 어렵게 될 사정이 존재하는 것을 의미한다.[240)]

3. 긴급이행명령의 절차

〈그림 10〉 I 긴급이행명령 절차

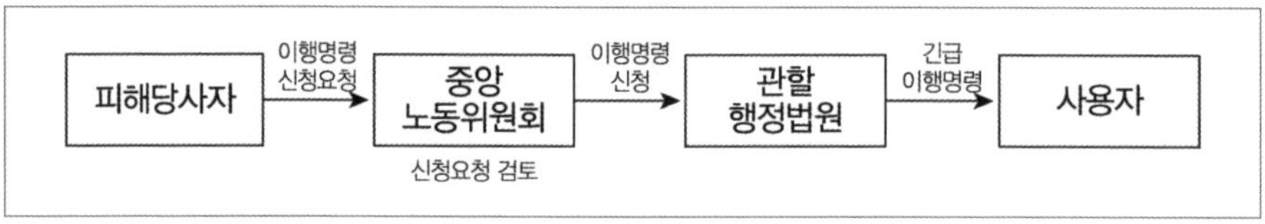

가. 긴급이행명령의 신청 요청

사용자가 중앙노동위원회의 재심판정에 불복하여 행정소송을 제기한 경우, 당해 사건의 근로자 또는 노동조합은 중앙노동위원회에 긴급이행명령을 신청해 줄 것을 요청할 수 있다.[241)]

근로자 또는 노동조합은 '이행을 강제할 필요성'을 기재하여 서면으로 긴급이행명령 신청요청을 하여야 한다.[242)]

---

240) 중노위, 「심판업무 매뉴얼」, 2022, 367쪽

241) 노동위원회규칙 제96조

나. 중앙노동위원회의 긴급이행명령의 신청

중앙노동위원회는 긴급이행명령 신청 요청인이 제출한 자료를 검토하여 요청인 개요, 긴급이행명령 신청요청의 근거가 되는 부당노동행위 구제신청 사건의 개요, 재심판정 요지 및 신청의 필요성 등을 검토하여 관할법원에의 긴급이행명령 신청여부를 결정하여야 한다.

중앙노동위원회에서 긴급이행명령을 신청하기로 결정하면, 그 결정 내용에 따라 결정서를 작성하여 부당노동행위 재심판정 취소소송이 진행 중인 법원에 긴급이행명령을 신청하여야 한다.[243)]

다. 긴급이행명령 심사 및 발령

관할 법원은 ▲구제명령 불이행에 따른 근로자의 경제적 곤란의 정도, ▲노동3권 보호의 필요성, ▲본안에서 구제명령이 취소될 가능성, ▲긴급이행명령으로 인하여 사용자에게 발생할 수 있는 손해의 정도(강도) 등을 종합적으로 고려하여 긴급이행명령 신청을 심사하여야 한다.[244)]

관할 법원은 심사 결과에 따라 구제명령의 전부 또는 일부에 대한 긴급이행명령을 발령하거나, 그 신청을 기각하는 결정을 한다.

---

242) 중노위, 「심판업무 매뉴얼」, 2022, 367쪽

243) 중노위, 「심판업무 매뉴얼」, 2022, 368쪽

244) 노동법실무연구회, 「노동조합 및 노동관계조정법 주해Ⅲ」 제2판, 박영사, 2023, 459쪽

저자 소개

- **노무법인 이산**

노무법인 이산은 2012년 1월 2일 대성노동법률사무소로 시작하여 2024년 1월 현재 50명 이상의 공인노무사 포함 280명의 임직원, 5개 전문센터, 전국 26개 지사로 구성된 노동전문 로펌입니다.

'법률지원', 'HR컨설팅', '노사관계', '산재보상', '건설4대보험'으로 특화된 5개 전문센터를 통해 여러 업무를 병행하는 다른 노무법인과는 구분되는 최상의 솔루션과, 전국 26개 지사를 통해 전국 어디서든지 종합 노동법률서비스를 제공하고 있습니다.

"이산"은 두 개의 산을 뜻합니다. 노(勞), 사(使) 두 개의 산이 맥(脈)을 이루어 하나의 가치를 향해 나아갈 수 있도록 노무법인 이산이 고객님들의 든든한 파트너가 되겠습니다.

- **대표노무사 김 명 환**

- **주요 약력**
  - **노무법인 이산 대표노무사**
  - 경북대학교 법학부
  - 한국공인노무사회 수석부회장
  - 고용노동부 직장협의회 공상지정노무사
  - 인천지방검찰청 형사조정위원회 위원
  - 대구교통공사 인사위원회 위원
  - 대통령직속 청년위원회 위원
  - 서울과학기술대학교 박사 수료(안전공학)
  - 한국공인노무사회 사업개발위원회 위원장
  - 건강보험공단 중앙인사위원회 위원
  - 인천시 노사민정협의회 위원
  - 대구3산업단지관리공단 자문위원

- **주요 연혁**
  - 2012년 ▮ 대성노동법률사무소 개소
  - 2013년 ▮ 노무법인 이산 법인 전환
  - 2015년 ▮ 산재보상센터 설립
  - 2017년 ▮ 건설4대보험센터 설립
  - 2018년 ▮ 서울본사(마곡) 확장이전
  - 2019년 ▮ 법률지원센터 설립
  - 2019년 ▮ 경남지사 설립
  - 2020년 ▮ 울산동부, 포항 2개 지사 설립
  - 2021년 ▮ HR컨설팅센터, 노사관계연구원 설립
  - 2021년 ▮ 강원, 의정부, 전남, 전북, 부산서부 5개 지사 설립
  - 2022년 ▮ 서울(마곡), 문경, 대구달서, 원주, 울산남부, 순천, 창원 7개 지사 설립
  - 2023년 ▮ 동해, 의정부, 양산, 평택, 제주, 대구수성, 부산북부, 청주, 수원, 여수, 광주 11개 지사 설립

저자 소개

- **이산 노사관계연구원**

이산 노사관계연구원은 노무법인 이산에서 노사관계영역을 특화하여 운영하는 전문센터로서, 노사 양측의 풍부한 실무경험을 토대로, 노사 구분 없이 집단적 노사관계영역 전반에 대하여 자문, 사건, 컨설팅, 교육 등을 수행하고 있습니다.

법과 원칙에 따라 근로자와 노동조합에게는 정당한 권리보장을, 사용자에게는 합리적이고 효율적인 노무관리를 제공하기 위해 최선의 노력을 다하겠습니다.

- **원장/공인노무사 용 승 현**

- **주요 약력**
  - **노무법인 이산 노사관계연구원 원장/공인노무사**
  - 중앙대학교 사회학
  - 단국대학교 행정법무대학원 법학석사(노동법)
  - 고려대학교 노사관계전문가과정
  - 한국노동연구원 노사관계최고지도자과정
  - 한국공인노무사회 부회장
  - 한국공인노무사회 조정 · 중재위원회 위원장
  - 청소년근로권익센터 운영위원
  - 서울강서체육회 인사위원회 부위원장
  - 한국노총 중앙법률원
  - 아시아나항공 노사협력팀